浙江商务年鉴2013

ALMANAC OF COMMERCE OF ZHEJIANG PROVINCE

《浙江商务年鉴》编辑委员会　编

浙江人民出版社

图书在版编目(CIP)数据

浙江商务年鉴. 2013 /《浙江商务年鉴》编辑委员会编. 杭州:浙江人民出版社,2013.9
ISBN 978-7-213-05767-0

Ⅰ.①浙… Ⅱ.①浙… Ⅲ.①商务-浙江省-2013-年鉴 Ⅳ.①F727.55-54

中国版本图书馆 CIP 数据核字(2013)第 223889 号

书　名	浙江商务年鉴 2013
作　者	《浙江商务年鉴》编辑委员会　编
出版发行	浙江人民出版社 杭州市体育场路347号 市场部电话:(0571)85061682　85176516
责任编辑	王　芸
责任校对	叶　宇
封面设计	王　芸
电脑制版	杭州兴邦电子印务有限公司
印　刷	浙江印刷集团有限公司
开　本	889×1194毫米　1/16
印　张	36
字　数	100万
插　页	40
版　次	2013年9月第1版·第1次印刷
书　号	ISBN 978-7-213-05767-0
定　价	260.00元

如发现印装质量问题,影响阅读,请与市场部联系调换。

2012年3月8日，浙江省委书记、省人大常委会主任赵洪祝，浙江省委副书记、省长夏宝龙等考察了北京“浙江名品中心”。

2012年6月8日，浙江省委副书记、省长夏宝龙，商务部副部长钟山共同为“浙洽会”、“消博会”开幕开展。

2012年9月12日，第二届浙江厨师节浙江特色文化宴在省人民大会堂展示。浙江省委副书记、省长夏宝龙观摩展台。

2012年10月21日，省委常委、常务副省长龚正出席第18届中国义乌国际小商品博览会开幕式并致辞。

2012年 4月 5日，作为浙江省与静冈县缔结友好省县30周年庆典的重要活动，浙江—静冈投资贸易洽谈会暨名品展览会在日本静冈举行。

2012年11月20日，第八届浙江—新加坡经济贸易理事会第八次会议在宁波召开。

2012年12月3日，由浙江省政府和西澳州政府主办，浙江省商务厅和西澳州州发展部承办的“浙江省—西澳州经贸合作交流会”在杭州举行。

2012年10月16日，夏宝龙省长为“浙江老广交”颁发纪念章。

2012年6月8日，由浙江省人民政府主办，省商务厅、省发改委、省经信委、省外办、省工商联、省新闻办承办，商务部投资促进事务局协办的“浙江战略性新兴产业与世界500强对接洽谈会暨全省重大外商投资项目签约仪式”在宁波举行。

2012年10月18日，澳门（浙江）名品中心在杭州开业。

2012年10月21日，第18届“义博会”在浙江义乌举行，来自130多个国家和地区的17万境内外专业采购商共赴这一经贸盛会。

2012年9月，“2012中国浙江商务服务博览会”现场。

2012年9月，“金砖国家贸易救济政策说明会”在杭州举办。

2012年9月，首届长三角地区农超对接洽谈会在嘉兴举办。

2012年9月，小记者在第九届中华老字号博览会上听老字号传人讲解传统工艺。

2012年7月，杭州余杭经济开发区升级为国家级经济技术开发区。

2012年7月，“浙台（象山石浦）经贸合作区”授牌仪式在石浦海峡广场隆重举行。

2012年3月，义乌经济开发区升级为国家级经济技术开发区。图为义乌经济技术开发区中心区鸟瞰。

2012年10月，富阳经济开发区升级为国家级经济技术开发区。

2012年10月，绍兴柯桥经济技术开发区升级为国家级经济技术开发区。

2012年9月19日，省政府召开外贸工作座谈会，省委常委、常务副省长龚正出席会议并讲话。

2012年7月19日，中国义乌国际商品城与阿里巴巴集团战略合作签约仪式在省人民大会堂隆重举行。

2012年8月23日，浙江海洋经济与开发区发展座谈会在舟山普陀召开。

2012年11月9日，舟山市召开“2012浙江舟山群岛新区船舶投资论坛”。

2012年5月22日，商务部与浙江省商务厅在北京召开义乌国际贸易综合改革试点重点工作部省对接会议。金永辉厅长在会上汇报推进义乌国际贸易综合改革试点的工作情况。

2012年2月15日，省级机关“改善发展环境”百组调研——周日星副厅长一行来到浙大网新调研。

2012年12月8日，省商务厅党组召开理论中心组学习会暨党组（扩大）会议。

2012年，杭州被国家商务部、财政部确定为全国农超对接试点城市。厅领导考察农超对接工作。

宁波大榭开发区

宁波大榭开发区位于浙江省宁波市东部沿海深水港区、中国经济最具活力和发展潜力的长江三角洲地区，是一个以港口开发和临港石化产业为主导的国家级开发区。开发区包括大榭本岛和周围7个小岛，规划面积约为35平方公里。大榭本岛拥有海岸线26公里，其中，深水岸线10.7公里，离岸不足100米水深即达20至30米。规划建设各类泊位61座，设计年吞吐能力达1.5亿吨。

开发区根据“港口兴区、实业强区”的发展战略，引进了一批国内外实力雄厚的石油化工企业、码头运营商和仓储物流企业，形成以临港石化、港口物流等为主导的产业。2012年，开发区实现工业总产值490亿元，进出口总额21.2亿美元，港口货物吞吐量7177万吨，财政收入101亿元。

2013—2017年，大榭开发区将以转型升级为主线，以新加坡“裕廊”为发展标杆，全力打造“两区三基地”：全力促进海洋经济创新集聚和海岛综合开发，争创浙江海洋经济标杆示范区和宁波改革开放先行先试区，建设成为国际一流的临港产业基地、国家能源中转基地和长三角区域重要的大宗商品国际贸易基地。

最美东部湾

杭州经济技术开发区

杭州经济技术开发区是于1993年4月设立的国家级经济技术开发区，位于杭州东部，长三角都市圈的枢纽位置。目前，行政管辖面积为104.7平方千米，并负责开发建设40平方千米的前进工业园区。辖区人口约42万，是全国唯一集工业区、高教园区、出口加工区于一体的国家级开发区。投资环境综合评价连续位列全国国家级经济技术开发区十强，综合实力位居浙江省开发区首位。

江东大桥

近年来，开发区围绕“国际先进制造业基地、新世纪大学科技城、花园式生态型杭州副城”三大目标，深入实施 “城市国际化、产业高端化、环境品质化”战略，加快推进从“建区”到“造城”、从“依江发展”到“跨江发展”的战略转型，取得了显著的发展成就。2012年实现规模以上工业销售产值1505亿元，出口总额52.53亿元，形成了电子信息、生物医药、食品饮料、机械制造等优势主导产业。开发区大力培育汽车整车及零部件、新能源新材料等新兴产业，加快发展服务外包、文化创意、现代物流等现代服务业，强化科技创新驱动，拥有国家、省、市级高新技术企业296家，研发（技术）中心121家，高新技术产业产值比重超过67.2%，建有新加坡杭州科技园、大学生创业园、高科技企业孵化器等一批科技创新园区，形成了企业、高校、科研机构、科技中介、金融机构和政府“六位一体”的产学研

杭州中高发动机有限公司

区口广场

工业区

沿江风景

合作创新机制，科技创新能力和核心竞争力不断增强。相继获得“国家计算机及网络产品产业园”、“生物产业国家高技术产业基地核心区”、“国家知识产权试点园区”、“国家服务外包产业基地城市示范区”、“中国产学研合作创新示范基地”、“国家物流标准化试点基地”、“国家低碳产业示范园区”、“浙江省物流产业基地”、杭州市“信息港”和“新药港”、“杭州高新技术产业金三角”、“杭州市十大文化创意产业园区”等基地和园区品牌。

当前，开发区紧紧围绕“十二五”发展目标，以杭州打造东方品质之城为引领，全面推进产业、城市和社会“三大转型”，努力把开发区建设成为创新驱动、集聚领先的示范园区，功能完备、产城融合的下沙副城，富裕富有、魅力彰显的和谐社会。

松下工业园

湖州经济技术开发区园区

湖州经济技术开发区

湖州经济技术开发区是省政府1992年8月批准设立的全省第一批省级开发区，2010年3月成功升级为国家级经济技术开发区。内设浙江省湖州台商投资区、浙江省湖州高新技术产业园、浙江省留学人员湖州创业园和国际服务外包示范园等专业园区。行政管辖面积135.68平方公里，规划面积80.9平方公里。2011年，在全国国家级开发区综合考评中名列第48位，提升了24位。尤其是“十一五”期间，湖州开发区以仅占市区9%的土地面积和17%的能耗，创造了占市区17%的国内生产总值、25%的规模以上工业产值和27%以上的财政收入，湖州开发区已成为长三角地区吸纳外资和集聚战略性新兴产业、高新技术产业、现代服务业发展的重要平台。

建区20年来，先后引进了陶氏化学、巴斯夫、英美资源、雀巢、统一能源等1000多家国内外知名集团和优秀企业，初步形成了生物医药、新能源、节能环保、新材料等战略性新兴产业和汽配机电、健康食品等特色优势产业。其中，生物医药产业在干细胞及细胞治疗技术、基因技术、蛋白质及抗体技术等高端领域有了一定的研发和产业化基础，已初步形成了从研发—中试及转移转化—产业化的比较完整的价值链体系，湖州开发区可望在“十二五”成为浙江省符合cGMP国际规范医药企业最为集中的区域。膜法水处理产业销售收入占全国的

（陶氏）浙江欧美环境工程有限公司

浙江辛子精工机械股份有限公司2500毫米大型环件锻造线

南太湖科技创新中心

10%，形成了国内知名的“湖州板快”，2012年被评为浙江省外商投资新兴产业示范基地，预计到2015年年产值将达40亿元以上。

“十二五”期间，湖州开发区将按照“一流园区、现代新城”的发展定位和“产城融合”的发展理念，加快建成为长三角地区高端产业集聚、科技创新活跃、综合环境优越、体制机制高效、社会和谐文明的科学发展高地。

南太湖生物医药专业园

中科院工业物生技术中心实验室

湖州经济技术开发区园区景象

金华经济技术开发区

住宅小区

金华开发区成立于1992年6月。1993年2月，经浙江省人民政府批准成为省级开发区。2010年11月11日，国务院批准金华开发区升级为国家级经济技术开发区，定名金华经济技术开发区。金华经济技术开发区位于浙中城市群核心，行政管辖面积82.86平方公里，下辖苏孟乡、秋滨街道、三江街道、西关街道和江南街道，集聚人口35万，是长江三角洲经济圈南翼重要的先进制造业基地，金华重要的经济增长极。

工业经济快速发展。开发区管委会坚定不移地实施“工业强区”战略，工业经济保持快速增长。工业产值从2002年的5亿元，迅速攀升至2011年的400亿元，10年增长了80倍。2012年，实现规模以上工业总产值420.6亿元，同比增长13.0%；实现税收收入28.46亿元，同比增长15.74 %。

青年集团汽车生产线

金华开发区百亿投资项目开工奠基仪式

被评为“浙江省工业循环经济示范园区”。

对外开放成效显著。建区以来，

全球最大的网游服务提供商——5173公司

累计合同利用外商直接投资近10亿美元；累计实际吸收外商直接投资超6亿美元。2012年引进总投资10亿元以上项目1个，5亿元以上项目2个，1000万美元以上项目6个。完成实际利用外资3760万美元，实到内资26.42亿元，浙商回归资金到位12.7亿元。

产业集聚特色明显。拥有汽车及配件、电子信息、生物医药、五金工量具、轻工食品等主导产业，其中汽车及配件、电子信息产业发展最为迅猛。2012年，汽车及配件产业实现工业产值170.88亿元，同比增长18.5%，被评为“浙江省外商投资新能源汽车产业基地”。电子信息产业实现技工贸总收入141.22亿元，同比增长12.23%，被评为“浙江省现代服务业集聚示范区”，为市区被商务部评为“首批国家电子商务示范基地”作出贡献。

浙中第一街(八一南街)

科技创新贡献突出。高新技术企业成为经济转型升级的生力军。截至2012年底，认定高新技术企业102家，认定高新技术研发中心94家。高新企业数在规模以上工业企业中的覆盖率超过60%。2012年市级以上高新技术企业实现工业总产值298.65亿元，占开发区规上工业总产值的71%。成为浙江中西部最大的高新技术产业基地。

和谐社区

基础配套功能完善。按照建设“多功能综合性产业园区”目标，大力实施工业园区、科技园区、高教园区、商贸中心区等“四大功能区”的基础设施建设。特别是近三年来，积极实施“南延西进”发展战略，八一南街、双龙南街、李渔路、双溪西路、梅园等重点工程的实施，开发区成为浙江中西部基础设施配套最完善的地方。

衢州华友钴新材料项目开工典礼在项目施工现场举行

衢州经济技术开发区

衢州经济技术开发区于2011年6月获批国家级经济技术开发区，2012年8月10日，市委、市政府决定，将衢州经济技术开发区、衢州绿色产业集聚区、衢州高新技术产业园区“三区合并”，衢州综合物流园区划归衢州经济技术开发区管理。

衢州经济技术开发区整合后辖“一核三片”，总规划控制面积约306平方公里，“一核”即核心区，规划面积为198平方公里，其中直接实施区块147.7平方公里、柯城园区8.2平方公里、衢江园区28.9平方公里、巨化园区13.2平方公里；“三片”规划面积108平方公里，其中龙游片区48.3平方公里、江山片区49.5平方公里、常山片区10.2平方公里。

核心区现有工业企业1005家，拥有巨化集团、明旺乳业、元立集团、开山股份等一批国内外知名企业，其中规模以上企业190家，产值超亿元以上企业70家，5亿元以上企业23家，10亿元以上企业13家，40亿元以上企业3家，100亿元以上企业2家。核心区现有企业职工6.9万人，居民15万人。2012年，核心区直接实施区块实现地区生产总值165.2亿元；工业总产值402亿元，其中规模以上企业总产值380亿元；完成固定资产投资42亿元，其中工业投资36亿元；实现财政总收入24.3亿元，其中地方财政收入13.3亿元。

正在崛起的光伏产业

开发区确定了“绿色产业新区，衢州东南新城”的目标定位，确定了“一城四区十基地”的功能定位，“一城”是建设衢州特色产业新城，打造衢州宜居宜业宜游的城市副中心；“四区”是建设成为新特产业集聚区、转型升级引领区、创新开放试验区、宜居宜业新城区；“十基地”即打造氟硅钴新材料产业基地、空气动力机械为特色的先进装备产业基地“两大国际级产业基地”，打造绿色休闲食品和健康饮品产业基地、金属制品产业基地、高档特种纸产业基地“三大国家级产业基地”，打造浙江省电子元器件及材料产业基地、浙江省光伏产业基地、浙江省现代综合物流基地、浙江省现代生态农业基地、浙江省生态休闲旅游基地“五大省级产业基地”。核心区拥有国家氟材料工程技术研究中心、浙江氟硅技术研究院、衢州大学科技园和中俄科技合作园、省特色工业设计示范基地、衢州慧谷工业设计产业园等公共创新平台；拥有巨化、开山、红五环等一批著名商标和品牌。开发区功能配套完善，具有良好的投资环境，配套建设了学校、医院、银行、公园、广场、宾馆、住宅小区、体育中心、大型超市、民工公寓等生活性服务设施以及自来水厂、污水处理厂、热电厂、变电站、固废物处置中心等生产功能性配套项目，基本实现“九通一平”，已成为浙闽赣皖四省边际基础设施配套最完善的多功能综合性产业园区之一。

红色生产线

衢州经济经济开发区以“敢于创新、敢于争先、敢于攻坚、敢于担当”的四敢精神，大力推进“六个转变提升”，即从建设传统工业园区向建设绿色产业园区转变，实现产业结构提升；从单一的工业园区建设向城市新区功能完善提升转变，实现功能优化提升；从低小散粗放发展向集约集群发展转变，实现发展方式提升；从行政性政策优惠向投资综合环境优化转变，实现创业环境提升；从传统招商向专业招商招大引强转变，实现招商项目提升；从按部就班抓推进向不破法规破常规大干快干转变，实现服务效能提升。按“高起点规划、分阶段推进”的思路和“一年攻坚落实、三年重点突破、五年较大变化”的总体目标，力争到“十二五”末，核心区实现生产总值280亿元，实现工业产值1000亿元，新增开发面积16.4平方公里。到2020年末，实现生产总值580亿元，实现工业产值2000亿元，新增开发面积40.1平方公里。

区内建成了一批高品位的生活小区

总部经济园

天能集团

浙江诺力机械股份有限公司

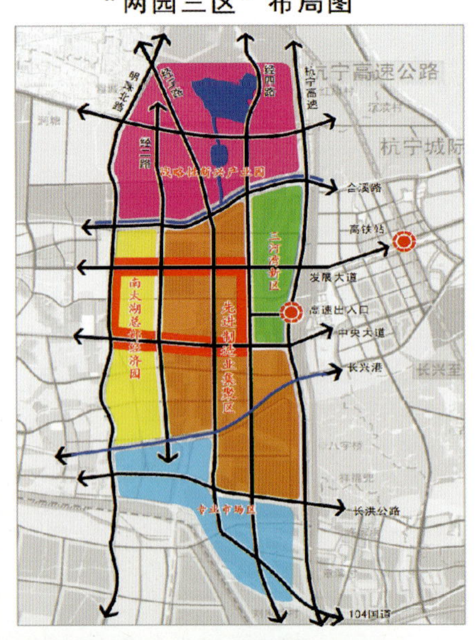

长兴经济技术开发区

长兴经济技术开发区成立于1992年，1994年经浙江省政府批准为省级开发区，规划面积35平方公里；自2003年起，已连续7年跻身浙江省“十强开发区”，连续两届入围“长三角最具投资价值开发区”，是浙江省首批“国际服务外包示范产业园”、“浙江省外商投资新能源产业示范基地”和“浙江省开发区特色品牌园区”，获评“浙江省工业循环经济示范园区”、“浙江省新型城镇化（产城融合）示范区”、“浙江省白色家电示范园区”。2010年，经国务院批准升级为国家级经济技术开发区，被国家四部委列为国内首批13家太阳能光伏发电集中应用示范区之一，是浙江省第一家县域国家级开发区和唯一一家国家级太阳能光伏发电集中应用示范区。

开发区东临太湖之滨、西接县城中心，区位优势独特、交通运输便捷，有两条国道(104国道、318国道)、4条高速(杭宁高速、杭长高速、申苏浙皖高速、申嘉湖高速)、4条铁路(杭宁高铁、宣杭铁路、新长铁路、杭牛铁路)和一条有“东方莱茵河”美称的

"黄金水道"(长湖申航道)，距上海、杭州、南京、宁波、苏州、无锡、芜湖等大中城市均在2小时最佳交通圈内，特别是杭宁高铁长兴站的投入使用，更是加快了与沪、宁、杭等一线城市互动的频率。

截至目前，开发区累计投入建设资金超100亿元，区内环境秀丽、配套齐全、设施一流，所有道路均按国家一级公路标准建设，沿线绿化面积超200万平方米；供水、供电、蒸汽、天然气、污水、通讯、数字电视、制冷（热）等管线一次性铺设到位，全部实现了"九通一平"；来自西气东输和川气东输的管道交汇以及浙江发电的余热供汽条件，在国家级开发区中也屈指可数；先进制造业集聚区、南太湖总部经济园、三河湾新区、战略性新兴产业园、专业市场区的"两园三区"规划布局初步成型，以新能源、新材料、新装备等战略性新兴产业为主导，以电子电源电器、现代纺织服饰、机械汽配制造等传统优势产业为支撑，以生产性服务业为亮点的产业体系日趋完善。已吸引来自美国、法国、日本、意大利等34个国家和地区的包括海信&惠而浦、江森自控、空气化工、欧尚等多家世界500强企业落户投资，规模企业达到350家。2012年，全区实现财政收入31.7亿元，同比增长12.08%；实现规模以上工业产值657.3亿元、同比增长24.97%；完成工业增加值124.3亿元，同比增长18.23%，一座高新产业集聚、亩产效益突出和功能形态现代的"产业强区、城市新区"正在蓬勃发展之中。

银杏长廊

太湖晨曦

开发区夜景图

绿化景观图

海信惠而浦（浙江）电器有限公司

商务部钟山副部长为开发区授牌

余杭经济技术开发区

杭州余杭经济技术开发区（下称余杭开发区）于1993年设立，是余杭区工业经济发展的主平台，杭州副城临平发展的产业支撑。规划面积51.34平方公里，规划范围北至京杭大运河，南到星光街，东至京杭运河二通道，西临09省道，托管社区24个。目前，区内常住人口近5万，外来人口逾7万。2012年7月，经国务院批准，成功升级为国家级经济技术开发区，成为杭州市自1994年以来首个成功升级的省级经济开发区。余杭开发区创业中心经国家科技部认定，创建为国家级科技企业孵化器。

贝达鸟瞰效果图

余杭开发区地处长三角“Z”字形南端交接带，杭嘉湖平原和京杭大运河的南端，是杭州市与上海—嘉兴—湖州产业带相衔接的“桥头堡”。距杭州国际机场仅50分钟车程，距西湖风景区40分钟车程，两小时内可到达华东地区的主要城市。沪杭高铁和杭州地铁1号线通车后，区位优势更加凸显。

近年来，余杭开发区围绕转型升级新目标，完善规划、突出招商、提升服务，致力于发展高新技术产业，致力于发展高附加值服务业，从单一加工型工业园区向多功能创新产业区发展，综合功能配套建设提档升级，逐步从“七通一平”向新“九通一平”转变，建设现代工业新城步伐日益加快。

当前，余杭开发区已逐步发展起生物医药、装备制造、电子电气、新能源新材料、现代纺织服装等主导产业门类，产业集群集聚效益业已呈现，尤以生物医药和装备制造发展最为迅速，成为全省首个外商投资新兴产业（生物医药）示范基地，装备制造业成为开发区首个百亿产业集群。引进了瑞士诺华、法国赛诺菲、美国礼来制药集团，培育了老板集团、贝达药业、诺贝尔瓷砖、春风动力、东华链条等一批国内知名企业。2012年，余杭开发区实现工业总产值691.68亿元，税收总收入35.53亿元，地区生产总值226.56亿元，固定资产投资161.24亿元，合同利用外资4.8亿美元，实际利用外资2.66亿美元，综合经济实力继续稳步提升。

集中开工仪式

春风动力摩托生产线

西奥电梯生产线

老板集团总部

绍兴柯桥经济技术开发区

国家级经济技术开发区授牌仪式

绍兴柯桥经济技术开发区成立于1992年9月,2010年7月经省政府批准整合提升面积64.7平方公里，目前代管绍兴县齐贤镇9个村居。开发区位于长江三角洲繁华的沪杭甬经济带上，区位独特，交通优势明显。1993年11月经浙江省人民政府批准，成为全省首批省级经济开发区，2011年被批准设立省级高新技术产业园区。2012年10月，绍兴柯桥经济技术开发区成功升级为国家级经济技术开发区。

自开发区设立以来，重点围绕中国轻纺城和一流县域中心建设，先后开发建设了柯西工业园区、柯东高新技术产业园区、柯北工业园区和柯西服装工业园区。近年来，绍兴柯桥经济技术开发区大力转变发展方式，加快推进经济转型升级。重点发展汽车配件、电子电器、机电一体化、新能源基础材料等高新技术产业，加快培育总部商务、轻纺市场、汽车、厨卫等现代服务业，开发区产业结构不断优化，综合实力不断增强。

2012年，开发区全年完成税收48.02亿元，同比增长14.83%；工业总产值1352.55亿元，同比增长14.61%；工业增加值240.09亿元，同比增长14.27；规模以上工业企业利润总额45.57亿元，同比增长15.19%；限额以上固定资产投资额144.7亿元，同比增长15.8%；自营出口52.56亿美元，同比增长5.96%。

绍兴柯桥经济技术开发区科技创新势头强劲，是纺织装备国家火炬计划特色产业基地，省级纺织机械商标品牌基地，浙江省高端纺织装备研发与制造特色品牌园区、首

优创光能

国贸区夜景

杭一电器

墙纸墙布市场

批工业循环经济示范园区和开发区特色品牌园区。创业和科技孵化平台包括中国轻纺城创意园和科技园。中国轻纺城创意园是浙江省重点项目，绍兴地区唯一的创意产业园。科技园作为绍兴县创业创新基地，被认定为“省级科技企业孵化器”、“省级特色工业设计示范基地”和“市级海外高层次人才创业基地”。

绍兴柯桥经济技术开发区具有优越的综合投资创业环境，具备较为完善的交通、供水、供电、电讯、金融、娱乐、教育、休闲、治安等公用服务系统。2010年被评为浙江省创建和谐劳动关系先进工业园区。开发区设有投资服务中心，为投资客商和入驻企业提供全天候、保姆式、一条龙服务。

展望“十二五”，开发区将紧紧围绕县委、县政府“突出转型升级、致力科学发展”的工作主题，致力建设“工业强县先导区、产业升级转型区、高新技术承载区、绿色生态示范区”，推动开发区向更高水平、更深层次持续发展。

柯桥经济技术开发区一览

柯北贸易中心

开发区一景

《富春山居图》上的开发区

富阳经济技术开发区

银湖创新中心

富阳经济技术开发区成立于1992年，是经浙江省人民政府批准的首批省级开发区。2008年被评为长三角最具投资价值开发区之最具产业特色奖；2012年10月，经国务院批准，成功升级为国家级开发区，并定名富阳经济技术开发区。

富阳经济技术开发区位处沪杭甬“金三角”交会的黄金点上，为杭州市西南重要门户。建区至今,富阳开发区时尚与休闲并存、建区与造城并举，全力打造“《富春山居图》上的开发区”。下辖的银湖科技新城、东洲新区、新登新区、场口新区、江南新城、鹿山新区“一区六城”差异化发展，已形成和正在培育的有光通信、先进装备制造、铜冶炼及铜深加工、新能源新材料、生物医药、文化创意、旅游休闲及科研总部等八大重点产业。区内拥有中国民营企业竞争力50强的富春江集团、全国最大的赛艇制造企业飞鹰船艇、央企新兴铸管、和鼎铜业、行业龙头万科、首个工业设计项目颐高圣泓、天安富春硅谷项目等一批好项目和新兴产业项目，极大地加快了开发区产业转型升级步伐，为富阳经济增添了实力和活力。

2012年,全区规模以上工业企业496家，实现规模以上工业总产值870.75亿元，税收收入42.21亿元,完成限额以上固定资产投入103.88亿元,出口总额达7.8亿美元。

尤恩叉车

全景图

飞鹰游艇

富生电器

杭州天安·富春硅谷

萧山经济技术开发区

萧山经济技术开发区于1993年5月批准成为国家级开发区，是浙江省重点开发区之一。总规划面积181平方公里，下辖市北、桥南、江东三大新城，辖区人口32万。现有江东新城、萧山高新园区两个省级开发区和江东国家新能源高新技术产业化基地、装备制造国家新型工业化产业示范基地及国家级杭州软件产业基地萧山扩展区块，并获得了“杭州软件新城”称号。

2012年，开发区实现工业总产值563.3亿元，规模以上工业销售产值526.9亿元，出口交货值144.85亿元，三产营业收入535.08亿元；实现合同外资5.8亿美元，实到外资3.8亿美元，占萧山区总量的四成左右，市外到位内资16.5亿元；财政收入达到50.91亿元，占萧山区财政总收入的四分之一。

经过20年建设发展，开发区累计批准投资项目950个，投资千万美元以上项目257个。引进外资总投资92.6亿美元，其中世界500强企业15家，占全区79%。目前，开发区有规模以上企业268家，产值超亿元企业112家，萧山工业百强企业17家，高新技术企业66家。基本形成了机械制造、电子电器、轻纺服装、汽车整车及关键零部件、医药食品、建材家具等六大支柱产业，已经成为杭州和萧山经济发展的主平台。

2013年是开发区转型发展的重要一年，也是开发区再创辉煌的新起点。开发区高举质量和效益的大旗，以产业集聚发展为导向，以改革创新为动力，确立江东、市北、桥南三城“联动发展”框架，分别深入实施“退弱进强、退二进三、退低进高”战略，做好“二产提升、三产提速、服务提质”的文章，目标是建设萧山创新发展引领区、新型工业化先行区和现代服务业集聚区，更好地发挥开放主窗口、经济增长极作用，继续带动萧山区域经济健康快速发展。

2013年1—6月，开发区实现工业总产值398亿元，同比增长6.2%；规模以上工业销售产值345.9亿元，同比增长5.5%；开发区本级实现三产营业收入361亿元，同比增长76.4%；固定资产投资42.5亿元，同比增长43.5%；实现合同外资3.21亿美元，实际到位外资1.95亿美元，市外到位内资14亿元，全面实现双过半，继续在全区挑大梁。上半年开发区经济呈现出“总体平稳、质量提高、发展趋好”的态势。

杭州娃哈哈恒枫饮料有限公司生产线

位于江东新城的广汽吉奥汽车有限公司

萧山经济技术开发区市北新城商务区新貌

江东标准厂房开工仪式

温州经济技术开发区

百亿项目集体开工奠基仪式

温州经济技术开发区于1992年经国务院批准成立，是浙南闽北首家国家级经济技术开发区，现辖状蒲园区、滨海园区、金海园区（丁山和天成垦区）和瓯飞围垦部分区域，委托管理4个街道，规划总面积133平方公里，辖区人口30万，形成了工业化和城市化两轮驱动，多功能综合性统筹发展的开发模式。

经过20多年的艰苦创业，温州经济技术开发区的发展空间不断拓展，基础设施不断完善，综合实力不断提升，成为温州先进制造业的主要基地、对外开放的重要窗口和工业经济转型的重要平台。2012年，实现地区生产总值214亿元，工业总产值539亿元，财政总收入37.3亿元；历年累计完成固定资产投资600亿元以上，完成基础设施投资116亿元。初步形成了纺织鞋革、民用电器、水暖洁具、食药机械等传统产业提升和新能源新材料、电子信息、先进装备、关键汽车零部件等高新产业培育的集群发展格局，拥有了较为完善的基础设施体系、产学研体系、现代服务体系和社会配套体系。

“十二五”期间，温州经济技术开发区将重点培育发展汽车制造（销售）业、激光与光电、食药机械、电气机械、石化机械（专用设备）、现代物流业等产业，推进传统优势产业的提升，加快金融商贸、研发物流、文化创意等生产性服务业的发展，全力构造结构合理、协调发展的现代产业体系。同时，加快推进城乡统筹、空间拓展和产业提升，实施“一区多园”、跨区域合作的战略规划，促进资源要素合理集聚，努力建设高端产业集聚区、生态建设示范区和城乡统筹先行区，创建产城一体化的城市新区。

项目集体投产开工奠基

滨海新区核心区效果图

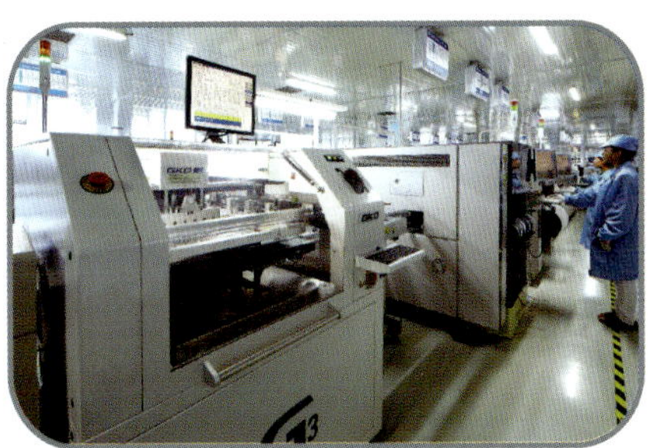
企业车间

夜景图

温岭·东部新区
Eastern New City

地处浙江东南沿海，东濒东海，南通温州，北邻宁波，西邻玉环港。属省级经济开发区，规划面积36.9平方公里，围绕“产业集聚区、城市副中心、滨海生态城”的建设目标，打造以高新技术产业与先进制造业为基础，集合行政商务、生活居住、度假旅游等功能的生态型现代化新城。

Wenling China

上海市
湖州市
嘉兴市
乍浦港
杭州市
北仑港
舟山市
宁波市
绍兴市
舟山港
浙
东海
金华市
江
台州市
海门港
衢州市
丽水市
省
温岭市
温岭东部新区
温州市
温州港

交通——经济发展的动脉

海陆空立体化交通网络。甬台温高速公路、甬台温高速铁路、龙门港口、台州机场、一级公路全面贯通。浙江沿海高速公路贯穿而过，建成后，至上海4小时车程、宁波1.5小时车程、温州1小时车程。75省道至台州市区20分钟车程，81省道至温岭市区20分钟车程。

土地——沿海地区珍贵资源

土地资源丰富，可实现随时供地。土地采用招拍挂方式出让，起始价为26.8万元/亩。

产业——强有力的支撑能力

温岭产业基础雄厚，民营经济发达，拥有工业企业2.3万家，先后被评为“中国汽摩配出口基地”，“中国摩托车出口基地”，“中国泵业名城”，“中国小型空压机之都”。

工业重点招商：

泵与电机：工业泵、真空泵、深井泵、微型压缩机、伺服电机等。

汽车零部件：汽车整车组装生产、手动和自动变速器、高速齿轮、发动机配件等汽车关键零配件。

机床装备：数控机床加工中心、自动化成套生产线等。

三产重点招商：

龙门湖旅游综合体/邻里生活中心/现代物流园/房地产/星级度假酒店/国际中小学

龙门湖旅游综合体

千禧邻里生活中心现场实景

房地产

星级度假酒店

国际中小学

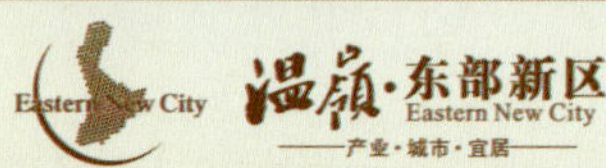

地址:浙江省温岭市东部新区松航中路1号 www.wed.gov.cn

宁波杭州湾新区

宁波杭州湾新区位于浙江省宁波市北部、杭州湾跨海大桥南岸，于2010年2月23日正式挂牌运作，是浙江省14个产业集聚区之一和九大海洋经济集聚区之一，发展定位为：宁波北翼国际化新城区、产业转型新基地。新区规划陆域面积235平方公里，海域面积350平方公里，现托管1个镇，常住人口16.5万。

新区自挂牌以来，围绕建设“生态生产生活、宜居宜业宜游”的国际化新城区目标，坚持产城联动方向，扎实推进高品位招商、高品质建设、高效能服务，开发建设取得阶段性成效，主要经济指标实现三年翻番，2012年全区实现地区生产总值120亿元，实现工业总产值654.1亿元，完成全社会固定资产投资170.5亿元，完成财政一般预算收入30.1亿元，相比挂牌前的2009年，分别增长88%、96%、241%和200%。目前新区三大功能板块开发齐头并进：35平方公里制造业区块加快提升，3年来引进各类优质项目139个，其中超亿元（1000万美元）以上项目95个，引进项目总投资近900亿元，集聚了11家世界500强企业投资的项目12个，累计落户工业企业项目376个，投产企业276家，汽车整车制造及关键零部件、智能家电、高性能新材料、装备制造等一批新兴产业集聚发展并粗具规模，实现产值占全部工业总产值比重达到34.5%，特别是在上海大众、吉利汽车两大整车项目的带动下，汽车整车制造及关键零部件产业将形成千亿级的产业基地。27平方公里商务新城区加快开发，城市核心区——中心湖区建设全面启动，以世纪金源为代表的大型城市综合体项目已粗具规模，宁波工程学院杭州湾汽车学院、黄冈中学宁波学校以及配套的小学、幼儿园等一批功能性项目相继落户开工，近三年累计开工城市功能项目总面积600多万平方米，已竣工面积近250万平方米。宁波华强中华复兴文化园、钓鱼台美高梅“中国假期”等文化休闲项目正在加速推进。43.5平方公里的湿地休闲区开发有序推进，杭州湾湿地在全球环境基金（GEF）和世界银行支持下启动保护工程建设，湿地鸟类从保护前的50多种增加到现在的220多种，4.3平方公里核心区建成开放并晋升为国家级湿地公园。

新区从2013年开始全面启动实施“新三年行动计划”（2013—2015），力争主要经济指标在2012年基础上实现三年再翻番：到2015年，地区生产总值突破350亿元；工业总产值达到1300亿元，跨入全省功能区工业产值千亿级俱乐部；财政一般预算收入达到90亿元；3年累计完成全社会固定资产投资超800亿元；引进项目总投资超800亿元。全区将重点围绕实现“产业梦”、“城市梦”、“生态梦”三个梦想，大兴大干快干苦干实干之风，再掀新一轮大开发大建设热潮。

浙江正泰太阳能科技有限公司

成立于2006年，专注于**尖端光伏产品的研发**和**高效光伏组件**的生产，产品覆盖高效单晶、多晶光伏电池及组件，同时依托母公司正泰集团，正泰太阳能率先成为光伏系统解决方案提供商，可为客户提供全套的硬件产品和光伏系统建设服务。正泰太阳能更积极投身于海外电站开发建设。目前全球已有超过100个大型地面电站项目正在使用正泰太阳能光伏组件发电。

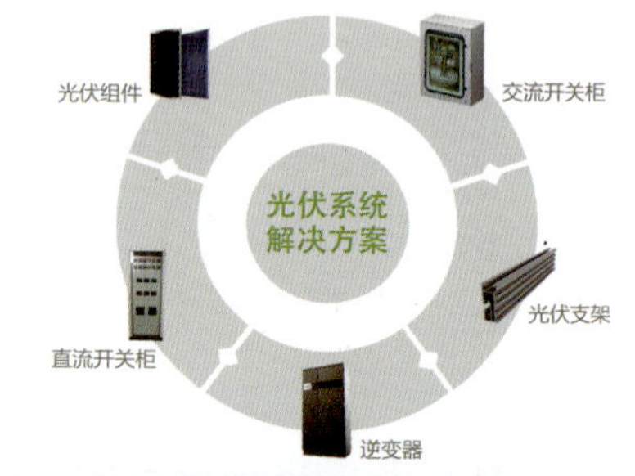

亚洲

欧洲

美洲

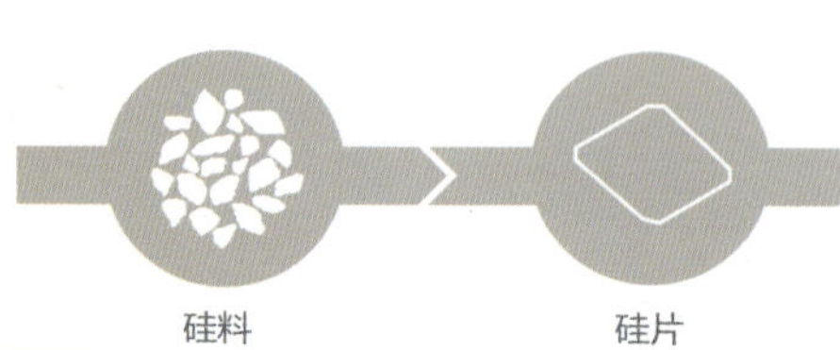

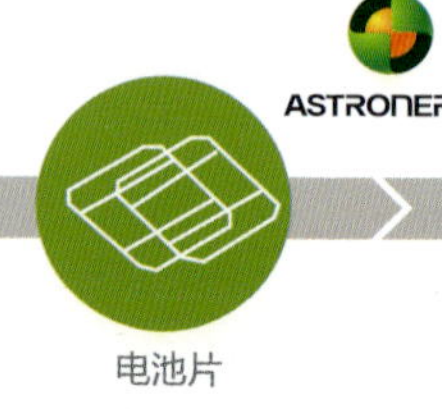

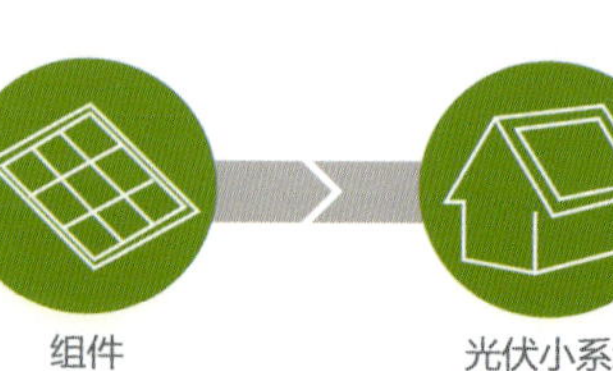

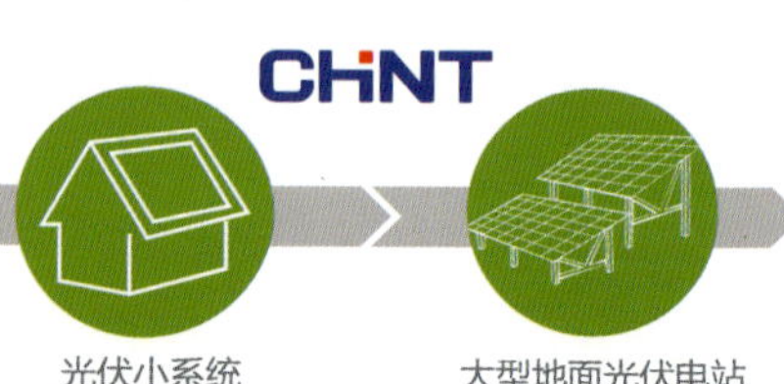

浙江正泰新能源开发有限公司

专业从事**太阳能光伏系统开发与服务**，负责正泰集团和正泰太阳能的**光伏电站投资建设、运营管理及对外工程总承包**。正泰已成为中国光伏电站建设中最大的民营企业之一，国内已建和在建的光伏项目总量已经超过550兆瓦，其中西部地面电站470兆瓦，东部屋顶项目83兆瓦。

内蒙古

湖州

编辑说明

一、《浙江商务年鉴》(2013)(以下简称《年鉴》)由浙江省商务厅《年鉴》编辑委员会组织编纂。

二、《年鉴》是一部全面反映浙江省商务发展情况的资料性年刊,主要记述了2012年浙江省商务发展和基本概况,共设正文10编。

1. 文献和重要文件:收录了2012年赵洪祝同志在全省拓市场促外贸工作电视电话会议上的讲话摘要、夏宝龙同志在全省拓市场促外贸工作电视电话会议上的讲话摘要、龚正同志在全省商务工作会议上的讲话要点、金永辉同志在全省商务工作电视电话会议上的报告、深刻认识十八大精神大力发展国际服务贸易等的报告共5篇,以及2012年浙江省出台有关国内贸易、外经贸的重要文件共17篇。

2. 概述:共刊载了11篇文章。包括《2012年世界经济贸易形势报告》、《2012年国际商品市场走势报告》、《2012年中国宏观经济贸易形势报告》、《2012年中国对外贸易形势报告》、《2012年浙江省国民经济和社会发展统计公报》、《2012年浙江省商务运行形势分析》等6篇文章,以及省国税局、国家外汇管理局浙江省分局、浙江出入境检验检疫局、杭州海关2012年工作运行情况分析和浙江商务大事记等5篇文章。

3. 商务统计:提供2012年浙江省国内贸易、对外贸易、利用外资、对外经济合作以及其他共5方面的统计资料。

4. 调研报告:刊载《以实施“四大国家战略举措”为契机,进一步扩大浙江省对外开放》等调研报告共8篇。

5. 市、县(市、区)商务发展:提供了浙江省11个市、20个扩权县(市、区)2012年国内贸易以及对外经济贸易发展情况。

6. 开发区与保税区发展概况:提供了浙江省16个国家级重点开发区(保税区)、1个经贸合作区2012年的发展情况以及省政府表彰的2012年度10个优秀省级开发区的发展情况。

7. 省级部分商务企业发展概况:提供了浙江省部分商务企业2012年的发展情况。

8. 省级商务研究、服务机构工作概况:介绍了省商务厅下属6个单位在2012年的工作情况。

9. 重大会展、活动概况:介绍了2012年省内外重大商务会展参展情况和重要商务活动概况。

10. 商务表彰:收集了浙江省人民政府表彰的2012年度商务工作成绩显著的县(市、区)和开发区工作优秀单位名单等共6个排行榜。

三、《年鉴》刊登的文章和资料由浙江省商务系统及省级有关部门、开发区有关部门负责人及专业人员撰稿和提供。

四、《年鉴》的出版承蒙各单位、各部门的大力支持和协助,在此谨表衷心感谢。对其中的不足之处,恳请提出宝贵意见和建议,以使《年鉴》越办越好。

《浙江商务年鉴》编辑部

2013年7月　杭州

《浙江商务年鉴》

编辑委员会

主　任　周日星

副主任　陈如昉　韩　杰　胡潍康　徐焕明　黄克旭　马洪涛
王小平　李　虹　于　洋　徐建业　鞠雅莲　高来鑫
马建国

委　员　陈志成　张钱江　陈国荣　张青山　周关林　潘　中
金　星　张　勇　韩　峻　胡　斌　郁海萌　汤小刚
宋东舢　张曙明　韩洪祥　陈建华　卢成南　姚国善
朱　军　梁志良　徐建忠　陈利永　张汉东　张　正
吕伟旗　韦其跃　陈晋祥　王　平　章　勇　刘庆龙
洪庆华　吕齐鸣　俞丹桦　苏向青　凌伯勋　褚连荣
张建生　章光华　江国富　郑奇平　苏为泽　潘旭辉
陈积康

《浙江商务年鉴》

编　辑　部

主　　编　张汉东

副 主 编　胡真舫　程　雁

责任编辑　黄佳玫

编　　辑　林士俊　王君英　赵建华　陈　文　戴争光
李明哲　刘　玲　胡朝麟　诸惠伟　陈频频
江　玮　叶芬芳

目 录
CONTENTS

第一编 文献与重要文件

一、文 献

二、重要文件

第二编　概　述

第三编　商务统计

一、国内贸易

二、对外贸易

三、利用外资

四、对外经济合作

五、其 他

第四编 调研报告

第五编 市、县(市、区)商务发展

一、各市商务发展

二、各扩权县(市、区)商务发展

第六编　开发区与保税区发展概况

一、国家级开发区

二、部分省级开发区

第七编　省级部分商务企业发展概况

第八编　省级商务研究、服务机构工作概况

第九编　重大会展、活动概况

第十编　商务表彰

第一编

文献与重要文件

一、文献

赵洪祝同志在全省拓市场促外贸工作电视电话会议上的讲话摘要

（2012 年 7 月 20 日）

这次全省拓市场促外贸工作电视电话会议是省委、省政府根据当前经济形势决定召开的一次重要会议。会议的主要任务是，认真学习贯彻省第十三次党代会精神、国务院在南京召开的五省经济形势座谈会和王岐山副总理在浙江召开的外贸工作座谈会精神，研究部署全省工业经济保稳促调和拓市场促外贸工作，推动经济稳增长、调结构、增后劲，努力完成全年经济工作目标任务。

一、全面把握当前形势，进一步坚定发展信心

今年以来，全省上下深入贯彻落实科学发展观，全面实施“八八战略”和“创业富民、创新强省”总战略，突出把握“稳中求进、转中求好”工作基调，把“稳增长”放在更加重要的位置，扎实推进经济结构调整和转型升级，各项工作取得了新成绩，经济运行总体平稳健康。初步统计，上半年全省地区生产总值增长 7.4%，二季度全省地区生产总值增长 8%左右，比一季度提高 0.9 个百分点，这为我们下一步稳增长、促转型、实现全年目标奠定了基础。

浙江是工业大省，也是外贸依存度和经济开放度非常高的省份，工业和出口在经济发展中具有举足轻重的地位。认真抓好强工业兴实体和拓市场促外贸工作，对于加快经济转型升级、保持经济平稳较快发展具有十分重要的意义。今年以来，我省外贸和工业形势总体十分严峻。虽然这两个月出口和工业增长速度与一季度比有所回升，但回升的基础并不稳固，面临的困难和问题没有得到根本性的解决，完成全年的增长目标难度很大。突出表现为“两大困难”：一是市场需求不足特别是欧盟市场低迷，导致企业开拓市场困难。欧盟作为我省最大的出口市场，占比超过总量的 1/4。今年上半年，我省对欧盟出口同比下降 6.9%，而去年同期是增长 20.7%，这一升一降，直接影响全省出口增速大约 7 个百分点。另据外经贸运行监测系统数据显示，5、6 连续两个月，出口订单处于微弱不景气区间。同时，国内市场预期走低，制造业采购经理指数 5 月份回落 2.8 个点，6 月份又回落 0.2 个点。这些情况表明，有效需求不足是当前的主要矛盾，并且可能会持续较长时间，这将给我省工业生产和外贸出口的持续回升带来严重的负面影响。二是成本上升等多种因素叠加，导致企业生产经营困难。近年来，企业用工、融资、流通和环境等生产成本持续上升，再加上外需不振、人民币汇率升值等因素影响，企

业生产经营难度加大，经济效益大幅度下滑。上述困难的出现，固然有外部环境的客观影响，但从根本上说，与我省产业层次不够高、企业转型不到位和出口竞争力减弱等问题密切相关。

同时，我们也要看到，当前外贸和工业发展形势也存在较多有利因素和积极变化。从国际看，世界经济低迷短期内难以改变，但仍将保持缓慢复苏和总体增长的态势。从国内看，经济下行压力依然较大，但随着国家宏观调控政策预调微调力度加大、节奏加快，一系列稳增长举措的推出，将为拓市场促外贸创造良好的环境。从省内看，自下而上的集中换届已经完成，新一届领导班子干事创业的劲头足，为推进经济社会发展提供了坚强的组织保证。各级各部门认真贯彻省委、省政府的决策部署，积极推动“四大国家战略举措”和“四大建设”，促进发展实体经济、浙商回归、帮扶企业等政策的落实到位，进一步集聚了推动经济回升向好的动力。从企业看，技术创新和技术改造力度不断加大，开拓市场能力和抗风险能力明显增强，特别是经过多年的锤炼，造就了一支高素质的企业家队伍，有的“创二代”也崭露头角了。这是我省最宝贵的资源和最具特色的优势，也是我们化危为机、克难攻坚的重要力量。从经济规律看，我省出口以一般贸易为主，多为与生产生活密切相关的产品，这部分产品在任何时候都有需求，关键在于我们能否不断提升开拓市场的能力，改善产品质量和增强市场竞争力。也就是说，一是产品对路，适应市场需求；二是产品质量好；三是产品价格好。

总之，我们一定要全面分析和正确把握当前经济形势特别是外贸和工业形势，既看到形势的复杂性和严峻性，保持清醒头脑，增强忧患意识，又看到有利条件和积极变化，坚定发展信心，倍加振奋精神，集中精力抓好当前拓市场促外贸工作，积极主动做好应对更加复杂、更加困难局面的准备，努力推动经济平稳较快增长。

二、坚持“稳中求进、转中求好”，扎实做好强工业兴实体和拓市场促外贸工作

当前，我省正处于经济企稳回升和转型升级的关键时期，做好强工业兴实体和拓市场促外贸工作至关重要。这是一个事物的两个重要方面。我们一定要坚持以邓小平理论和“三个代表”重要思想为指导，深入贯彻落实科学发展观，认真落实省第十三次党代会精神，深入实施“八八战略”和“创业富民、创新强省”总战略，突出把握“稳中求进、转中求好”工作基调，继续坚持“保稳促调、标本兼治”，致力于加大有效投资、促进消费增长和外贸出口，进一步明确工作责任，创新工作举措，狠抓工作落实，努力推动工业化和出口稳定回升，不断巩固经济趋势向好的势头，以优异成绩迎接党的十八大胜利召开。下半年要重点抓好以下 5 方面工作：

1. 千方百计开拓国内外市场。抓订单保市场是稳增长促转型的重要基础，也是经济工作的当务之急。要把保市场拓市场摆到更加突出的位置，不断巩固扩大国际市场，全面进入国内市场，做牢做实省内市场。要积极推进市场多元化，在保持和稳定欧美日传统市场份额的同时，大力开拓和培育新市场，深挖俄罗斯、印度、中东、非洲、南美等有潜力的市场。要支持企业积极参加各类展会，加大对企业参展的政策扶持力度，不断提高参展成效，抢抓出口订单。要大力培育新的出口增长点，积极发展服务贸易，推进加工贸易转型升级，鼓励文化产品出口。要坚持“引进来”和“走出去”相结合，不断提高利用外资质量和水平，加强境外营销网络建设，带动外贸出口增长。要充分发挥我省电子商务的基础和优势，加快国际电子商务中心建设，推动网上市场、网站品牌以及产品品牌建设，努力探索开拓市场的新模式。同时，要鼓励企业抓住最近国家出台的稳增长、惠民工程和推广节能产品等扩内需政策机遇，积极开拓国内市场。通过浙江名品中心、品牌专卖连锁、专业市场在省外开设分市场等多种流通渠道，不断提高浙江产品的国内市场占有率。

2. 坚定不移推进结构调整和产业升级。这是稳增长促转型的根本途径。当前我省工业和外贸发展所面临的困难，既有外部因素，也有内在原因，主要在于结构调整和产业升级相对滞后。要大力推进工业强省建设，特别是工业强县（市、区）试点工作，加快产业、企业和产品结构调整，

转变工业发展模式，不断增强市场竞争力。要抓住当前价格走低的有利时机，加大企业技术改造力度，引进先进技术装备，提高“浙江制造”附加值。要大力发展战略性新兴产业和先进制造业，坚决淘汰落后生产能力，推动传统产业的“脱胎换骨”。要继续抓好龙头骨干企业培育工作，大力推进块状经济向现代产业集群转型升级，不断提升产业综合实力和国际竞争力。要加快外贸发展方式转变，进一步优化出口产品结构和企业结构，重点支持具有自主知识产权、自主品牌的产品出口，鼓励民营企业扩大外贸出口。同时，要充分利用世界经济低迷的有利时机，积极扩大出口，鼓励和支持企业加大引进先进设备和技术、能源资源等力度，切实优化进出口结构。要进一步做好义乌市国际贸易综合改革试点工作，争取在“市场采购”新型贸易方式、海关监管模式、出口商品检验检疫机制创新等方面取得突破，努力完成年初确定的改革目标任务。

3. 坚持不懈推进科技创新。科技创新是稳增长促转型的持续动力。要认真贯彻落实全国科技创新大会精神，深入推进国家技术创新工程试点省建设，切实解决制约科技创新的突出问题，加快提高自主创新能力。要着力增强产业集聚区和各类开发区（园区）的科技含量，加快推进青山湖科技城和未来科技城、清华长三角研究院、中科院宁波材料研究所等科技大平台建设，引领全省科技创新和转型升级。要更加突出企业技术创新主体地位，支持企业建立高水平的研发中心，大力培育高新技术企业和创新性企业，加快完善以企业为主体、市场为导向、产学研相结合的技术创新体系。要鼓励企业“走出去”收购知名品牌、研发机构，引进各类人才，积极推进工业设计示范基地、“两化”融合等试点工作。要大力实施知识产权、品牌和标准化战略，促进企业强化质量和品牌意识，加快品牌强省和质量强省建设。

4. 扎扎实实推进平台建设提速提质。产业集聚区等大平台建设是稳增长促转型的重要载体和抓手。要高质量高标准推进产业集聚区建设，坚持“产城”联动，强化要素保障，加快重大基础设施和产业项目建设，切实做到产业集聚、人口集中、资源集约和生态优美。要着力抓好各类园区的整合提升，加快经济技术开发区、高新技术园区的转型升级，努力形成以产业集聚区为主体、经济技术开发区和高新技术园区为依托的产业集聚发展新格局。要大力推动有效投资增长，确保完成浙商回归投资任务，突出转好重大战略签约项目的跟踪落实，重点保障重大基础设施和投资额大、带动力强、产出高的重大产业项目建设。要坚持“腾笼换鸟”、“以亩产论英雄”，高度重视生态环境建设，努力为新兴产业和先进制造业发展腾出空间、腾出要素、腾出环境容量，全面提高可持续发展水平。同时，加快出口基地和进口基地建设，联动推进国家、省、市、县四级出口基地建设，并依托海关特殊监管区、重要港口建设若干个国内外有影响力的特色进口商品交易中心。

5. 进一步加强人才队伍建设。人才是第一资源，是稳增长促转型的决定性因素。要深入实施科教人才强省战略，创新人才工作体制机制，加大人才引进和培育力度，努力形成“人才辈出、人尽其才”的良好局面。要围绕转型升级和竞争力提升，重点抓好企业家、创新型人才和拓市场人才等三支队伍建设。要从制度创新和环境优化切入，持续激活和发挥好企业家创新精神，鼓励新一代企业家加强学习、开阔视野、提高能力，建设一支具有国际商业战略眼光的企业家队伍。加大科技人才引进和培育力度，突出企业人才开发，鼓励人才向企业流动，让人才在一线发挥作用。创新市场营销人才培养机制，大力引进和培养国际商务人才，加快形成一支善抓市场机遇、善于营销创新的国际化人才队伍。

三、切实加强组织领导，努力营造良好发展环境

总体上看，今年要完成全年预期目标，任务十分艰巨。各级各部门要统一思想，提高认识，进一步增强紧迫感和责任感，全力抓好强工业兴实体和拓市场促外贸的各项工作，努力推动经济平稳较快发展与社会和谐稳定。

1. 加强领导，形成合力。各级党委、政府要把强工业兴实体和拓市场促外贸摆到更加突出

的位置,加强组织领导,健全工作机制,集中精力研究解决当前发展中出现的突出问题。要完善领导干部考核制度,进一步健全绩效评价机制,更加注重对质量效益、结构优化等方面的考核评价,确保各项工作任务落到实处。要充分调动方方面面的积极性,加强与海关、金融机构等相关单位的沟通合作,充分发挥商会、行业协会的作用,努力形成共同支持强工业兴实体、拓市场促外贸的工作格局。

2. 完善政策,帮扶企业。要全面落实国务院和省委、省政府支持小微企业健康发展、促进外贸出口发展和稳增长的一系列政策措施,并根据形势的变化和需要,制定出台新的扶持政策。要落实好国家有关部门最近出台的扩大民间投资的实施细则,进一步优化民营企业发展环境。要积极推进地方金融创新,进一步鼓励企业开展上市等直接融资。要加大对企业科技创新的支持,鼓励企业建立研发中心,落实好对企业设立研发总部、建立研究院的奖励政策。要支持企业开拓国内外市场,重点研究出口信用担保、企业参加展会和营销网络建设等方面的财政扶持政策。

3. 转变作风,优化服务。要深化审批制度改革,加快政府职能转变,切实转变工作作风,进一步提高行政效能和服务质量。要深化"进村入企"大走访活动,认真总结开展"进村入企"大走访活动的情况,重点梳理企业反映的困难和问题,通过采取"回头访"等形式,制定有效措施,切实加以解决。要大力推进减轻企业负担的"阳光行动",切实降低企业税负成本和综合商务成本。要强化资源要素保障,加强煤电油运综合协调,特别是要认真做好电力迎峰度夏工作,千方百计保证企业用电需求。要进一步推进"大通关"建设,促进贸易便利化,加强国际贸易预警机制建设,切实做好贸易摩擦应对工作,为企业开拓国际市场创造良好的外部环境。

夏宝龙同志在全省拓市场促外贸工作电视电话会议上的讲话摘要

（2012 年 7 月 20 日）

这次会议的主要任务是，认真学习贯彻国务院在南京召开的五省经济形势座谈会和在浙江召开的外贸工作座谈会精神，按照省第十三次党代会提出的要求，研究部署全省强工业兴实体和拓市场促外贸工作，努力实现全省经济平稳较快健康发展。刚才，赵洪祝同志作了一个非常重要的报告，全面分析了当前我省工业和外贸形势，重点就强工业兴实体和拓市场促外贸工作作了具体部署，工作要求、目标要求和责任要求都很明确，我们一定要抓好贯彻落实，推动各项工作落到实处。下面，我再强调几点意见。

第一，咬住年初确定目标不动摇。今年上半年，我省经济运行总体平稳健康，进入二季度以后，主要经济指标触底企稳的迹象较为明显，结构调整、转型升级取得新进展，全省发展呈现“稳中有进”的态势。尤为可喜的是，经济运行中出现了许多积极变化和新的亮点。一是有效投资“一马当先”。上半年，全省固定资产投资增长23.9%，这是近几年没有过的好成绩。出口和消费也在投资的拉动下平稳增长。二是浙商回归如火如荼。1 月份我省新注册的企业中，回归浙商占 3.8%，到 6 月份这一比例上升至 13.1%。截至 6 月底，全省浙商回归到位资金 709 亿元，完成年度下达计划的 59%。三是转型升级步伐加快。上半年，高新技术产业、装备制造业增加值增速分别快于规模以上工业 3 个和 0.3 个百分点；高耗能行业增加值增速低于规模以上工业 0.7 个百分点；节能减排形势良好，初步预计，上半年单位 GDP 能耗下降 6%，降幅比一季度扩大 0.5 个百分点，为近两年最好的态势。以上这些都为下一步我省经济更长时期的又好又快发展打下了良好的基础。实践表明，省委、省政府抓有效投资、抓浙商回归、抓转型升级、抓发展环境优化等一系列决策部署是及时的、正确的，狠抓作风建设、效能提升等凝聚全省意志抓发展、促增长的措施是得力的、有效的。

同时，我们也要清醒地看到，外部发展环境仍然复杂严峻，经济运行中的一些问题和困难依然突出。市场有效需求尤其是国际市场需求不足，直接导致出口增幅回落较大，拖累了工业增速放缓。工业和出口已成为制约我省经济企稳回升的两个薄弱环节。可以说，下半年经济能否继续巩固和扩大趋稳向好的发展态势，完成全年的目标任务，很大程度上取决于工业和出口的回升状况。现在看来，全球经济下行的压力仍然较大，我国经济困难还要持续一段时间。我们既要充分估计困难和挑战，更要看到稳增长的各种有利条件。无论形势如何变化，各级党委、政府和各部门都要把工作重心放到强工业兴实体和拓市场促外贸上来，咬住年初确定的目标不动摇，进一步创新举措、狠抓落实，力争完成工业和出口的既定目标。年初制定的生产总值增长 8.5%的目标，完全符合浙江的实际。现在到年底还有半年时间，而且经济形势一季比一季好、一月比一月好，工业和出口也在小幅回升，我们完全有信心完成既定的目标任务。今年的目标考核要较真，完不成任务的地方和部门要说明究竟是外部原因还是内部原因，究竟是客观原因还是主观原因造成的。我们分析问题不能总找外部原因，还得从自身找原因。“不当太平官”这句话，在经济形势好的时候说起来很轻松，但只有在经济形势不好的时候做到了，才是真水平。

工业和出口是两个主要的排序指标。排序不是目的，而是为了比出干劲、比出差距、比出效果、比出努力的方向，加快形成你追我赶、奋勇争先、干事创业的氛围。从上半年规模以上工业增速情况看，有4个设区市和34个县(市、区)低于全省平均水平，其中有15个县(市、区)是负增长。从出口增速情况看，有8个设区市和34个县(市、区)低于全省平均水平，其中有21个县(市、区)是负增长。下半年，工业和出口较好的市县要能快则快，多作贡献；暂时落后的市县，要争取赶上来，不拖后腿。尤其是全省14个产值超千亿元的工业大县(市)和出口十强县(市)，要为全省工业和出口回升勇挑重担。全省上下要凝成一股劲，坚持一级抓一级，层层抓落实，拿出真本事来攻坚克难，以实际行动促进工业和出口稳定回升。尤其是各级领导干部要到企业中去蹲点调研，及时帮助企业解决困难。

第二，力保市场份额不退让。市场份额来之不易，是企业的生命线。国际市场风云变幻，各级各部门和企业要千方百计抓市场保市场拓市场，确保已有市场不失守，新兴市场抢份额，省外市场稳提升，省内市场大提高。没有市场，发展无从谈起。只要市场份额不失，经济一旦回暖，企业就会生机焕发；市场一旦丢失，就可能一去不复返。各级各部门要与金融机构和广大企业抱团渡难关，尽心尽力支持企业巩固和扩大来之不易的市场份额。我再强调一个观点：企业是冲锋陷阵的将士，实现工业和出口回升要靠企业在市场中“拼杀”；政府是提供保障的后勤部，企业需要什么政府就要提供什么。各级各部门都要“善待”企业，主动帮助企业协调解决拓展市场中遇到的困难和问题，加快形成主攻出口、拓展市场的强大合力。省商务厅、省财政厅要尽快制定实施支持浙江产品拓市场的“一揽子”政策措施，其他部门也要优化服务，把更多市场份额“抢”到浙江制造上来。同时，市场卖的是产品，产品能够卖出去才有市场，产品卖不出去就没有市场。虽然国际市场需求总体不振，但并非所有市场都不景气，有些企业的产品就卖得很好，这说明产品对路。帮扶企业首先要看产品行不行，不行的话就引导支持企业抓紧转、上新产品，对此我们要形成共识。

第三，推动转型升级不迟疑。当前我们工业和出口增速较慢，既有全球有效需求不足的影响，也有市场拓展不够的原因，但根子在于我们自身转型升级缓慢和产业产品竞争力不强。浙江工业经济正面临着两个陷阱。一个是低端陷阱。主要表现为工业结构调整步伐不快，以低端产业和低端劳动力、低技术、低附加值产品为主的结构特征明显，产业长期处于低层次而升级缓慢，工业增长潜力受到严重制约。另一个是“三明治陷阱”。三明治的两边分别是成本和售价，中间层是实体企业利润。在成本明显提高和售价不断下跌的双向挤压下，实体企业利润迅速变薄。这两个陷阱实际上是一个问题的两个方面，都是浙江经济结构和传统发展方式的现实写照，是我们当前经济问题的深层次原因。如果不跳出这两个陷阱，即便经济暂时稳住了，也无法实现长时期的平稳较快发展。我们要以“功成不必在我”的境界，克服各种畏难情绪和消极懈怠思想，充分利用经济下行对结构调整行程的倒逼机制，抢抓机遇，加快推动结构调整，坚持标本兼治、以调促稳，坚定不移走转型升级之路。一要把有效投资作为推动经济转型升级的关键之举。今年全省固定资产投资增长要确保达到15%以上，力争超过20%，总量要确保1.6万亿元，力争突破1.7万亿元。今年投资能增加多少就增加多少，还要坚定不移地再狠抓上几年，为浙江经济转型升级增后劲、打基础。经济形势越是不好就越要狠抓投资，但这个投资必须是有效投资，不能再搞“低、小、散”。要抓住国家促投资稳增长政策实施的机遇，省发改委和各地要积极向国家有关部门汇报和衔接，争取更多“国批”项目尽快获批实施。要加大“省批”项目的前期工作力度，尽快审批实施一批重大项目。要实施“一个项目、一名领导、一套班子、一抓到底”的工作机制，集中力量抓开工，列入计划的省市重大项目要倒排开工计划，落实开工条件，确保三季度省重点建设项目开工率达到70%以上。同时，切实落实国务院民间投资“新 36 条”实施细则，省发改委要牵头协调推进，力争在我省率先实现大的突破。二要把浙商回归投资创业作为推动经济转型升级的重要抓手。浙商回归项目都是第三代的大项目好项目，抓浙商回归就等于抓转型升级。以前浙商发扬“四千四万”精神，打出了一片天地，现在请浙商回来也要大力弘扬“四千四万”精神。我们提出每一个在外浙商都要在家乡树一块丰碑，这个丰碑不是“牌坊”，代表的是为建设发展家乡作出的贡献。现在浙商一拨一拨地回来了，各级各部门要常对照“四个够不够”的要求做好服务工作，把广大浙商的心凝聚起来。要建立浙商重大项目“绿色”通道，千方百计推进一批浙商回归重大项目的落地开工，确保完成 1200 亿元的浙商回归投资任务。三要把科技创新和成果转化作为推动经济转型升级的关键环节。当前我省自主创新工作中还存在“四个不”的问题，即科技投入产出不匹配、产学研用结合不紧密、科技评价机制不合理、人才发展机制不完善。有关部门要围绕改变这“四个不”做好文章，着力提升科技资金使用效果，推动形成企业为主导的产学研用合作体系。企业是科技创新的主体，要鼓励科研人员到企业当中去搞科研，推动产学研用结合。要把 14 个省级产业集聚区建设成为科技创新园区，引导产业集聚发展、高端发展。进驻的企业要体现“大、精、尖”，各个县里的企业也可以“入股”的方式放到集聚区里，共建共享基础设施和政策资源。唯有如此，才能称得上是“大平台”。四要把减员增效作为推动经济转型升级的突破口。转型升级的具体体现是成本要降下来，劳动生产率要高起来，人员要减下来，机器要躲起来。近十年，我省增加了 800 万名外来劳动力，其中 81.9%仅有初中以下文化水平，绝大多数在第二产业就业。同兄弟省市相比，我省企业的装备水平也比较低，下一步要制定政策支持装备制造业发展。要引导企业抓住当前建设成本、设备购置成本较低的有利时机，重点是加快自动化生产线的更新改造，以机器替换人，推动企业由劳动密集型加快向技术密集型转变，大幅度提高劳动生产率。五要把加快淘汰落后产能、加快“腾笼换鸟”作为推动经济转型升级的重要举措。要坚决压缩一批重污染高耗能企业，为好产业好企业好项目腾出资源环境容量。各地要顶得住批评和非议，舍得把一些低端加工制造环节转移出去。

第四，坚持逆势奋进不退缩。在复杂严峻的外部发展环境尤其是极不稳定的国际市场形势下，全省经济发展实现了“稳中有进”。这充分表明，各级领导干部、基层和企业的精神状态很好，干劲很足。下半年的形势依然严峻复杂，但是越是环境困难、条件艰苦，我们越要振奋精神、迎难而上。当前，存在两种说法值得警惕。一种是无用论。有人认为，国际金融危机仍在深化，国际国内经济都在下行，政府再怎么抓都没有用，再怎么干也改变不了经济运行下滑的状况。这是给自己不想干工作、干不好工作找理由。上半年的经济形势充分说明只要我们有作为，必有好成效。还有一种是无为论。有人认为，在市场经济条件下，生产经营完全是市场行为，是企业的事，政府不应插手也不用插手，应该无为而治；随着外部发展环境的好转，即使不作为，经济也会好起来。市场经济有“两只手”，一只是“看得见的手”，即政府行为；一只是“看不见的手”，即价值规律。只有“两只手”协同动作，才能促进经济平稳较快发展。在中国特色社会主义市场经济体制中，企业需要政府这只手，但政府不能直接干预企业的经营行为，而是要为企业发展创造良好的发展环境，支持企业在市场竞争中“打胜仗”。因此，这两种说法必须坚决批判和摒弃。事在人为，路在脚下。各级各部门要把思想和行动统一到中央和省委、省政府对当前经济形势的分析判断和工作要求上来，坚定信心，逆势奋进，坚持标本兼治、以调促稳，努力确保经济平稳较快发展和社会和谐稳定，确保完成全年目标任务，以实际行动、优异成绩迎接党的十八大胜利召开。

龚正同志在全省商务工作会议上的讲话要点

（2013年1月21日）

一、 充分肯定2012年及过去五年商务发展取得的成绩

（一）综合实力实现新跨越

一是商贸流通业跃上新台阶。2010年全省社会消费品零售总额首次突破万亿元，预计2012年达到1.35万亿元，居全国第四位，5年年均增长16.7%。二是对外贸易取得新突破。进出口总额连续跨越2000亿美元和3000亿美元两个台阶；出口规模在2011年超过上海跃居全国第三位，占全国外贸出口的比重稳中有升(2007年是10.5%)；进出口、出口5年年均增幅分别达到12%和11.9%，外贸大省地位进一步确立。三是利用外资创出新水平。5年全省实际利用外资累计557.5亿美元，基本保持每年有所增长的良好势头，其中服务业利用外资的比重5年来提升了21.4个百分点。四是对外投资发展迅速。5年对外投资中方投资额累计127.9亿美元，居全国前列；境外投资方式不断创新、领域不断拓展。吉利集团全资收购沃尔沃成功，成为我省第二家世界500强企业。

（二）转变发展方式成效显著

一是城乡消费环境进一步改善。尤其是农村连锁便民店覆盖率快速提升，电子商务应用发展迅速。二是外贸结构进一步优化。对新兴市场和发展中国家出口比重不断提高；自主品牌培育加快；服务贸易尤其是服务外包快速发展，离岸合同执行额已占全国的近11%，服务贸易还被列入了对各市党政领导班子评价考核内容。三是“引进来”和“走出去”带动产业结构调整成效明显。1000万美元以上大项目合同外资比重从2007年的73.1%提高到94.0%，特别是世界500强项目不断增多，已累计引进154家世界500强投资企业443个；对外投资有力地带动了省内过剩产能转移，促进“腾笼换鸟”和产业转型升级；企业国际化经营能力进一步增强。

（三）平台建设进一步加强

一是开发区整合提升工作取得明显成效。经过近五年的努力，“空间拓展、产业升级、体制创新”三大目标已基本实现，开发区的地位和作用进一步凸显，贡献不断加大。二是开放平台尤其是国家级平台的品牌效应优势和综合竞争优势日益增强。新增12个国家级经济技术开发区，总数占全国的1/10，宁波梅山保税港区、舟山港保税区成功获批；建设了22个国家级、109个省级出口基地，推动重点出口产业集聚发展；3个国家级境外经贸合作区和2个省级境外工业园发展势头良好；根据对台交流和经贸工作的需要，整合设立了4个浙台经贸合作区。此外，浙洽会、消博会、义博会、纺博会等重点境内外展会的作用更加显现，境内外营销网络体系建设不断加快，有力地推动了拓市场、稳增长各项工作。

（四）发展环境不断优化

一是深化体制机制改革。义乌市国际贸易综合改革试点扎实推进，“市场采购”新型贸易方式先行先试取得良好成效；温州开展个人境外直接投资试点工作有序推进；相继出台了生猪屠宰、散装水泥等管理实施办法和条例。二是口岸环境进一步改善。“大通关”建设进一步推进，电子口岸建设多项工作全国领先，“一次申报，一次交单，一次查验，一次放行”、“省域出口商品直通放

行”等多项便捷通关模式取得积极成效，企业反映良好。三是行政效能进一步提升。积极简政放权，梳理下放省级行政审批和管理权限；典当、拍卖、直销成品油等行业监管得到进一步加强；深入开展服务基层、服务企业活动，积极帮助企业解决各类难题；全面落实国家结构性减税政策，取消、暂停、降低相关收费，切实减轻企业负担。四是投资贸易保障工作成绩显著。商务运行与检测体系逐步完善；应对贸易摩擦、维护产业安全的水平和能力进一步提升；开展打击侵权制假专项行动、积极妥善处置“万家购物”传销案件、撤离及安置我省在利比亚企业和人员等工作，有力地保障了全省商务事业的健康发展。此外，省政府还分别与国家商务部、质检总局、海关总署、中国出口信用保险公司等签订了合作备忘录，进一步密切关系，加强共建。

回顾过去五年的工作，我们主要有以下几点体会：

一是围绕服务大局，全力发挥好商务工作的作用。商务工作事关国内、国外两个大局，事关第一、二、三产业和消费、出口、投资“三驾马车”。过去五年，我们始终围绕全省发展大局开展工作，积极应对国际金融危机的严重冲击，及时研究和落实搞活流通扩大消费、稳定外贸增长、加快转型升级等一系列政策举措，全力服务“四大国家战略举措”和“四大建设”，努力扩大有效投资、积极推动浙商回归，为我省经济在全国率先企稳回升作出了重要贡献。2009年初省商务厅的组建成立，进一步理顺了政府职能，推动了内外贸的融合发展，开创了商务工作新局面。

二是围绕科学发展，不断完善商务工作思路。2008年底，我们提出要坚定“三个信心”。2009年提出了狠抓“三大市场”保增长、保发展；依靠“三大法宝”调结构、促转型。2010年着力推动企业利用“三大法宝”开拓“三大市场”，加快商务领域“三个转变、四个结合”，推动全省商务事业协调、可持续发展。2011年研究确定“三个走在前列，五个显著提高”作为“十二五”时期商务工作的总体目标。2012年要求各地高度重视外贸出口对于稳增长的重要性，强化“一个观念”，坚持“四个不下降”，积极争取综合效益最佳。这些思路和要求，都是按照科学发展观的要求，按照中央和省委、省政府的一系列决策部署提出来的，比较好地、及时地指导了全省各项商务工作的开展。

三是围绕破难题重落实，积极探索推动商务工作统筹均衡发展的重大举措。积极应对国际金融危机。省政府以及各地、各部门及时出台了一系列稳外需、拓内需、调结构的政策，各级财政、信用保险等部门进一步加大支持力度，形成了家电汽车下乡、以旧换新、农超对接、服务外包、境内外展会、电子商务、营销网络建设等一系列新的工作载体和抓手。促进双向投资、对外贸易协调、可持续发展。省政府分别于2011年和2012年召开了全省首次加快实施“走出去”战略和加强进口工作会议，统筹省内发展和对外开放，推动“引进来”和“走出去”并重、出口和进口并重，并出台了相关政策意见。此外，我们还积极推进实体市场和网上市场的合作、互相发展，再创浙江市场发展新优势。

二、认清形势、把握大局，进一步增强做好商务工作的责任感和使命感（略）

三、明年及今后五年的目标、思路和工作重点

（一）工作目标

对照省委十三届二次全会提出的干好“一三五”、实现“四翻番”，扎实推进“两富”现代化浙江建设的要求，全省商务工作的“一三五”预期目标分别是：

2013年，全省社会消费品零售总额增长13%以上；外贸出口力争增长8%；服务贸易增长10%以上；实际利用外资100亿美元；对外直接投资中方投资额20亿美元。

到2015年，不折不扣地完成“十二五”规划确定的各项指标，包括“三个走在前列、五个显著提高”的定量、定性指标。这里再强调一下，“十二五”规划已经实施了两年，要做好“回头看”工作，把握好进度。

到2017年，全省社会消费品零售总额力争突破2.5万亿元；出口额3250亿美元；服务贸易增长快于货物贸易；实际使用外资规模保持稳定，总体效益提高；对外投资规模在30亿美元以上。

到2020年，社会消费品零售总领、出口两项指标也要力争“翻一番”，争取提前实现，为全省“四个翻番”作贡献。

希望各地根据全省的目标，制定相应的“一三五”目标。基数比较小的地方，应该争取多翻一点、翻快一点；基数比较大的地方，也要继续走在前列、当好示范。

（二）总体思路

围绕一条主线，构建两个体系，突出三个重点，保持商务事业持续健康较快发展。概括起来说就是“123”。

1. 围绕一条主线，加快转变商务发展方式。就是要继续推进商务领域“三个转变、五个结合”，实现“优化结构促增长，转型升级增核力”。

“三个转变”，一是从主要依靠传统外需市场向内需、外需两个市场协调拉动转变，狠抓三大市场，推进市场结构优化。二是从数量增长型驱动模式向质量效益型模式转变，着力帮助企业掌握运用“三大法宝”，提升企业国际竞争力。三是从着重传统贸易出口向内贸和“四外”（外贸、外资、外经、外包）协调发展转变。

“五个结合”，内贸外贸相结合，出口进口相结合，“引进来”和“走出去”相结合，传统货物贸易和现代服务贸易相结合，实体市场和虚拟市场相结合，加快形成“一内四外”相互促进、协调发展的新机制。我重点讲一下实体市场和虚拟市场相结合。大家都知道，浙江是商品专业市场大省，当前市场面临转型升级的紧迫任务。与此同时，近年来我省电子商务发展也很快，综合竞争力全国领先，“十二五”期间我们提出了把浙江打造成为“国际电子商务中心”的目标。因此，我们要通过合作开发、错位发展，实现虚拟市场与实体市场的强强联手、优势互补，也就是要让实体市场“上网”，让虚拟市场“落地”，推动有形与无形的互补，网上与网下的融合，传统渠道和互联网渠道的互动，构筑浙江市场发展的新优势。

2. 构建两个体系，就是构建搞活流通扩大消费的长效体系，构建互利共赢、多元平衡、安全高效的开放型经济体系。

（1）搞活流通扩大消费的长效体系。中央提出，扩大内需特别是居民消费需求是我国经济发展的长期战略方针和基本立足点。因此，我们要把扩大消费工作放在更加突出的位置，进一步深化流通体制改革，不断增强消费对经济增长的基础性作用。

促消费这块工作，主要还是要围绕“六个花”想办法、出思路。“有钱花”（收入分配）、“敢于花”（社保），与商务工作涉及不多；其他“四个花”，包括“愿意花（物价）”、“有地花（设施）”、“值得花（需求）”、“放心花（安全、打假）”，商务部门要牵好头、发挥好主导作用。

搞活流通这块工作，主要还是要加强现代化流通体系建设。思路上，要按照大流通的思路，坚持流通与工业、农业和其他服务业联动发展，强化流通在引导消费、促进生产和稳定市场方面的作用，提升流通业对转型升级的促进功能。具体做法上，要实现两个转变：从“三差”向“四化”转变、从“三单”向“四链”转变。也就是从传统流通产业的时间差、空间差、批零差向现代流通业的信息化、网络化、连锁化、扁平化转变；从经营品种单一、经营业态单一、盈利方式单一向产业链、供应链、价值链、利润链转变，降低流通成本，提高流通效率。

（2）互利共赢、多元平衡、安全高效的开放型经济体系。党的十八大报告强调，要“全面提高开放型经济水平”，并明确提出了全面提高开放型经济水平的一个目标、一条主线、四项工作重点和两大保障举措。这些表述和要求，为我们做好今后一个时期的开放型经济工作指明了方向。全面提高开放型经济水平的核心，就是要全面深入贯彻落实科学发展观。科学发展观的基本要求就是：全面、协调、可持续发展。我认为应该包含三个层次：

一是绿色环保、低碳节能发展。就是要运用“倒逼”机制实现转型升级。这是国际经济发展新趋势，特别是对我们浙江来讲，目前正面临着“低端失守、高端未占”的局面，再加上贸易保护主义、知识产权调查等贸易壁垒压力不断加大，不转型升级难有出路。夏宝龙书记讲，当前，浙江经济面临低端陷阱、“三明治陷阱”。

二是统筹协调、均衡平稳发展。就是要实现：内外需结合，两个并重（出口与进口并重、“引进来”与“走出去”并重），要把扩大内需特别是消费需求与稳定外需结合起来，加快形成消费、投资、出口协调拉动经济增长的局面，走均衡发展之路。

三是互补共赢、包容和谐发展。就是要统筹省内发展和对外开放，促进双向贸易与投资和谐发展。与传统单纯强调的市场开放和国际竞争相比，更加注重发展机制的兼容性、发展成果的共享性、发展条件的可持续性。对我们促进对外贸易平衡发展、加快实施“走出去”战略更具指导意义。

下一步我省开放型经济的发展应着重在推动“三个发展”方面下功夫，充分利用两个市场、两种资源，促进开放型经济体系的建立完善——最终实现互利共赢、多元平衡、安全高效，为促进全省经济社会的科学发展、可持续发展发挥应有作用。

3. 突出三个重点。第一个重点是：扎实推进义乌市国际贸易综合改革试点。确立“市场采购”新型贸易方式，这项工作要抓紧。要加强与国家有关部委的协商，提出一个各方都能接受的方案。同时，要抓紧制定完善相应的配套监管办法和措施。关键要把握好两个方面：一是要充分运用信息化手段，实现“四个可”，即源头可溯、全程可控、风险可防、责任可究。二是要有一个区别的政策，真正体现守法导向，倡导诚信守法，做到守法便利、违法严惩。尤其是要拉开守法获利太少、违法成本太低这两者之间的差距；由“由物及人”转变为“由人及物”，最终“不战而屈人之兵”，提高效率，提升效果；实现管理观念、制度、方法三个创新。

第二个重点是：强化推进两个“并重”、四项工作。一是坚持出口与进口并重。首先我要强调的是，对出口工作始终要予以高度重视。出口作为“三驾马车”之一，拉动经济增长的作用是显而易见的。国际市场千万不能放，一旦市场份额丢了，很难再拿回来。下一步发展中有相当部分产能会过剩，影响就业、民生。出口也是我们参与国际同台竞争，提升竞争力的一个重要途径。没有过时的产品、过时的产业，只要注重创新、注重升级换代，就会有出路。二是与此同时要做好进口这篇文章。扩大进口有四大作用：促进贸易收支平衡（我省进口占进出口的比重长期处于30%以内，去年好不容易到30%，今年又回到28%。今年进口负增长的问题，要好好分析）；引进先进技术和关键设备、推动转型升级；缓解能源资源瓶颈、保障经济可持续发展；丰富消费、改善生活质量。

二是坚持“引进来”与“走出去”并重。这是新时期实现对外开放、全面协调发展的内在要求，有利于拓展发展空间，统筹利用两个市场、两种资源，积极参与经济全球化。保持规模适度增长，更加注重利用外资综合优势和总体效益，是今后一个时期利用外资工作的重点；同时，要充分利用当前“走出去”的有利时机，积极探索各种“走出去”的途径和形式，最终实现“走出去”和“引进来”的良性互动。

第三个重点是：加快发展服务贸易，推动货物贸易与服务贸易均衡发展。在推动运输、旅游等传统服务贸易又好又快发展的同时，着力扩大服务外包规模，发展文化贸易，推进技术贸易。尤其是要按照十七届六中全会的要求，推动文化产品与服务出口的大发展。

（三）关于2013年商务工作的重点任务

结合省委、省政府和商务部的有关部署，重点抓好以下四方面工作：

1. 千方百计拓市场，把保持商务事业平稳健康发展作为最紧迫的任务。一是着力保持出口稳定增长。继续加强对各市外贸出口的目标责任考核，从年初开始就要狠抓，全力以赴往前赶，争取把工作做前面，掌握主动权。2012年明确的出口奖励已经确定，要抓紧兑现。二是着力扩大内需、促进消费。重点要按照商务部的要求，积极培育新的消费热点，研究实施信用消费促进政策，带动家电、家具、汽车等耐用品消费。采取切实措施培育浙江商品品牌，推动其进入大型商场、购物中心和连锁超市。

2. 坚定不移促转型，把加快转变商务发展方式摆到更加突出的位置。一是加强现代流通体系建设。尽快出台我省深化流通体制改革加快流通产业发展的实施意见，以及相关配套政策措施。大力发展电子商务、连锁经营和统一配送等现代流通方式，鼓励传统商务企业充分应用电子商务。二是加快转变外贸发展方式。尤其是要更加重视进口，按照去年全省进口工作会议的要求，扎实推进相关工作，包括举办好消博会期间的进口商品博览会。三是提高利用外资的综合优势和总体效益。着力做好引进世界500强、推动民营企业与外资嫁接提升这两项重点工作。四是加快对外投资步伐。按照全省加快实施"走出去"战略工作会议的要求，突出抓好"四个一批"工作。五是发挥好开发区的平台抓手作用。认真落实去年全省开发区工作会议上夏宝龙书记提出的要求，在建设"五个区"上狠下功夫。特别是要深化开发区整合提升，完善开发区考核机制，建立末位淘汰制度，推动开发区尤其是国家级开发区，提升发展水平。

3. 全心全意保民生，把为群众办实事作为商务工作的落脚点。切实抓好"米袋子"、"菜篮子"工作，确保市场充足供应和价格基本稳定；继续深化"万村千乡市场工程"，推荐社区商贸业发展，推进农村散装水泥发展和应用，便利城乡居民生产生活；大力规范市场秩序；切实降低流通环节费用。

4. 全力以赴优环境，把营造商务发展的良好环境作为商务发展的重要支撑。各地、各部门要进一步统一思想，加强组织领导，形成商务工作的整体合力；同时要继续完善政策环境，提高政策效果；进一步优化口岸环境，提高贸易便利化水平；各级政府以及相关职能部门要切实转变职能，提高服务质量，着力服务企业发展。

金永辉同志在全省商务工作电视电话会议上的报告

（2013 年 1 月 21 日）

根据会议安排，我代表省商务厅汇报两个方面的内容：

一、2012 年与过去五年的工作

2012 年，面对复杂严峻的外部环境，全省商务工作在省委、省政府和商务部的坚强领导下，沉着应对世界经济复苏明显放缓和国内经济下行压力加大的严峻形势，密集推出稳定外贸发展的政策和举措，积极探索破解商务发展难题的思路与方法，努力实现稳增长与调结构、转方式的有机结合，对外贸易克服困难保持了基本稳定，商务其他各项事业实现了平稳协调较快发展。一年来，我们主要做了以下几项工作：

（一）拓市场稳外贸，全力应对困难局面

一是千方百计稳定外贸形势。面对前所未有的复杂形势，省委、省政府高度重视，主要领导和分管领导多次带队调研外贸工作，专门召开了全省拓市场促外贸工作电视电话会议及多次外贸专题会议研究部署工作，提出了“强化一个观念，坚持四个不下降”的工作目标。全省各地认真贯彻省委、省政府决策部署，出台了一系列稳定外贸增长的政策意见和细化措施，加大了对外贸出口的扶持力度。省级有关部门和各地也积极出台配套政策，形成政策合力。二是全力以赴开拓国际市场。鼓励和引导企业多渠道开拓市场，加快构筑营销网络，积极引导专业市场开展对外贸易，大力发展跨境电子商务，组织开展“外贸企业服务月”活动，召开全省进口工作会议，梅山保税港区获批国家汽车进口口岸。三是妥善应对国际贸易摩擦。全面建成 100 个对外贸易预警示范点，充分发挥“四体联动”机制，涉案企业应诉率达到 90%以上，美国钢轮毂、欧盟玻纤织物等多起案件取得完胜。四是加快发展服务贸易。联合省级有关部门制定加快文化影视产品和服务出口的政策意见，完善统计监测体系，成功在京交会上组织浙江主题活动。

（二）促消费强流通，保障市场平稳运行

一是抓好促消费、保供应工作。建立全省商务促消费工作组织体系，出台商务促消费实施意见，组织开展全省消费促进月系列活动，继续做好家电下乡工作，实施国家品牌促进体系建设试点。推进振兴浙菜和家政服务工作，初步建成杭州、宁波肉菜流通追溯体系，启动全省屠宰监管技术系统建设，抓好各类生活必需品应急保供工作，指导各市建立市场应急调运资金。二是深化商贸流通体系建设。牵头组织全省流通工作调研，以省政府名义出台了促进餐饮业、电子商务和再生资源发展的政策性意见。办好浙江名品中心，做大做强品牌展会，抓好 70 家重点流通企业培育。指导开展商业网点规划编制工作，建立全省商贸服务设施投资进展和重大项目季度统计制度。加快推进农超对接，深化“万村千乡市场工程”，覆盖面达到 91.8%。制定出台药品流通行业发展规划，推进再生资源回收体系建设，深化甲醇汽油试点，开展零售业节能环保示范工程，稳步发展散装水泥。新设立电子商务管理机构，开展重点电子商务企业、平台和园区认定工作，推

进义乌市场和阿里巴巴的战略合作。三是维护市场秩序。深入开展严厉打击私屠滥宰和屠宰企业审核清理、打击侵权假冒以及大型零售企业向供应商违规收费等专项整治活动，妥善做好"淘宝新规"和"万家购物"事件的牵头处置工作。

（三）扩规模提质量，国际投资合作上水平

一是扎实做好利用外资工作。出台了关于引进世界500强、鼓励民营企业与外资嫁接提升两个政策意见。建立推动外商投资促进和管理服务的十大长效机制，举办多场重大投资洽谈活动，出台利用外资专项考评办法和"亩产效益"示范企业评选办法，强化外资审批和重大项目跟踪制度。二是加快对外投资与合作步伐。成立了全省实施"走出去"战略领导小组，建立了全省对外投资合作工作情况通报制度，印发了贯彻对外承包工程条例实施意见。开展央企、银企对接以及在重点地区的境外投资促进活动；成立全省对外承包工程商会，拓展承包工程市场，推动具有浙江特色的援外培训；组织开展境外安全生产专项检查，强化风险防控。

（四）搭平台强服务，努力做好商务促进工作

一是各类商务促进活动取得实效。承办了浙江省与日本静冈县结好30周年庆典和我省在澳大利亚、新西兰的重要经贸活动，做好浙新经贸理事会年会等多双边经贸交流工作。全年共组织和支持了8000多家企业参加了130个境内外展会，政策支持展位近万个。二是开放平台建设取得新进展。出台了关于进一步提升我省开发区发展水平和开发区非公有制企业党建工作两个指导意见。舟山港综合保税区获得国务院批准，义乌、余杭、富阳、绍兴柯桥4个省级开发区成功升格国家级，新增了象山、普陀、玉环三个浙台经贸合作区。三是积极推进义乌国际贸易综合改革试点，完成了《义乌实施"市场采购"新型贸易方式试点方案》，并经省政府同意后在义乌先行先试。四是大力简政放权。将商务领域20个行政许可事项中属于省级行政许可的14个事项下放到舟山、义乌两市，9个下放到其他市，做好行政审批权限下放的对接工作。

2012年全省商务事业在逆境中取得了新成绩，为全面完成本届政府确定的各项目标任务画上了圆满的句号。五年来，我们成功应对国际金融危机等各种挑战，商务发展的空间进一步拓展，商务结构调整和转型升级的步伐进一步加快，商务大省的地位进一步巩固，内外贸融合发展态势基本形成，"内贸、外贸、外资、外经、外服、开发区"六位一体的大商务发展理念日趋成熟、工作布局更加完善；外贸出口在全国的位次上了一个台阶，商贸流通现代化水平不断提高，利用外资和国际经济合作实现了量质并举，电子商务、服务贸易和开发区建设得到跨越式发展，商务领域多项主要指标位居全国前列，对经济社会发展的贡献明显提升，初步打开了商务科学发展的新局面。同时，我们务必清醒地认识到，我省商务发展中出口乏力、进口滞后、外资总量增长不快、"走出去"风险加大、消费不够重视等素质性、结构性矛盾依然存在，需要我们为之付出更大的努力，新一轮发展任重而道远。

二、切实抓好2013年的各项工作

2013年的商务工作，要按照省委、省政府及商务部的决策部署和龚正常务副省长的讲话要求，着力在以下十个方面下功夫：

（一）全力开拓国际市场

继续抓好展会拓市场，积极组织和分类指导企业参加境内外各类展会，优化支持展会目录范围和扶持比例，计划举办和支持境外展会项目81个，展位数约6500个。大力发展电子商务拓市场，实施跨境电子商务工程，推进我省企业开展境外网络零售和小额批发业务，拓展产品销售渠道。加快境外投资拓市场，加强对全球营销网络的布局，新增300家各类境外营销机构，重点培育5家境外贸易（品牌）展示中心和50家境外营销网络建设示范企业，推动境外承包工程带动装备制造业的出口，增强国际市场控制力。大力开拓市场，在国家重点培育内外贸结合商品市场试点基础上，加快省级重点市场的规划和培育，进一步提升商品市场发展水平。利用信用保险拓市场，今年商务部将启动商业保险公司开展出口短期信用险业务，要推动企业利用好这一政策，切实提高覆盖面，增强企业开拓市场的信心。

（二）加快培育外贸竞争新优势

更加注重科技进步和产业升级，通过帮助企业努力掌握科技研发、品牌战略和营销网络“三大法宝”，增强企业技术创新和自我转型的内生动力。更加注重出口品牌培育，积极探索建立出口品牌商品统计体系，不断提高自有品牌商品出口比例。更加注重提高外贸产业集群发展水平，逐步形成国家、省、市、县（市、区）四级出口基地梯度发展模式，提升我省块状经济的国际竞争力。更加注重提升外贸公共服务水平，积极扩大各类外贸公共服务平台的服务范围；深化义乌国际贸易综合改革试点，争取“市场采购”新型贸易方式早日获批。更加注重发挥进口的作用，重点培育10个省级进口平台和10家省级龙头进口流通企业，通过扩大先进技术、关键设备和零部件的进口，提升出口企业装备水平，增强消化吸收再创新能力。更加注重贸易摩擦应对和贸易救济工作，加强和完善“四体联动”贸易摩擦应对机制建设，研究制定《浙江省应对国外反倾销办法》，深化浙江省出口反补贴应对工作联席会议制度，推动各地建立对新出台政策措施的合规性咨询审查机制，进一步完善“一体两翼”产业损害预警机制，推进产业安全数据库建设，入库企业达到700家，切实做好贸易救济措施的实施和效果跟踪，维护企业合法权益。

（三）着力拓展消费市场

围绕解决“六个花”要求，以引导消费、便利消费、保障消费为重点，建立系统内工作考核和部门间工作协同机制。强化商贸服务业网点规划建设和有效投资长效机制，按照商务部要求，加快建设“一刻钟便民消费圈”，培育30条省级商业特色街，完善社区商业网点、菜市场、平价商店等商业设施建设，创建20个城乡统筹现代商贸服务示范镇和30个农村现代商贸服务示范村。实施“电子商务进万村”工程，推动3000个村建设电子商务服务网点，形成多层次的居民消费渠道。提升“万村千乡市场工程”建设质量，完成1000个行政村连锁便民店提升改造，培育20家省级农超对接试点企业，在10个县（市、区）开展农村公共服务商业网点建设试点。加快发展网络零售，力争省内企业实现网络销售2800亿元以上，全省居民通过网上实现消费达1900亿元，吸纳省外消费市场达900亿元。大力发展餐饮、家政等生活服务业，编制《浙江乡土菜谱》，办好全省金秋购物节，积极引导商贸流通企业有序开展如店庆、节庆等各类促销活动。实施“放心肉”工程，完善药品零售和物流配送服务网络。加大推进浙江产品销售力度，推动浙江企业在全国构建营销网络，新建5家浙江名品中心，鼓励企业开展品牌连锁专卖店和网络旗舰店建设；切实推进农产品电子商务平台建设，继续做好产销对接、农超对接和组展参展工作；深化“品牌营销试点”，推进“名品进名店”工作。加强市场运行监测，逐步完善监测制度，推进部门间数据共享；完善应急管理平台和工作机制，推进设立特殊时期平价菜市场，确保市场稳定运行；规范市场秩序，牵头开展打击侵犯知识产权、制售假冒伪劣商品、商业欺诈和商业贿赂等违法行为，开展电子商务市场专项整治；加强生猪屠宰监管，推进全省监控平台建设，实现省、市、县（市、区）三级商务主管部门对屠宰企业各个重点环节的全面实时监控。

（四）做大做强流通产业

加快建设商贸功能区、电子商务产业园区、再生资源产业基地和大宗商品交易中心等流通产业平台，积极培育省重点流通企业、重点电子商务企业（平台）、龙头餐饮企业、重点农产品流通企业和城乡连锁超市龙头企业等流通主体。培育中国食博会、老字号博览会等一批国内知名展会，开展百强金牌老字号和第四批省级老字号认定工作。完善融资担保、业务培训、联合采购等政策，加大对“个改企、小升规”后的中小商贸企业支持力度。提升发展第三方电子商务平台，加快培育电子商务服务企业，建立电子商务培训和认证制度，继续推进阿里巴巴和义乌市场合作，探索传统市场和电子商务互动发展。加快废旧商品回收体系建设，推广散装水泥、甲醇汽油应用，逐步发展绿色低碳流通业。完善流通行业管理体制，重点做好统计、法规标准和等级评定等基础性工作；推进省级商贸流通综合改革试验区、省级电子商务示范区建设。推进流通领域诚信体系建设,探索建立行业主管部门、执法监督部门、金融机构和征信机构的信息共享机制;清理一批不合时宜且已严重阻碍流通业发展的旧政策、旧规定,建立健全流通产业政策体系和考核机制;尽快理顺流通管理职能,加强管理机构和队伍建设。

(五)提高利用外资的综合优势和总体效益

着力引进世界500强、地区总部和科技创新型企业,加强对世界新一轮产业转移趋势的研判,排出一批重点战略性引资项目,帮助舟山等海洋经济重点地区强化招商引资力度,在境内外举办以引进世界500强为代表的大型跨国企业投资为主题的促进活动。鼓励民外嫁接提升,推动境外浙商回归,建立境外浙商回乡投资绿色通道,按照商务部关于鼓励外资企业与国内企业联合开展技术研发和产业化推广、参与创新孵化器及生产力中心等公共科技服务平台建设的要求,鼓励民营企业通过多种方式与境外企业包括境外浙商合资合作,推动民外合璧和境外浙商回归上水平。更加注重引资、引智、引技有机结合,引导外资投向服务业、战略性新兴产业等高端、前沿产业,鼓励外商在我省设立地区总部、研发中心等功能性机构,吸引国际高端人才向外商投资新兴产业示范基地集聚,简化审批程序,为其创业创新提供便利。营造招商引资的综合优势,加大外资审批业务的培训和指导,提高审批效率;开展外商投资服务月活动,继续举办"百强"外商投资企业峰会,评选"亩产效益"示范企业,争取在解决外商及其家人在日常生活、就医就学等困难方面有所突破。

(六)加快实施"走出去"战略和跨国公司培育进程

继续推进境外园区建设,鼓励引导"两反两保"涉案企业和优势富余加工制造产能转移到境外园区集群发展,重点抓好新设国家级坦桑尼亚园区的启动实施,开展省级园区的考核评估,促进规范发展;鼓励装备制造和机电成套、对外投资与承包工程的结合,促进对外承包工程转型发展;争取国家早日在温州实施"开展个人境外直接投资"试点。鼓励海外并购促进跨国公司培育和发展,加强跨国并购业务和本土跨国公司的发展、培育机制的研究,制定发展和培育跨国公司战略计划,出台支持浙江企业发展跨国并购的指导意见和扶持政策,建立企业跨国经营业务统计和考核体系,打造50家跨国经营重点培育企业。完善公共服务和促进保障,进一步落实重点项目和重点企业的服务推进机制,组织开展实施"走出去"战略绩效评估,启动浙江省对外投资合作的公共服务平台试点,探索建立境外风险预警工作体系,加强对外投资的行业组织和中介机构建设,完成全省第二批境外商务代表的选聘工作。

(七)积极发展服务贸易

狠抓服务外包人才培训建设,打造20个服务外包人才培训重点机构,积极推广实施服务外包人才培训综合资格考试,开展全省大学生服务外包创新应用大赛,组织服务外包专场招聘会和高端人才境外培训。狠抓服务外包示范园区建设,培育20家省级服务外包重点示范园区,加强对服务外包产业对接、招商引资的协调组织,完善对园区的考核,把园区建设成为我省服务外包发展的主阵地。狠抓对外文化贸易建设,加快培育文化"走出去"主体,加大对新认定的文化出口重点企业和项目的政策扶持力度;加快构建文化"走出去"行业体系,在符合条件的地区认定培育若干文化出口基地。狠抓技术进出口和软件出口,加大技术贸易政策扶持力度,推动建立全省技术进出口公共服务平台,完善技术贸易发展促进体系。

(八)着力提升开发区发展水平

部署开展新一轮整合提升工作,推进开发区资源整合、空间拓展、产业提升、品牌建设。完善开发区综合考核评价体系,激励开发区争先进位,探索建立末位退出机制。积极推进浙台经贸合作区建设,以点带面,辐射形成我省沿海地区对台经贸合作带。支持义乌、温州等地新设海关特殊监管区,对现有的各类海关特殊监管区按照综合保税区要求进行功能整合,更好地发挥作用。推进开发区体制创新,积极探索更加有利于我省开发区科学发展的管理体制和运行机制。

(九)持续优化商务发展环境

完善各级商务促进政策资金的配置,加大对商务重点工作和商务公共服务领域的支持力度;

积极推进省级商务促进政策资金专项性一般转移支付改革和省级商务促进政策资金网络申报方式，用足用好商务促进政策资金。进一步加强友好省州及国际区域合作，积极跟进和研究用好国家自贸区战略和相关政策。发挥境内外浙商资源优势，拓展商务发展空间。完善商务运行监测和网上商务服务平台，加强对全省商务运行态势尤其是消费和外贸运行态势的分析，强化商务公共信息服务。加强依法行政，深化行政审批制度改革，做好对基层商务部门审批工作的业务指导。加强部门协作，提高贸易投资便利化水平。

（十）加强商务系统自身建设

深入学习贯彻党的十八大精神，结合商务工作实际，对十八大的新思想、新观点、新论断进行专题研讨，特别是要按照十八大报告和省委的有关要求，加强对开放型经济的系统研究，不断增强我省商务发展的平衡性、协调性和可持续性。切实改进工作作风，各级商务部门要以高度的政治自觉抓好中央政治局和省委作出的关于改进工作作风、密切联系群众的规定，确保全系统工作作风明显改观。加强干部队伍建设，认真落实党风廉政责任制，制定2013—2017年惩防体系工作细则，深化廉政风险防控，切实保持商务干部队伍的纯洁性；开展党的群众路线教育实践活动，充分发挥21个联系网点作用，深化“服务企业、服务基层”专项行动；抓好商务系统干部学习培训和培养锻炼，努力提高干部队伍素质，增强全系统驾驭商务事业科学发展的能力和水平，以良好的精神状态推动各项工作的落实。

深刻认识十八大精神　大力发展国际服务贸易

——党的十八大报告学习体会

周日星

党的十八大报告对开放型经济提出了更高更全面的要求，提出“着力培育开放型经济发展新优势，使经济发展更多依靠内需特别是消费需求拉动，更多依靠现代服务业和战略性新兴产业带动，更多依靠科技进步、劳动者素质提高、管理创新驱动，更多依靠节约资源和循环经济推动”等。结合我省服务贸易发展实际，谈几点学习体会。

一、大力发展服务贸易是加快转变经济发展方式、推进经济结构战略性调整的必然选择

（一）服务贸易可以在加快转变对外经济发展方式中发挥突出作用

党的十八大报告指出，解决发展不平衡、不协调、不可持续的问题，关键在于加快转变经济发展方式，推进经济结构战略性调整，这既是一个长期的过程，也是当前紧迫的任务。改革开放初期，我国物质商品匮乏，同时又有大量劳动力的优势，从历史角度看，发展制造业促进商品进出口贸易是我国经济发展的必然选择。制造业的发展为我国货物贸易的发展提供了基础，反过来，货物贸易的发展又为制造业的提升创造了条件。我国制造业的发展，商品出口的做强做大，对促进中国改革开放、经济社会发展、经济实力增强作出了巨大贡献，功不可没。随着改革开放的不断深入推进、经济社会的持续发展，社会各界对环境保护、对资源能源的关注度越来越高，对转变经济发展方式的呼声越来越高。同时，对外贸易也面临着转变发展方式的挑战，必须更加关注对外贸易的转型升级，更加关注产品质量和品牌效应。服务贸易中的设计、创意、分销、运输、环境等服务有利于货物贸易的转型提升；金融、保险、会计、法律、通讯等服务可以为我省企业“走出去”提供良好的保障；服务贸易的健康发展，还有利于引进更高质量和水平的外资，改善我国利用外资结构。总的来看，我国开放型经济要实现在更高水平上的平衡发展，对大力发展服务贸易提出了迫切要求。

（二）服务贸易可以在扩大内需特别是扩大服务消费方面发挥积极作用

当前，我国扩大内需特别是扩大消费需求战略全面实施，对服务业以及服务贸易发展提出了新的期待。21世纪的头十年，我国国内消费每年以15%的速度增长，今后还将继续保持这样的增速。消费者在出国留学、国际旅游、教育培训、医疗保健等服务方面的需求很大。扩大内需特别是消费需求是我国经济长期平稳较快发展的根本立足点，是今后工作的重点。服务贸易是服务业的进出口，是现代服务业。大力发展服务贸易，有助于推动提高我省服务业的水平，扩大内需特别是消费需求。

（三）服务贸易可以在扩大就业、促进社会和谐稳定中发挥重要作用

就业是民生之本，关系到稳定发展大局。随

着我国经济社会发展水平不断提高，我国劳动力结构正在发生变化，越来越多年轻的大学毕业生走向社会，他们就业难的问题和农民工就业问题一样突出。大力发展服务贸易，特别是服务外包，可以为大学生这个重要群体创造更多的就业机会。服务贸易对能源资源的需求相对较少，对环境的直接污染较小，符合中央提出的转变经济发展方式的要求。近年来，我国承接服务外包领域吸纳的新增社会就业越来越多。

二、 近年来我省服务贸易发展迅速，为经济转型升级作出重要贡献

（一）服务贸易规模迅速扩大

2008—2011 年，浙江省服务进出口从 150.5 亿美元增长到 238.8 亿美元，增长了 58.67%，年均增长 19.56%。其中，服务出口从 82.6 亿美元增长到 145.9 亿美元，年均增幅达 25.54%，高于同期商品出口年均增幅 13.64 个百分点；服务进口从 67.8 亿美元增长到 92.9 亿美元，年均增幅达到 12.34%。

（二）我省服务贸易发展位居全国前列

2011 年全国服务贸易进出口总值为 4190.9 亿美元，浙江省为 238.8 亿美元，占全国的 5.69%。全国服务贸易出口为 1820.9 亿美元，浙江省为 145.9 亿美元，位居全国第四位(居上海、北京、广东之后，居江苏出口 140.9 亿美元之前)。全省服务贸易出口占服务和货物出口总额的比重从 2008 年的 5.1%提升到 6.36%，提高了 1.26 个百分点，为全省经济转型升级起到了积极的推动作用。

（三）承接国际服务外包成为经济发展的新增长点

从 2009 年起，我省全面推进承接国际服务外包产业的加快发展，经过上下齐心协力扎实推进，我省服务外包产业形成一定规模，成为对外经济转型升级科学发展的一道亮点。2012 年前三季度，全国承接国际服务外包合同金额 308 亿美元，同比增长 54%；浙江省为 34.06 亿美元，占全国的比重为 11.1%。其中，全国承接国际服务外包合同资金金额 213 亿美元，同比增长 46.5%；浙江省为 27.07 亿美元，占全国的比重为 12.71%。据商务部服务外包系统统计，截至 11 月 30 日，全省完成离岸合同执行额达到 28.7 亿美元，提前一个月完成 27.5 亿美元的年度目标任务。我省服务外包产业国际市场份额进一步扩大，服务外包企业承接国际服务外包的能力和专业服务水平不断提高。

同时，必须清醒地看到，我省服务贸易发展中也还存在许多不足，主要是发展中不平衡、不协调、不可持续的问题。在进出口不平衡中，技术进口等更滞后，更需要加大财政扶持力度。在与货物贸易协调发展方面，无论是在认识上还是在工作力度上，服务贸易远没有达到应有的地位和作用。

三、今后加快发展服务贸易的基本思路

服务贸易要成为加快转变对外经济发展方式的新兴增长点和战略重点。要认真贯彻落实党的十八大精神，坚持科学发展观，加快形成以技术、服务为核心的出口竞争优势，大力发展服务贸易，推动外贸平衡发展，推动开放优化结构、拓展深度、提高效益。为此，全省国际服务贸易工作要“围绕一个目标，突出三大重点，强化四大抓手”，促进提高我省开放型经济发展新水平。

（一）围绕提高出口比重这一战略目标，为转型升级作更大贡献

我省服务贸易发展要围绕服务贸易出口比重提高的目标。这一目标主要包括：一是服务贸易的出口比重显著提高。即“服务贸易出口额占全省货物与服务贸易出口额的比重”相比“十一五”时期显著提高，提高 3 个百分点。服务贸易出口额以 20%的年均增幅，从 2010 年的 121.7 亿美元增长到 2015 年的 303 亿美元，全省服务贸易出口额实现翻一番半。二是服务贸易进出口额相当于全省服务业增加值比重显著提高。由“十一五”期末 2010 年的 11%，提高到 2015 年的 17%，提高 6 个百分点，进出口额也实现翻一番半。我省服务贸易进出口额对服务业发展的贡献显著增大。三是服务贸易进出口额相当于全省 GDP 比重显著提高。由“十一五”期末 2010 年占

比5%,争取到2015年提高1.4个百分点。服务贸易对全省GDP拉动作用显著增强,服务贸易在国民经济中的地位与作用显著提高。

(二)突出承接服务外包这一重点领域,努力扩大服务贸易规模

我省服务贸易出口在巩固国际运输、旅游和国际工程承包等三大传统行业的同时,要突出三大战略性新兴领域的出口,重点扩大承接国际服务外包、文化出口和技术贸易。服务外包是当前服务贸易发展的重中之重。服务外包发展的瓶颈和关键是人才培训。要狠抓服务外包人才培训建设。开展服务外包高端专业人才的境外培训,培养企业适用中高端服务外包人才。组织企业赴境外、省外举办服务外包人才专场招聘会,引进我省急需的服务外包人才。对现有的培训机构加大扶持力度、加强管理监督,扶优扶强,不断提升培训质量与水平。进一步推进实施全省服务外包人才培训综合资格考试,加快完善相关考试制度和考点布局。会同省教育厅继续做好第二届全省大学生服务外包创新应用大赛组织工作,创造条件争取下届全国大赛承办权。要狠抓服务外包示范园区建设。把已认定的31家省级服务外包示范园区建设成为我省服务外包发展的重要平台和主阵地,引领服务业集聚区发展。要加大对园区的指导力度,加强对服务外包产业对接、招商引资的协调组织。加强对园区的考核,以服务外包实绩和服务外包人才培训业绩为重点,加强人才培训服务平台建设。

(三)突出扩大文化出口这一重点领域,着力拓展服务贸易发展深度

狠抓对外文化贸易建设。加快培育文化"走出去"主体。与文广新四厅局联合认定发布"2013浙江文化出口重点企业",打造一批文化出口重点项目。开展文化出口基地认定工作。根据《管理办法》鼓励各地结合当地文化产业发展优势,在符合条件的地区内认定培育一批文化出口基地。加快构建文化"走出去"行业体系。完善新闻出版对外贸易和"走出去"产业链,重点推动期刊数据库、电子书出口和版权输出;完善广播影视"走出去"渠道。鼓励中外合作制作电影、电视节目和版权输出;营造文化艺术"走出去"氛围,推动文艺创作、演艺、商业艺术展览的对外贸易;积极发展动漫网络游戏新兴业态出口。提升文化出口产业科技水平。加大对文化企业技术研发,国外先进技术的引进、消化、再创新的扶持力度,积极引导企业开发拥有自主知识产权的技术。

(四)突出加快技术贸易这一重点领域,着力提高服务贸易国际竞争力

技术是形成出口竞争优势的核心,要狠抓技术进出口。按照WTO《补贴与反补贴措施协议》,科研、技术开发应用属于第三种不可诉补贴。我们要大胆使用财政补贴,加大技术贸易政策扶持力度。组织好技术进出口贴息工作,落实国家对技术软件出口贴息政策,推进在省会以外城市开展软件出口合同备案登记,扩大政策受益面。推进技术贸易发展的促进体系建设,推动建立全省技术进出口公共服务平台,扩大技术代理规模,建立技术进出口企业工作联系网络。

(五)强化政策、项目、平台和人才四大抓手,开创服务贸易工作新局面

要进一步强化服务贸易政策。十八大报告指出:"坚持出口和进口并重,强化贸易政策和产业政策协调,形成以技术、品牌、质量、服务为核心的出口竞争新优势,促进加工贸易转型升级,发展服务贸易,推动对外贸易平衡发展。"制定实施贸易政策的目的是国家安全,产业政策的效用是促进发展。当前贸易政策与产业政策协调的最大机遇是WTO未对服务出口的政府资助予以禁止,对技术服务的出口补贴属于"不可诉补贴"。对此,我们要抓住机遇,理直气壮地加大对服务和技术出口的财政支持力度,迅速扩大服务进出口规模。WTO多哈回合的谈判进展决定这一机遇期至少五年,CEPA和ECFA的落实与签署将带来与港澳台发展服务贸易的新空间。

加快服务贸易发展关键是通过项目和平台。服务外包方面,要培育建设好经认定的省级服务外包人才培训机构和省级服务外包示范园区,建设好主阵地,实现集聚发展。文化出口方面要加大对新认定的文化出口重点企业和项目的政策扶持力度,开展文化出口基地的认定培育,建设对外文化贸易的主阵地。同时要开展技术贸易的公共服务平台建设。服务贸易属于现代高端服务业，服务外包、文化出口、技术贸易等人才培育要向中高端发展。

服务贸易领域广泛、业态新颖，发展服务贸易任重道远。当前我省服务贸易工作仍然面临机构职能不健全、人员少、任务重等困难与问题，我们要认真学习贯彻十八大精神，深入调研，服务企业，始终保持奋发有为的精神，胸怀理想、坚定信念，不动摇，不懈怠，艰苦奋斗，抓住机遇，不断提高服务贸易地位和作用，为经济社会发展作更大贡献！

二、重要文件

浙江省人民政府关于进一步加快电子商务发展的若干意见

浙政发〔2012〕24号

各市、县(市、区)人民政府,省政府直属各单位:

近年来,电子商务在全球范围内正以前所未有的速度迅猛发展,并逐步向研发、生产、流通、消费等实体经济活动渗透,成为引领生产生活方式变革的重要推动力。为加大对电子商务的支持力度,营造良好的环境,推进全省电子商务加快发展,结合《浙江省电子商务产业"十二五"发展规划》,现提出如下意见:

一、充分认识加快电子商务发展的重要意义

(一)电子商务有利于经济发展方式转变

电子商务以"全天候、全方位和零距离"的特点,改变着传统经营模式和生产组织形态,影响着产业结构调整和资源配置,对促进我省产业结构调整,推动经济增长方式转变,提高经济运行质量和效率,提升综合竞争力具有十分重要的作用。

(二)电子商务有益于开拓国内外市场

电子商务突破了传统的"商圈"概念,使交易和服务等经济活动像实体产品一样进行流通,有效扩大了市场空间。依托电子商务,生产商直接构建零售终端与消费者进行交易,大大缩减流通环节,进一步降低中间商、物流等交易成本,从而有力地促进商品和各种要素的流动,消除妨碍公平竞争的制约因素,降低交易成本,推动浙江企业开拓国内外市场。

(三)电子商务有利于规范市场经济秩序

电子商务交易记录可长期保存,具有"来源可追溯、去向可查证、风险可控制、责任可追究"的特点,是新时期实现市场有效监管和商业文明建设的重要支撑,有利于建立长效监管机制,从源头上规范市场经济秩序。此外,电子商务在品牌培育、节能减排、创造就业、支持创业等方面都发挥着重要作用。

二、加快构建电子商务产业体系

(四)构建电子商务产业链

根据我省产业特色和电子商务发展现状,巩固和提升电子商务服务平台,加快发展网络购物,不断拓展电子商务应用范围,逐步提高电子商务产业集聚度和市场辐射力,形成以网上交易活动为核心,技术、配送、支付、认证等支撑服务为外延的重点突出、范围明晰、理念先进的电子

商务产业链。

（五）建设国际电子商务中心

大力推进电子商务发展，强化政府在产业规划、政策引导、法规建设和市场监管等方面的作用，提升电子商务产业规模和综合竞争力。推进电子商务与支撑体系同步协调发展，逐步突破物流配送、诚信机制、人才和资金短缺等制约。推动电子商务创新发展，在经营模式、技术和人才等方面达到国际先进水平，努力把浙江打造成为“国际电子商务中心”。

三、提升发展电子商务公共平台

（六）巩固发展综合性电子商务平台

支持阿里巴巴等综合性电子商务平台加快向全国中小企业提供电子商务服务，逐步向境外延伸业务，巩固全球最大企业电子商务交易平台地位。延伸电子商务平台服务功能和内容，拓展业务范围。推进综合性农产品电子商务平台建设，引导我省农产品开展电子商务交易。

（七）提升发展行业电子商务平台

依托块状经济、专业市场和产业集群，提升发展行业电子商务平台，推进现有行业电子商务平台由信息流服务向信息流、商流、物流和资金流综合服务发展；进一步整合行业电子商务平台的资源，重点在化工、纺织、医药、服装等领域培育一批集交易、物流、支付等服务于一体的行业电子商务平台，确保我省行业电子商务平台发展的全国领先地位。

（八）加快建设大宗商品电子商务交易平台

支持有条件的生产资料经营企业和专业批发市场开展大宗商品网上现货交易，在煤炭、钢铁、塑料、化工、有色金属等领域建成一批以商品交易为核心、现代物流为支撑、金融及信息等配套服务为保障的大宗商品现货交易电子商务平台；结合浙江海洋经济发展示范区的大宗商品交易中心建设，加快建设综合性大宗商品电子商务交易平台，提升我省大宗商品定价话语权。

四、加快发展网络零售业

（九）稳步发展第三方网络零售平台

扩大网络零售商品和服务种类，推动服装、家纺、电脑、家电、数码、家居、母婴用品、土特产等商品进行网上销售。支持淘宝网做强做大，巩固其全球最大第三方网络零售平台地位；培育一批新兴的第三方网络零售平台，规范发展网络团购平台。

（十）大力发展专业化网络零售业

在支持综合性网络零售企业发展的同时，发挥网络零售低成本快速覆盖全国市场的优势，重点支持建设销售特定商品或针对特定消费人群的专业化网络零售平台，做精做透网络零售业务，着力培育一批行业细分并辐射全国消费市场的网络零售企业。

（十一）支持传统商贸企业发展网络零售业务

支持传统百货、连锁超市等企业，依托原有实体网点、货源、配送等商业资源开展网络零售业务，进一步发展集电子商务、电话订购和城市配送为一体的同城购物。结合农村流通实体网点建设，探索“网上看样、实体网点提货”的经营模式，推进农村市场网络零售业发展。鼓励日用消费品交易市场经营户依托第三方零售平台开展网上销售，推进传统零售业与网络零售有机接轨。

五、积极利用电子商务开拓国内外市场

（十二）普及中小企业电子商务应用

充分发挥我省电子商务公共服务平台领先优势，鼓励我省中小企业利用第三方平台开展电子商务，积极开拓国内外市场。支持有条件的第三方电子商务平台开设“浙江专区”，对浙江企业集中进行展示、宣传和推广，打造一批特色鲜明、影响力较大的“浙江中小企业网上集聚区”。

（十三）支持骨干企业发展供应链电子商务

充分发挥骨干企业在采购、销售等方面的带动作用，支持一批品牌效应明显、产品标准化程度高、系列齐全的骨干企业建立企业电子商务网站，以产业链为基础，以供应链管理为重点，实现采购、生产、销售全流程电子商务。

（十四）鼓励生产企业直接开展网络零售

支持生产企业依托自身品牌，通过第三方零售平台开设网络旗舰店、专卖店等网络零售终端，有条件的可自建零售平台，开展网络零售、网上订货和洽谈签约等业务。支持专业化网络销售企业承接传统企业电子商务业务，培育一批网络销售领域的总代理、总经销。

（十五）支持发展境外网络销售

鼓励我省电子商务服务平台针对不同语言进行区域划分，加大境外电子商务市场拓展力度。加快跨境零售的报关结汇、境外配送等配套业务，鼓励我省企业依托电子商务平台开展境外批发或零售，特别是采取自主品牌方式建设境外零售终端，提升我省产品在境外市场的品牌影响力和附加值。

六、进一步扩大电子商务应用范围

（十六）鼓励数字产品开展网络交易

鼓励平面出版物和视频节目数字化，支持舞台剧目、音乐、美术、非物质文化遗产和文献资料等进行数字化转化、开发、下载和交易，规范发展网络游戏等文化服务，培育专业性文化产品交易平台。依托网络建立数字版权运营体系，探索“自助出版模式”，建设全省数字出版网上交易系统，在文化、出版等领域培育一批重点电子商务平台。

（十七）鼓励服务产品开展网络交易

推进金融领域电子商务应用，加快发展网络融资、理财等网络金融中介业务；加快推进电子商务在物流、旅游、会计、法律、培训等服务领域应用；鼓励票务、房产、人才等中介行业开展电子商务。积极建设社区便民服务平台，鼓励政府采购、招投标、药品采购等公共资源开展网络业务。重点在物流、金融、旅游、教育、医疗、中介等服务领域培育一批电子商务平台。

七、健全电子商务发展的基础保障

（十八）加强信息网络基础建设

加快基础通信设施、光纤宽带网和移动通信网、广电有线网络建设，推动“三网融合”，构建覆盖城乡、有线无线相结合的带宽接入网。全面推进光纤到楼、入户、进村，实现政府机关和公共事业单位光纤网络全覆盖；推进已建居住区光纤到户改造，实现新建小区光纤宽带全覆盖；推进农村地区和边远地区的宽带互联网等信息通信基础设施建设；加快推进企业信息化，普及研发、采购、制造、营销和管理等领域信息技术应用。

（十九）培育电子商务技术服务企业

有效整合基础电信运营、软件供应和系统集成等基础业务，培育一批专业化电子商务服务商，为中小电子商务企业提供平台开发、信息处理、数据托管、应用系统和软件运营（SaaS）等外包服务。引进国内外知名电子商务服务企业来浙设立区域总部。

（二十）推进电子商务应用技术创新

加快发展云计算，建设云服务平台，完善云安全解决方案，推进海量存储、虚拟化和低功耗等云计算技术在电子商务领域应用。大力发展移动电子商务，推广手机、掌上电脑等智能移动终端的应用，支持电子商务运营商与电信运营商、增值业务服务商和金融服务机构之间开展对接，提高移动电子商务覆盖面。

（二十一）逐步完善电子商务物流配送

整合现有工业、商业、仓储和运输等物流信息资源，大力发展第三方物流，推进第四方物流，提高物流配送的社会化、组织化和信息化水平。推动第三方物流与电子商务平台合作，为网上交易提供快速高效的物流支撑。发展快递物流，培育一批信誉良好、服务到位、运作高效的快递物流企业；引进一批浙商投资的快递物流和国际先进快递物流到我省设立总部。支持重点电子商务企业建设物流中心。支持城市社区建设网络购物快递投送场所，新建小区应将快递投送场所纳入规划。尽快构建覆盖全省地级市，并逐步向县级城市、城镇和农村延伸，与电子商务快速发展相适应的现代物流配送体系。

（二十二）进一步完善网络支付

鼓励银行拓展电子银行服务业务，强化在线支付功能；加强与电子商务企业的合作，发展电子票据、移动电话支付等新型电子支付业务，推出适合电子商务特点的支付产品和服务。加强第三方支付平台建设，引导第三方支付机构在依法合规经营的基础上，加快产品和服务创新，做大做强非金融机构支付服务市场。尽快建立由网上支付、移动电话支付、固定电话支付以及其他支付渠道构成的综合支付体系，提供安全、高效的资金结算服务。

（二十三）加强网络认证和安全建设

推进认证平台建设，完善电子认证基础设施，加快电子认证加密技术研究。加强信息安全防范，引导电子商务企业完善数字认证、密钥管理、数字加密等安全服务功能。健全信息安全管理制度与评估机制，提高电子商务系统的应急响应、灾难备份、数据恢复、风险监控等能力。

（二十四）加快电子商务人才培育

鼓励省内高等院校和职业院校开设电子商务、物流配送等专业，培养多层次电子商务人才。推进中小电子商务企业、配套服务商的中高级人才学历继续教育，鼓励举办电子商务高级研修班，加强高端人才培养力度；支持有条件的电子商务企业与科研院所、高校合作建立教育实践和培训基地，支持电子商务企业开展职工培训，提高职工培训费用计入企业成本的比例，鼓励和动员社会力量开展面向农民和下岗工人的电子商务知识培训。加大省外优秀电子商务人才的引进力度，积极支持引进高端复合型电子商务人才。加快推进电子商务职业技能鉴定工作，健全电子商务人才成长促进机制。

八、实施电子商务示范带动工程

（二十五）培育重点电子商务企业和平台

结合省委、省政府提出“大平台、大产业、大项目、大企业”战略，在电子商务各领域中选出一批基础扎实、成长性好的企业、平台和项目，集中相关政策措施，进行重点支持和培育，发挥好示范带动作用，全面提升我省电子商务发展水平。

（二十六）推进电子商务产业园建设

支持各地按照产业链的要求建设电子商务产业园，吸引国内外电子商务企业和相关配套企业入驻，形成集商品贸易、平台建设、物流配送、融资支持等多功能、多业态的电子商务园区。推动实体交易和网上交易相结合，支持有条件的批发市场强化仓储、配送、采购等功能，发展一批以商品市场为依托的网商集聚区。开展省级重点电子商务园区认定，带动全省电子商务产业集聚发展。

（二十七）推动电子商务示范城市建设

支持有条件的地方积极申报国家级电子商务示范城市。同时，综合考虑电子商务应用普及、电子商务企业集聚、大型平台建设和产业园区发展等要素，认定一批省级电子商务示范县（市、区），通过区域示范，带动全省电子商务发展。

九、加大对电子商务产业的政策支持力度

（二十八）加大财政专项资金支持

自 2012 年开始进一步加大对电子商务的资金支持力度。重点支持中小企业利用电子商务开拓国内外市场、重点电子商务企业发展、电子商务产业园区建设及网络零售、平台提升等电子商务重点工程。对新引进的知名电子商务企业总部，依据其缴纳税收、吸纳就业和产业水平等情况，经省商务、发展改革、财政、税务、人力资源和社会保障等有关部门认定，省服务业发展引导资金给予一次性奖励。各地要结合实际落实电子商务发展专项资金，充分发挥资金的导向作用，切实提升电子商务发展水平。

（二十九）加大税收政策的支持

对省重点电子商务企业纳税有困难的，报经地税部门批准，酌情减免水利建设专项资金、房产税、城镇土地使用税；对新入驻省重点电子商务产业园的电子商务企业，自入驻之日起三年内，纳税有困难的，报经地税部门批准，可减免应缴的水利建设专项资金。

支持电子商务及相关服务企业参与高新技术企业和软件生产企业认定,如符合条件并通过认定的,可享受高新技术企业和技术先进型服务企业税收政策。支持国家级电子商务示范城市电子商务及相关服务企业参与技术先进型服务企业认定,如符合条件并通过认定的,可以享受技术先进型服务企业所得税优惠政策。对符合小型微利企业条件的电子商务企业按规定予以减免企业所得税。对电子商务企业交易平台的研究开发费用,未形成无形资产计入当期损益的,在按规定据实扣除的基础上,按研究开发费用的50%加计扣除;形成无形资产的,按照无形资产成本的150%摊销。积极研究解决物流企业代理采购、电子商务税收管辖、税务登记和电子发票应用等相关问题。

(三十)加大对电子商务用地的支持

统筹安排电子商务产业园用地空间布局,优先保障重大电子商务项目用地。对国家和省重点电子商务项目,各地应优先安排用地指标,保障项目落地。鼓励利用存量土地发展电子商务产业,在不改变用地主体、不重新开发建设等前提下,利用工业厂房、仓储用房等存量房产、土地资源兴办电子商务企业和园区,其土地用途可暂不变更。

(三十一)加大对电子商务人才引进的支持力度

对电子商务企业引进高端电子商务人才而产生的有关住房货币补贴、安家费、科研启动经费等费用,可列入成本核算。对一定规模省重点电子商务企业副总经理以上人员,经有关部门批准,可不受学历、资历、任职资格等限制,破格直接申报高级经济师资格。加快公共租赁住房建设,支持省重点电子商务产业园按照集约用地的原则,引导用工单位等各类投资主体建设公共租赁住房,面向区内就业人员出租。

(三十二)加大电子商务企业金融支持

鼓励金融机构积极探索无形资产和动产质押融资方式,扩大电子商务企业贷款抵质押品范围。积极发展小额贷款保证保险,缓解电子商务企业抵押担保难;积极探索网络联贷联保等中小企业网络融资产品,提高中小企业信贷审批和发放效率。

推动省重点电子商务企业直接融资,鼓励电子商务企业以各种方式引入风险投资、战略投资,发行中小企业集合债券,加快企业发展。支持电子商务企业通过境内外证券市场上市融资,符合条件的可作为省级重点上市培育企业,在上市申报过程中由省企业上市工作联席会议成员单位提供"绿色通道",优先办理有关手续。探索建立以财政资金为引导,社会资本为主参与的电子商务产业投资基金。

(三十三)其他方面政策支持

鼓励各类资本投资电子商务产业,电子商务企业登记注册时,除法律、法规和国家已有规定外,各部门一律不得设置前置性审批事项。放宽电子商务企业出资最低限额,除法律、法规另有规定外,允许电子商务企业注册资本分期缴付,注册资本首期缴纳20%,其余2年内缴足。方便电子商务证照办理,对省重点电子商务企业的网络零售企业用于配送的小型车辆予以办理相关通行证和临时停靠证。完善价格政策,电子商务企业用水、用电、用气与工业企业同质、同量、同价。

十、加强电子商务管理和服务

(三十四)加强对电子商务工作的组织领导

切实发挥省电子商务工作领导小组职能,协调解决全省电子商务发展中的重大问题;有关部门要结合自身职能,各司其职,分工合作,形成电子商务发展合力。各级政府要加强电子商务的管理机构建设和人员配备,更好地发挥统筹规划、政策制定和综合协调作用,全面推进电子商务提升发展。

(三十五)依法保障电子商务发展

重点围绕消费者权益保护、商业秘密保护、网络信用管理、特殊电子商务业态的市场准入等问题,制订出台有关促进电子商务发展和管理的地方性法规。建立健全多部门联动防范机制,切实做好执法检查和日常监管,严厉打击依托网络的制售假冒伪劣商品、侵犯知识产权、传销、诈骗等行为。推进网上经营主体信息公开披露,探索建立电子商务信用管理和信息共享机制，推广信用产品在电子商务中的应用，促进全省电子商务规范有序发展。

（三十六）积极营造良好的电子商务发展氛围

开展电子商务发展战略和政策研究，建立完善发展评价体系，提升电子商务统计监测、分析的科学化水平。研究制订电子商务产业统计指标体系，加强电子商务企业信息统计和采集，建立电子商务运行监测系统，将网络零售额纳入社会消费品零售总额。加快研究制订电子商务相关标准，出台针对在线支付、安全认证、物流配送等支撑服务环节的行业标准和规范，大力推进国际通用商品条码、企业代码在电子商务中的应用。加强行业协会等中介组织建设，开展电子商务企业等级评定，提升行业管理和服务水平。加大电子商务宣传力度，积极营造良好的政策导向和舆论氛围。

二〇一二年三月二十六日

浙江省人民政府关于鼓励民营企业与外资嫁接提升的意见

浙政发〔2012〕47号

各市、县(市、区)人民政府,省政府直属各单位:

为鼓励民营企业与境外跨国公司合资、合作,不断增强国际竞争力,加快推进我省经济转型升级,现提出如下意见:

一、总体要求

(一)重要意义

民营经济是我省经济发展的最大优势和活力之源。在经济全球化日益加深的时代背景下,推进民营企业与外资嫁接提升,可以有效吸纳境外企业先进的技术、品牌、管理和市场,加快提升我省民营企业制造技术和经营管理水平,增强国际市场竞争力;可以充分利用民营企业现有厂房土地资源吸引外资项目,挖掘土地潜力,置换落后产能,实现“腾笼换鸟”,提高区域经济质量效益;可以积极发挥我省民营经济的产业集群基础、创业人才基础、市场网络基础优势,加快引进境外先进企业,实现优势互补,促进强强联合,进一步发挥外资在我省经济转型升级中的重要作用。

(二)指导思想

全面贯彻落实科学发展观,以经济转型升级为主线,抓住我省实施“四大国家战略举措”和“四大建设”有利时机,坚持“招大、选优、引强”,加强投资促进工作,加大政策支持力度,优化投资服务环境,大力推进“以民引外、民外合璧”,加快提升民营经济发展水平,为我省转变经济发展方式作出更大贡献。

(三)基本原则

坚持政府推动、市场运作。充分发挥政府在投资促进工作中的作用,充分尊重民营企业的自身发展意愿,运用市场规律推动“以民引外、民外合璧”。

坚持突出重点、招商选资。重点引进高端制造业、高新技术产业、现代服务业、新能源和节能环保产业,重点引进世界500强和境外行业龙头企业,重点引进技术、管理、人才、品牌和市场。

坚持多种途径、创新推进。支持民营企业以多种形式和途径与境外企业合资合作,创新机制,扩大优势,努力形成“以民引外、民外合璧”的新格局。

二、鼓励民营企业多形式与外资嫁接提升

(四)鼓励设立合资合作企业

鼓励民营企业与境外企业共同出资设立合资合作企业。民营企业可以货币、土地使用权、厂房、设备等实物出资,可以商标、专利、非专利技术等知识产权出资,也可以股权、债权等出资。民营企业以厂房、设备、土地使用权等作为投入,评估增值部分按规定缴纳所得税,凡合资合作期限在10年以上,且实到外资在1000万美元以上的鼓励类项目,评估增值部分缴纳所得税的地方所得部分可以给予奖励。

(五)鼓励外方增资扩股

支持具有先进技术、品牌、管理水平的合资

企业的外方进一步加大资本投入，提高持股比例。鼓励合资企业的外方通过注入专利、商标等知识产权增资扩股，非货币出资金额最高可占公司注册资本的70%，加快提升企业的技术创新能力和品牌附加值。

（六）鼓励民营企业境外上市

鼓励优质民营企业到境外资本市场发行股票上市，优化企业股权结构，引进境外战略投资，融入境外产业资本，建立现代企业制度，接轨国际企业管理，提升企业经营管理水平。地方政府和相关部门要给予民营企业境外上市必要的服务和政策支持。

（七）鼓励开展研发合作

鼓励民营企业与境外企业合作建立研发中心，充分利用境外企业先进的技术创新能力，提高企业的研究开发水平。对民营企业与世界500强和境外行业龙头企业合作建立研发中心的，按照我省服务业发展引导财政专项资金管理办法的有关规定，经考核认定后给予一次性奖励。

（八）鼓励开展品牌合作

鼓励民营企业与境外著名企业开展品牌合作，扩大自身品牌的国际市场影响力，努力打造成为我省的国际知名品牌。民营企业与境外先进技术企业进行合资合作，以民营企业自有品牌进行生产和销售的，重点支持培育申报驰名商标、著名商标和出口名牌。

（九）鼓励开展营销网络合作

鼓励民营企业与境外企业合作，把自身营销网络的优势与境外企业的国际市场网络优势相结合，加速开拓国际市场。

（十）鼓励实行兼并收购

支持境外企业在符合我国相关法律法规的前提下，兼并或收购我省民营企业股权，在我省设立独资企业或中外合资、合作企业。对民营企业在并购过程中重新评估厂房、设备、土地使用权等价值，评估增值部分缴纳所得税的地方所得部分可以给予奖励。

三、支持以民引外企业加快产业升级步伐

（十一）支持发展高新技术企业

鼓励和支持符合条件的以民引外企业申报认定高新技术企业，有关申请程序和认定条件与内资企业相同，并享受与内资企业同等政策。一个纳税年度内，对民营企业技术转让所得不超过500万元的部分，免征企业所得税；超过500万元的部分，减半征收企业所得税。企业从事技术转让、技术开发业务和与之相关的技术咨询、技术服务业务取得的收入，免征营业税。以民引外企业被认定为机电和高新技术产品出口企业的，可申请其对应的专项资金研发项目的资助。

（十二）支持研发创新和技术改造

鼓励和支持以民引外企业申请省属重大专项、省中小企业创新资金等省级科技计划项目，在利用自有资金或银行信贷资金开展研究、开发、成果转化和产业化活动时，实行与内资企业相同的程序和条件申请省级科技成果转化产业化项目事后补助或贷款贴息。鼓励以民引外企业进行技术改造，对符合《浙江省工业转型升级企业财政专项资金管理办法》（浙财企字〔2011〕224号）的项目，可申请专项资金贴息或补助。以民引外企业以我省企业法人资格申请的发明专利，可以申请各级政府部门的专项补助资金。

（十三）支持实施知识产权保护战略

支持和鼓励符合条件的以民引外企业申报国家质量奖、中国名牌产品和驰名商标、著名商标等。符合条件的，可以申请各级知识产权示范（试点）企业。

（十四）支持引进高素质人才

以民引外企业引进海内外高层次人才，入选海外高层次人才“千人计划”、“海鸥人才计划”的，分别给予100万元、50万元的一次性省政府科学技术人才奖励。对个人获省政府科学技术奖

取得的奖励,免征个人所得税;对经省政府认可发放的优秀博士后等高技术人才、特殊人才的奖励,免征个人所得税。

(十五)支持拓宽融资渠道

支持符合条件的以民引外企业根据国家发展战略及自身发展需要到境外上市,在境内公开发行股票、企业债券、短期融资券和中期票据。鼓励以民引外企业在全省未上市公司股份转让平台挂牌交易,进行股份转让或定向融资。

(十六)支持提升国际化水平

对民营企业参加省商务主管部门组织开展的境外招商活动和境内外国际化知识培训,省财政给予一定的资助。

四、为民营企业与外资嫁接提升营造良好环境

(十七)鼓励盘活现有土地厂房

鼓励以民引外企业利用现有土地、厂房进行技术改造。在不改变土地用途且符合城镇规划的前提下,通过压缩超标的绿地面积和辅助设施用地,扩大生产性用房的,或通过厂房加层、利用地下空间等途径提高工业用地容积率的,不再增收土地价款;对利用现有工业厂房、仓储用房等存量房产兴办信息服务、研发设计、创意产业等现代服务业的,在不重新开发建设且不改变用地主体的前提下,其土地用途可暂不变更。

(十八)放宽企业出资条件

对从事现代服务业、高端制造业等新兴产业的以民引外企业,适当放宽企业经营范围。战略性新兴产业及现代服务业的以民引外企业组建集团的,母公司最低注册资本放宽到1000万元,子公司数量放宽到3个,母公司和子公司合并注册资本放宽到3000万元。对从事现代服务、高端制造业等新兴产业的以民引外企业,允许使用表明其服务内容和服务方式的各类新兴产业用语作为名称和经营范围中的行业表述。

(十九)切实保障水电供应

民营企业与境外企业成功实现战略性新兴产业合资合作,按照其生产用电和用水的实际情况,优先落实有序用电和用水计划,保证企业生产正常运转。同时,提倡和鼓励企业节能发展。

(二十)加强投资促进工作

抓紧编制《浙江省外商投资重点产业目录》和《浙江省外商投资产业布局导向》,明确浙江经济转型升级需要鼓励和支持类产业。建立以民引外重点项目库、在谈项目库和投资项目库,定期更新,动态管理。组织民营企业参加浙洽会、国际商务周等大型经贸活动,加强民营企业与外资企业的对接。

(二十一)改善政府管理服务

进一步简化审批手续,加强部门协调,提高审批效率。将下放至各市、扩权县(市、区)的外商投资审批权限进一步下放至各县(市、区)。对嫁接提升的重大项目实行全程服务、全程代理制度。

(二十二)加强教育医疗服务

在我省中心城市、外商集聚地根据需要科学布局建立国际学校,开设外国人就医便利通道,鼓励省内有条件的家政服务机构开展对外合作,引进国外先进管理经验,在国内招聘高素质家政服务人员,切实解决外商在生活、就医、子女教育等方面遇到的实际困难。

五、加强民营企业与外资嫁接提升的组织领导

(二十三)加强组织协调

各级政府要充分认识嫁接提升的重要意义,把嫁接提升纳入重要议事日程。省利用外资工作领导小组及办公室具体指导、协调和统筹全省民营企业与外资嫁接提升工作。

(二十四)完善工作机制

建立各级政府领导联系以民引外重点项目制度,经常开展民营企业与外资嫁接提升的情况调研,帮助解决实际问题。建立完善部门职能分工制度,增强部门工作合力。

(二十五)加强考核奖励

完善浙江省县(市、区)利用外资考核办法,将民营企业与外资嫁接提升工作情况与年度岗位责任制考评挂钩,对以民引外先进县(市、区)给予招商工作经费奖励。对民营企业与世界500

强和境外行业龙头企业成功合资、合作，且新增投资总额名列全省前列的县(市、区)政府、省级产业集聚区、经济(技术)开发区管委会给予一次性奖励，专项用于以民引外的相关招商工作。

(二十六)营造良好氛围

大力宣传民营企业与外资嫁接提升的成功典型，组织开展以民引外的专题宣传活动，积极宣传外资企业在我省经济社会发展中的重要作用，进一步营造“以民引外、民外合璧”的良好氛围。

二○一二年六月四日

浙江省人民政府关于进一步做好世界500强企业引进工作的意见

浙政发〔2012〕50号

各市、县(市、区)人民政府,省政府直属各单位:

为进一步提高利用外资的质量和水平,大力促进我省经济转型升级,现就进一步做好世界500强企业的引进工作,提出如下意见:

一、总体要求

(一)重要意义

以世界500强企业为代表的跨国公司通过转让技术、输出管理和直接投资,有力地推动了我省经济社会的发展。面对当前经济发展的新形势,进一步做好以世界500强企业为代表跨国公司的引进工作,对于推动我省实施"四大国家战略举措"和"四大建设",具有重要现实意义,有利于产业集聚发展,有利于更好地推动我省经济发展方式转变和经济社会的可持续发展。

(二)指导思想

全面贯彻落实科学发展观,以经济转型升级为主线,抓住有利时机,加强投资促进工作,加大政策支持力度,优化投资服务环境,着力引进世界500强企业投资先进制造业、高新技术产业、现代服务业、新能源和节能环保产业,充分发挥其在我省经济转型升级中的重要作用。

(三)基本原则

坚持统筹协调和分级负责相结合。加强省级层面的统筹协调和组织领导,积极发挥各市、县(市、区)、省级产业集聚区、经济(技术)开发区的招商积极性,增强招引世界500强企业投资的工作合力。

坚持"招商引资"与"招才引智"相结合。在大力吸引直接投资的基础上,注重引进先进技术、人才、管理,努力营造集聚海内外要素新优势,促进我省经济转型升级。

坚持"以外引外"与"以民引外"相结合。加强和改善对已投资我省的世界500强企业的服务,鼓励增资扩股和带动更多世界500强企业投资;努力发挥我省民营经济优势,推动有条件的民营企业与之合资、合作,促进民营企业转型发展。

二、加强项目引进工作

(四)做好调查研究和招商规划

加强对世界500强企业的投资信息收集,建立信息资源库,跟踪了解投资情况及趋势。以欧美、日韩等发达国家和地区为重点,对重点行业、区域、目标、载体等提出引进规划意见。

(五)积极搭建各类招商平台

搭建信息平台。发挥国际中介机构、各地商会和海外侨胞的作用,积极拓展信息渠道。搭建投资洽谈平台。依托"浙洽会"等大型境内外经贸活动,开展投资洽谈活动。搭建承载平台。加强省级产业集聚区、经济(技术)开发区等产业平台建设,使其成为引进世界500强企业的主阵地。

(六)切实加强项目促进

结合我省产业发展战略,精心策划包装推出一批针对世界500强企业发展需求的招商项目,促进其投资我省主导产业和重点项目。建立在谈项目库,加强对在谈项目的集中协调和政策支持。加强投资项目的跟踪联系,建立投资项目库,及时反映投资项目的进展情况和变化趋势。

（七）开展多种形式招商

强化上门招商。定期走访世界500强企业驻华地区总部和全球总部,主动建立和保持良好联系,及时了解其投资意向,开展有针对性的投资促进和项目推介。强化定点招商。在重点国家和地区开展招商活动,加强驻外商务机构建设,提高招商针对性和成功率。强化产业链招商。开展企业招商活动,推进与世界500强企业有业务联系的企业开展合资、合作。

三、加强政策支持和政府服务

（八）推动设立地区总部和各类功能性机构

对进驻我省的世界500强企业地区总部和研发中心、采购中心、财务管理中心、结算中心等功能性机构,各级财政视情给予一定比例的租金补贴,并按照我省服务业发展引导财政专项资金管理办法的规定,经考核认定给予一次性奖励。

（九）鼓励投资战略性新兴产业和浙江省"四大国家战略"重大项目

鼓励世界500强企业投资生物、新能源、物联网、高端装备制造、节能环保、新材料、新能源汽车、海洋新兴产业及核电关联产业等战略性新兴产业;鼓励世界500强企业参与浙江海洋经济发展示范区、舟山群岛新区和义乌国际贸易综合改革试点及现代服务业集聚示范区建设。投资企业同等享受《中共浙江省委浙江省人民政府关于加快培育战略性新兴产业的实施意见》(浙委〔2011〕76号)以及我省加快发展海洋经济若干意见中的财政、税收、技术、人才、土地、金融等政策。

（十）支持投资企业开展技术创新

支持世界500强投资企业申报评定高新技术企业,对经认定的高新技术企业减按15%税率征收企业所得税。一个纳税年度内,对居民企业技术转让所得不超过500万元的部分,免征企业所得税;超过500万元的部分,减半征收企业所得税。鼓励世界500强投资企业开展技术研发,对企业为开发新技术、新产品、新工艺产生的研究开发费用,未形成无形资产计入当期损益的,在按照规定据实扣除的基础上,按照研究开发费用的50%加计扣除;形成无形资产的,按照无形资产成本的150%摊销。

（十一）加强投资项目要素保障

鼓励世界500强企业进入省级产业集聚区、经济(技术)开发区等投资鼓励类项目,土地指标给予优先保障。对符合浙江省确定的优先发展产业且用地集约的世界500强投资工业项目,在确定土地出让底价时可按不低于所在地土地等别相对应的《浙江省工业用地出让最低价标准》的70%执行。对投资战略性新兴产业、现代服务业、海洋经济发展等重大项目,当地优先安排新增建设用地计划指标。在项目完成供地并建成投产后,省按照项目性质、投资强度、容积率、产出效益等情况,依申请按年度进行综合评估,根据评估结果对当地给予一定的新增建设用地计划指标奖励。保障投资项目的用电、用水需求,按照其生产用电和用水的实际情况,专门落实有序用电和用水计划,保证企业生产正常运转。对职工数量超过一定规模的投资项目,其职工生活用水可按城市居民用水计价。

（十二）建立投资项目审批"绿色通道"

建立世界500强投资项目"绿色通道"工作机制,加快项目批准、用地预审、用地报批、环评批复、规划选址等审批事项的办理进度,确保项目尽快落户与投产开业。

（十三）加强对投资企业的服务

对世界500强投资项目,建立省、市、县(市、区)领导和有关部门的结对联系制度,开展定期跟踪服务,帮助企业解决实际问题。完善"区域大通关平台",提高通关效率。在住房保障上,向世界500强投资企业合理倾斜,增强企业对招聘人才的吸引力。完善跨国公司申请预约定价安排和双边磋商的受理机制,为保障跨国公司纳税义务的确定性提供服务,避免双重征税。进一步营造良好的基础设施环境、产业发展环境、政策法制环境和生活服务环境,不断提升投资吸引力。

（十四）引导鼓励到浙中、浙西南地区投资

进一步加大对世界500强企业到浙中、浙西南地区投资的政策支持力度,提高浙中、浙西南地区承接产业转移的能力，支持符合节能环保要求的项目在浙中、浙西南地区落户。深化我省杭州湾地区产业集聚区、开发区与浙中、浙西南产业集聚区、开发区合作交流。

四、加强工作保障

（十五）充分发挥省利用外资工作领导小组的作用

领导小组定期召开会议，研究引进世界500强企业的重大举措和重要事宜，领导小组办公室要做好具体协调服务工作。各地要认真落实招商引资"四有"方针，确实做到有人招商、有钱招商、有项目招商、有商可招。

（十六）建立健全目标考核办法

将引进世界500强企业作为利用外资工作的一个重点，纳入有关考核办法。

（十七）加大财政支持力度

对世界500强企业的研究和信息资源库、招商项目库建设的费用，对省商务主管部门组织的为引进项目推进活动发生的场地租金、场地布置费、宣传费等费用，对企业参加推进活动发生的国际交通费、境外住宿费等费用，给予一定的资助。

（十八）建立奖励机制

对世界500强企业投资鼓励类项目达到一定投资额度并名列全省前列的县(市、区)政府或省级产业集聚区、经济(技术)开发区管委会给予一定的奖励，专项用于开展对外招商引资等工作。对作出突出贡献的外商投资企业和高级管理人员给予表彰。

本意见所称的世界500强企业，以上年度公布的《财富全球500强》为依据。境外行业龙头企业可同等享受本政策，境外行业龙头企业由省商务厅会同省发改委、省经信委、省科技厅、省财政厅等部门予以认定。

二〇一二年六月五日

浙江省人民政府关于进一步推进商品交易市场提升发展的意见

浙政发〔2012〕65号

各市、县(市、区)人民政府,省政府直属各单位:

商品交易市场不仅是浙江经济的特色优势,也是推动浙江经济社会持续发展的中坚力量。为进一步推进我省商品交易市场提升发展,推进物质富裕精神富有的现代化浙江建设,现提出如下意见:

一、总体要求

(一)认识重要意义

商品交易市场是我省城乡居民日常消费的重要场所,是广大企业产品销售与原材料采购的重要渠道,是服务区域经济发展的重要平台,是浙江经济发展最具活力、最具时代意义的重要特征,在引导群众消费、促进商品生产、活跃商贸流通、优化资源配置、方便居民生活、扩大城乡就业、推动经济发展等方面发挥着重要作用。有产业依托的专业批发市场、农产品批发市场、农贸市场等作为社会公共基础配套设施,兼具民生性、公益性和市场性,对于强产业、惠民生具有重要意义。近年来,受素质性、结构性因素影响,我省商品交易市场面临规划引导不够、创新能力不足、转型提升缓慢、先发优势减弱等问题,又受到连锁卖场、电子商务等现代商贸流通模式和省外部分新型交易市场的挑战。因此,必须充分认识我省商品交易市场提升发展的必要性和紧迫性,更好地发挥其在加快转变发展方式、推进经济转型升级中的重要作用。

(二)明确总体目标

深入贯彻落实科学发展观,全面实施“八八战略”和“创业富民、创新强省”总战略,紧紧围绕建设物质富裕精神富有的现代化浙江的奋斗目标,主动对接浙江海洋经济发展示范区、义乌市国际贸易综合改革试点、舟山群岛新区、温州市金融综合改革试验区“四大国家战略举措”,优化结构、创新功能、增强活力、提升业态,大力推动商品交易市场建设星级化、交易方式现代化、运营管理专业化、物流网络高效化、商品辐射国际化、市场经营品牌化。力争通过5年努力,全省商品交易市场年交易额超过2万亿元;年交易额亿元以上市场超过800家,年交易额百亿元以上市场超过30家;培育50家辐射全国的省重点市场,20家硬件全国领先、功能完善的五星级文明规范市场,20个与现代产业集群互促共进的省级现代商品交易市场集群。力争通过10年努力,把我省建设成为全球知名的“市场强省”。

二、主要任务

(三)推动市场功能创新提升

拓展市场综合服务功能,鼓励建设物流中心、会展中心、检验检测中心、研发设计创意中心、教育培训中心、融资服务中心以及商品信息、商品价格等公共服务平台;建立以产业为基础,以市场为依托,集仓储、物流配送、旅游购物、流行趋势发布于一体的市场服务综合体。强化市场助推产业发展功能，依托市场商品信息和采购需求高度集聚的优势，探索市场与产业集群合作机制，提供市场实时动态信息，推动众多服务市场的中小微企业和传统产业转型升级。

（四）加快网上网下市场融合

推进信息技术与先进经营管理理念深度、有效融合，着力打造智慧市场。加快建设商品交易市场管理信息系统、信息查询公告系统、联网监测监管系统等。鼓励发展适合商品交易市场自身特点的网上交易模式，加强移动互联网、物联网、云计算等技术的应用，完善交易支付安全认证、移动支付、物流配送等支撑体系，促进有形市场与无形市场融合发展。鼓励主动对接网上市场，积极培育和引进网商，使商品交易市场成为网商采购平台和实物体验平台。鼓励加快建立支付、信用查询、法律咨询等公共服务平台，提升市场软实力。增强现有网上交易平台实力，提升在塑料、船舶、茧丝绸、钢铁、化工、煤炭、海水产品等行业的定价话语权。

（五）加强省内省外市场对接

推动省内商品交易市场通过设立省外分市场、建立物流配送中心、品牌输出、管理输出等多种方式对外拓展。推动省内省外浙商市场建立战略联盟，鼓励省外浙商市场设立浙江产品营销中心，鼓励浙江企业和市场经营户依托省外浙商市场，发展直销、品牌连锁和物流配送业务。加强省内市场与国内外采购商、央企、相关行业协会等的合作，鼓励省内市场开展国际营销、国外参展，发展出口贸易，设立国外分市场，拓展浙江产品国际销售渠道。

（六）提高市场管理服务水平

鼓励市场举办者完善法人治理结构，建立现代企业制度；鼓励有条件的市场举办者进行股份制改造，通过上市融资、发行债券等途径，增强资本实力，提高市场改造提升、对外拓展、兼并收购的能力。制定不同类型市场的管理服务标准，鼓励市场所有权与经营管理权分离，建立有资质、有品牌的市场管理公司，打造专业的市场运营管理团队，对市场实施专业化、规范化、标准化的管理。鼓励专业的市场管理公司做大做强，通过输出专业管理、专业培训等方式，提升我省商品交易市场整体管理服务水平。

（七）实施市场品牌提升战略

鼓励市场举办者加强市场品牌注册、经营、管理与宣传，导入企业形象识别系统。指导省内有一定知名度的市场实施知识产权战略，尽快注册服务商标、防御商标等；鼓励市场注册集体商标等，并授权经营户使用；积极支持市场争创驰名商标、省著名商标、省知名商号，提升品牌知名度；鼓励品牌企业在市场设立总经销、总代理、特约经销等，提高市场上市商品品牌率。建立商品交易市场品牌指导站，推动市场创建省专业商标品牌基地，调动市场经营户创牌积极性，培育一批适应市场特点的“小而专”、“小而精”、“小而特”的自主品牌。

三、平台载体

（八）做强一批辐射全国的省重点市场

根据省委、省政府提出的“大平台、大产业、大项目、大企业”战略，重点扶持专业特色鲜明、市场业态先进、产业带动作用明显、在同类市场中占有较大份额、辐射全国乃至全球的省重点市场，为其他商品交易市场提升发展起示范带动作用。

（九）整合一批与产业互促共进的省级现代商品交易市场集群

适应我省现代产业集群发展需求，通过引进、搬迁、整合等方式，集聚形成一批链接上下游产业的多功能、多层次的现代商品交易市场集群，促进商品交易市场与各类产业集聚区、物流园区、电子商务园区的融合互动，提升市场引导、服务产业转型升级功能。

（十）培育一批率先引导市场提升发展的市场强县（市、区）

根据县域经济和商品交易市场的特点，推动建设一批市场体系完善、布局合理、业态新颖、模式先进的市场强县（市、区），充分发挥商品交易市场对县域经济的支撑和引领作用。

（十一）省重点市场、省级现代商品交易市场集群和市场强县（市、区）的建议名单由省工商局会同省级有关部门提出，报省政府同意，每3

年认定一次，并实施动态管理

各县（市、区）政府要针对省重点市场、省级现代商品交易市场集群分别制定发展规划和实施方案，集中相关政策，加大培育力度，发挥其示范引领作用。

四、扶持政策

（十二）加大财政投入

省财政每年安排不少于3000万元专项资金，重点支持商品交易市场提升发展，积极支持网上交易平台建设、市场经营管理人才培训等，并视财力状况逐步加大支持力度。对新认定的省重点市场、省级现代商品交易市场集群、四星级以上文明规范市场、省文明示范农贸市场给予一定的奖励，对商品交易市场新建扩建等内容给予一定的补助。各级地方政府也要根据市场建设情况，视财力状况统筹安排一定的专项资金支持商品交易市场提升发展。

（十三）加大税费优惠

对省重点市场，纳税有困难的，经地税部门批准，可减免房产税和城镇土地使用税。优化网上市场征税流程，避免资金第三方监管过程中一次交易两次征税。各地要制订市场用电、用水、用气与一般工业同价政策的执行时间表，确保政策尽快落实。

（十四）加大用地支持

省重点市场改造提升项目，同等条件下优先列入省重点建设项目，所需新增建设用地指标由相关市、县（市、区）优先安排，其中列入省重大产业项目的，省里根据项目落地情况酌情给予奖励。现代商品交易市场集群选址要符合现行土地利用总体规划。对迁入省级现代商品交易市场集群的市场，优先规划安排市场发展用地和仓储、物流等配套设施用地。鼓励利用存量土地发展网上市场，在不改变用地主体、不重新开发建设等前提下，利用工业厂房、仓储用房等存量房产、土地资源兴办网上市场的，其土地用途可暂不变更。

（十五）加大金融支持

搭建商品交易市场金融合作与资本运营平台，拓展商品交易市场融资渠道，构建有利于商品交易市场提升发展的金融支持服务体系。支持符合条件的省重点市场举办者及管理者在市场所在地发起设立面向市场经营户的小额贷款公司和融资性担保机构。鼓励金融机构与省重点市场建立战略合作关系，加大对省重点市场的授信额度，并在利率上给予一定优惠。金融机构要积极创新市场商位使用权质押、货物质押、仓单质押、联贷联保等融资担保方式，开发适合市场经营户的小额、短期的融资产品，缓解市场经营户资金压力。鼓励金融机构在市场增设服务网点，推动银行卡、电子支付业务等在市场的应用，为市场经营户提供高效、便捷的金融服务。鼓励银行积极拓展网上银行服务，推动建设第三方网络支付平台，为网上交易提供资金结算支撑。支持具有上市潜力和竞争优势的省重点市场举办者进入全省上市后备企业资源库，作为省级重点上市培育企业，享受省企业上市工作联席会议各成员单位提供的“绿色通道”，优先办理有关手续。

五、保障措施

（十六）加强组织领导

省政府成立省商品交易市场提升发展工作领导小组，统筹协调全省商品交易市场提升发展的重大问题，督促落实商品交易市场提升发展的各项优惠政策。省商品交易市场提升发展工作领导小组办公室设在省工商局。省级有关部门要加强沟通和协调，结合自身职能，各司其职，形成促进商品交易市场提升发展的合力。各市、县（市、区）也要成立相应的商品交易市场提升发展工作机构，负责本地区商品交易市场提升发展的指导、组织和协调工作。将商品交易市场提升发展工作纳入各级地方政府目标责任制考核，建立并完善商品交易市场提升发展年度目标和重点工作责任分解制度。

（十七）科学编制规划

各级政府要科学编制商品交易市场专项规划，充分考虑产业发展、区位优势、服务半径等因素，优化市场布局，加强市场发展规划与土地利用规划、城市总体规划、商业网点规划、服务业规划的衔接。各级政府在编制土地利用总体规划和城市总体规划时,要充分考虑市场发展用地及相关道路交通的规划安排。省重点市场和省级现代商品交易市场集群周边不宜新建同类市场,要新建同类市场的需进行规划论证,避免过度竞争。要加强对商品交易市场专项规划落实情况的检查督促,确保市场规划落实到位。

(十八)重视人才培养

建立一套规范、系统的市场经营管理人才培训机制,鼓励各级市场协会、网商协会等组织开展市场管理人员的专业培训和资质认定。鼓励市场引进懂经营、善管理、具有开拓精神的高级管理人才,对于引进的高级管理人才在住房、社会保险、医疗保险和子女就学等方面给予照顾。鼓励大专院校、中职院校、社会培训机构与市场合作,加强对市场经营户的经济、管理、金融、外贸、法律、外语、电子商务等知识的教育培训,努力打造一支适应国际化、现代化发展需要的市场经营者队伍。

(十九)强化信用建设

广泛开展诚信宣传教育,积极倡导诚信经营的现代商业文明理念。开展诚信经营户创建工作,完善市场经营户信用体系建设,建立健全信用档案,实施诚信奖励和失信惩戒制度,提升经营户诚信意识与自律能力。开展国家级诚信市场、星级文明规范市场和省文明示范农贸市场等创建活动,不断提升市场信用水平,构建持续创新、包容共赢、诚信公平、和谐生态的市场文化。

(二十)加强规范管理

贯彻落实《浙江省商品交易市场管理条例》,完善与商品市场配套的制度建设,制定出台网络交易地方性规定。鼓励市场举办者引进ISO9001质量管理体系、ISO14001环境管理体系、HSE-MS健康安全环境管理体系、HACCP食品安全管理体系等,制订不同类型市场的硬件建设标准和软件管理规范,促进市场建设标准化、管理规范化。完善市场统计的指标体系与调查方法,提升市场统计监测、运行分析的科学化水平。建立适应市场商品特点的知识产权保护和打击假冒伪劣的长效监管机制,实行对市场上市食品、农产品、重要商品的可追溯管理。各有关部门要依据职能,依法加强对商品交易市场的监管,共同促进市场规范、有序、健康发展。

(二十一)营造良好氛围

充分发挥市场协会、网商协会、个私协会等组织的桥梁纽带作用,提高协会指导、管理和服务的水平。加强商品交易市场党建工作,发挥党员经营户的模范带头作用。加大对商品交易市场的宣传力度,提升市场在全国的影响力,形成全社会关心、支持、参与商品交易市场提升发展的良好氛围。

浙江省人民政府

二〇一二年八月二十三日

浙江省人民政府关于扩大进口的若干意见

浙政发〔2012〕67 号

各市、县(市、区)人民政府,省政府直属各单位:

为进一步贯彻党中央关于"稳增长、调结构、促平衡"的决策部署,落实国务院《关于加强进口促进对外贸易平衡发展的指导意见》(国发〔2012〕15 号)精神,加快转变外贸发展方式,进一步发挥进口在促进贸易平衡、推动产业转型升级、保障资源能源供应、提高人民群众生活水平等方面的积极作用,结合我省实际,现就进一步扩大进口提出如下意见:

一、指导思想、基本原则和目标任务

(一)指导思想

以邓小平理论和"三个代表"重要思想为指导,以科学发展观为主线,贯彻落实省第十三次党代会精神,围绕建设物质富裕精神富有的现代化浙江,服务于"资源小省、制造大省"的经济特点,贡献于"产业转型、经济跨越"的关键时期,充分利用国际国内两个市场、两种资源,在保持出口稳定增长的同时,更加重视进口,扩大资源能源商品、先进技术和关键装备、高质量安全消费品的进口,加快外贸转型升级,促进贸易平衡,推动浙江经济社会健康发展。

(二)基本原则

坚持进口与出口并重,促进贸易平衡;坚持进口与扩大内需衔接,促进扩大消费;坚持进口与产业发展结合,提高我省经济国际竞争力;坚持进口和"走出去"联动,进一步拓宽进口渠道;坚持市场机制和政策引导互补,加大进口支持力度;坚持立足当前与着眼长远紧密结合,积极构建进口贸易在全省的合理布局。

(三)目标任务

配合"四大国家战略举措",搭建一批进口平台;完善进口市场体系,培育一批进口龙头企业和进口商品分销企业;加快实施"走出去"战略,积极开展境外资源的合作开发利用。通过各方努力,进口贸易便利化程度明显提高,进口市场布局更趋合理。全省形成东部有宁波—舟山国际枢纽港,中西部有义乌全球小商品集散中心,各地有一批进口平台、进口骨干企业和进口分销渠道,点面线结合的全省进口布局。争取"十二五"时期,进口增幅高于出口增幅,进口在外贸中的比重明显提高;进口在促进全省经济转型升级、提升人民群众消费水平等方面发挥更大作用;我省进口在全国的影响力、占全国的比重进一步提高,为全国对外贸易平衡作出应有贡献。

二、进一步完善进口市场体系

(四)培育各类进口主体

建立重点进口企业联系制度,加强大中型进口企业的培育,形成若干个面向全国市场的大型、综合性进口企业集团。在中小企业中选择一批业务能力强、经营商品符合我省产业发展需求和促进人民群众生活消费水平提高的骨干企业,集中力量进行培育,形成一批专业化进出口队伍。

(五)促进进口市场多元化

配合实施出口市场多元化战略,优化进口国家和地区结构。拓展从发达国家进口技术和商品范围,注重从新兴市场国家和发展中国家进口。根据内地与香港、澳门建立更紧密经贸关系和海峡两岸经济合作框架协议等安排,扩大从港澳台地区进口。鼓励企业充分利用我国与相关国家签订的自贸区关税减让协定,推动进口市场的多元化发展。

(六)促进进口和国内流通的衔接

鼓励我省大中型流通企业与境外供应商、省内进口商建立业务合作联系,减少中间环节。支持有实力的外贸企业整合进口相关环节,打造"国际采购—进口—自营销售"一体化平台。鼓励企业代理经营国外品牌消费品,发展自营销售平台。根据市场需求,在杭州、宁波、义乌等城市规划建设若干进口商品交易中心,打造成为全国有影响力的进口商品交易市场,提升进口组织化程度和交易市场集聚化水平。对检验检疫合格的进口商品,进入国内市场流通后,省内其他单位不再检验、检测。

三、大力拓展进口渠道

(七)扩大一般贸易进口

认真落实国家加强进口的政策措施,抓住部分商品进口关税调整的机遇,扩大我省急需的先进技术设备、关键零部件、重要资源能源性产品、新型环保装备等进口;鼓励企业引进先进技术,加快技术改造,通过引进消化吸收再创新增强企业自主创新能力;积极探索机械设备、船舶等大型进口设备融资租赁业务;加快发展与现代产业相配套的生产性服务进口,有序扩大高端生活性服务进口;适度扩大消费品进口。

(八)巩固加工贸易进口

鼓励加工贸易企业加强自主创新、提高科技含量和培育自主品牌,推进加工贸易转型升级;大力推动本土企业进入加工贸易产业链和供应链,充分运用国内外"两种资源、两个市场"做大做强,巩固加工贸易国际市场份额;加快加工贸易企业内销体系建设,拓展内销渠道;控制高能耗、高污染、低附加值加工贸易发展。

(九)积极利用境外资源能源

完善境外投资产业和国别、地区导向政策,进一步加大境外资源能源合作开发力度,鼓励和引导有条件的企业通过多种形式到具备条件的国家和地区开展资源能源合作开发,缓解我省资源能源短缺的矛盾。着力构建与有关国家和地区开展互利共赢共同发展的合作开发机制,建立我省稳定的重要资源能源境外补给基地,实现资源能源全球配置。加强跨部门的沟通协调,着力解决民营企业开展境外投资的重大问题。

四、积极培育进口平台

(十)充分发挥特殊监管区域和保税监管场所的作用

鼓励企业用足用好海关特殊监管区域和保税监管场所的特殊优惠政策,以保税仓储的方式进口战略性、资源型物资,降低企业运营成本。引导企业在保税区域场所设立采购中心、分拨中心和配送中心,提高物流效率,降低物流成本,扩大工业原材料和生活消费品进口。大力支持杭州、宁波、嘉兴、舟山、义乌、温州等地加快建设保税区域、场所、进口基地。

(十一)推进大宗商品交易中心的建设

抓住我省实施海洋经济发展示范区、舟山群岛新区等国家战略举措的机遇,充分发挥我省港口优势,增强进口商品集散交易功能,建立国内外有影响力的大宗商品交易中心。积极向国家有关部门争取宁波大宗商品交易所和舟山大宗商品交易中心的大宗商品进口资质。

(十二)支持专业市场拓展进口功能

因地制宜,依托我省发达的专业市场,大力培育进口交易平台。支持专业特色明显、市场交易规模大的专业市场拓展进口贸易功能。以推进国际贸易综合改革试点为契机,大力推进义乌国际商贸城进口商品馆建设,把义乌市建设为我省乃至全国的进口消费品集散中心。

(十三)积极培育进口商品展会

探索举办进口商品展会,打造优质共享的进口商品展会交易平台。扩大进口商品展销规模,探索与国外知名展览机构合作举办进口展会。借助"义博会"、"消博会"、"纺博会"等展会平台,邀请国外参展商参展,组织我省采购商参加展会。组织企业积极参加"广交会"、"华交会"、跨国采购大会以及境外的各类展会,为我省采购商与境外生产商牵线搭桥，拓宽进口渠道。有针对性地组织企业赴境外开展商品采购活动。

五、加大财政和金融政策支持力度

（十四）加大财政支持力度

重点支持企业扩大进口省内紧缺资源能源、重要装备、先进技术；支持企业通过引进消化吸收再创新开发新技术、新产品、新工艺，形成自主知识产权和自主品牌；对重点进口平台、重点进口企业、进口分销体系、进口信用保险、进口促进及公共服务等方面予以支持；鼓励企业开发利用境外资源能源，支持回运资源性产品。

（十五）完善进口风险保障制度

鼓励商业保险公司推出支持进口的保险产品和服务，降低企业进口风险。充分发挥中信保浙江分公司的信息资源，为企业做好进口国别、进口产品及行业、国外供应商等相关信息的服务支持工作。积极推进“进口预付款信用保险”和“国内贸易信用保险（进口保理）”两项进口信用保险产品的试点，对先进技术设备、关键零部件和能源原材料的进口提供风险保障。加快发展国内贸易信用保险，对大中型流通企业进口货物的国内销售提供风险保障。

（十六）加大进口金融支持和创新力度

积极试点进口信贷流动资金贷款、进口信贷固定资产贷款、资源类商品进口信贷、技术装备类商品进口信贷、进口信贷型租赁贷款、进口卖方信贷业务等创新业务产品，切实加大进口信贷投入。支持中资企业借外债带动进口，解决中资企业进口融资难题。支持我省符合条件的企业发行短期融资券、中期票据、中小企业集合票据等债务融资工具，支持符合条件的中小企业参与“区域集优”债务融资工具发行，拓宽融资渠道，补充流动资金，增强进口实力。支持辖内法人金融机构发行小微企业专项金融债，增强信贷投放能力，扩大对省内外贸型小微企业的信贷投放。

（十七）加强外汇市场培育与创新

鼓励金融机构加大外汇远期、掉期、人民币对外汇期权等避险工具推广力度。积极推进大小银行合作开办远期结售汇业务，积极引导企业利用境内期货市场、有条件的企业可以利用境外期货市场进行套期保值操作，以规避价格风险。深入开展货物贸易外汇管理制度改革试点。加强对企业的政策宣传和帮扶工作。不断简化汇兑手续，完善进口信用保险、担保等配套措施，多管齐下消除进口企业融资、担保、抵押瓶颈。

（十八）推动跨境人民币进口结算业务

通过多种形式，进一步加大跨境人民币结算政策宣传和推广，推动引导外贸企业在进口中使用人民币结算，享受政策便利。鼓励和推动金融机构积极稳妥开展跨境人民币金融产品创新，使用人民币进口开证等适合企业进口的金融产品。推动金融机构稳妥开展进口代付等跨境人民币贸易融资业务，充分利用境外人民币满足企业合理资金需求。

六、提高进口贸易便利化水平

（十九）提高企业通关效率

进一步推进分类通关改革，优化“属地申报、口岸验放”通关模式，探索无纸化通关改革，扩大税费网上支付试点范围，提升进口货物通关效率。继续深化“5+2”预约通关、上门查验、担保验放、预归类、预审价、原产地预确定等服务，帮助企业快速、准确报关，提高通关效率。加大AA类、A类企业培育力度，为其提供门到门服务、优先办理货物申报和验放手续等通关便利措施。落实重大减免税项目前伸服务机制，提供设备预归类、免税政策咨询等各项服务，扶持企业技术改造和升级，支持省重大项目建设。进一步完善海关和检验检疫的进口通关协作机制。

（二十）优化加工贸易管理模式

引导加工贸易向产业链高端延伸、向海关特殊监管区域集中。大力推行加工贸易联网监管，加大“加贸通”、E账册联网监管系统的推广应用力度，实现简化手续、科学监管。促进加工贸易货物内销便利化，允许符合条件的企业按月集中办理内销征税手续，引导有条件的企业培育自主内销渠道。

（二十一）完善进口产品检验监管

积极探索进口产品分类管理，按产品风险和

收货人分级情况实施差别化检验监管，以抽查检验替代批批检验，对优强企业、低风险产品的进口，简化程序，采取便捷高效的检验监管模式，提高进口检验把关效率。建立和推行免办CCC（中国强制性产品认证）企业信用管理模式，对符合条件的免办进口企业实施诚信企业管理，享受一次申请、一次审批、一张证明、一年使用的优惠政策。充分运用长三角检验检疫区域合作机制，与上海、江苏等建立进口CCC目录外产品确认信息共享、结果互相采信等合作关系，为入境通关提供便利。

（二十二）优化检验检疫服务

主动服务重大项目的发展，对重点引进投资项目的进口设备，制定专门监管方案，为项目设备进口提供最大限度的便利。积极支持大型经贸活动，对于活动需要进口产品，在风险可控的前提下，给予便捷通关措施。推行“5+2”、“24小时预约申报”的全天候、无障碍工作模式，提供急事急办、特事特办服务，努力实现单证“快”放行、物流“零”滞留的工作目标。

七、加强进口组织领导

（二十三）完善进口公共服务

完善电子口岸信息平台建设，为企业提供商务、通关、检验检疫、物流等方面的综合信息服务。完善商务百事通外贸公共信息服务平台，在网站增辟进口专栏，加强信息发布、政策介绍、信息查询、贸易障碍投诉、产业损害预警和知识产权保护等方面的服务。简化先进设备进口免税申请程序。加强与大专院校合作，加快进口贸易专业人才的培养和引进。清理进口环节不合理收费和不合理限制与措施，进一步规范收费行为，降低进口环节交易成本。进一步完善进口商品质量安全风险预警与快速反应监管体系。

（二十四）发挥行业中介组织作用

充分发挥贸易促进机构在扩大进口中的作用。鼓励进出口商会、行业协会等中介组织加强行业指导和自律，根据需要开展进口政策、培训和商务咨询等服务。推动我省中介组织加强同大宗商品出口国相关组织和企业的联系和沟通。加强对重点进口企业和行业的指导，及时发布相关信息，加大进口促进力度。与境外商协会交流合作，搭建商务信息交流和服务平台。

（二十五）强化进口组织实施

建立省进口工作协调机制，省政府将定期组织相关部门就进口促进、进口便利化和进口形势等方面进行协商沟通。各地要参照省的做法，建立健全相应工作协调机制，切实加强组织领导和统筹协调。各部门要根据各自职能分工，认真落实支持政策，形成合力，支持进口。各地、各部门要进一步统一思想，树立进出并举的外贸工作思路，实施促进贸易平衡的政策体系，积极扩大进口，促进对外贸易平衡发展，为全省经济社会又好又快发展作出新贡献。

浙江省人民政府

二○一二年八月七日

浙江省人民政府关于进一步提升全省开发区发展水平的指导意见

浙政发〔2012〕83号

各市、县(市、区)人民政府,省政府直属各单位:

全省国家级经济技术开发区和省级经济开发区(以下简称开发区)设立20多年来,在扩大对外开放、深化体制改革,推动经济发展、促进社会和谐等方面,发挥了不可替代的积极作用。面对当前经济社会发展的新形势,为更好地发挥开发区在实施“四大国家战略举措”和“四大建设”中的支撑促进作用,引领示范经济转型升级,辐射带动地方区域经济发展,现就进一步提升全省开发区发展质量和水平,提出如下意见:

一、明确总体要求,把握方向目标

(一)指导思想

坚持以科学发展为主题,以加快转变经济发展方式为主线,按照“先进制造业与现代服务业并重,利用境外投资与境内投资并重,经济发展与社会和谐并重,致力于提高发展质量和水平,致力于增强体制机制活力,促进开发区向以产业为主导的多功能综合性区域转变”的“三并重、二致力、一促进”的发展方针,引导和促进全省开发区更加注重招商选资和经济发展质量,更加注重优化结构和促进产业升级,更加注重集约用地和生态环境保护;坚持以新思路解决新问题,以新举措推进新发展,把有效利用外资与培育战略性新兴产业结合起来,把推进开发区差异化、特色化发展与加强开发区品牌建设结合起来,不断提高开发区对全省经济社会发展的贡献度。

(二)基本原则

1. 突出创新,科学发展。把推进自主创新和体制机制创新作为开发区落实科学发展观、实现又好又快发展的重要途径和突出抓手,坚持好中求快、优中求进,着力推进结构调整和发展方式转变,实现规模、质量、效益和速度的统一。

2. 引领开放,率先发展。开发区要在面向世界、接轨国际、承接国际高端产业转移上继续走在前列,更好地发挥开发区在对外开放和区域发展中的引领带动作用,以开放促开发,以开发促开放,率先实现开发区的产业结构和引资质量优化发展,继续保持开发区在所在区域中率先发展的态势。

3. 以人为本,和谐发展。把实现好、维护好、发展好人民群众根本利益摆在开发区建设发展的重要位置,推进开发区产业和谐、生态和谐、社会和谐、城乡和谐、本地人口与外来人口和谐,使开发区在壮大公共财力、扩大就业、改善民生、环境保护等方面发挥更大的作用,让广大人民群众真正从工业化、城镇化中获得更多的实惠。

4. 分类指导,统筹发展。统筹不同区域、不同类型和不同发展层次开发区的发展,根据开发区具体发展阶段、发展特色和发展需要,采取具体政策措施,加强引导和协调。以项目建设为重点,推进开发区互动发展,形成以强带弱、资源共享、联动发展的新格局。

(三)发展目标

开发区要坚持高端发展的战略取向,率先转变经济发展方式,努力建设成为全省改革开放和体制创新的先行区,成为经济转型和产业升级的示范区,成为科技创新和生态文明的引领区,成为招才引智和高端人才的集聚区,成为工业化和城市化融合发展的和谐区。到“十二五”期末,全省开发区完成的年工业总产值、财政收入、外贸出口和实际利用外资分别突破40000亿元、2000亿元、1000亿美元和80亿美元;开发区平均投资密度、工业总产值土地产出率均提高到250万元/亩以上,土地税收产出率提高到15万元/亩以上,单位工业增加值能耗、水耗各下降20%;工业总产值1000亿元以上规模的开发区由目前的4家增加到10家。

二、转变发展方式,高效配置资源

(四)切实转变建区发展理念

推动开发区发展由低成本“要素拉动”向高技术“创新驱动”转变,积极争创“开发区制造”与“开发区创造”双重优势;推动开发区建设由“单一工业制造园区”向“多功能综合性区域”转变,努力实现“新型工业化”与“新型城市化”双向目标。推动开发区继续成为扩大对外开放和促进内源发展的重要载体;成为发展先进制造业、战略性新兴产业和现代服务业的重要基地;成为推动高新技术产业化和促进创新创业的重要平台;成为推进城市化和新农村建设的重要力量。

(五)集约高效利用土地资源

积极推动重大项目向开发区集中、优质资源向优势产业集聚。各地在土地利用年度计划安排上要优先支持开发区,对于超亿美元以上的战略性新兴产业、先进制造业、海洋经济产业等重大项目用地计划予以重点保障,国家级经济技术开发区可按城市批次用地形式单独组织报批。调整优化开发区用地结构,落实节约集约用地措施,鼓励开发区和区内企业依照法律和市场手段稳步实施“腾笼换鸟”,盘活存量土地资源。提高开发区的投资强度和产出效益,开发区的项目投资强度应高于省政府规定的所在地标准。科学生态、合理有效地开发利用地下空间、浙江中西部低丘缓坡和浙东浙北沿海、沿湾、浅海滩涂资源,促进要素在更广阔的地域内聚合、集散、调配。探索形成开发区与所在区域要素合理流动、资源优化配置的新格局,引导促进开发区走集约友好型、可持续发展的新型工业化道路。

(六)积极推动绿色低碳发展

坚决落实环保优先方针,认真做好环保规划,加大对环保基础设施建设的投入,确保环境保护与产业发展、开发区建设同步推进。鼓励开发区在环境监测上推广物联网技术,发展循环经济和产业生态化改造,采用节能、环保新技术,加强产业间、企业间循环链建设,推动生产流程再造,建设一批国家级和省级生态工业示范园区。积极开展国际生态环保合作,引导产业结构向低碳方向发展,确保环境保护与经济发展同步推进。

三、科学编制规划,深化整合提升

(七)努力提高规划建设水平

坚持规划先行,着眼长远发展,从更高起点、更大范围、更长时限,认真做好开发区总体发展规划、产业规划、控制性详细规划和各专项规划。在规划设计时,要与全省主体功能区规划、海洋经济发展示范区规划、省域城镇体系规划和城市群发展规划、开发区所在地国民经济和社会发展规划、土地利用总体规划、城市建设总体规划(县市域总体规划)以及海洋功能区规划做好衔接。在规划编制时,要根据资源禀赋特点和地区产业基础,聘请高水平专业团队担纲编制。要按照新的发展定位和发展要求,做好新批省级开发区规划编制和规划环评等各项工作。

(八)多措并举深化整合提升

合理推进开发区布局的优化调整,在符合各相关规划的基础上,以提高土地利用效率、促进产业集群发展为目标,深入扎实推进开发区整合提升、布局调整和空间优化。允许确有需要的开发区按照《浙江省开发区整合提升行动计划》有关规定修改完善整合提升方案。支持开发区积极探索跨区域合作开发模式,采取合作共建、整合托管、一区多园等灵活方式,拓展发展空间。鼓励和支持开发区与国内其他先进开发区、大企业(集团)、战略投资者合作共建开发区;鼓励我省与中西部地区共建兴办开发区,开展多层次的产业对接转移。

（九）不断促进功能拓展完善

按照区域战略部署、基础与条件、资源环境承载力、发展潜力，明确功能定位，进一步推进开发区从形态开发向功能开发转变，强化不同开发区产业特色功能，努力形成各有侧重、特色鲜明、多元并举、相互配套的开发区发展格局。进一步加快建设公共服务平台，完善开发区各项配套功能，大力提升开发区要素资源吸附能力、产业支撑能力和对周边辐射带动能力。进一步处理好开发区与所在地城市的关系，积极发展金融、保险、会计、审计、律师、信息咨询等现代服务业，逐步增强开发区社区功能，促成开发区向开放型、多功能、现代化的新城区发展。

四、加快结构调整，提升产业层次

（十）着力提高招商选资质量

顺应全球金融危机后世界经济调整重组、国际高端产业加快向外转移的趋势，抓住实施“四大国家战略举措”的机遇，进一步加大投资促进力度，创新招商选资方式，发展壮大实体经济，着力引进产业带动型、科技创新型、资源节约型、生态环保型项目，注重发展与国家十大产业振兴规划和全省产业转型升级相匹配的相关产业，积极争取国家战略产业和海洋产业项目在开发区布局投资。

（十一）着力提升产业发展层次

大力实施“以培育主导产业为主，以推动产业集群为主，以发展高新产业为主，以打造国际品牌为主”的产业发展战略，加快培育构筑现代产业体系，加强产业规划，优化产业布局，提升产业层次，促进产业集群。加快发展战略性新兴产业，大力发展先进制造业，积极推进现代服务业，改造提升传统优势产业，培育扶持新兴特色产业，推动开发区产业高端化、高新化、高质化和高产化发展。国家、省有关产业发展的重大专项优先安排到开发区，国家级经济技术开发区的项目可以直接报省有关部门审批或审核备案。

（十二）着力提高自主创新能力

积极发挥开发区科技创新的载体作用，围绕集聚创新要素、激活创新资源、转化创新成果、提高创新能力，进一步优化自主创新环境，健全公共创新平台，加快形成以企业为主体、以市场为导向的创新体系；促进引进外资与自主创新相结合，大力引导和开发具有自主知识产权的关键技术和核心技术，完善鼓励技术创新和科技成果产业化的政策体系和激励机制，增强开发区原始创新、集成创新、引进消化吸收再创新能力。积极鼓励科技与金融联合的投融资体制创新。

（十三）着力创建特色品牌园区

鼓励引导开发区特色化发展和差异化竞争，依托现有的开发区积极创建具有开放特征、地域特点、产业特色的外商投资新兴产业示范基地和特色品牌园区，努力增强开发区的品牌影响力和核心竞争力。力争把示范基地和品牌园区建设成为产业特色明、集聚效应好，创新能力强、科技含量高，生态环境优、资源消耗少的先行区和样板区；引领和带动全省开发区向专业化、高端化、低碳化、品牌化、国际化方向发展。

五、创新体制机制，增强发展活力

（十四）创新完善开发区行政管理体制

按照“精简、统一、效能”的原则，合理设置开发区管委会，进一步理顺关系，明确责任，提高行政效能。国家级和省级开发区管委会一般是所在市、县(市、区)政府的派出机构，机构规格与同级政府工作部门相同，除其中具有企业性质的外，根据授权或委托行使同级政府部分经济社会管理权限。加强开发区机构设置、领导和人员力量配备，确保开发区管理体制适应发展需要。开发区涉及的有关机构编制事项具体由省机构编制部门会同有关部门研究提出意见。鼓励开发区创新运行机制，实现与周边区域和经济功能区联动发展。

（十五）加强引才用人机制创新

加强开发区领导班子建设，在坚持党管干部的原则下，实行公开选拔、竞争上岗，选拔综合素质好、科学发展能力强的优秀干部到开发区任职。鼓励创新开发区选人用人机制，经地方党委授权，可赋予开发区中层干部管理权和核定编制内自主用人调配权。加强人才培养和引进力度，制定更加灵活的激励创新创业人才政策。健全完善开发区人才工作目标责任制考核办法，努力把开发区打造成高层次人才聚集地。

（十六）建立健全运营开发机制

建立完善开发区资产运营管理机制，鼓励和引导外资、民营资本和各类社会资本参与开发区建设，实现投资主体多元化和“一区多园”的发展模式。加快开发区投融资体制改革。鼓励开发区企业通过股权、债券、租赁、信托、基金、保险等多渠道直接融资，鼓励各类市场主体在开发区设立科技银行、小额贷款公司、风险投资公司、创业投资公司、融资性担保公司、产业发展基金等，为企业提供金融服务，省里可按有关规定从中小企业信用担保资金等专项资金中给予支持；积极引入银行、金融租赁公司等金融机构在开发区内设立分支机构，帮助开发区中小企业解决融资难问题。

六、加强指导服务，引领和谐发展

（十七）重视加强组织领导

各级政府要加强对开发区工作的领导，摆到更加突出的位置，把提升开发区发展质量和水平作为推动产业集聚发展、促进经济发展方式转变和经济社会可持续发展的重要抓手。各职能部门要切实履行好职责，做好开发区建设发展的具体规划、指导、协调工作，认真研究解决各种新情况新问题。要关心爱护开发区干部职工，既要解决其政治待遇等问题，又要保持队伍的相对稳定。

（十八）健全完善综合协调机制

各地、各部门要增强全局意识、责任意识和服务意识，进一步转变职能、改进作风，进一步加大对开发区工作的整体协调力度，大力支持和促进开发区建设发展。鼓励各地成立由当地主要领导负总责，各相关部门参与的“开发区重大工作和重大项目综合协调小组”，切实帮助解决规划、用地、融资、项目审批、基础设施建设等方面的困难和问题。各地商务部门要健全开发区管理机构，行使管理职能，提高统筹协调能力和指导服务水平。

（十九）继续加大财政政策支持

省财政继续安排开发区建设发展专项资金，加强政策引导和扶持。各级政府要加大对开发区的财政投入力度，把事关实体经济发展、民生改善、文化建设等重大建设项目纳入财政预算，予以重点支持。鼓励规范发展政府融资平台。对跨区域（省际）合作园区的建设，各级财政可安排专项资金予以扶持。在合作园区的建设起步阶段，税收上可给予园区更多地方留成，支持园区滚动发展。

（二十）加大力度优化投资环境

坚持依法行政，规范行政行为，简化审批程序，提高行政效率。优化综合投资环境，完善园区配套功能，健全投资服务机制，拓展延伸服务领域，强化各类业务培训，不断提高服务水平。加强社会诚信体系建设，不断完善统一开放、公平竞争的市场环境。加快建立资本、产权、技术、劳务等要素市场，完善涉外医疗、教育、文化、娱乐等设施建设，营造与国际接轨的创业环境和生活环境，增强对国内外投资者的吸引力，引导浙商回归集聚发展。

（二十一）强化综合考核评价激励

认真实施《浙江省开发区综合考评办法》，从经济规模、产业结构、人才状况、科技能力、开放水平、集约程度、环境保护、社会贡献、发展质量、综合效益等方面综合评价开发区的发展。不断健全与完善开发区评价体系，重视考评结果的使用，树立正确的工作导向。

（二十二）努力推进社会和谐

探索完善开发区内非公企业和外资企业的党建工作机制，积极推进具有开发区特色的文化建设；大力发展以改善民生为重点的社会事业，加大公共投入，完善公共服务，实现社会保障全覆盖，让区内人民群众共享建设发展成果。探索城乡混合型区块综合管理模式，强化社会责任意识，加强社会治安工作，维护社会秩序稳定，建设平安和谐园区。

浙江省人民政府

二〇一二年十月十日

浙江省人民政府关于振兴浙菜加快发展餐饮业的意见

浙政发〔2012〕84号

各市、县(市、区)人民政府,省政府直属各单位:

为进一步提升浙菜品牌,弘扬浙菜文化,打造美食浙江,提高餐饮业服务质量,促进餐饮业又好又快发展,推动全省产业结构调整和经济发展方式转变,切实保障和改善民生,现就振兴浙菜加快发展餐饮业提出如下意见:

一、充分认识振兴浙菜加快发展餐饮业的重要性

(一)发展现状

改革开放30多年来,我省餐饮业经历了起步发展、数量扩张、规模连锁和品牌提升阶段,取得了长足稳定的发展。截至2011年底,全省有餐饮网点20多万个,从业人员100余万;2011年实现零售额1070亿元,比2005年增长101%,占全省社会消费品零售总额比重9%;人均年消费额达到2042元,比全国平均水平高1000元;餐饮产业规模、平均利润率、人均劳效、每平方米营业收入、每餐位营业收入等各项经济指标连续18年保持全国领先。但与周边省市的发展水平、与人民群众日益增长的消费需求相比,我省餐饮业还有较大差距,存在着浙菜品牌提升乏力、产业化程度偏低、行业整体实力不强、大众餐饮发展不快、政策法规建设滞后等一系列问题。

(二)提高认识

"民以食为天,生以食为本。"餐饮业是生活性服务业的重要组成部分,密切关系民生,产业前景广阔。浙菜是我国八大菜系之一。振兴浙菜、加快餐饮业发展不仅对于拉动消费、扩大内需、促进相关产业发展具有十分重要的作用,而且对于优化产业结构、吸纳劳动力就业、弘扬民族文化、提升城市形象、构建和谐社会有着非常重要的意义。各地、各有关部门要高度重视,切实加强领导,建立健全协调机制,统筹规划布局,加大扶持力度,为进一步振兴浙菜、加快餐饮业发展奠定坚实基础。

二、振兴浙菜加快发展餐饮业的指导思想和目标

(三)指导思想

深入贯彻落实科学发展观,以"提升浙菜品牌,弘扬浙菜文化,打造美食浙江"为主线;树立特色是发展之魂、品牌是发展之旗、创新是发展之源、管理是发展之基的理念;按照"政府引导、市场运作、企业主体、创新发展"的原则,着力提升浙菜品牌,培育餐饮龙头企业,推进餐饮产业化建设,加快发展大众化餐饮,培养浙菜烹饪和服务大师,强化餐饮行业管理,逐步形成各类业态互为补充,各种菜系相互融合,城乡餐饮互促共进的新格局,为建设物质富裕精神富有的现代化浙江作出贡献。

(四)发展目标

力争到2015年,全省餐饮零售额达到2200亿元,年均增长15%,占社会消费品零售总额的比重达到11%;形成一批具有浙江风味特色的浙江名菜;培育一批销售超亿元的浙菜龙头企

业；推出一批浙菜烹饪(服务)大师、名师；发展一批具有地方特色、影响力大的美食文化街区，努力使浙菜影响力持续增强。

三、振兴浙菜加快发展餐饮业的工作重点

（五）科学规划餐饮业发展布局

1. 加强餐饮网点规划。按照科学规划、合理布局、突出特色的要求，坚持与城乡经济发展相衔接，与人民群众消费需求相适应，与相关产业发展相协调，与城乡历史文化景观、民俗文化景观、农业生态景观相结合，做好餐饮网点规划并纳入各级城乡建设规划。

2. 重点建设浙菜三大特色集聚区。在杭嘉湖平原地区重点打造“杭帮菜”创新基地及世界休闲美食之都、绍兴越菜文化之城和嘉兴、湖州湖鲜风味餐饮；在甬台温沿海地区重点打造甬菜、瓯菜及岛屿海鲜菜；在金衢丽内陆地区重点开发山珍风味和民俗餐饮文化。

3. 优化餐饮业发展结构。不断完善城乡餐饮布局，中心城市着力建设商务餐饮、休闲餐饮和社区餐饮三大集聚群；在商务区建设集餐饮、娱乐、休闲于一体的大型餐饮服务实体；在流动人口集聚区建设美食街和夜市；在居民社区设置方便消费、老少皆宜的大众化餐饮网点；乡(镇)要结合新农村建设，合理设置网点布局，规范发展“农家乐”餐饮，提升农村餐饮服务质量和卫生水平。

（六）进一步弘扬提升浙菜品牌

1. 鼓励研发创新浙菜。坚持“继承、发扬、兼容、创新”，研发创新特色菜品。支持餐饮企业设立新菜研发机构，提升菜肴档次，改良饮食器皿，满足消费需求。

2. 实施“浙菜品牌提升”工程。设立浙江名菜(名料、名菜、名点、名宴)认定专家委员会，组织编写“浙菜标准”，评选认定“浙江名菜”，定期向社会公布富有浙江地方特色、体现浙菜风格、深受消费者喜欢的浙江名菜。对制作名菜的厨师、企业授予牌匾和证书，并落实奖励政策，必要时申报浙江名菜知识产权保护。

3. 加强浙菜文化研究。鼓励餐饮企业、专业院校和行业协会，成立浙菜文化研究机构，总结浙菜文化内涵，提炼浙江菜系特色，收集整理地方名菜，发掘乡村民间饮食文化和人文内涵，组织编写《浙江饮食文化史》、《中国新浙菜大典》和《中国浙江乡土菜谱》，提高浙菜文化品位。

4. 扩大浙菜知名度。鼓励餐饮企业积极参评“浙菜名牌”，利用电视、网络等各种媒体，加强浙菜品牌宣传，传播浙江美食文化；支持举办“浙江国际餐饮产业博览会”，结合地方特色开展餐饮节会活动，搭建美食交流平台，形成一批特色鲜明、主题突出、有影响力的餐饮节会；加强浙菜对外交流，选择一些有代表性的国家和地区开展浙菜技艺表演和名菜展示，不断扩大浙菜影响力。

（七）积极推进餐饮产业化发展

1. 鼓励餐饮企业以产业化为方向，加快建设绿色、生态餐饮原辅料基地，培育集种养、加工、物流配送、餐饮服务于一体的企业集团，实现从田间到餐桌一体化、全产业链发展，带动我省种植业、畜牧业以及食品工业、冷链物流业的发展。

2. 建立原辅材料生产基地。省级商务主管部门会同农业、财政、税收等有关部门，培育全省性餐饮产业化基地50家，支持餐饮企业开展农餐对接，建立标准化的浙菜原辅料基地，引导水产品基地、蔬菜基地、养殖基地等与餐饮企业建立长期的契约关系，实施集中采购，降低成本，保障供应。

3. 推动加工配送中心建设。鼓励餐饮龙头企业推进中心厨房建设，建立食品安全检测、冷链配送和信息管理系统，开发海鲜食品、药膳食品、速冻蔬菜等延伸产品或深加工食品；鼓励餐饮龙头企业通过整合现有资源发展连锁网点，实现菜点成品和半成品工业化生产和连锁化供应。

（八）培育壮大餐饮龙头企业

推动餐饮企业规模化发展，鼓励资本运作，支持有条件的企业通过兼并、收购、参股、控股等多种方式，组建大型餐饮集团并申报上市，加快餐饮企业集团化、规模化步伐。大力推广现代流通方式，加快发展连锁经营、统一配送、网络营

销、电子点菜等现代经营方式，鼓励企业与国际知名餐饮品牌联合，加快发展加盟连锁和特许连锁；推广应用ERP管理系统，促进传统餐饮企业升级改造。培育扶持餐饮龙头企业，省级商务主管部门会同财政、税务、工商、金融等部门建立省级餐饮龙头企业认定办法及政策奖励机制，重点支持100家辐射面广、带动力强、以浙菜为主的餐饮龙头企业，充分发挥骨干企业在开拓市场、创新菜品、培养人才、建立品牌等方面的示范作用。振兴“老字号”餐饮企业，推动“老字号”企业按照现代企业管理要求，建立新的经营机制，创新营销方式，提高市场占有率。进一步规范餐饮企业钻级评定工作，确保品牌企业的权威性和严肃性。

（九）大力发展大众化餐饮

1. 加快实施“早餐示范工程”。在中心城市先行试点，以龙头餐饮企业为依托，按照“政府推动、企业主体、规范运作、百姓共享”的原则，加大资金扶持力度，推进主食加工配送中心建设，提高早餐加工配送能力，加快固定门店式早餐网点建设，加强对现有早餐车（亭）的更新改造，逐步建立规范化生产、统一加工配送、连锁化经营和覆盖居民社区的早餐供应体系。

2. 积极引导大众化餐饮业态发展。促进早餐、快餐、正餐、特色小吃、社区餐饮、团体供膳、食街排档、“农家乐”等经营业态发展。鼓励连锁快餐企业进入社区，发展营养、卫生、美味、经济的中式快餐和风味小吃。引导餐饮企业面向社会开展配送服务，大力发展家庭送餐服务，开展居民电话点餐、网上订餐等服务。培育一批早餐、快餐、夜市等大众化骨干企业，促进中小餐饮企业发展。

（十）加快餐饮人才队伍建设

加强餐饮人才培养。积极开展产学结合、技术合作，发展烹饪中等职业教育和高等教育，着力培育符合餐饮行业需要的各类人才。重视人力资源管理。餐饮企业应建立职工培训制度，履行组织职工参加岗位培训和继续教育的义务，提高职工队伍综合素质；完善劳动合同制，赋予职工民主权利，稳定职工队伍。增强从业人员责任感和荣誉感。实施浙菜“名厨名师”工程，通过技能比赛、资格认定等方式，不断推出一批浙菜烹饪（服务）大师、名师，予以表彰奖励；继续办好“浙江厨师节”，每年表彰奖励一批浙菜品牌企业、浙菜金牌厨师和浙菜服务明星。

（十一）切实保障餐饮安全卫生

强化餐饮企业食品安全管理，严格执行《食品安全法》等法律法规，全面推行食品安全监督量化分级管理，积极实施“五常法”和HACCP管理体系，在食品及原辅料采购、验收、保管和食品加工制作、包装、运输、销售，以及厨房、餐具、餐厅、餐桌的清洁消毒等各个环节，建立完整的食品安全管理体系和操作规程，切实保障消费者身体健康。加强诚信体系建设，规范企业经营行为，探索建立餐厨废弃油脂回收利用方式和机制，大力发展环保型绿色餐饮消费。规范餐饮市场秩序，加快建立企业、消费者、政府部门和新闻媒体四位一体的监管体系，促进餐饮业健康有序发展。

（十二）充分发挥行业协会作用

进一步发挥餐饮行业协会提供服务、反映诉求、规范行为的作用，把协会真正办成会员之家。加强与政府部门的沟通协调，协助有关部门开展行业规划、标准制定、统计分析、政策研究等工作，积极开展技术交流、理论研讨和美食节庆等活动。加强协会自身建设，建立完善各项管理制度，加强信息交流，提高服务能力，建立自律性管理约束机制。

四、振兴浙菜加快发展餐饮业的保障措施

（十三）强化组织领导

各级政府要高度重视餐饮业发展，将其列入政府为民办实事工程，列入政府和相关部门年度重点目标任务考核范围，从发展战略、网点规划、人才建设、财税政策等方面给予支持。各级商务主管部门要认真负起责任，研究餐饮业发展思路和政策，搭建各类美食交流平台，大力传播浙菜文化，扩大浙菜影响力。

（十四）制订规划标准

建立健全餐饮业管理法规体系。各地要制订

餐饮业发展规划，将其纳入服务业发展规划。加强餐饮标准体系建设，尽快制订浙菜标准和浙菜名店、名菜、名师标准。加强浙菜创新理论研究，针对行业发展面临的新问题，及时提出解决措施。

（十五）实行税收优惠

加大对微利、保障性的早餐、快餐的税收优惠力度。全面落实营业税起征点调高政策，自2012年1月1日至2015年12月31日，对年应纳税所得额低于6万元（含）的小型微利餐饮企业，其所得减按50%计入应纳税所得额，按20%的税率缴纳企业所得税。对经省级有关部门认定的省级餐饮产业化基地、省级餐饮龙头企业，纳税有困难的，报经地税部门批准，可酌情减免城镇土地使用税、水利建设专项资金和房产税。

（十六）减轻企业负担

进一步降低餐饮企业用电、用水负担。对已缴纳污水处理费和污水进入城市管网的餐饮企业，环保部门不再另征排污费。对已经按有关要求参加年度餐饮服务食品安全知识培训并在省内餐饮企业流动工作的从业人员，无需重复参加食品药品监督管理部门组织的培训。简化餐饮企业灯饰、广告设置审批手续，合理放宽对老字号、浙菜名店、美食街区的广告设置规定。对早餐、夜市的经营网点和车辆停靠，城市管理和交通管理部门要予以支持。

（十七）给予金融支持

积极研究落实鼓励消费者使用银行卡进行餐饮消费的有关办法。各银行业金融机构要加大对餐饮业的扶持力度，积极采用有形资产抵押、知识产权和经营权质押、融资性担保等多种方式，对企业改造经营设施、开设网点、购买生产设备、投建配送中心等所需资金提供信贷支持，并积极落实相关利率优惠政策，完善相关配套金融服务。对经认定的省级餐饮龙头企业，各银行业金融机构应给予重点支持。

（十八）提供用地保障

各地要在符合土地利用总体规划的前提下，合理配置土地资源，统筹安排餐饮建设项目用地。对餐饮龙头企业建设主食加工配送中心、原辅料基地的用地，要积极予以支持。

（十九）加大资金扶持

进一步加大对餐饮业的资金支持力度，重点支持浙菜品牌培育与推广，名菜、名店、名师认定与奖励；支持餐饮企业发展连锁经营、集中采购、统一配送等现代流通方式；支持浙菜名店在国内外开设连锁店；支持餐饮企业产业化基地、原辅料基地和人才基地建设；支持“早餐示范工程”建设，对早餐企业开展主食加工配送中心建设改造、发展早餐连锁门店给予贴息支持；支持快餐企业发展社区连锁网点；支持餐饮夜市经营环境和卫生设施改造提升；支持餐饮业标准制订、浙菜文化宣传推广、省级餐饮展会及美食交流平台。各地要结合实际，相应落实餐饮业发展扶持资金，发挥资金导向作用，促进餐饮业发展。

（二十）完善统计体系

制订餐饮业的统计信息管理制度，建立更翔实、更具时效性的统计指标体系，扩大数据采集渠道和覆盖面，督促餐饮企业及时、准确报送相关信息。建立省级餐饮龙头企业联系制度，跟踪分析餐饮业市场运行情况，不断完善餐饮发展的政策措施。

浙江省人民政府

二〇一二年十月十日

浙江省人民政府办公厅关于加快文化产品和服务出口的若干意见

浙政办发〔2012〕92号

各市、县(市、区)人民政府,省政府直属各单位:

为促进全省文化产业发展和外贸转型升级,大力推进文化强省建设,经省政府同意,现就加快文化产品和服务出口提出如下意见:

一、加快文化产品和服务出口的指导思想和发展目标

(一)指导思想

以科学发展观为指导,全面贯彻落实党的十七届六中全会和省委十二届十次全会精神,以改革和创新为动力,充分发挥我省人文资源和经济发展优势,着力优化文化产业发展环境,加快对外文化贸易发展步伐,增强文化产业国际竞争力,实现我省从对外文化交流大省向对外文化贸易强省跨越,推动文化强省建设。

(二)发展目标

培育一批具有国际竞争力的对外文化贸易企业和基地,打造一批具有浙江特色、符合国际市场需求的对外文化贸易重点项目,搭建一批有一定国际影响力的对外文化贸易平台,建设一批进入国际主流市场、符合文化产品和服务出口特点的对外营销网络,培养一批高素质的涉外文化专业人才,使浙江对外文化贸易走在全国前列。"十二五"期末文化产品和服务出口额占全省货物、服务出口总额的比重比"十一五"期末提高5个百分点;文化产品和服务出口200个国家和地区以上。

二、加快培育对外文化贸易主体

(三)支持各类所有制文化企业共同开拓国际市场

营造公平环境,保障符合条件的非公有制文化企业依法获得出口经营资格,并与国有文化企业同等从事国家法律法规允许经营的文化产品和服务业务。建立《浙江文化出口重点企业目录》年度发布制度,对出口额位于前列的企业给予一定奖励。

(四)培育发展一批实力雄厚的文化出口企业

以新闻出版、影视服务、数字动漫、网络文化、文化创意等领域为重点,加强市场开拓、技术创新、贸易便利化等方面的政策、资金支持,5年内培育50家国家级文化出口重点企业、100家省级文化出口重点企业、100家文化出口成长型企业。

(五)重视各种文化出口资源的挖掘和运营

积极发展各类文化中介营销机构,鼓励文化行业协会、从业人员等参与文化出口,扶持其开展国际市场调研、咨询和营销业务。建立全省文化产品和服务出口重点企业数据资料库。

三、加快发展对外文化贸易产业

（六）培育文化贸易品牌

支持文化企业走精品化路线，开发生产既体现中华文化核心价值观，又符合国际市场需求的原创性产品。加快培育一批具有国际竞争力的文化贸易品牌，5年内培育50个浙江出口名牌。

（七）打造一批文化出口重点项目

以出版、影视、动漫、文化创意、艺术品、文化演艺等领域为重点，完善《浙江文化出口重点项目目录》年度发布制度，5年内新扶持、培育国家级文化出口重点项目100个，省级文化出口重点项目300个。

（八）提升文化出口产业科技水平

加大对文化企业技术研发，国外先进技术引进、消化、吸收和再创新的扶持力度，积极引导企业开发拥有自主知识产权的关键、核心技术，促进企业采用高新技术和现代生产方式推进文化出口产业转型升级。鼓励文化出口企业建设对外文化贸易技术研发中心、申请特许专利、高创意的版权登记。开展文化领域技术先进型出口企业认定工作。

（九）积极发展新兴业态

发展现代影视内容产业，满足境外多种媒体、多种终端发展对影视数字内容的需求。开发电子娱乐、海外手机报、手机漫画游戏、电子书等网络产品，创新娱乐业态。加快发展高新技术印刷、特色印刷和光盘复制业。

四、积极打造文化贸易平台

（十）支持企业参加境内外各类展会、活动

加大扶持力度，支持我省文化出口企业参加英国伦敦书展、法国戛纳影视动漫节、中国国际服务贸易交易会、中国（杭州）国际动漫节、中国义乌文化产品交易博览会等重点展会，推动其与境内外文化企业、机构的交流沟通、项目对接。

（十一）培育一批文化出口基地

省财政给予一定资金扶持，鼓励各地结合当地文化产业发展特色，在符合条件的服务业集聚区内建设一批以出版、影视、文化创意、网络数字等为主的文化出口基地，招引知名文化机构入驻或设立分支机构，延伸产业链，推动文化产业集聚发展。

（十二）加快文化贸易信息平台建设

积极打造文化出口在线服务平台、展示交易平台，使用多种语言及时发布我省文化产品和服务出口信息，加强文化出口重点地区、重点行业、重点商品、重点企业研究分析，引导、服务企业开拓市场。

五、加强文化产品和服务国际营销网络建设

（十三）加强对国际文化市场的调研

研究国际文化市场需求，把握世界各国特别是汉字文化圈国家和地区以及欧、美、澳洲华人居住的主要城市的市场特点和消费趋势，打造适销对路的文化出口产品。

（十四）加强规划、整合资源

以欧美、东南亚、非洲等国家和地区为重点，积极构建多渠道、多层次的文化产品和服务国际营销体系。支持文化企业建立境外文化产品生产基地和营销网点，落实欧洲浙江文化产品贸易展示中心和浙美经贸文化合作综合项目；加强与我驻外机构的信息交流与协作。5年内力争与100个以上国家和地区文化界的各类机构建立联系机制，推动我省文化产品和服务海外落地。

（十五）积极推进海外文化工程建设

重点开展海外中文图书连锁网点工程、博库书城网站工程、中文图书百柜工程建设。推进出版业“走出去”本土化发展，新建若干海外出版发行机构。

（十六）扩大出版物出口和版权输出

积极推动省内出版界文化出口重点企业与国际知名出版集团的战略合作。到2015年，浙江出版联合集团实现浙江图书版权输出和合作出版在“十一五”基础上翻一番，进入全国地方出版业前三强；推动浙江教育出版社拓展海外教育产业，形成一定出口规模；支持浙江大学出版社与跨国科技出版商合作。

（十七）鼓励省内印刷、复制出口重点企业承接境外业务

积极支持企业承接境外特别是欧美高端市场复制生产业务的服务外包，推动印刷、复制产业发展。到“十二五”期末，全省承接境外加工业务的印刷、复制企业数量超过50家。

（十八）支持文化企业境外投资

鼓励企业通过新设、收购、合作等方式在境外收购剧场、设立演艺经纪公司、艺术品经营机构、广播电视网、出版物影视营销机构等。支持广播电视在境外落地，鼓励在境外购买媒体播出时段和报刊版面，开办广播电视频率频道。

六、营造文化出口发展良好环境

（十九）加强对文化出口工作的领导

成立省对外文化贸易发展领导小组，由分管副省长任组长，省级相关部门负责人为成员，领导小组办公室设在省商务厅。领导小组定期召开会议，研究解决全省对外文化贸易重大问题。各地要结合实际建立相应的领导协调机构。

（二十）加大资金支持力度

省财政继续安排省促进国际服务贸易发展专项资金，通过项目资助、奖励等方式支持文化出口，主要投向文化产品出口基地建设、文化出口重点企业开拓国际市场、境外参展、文化推介、对外翻译、外语配音等方面。

（二十一）加强税收、金融、外汇管理支持

认真落实财政部、税务总局《关于支持文化企业发展若干税收政策问题的通知》（财税〔2009〕31号）有关规定。引导银行业金融机构创新金融产品和服务方式，加强对文化企业的融资支持。支持符合条件的文化企业发行股票、企业债券、短期融资券和中期票据等，积极探索股权、仓单、保单、应收账款、知识产权等质押担保方式，增强文化企业融资能力。进一步完善和推广出口信用保险简易承保模式，简化操作手续、降低投保费率。进一步完善外汇管理服务，鼓励文化企业在跨境贸易中运用人民币结算。

（二十二）提高文化出口便利化水平

进一步简化审批手续，为文化出口从业人员提供出国（境）便利。口岸查验部门在有效监管的前提下为文化产品进出口提供通关便利，为境内（外）文化企业出（入）境演出、影视节目摄制和后期加工所需暂时进出的货物提供通关便利，提高通关效率。

（二十三）加强文化出口统计分析、涉外文化人才培训

认真实施国际服务贸易和文化出口统计制度，依照有关规定，结合本地实际，建立完善科学合理的文化出口统计指标体系，加强数据研究分析。通过培训、实务操作实习等多种方式，加快国际型文化人才队伍建设。

（二十四）充分发挥服务贸易协会和文化出口联盟等中介组织作用

加强行业指导，整合企业力量，加强行业自律，扩大对外宣传，积极为企业提供法律咨询和信息服务，帮助企业开拓境内外文化市场。

二〇一二年八月三日

浙江省人民政府办公厅关于贯彻对外承包工程管理条例的实施意见

浙政办发〔2012〕146号

各市、县(市、区)人民政府,省政府直属各单位:

为认真贯彻实施《对外承包工程管理条例》(国务院令第527号,以下简称《条例》)和《对外承包工程资格管理办法》(商务部、住房和城乡建设部令2009年第9号),加快发展对外承包工程事业,经省政府同意,提出如下实施意见:

一、充分认识贯彻实施《条例》的重大意义

对外承包工程是货物贸易、技术贸易和服务贸易的综合载体,是实施"走出去"战略的重要内容,对于稳定和扩大出口、加快转变外贸发展方式、推动制造业转型升级、做强实体经济具有重大意义。为规范管理、促进对外承包工程健康发展,国务院制定了《条例》。各地、各有关部门要从战略、全局的高度,充分认识贯彻实施《条例》的重大意义,认真落实《条例》的各项规定和要求,鼓励和支持开展对外承包工程,制订和完善促进对外承包工程的配套政策和具体措施,建立、健全对外承包工程服务体系和风险保障机制,进一步提高全省对外承包工程的质量和水平。

二、规范对外承包工程的资格管理,推动便利化

(一)认真落实资格管理

从事对外承包工程业务的单位应当依照《条例》规定取得对外承包工程资格,并从法人资格、资金、管理人员和专业技术人员、安全防范能力、工程质量和安全生产保障能力以及商业信誉等方面体现适度从严的要求。明确工程建设类单位应当依法取得特级或者一级(甲级)资质证书,非工程建设类单位上一年度机电产品出口额达到5000万美元,或自行设计、生产(含组织生产)、出口的成套设备或大型单机设备出口额达到1000万美元,或对外承包工程营业额达到1000万美元且近3年中成功实施过3个单项合同额在500万美元以上的项目。对外承包工程资格管理由省商务行政主管部门负责,工程建设类单位由省建设行政主管部门配合。省商务行政主管部门可以委托设区市和义乌市商务行政主管部门负责本行政区域内对外承包工程的资格管理。

(二)简化资格审批流程

申请对外承包工程资格,省属企业和单位(含央企在浙的单位)向省商务行政主管部门提出申请,其他企业和单位应向注册所在地市级商务行政主管部门提出申请。材料齐全、符合法定形式,市级商务行政主管部门应当受理。非工程建设类单位申请对外承包工程资格的,受托市商务行政主管部门应当自受理之日起15个工作日内以省商务行政主管部门的名义作出批准或不予批准的决定。工程建设类单位申请对外承包工程资格的,受托市商务行政主管部门应当依法征求建设行政主管部门的审查意见,由建设行政主管部门自收到申请材料之日起15个工作日内提出审查意见,并由受托市商务行政主管部门自受理之日起20个工作日内以省商务行政主管部门

的名义作出批准或不予批准的决定。对外承包工程资格获得批准后,申请单位到省商务行政主管部门领取《资格证书》,并缴纳劳务合作备用金。

(三)建立监督检查机制

由省商务厅牵头组织实施对外承包工程企业的定期监督检查工作,工程建设类单位由省商务厅会同省建设厅组织实施。定期监督检查的内容主要包括:对外承包工程单位负责人参加省商务厅组织的年度对外承包工程业务培训情况,定期向商务行政主管部门报告其开展对外承包工程的情况,按照商务行政主管部门和统计部门的规定,报送业务统计资料的情况,对外承包工程质量和安全生产管理、境外风险防控监督检查以及有关资信评级情况。对境外工程出现严重事故、突发事件处置不力或不服从我驻外经商机构协调扰乱市场秩序性质严重的企业,省商务厅应根据《条例》规定取消其对外承包工程资格,对工程建设类单位,省建设厅将向资质许可机关建议降低其资质等级或者吊销其资质证书。对通过监督检查的单位,在《资格证书》中加盖公章。对未通过监督检查的不得享受当年度相关扶持政策。

三、优化对外承包工程的发展环境,健全服务体系

(一)加大金融支持

引导鼓励金融机构对实力强、信誉好的机电成套、建筑业企业开展境外承包工程项目的专项贷款。把境外承接工程业务纳入出口信用保险范围,鼓励企业投保出口信用保险,降低出口收汇风险,对投保出口信用保险按照我省支持外贸发展政策,给予同等比例的保费补贴。鼓励对外承包工程较为发达的地区设立对外承包工程保函风险专项资金,支持企业申报国家对外承包工程保函风险专项资金,帮助解决在实施对外承包工程项目中开具投标、履约、预付款保函的担保问题。

(二)优先评优晋级

在评选各类先进中,同等条件下对开展对外承包工程的企业、项目负责人和项目总监予以优先考虑。在对外承包工程业务中获得的各项荣誉(包括境内外),在本省参加招投标资格审查时予以优先认可。境外承包工程年完成营业额超5000万美元的企业,在资质升级和增项时予以支持。对境外从事工程经营管理的人员在职称评定、执业资格认定等方面予以支持。

(三)加强配套服务

各级商务行政主管部门应当会同有关部门建立对外承包工程信息收集、通报制度,及时公布有关法律法规和政策文件,发布境外投资环境介绍,国家援外项目和境外工程项目信息,引导企业寻求商机。各级公安、税务、海关、检验检疫、外汇管理、外事等部门要尽可能简化手续,提高办事效率,在人员出入境、出口退税、货物通关、外汇使用等方面,依法为对外承包工程的单位提供快捷、便利的服务。

(四)注重行业服务和自律

充分发挥省对外承包工程商会和建筑业协会的专业咨询、项目合作、业务培训等相关服务功能,借助省内骨干承包工程企业在海外的网络渠道,完善项目信息、风险预警信息的发布制度。建立对外承包工程专家库,帮助掌握国际承包工程市场最新动态、提供业内咨询。针对成员企业承包工程发展特色和产业优势,定期组织交流互动,开展项目对接,推进战略联盟。同时加强行业自律,避免无序竞争。

四、大力开拓对外承包工程市场,促进业务发展

(一)完善促进政策

发挥财政资金的激励和引导作用,积极运用国家对外经济技术合作专项资金、中小企业国际市场开拓资金和浙江省实施“走出去”战略专项资金,对境外承包工程项目给予贷款贴息和奖励资助。鼓励企业承揽境外工程项目,对承揽境外工程承包业务过程中发生的投标保函、履约保函和预付款保函等所发生的手续费给予一定资助。鼓励企业参加商务部和省商务厅组织的境外工程展览和各类经济技术合作促进活动,对公共费用及国际旅费给予资金支持。

（二）突出业务指导

充分发挥我省建筑业发达、机电装备制造实力雄厚、设计咨询配套的优势，推动企业间的资源整合、与央企的项目联合，大力发展总承包、EPC和BOT项目，促进设计咨询、装备制造、安装调试和管理营运的集成，推动浙江加工制造业从出口供货商向系统集成商的转变，增强国际市场竞争力。鼓励和支持具有一级(甲级)及以上资质的建筑业企业、自营出口为主的机电装备制造企业申报对外承包工程经营资格。对已经取得对外承包工程经营资格的企业，要积极推动其“走出去”承揽境外工程项目。鼓励和支持符合条件的对外承包工程企业承揽对外援助成套项目。

（三）多元开拓市场

鼓励企业继续开拓东南亚等传统市场，重点开拓非洲、中东和拉美地区等新兴市场，积极开拓欧美等高端市场。支持对外承包工程企业在境外直接投资，引导工程承包商与加工制造商的合作，带动产品、设备和技术的出口，推动我省技术成熟、市场饱和的产业逐渐向其他发展中国家梯度转移。鼓励通过新设、收购、控股等方式，在境外投资设立工程承包企业，获取当地各类投标承包资质。鼓励企业探索利用股份合作、项目合作等方式，与国内外知名承包商组成联合体，组织设计咨询、装备制造企业共同参与国际承包工程。

（四）落实安全生产和风险防控

按照属地管理和“谁派出、谁负责”的原则，认真落实境外工程项目的安全生产和风险防控责任。各级商务行政主管部门会同有关部门应督促和指导对外承包工程单位建立、健全并严格执行工程质量和安全生产管理的规章制度。加强对外派人员的安全教育，按时支付境外人员工资，及时办理相关人身保险。要建立、健全境外突发事件预警、防范和应急处置机制，制订好应急预案，一旦发生境外突发事件，应及时向我驻工程项目所在国经商机构和国内主管部门报告，并自觉接受我驻外机构的指导。全省各级商务行政主管部门应根据国家有关部门的国别、地区安全状况的评估结果，及时提供预警指导。

五、加强对外承包工程工作的组织领导

各市、县(市、区)政府要切实加强对本行政区域对外承包工程工作的组织领导，建立健全相应的工作机制，明确各部门职责分工，积极推进对外承包工程的健康发展。省商务行政主管部门要会同省建设、财政等部门，加强对全省对外承包工程工作的指导，落实相关配套政策措施。各有关部门要按照本意见精神各司其职，紧密协作，形成合力。各地要通过多种形式宣传和解读《条例》及相关的政策措施，积极推广发展对外承包工程好的做法和经验。

二〇一二年十二月三日

浙江省商务厅关于认真贯彻省委、省政府关于支持浙商创业创新促进浙江发展的若干意见的实施意见

浙商务办发〔2012〕205号

各市商务主管部门(含义乌):

为认真贯彻落实《中共浙江省委、浙江省人民政府关于支持浙商创业创新促进浙江发展的若干意见》(浙委〔2011〕119号,以下简称《若干意见》)精神,积极在商务领域推动浙商创业创新,引导浙商回归创业,现结合我省商务发展实际,提出如下实施意见:

一、充分认识学习贯彻《若干意见》的重要意义

2011年11月16日上午和11月18日下午,夏宝龙省长分别主持召开会议,专题研究关于支持浙商创业创新促进浙江发展的政策意见及目标责任制考核办法等有关问题。会议认为,浙商是浙江经济发展的主体,是推动浙江经济转型发展的重要力量。《若干意见》的制定,对巩固发展首届世界浙商大会成果,进一步推动浙商创业创新,引导浙商回归创业,促进浙江经济转型升级、增加可持续发展能力,具有十分重要的战略意义。当前和今后一个时期,全省商务系统要以邓小平理论和"三个代表"重要思想为指导,深入贯彻落实科学发展观,全面实施"八八战略"和"创业富民、创新强省"总战略,突出把握好稳中求进、转中求好的工作总基调,切实把思想统一到省委、省政府提出的"创业创新闯天下、合心合力强浙江"的指导思想上来,充分认识支持浙商创业创新、引导浙商回归对于浙江发展的重要意义,以推进商务发展方式转变为中心,以"稳增长、调结构、促平衡"为主线,坚持统筹兼顾,把省委、省政府支持浙商创业创新的要求与商务工作紧密结合起来,积极推进我省商务领域管理理念、体制、机制、方法创新,优化社会服务,整合浙商资源,凝聚浙商力量,大力推进浙江转型发展、和谐发展、可持续发展,为全面建成惠及全省人民的小康社会、基本实现社会主义现代化建设作出贡献。

二、在商务领域多措并举抓好推进落实,支持浙商创业创新促进浙江发展

当前,全省商务系统要按照《若干意见》精神,全面、深刻分析我省商务领域支持浙商创业创新工作面临的新形势和新任务,在继续推进实施《浙江省商务厅关于提高口岸通关效率提升国际贸易投资便利化水平的若干政策意见》(浙商务法发〔2011〕349号)的同时,尤其需要做好以下几项重点工作:

(一)加大浙商创业创新的政策支持力度

"十二五"期间是我省由商务大省向商务强省推进的重要战略期,也是加快推进商务领域发展方式转变的重要机遇期。要积极会同财政、工商等有关部门研究制订鼓励浙商联合跨国公司、央企和优质民企回归创业的有关政策意见,优化

企业发展环境，形成政策统筹，发挥政策协同效应，加强政策的绩效评估，不断调整完善政策的支持重点、支持方式，创造政策的综合优势。

（二）积极支持和鼓励浙商开拓国内外市场

采取各种措施支持和鼓励浙商建立境内外营销网络，设立品牌专卖和境内外代理、分销机构，发展跨省、跨国连锁经营，帮助浙商开拓和壮大国内外市场。通过财政引导资金，带动信贷、创投等金融服务投入，力争全年新建300个境外营销机构，重点确定支持10—15家浙江品牌连锁试点企业。坚持“能展尽展、全力促展”的工作方针，积极支持浙商参加浙洽会、商务周等综合性经贸活动，鼓励浙商参加境内外重要的国际展会，支持浙商创建“浙江出口名牌”，推动外贸进出口便利化工作。以“印尼浙江产品中心”、“澳门浙江名品中心”、“北京浙江名品中心”和“匈牙利浙江名牌贸易（展示）中心”先后建成运作为契机，加快推进“浙江名品贸易中心”、“浙江产品海外仓储分拨中心”和品牌连锁专卖网络建设工作，推动浙商开拓国内外市场。

（三）依托国家级和省级开发区，引导浙商回归集聚发展

全面了解掌握浙商在各地开发区投资发展情况，适时召开开发区浙商投资座谈会，交流经验，培育典型，省商务厅将视情评选开发区浙商投资100强企业。省级以上开发区在做好第二批浙江省外商投资新兴产业示范基地和特色品牌园区培育工作的同时，要积极关注有回归发展意向的浙商，为其创业创新提供一流服务，营造一流环境；对浙商投资创建的特色品牌园区给予适当奖励。

（四）大力实施“引进来”和“走出去”发展战略

要更好地利用国内外两个市场、两种资源，结合各地发展实际，在支持和引导有条件的各类所有制企业到境外开展各种形式的投资、贸易合作同时，围绕拓展市场、调整结构、应对贸易摩擦、引进高新技术和资源等目标，积极鼓励企业留住本部、走出加工环节，留住研发及研发成果、走出营销环节，留住高新产业产品、走出相对过剩的产业产品，做强做大本土产业，培育壮大本土经济；要鼓励浙商参与世界500强与浙江省战略性新兴产业对接洽谈会暨全省重大外资项目签约仪式，支持浙商与跨国公司对接洽谈，推进以民引外；积极举办境外招商活动和回归对接活动，优化回归发展环境，拓展回归空间，吸引浙商回归创业，服务家乡发展，推动浙江发展继续走在前列。

（五）进一步优化浙商创业创新服务环境

全省商务系统要根据实际情况，按照夏宝龙省长在全省改善发展环境电视电话会议上的讲话精神，努力在改善商务发展环境方面寻求新突破、增强新动力，在鼓励和支持浙商创业创新的体制机制方面探索新途径、形成新优势。要积极改进项目投资指导，进一步提高政府办事效率，削减审批项目，下放审批权限，简化审批手续，为浙商创业创新提供优质服务。省商务厅将在厅本级20个行政许可事项中已明确其中属于省级行政许可的13个事项全部下放到舟山、义乌两市，并按照“下放是原则，保留是例外”的要求，积极与商务部沟通，创造条件争取下放其他审批权。同时，积极推动逐步扩展下放到到所有市县。

三、强化组织领导和协调推进，认真抓好工作落实

在商务领域贯彻实施《若干意见》，事关我省经济社会建设大局。各级商务主管部门要切实加强对支持浙商创业创新工作的领导，充分认识浙商创业创新对于推进我省经济转型发展、和谐发展、可持续发展的重要意义，把在商务领域支持推进浙商创业创新促进浙江发展作为贯彻落实省委、省政府提出的“创业创新闯天下、合心合力强浙江”指导思想的重要内容，列入近期工作的重要议事日程，统一认识，真抓实干，形成合力；要根据省委、省政府《若干意见》和本实施意见的要求，进一步研究制定切实可行的实施方案，建立健全工作机制，落实各项工作任务；要切实加强与同级有关部门的沟通衔接，积极争取相关支持政策和具体措施。省商务厅要加强对贯彻实施工作的指导推进和综合协调，做好组织实施的统筹衔接，加强落实情况的检查与督促。

二〇一二年六月十九日

浙江省商务厅关于推进城乡统筹现代商贸服务示范镇和农村现代商贸服务示范村创建工作的意见

浙商务建发〔2012〕248号

各市、县(市、区)商务局(贸易局、经贸局):

为贯彻落实《浙江省人民政府办公厅关于深化万村千乡市场工程的实施意见》(浙政办发〔2011〕142号),加大力度推进城乡统筹现代商贸服务示范镇和农村现代商贸服务示范村创建工作,提高农村现代商贸服务水平,促进城乡现代商贸统筹发展,现提出如下意见:

一、统一思想认识

创建城乡统筹现代商贸服务示范镇和农村现代商贸服务示范村,是适应我省新型工业化、新型城市化和农业现代化快速发展的新形势,全面提升农村现代商贸服务水平的创新举措,对于提高“万村千乡市场工程”建设质量,建立农村现代流通体系长效运行机制,促进城乡现代商贸服务统筹发展具有积极意义。各级商务主管部门要提高认识,统一思想,认真抓好组织落实,不断扩大工作成效。

二、突出工作重点

创建城乡统筹现代商贸服务示范镇和农村现代商贸服务示范村,要把握以下原则:一是要坚持系统推进现代商贸服务、更好促进城乡统筹发展这个主题;二是要坚持科学合理规划,把示范镇示范村创建活动与中心镇中心村建设规划相结合,与现代城乡商贸发展规划和商业网点规划相结合,与深化“万村千乡市场工程”尤其是推进乡镇商贸中心建设相结合;三是要坚持典型示范导向,积极引导发展电子商务、连锁经营、物流配送等现代商贸业态。具体工作中,要力争在以下几方面取得新突破:

一是在农村商贸基础设施建设上有新突破。根据规划,积极引导社会资源投资农村现代商贸服务业,加快商场、大型超市、购物中心、商业综合体、商业特色街和商业集聚区建设,加大农村连锁超市直营店建设力度,促进农村现代商贸服务集聚发展,形成定位明确、体系完善的农村现代商贸网点。

二是在丰富农村现代商贸业态上有新突破。在提升乡镇和行政村连锁超市便民店建设水平基础上,积极发展百货、家电、住宿、餐饮、农资、农产品、再生资源回收等现代商贸服务,切实推进电子商务、物流配送,不断创新商贸流通方式。

三是在增强农村现代商贸服务能力上有新突破。在坚持市场机制基础上,更好发挥农村现代商贸服务的带动作用,使示范镇示范村成为保障农村市场供应、促进农村消费、维护农村市场秩序的有效载体;成为保障农业生产、畅通农产品销售渠道、解决农产品卖难、增加农民收入的有效载体;成为带动农村商贸经济发展、提高第三产业在经济发展中的比重、调整经济结构、转变经济发展方式的有效载体。

三、完善财政政策

切实提高财政资金的使用效果，省农村商贸服务体系建设专项资金重点鼓励和支持浙江省城乡连锁超市龙头企业、农产品流通龙头企业、农超对接示范流通企业在纳入省商务厅创建计划的示范镇示范村中完善现代商贸服务设施。对实施下列建设项目并取得明显成效的上述经营企业给予一定奖励。

1. 符合商务部规定条件和要求的乡镇商贸中心建设项目。

2. 具备餐饮、住宿、购物等功能两个以上，建筑设施连为一体，商业经营面积10000平方米以上的乡镇商业综合体。

3. 具备餐饮、住宿、购物等功能两个以上，建筑设施连为一体，商业经营面积4000平方米以上的村级商业综合体。

4. 具备餐饮、住宿、超市、百货、家电功能之一，商业经营面积5000平方米以上（示范镇）或2000平方米以上（示范村）的其他现代商贸项目。

二○一二年七月十二日

浙江省商务厅关于利用出口信用保险支持小微出口企业发展的通知

浙商务财发〔2012〕102 号

各市、县(市、区)商务主管部门(不含宁波),中国出口信用保险公司浙江分公司:

为贯彻落实国家关于支持中小出口企业发展、特别是年出口额 500 万美元以下小微出口企业(简称“小微企业”)发展的要求,支持我省小微企业开拓国际市场,科学防范出口风险,缓解“融资难”问题,努力扩大小微企业出口信用保险覆盖面,省商务厅决定进一步加强我省小微企业出口信用保险工作,现将有关事项通知如下:

一、高度重视出口信用保险对小微企业国际化生存和发展的重要作用

小微企业作为我省对外贸易的生力军,支持小微企业稳定和扩大出口,事关我省外经贸事业的持续发展,关系我省经济社会的长期稳定。政策性出口信用保险作为国际通行的、我国法定的出口促进工具,对提振企业出口信心、增强竞争能力具有独特而有效的作用。各地商务主管部门要从外经贸发展大局出发,高度重视出口信用保险的积极作用,把支持小微企业投保作为促进小微企业发展的重要政策措施,提高小微企业综合发展能力。

二、进一步改善对小微企业出口信用保险服务

中国出口信用保险公司浙江分公司(简称“浙江信保”)要继续创新工作举措,切实为我省小微企业量身打造出口信用保险产品,特别是要继续完善和推广全国首创的“出口信用保险简易承保模式”,并进一步简化操作手续、降低投保成本,为我省小微企业提供“零门槛、低成本、易操作”的出口信用保险服务。同时,浙江信保要加强对小微企业的信用风险管理培训和咨询,切实成为全省广大小微企业的风险管理顾问。

三、加大对小微企业投保的政策引导

各地商务主管部门要与浙江信保各业务机构进一步深化合作,加强协调,合力扩大小微企业出口信用保险覆盖面。各地商务主管部门要继续保持出口信用保险扶持政策的连续性和稳定性,同时要结合地方工作实际,统筹用好各项资金,加大对小微企业投保的扶持力度。应结合地方特点,积极组织小微企业集约投保,培育小微企业运用国家政策性金融资源的意识和能力,充分发挥小微企业集聚发展的优势与后劲。

四、着力推动小微企业保单融资业务发展

出口信用保险保单是小微企业贸易融资手段的有效补充。浙江信保要进一步加强与商业银行合作,完善出口信用保险保单支持小微企业贸易融资的具体措施,推动贸易融资便利化,扩大

贸易融资规模。各地商务主管部门要加大保单融资业务的宣传力度，加强与当地商业银行的合作，积极为小微企业搭建保单融资平台，切实提高当地小微企业出口信用保险覆盖面。

二〇一二年三月二十八日

浙江省商务厅关于印发《2012年浙江商务领域促进消费工作的实施意见》的通知

浙商务调发〔2012〕99号

各市商务局(贸易局、贸粮局),义乌市商务局:

现将我厅制定的《2012年浙江商务领域促进消费工作的实施意见》印发给你们,请结合当地实际认真贯彻执行,有关情况及时报送我厅。

二〇一二年三月二十八日

2012年浙江商务领域促进消费工作的实施意见

为深入贯彻实施中央和省扩大内需战略,充分发挥扩大城乡居民消费对促进经济稳定增长和转型升级的作用,加快落实商务部、财政部、人民银行《关于"十二五"时期做好扩大消费工作的意见》(商运发〔2011〕381号),现对2012年我省商务领域促进消费工作提出以下实施意见:

一、指导思想和目标

(一)指导思想

以邓小平理论和"三个代表"重要思想为指导,深入实践科学发展观,全面实施我省"八八战略"和"两创"总战略,按照加快转变经济发展方式的总体要求,以改善民生、满足人民群众物质文化需要为目的,以促进消费结构升级为重点,完善商贸政策、规划和工作举措,加快推进商贸流通现代化,提高流通效率,降低流通成本,宣传推广科学消费理念和模式,逐步建立扩大消费的长效机制,推动经济又好又快发展。

(二)工作目标

2012年全省社会消费品零售总额超过13480亿元,增长13%;批发零售和住宿餐饮业增加值占全省生产总值的比重11.5%左右。

二、工作思路和重点

扩大消费工作涉及经济社会发展的方方面面,核心是要解决城乡居民消费遇到的六大问题:"有钱花、敢于花、愿意花、有地花、值得花、放心花"。其中前两大问题主要通过发展经济特别是实体经济、改革收入分配制度、提高社会保障水平等方式解决;后四大问题则与商务特别是内贸工作紧密相关,也是商务领域促进消费工作的重点,需要理清思路积极推进。

(一)顺应消费发展新趋势,促进"愿意花"

一是培育商品消费热点,促进结构升级。继续巩固汽车、家电、家居用品、消费电子等热点商品消费。鼓励扩大环保建材、节能家电、节水洁具、清洁能源等资源节约和绿色环保型商品消费。科学引导金银珠宝、高档家具等投资保值类商品消费。鼓励扩大地方名特优产品销售。

工作重点:强化热点商品消费现状的把握和

发展趋势研究，引进并合理布局销售网点，支持专业市场集聚发展，规范商家售后服务，开发配套延伸商品市场，加强新产品功能展示与宣传。结合保障房建设、小城镇建设、农居房改造等，扶持节能环保型商品销售。加强地方名特优产品推广，协调商家开设专区，并多渠道加强营销。

二是培育服务消费热点，满足消费需求。规范促进餐饮住宿、家政服务、美容美发、文化健身、休闲娱乐等服务消费发展，提高行业服务能力和技术水平。积极应对社会老龄化发展趋势，加强多部门协作，合力推进社会化养老服务体系建设。

工作重点：出台加快餐饮业发展政策意见，举办浙江厨师节和餐饮产业博览会，培育知名美食街，积极开展对外交流，宣传推广浙菜文化；继续实施早餐示范工程，支持建设主食加工配送中心，积极发展中式快餐。健全家政服务体系，组织开展就业培训，整合商贸服务资源，建设营运城市综合服务网络中心。促进传统商贸服务企业转型升级，积极研究社会老龄化服务产品，培养一批专业化、连锁性的社会养老服务实体。

三是发展新型消费模式，促进便利消费。消费群体结构变化、消费理念转变、生活节奏加快和科技信息化水平提高等，推动消费方式由传统店铺式、现金支付向无店铺、刷卡支付方式转变。积极规范网上购物、手机购物、电视购物、自动售货机等销售形式发展，鼓励折扣店、奥特莱斯等业态发展，促进刷卡消费、信用消费、租赁消费。

工作重点：鼓励传统流通企业建立网上销售平台，推进义乌市场与阿里巴巴合作试点，建设电子商务信用体系。积极引入并规范发展新型消费业态。引导商业网点普及刷卡设备，支持零售企业与银行、保险、信用担保机构合作开发新型信用销售门类，协调部分商业银行减免个人消费者分期付款费用，实行“零手续费、零首付、低利率”。推动建设汽车租赁网系统。

（二）完善流通网络布局，落实“有地花”

一是完善农村流通网络，扩大农村居民消费。深入推进“万村千乡市场工程”，做大做强龙头企业，加强乡村连锁店信息化改造和配送中心建设，完善一网多用功能，推进现代商贸服务示范镇村建设，发展乡镇商贸服务中心，形成以县城为中心、乡镇为重点、村级为基础的农村现代市场流通体系。

工作重点：新增开设连锁便民店行政村1000个，全省覆盖面达到85%以上，总结推广好立方模式，完善一网多用功能，增加医药、电信、邮政、金融等产品和服务，提升综合服务能力，支持配送中心和信息化建设。抓好30个城乡统筹现代商贸服务示范镇和100个农村现代商贸示范村建设，抓好20家省重点城乡统筹连锁超市龙头企业和50家省城乡统筹连锁超市龙头企业的提升发展。

二是发展社区便民网点，扩大城镇居民消费。合理布局社区服务网点，形成多元化的“便民服务商圈”，促进社区商业中心发展。在新兴城镇、大型居民区，规划建设社区综合服务中心。

工作重点：依托企业组织和社区服务平台，配套建设和升级改造家政服务点、便利店、菜店、早餐店、药店、美容美发店、洗染店、维修店、再生资源回收站等生活必备业态。在新兴城镇、大型居民区，规划建设集家政、餐饮、购物、休闲、娱乐等便民设施为一体的社区综合服务中心。

三是完善城市商业设施，满足消费升级要求。合理规划城市商业中心和商贸综合体，支持商业特色街提升品位，支持文化产业园、艺术街区、国际品牌街、酒吧餐饮街等发展，积极打造夜市经济，加快完善旅游消费服务设施。

工作重点：组织好城市商业网点规划编制实施，优化网点布局，打造不同层级的商贸城市和城市商业功能街区。大力发展商业特色街，促进与当地产业特色、文化习俗和旅游资源相融合；重视夜市经济，科学规划选址，积极引商入驻，打造夜市品牌。规划建设汽车宿营地、游艇码头、加油、加气、充电站等新型消费服务设施。

（三）降低流通成本促消费，力求“值得花”

一是发展现代流通方式，降低消费成本。大力发展连锁经营、物流配送、电子商务等现代流通方式，完善冷链、配送、交易结算信息平台等基础设施建设，优化供应链管理，发展多式联运和第三方物流。切实减轻企业负担，整顿违规收费，扶持中小商贸融资。促进产销直接对接，减少消费环节，推进农超、农社、农餐对接等模式，促进订单农业发展。大力推进工商对接，提高直供直销比重。

工作重点：制定《浙江省电子商务产业园发展规划》，出台《关于加快电子商务的若干意见》；实施中小企业电子商务应用、电子商务平台提升发展、网络零售促进、农特产品电子商务大平台等工程。贯彻全国流通工作会议精神，落实国家物流业发展有关措施和减轻企业负担相关政策，加快发展商贸物流，促进城市共同配送服务。开展大型零售企业向供应商违规收费专项清理整顿，引导企业转变营销方式，实施中小商贸企业融资担保和内贸信用险补助政策。出台加强鲜活农产品流通体系建设实施意见，抓好国家试点，开展省级试点，推进基础设施建设，培育50家龙头企业，搭建产销对接平台，推动多形式直供直销。大力推进工商对接，引导零售商和供货方建立战略联盟，促进中高档百货店扩大我省知名品牌销售，发展商业自有品牌。

二是开展消费促进活动，满足实惠消费。继续执行家电下乡政策，抓好新消费促进政策出台后的实施。结合产业转型升级要求，积极支持名特优新产品省外销售。组织零售和服务企业，与传统节庆、地方民俗、旅游文化等活动相结合，开展购物节、美食节、网上购物优惠等促消费活动，打造促消费平台。

工作重点：继续实施家电下乡政策，做好新出台政策的衔接和组织实施。大力实施品牌战略，推动省外浙江名品中心、展示中心建设；支持品牌企业到省外开办专卖店和参加品牌展，建立品牌营销网络。组织杭州、宁波及部分市开展全国消费促进月活动；继续举办全省金秋购物节，总结经验打响品牌；支持各地结合产业优势和地方特色，举办会展和促销活动；充分发挥我省电商平台优势，开展网购促销和品牌推荐。

三是促进循环绿色消费，倡导科学理念。加快完善收旧售新、旧货流通、废旧回收等循环流通网络。推进商业节能减排，抑制过度、豪华包装行为，限制塑料购物袋使用。大力倡导文明、节约、绿色、低碳的科学消费理念，减少一次性消费、过度消费、掠夺式消费等不科学消费现象。

工作重点：加快建设废旧商品回收体系，制定出台扶持政策，抓好5个国家级、5个省级试点城市创建，启动第二批试点城市创建，培育龙头企业和产业基地，推动建设全省性的废旧商品回收信息平台。推进旧货市场和二手设备、二手车交易市场升级改造。在重点商贸行业推广节电、节能、节水、环保技术应用。鼓励绿色采购，扩大资源节约和绿色环保型商品销售。严格执行限塑令和有偿使用，积极开展专项行动。组织“绿色消费进社区”活动，宣传科学消费理念。

（四）加强流通追溯监管，确保“放心花”

一是完善流通追溯体系，加强信用管理。继续推进肉菜追溯体系建设试点，加强与种植、养殖环节衔接，逐步建立全过程追溯体系。支持产销一体化企业打造全产业链追溯模式，鼓励大型产地、集散地、销地批发市场建立追溯系统。建立完善商务领域信用信息系统，加强企业商务信用分类和从业人员信用管理。

工作重点：继续指导推进杭州、宁波肉菜流通追溯系统建设试点，总结推广两市经验，引导各地将该项目列入为民办实事工程，加强与农业部门合作，促进源头追溯。积极争取商务部商务领域信用建设试点，完善违规失信惩戒机制，促进信用评价结果的应用，继续开展“诚信兴商宣传月”等主题活动。

二是完善市场监管体系，规范市场秩序。加强流通领域市场监管公共服务体系建设，继续完善商务举报投诉服务网络平台，建立统一、规范、高效的商务综合行政执法队伍。整顿和规范市场经济秩序，加强特种行业管理，营造公平、有序、规范的市场环境。

工作重点：开展打击私屠滥宰专项行动，培育屠宰企业品牌化、连锁化经营，完成定点屠宰资格审核清理，落实证章管理办法和新台账制度，建立覆盖全省主要定点屠宰企业的监控平台。加强药品和酒类流通、特种行业、单用途预付卡管理，促进直销行业规范发展，推进全省商务举报投诉服务网络平台和综合执法队伍建设。

三是加强运行监测调控，保障市场供应。健全重要生活必需品市场运行分析和预测预警机制，加强信息发布，正确引导生产消费和社会预期。依托农产品产销对接平台，扩宽鲜活农产品供求信息渠道。完善应急预案和重要商品储备制度，充分发挥骨干企业作用，加强应急商品投放网络和调运机制建设。

工作重点：针对已经发生、正在发生、可能发生三种情况，建立信息员、预警员、分析师三支队伍，改造市场监测系统，改善样本结构，提升预警分析水平。推进商务预报建设，做好信息引导，拓宽媒体合作。完善省市县三级生活必需品应急管理网上平台，细化商品应急预案，充实应急骨干企业，加强省级猪肉、食糖储备管理，推进猪肉分级储备制度落实，以鲜活农产品为重点，完善调控手段和应急机制。

三、加强组织领导，系统推进工作

消费促进是一个系统工程，也是一项长期工作，需要国家政策支持推动，需要因地制宜创新实践，需要加强领导部门配合，需要打造平台不断完善。

（一）成立促进消费工作领导小组

省商务厅已成立促进消费工作领导小组并下设办公室，全省各级商务主管部门应参照建立相应机构，加强对促消费的组织领导和综合协调，认真贯彻商务部、财政部、人民银行联合通知精神，强化部门合作配合，充分发挥行业协会等中介组织作用，共同研究推进工作。

（二）做好消费促进政策组织实施

国家正在总结“家电下乡”和“以旧换新”经验，研究制定替代接续政策，还将研究节能环保产品消费扶持政策。即将召开的全国流通工作会议也将对流通业发展作出全面部署，并出台政策意见。全省要把政策实施作为今年工作的一个重点，做好启动的各项准备。

（三）打造消费促进商务工作平台

促消费工作既要政府加强政策引导，更要注重发挥企业的主体作用。要立足当地实际，明确工作重点，整合各种资源，加强统筹规划，培育骨干企业，完善流通体系，发展新兴业态，积极打造促进产销对接、居民消费的活动平台，并不断丰富内涵、提升品牌、扩大影响。

（四）注重消费分析和总结宣传

强化消费形势研判，夯实重点流通企业监测和商贸行业统计基础，突出重点消费品、网络购物、商贸服务、假日黄金周等情况的分析，把握消费趋势，研究存在问题，提出对策建议。加强促消费工作的总结交流，及时评估绩效，开展消费促进政策、各项活动和取得成效的整体宣传。

浙江省商务厅　浙江省财政厅关于推进境外贸易展示中心建设的实施意见

浙商务联发〔2012〕10号

各市、县(市)商务局(外经贸局)、财政局,省级有关单位:

建设境外贸易展示中心、打造海外贸易平台,是我省加快实施"走出去"战略、促进对外贸易发展方式转变的重要举措,也是鼓励我省企业建立境外营销网络、稳定和扩大出口、培育我省品牌竞争新优势的重要途径。根据省政府《关于统筹省内发展和对外开放加快实施走出去战略的意见》(浙政发〔2011〕84号)精神,为积极稳妥地推进境外贸易展示中心建设,支持和促进境外营销平台健康发展,现提出以下意见:

1. 本意见所称"境外贸易展示中心",是指以贸易展示、品牌推广为主,通过整合资源集聚优势,引导浙江企业以整体营销方式开拓新兴市场、巩固传统市场,打造浙江产品整体形象、同时兼顾投资促进和进口拓展,形成一个在境外以展示销售浙江企业产品,集营销接单、品牌推广、售后服务、仓储配送以及招商引资和促进贸易平衡等功能为一体的综合营销服务机构。

2. 境外贸易展示中心建设要按照市场规则、循序渐进、注重实效的原则稳步推进,通过政府引导、政策支持、企业为主、商业运作的方式逐步推开。要充分发挥企业主体作用,注重扩大出口,拓展进口和风险防范。

3. 境外贸易展示中心布局要科学合理。重点选择政局比较稳定、市场辐射面广、基础设施完备、配套服务齐全以及与我省有投资贸易合作基础和要求的新兴市场。

4. 境外贸易展示中心承办单位必须具有较强的经济实力、国际化经营管理经验和社会责任感;有较强的融资、招商和抗风险能力;在境外贸易展示中心的运营上,能够针对当地市场的实际,根据入驻企业的实际需求,提供相应的信息和营销服务,帮助入驻企业在当地开展贸易合作。

5. 境外贸易展示中心应取得由商务主管部门批准颁发的《企业境外投资证书》,并实际出资、取得境外实体的法人地位且正常营业1年以上,有明确的营销推广目标和计划,入驻的浙江企业达到30家以上,展示中心建筑面积在300平方米以上。

6. 境外贸易展示中心承办单位应自觉遵守国家外交政策和有关经贸协定,服从驻外商务机构的领导和省内商务部门的指导,积极与所在国家(地区)的政府或相关部门建立友好关系,能主动协调境外贸易展示中心正常运营中出现的困难和问题,努力为入驻企业提供一个稳定、安全、优惠的贸易环境条件,切实维护好企业、人员的合法权益。

7. 对境外贸易展示中心实行竞争择优、重点扶持。对具备以下条件,并经考核认定,可作为省重点境外贸易展示中心进行政策扶持:一是有完善的品牌推广、营销接单、物流配送和售后服务等功能;二是在当地拥有一定的营销渠道资源;三是实际出资达到一定规模,派有或聘有常驻管理人员;四是有健全的管理服务体系和风险防范及突发事件处置工作机制;五是入驻浙江企业50家(含)以上或展示中心建筑面积在1000

平方米(含)以上;六是经营实效良好。

8. 对省重点境外贸易展示中心的资助内容具体包括:中心营运发生的营业(办公)场所的场租费、装修费、商务网站建设费及广告宣传费等,最高资助比例不超过70%。其中,入驻浙江企业不到100家或展示中心建筑面积在2000平方米以下的,每年最高资助不超过300万元;入驻浙江企业100家(含)以上或展示中心建筑面积2000平方米以上的,每年最高资助不超过500万元。已享受中央和省级其他资助资金的项目,对未达70%资助标准内的应补部分给予差额资助。

9. 对省重点境外贸易展示中心的认定考核和项目资助,根据承办单位提出的申请,由省商务厅会同省财政厅对境外贸易展示中心的投入、建设、运营等情况开展考核,重点对入驻企业数量、展示中心建设、营销服务体系、日常管理和运营实效等方面进行评估。根据考核认定和项目评估的结果,确定年度资助金额。

10. 对已享受中央和省资金资助的重点境外贸易展示中心,承办单位要及时对其项目实施和资金使用情况进行总结,于次年2月底前将有关情况报省商务厅、省财政厅。

11. 各市、县(市)商务、财政部门要根据本地对外贸易发展情况,在尊重市场规则、发挥企业主体作用的前提下,积极推动本地出口企业入驻省重点境外贸易展示中心,共同推进省重点境外贸易展示中心建设和发展。

12. 本意见自发文之日起开始实施。

二〇一二年一月十八日

浙江省商务厅　浙江省财政厅关于加强外贸公共服务平台建设工作的通知

浙商务联发〔2012〕27号

各市、县(市)商务局(外经贸局)、财政局(宁波不发):

2010年以来,国家出台了一系列政策措施,着力推进公共服务平台建设,促进外贸集聚发展和转型升级,并安排专项资金对外贸公共服务平台建设给予经费补助。在国家政策的支持和引导下,我省各地大力开展外贸公共服务平台建设,培育了一批检测、技术研发、展示、信息等外贸公共服务平台,对于改善对外贸企业的服务,提升出口竞争力起到重要作用。为进一步加强外贸公共服务平台建设工作,提高外贸公共服务平台建设水平,提升对外贸易发展质量和水平,现就有关事项通知如下:

一、高度重视外贸公共服务平台建设工作

外贸公共服务平台,是按照服务开放性和资源共享性原则,为外贸企业提供技术创新、质量检测、管理咨询、市场开拓、信息查询、人才培训、仓储运输、设备共享等服务的机构。大力推进外贸公共服务平台建设,有利于我省具有竞争优势的传统产业、高新技术产业和战略性新兴产业国际化发展,有利于自主品牌的培育发展,有利于外贸结构优化和产业升级。各地要高度重视外贸公共服务平台建设工作,研究制定外贸公共服务平台建设工作专项规划,出台相应的政策措施,通过外贸公共服务平台的建设,提升出口基地的建设质量,推动出口基地自身技术、营销、信息、人才上台阶,促进外贸持续稳定健康发展。

二、积极开展外贸公共服务平台培育工作

外贸公共服务平台,从服务的范围上看,包括区域性的公共服务平台和全省性的省级公共服务平台;从组织模式上看,包括政府投资企业化运作的外贸公共服务平台、行业协会建设的外贸公共服务平台、第三方组建的外贸公共服务平台,以及龙头企业建设的外贸公共服务平台。各地要着重抓好区域性外贸公共服务平台建设,着力培育一批服务设施完备、服务能力较强,经营行业规范、管理制度健全,外贸关联度较高、公共服务业绩明显的出口基地公共服务平台,基地内同类型平台原则上不超过两个。外贸公共服务平台应具备以下基本条件:

1. 建设服务平台的单位应在浙江省内依法登记注册,具有独立法人资格,并且组织机构健全,管理制度完善,经营行为规范,信用记录良好。

2. 服务平台必须有固定的经营服务场所,必要的资金、服务设施、仪器设备等,拥有固定的从业人数,专业技术人员占一定比例。

3. 服务平台所提供的公共服务与外贸关联度较高,且能为外贸企业提供幅度在10%以上的优惠服务,对区域或全省的外贸发展具有一定的影响力,公共服务业绩明显,外贸企业的满意度较高。

在此基础上，不同类型的外贸公共服务平台原则上还应符合以下要求：

1. 产品设计中心。为基地内企业提供款式、造型等产品外观设计等服务，服务场所面积在800平方米以上，从业人员30人以上，其中专职人员10人以上、具备专业知识的人员80%以上、大专以上学历人员占50%以上。

2. 公共试验检测平台。为基地内企业提供系统可靠的试验检测、出具有公信力的试验检测报告、提供试验检测需求咨询等服务，服务场所面积500平方米以上，其中试验场所占70%左右；有必要的服务设施和仪器设备，具备某种或多种试验检测功能；从业专职人员要求10人以上，其中硕士及以上高级人才达10%以上、大专以上学历占80%以上、具备专业知识的从业人员占90%以上。

3. 公共技术研发平台。为基地内企业提供前瞻性、基础性的关键共性技术研发和实验协作等服务，有利于增强企业新产品、新技术、新工艺开发能力，推动企业进行技术改造和升级，提升产品的技术含量和附加值，服务场所面积500平方米以上；从业专职人员15人以上，其中硕士及以上高级人才达20%以上，具备专业知识的从业人员占90%以上，并与大专院校建立了长期研发合作。

4. 公共认证及注册服务平台。为基地内企业提供国内外质量管理体系、环境、产品等认证和产品、商标注册服务及相关技术咨询等服务，有固定的经营服务场所和必要的服务设施、仪器设备等，从业专职人员10人以上，有专门的认证和注册部门，工作人员拥有丰富的国际、国内认证及注册经验。

5. 农产品质量可追溯体系平台。根据良好农业规范(GAP)、危害分析与关键控制点(HACCP)或有机产品等标准及相关规定要求，为基地内企业建立可共享的产品质量可追溯体系提供服务，拥有10人以上专业知识对口的专业工作人员，其中大专以上学历的占80%以上。

6. 国际营销服务平台。为基地内企业提供面向国际市场的品牌策划和推广、公共宣传、市场推介、企业交流、售后服务等服务，拥有10人以上具有相应专业知识的专职工作人员，其中大专以上学历的占80%以上。

7. 国际孵化器平台。为基地内的初创企业在开展国际化经营过程中提供研究、生产、经营的场地、通讯、网络及办公方面的共享设施等服务，孵化企业15家以上。

8. 公共交易平台。为基地内企业提供能实现内外贸结合功能的专业市场、境内外国际性展览会或提供稳定、可靠、便捷的网上交易服务。专业市场类公共交易平台外贸经营户要达到30%以上。

9. 公共展示平台。为基地内企业提供面向国际市场的产品或企业集中展览、展示和宣传服务。实体展示平台服务场所面积要求500平方米以上，从业专职人员10人以上。网上展示平台要求展示企业30家以上，展示产品数300种以上，从业专职人员10人以上。

10. 公共信息平台。为基地内企业建立科技资料、专利资料、技术标准资料等资源库，以及提供数据分析、业务咨询、市场信息、贸易摩擦预警、法律法规、产业及贸易政策、产销对接等服务，有10人以上专业知识对口的专业工作人员，其中大专以上学历的占80%以上，有内容比较丰富的信息资料库。

11. 公共培训平台。为基地内企业集中提供与加快推进转变外贸发展方式要求相适应的专业人才培训服务，有专设培训课程和专职培训讲师，本科以上学历人数不少于10人，培训方向明确，并有一定的培训实绩。

12. 公共物流平台。为基地内企业提供与基地主要产业相关联，并形成规模的仓储、运输等物流服务，有专门的码头(堆场)、仓库和一定数量的集装箱等运输设备。对基地内企业的服务量要占到总服务量的50%以上。

三、加大外贸公共服务平台的政策支持力度

对符合上述基本条件和具体要求并与所在地商务(外经贸)主管部门或出口基地管理办公室签署优惠服务协议的外贸公共服务平台，可以

申请国家专项资金的支持，支持范围包括设备、技术、信息资料、软件、场租(仅限培训和展示平台)等方面的投入。申请程序分为立项申请、资金预拨、实地验收和资金拨付等四个步骤。

(一) 立项申请

平台建设单位根据省商务厅和省财政厅的申报通知要求，向所属市、县(市)商务(外经贸)主管部门和财政部门提出立项申请，并报送平台建设可行性研究报告。县(市)商务(外经贸)主管部门和财政部门对所属地区的项目可行性研究报告进行初审，在规定时间内联合行文上报市商务(外经贸)主管部门和财政部门。

市商务(外经贸)主管部门和财政部门要对所属地区的外贸公共服务平台建设进行总体规划，对市本级和所属县(市)的项目提出审核意见，在规定时间内联合行文上报省商务厅和省财政厅。

平台可行性研究报告应包括以下主要内容：立项理由；平台建设的总体思路和目标；平台建设期分阶段任务完成情况；平台的运作机制；平台资金概算以及项目承担单位财务状况。

(二) 项目立项

省商务厅、省财政厅联合组织行业专家成立评审小组，对各市报送的项目可行性研究报告和相关材料，结合各市审核意见进行评审，对评审通过的项目下达项目建设计划，并确定支持额度，由省财政厅会同省商务厅将补助资金预拨到市、县(市)财政部门。

(三) 实地验收

省商务厅、省财政厅将定期对完成项目进行验收，项目建设单位应根据省商务厅、省财政厅的外贸公共服务平台项目验收通知要求，在前期报送可行性研究报告的基础上，向所在市、县(市)商务(外经贸)主管部门和财政部门提出项目验收申请。各市、县(市)商务(外经贸)主管部门和财政部门进行汇总和初审，并联合行文上报省商务厅和省财政厅，同时抄送所在市商务(外经贸)主管部门。省商务厅、省财政厅对项目验收材料委托中介机构进行专项审计，并抽调力量组成验收小组对重点项目进行实地验收；对于一般项目，将视情况委托市商务(外经贸)主管部门和财政部门进行验收。

(四) 资金拨付

对验收合格的项目，省财政厅将会同省商务厅对预拨资金进行清算，由市、县(市)财政部门将资助资金拨付到项目单位。验收不合格或在规定时间内未提交验收申请的项目将收回预拨资金。

四、充分发挥外贸公共服务平台的作用

1. 对验收合格的外贸公共服务平台，各地要做好宣传推介工作，提高其知名度，以充分发挥外贸公共服务平台的作用。外贸公共服务平台的相关信息及优惠服务承诺要在当地政府的门户网站上长期公布。

2. 各市、县(市)商务(外经贸)主管部门和财政部门要加强对所属地区外贸公共服务平台的监督管理，外贸公共服务平台如有下列情况之一的，商务(外经贸)主管部门和财政部门要取消其外贸公共服务平台资格：受到有关业务主管机关、行业组织行政处罚或被司法机关处罚的；无正当理由不履行公共服务职能，或服务企业达不到要求的；服务质量差，多次被外贸企业投诉，有损于我省公共服务平台体系建设的；服务技术水平低、设施落后、管理差，不能胜任公共服务职能的。

3. 各地财政部门要会同商务(外经贸)主管部门建立项目资金的绩效评价制度，对平台资金使用情况和项目执行情况做好追踪问效。各市、县(市)商务(外经贸)主管部门和财政部门要在每年基地考核工作中将上年度平台资金的项目使用情况、带动本地区地方和社会投入情况、帮助企业发展和预期效益(含经济效益、社会效益、环境效益、可持续影响)等绩效评价情况报省商务厅和省财政厅。

二〇一二年三月二日

浙江省商务厅　浙江省广播电影电视局 浙江省财政厅印发《关于鼓励支持影视文化产品和服务走出去的意见》的通知

浙商务联发〔2012〕45号

各市商务局(外经贸局)、文化广电新闻出版局、财政局,义乌市商务局、文化广电新闻出版局、财政局:

为深入贯彻落实党的十七届六中全会和省委十二届十次全会精神,鼓励支持我省影视文化企业参与国际竞争,加快我省影视文化产业繁荣发展,我厅联合省广电局、省财政厅制定了《关于鼓励支持影视文化产品和服务走出去的意见》,现予以印发,请遵照执行。

联系人:罗传杭　　电话:0571-87056022

特此通知。

浙江省商务厅
浙江省广播电影电视局
浙江省财政厅

二〇一二年四月六日

关于鼓励支持影视文化产品和服务走出去的意见

为深入贯彻落实党的十七届六中全会和省委十二届十次全会精神,鼓励支持我省影视文化企业参与国际竞争,推动我省影视文化产品和服务进入国际市场,加快我省影视业和文化产业繁荣发展,现根据中共中央办公厅、国务院办公厅印发《关于进一步加强和改进文化产品和服务出口工作的意见》的通知(中办发〔2005〕20号)、商务部等十部门《关于进一步推进国家文化出口重点企业和项目目录相关工作的指导意见》(商服贸发〔2010〕28号)等文件精神,制定以下意见。

一、重要意义

当前,经济全球化深入发展,各国文化竞争日趋激烈,大力拓展国际文化市场、推动文化产品和服务走出去是国家实施文化走出去的重要内容,是文化强国文化强省建设的重要举措。影视业是文化产业的重要组成部分,在文化产品和服务走出去工作中发挥着主渠道主力军的作用。近年来,在省委、省政府的重视支持下,我省影视文化产品和服务出口取得了长足进展,涌现出一批具有竞争力、影响力的影视企业,越来越多的影视产品和服务进入国际市场。但从总体上来看,我省影视产业走出去尚处于起步阶段,在产品、信息、市场、资金、人才等方面与西方发达国家相比还有很大差距。进一步加大对影视产品和服务出口的支持力度,有利于提升我省影视企业的国际竞争力,推动我省影视文化产业跨越式发展,为文化强省建设作出积极贡献。

二、基本原则

(一)坚持正确导向

坚持把社会效益放在首位,努力做到社会效益与经济效益相统一。紧紧围绕国家外交外宣工作大局和省委、省政府中心工作,积极传播浙江优秀传统文化,大力弘扬民族精神和浙江精神,充分展示浙江良好形象。

(二)坚持统筹推进

立足我省影视业发展实际,统筹国际国内两个市场和两种资源,把“走出去”与“引进来”结合起来,把利用传统广电媒体和拓展网络视听新媒体结合起来,把以我为主、为我所用与利用外力、“借船出海”结合起来,扎实有序地推进工作。

(三)坚持改革创新

切实加大体制机制创新力度,遵循文化发展规律和影视业国际传播规律,在确保国家利益的前提下,鼓励走本土化和商业化运营的道路,努力创新现代影视技术传播方式和手段。

(四)坚持市场运作

重视发挥政府部门在制定政策、指导协调、战略规划、信息沟通等方面的重要职能,同时大力培育走出去市场主体和影视文化品牌,完善走出去主体的市场运营机制。

三、发展重点

(一)加快培育外向型影视文化市场主体

加快推动国有影视制作机构改革步伐,着力培育一批适应国际市场竞争的国有影视市场主体。充分发挥我省民营影视制作机构的积极性和主动性,鼓励和支持民营影视制作机构依法获得出口经营资格,积极参与和从事国家法律法规允许经营的影视产品和服务出口业务,并享有同等待遇。重视对各种出口影视资源的挖掘和运营,充分调动影视协会、个体从业人员等社会力量参与影视“走出去”工作。建立影视产品与服务出口重点企业目录,重点扶持一批导向正确、具有较强国际市场竞争力的影视企业,在市场开拓、技术创新、海关通关等方面给予相应的优惠政策,争取在5年内培育15家左右“走出去”重点影视企业。积极发展影视中介营销机构,鼓励开展国际市场调研、咨询和营销等业务。

(二)加强出口型影视产品和服务的创作生产

鼓励和支持影视制作机构走精品化路线,努力创作生产既体现中华文化核心价值观、又符合国际市场需求的影视精品,在文化精品工程建设中重点扶持一批影视走出去项目。鼓励影视企业实施品牌化战略,加强题材策划、典型塑造、主题提炼等内容建设,在题材规划、政府资助、出国参展、宣传推介、金融支持、知识产权保护等方面给予重点扶持,在国际市场上形成我省影视文化品牌。深入挖掘我省优秀的历史文化资源,积极开发具有自主知识产权的影视文化产品,扩大纪录片、动画片和适合国际主流媒体播出的影视剧等出口,鼓励制作采用高清、3D等技术和具有互动性新媒体内容的影视作品。高度重视影视作品外译工作,支持筹建我省影视作品翻译基地或中介机构,提高我省影视作品的译制能力。

(三)积极打造影视产品和服务走出去平台

支持开展各类国际性影视贸易活动、影视文化艺术交流和与之相关的旅游经贸活动,进一步扩大浙江影视产品影响力和知名度,吸引更多的国外影视机构订购我省影视文化产品和服务。进一步提升“中国国际动漫节”、义乌“文博会”、杭州“文化创意产业博览会”等大型文化展会的国际影响力和市场化水准,使之成为我省影视产品和服务走出去的重要窗口。支持建设国家级影视产业国际合作实验区,鼓励知名影视机构入驻或设立分支机构,推动国际影视文化合作、交流与贸易,努力打造成全国影视国际交流合作最具影响力的平台之一。建立华语影视产品展示中心,筹办具有国际影响力的国际影视节。筹建全国性、专业性的影视网站，使用多种语言及时发布我省影视产品和服务信息，积极打造影视产品出口在线服务平台，发展电子商务线上影视产品展示交易平台。

（四）加强海外推广和销售渠道建设

加强规划，整合资源，以欧美、东南亚、非洲等国家和地区为重点，积极构建多渠道、多层次的影视文化产品和服务国际营销体系。积极组织省内影视机构联合参加法国戛纳影视节、美国迈阿密电视节、乌克兰国际电视节、新加坡“亚洲论坛及节目交易市场”、香港影视节等国际影视节展，举办浙江影视节展活动，增强我省影视节展的吸引力和影响力。加强影视制作生产的国际合作，积极引进海外制作团队，鼓励国内制作机构与境外制作机构联合投资拍摄，提升出口影视剧制作水平。积极拓展海外直接营销渠道，鼓励和支持有实力的影视制作机构在海外重点国家和地区建立海外营销机构，或以并购、合资、合作等多种方式在海外兴办实体，采取本土化的海外推广策略开展影视产品和服务营销业务。建立省内影视企业出口联合会。加强与我驻外力量和机构的信息交流与协作，扩大影视产品出口信息和项目的宣传渠道。

（五）支持影视产品和服务的技术创新

鼓励影视制作机构增加对出口产品和服务的研发投入，加大对事关共性技术研发的扶持，积极开发拥有自主知识产权的关键技术和核心技术，加强对国外数字化后期制作等先进技术的引进、消化、吸收和再创新工作，大力发展支撑移动多媒体、网络广播电视、高清晰度电视、3D 电影等新业态发展的关键技术，抓好后期特效制作、三维特技、数字合成技术等核心技术的攻关与运用，提升出口影视产品的核心竞争力。

四、保障措施

（一）加强组织领导推动

进一步加强对影视产品和服务出口的组织推动力度，建立由商务、宣传、财政、广电等部门组成的影视产品和服务出口联席会议制度，完善工作协调和信息沟通机制，进一步形成推动我省影视产品和服务“走出去”的工作合力。

（二）进一步加大资金支持力度

加大省级文化产业、服务业、开拓国际市场、国际服务贸易、实施“走出去”战略等专项资金对影视走出去的支持力度。对影视文化出口翻译、外文配音、参赛、参展等海外推广环节予以扶持；对在海外知名影视评选比赛中获奖、在境外主流媒体上播出的产品给予表彰奖励。通过贷款贴息加大对影视产品走出去的支持力度，支持银行为影视企业提供境外投资贷款、出口信贷等便捷全面的融资服务，开发适合影视产品走出去的金融产品和服务方式，进一步完善出口信用保险体系，积极探索股权、债权、仓单、保单、版权等无形资产抵（质）押担保方式，加强影视制作机构融资能力。

（三）实行税收优惠政策

抓好财政部、国家税务总局《关于支持文化企业发展若干税收政策问题的通知》（财税〔2009〕31 号）等税收政策的贯彻落实，对广播电视节目、电视剧、电影、动画片、音像制品、电子出版物等按规定享受增值税出口退税政策，对影视企业从事重点影视产品创作生产而进口国内不能生产的自用设备及配套件、备件等免征进口关税。

（四）加强相关服务和管理

有关部门要制定或修订相关的法律、法规和政策，加强信息平台建设，积极营造公平竞争的市场环境；商务、广电等部门要对影视产品走出去活动在项目审批等方面给予便利条件，提高效率。

（五）进一步加大人才培养力度

加大对国际影视人才特别是经纪团队的培养力度，完善各项激励机制和优惠政策，吸纳国际上有经验有实力的文化高端人才，学习借鉴国际先进的文化产业运作经验，培育和造就一批适应影视产业国际化发展需要的经纪团队。筹建一批影视名人工作室，进一步集聚人才资源。组建一支高水准的与国际接轨的，既懂文化又懂文化市场规律的影视产品国际营销队伍。

本意见从公布之日起 30 日后施行。

浙江省商务厅 浙江省人民政府外事办公室印发《关于全省加强对美省州经贸工作的指导意见》的通知

浙商务联发〔2012〕134号

各市、县(市、区)商务主管部门、外事主管部门,省属企业:

为进一步深化我省对美省州经贸关系发展,积极推动对美省州经贸交流与合作,浙江省商务厅、浙江省人民政府外事办公室联合起草了《关于全省加强对美省州经贸工作的指导意见》。经省政府领导同意,现将该文印发给各地,请结合实际,遵照执行。

特此通知。

附件:浙江省商务厅 浙江省人民政府外事办公室《关于全省加强对美省州经贸工作的指导意见》

浙江省商务厅 浙江省人民政府外事办公室
2012年9月29日

附件

浙江省商务厅 浙江省人民政府外事办公室关于全省加强对美省州经贸工作的指导意见

为认真落实中美两国元首达成的建设相互尊重、互利共赢的中美合作伙伴关系,贯彻中央关于加强中美省州合作的战略部署,配合国家外交大局,结合浙江省实际,深化浙江省对美省州经贸关系发展,不断提高浙江省对美省州经贸工作水平,现提出如下意见。

一、加强对美省州经贸工作的重要意义

中美建交33年来,富有成效的中美地方交流与合作一直是支撑两国关系发展的重要基础和推动力量,务实推动并加强对美省州经贸关系发展是中美地方交流合作的重要内容之一。中美省州所属市郡、县市间经贸合作与交流是中美省州经贸关系的重要组成部分。浙江是对美省州经贸合作的重要省份,已相继与美新泽西州、印第安纳州、特拉华州、北卡罗来纳州、密苏里州等5

个州政府及商务（经济）部门建立了友好协作关系，浙江省市、县（市、区）与美有关州所属郡、市也建立了众多的协作关系，具备对美省州经贸合作与交流的重要基础和有利条件。在国家总体外交战略框架下，积极务实开展与美省州经贸关系发展，进一步增进与美地方政府及部门、双方企业及民间的经贸交流与合作，对促进我省海洋经济建设、推进外经贸发展方式转变、拓宽国际交往空间、提高对外开放水平具有重要意义。

二、确定对美省州经贸工作的目标

抓住美国内经济低迷、各州希望加强对华合作、提振经济、分享中国经济发展红利的有利时机，进一步规范指导全省各地对美省州经贸工作的开展，健全工作机制，统筹协调省内对美经贸工作，形成整体合力。各地要充分运用经济外事的手段，加大对美国州政府、议员、工商界及企业的工作力度，通过推进高层互访、企业互动、产业互补、平台互建，推进互利共赢的对美省州经贸合作关系发展，使我省对美经贸工作走在全国的前列。

三、开展对美省州经贸工作的指导原则

（一）统筹兼顾，突出大局

要服从服务于中央外交大局，各级商务部门要会同外事等部门把推动我省对美省州经贸合作及对美重大经贸活动作为一项重要工作来抓。要统筹所在地对美省州经贸工作，积极建立对美各州所属郡、市的经贸合作关系，把推进对美省州特别是友好省州（友好城市）经贸合作作为对美经贸工作的重点，列入重要议事日程，认真研究部署，务实推进落实。

（二）积极接触，突出互信

要厚植中美省州间经贸合作的基础，各级政府领导要积极开展互访会晤，增加领导人间的友谊。商务部门要促进与美地方政府经贸部门、商（协、学）会、海外华侨社团组织、企业间积极交往，增进了解，营造良好氛围，寻求合作机会。在交往中要防止经贸问题政治化，对涉及中美经贸热点敏感问题和双方重大利益关切，要坚持原则立场，不卑不亢，有理有利有节回应。

（三）重点推进，突出互补

要抓住国内实施扩大内需战略、鼓励更多消费、更多进口、更多境外投资等与美国正在实施的出口倍增计划、引进海外投资等政策相向而行的契机，各级商务部门要主动调查研究，分析美各州特别是友好省州（友好城市）的经贸发展情况、产业特点、市场需求，与浙江省产业发展及经济发展战略需求相结合，推动产业提升和企业合作互补发展，争取每年推进一批项目合作，并主动向美其他州（郡、市）辐射，确保浙江省对美经贸持续稳定发展。

（四）务实合作，突出共赢

商务部门要结合各地发展特色和企业实际情况，以积极务实的态度，探索有利于双方互利共赢、共同发展、惠及双方企业合作的新形式和新方法，促进对美省州合作进一步向新的深度、广度和可持续方向发展，避免不符实际、流于形式的交流，防止企业的合作违背市场规律，真正体现出中美省州经贸合作互利共赢的本质。

四、加强对美省州经贸工作的主要任务

（一）着力提高对美贸易水平

一是针对美国市场及消费者的层次，鼓励企业提高研发和设计水平，创建更多浙江自主品牌，不断提高浙江省对美出口产品质量和档次。二是积极打入美国的高端消费市场，将产品引入品牌直销中心和连锁超市等，鼓励企业寻求在美建立自主直销分销中心或者品牌展示平台，并运用电子商务等现代营销方式拓宽销售渠道。三是推动在信息技术、文化、旅游、教育、宣传、卫生等方面的合作，带动对美服务贸易的增长，提高服务贸易在整个贸易中所占比重。

（二）积极扩大自美进口规模

结合全省海洋经济的发展，充分运用友好省州（友好城市）的合作关系，积极扩大浙江省自美进口特别是具有竞争优势的民用高技术产品进口，加强与美企业合作，争取以市场换技术，以技

术促合作，以合作促双赢。利用友好省州农业发达的优势，积极做好美国农产品宣传推广活动，采购浙江省消费者需要的优质农产品进入超市，扩大进口规模，促进双方贸易平衡发展。

（三）不断提高利用美资质量

积极研究美有关州（郡、市）特别是友好省州（友好城市）的优势产业情况，一是要更多推动双方企业实现优势互补，在农业技术、节能环保、生物医药方面开展合作，特别是在清洁能源、信息技术、电动汽车、新材料、医疗器械、再制造等新兴领域开展合作。二是加大对美500强企业和创新型企业的招商引资力度，组织专业招商小组，主动上门推介洽谈，吸引其到浙江省设立企业研发中心和服务外包机构，保持美企在浙投资的稳定增长。

（四）积极鼓励企业赴美投资

把推动企业“走出去”和美国的“选择美国”倡议结合起来，推动浙江省企业到美国投资兴业。一是推动资本“走出去”，通过兼并收购等获取技术、品牌、销售渠道和资源等要素，实现国内外产业相互促进、联动发展。二是推动产品“走出去”带动出口，利用美经济不景气、企业急需寻找市场的时机，鼓励企业在美设立各类营销机构，特别是推动纺织、服装、轻工、机械等优势传统行业“走出去”，实现本地化生产和组装，突破国际贸易壁垒。

（五）搭建更多对美经贸交流平台

充分利用浙江省已有的“中国浙江投资贸易洽谈会”、“中国义乌国际小商品博览会”、“中国浙江商务周”、“中国杭州西湖博览会”等平台，积极邀请美客商尤其是友好省州（友好城市）政府和企业参加，开展投资贸易对接活动。要结合各地实际，探索建立有利于双方互利共赢的省州经贸合作新平台，如双方合作举办贸易展会、产品销售展示中心、产业合作示范园区、专业投资合作论坛等，促进双方企业的交流与合作。有条件的市地可在美重点州（郡、市）设立经贸代表（联络）处，为企业赴美投资贸易、招商引资提供服务。

五、加强对美省州经贸工作的政策支持

省商务部门每年将安排一定的专项资金用于加强对美省州经贸促进工作。各地商务部门也要研究制定推进与美国省州（郡、市）经贸合作及企业项目合作的政策措施，可酌情建立对美省州（郡、市）经贸合作专项交流资金，给予对美开展大型专项活动、商务平台建设、对美经贸会议、重要代表团访问、人才选派交流等方面提供资金扶持。

六、建立对美省州经贸工作的协调机制

浙江省商务厅为全省对美省州经贸工作的牵头协调部门，将不定期召开会议交流对美经贸工作开展和落实情况，分析研究存在问题，提出对策建议。浙江省将适时成立省市参加的对美经贸工作协调小组。

建立联系人制度。各级商务主管部门应指定一名负责同志分管对美经贸事务联系协调工作，职能处室负责人为联络员，负责与省商务厅工作联络。

建立信息报备制度。各地政府及商务部门要及时报备与美方郡、市及相关组织签订的经贸合作协议（备忘录）情况。各地商务部门每半年向省商务厅报送所属地区对美经贸工作及重要事务（领导人互访、重大经贸活动、重大项目等）动态情况。省商务厅将不定期向省政府、商务部报送对美省州经贸合作与交流情况。

建立保密制度。各地商务部门要严格保密制度，按照有关保密规定，落实具体责任人，加强对有关经贸口径文件及材料的保密管理。

七、加强对美省州经贸工作的服务支持

1. 对各地领导人访美及重要拜访、举行重

大经贸活动以及赴美投资的企业，省商务厅将商请商务部及我驻美使馆经商参处、美州政府及经贸部门和商协会给予支持协助的便利，并根据需要向各地提供中美经贸关系热点问题材料和表态口径。

2. 对来自美友好省州（友好城市）落户浙江的项目，各地要商请有关部门在土地选址、手续办理、高管人员出入境等方面予以优先考虑及服务便利。对我方在美特别是在友好省州（友好城市）开展的经贸活动、设立的企业或机构等将函请美方给予必要的支持和帮助。

3. 对美各州驻华代表协会、中国美国商会、美中贸易委员会和美驻华使（领）馆等组织机构，省商务厅将积极推荐各地与其接触，建立工作联系。在美有关经贸代表团访浙时，将推荐团组到相关市地访问考察，开展企业对接洽谈活动。

各地、各有关部门要进一步统一思想，高度重视，加强领导，密切协作，制订措施，抓好落实，积极推动浙江省对美省州经贸各项工作，不断提高对美省州经贸工作水平，促进浙江省开放型经济又好又快发展。

第二编

概　述

2012年世界经济贸易形势报告

中华人民共和国商务部 综合司
国际贸易经济合作研究院

一、当前世界经济贸易总体形势

2012年二季度开始，欧债危机急剧恶化，主要经济体消费、投资增长减速，世界经济复苏步伐明显放缓。据经合组织（OECD）统计，二十国集团（G20）成员二季度经济环比增长0.6%，增速低于一季度的0.7%；同比增长3%，低于一季度的3.2%。其中七国集团成员经济环比增长0.2%，增速仅为一季度的一半；同比增长1.6%，低于一季度的1.7%。9月份后，主要经济体特别是欧元区应对危机、刺激经济增长的政策力度明显加大，消费者和企业界信心有所增强，世界经济略有好转，但全年增长将低于2011年。国际货币基金组织（IMF）预计，2012年世界经济增长3.3%，增速低于2011年的3.8%。其中发达国家增长1.3%，低于上年0.3个百分点，欧元区将出现衰退；新兴市场和发展中国家增长5.3%，低于上年0.9个百分点，金砖五国增速均将低于上年。

展望2013年，美国经济复苏有望趋于稳定，特别是房地产市场和就业市场回暖迹象较为明显，将在一定程度上巩固世界经济复苏势头。但发达国家主权债务高企迫使其紧缩财政，新兴经济体面临自身结构性矛盾和国际资本异动的困扰，全球范围的宽松货币政策解决不了需求不足的问题，经济增速难有大幅回升。国际货币基金组织预计，2013年世界经济增长3.6%，低于金融危机前10年4%的平均水平。欧债危机已成"慢性病"，完善欧元区制度设计、消弭竞争力差异将经历漫长曲折过程，希腊等风险点可能导致危机再度发作。大宗商品市场受地缘政治、恶劣天气、流动性泛滥等多方面因素影响，大幅波动的可能性上升。

表1　2010—2013年世界经济增长趋势

单位：%

	2010年	2011年	2012年	2013年
世界经济	5.1	3.8	3.3	3.6
发达国家	3.0	1.6	1.3	1.5
美国	2.4	1.8	2.2	2.1
欧元区	2.0	1.4	–0.4	0.2
日本	4.5	–0.8	2.2	1.2
新兴市场和发展中国家	7.4	6.2	5.3	5.6
世界贸易	12.6	5.8	3.2	4.5

注：2012年和2013年数值为预测值。

资料来源：IMF，《世界经济展望》，2012年10月9日。

世界经济复苏放缓对全球贸易带来较大冲击，国际市场需求出现萎缩态势。据荷兰智库"经济政策分析局"估算，2012年6月和7月，全球贸易量环比分别下降1.5%和0.2%，欧元区进口量甚至低于两年前水平。在市场信心有所恢复、经济复苏态势趋稳的作用下，后几个月世界贸易有望小幅提速，但不足以完全抵消前期的回落。世贸组织预计，2012年全球贸易量增长2.5%，仅为上年增速的一半。其中发达国家出口增长1.5%，进口增长0.4%；发展中国家出口增长

3.5%，进口增长5.4%。在欧债危机不再恶化、美国避免财政悬崖的情况下，世界贸易增速有望略有提高。世贸组织预计，2013年世界贸易量增长4.5%，增速高于2012年的2.5%，但仍低于危机前10年6%的平均水平。其中发达国家出口增长3.3%，进口增长3.4%；发展中国家出口增长5.7%，进口增长6.1%。

为促进经济增长，大多数国家继续放宽产业限制，鼓励外资流入，但经济复苏前景不明导致越来越多的跨国公司对国际投资采取观望态度。联合国贸发会议（UNCTAD）统计，2012年上半年，全球跨国直接投资额6676亿美元，同比下降8.4%。分国别看，发展中国家（不含转型经济体）吸引外资3360亿美元，同比下降4.8%，降幅低于发达国家的9.5%，中国超过美国成为跨国投资最大流入地。分投资类型看，2012年前三季度全球绿地投资项目总金额同比下降35%，跨国并购数量下降55%，利润再投资规模则基本与上年同期持平，表明跨国公司海外经营的盈利状况依然良好。贸发会议预计，全年跨国直接投资规模最多只能与2011年的1.58万亿美元基本持平，增速远不及2011年的18%。目前，跨国公司总体经营状况稳健、资金充裕，特别是新兴经济体的跨国公司对外投资能力持续提升，加上一些能源资源企业陷入困境带来投资机遇，国际企业界对跨国投资的积极性有所上升。在经济复苏不出现重大波折的情况下，今后两年全球跨国投资呈现稳定小幅增长态势。预计2013年和2014年，跨国直接投资规模将分别达到1.8万亿美元和1.9万亿美元。

二、世界经济贸易发展中需要关注的问题

（一）全球经济增长动力不足

国际金融危机爆发以来，发达经济体为应对危机、刺激经济采取扩张性财政政策，政府负债不断攀升，对市场信心和金融稳定产生严重影响。经合组织估计，截至2012年底，其成员国政府债务占GDP比重将达107.6%，比金融危机前的2007年提高33.1个百分点。为稳定市场信心、增强政府债务的可持续性，发达国家普遍需要持续大幅紧缩财政，通过提高税率、削减社会福利、裁减公共部门就业岗位等方式增收节支。这势必冲击居民消费能力和信心，影响当期GDP增速。美国“财政悬崖”问题最为突出，2012年底同时面临减税政策到期和国债上限触顶两大挑战，若不能及时制定和实施解决方案，将导致经济再度衰退。美国会预算办公室预计，一旦跌入“财政悬崖”，2013年美国经济将萎缩0.5%，失业率重新攀升至接近9%的水平。欧元区外围国家的财政紧缩可能导致经济长期衰退，并严重拖累核心国家复苏。截至2012年底，日本债务占GDP比重将高达214.1%，同样面临削减债务的重担。为此，日本出台增税法案，在13年内分阶段将消费税率从5%提高至10%，研究机构普遍认为此举将加重家庭负担、抑制消费意愿。新兴经济体难以与发达国家“脱钩”，且自身普遍面临较多结构性矛盾，有的严重依赖能源资源出口，有的国际收支长期逆差，有的基础设施建设滞后。在外部环境转趋不利时，新兴经济体增长往往呈波动加剧、风险上升态势。2012年前两个季度，巴西GDP同比分别增长0.7%和0.5%，印度GDP同比分别增长5.3%和4.2%，增速均明显低于前两年。一些发达国家寄望通过发展新兴产业带动经济走出困境，出台一系列鼓励措施。但在技术和市场前景不明的情况下，企业观望较多，短期内难以形成足够带动经济强劲反弹的投资热潮。2012年一季度，经合组织成员国固定资本形成总额环比仅增长0.1%，二季度则为零增长。

（二）欧债危机可能再度引发金融市场动荡

2012年9月份后，欧元区接连出台应对欧债危机的重大举措。欧央行推出直接货币交易计划（OMT），在二级市场无限量购买已求助国家的1—3年期主权债务。规模达5000亿欧元的欧洲稳定机制（ESM）正式启动，大幅增强了欧洲救助机制的火力。欧盟峰会就银行业联盟达成初步共识，拟于2013年开始实施欧元区单一银行业监管机制。这些措施在一定程度上稳定了市场情绪，降低了重债国融资成本。西班牙10年期国债收益率从高峰时期的将近7.5%降至5.5%左右，

意大利10年期国债收益率从高峰时期的7.6%降至5%左右。但欧债危机是制度缺陷、虚高福利、政治博弈共同作用的结果，完善财政金融机制设计、实现欧元区内经济平衡需要广泛深入改革，涉及经济社会方方面面利益调整，必然面临重重阻力。成员国经济、政治形势的不利变化，都可能导致危机再起波澜。希腊改革举措遭遇民众抵制，减赤目标屡屡落空，救助计划面临诸多变数。国际货币基金组织估计，2013年意大利、西班牙政府融资需求占GDP比重分别达25%和21%，仅较2012年小幅下降。此外，2013年德国、意大利面临大选，可能影响应对危机政策的连续性。欧元区新的财政、货币手段能否成功克服这些挑战尚不可知。欧洲金融机构特别是银行业与主权债务联系密切，意大利、西班牙银行业持有的政府债务占GDP比重分别高达38%和35%，远高于美国8%的水平。在国债价格下跌的情况下，欧洲银行业为筹资自保，纷纷抛售资产、削减信贷。由于欧洲银行业在全球金融市场占有举足轻重地位，持有欧洲以外国家60%的外债，其大举"瘦身"将打压全球金融资产价格，加剧国际金融动荡。

（三）宽松货币政策的副作用凸显

在财政政策空间日益受限的情况下，发达国家纷纷加大货币政策力度，以刺激经济增长。9月13日，美联储推出第三轮量化宽松措施（QE3），决定每月购买400亿美元抵押贷款支持证券（MBS），一直持续到就业市场明显改善。9月19日，日本央行决定进一步追加货币宽松措施，将用于购入长期和短期日债资产的基金规模从70万亿日元扩充到80万亿日元。欧央行的直接货币交易计划，也在一定程度上具有量化宽松性质。不少新兴经济体和发展中国家也放松货币政策，韩国、印度、巴西等纷纷降息。宽松货币政策有利于降低市场利率，提高投资项目利润，刺激企业投资与个人消费。但在实体经济缺乏投资热点的情况下，宽松货币政策释放的资金很大部分将流入金融、房地产与大宗商品市场投机炒作牟利，助长市场波动，甚至形成新的经济泡沫。受投机资本泛滥影响，大宗商品市场交易需求总体稳定攀升。据美国期货业协会统计，2012年上半年，在全球期货期权交易量同比下降10.2%的背景下，能源、贱金属、贵金属期货期权交易量分别增长0.9%、20.3%和32.8%，农产品期货期权交易量仅下降3.3%。这一趋势与不利天气、地缘政治等因素一道，推动大宗商品价格大涨大落，威胁部分国家经济稳定。美联储第三轮量化宽松措施推出后一个月内，印度、韩国、墨西哥、泰国货币对美元分别升值4.5%、1.4%、1.1%和1%。

（四）贸易保护主义日益加剧

二十国集团洛斯卡沃斯峰会再次作出承诺，避免为投资、货物和服务贸易增设新的壁垒，不实施新的出口限制措施，在各领域不实施包括刺激出口措施在内的、违反WTO规则的举措。但在经济复苏没有明显起色、失业率居高不下的情况下，一些国家为缓解就业压力和企业困难，继续想方设法限制进口，将国内市场留给本土产业，影响国际贸易复苏。据世贸组织发布的第七次贸易限制措施监督报告，2011年10月至2012年5月，各成员共采取182项新贸易限制措施，影响全球进口额的0.9%，主要手段是贸易救济调查、提高关税、实施进口许可证管理和海关监控。自2008年10月以来，二十国集团成员实施的贸易限制措施影响全球货物贸易的3%。分产品看，资本技术密集型产品受影响最大，其中光学及精密仪器、汽车、机械设备、电力机械等四大类产品在全部限制措施中的比重达61%，表明贸易保护主义措施应对危机的一面下降，刺激本国产业复兴的一面上升。在全球投资环境总体更趋开放的背景下，一些国家却对新兴产业领域的跨国投资采取保守态度，以"国家安全、产业利益"等为借口，施加不合理限制，不仅影响国际投资发展，而且阻碍新兴产业壮大。

三、主要国家和地区经济贸易前景

美国：受欧债危机恶化拖累，2012年美国经济复苏势头疲软。前两个季度GDP环比折年率分别增长2%和1.3%，远低于2011年四季度的4.1%。分需求看，个人消费分别增长2.4%和1.5%，拉动GDP增长1.72个和1.06个百分点；私人部门投资分别增长6.1%和0.7%，拉动GDP

增长 0.78 个和 0.09 个百分点；货物及服务出口分别增长 4.4%和 5.3%，进口分别增长 3.1%和 2.8%，净出口拉动 GDP 增长 0.06 个和 0.23 个百分点；政府支出分别下降 3%和 0.7%，拖累 GDP 下滑 0.6 个和 0.14 个百分点。高额政府债务问题广受关注，2012 财年美国政府预算赤字达 1.1 万亿美元，连续 4 年超过 1 万亿美元。

但房地产市场复苏迹象较为明显，成为当前美国经济的亮点。前三季度，新屋销量达 28.5 万套，同比增长 21.8%。房价明显回升，截至 7 月，美国 20 个大城市房价指数已连续 6 个月环比上涨。就业市场也有所改善，9 月份失业率降至 7.8%，为 2009 年 1 月以来新低。消费者和企业界信心提升，9 月份消费者信心指数回升至 70.3，为 7 个月新高；制造业采购经理人指数回升至 51.5，处于荣枯线之上。四季度，美国经济增长势头可能有所恢复。美联储预计 2012 年美国经济增速在 1.7%—2%之间。国际货币基金组织预计，2012 年美国经济增长 2.2%，高于发达经济体平均水平。

2013 年，随着房地产市场继续改善、页岩气革命提升工业竞争力，美国经济有望企稳向好。美联储预计 2013 年美国经济增速在 2.5%—3%之间，失业率降至 7.6%—7.9%。但随着美税收减免政策到期，居民收入增长可能放缓，制约消费进一步扩大；欧债危机出现反复、油价上涨等外部风险也会影响其经济增长。

欧元区：2012 年主权债务危机恶化，欧元区经济再度陷入衰退。一季度 GDP 环比、同比均零增长，其中希腊 GDP 同比降幅达 6.5%。二季度欧元区 GDP 环比下降 0.2%，同比下降 0.5%。其中，德国环比增长 0.3%，低于一季度的 0.5%；法国连续 3 个季度环比零增长；意大利连续 4 个季度环比下降，降幅达 0.7%。9 月份以来欧盟出台一系列应对危机的重大举措，在一定程度上提振了市场信心，但未能对经济增长起到立竿见影的拉动作用。据欧委会发布的数据，9 月份欧元区经济景气指数连续 19 个月下滑，至 85 点，为 2009 年 9 月以来新低，不仅外围国家经济景气指数持续低位运行，核心国家经济景气也大幅下滑。欧盟委员会预计，2012 年欧元区 GDP 下降 0.1%；欧洲央行预计萎缩 0.2%—0.6%；国际货币基金组织预计萎缩 0.4%。

目前，欧元区主权债务危机、经济下滑与银行业困难的恶性循环并未打破。增长乏力导致重债国减赤进展缓慢，截至 2012 年二季度末欧元区政府债务占 GDP 比重升至 90%。在国债价格下跌、资产质量受损的情况下，欧元区银行业为控制风险，大举收缩业务，截至 8 月底对非金融企业贷款余额同比下降 1.1%，进而阻碍投资复苏。由于经济增长迟迟得不到改善，欧元区失业率屡创历史新高，在一些外围国家甚至威胁到社会和政治稳定，影响减赤计划的实施。国际货币基金组织预计，2013 年欧元区 GDP 仅增长 0.2%，低于发达经济体 1.5%的平均水平。

日本：在灾后重建投资拉动下，2012 年一季度日本经济增长率环比增长 1.3%，折合年率增长 5.3%。随着欧债危机蔓延、全球经济放缓导致需求下滑，二季度 GDP 增速大幅回落，环比增长 0.2%，折算年率增长 0.7%。其中个人消费环比增长 0.1%，为连续 5 个季度增长，但增速远低于一季度的 1.2%；公共投资环比增长 1.8%，设备投资环比增长 1.5%。日元不断升值，加上外部需求减少，出口备受打击，外需对经济增长的拉动率为 -0.1%。下半年日本经济依旧疲弱，环保车补贴政策即将到期，灾后重建带来的公共投资持续减少，全球需求低迷以及日元持续走强继续打击出口，能源价格反弹增加石油进口成本。国际货币基金组织预计，2012 年日本 GDP 增长 2.2%，2013 年放缓至 1.2%。

为了刺激经济，日本进一步放松货币政策。9 月份日本央行金融政策会议决定，量化宽松政策追加 10 万亿日元，其中 5 万亿日元用于购入短期国债、5 万亿日元用于购入长期国债，同时取消在资产购买计划项目下购买日本国债时的 0.1%最低收益率限制，并决定将资产购买期限延长至 2013 年 12 月底。

新兴市场和发展中国家：2012 年以来，新兴经济体和发展中国家面临的外部环境明显恶化，国际市场需求下滑，资本流入减少，加之内部结构性矛盾凸显，导致新兴经济体和发展中国家经济增速放慢。三季度，汇丰银行编制的新兴市场指数从二季度的 53.2 下滑至 52.1，为一年来新低，其中服务业信心指数降至 2005 年以来最低。

金砖国家中，印度、巴西经济增速下滑较大。过去多年来，印度国内需求旺盛，导致经常项目收支持续逆差。2012 年，印度外资流入减少，国内消费投资不振。近期印度政府推出放宽外资准入等改革措施，效果尚需观察。作为重要资源出口国，巴西受大宗商品价格下降影响较大，巴西央行预计 2012 年 GDP 仅增长 2%。

主要区域中，亚洲发展中国家市场潜力大、制造业基础好，经济增速依然领先。国际货币基金组织预计，2012 年亚洲发展中国家经济增长 6.7%，2013 年增速回升至 7.2%。非洲能源资源领域吸引大量投资，基础设施建设热情高涨。国际货币基金组织预计，2012 年撒哈拉以南非洲经济增长 5%，2013 年增速回升至 5.7%。拉美和加勒比地区发展困难增多，汇率波动较大。国际货币基金组织预计，2012 年拉美和加勒比地区经济增长 3.2%，2013 年回升至 3.9%。

2012年国际商品市场走势报告

中华人民共和国商务部 综合司
国际贸易经济合作研究院

一、2012年前三季度国际商品市场表现

2012年以来，世界经济复苏一波三折、增速放缓，国际商品市场价格在较高水平上剧烈波动。一季度，受主要经济体部分经济指标好转、需求转旺刺激，大宗商品价格强力反弹。国际货币基金组织（IMF）编制的初级产品价格指数(PCPI)在3月份达到年内最高的201.6点。二季度，欧债危机恶化，新兴经济体经济减速，商品市场需求不旺，大宗商品价格大幅下挫。6月份PCPI跌至169.9点，为19个月来最低点。三季度，极端天气刺激粮价飙升，主要经济体相继出台刺激性政策推动避险资金入市，商品市场有所企稳，但各品种价格涨跌分化严重。9月份PCPI回升至187点，与年初的188.3点基本持平。

粮价飙升是2012年以来国际商品市场最引人注目的事件。由于美国中西部地区遭受罕见干旱天气，小麦主产区俄罗斯、乌克兰、乌兹别克、澳大利亚及大豆主产区阿根廷和巴西也遭受干旱，国际主要农产品价格在短期内大幅上扬。7月末，美国芝加哥期货交易所玉米、大豆与小麦价格比6月初分别上涨46%、28%和45%，均创历史新高。联合国粮农组织(FAO)公布的食品价格指数7月环比上涨6.2%，为2009年11月以来单月最大涨幅。9月份，FAO食品价格综合指数比年初上涨1.4%，其中谷物和肉类分别上涨17.9%和0.4%，奶制品、油脂、糖类价格指数分别下跌9.2%、3.9%和15.2%。

其他大宗商品价格水平则受需求不振影响，价格普遍下行。截至2012年9月，在IMF非燃料初级产品分类价格指数中，食品类上涨9.6%，而工业原材料类下跌7.5%，能源类产品下跌1.5%。能源、金属等大宗资源性商品的金融属性越来越强，价格波动不断加剧。

二、影响国际商品市场变化的主要因素

实体经济的供给和需求仍是决定商品价格水平的基础，但货币、产业和贸易政策以及金融市场等因素对价格的影响日益增大。多种商品的供需平衡相当脆弱，对短期突发因素日益敏感。预计2012年四季度到2013年，随着欧债危机形势渐趋平稳，世界各国推出一系列促增长政策措施推升需求和投机资金炒作，商品价格将受到一定支撑。资源稀缺性和金融属性较强的大宗商品价格有可能触底反弹，制成品价格下跌势头可能放缓。

1. 世界经济复苏态势仍是决定国际商品市场走势的主导因素。目前欧债危机暂时平静，美联储推出新一轮量化宽松政策(QE3)，中国和其他主要经济体也相继推出一系列稳增长措施，市场对经济增长和商品需求的预期有所看好，商品价格得以暂时走出实体需求疲弱和美元走强双重压力的环境，短期内有所反弹。但国际金融危机的深层次影响还在继续显现，世界经济弱势复苏局面不会根本改观，复苏将是一个长期、艰难、

曲折的过程，投资者信心仍有待增强。如2013年欧洲经济出现起色、中国等新兴市场经济调整到位，则大宗商品市场需求有望真正转旺，价格也将随之稳步走高。

2. 突发事件和技术进步等对国际商品市场的影响越来越大。粮食、原油、部分矿产品等商品供需平衡脆弱，市场对突发事件敏感。2012年年中，世界多个重要农产品生产和出口国因遭遇异常气候而减产的消息一经发布，即引起玉米、大豆和小麦期货价格暴涨。长期看，技术进步导致部分大宗商品之间的可替代性增强，将会一定程度上起到平衡供求作用，对商品供需的影响逐步显现。近年铜价不断创出新高，铁矿石价格连年大幅上涨，“以铝代钢”、“以铝代铜” 的趋势渐趋明朗，或将增加铝消费，缓解目前产能严重过剩的局面。油价居高不下不仅促进新能源开发，也刺激了对其他传统能源的新利用。例如煤炭凭借成本优势和储量优势，加之清洁煤技术和煤化工技术进步的推动，在能源和化工行业的应用备受重视，近年煤炭贸易日趋活跃，交易量不断扩大。

3. 主要经济体政策对国际商品市场有较大影响。主要生产国、出口国及消费国的国内政策均有可能对相关商品的供需和价格产生影响。欧洲国家削减新能源补贴使光伏产品市场发生逆转，美国未来新能源政策取向对风电产品需求有决定性影响。2012年世界主要铁矿石生产国和出口国纷纷出台资源税、碳税、出口税等措施，短期内支撑铁矿石价格，长期看可能影响全球贸易格局。在国际市场粮食供应趋紧背景下，出口国的干预措施将对粮价造成进一步冲击。

4. 美元走势对国际商品价格的影响不容忽视。美元是国际经济活动中的主导货币，是商品交易的主要计价货币。美联储推出QE3有助于提振市场信心，改善商品需求预期，且推动资金流入商品市场，可能推升以原油、铜及贵金属为代表的大宗商品名义价格水平。但也有专家认为，从QE1到QE3，刺激政策在商品市场的效应逐渐减弱；美国经济表现好于欧元区，美元存在升值预期，又会对商品价格上涨有所抑制。

表1　　国际商品市场价格走势

（以美元计价，年率，%）

项目＼年份	1994—2003年	2004—2013年	2007年	2008年	2009年	2010年	2011年	2012年	2013年
制成品	0.0	2.3	5.6	6.2	−6.6	2.7	6.5	−0.5	−0.3
石　油	5.6	13.8	10.7	36.4	−36.3	27.9	31.6	2.1	−1.0
非燃料初级产品	−0.3	7.4	14.1	7.5	−15.7	26.3	17.8	−9.5	−2.9
食　品	−0.8	6.9	15.2	23.4	−14.7	11.5	19.7	−1.1	−2.0
饮　料	1.2	6.3	13.8	23.3	1.6	14.1	16.6	−20.1	−4.4
农业原材料	−1.0	3.2	5.0	−0.8	−17.0	33.2	22.7	−12.9	−2.1
金　属	1.4	11.7	17.4	−7.8	−19.2	48.2	13.5	−16.5	−4.5

注：1. 制成品：占发达国家货物出口83%的制成品的出口单位价值；石油：英国布伦特原油、迪拜原油及西德克萨斯原油的平均价格；非燃料初级产品：以2002—2004年在世界初级产品出口贸易中的比重为权数。2. 2012年和2013年数据为预测数。

资料来源：IMF《世界经济展望》2012年10月，表A9。

三、主要商品市场发展前景

农产品:2012年国际粮价主要因干旱天气造成减产而飙升,随着旱情解除,价格有望回归理性。据联合国粮农组织预估,2012—2013年度世界谷物产量为22.86亿吨,比2011—2012年度的创纪录水平减少2.6%,其中小麦减产5.2%、玉米等粗粮减产2.3%。粮食需求比上年略有下降,为23.14亿吨,产不足需,期末库存下降,库存用量比由上年的22.8%降至20.7%,但仍高于2007—2008年粮食危机时的水平。2013年,粮食供需形势缓和,价格有望趋于平稳。从长期看,人口日益增长、收入水平不断提高和生物燃料高速发展将带来粮食需求的持续增加,全球极端天气频现也将导致粮食供应不确定性增大。粮食供需平衡趋紧,价格将长期高位震荡,对短期供给因素日益敏感,自然灾害、出口国的临时政策等引发市场激烈波动的可能性越来越大。替代效应使粮食各品种间联动关系增强,谷物和油籽价格上涨对其他农产品的冲击尤为明显。2012年粮价飙升对肉类、奶类价格的滞后影响将会逐步显现,预计未来一段时间价格会保持在较高水平。

能源:受全球经济低迷影响,原油需求增速放缓,特别是新兴经济体需求增长乏力。国际能源署预计,2012年和2013年世界石油消费量为8970万桶/日和9050万桶/日,增长率均低于1%。此外,油价持续高位刺激了页岩油、页岩气等非传统油气资源及其他新能源投资增加,煤炭价格下滑对油气消费增长也有所抑制,原油在全球一次能源中的消费比例不断下降,2011年已降至33%,为50年来最低水平。石油供应前景看好,石油输出国组织拥有较多闲置产能,苏丹等国生产渐趋稳定。据IEA估计,目前全球供给能力可维持在9000万桶/日以上的水平,油价上升空间有限。但中东地缘政治持续紧张,极易冲击石油供应,不排除油价因突发因素走高。在宏观经济环境未有实质好转的情况下,国际动力煤和焦煤需求持续疲软,预计煤炭市场仍不容乐观,价格将震荡下行。

有色金属:2012年上半年国际市场有色金属价格普遍表现出下跌态势,截至6月底伦敦金属交易所(LME)铜、铝、铅、镍、锡期货结算价分别比年初下跌0.7%、8.5%、10%、10.6%和3.5%,锌价与年初持平。虽然三季度价格大幅反弹,除镍外均不同程度超过年初水平,但主要受市场对刺激性政策效果的乐观预期和避险资金的推动,实际供需并未实质好转。2013年有色金属各品种表现将现分化。国际铜研究组织(ICSG)预计,2013年全球铜市将出现36万吨供应过剩,但由于前期去库存化现象普遍,未来重建库存将对铜价有所支持,加之金融属性强,铜价有望表现相对强势,且长期以上涨为主。铝、锌、镍、铅面临产能过剩和库存过高的巨大压力,镍、锌、铅价格走势趋于疲弱。若"以铝代铜"、"以铝代钢"在技术上得到突破,铝需求长期将呈较快增长,价格有望走强。

钢铁:据国际钢铁协会统计,2012年前三季度全球粗钢产量11.42亿吨,同比微增0.6%,9月产能利用率为77.7%,低于上年同期2.5个百分点。截至10月26日,CRU钢材价格指数比上年同期下跌14.7%。其中亚洲跌幅最大,为22.3%,北美和欧洲分别下跌9.4%和3.1%。钢铁需求疲软和钢材价格低迷对铁矿石价格构成压力,下半年以来铁矿石价格出现大幅下挫。新加坡商品交易所铁矿石掉期交易主力品种在7月、8月两个月内跌幅高达30%以上。近几年受铁矿石价格上涨刺激,以世界三大巨头淡水河谷、力拓、必和必拓公司为主的矿山企业大幅扩大产能,联合国贸发会议预计2012—2014年间全球铁矿石产能将增加7.96亿吨,远远超过铁矿石预期需求增量,全球铁矿石市场将进入供过于求阶段,矿价继续承压。但与此同时,铁矿石买方市场将导致资源条件差、议价能力低的小矿企处于不利地位,三大巨头垄断地位可能进一步得到强化。

机电产品:机械制造业始终与全球经济增长同步。国际金融危机爆发前,在新兴经济体经济强劲增长的拉动下,全球机械制造业连续数年高速发展,但随后因国际金融危机而遭受重创。目前全球制造业经理人指数(PMI)仍低于50,显示需求疲软,制造业活动低迷,机械行业继续面临严峻考验。日本、德国、美国等传统机床出口大国上半年出口均出现下降。未来全球机械市场的竞争将主要集中在高性价比的中端产品、服务于新兴产业的高性能新产品以及节能降耗的环境友好型装备和产品。

传统电信设备市场受运营商推迟采购和新技术快速发展的冲击较大,消费电子市场也出现消费迟滞、追新势头明显的特点。据市场研究机构 Display Search 数据,2012 年上半年, 全球电视机出货量连续两个季度下跌,但大屏幕、新品质液晶电视机的市场预期较为乐观。预计 2012 年全球个人电脑销量同比增长不足 1%,但移动终端市场加速发展,全年出货量为 3.47 亿台,未来 5 年年均增长率将达 18.4%,其中平板电脑年均增长率将高达 28%,2017 年达到 4.16 亿台的市场规模,超越笔记本电脑。欧美发达国家市场智能手机销量已超过功能型手机,中国、印度、巴西、俄罗斯等国智能手机市场增长迅速,竞争日趋白热化。互联网数据中心预计,在智能手机、平板电脑等移动终端及医疗电子、汽车电子和其他新兴产业电子快速发展的带动下,2013 年世界半导体市场销售额将增长 6.2%,达 3350 亿美元。

欧债危机恶化导致欧洲各国大幅削减对光伏产业的补贴,市场需求严重萎缩。美国光伏市场需求则依然强劲,2012 年上半年美国光伏系统安装量较上年同期增长 120%,但长期前景不明朗。全球光伏产能扩张速度远快于需求增速,2012 年光伏产品价格平均下跌约 50%, 市场竞争激烈,贸易摩擦不断。光伏产业的突变对风电、核能、页岩气等其他非传统能源产业的未来发展是一个警示,主要国家政策变动、技术突破等因素对相关市场的影响也很大。

得益于北美和亚洲市场的良好表现,2012 年全球汽车销量保持稳定增长。据汽车产业咨询公司 LMC Automotive 公司数据,2012 年全球轻型车销量有望达到 7940 万辆的创纪录水平,比上年增长 5%。但受全球经济形势影响,2013 年汽车销售的不确定性很大。

2012 年全球航运业惨淡,新船订单萎缩、价格下挫。据克拉克松公司统计,上半年世界新船订单成交量同比下降 55.6%,散货船、油船和集装箱船均持续低迷。全球经济复苏放缓对造船业影响的滞后将持续 2—3 年,2013 年造船业可能依然面临困境。鉴于国际干散货运输市场未有实质性好转,船厂大量弃单船被转售,2013 年散货船价格依然看跌。但集装箱市场在 2013 年有望逐渐向好,大型化趋势愈益明显。

2012年中国宏观经济形势报告

中华人民共和国商务部 综合司
国际贸易经济合作研究院

2012年以来，世界经济复苏明显放缓，国内经济下行压力加大。面对复杂严峻的国内外经济形势，中国政府坚持稳中求进的工作总基调，正确处理保持经济平稳较快发展、调整经济结构和管理通胀预期三者的关系，把稳增长放在更加重要的位置，加强和改善宏观调控，加大政策预调微调力度，采取了稳增长、调结构、抓改革、惠民生的重大举措，特别是5月份以来及时果断出台的一系列政策措施发挥了重要作用。前三季度，国民经济运行总体平稳，呈现出经济运行企稳、结构调整加快、民生继续改善的积极变化。

一、经济增速保持在预期范围内

前三季度，中国国内生产总值为353480亿元，按可比价格计算，增长7.7%。分季度看，一季度增长8.1%，二季度增长7.6%，三季度增长7.4%。分产业看，第一产业增加值33088亿元，同比增长4.2%；第二产业增加值165429亿元，增长8.1%；第三产业增加值154963亿元，增长7.9%。

二、工业生产增速小幅回落

前三季度，全国规模以上工业增加值按可比价格计算同比增长10%，增速比上半年回落0.5个百分点。分经济类型看，国有及国有控股企业增加值同比增长6.3%、集体企业同比增长7.6%、股份制企业同比增长11.8%、外商及港、澳、台商投资企业同比增长6.0%。分轻重工业看，重工业增加值同比增长9.7%，轻工业同比增长10.4%。分地区看，东部地区增加值同比增长8.6%、中部地区同比增长11.6%、西部地区同比增长12.8%。全国规模以上工业企业实现利润35240亿元，同比下降1.8%。

三、农业生产形势喜人

全国夏粮总产量12995万吨，比上年增加356万吨，增长2.8%；早稻总产量3329万吨，比上年增加53.6万吨，增长1.6%；秋粮生产有望再获丰收。粮食产量历史性地实现“九连增”。前三季度，猪牛羊禽肉产量5728万吨，同比增长5.0%，其中猪肉产量3754万吨，同比增长5.2%。生猪存栏46822万头，同比增长1.9%；生猪出栏49298万头，同比增长5.1%。

四、投资平稳较快增长

前三季度，固定资产投资(不含农户)256933亿元，同比名义增长20.5%(扣除价格因素实际增长18.8%)，增速比上半年加快0.1个百分点。其中，国有及国有控股投资84444亿元，增长13.6%。分地区看，东部地区投资同比增长18.4%、中部地区增长25.8%、西部地区增长24.1%。分产业看，第一产业投资6545亿元，同比增长32.2%；第二产业投资113662亿元，同比增长22.4%；第三产业投资136725亿元，同比增长19.4%。新开工项目计划总投资226866亿元，同比增长25.7%，比上半年加快2.5个百分点。全国房地产开发投资51046亿元，同比名义增长15.4%(扣除价格因素实际增长13.8%)，增速比上半年回落1.2个百分点，比上年同期回落16.6个百分点。

五、市场消费平稳增长

前三季度，社会消费品零售总额149422亿元，同比名义增长14.1%(扣除价格因素实际增长11.6%)，增速比上半年回落0.3个百分点。其中，限额以上企业(单位)消费品零售额71580亿元，同比增长14.4%。按经营单位所在地分，城镇消费品零售额129332亿元，同比增长14%；乡村消费品零售额20090亿元，增长14.4%。消费对经济增长的拉动作用进一步提升，前三季度最终消费拉动国内生产总值4.2个百分点，贡献率达55%，比投资的贡献率高出4.5个百分点。

六、对外贸易低速增长

前三季度，进出口总额28424.7亿美元，同比增长6.2%。其中出口14953.9亿美元，增长7.4%，比上年同期回落15.3个百分点；进口13470.8亿美元，增长4.8%，回落21.9个百分点；贸易顺差1483.1亿美元，增长39.1%。分季度看，一、二、三季度进出口分别增长7.2%、8.5%和3%。随着国家出台的一系列稳定外贸增长的政策措施逐步见效，外贸呈现低位趋稳态势。9月份进出口规模达到3450亿美元，创历史新高，出口增速从8月的2.7%回升至9.9%，进口从8月的下降2.6%转为增长2.4%。前三季度，全国实际使用外资金额834.2亿美元，同比下降3.8%。

七、物价涨幅继续回落

前三季度，居民消费价格同比上涨2.8%，涨幅比上半年回落0.5个百分点，比上年同期回落2.9个百分点。分类别看，食品价格同比上涨5.5%，烟酒及用品上涨3.3%，衣着上涨3.4%，家庭设备用品及维修服务上涨2.1%。9月份，居民消费价格同比上涨1.9%。前三季度，工业生产者出厂价格同比下降1.5%，降幅比上半年扩大0.9个百分点，上年同期为上涨7%。前三季度，工业生产者购进价格同比下降1.5%，其中9月份同比下降4.1%，环比上涨0.1%。

八、财政金融运行平稳

前三季度，全国财政收入90588亿元，比上年同期增加8925亿元，增长10.9%。9月末，广义货币（M2）余额94.37万亿元，同比增长14.8%，比上月末和上年末分别加快1.3个和1.2个百分点；狭义货币(M1)余额28.68万亿元，增长7.3%，比上月末加快2.8个百分点，比上年末回落0.6个百分点；流通中货币(M0)余额5.34万亿元，增长13.3%。前三季度，新增人民币贷款6.72万亿元，同比多增1.04万亿元；新增人民币存款9.03万亿元，多增9243亿元。9月末，国家外汇储备余额为3.29万亿美元；人民币汇率为1美元兑6.341元人民币。

九、就业和城乡居民收入持续增长

前三季度，全国城镇新增就业1024万人，已超额完成全年预期目标。城乡居民收入较快增长，农村居民收入增速快于城镇。城镇居民人均可支配收入18427元，同比名义增长13%，扣除价格因素实际增长9.8%；农民人均现金收入6778元，同比名义增长15.4%，扣除价格因素实际增长12.3%。外出务工劳动力月均收入2249元，同比增长13%。三季度末，农村外出务工劳动力16867万人，同比增长3%。

当前，我国经济社会发展面临的国内外环境仍然错综复杂。世界经济复苏步伐放缓，贸易投资保护主义抬头，扩大外需面临不少制约因素。内需保持较快增长的难度不小，企业效益下降、财政收入增速减缓比较明显，经济趋稳的基础还不够稳固。下一阶段，中国政府坚持把稳增长放在更加重要的位置，继续实施积极的财政政策和稳健的货币政策，促进经济平稳较快发展；加快转变经济发展方式，调整经济结构；毫不放松地抓好农业生产,稳定农业发展好形势;着力深化改革和扩大开放;坚定不移地搞好房地产市场调控;高度重视并妥善做好民生工作。

表 1　　2010—2012 年三季度中国宏观经济主要指标

单位:%

指标名称	2010 年	2011 年	2012 年		
			1—3 月	1—6 月	1—9 月
国内生产总值增长率	10.3	9.3	8.1	7.8	7.7
规模以上工业增加值增长率	15.7	13.9	11.6	10.5	10.0
全社会固定资产投资增长率	23.8	23.6	20.9	20.4	20.5
出口增长率	31.3	20.3	7.6	9.2	7.4
进口增长率	38.7	24.9	6.8	6.7	4.8
居民消费价格总水平涨幅	3.3	5.4	3.8	3.3	2.8
M_0 增长率	16.7	13.8	10.6	10.8	13.3
M_1 增长率	21.2	7.9	4.4	4.7	7.3
M_2 增长率	19.7	13.6	13.4	13.6	14.8

资料来源:中国国家统计局。

2012年中国对外贸易形势报告

中华人民共和国商务部 综合司
国际贸易经济合作研究院

2012年以来，国际金融危机深层次影响继续显现，特别是欧洲主权债务危机深化、蔓延，世界经济复苏明显减速，国际市场需求下滑。中国经济下行压力加大，截至三季度，国内生产总值(GDP)增速连续7个季度放缓。对外贸易发展面临的内外部环境复杂严峻，进出口增速下滑至个位数，进出口企业困难增多。针对形势变化，中国政府及时出台一系列促进外贸稳定增长、优化外贸结构的政策措施，提振了企业信心，对外贸走势趋稳发挥了重要作用。前三季度，中国对外贸易运行呈现以下特点：

一、进出口增速低位趋稳，"稳外贸"措施初见成效

前三季度，进出口总额28424.7亿美元，同比增长6.2%。其中出口14953.9亿美元，增长7.4%，比上年同期回落15.3个百分点；进口13470.8亿美元，增长4.8%，回落21.9个百分点；贸易顺差1483.1亿美元，增长39.1%。分季度看，一、二、三季度进出口分别增长7.2%、8.5%和3%。在国际市场需求有所回升、前期出台的"稳外贸"政策措施逐步落实等因素带动下，9月份进出口增速低位反弹，出口增速从8月的2.7%回升至9.9%，进口从8月的下降2.6%转为增长2.4%，当月进出口和出口规模均创历史新高。

二、机电产品出口比重稳步提高，出口商品结构继续优化

前三季度，机电产品出口8548.3亿美元，增长8.3%，高出同期整体出口增速0.9个百分点，占出口比重从上年同期的56.7%提高至57.2%。高新技术产品出口4240.6亿美元，增长6.4%，其中手机、集成电路分别增长18.1%和46.9%。劳动密集型产品出口增速放缓，其中纺织品、服装、家具、鞋类、箱包、塑料制品、玩具等七大类劳动密集型产品出口增长7%，低于整体出口增速0.4个百分点。"两高一资"产品出口继续下降，煤和成品油出口量分别下降38.6%和9.8%。

三、对发达国家出口明显分化，对新兴市场出口总体增长较快

随着美国经济温和复苏，零售市场回暖，前三季度中国对美国出口2581.6亿美元，增长9.6%。受欧盟经济陷入衰退、市场需求明显萎缩影响，中国对欧盟出口2504.6亿美元，下降5.6%。对日本出口1125.1亿美元，增长4.5%。由于新兴经济体经济增长相对较快，以及出口企业深入推进市场多元化，中国对新兴经济体出口总体保持快速增长势头，其中对东盟、俄罗斯和南非出口额分别为1447亿美元、325.8亿美元和

107.2 亿美元，分别增长 16.6%、14.5%和 10.8%。前三季度，中国自美国和欧盟进口分别增长 7.7%和 2.1%，自日本进口下降 6.5%。

表 1　　2012 年 1—9 月中国与主要贸易伙伴贸易情况

单位：亿美元

国家（地区）	出口额	增长（%）	进口额	增长（%）	贸易差额
世　界	14953.9	7.4	13470.8	4.8	1483.1
欧　盟	2504.6	–5.6	1605.3	2.1	899.3
美　国	2581.6	9.6	972.6	7.7	1609.0
东　盟	1447.0	16.6	1441.7	0.6	5.3
日　本	1125.1	4.5	1362.5	–6.5	–237.4
中国香港特别行政区	2241.4	15.1	127.0	9.1	2114.4
韩　国	663.3	6.8	1216.2	1.5	–552.9
俄罗斯	325.8	14.5	336.0	13.9	–10.2
中国台湾地区	257.5	–3.8	954.6	1.4	–697.1
印　度	354.9	–4.6	153.6	–11.2	201.3
澳大利亚	271.0	10.9	638.9	6.1	–367.9

四、民营企业进出口势头良好，一般贸易增速持续快于加工贸易

在鼓励民营经济发展政策措施的引导下，广大民营进出口企业积极调整产品结构，努力拓展营销渠道，深度开发国际市场，取得良好效果。前三季度，民营企业出口 5515.2 亿美元，增长 19.2%；进口 3264.6 亿美元，增长 18%，分别高于整体增幅 11.8 个和 13.2 个百分点。外商投资企业出口 7511.2 亿美元，增长 3.1%；进口 6483.4 亿美元，增长 1.3%，分别较整体增幅低 4.3 个和 3.5 个百分点；出口和进口占总体比重分别下降 2.1 个和 1.7 个百分点。国有企业进出口增幅明显下滑，其中出口下降 3.9%，进口仅增长 0.9%。

前三季度，一般贸易进出口 14989.7 亿美元，增长 5.9%，其中出口 7297.8 亿美元，增长 8.3%；进口 7691.9 亿美元，增长 3.6%。加工贸易“两头在外”，受外部环境影响较大，进出口 9829.4 亿美元，增长 2.2%，低于进出口总额增速 4 个百分点。其中出口 6309.4 亿美元，增长 3%，占总体出口比重 42.2%，比去年同期下降 1.8 个百分点；进口 3520.0 亿美元，增长 1%，占总体进口比重 26.1%，下降 1 个百分点。

表 2　　2012 年 1—9 月中国进出口贸易方式、企业性质情况

单位：亿美元

项　目		出口		进口	
		金额	同比（%）	金额	同比（%）
总　值		14953.9	7.4	13470.8	4.8
贸易方式	一般贸易	7297.8	8.3	7691.9	3.6
	加工贸易	6309.4	3.0	3520.0	1.0
	其他贸易	1346.7	27.8	2258.9	16.1

续表

项 目		出口		进口	
		金额	同比（%）	金额	同比（%）
企业性质	国有企业	1927.5	-3.9	3722.8	0.9
	外商投资企业	7511.2	3.1	6483.4	1.3
	其他企业	5515.2	19.2	3264.6	18.0

五、 中西部地区出口持续快速增长，东部地区出口增速放缓

中西部地区承接加工贸易产业转移步伐加快，进、出口双双强劲增长，对外贸易区域布局进一步优化。前三季度，中、西部地区出口分别增长21.5%和43.4%，其中重庆增长1.5倍，甘肃、安徽、贵州、河南和四川分别增长83%、69.9%、68.9%、62.8%和42.8%。中、西部地区进口分别增长7.9%和13.2%，其中重庆、河南分别增长69%和64.2%。东部地区由于受国际市场需求放缓和生产成本上升冲击较大，出口仅增长4.3%，低于总体增速3.1个百分点，其中广东、江苏、浙江、北京分别增长6.4%、4%、3%和3.2%，上海和山东分别下降0.1%和0.2%。

表3　　2000年以来中国东、中、西部外贸发展情况

单位：亿美元

年份及分项＼区域		全国	东部十一省（市）		中部八省（市）		西部十二省（市、自治区）	
		金额	金额	占比（%）	金额	占比（%）	金额	占比（%）
2000年	进出口	4743.0	4368.2	92.1	203.1	4.3	171.7	3.6
	出　口	2492.0	2268.8	91.0	124.0	5.0	99.3	4.0
	进　口	2250.9	2099.4	93.3	79.1	3.5	72.4	3.2
2010年	进出口	29740.0	26863.6	90.3	1592.5	5.4	1283.9	4.3
	出　口	15777.5	14215.2	90.1	842.2	5.3	720.1	4.6
	进　口	13962.4	12648.4	90.6	750.3	5.4	563.7	4.0
2011年	进出口	36420.6	32347.0	88.8	2233.7	6.1	1839.8	5.1
	出　口	18986.0	16749.3	88.2	1157.4	6.1	1079.3	5.7
	进　口	17434.6	15597.7	89.5	1076.4	6.2	760.5	4.4
2012年1—9月	进出口	28424.7	24894.9	87.6	1839.7	6.5	1690.1	5.9
	出　口	14953.9	12896.6	86.2	997.3	6.7	1060.1	7.1
	进　口	13470.8	11998.3	89.1	842.4	6.3	630.0	4.7

注：东部十一省（市）包括北京、天津、河北、辽宁、上海、江苏、浙江、福建、山东、广东和海南；中部八省（市）包括山西、吉林、黑龙江、安徽、江西、河南、湖北和湖南；西部十二省（市、自治区）包括内蒙古、广西、四川、重庆、贵州、云南、西藏、陕西、甘肃、青海、宁夏和新疆。

六、农产品进口快速增长，机电产品进口增速回落

前三季度，粮食和油料作物进口增长较快，其中谷物及谷物粉、大豆、食用植物油进口量分别增长2.3倍、17.7%和18.3%。能源资源进口有涨有跌，铁矿砂、原油、未锻造的铜及铜材、氧化铝进口量分别增长8.4%、6.4%、32.6%和2.1倍，成品油、原木、钢材进口量分别下降4.4%、10.8%和12%。机电产品和高新技术产品进口额分别增长2.7%和6.4%，增速分别比上年同期回落13.6个和7.3个百分点，但汽车、飞机保持快速增长，进口量增速分别达23.6%和22.5%。

2012年浙江省国民经济和社会发展统计公报

浙江省统计局 国家统计局浙江调查总队

2012年，浙江深入贯彻落实科学发展观，深入实施“八八战略”和“两创”总战略，面对严峻复杂的外部环境和困难挑战，坚持“稳中求进、转中求好”的工作基调，着力促发展，抓转型，惠民生，全省经济在加快转型升级中实现平稳增长，基本完成年初确定的预期目标，为建设“两富”现代化浙江奠定了坚实的基础。

一、综合

初步核算，全年生产总值34606亿元，比上年增长8.0%（见图1）。其中，第一产业增加值1670亿元，第二产业增加值17312亿元，第三产业增加值15624亿元，分别增长2.0%、7.3%和9.3%。人均GDP为63266元（按年平均汇率折算为10022美元），增长7.7%。三次产业增加值结构由上年的4.9:51.2:43.9调整为4.8:50.0:45.2（见图2）。

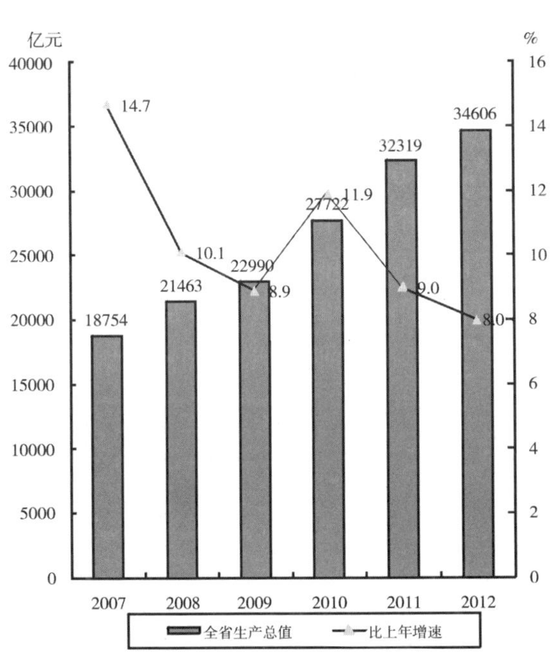

图1 2007—2012年全省生产总值及其增长速度

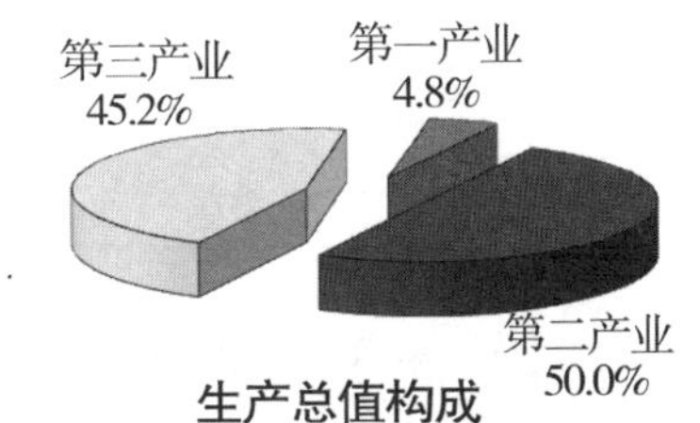

生产总值构成

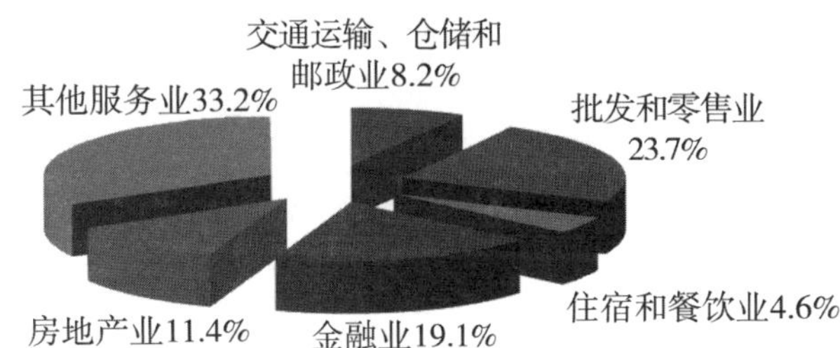

第三产业增加值构成

图2 2012年全省生产总值及第三产业增加值构成

全年居民消费价格比上年上涨2.2%，其中食品类价格上涨5.3%（见图3、表1）；商品零售价格上涨1.9%；农业生产资料价格上涨4.2%；工业生产者出厂价格下降2.7%，工业生产者购进价格下降3.3%；固定资产投资价格下降0.8%。

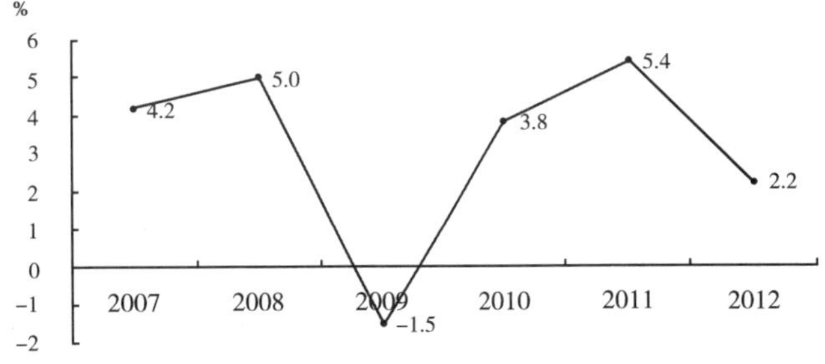

图3 2007—2012年居民消费价格涨跌幅度

表 1　　2012 年居民消费价格变动情况
（上年=100）

指标	全省	城市	农村
居民消费价格总指数	102.2	102.2	102.3
1. 食品	105.3	105.4	105.1
#粮食	103.7	103.7	103.6
2. 烟酒及用品	101.5	101.7	101.1
3. 衣着	101.3	101.4	101.3
4. 家庭设备用品及服务	102.5	102.4	102.8
5. 医疗保健及个人用品	101.3	101.3	101.1
6. 交通和通信	99.7	99.7	99.8
7. 娱乐教育文化用品及服务	99.4	99.0	100.8
8. 居住	101.6	101.8	101.2

全年财政总收入 6408 亿元，比上年增长 8.2%，增速比上年回落 12.8 个百分点；地方公共财政预算收入 3441 亿元，增长 9.2%，增速比上年回落 11.6 个百分点。

全年新增城镇就业人数 98.7 万人，其中42.2 万名城镇失业人员实现再就业。年末城镇登记失业率为 3.01%，比上年末下降 0.11 个百分点。

二、农业和农村建设

全年粮食播种面积 1251.6 千公顷，比上年下降 0.2%；粮食总产量 783.5 万吨，增长 0.2%（见表 2）。油料播种面积 189.4 千公顷，比上年减少 3.4%，其中，油菜籽 165.6 千公顷，减少 3.5%；蔬菜 623.3 千公顷，减少 0.2%；棉花 20.9 千公顷，减少 3.8%；花卉苗木 126.3 千公顷，增长 5.9%；药材 31.2 千公顷，减少 1.2%；甘蔗 11.0 千公顷，减少 2.9%；果用瓜 101.4 千公顷，减少 4.3%。

生猪年末存栏 1338.3 万头，年内出栏 1934.4 万头，分别比上年增长 4.4%和 0.2%。肉类总产量 180.8 万吨，比上年增长 2.8%。水产品总产量 541.9 万吨，比上年增长 5.1%，其中，海水产品产量 433.5 万吨，淡水产品产量 108.4 万吨，分别增长 5.5%和 3.4%。

表 2　　2012 年主要农产品产量

指标	绝对数（万吨）	比上年增长（%）
粮　食	783.48	0.2
春　粮	62.50	-3.6
早　稻	66.82	-2.2
秋　粮	654.16	0.9
油　料	38.30	-3.9
花　生	5.34	-0.4
油菜籽	32.09	-4.5
棉　花	2.99	-7.6
糖　料	70.14	-1.4
茶　叶	17.48	3.0
水　果	703.50	-1.2
蔬　菜	1819.81	0.2

全年新增粮食生产功能区 1330 个，面积 111 万亩；新建成 11 个省级现代农业综合区、41 个省级主导产业示范区、122 个省级特色农业精品园。新增育秧中心、烘干中心、维修中心等农机化服务中心 311 个；新增插秧机 1319 台，推广水稻机插面积 241.9 万亩；新增油菜收获机械 297 台，油菜机收 24.9 万亩；新增粮食烘干机械 1049 台（套），新增粮食烘干能力 50 余万吨；全年农业机械总动力 2587.9 万千瓦，比上年增长 1.8%。

全年完成环境整治村 3600 个，启动培育建设中心村 377 个，受益农户 120 万户。全省 93%行政村实现生活垃圾集中收集处理，78%以上农户家庭实现卫生改厕，60%以上村庄开展了生活污水治理，89%的村庄环境得到较好的整治。

三、工业和建筑业

全年规模以上工业增加值 10875 亿元，比上年增长 7.1%，轻、重工业增加值分别为 4705 亿元和 6170 亿元，分别增长 8.0%和 6.6%（见表 3）。其中，国有及国有控股工业企业增加值 1854 亿元，增长 2.6%。规模以上工业销售产值 56903 亿元，增长 5.9%。规模以上工业企业完成出口交货值 11064 亿元，增长 1.3%；出口交货值占销售产值的比重为19.4%，比上年下降0.9个百分点。

表3　　　2012年规模以上工业增加值

指标名称	绝对数（亿元）	比上年增长（%）
工业增加值总计	10875	7.1
在总计中：轻工业	4705	8.0
重工业	6170	6.6
在总计中：国有企业	889	3.2
有限责任公司	1776	8.7
股份有限公司	963	6.8
私营企业	4311	8.2
港澳台商投资企业	1362	5.9
外商投资企业	1505	6.0
在总计中：国有及国有控股企业	1854	2.6

规模以上工业新产品产值13460亿元，比上年增长13.1%，高于工业总产值增幅6.5个百分点；新产品产值率23.0%，比上年提高1.3个百分点。制造业中，高新技术产业增加值2626亿元，增长9.9%，占规模以上工业的比重为24.1%，比上年提高0.3个百分点。汽车产量为33.0万辆，增长7.7%，其中轿车产量为26.5万辆，下降2.3%（见表4）。

全年规模以上工业企业实现利润2900亿元，比上年下降6.1%。其中，国有及国有控股企业453亿元，下降2.9%；股份制企业313亿元，下降17.7%；外商及港澳台投资企业834亿元，下降12.4%；私营企业1060亿元，下降1.8%。工业企业产品销售率97.4%，比上年下降0.6个百分点。

表4　　　2012年主要工业产品产量

	单位	绝对数	比上年增长（%）
纱	万吨	231.2	8.3
布	亿米	143.2	4.9
化　纤	万吨	1677.3	11.8
卷　烟	亿支	901.1	1.8
房间空调器	万台	509.5	0.3
发电量	亿千瓦小时	2717.3	-0.1
钢　材	万吨	3361.3	5.8
水　泥	万吨	11539.6	-4.3
化肥（折100%）	万吨	27.8	5.1
汽　车	万辆	33.0	7.7
#轿　车	万辆	26.5	-2.3
集成电路	亿块	44.4	9.1
电子元件	亿只	846.4	0.5
微型电子计算机	万台	161.8	3.9

全年建筑业增加值1976亿元，比上年增长5.5%。资质以上建筑企业利润总额481亿元，增长16.9%；税金总额531亿元，增长22.6%。

四、固定资产投资和房地产业

全年固定资产投资17096亿元，比上年增长21.4%（见图4）。非国有投资11755亿元，增长22.0%，占固定资产投资的68.8%，其中民间投资10579亿元，增长22.5%，占固定资产投资的61.9%。

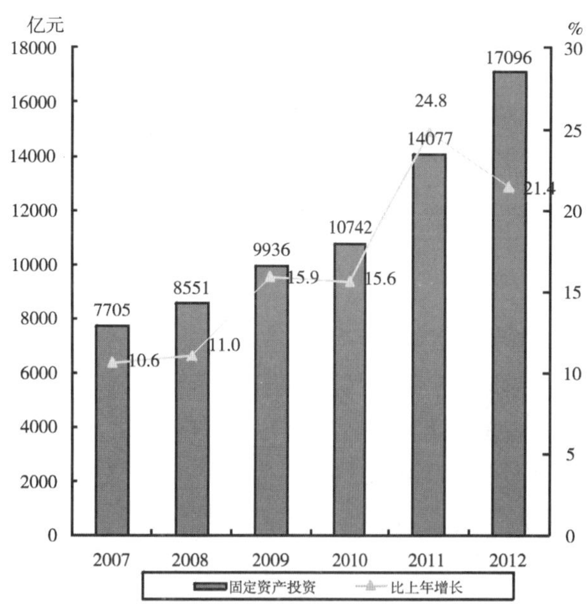

图4　2007—2012年固定资产投资及其增长速度

在固定资产投资中，第一产业投资142.3亿元，比上年增长47.1%；第二产业投资6088亿元，增长16.6%，其中工业投资6058亿元，增长16.9%；第三产业投资10866亿元，增长24.1%。全年投资项目39154个，比上年增长17.9%，其中新开工项目22976个，增长29.1%。

全年房地产开发投资5226亿元，比上年增长16.8%。商品房销售面积4005万平方米，增长13.4%；商品房销售额4263亿元，增长22.7%。

五、国内贸易

全年社会消费品零售总额13546亿元，比上年增长13.5%，扣除价格因素，实际增长11.4%（见图5）。其中，城镇消费品零售额11409亿元，增长13.8%；乡村消费品零售额2137亿元，增长12.2%。分行业看，批发零售贸易业零售额12101亿元，增长13.3%；住宿餐饮业零售额1445亿元，增长15.6%。

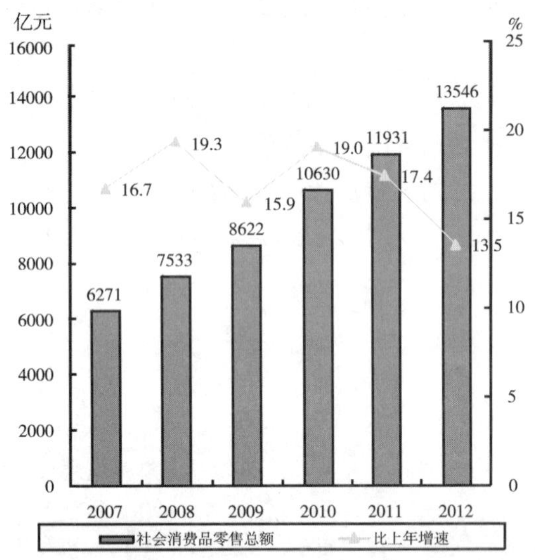

图5 2007—2012年社会消费品零售总额及增长速度

在限额以上批发零售贸易业销售额中，汽车类零售额比上年增长7.3%，石油及制品类增长17.6%，食品饮料烟酒类增长16.4%，服装、鞋帽、针纺织品类增长20.9%，中西药品类增长20.9%，日用品类增长10.4%，金银珠宝类增长24.8%，通信器材类增长29.6%，家具类增长77.0%。

年末全省有商品交易市场4297家，全年有形市场成交额1.58万亿元，比上年增长9%。年成交额超亿元的市场745个，其中，年交易额十亿元至百亿元市场199家，超百亿元的市场31个。

六、对外经济

全年进出口总额3122.4亿美元，比上年增长0.9%。其中，进口876.7亿美元，下降5.8%；出口2245.7亿美元，增长3.8%（见表5）。月均出口187.1亿美元，其中9月份出口211.5亿美元，创历史新高。民营企业出口1403.2亿美元，比上年增长8.5%，高于全省出口平均增速4.7个百分点，占全省出口总值的62.5%，比上年提高2.7个百分点；对全省出口增长的贡献率为133.3%。

表5 2012年进出口主要分类情况

	绝对数（亿美元）	比上年增长（%）
进出口总额	3122.4	0.9
出口额	2245.7	3.8
#一般贸易	1797.2	1.8
加工贸易	347.0	-3.7
#机电产品	959.1	3.8
#高新技术产品	148.0	-3.5
进口额	876.7	-5.8
#一般贸易	624.4	-4.4
加工贸易	152.7	-11.2
#机电产品	159.2	-11.7

对欧洲市场出口增速持续下滑，对北美市场出口保持稳定增长，对新兴市场出口快速增长（见表6）。

表6 2012年对主要市场进出口情况

国家或地区	出口额（亿美元）	比上年增长（%）	进口额（亿美元）	比上年增长（%）
欧 盟	505.8	-9.3	103.1	-7.8
东 盟	169.7	15.1	113.4	6.5
美 国	381.8	9.3	72.1	-7.3
日 本	134.5	0.8	112.7	-4.9
俄罗斯	79.8	13.9	14.7	-19.8
韩 国	55.7	2.1	84.0	-3.7
中国香港特别行政区	66.3	11.6	2.9	-12.9
中国台湾地区	23.3	-1.6	108.8	-3.1

新批外商直接投资项目1597个，比上年减少94个；合同外资210.7亿美元，实际到位外资130.7亿美元，分别比上年增长2.4%和12.0%。第三产业利用外资继续保持良好势头，合同外资107.1亿美元，实际利用外资64.6亿美元，分别比上年增长13.6%和19.7%，分别占外资总额的50.8%和49.5%，比上年分别提高5个和3.2个百分点。

对外承包工程完成营业额37.1亿美元，比上年增长27.5%；新签合同额35.2亿美元，增长22.1%。经审批和核准的境外投资企业和机构共计634家，比上年增加66家；投资总额47.5亿美元，增长27.2%，其中中方投资38.9亿美元，增长13.0%。全年实际对外直接投资24亿美元，比上年增长13.8%。

七、交通运输、邮电和旅游

全年交通运输、仓储和邮政业增加值为1277亿元，比上年增长6.7%。

全年铁路、公路和水运完成货物周转量9183亿吨公里，比上年增长6.4%；旅客周转量1318亿人公里，增长1.6%。港口完成货物吞吐量13.2亿吨，增长7.8%，其中，沿海港口完成9.3亿吨，内河港口完成3.9亿吨，分别增长7.0%和9.8%(见表7)。

表7　2012年铁路、公路、水路完成运输量

	单位	绝对数	比上年增长（%）
货物周转量	亿吨公里	9183	6.4
铁　路	亿吨公里	291	-6.7
公　路	亿吨公里	1526	6.3
水　运	亿吨公里	7366	7.0
旅客周转量	亿人公里	1318	1.6
铁　路	亿人公里	390	2.2
公　路	亿人公里	921	1.4
水　运	亿人公里	6	-4.3
沿海港口货物吞吐量	亿　吨	9.3	7.0

全年邮电业务总量1024亿元，比上年增长14.0%。其中，邮政业务总量215.2亿元，电信业务总量808.8亿元。

年末本地电话交换机容量2791万门，比上年减少195万门；移动电话交换机容量9685万户，比上年增加80万户。本地电话用户1882万户，比上年减少66万户，普及率34.2线/百人；移动电话用户6443万户，比上年增加687万户，普及率117.2部/百人。年末全省互联网用户数5887万户，其中（固定）互联网宽带接入用户1153万户。

全年实现旅游总收入4801.2亿元，比上年增长17.7%。其中，接待国内旅游者3.91亿人次，增长14.1%，实现国内旅游收入4475.8亿元，增长18.2%；接待入境旅游者866万人次，增长11.9%，实现旅游外汇收入51.5亿美元，增长13.4%(见表8)。

表8　2007—2012年全省接待旅游人数

年份	入境旅游人数（万人次）	国内旅游人数（亿人次）
2007	511	1.91
2008	540	2.09
2009	571	2.44
2010	685	2.95
2011	774	3.43
2012	866	3.91

八、金融、证券和保险

年末全部金融机构本外币各项存款余额66679亿元，比上年末增长9.5%，其中人民币存款余额增长8.6%。全部金融机构本外币各项贷款余额59509亿元，比上年末增长11.8%，其中人民币贷款余额增长11.1%。年末个人本外币储蓄存款余额26902亿元，比上年末增长12.4%(见表9)。

表 9 2012 年全部金融机构本外币存贷款情况

指标	年末数(亿元)	比上年增长(%)
各项存款余额	66679	9.5
其中:单位存款	35955	7.2
个人储蓄存款	26902	12.4
各项贷款余额	59509	11.8
其中:短期贷款	36796	14.0
中长期贷款	20766	5.1

全年新增境内上市公司 20 家，年末共有境内上市公司 246 家,累计融资 2786 亿元。其中,中小板上市公司 119 家,占全国中小板上市公司总数的 17%;创业板上市公司 36 家,占全国创业板上市公司总数的 10.1%。

全年保险业实现保费收入 984.6 亿元,比上年增长 12.0%。其中,财产险保费收入 444.5 亿元,增长 14.7%;人身险保费收入 540.1 亿元,增长 9.9%。支付各类赔款及给付 342.6 亿元,比上年增长 33.7%。其中,财产险赔付支出 250.9 亿元,人身险赔付支出 91.7 亿元。

九、教育和科学技术

全省共有 3698 所小学，招生 60.7 万人;在校生 346.7 万人，比上年增加 2.7 万人，增长 0.8%，小学学龄儿童入学率为 99.99%。共有 1735 所初中,招生 51.1 万人,比上年增加 1.1 万人,增长 2.2%;在校生 149.3 万人,初中入学率为 99.98%。小学生均校舍建筑面积 7 平方米;生均图书 24.7 册；每百名学生拥有计算机 14 台;小学体育运动场（馆）面积达标的学校比例为 87.4%,比上年提高 5.1 个百分点;建立校园网校数比例为 95.1%,提高 11.8 个百分点。初中生均校舍建筑面积 15.6 平方米;生均图书 38.7 册;每百名学生拥有计算机 22.7 台；初中体育运动场(馆)面积达标的学校比例为 92.8%,提高 3.7 个百分点;建立校园网校数比例为 95.7%,提高 3.8 个百分点。

义务教育中小学进城务工人员随迁子女在校生 130.8 万人,比上年增长 8.2%,其中在公办学校就读人数为 98.9 万人,占 75.6%。其中,在小学就读的进城务工人员随迁子女 106.2 万人,比上年增加 7.3 万人,增长 7.4%;在初中就读的进城务工人员随迁子女 24.6 万人，比上年增加 2.6 万人,增长 11.7%。

全省共有普通高校 105 所(含独立学院及筹建院校)。研究生、本科、专科招生比例为 1:8.2:6.8；普通高考录取率为 85.4%，与上年基本持平;高等教育毛入学率为 49.5%,比上年提高 2.5 个百分点。全年研究生招生 18748 人,其中,博士生 2262 人,硕士生 16486 人,招生总数比上年增加 1183 人,增长 6.7%;在学研究生 54369 人,其中,博士、硕士在校生分别为 9485 人、44884 人,在学研究生总数比上年增加 2523 人，增长 4.9%。普通本专科招生 28.1 万人，比上年增长 3.5%,招生比为 54.6:45.4;在校生 93.2 万人,增长 2.7%,毕业生 24.75 万人,增长 3.8%。

各类中等职业教育(含技工学校)招生 23.8 万人，在校生 96.7 万人；普通高中招生 27.8 万人,在校生 87.6 万人,毕业生 29.7 万人。

年末有幼儿园专任教师 10.7 万人，比上年增加 0.7 万人；幼儿教师学历合格率为 99%,比上年提高 0.4 个百分点。义务教育中小学专任教师 29.8 万人,比上年增长 1.6%。中等职业教育(含技工学校)专任教师 3.8 万人,生师比 25.4:1;专任教师学历合格率为 94%,比上年提高 0.8 个百分点。双师型教师占专任教师和专业课教师的比例分别为 34.8%和 68.8%，比上年分别提高 2.8 个和 3.6 个百分点。普通高等学校专任教师中副高职称以上教师所占比例为 43.6%,比上年提高 0.7 个百分点;具有硕士以上学位教师比例为 71.7%,比上年提高 3.2 个百分点。

全年全社会科技活动经费支出 1200 亿元,比上年增长 19.6%；相当于地区生产总值的 3.47%。研究和发展(R&D)经费支出相当于地区生产总值的比例为 2.04%，比上年提高 0.14 个百分点。财政科技拨款 166 亿元，比上年增长 15.3%；财政科技拨款占财政支出的比重为 3.99%。

全省有国家认定的企业技术中心 60 家。新认定高新技术企业 540 家,累计 4500 家。新培育省级创新型试点企业54家、示范企业45家，累计分别为363家和194家。全年专利申请量、授权量分别为24.9万件和18.8万件，分别比上年增长40.7%和44.4%。

十、文化、卫生和体育

年末共有艺术表演团体64个，群艺（文化）馆102个，公共图书馆97个，博物馆128个。省市级广播电台、电视台各12座，县级广播电视台66家。有线电视用户1384.6万户，比上年增长4.7%；广播、电视综合覆盖率分别为99.5%和99.6%。全年共审查电影40部，制作电视剧75部2803集。共有36部浙产电视剧在央视及全国各卫视播出。制作动画片46部2968集超过35000分钟，《锋速战警》等11部动画片被列入国家广电总局2012年推荐优秀动画片。全年广播影视经营收入220亿元，比上年增长10.0%，其中电影票房收入13.7亿元，增长40.5%。全年观影3440.6万人次，共完成30.5万场农村电影放映任务。

全省14家图书出版社，共出版图书10966种，总印数3.4亿册，比上年增长4.6%；公开发行报纸71种，年出版量34.8亿份，平均每千人每天拥有174份报纸；出版期刊222种，比上年增加2种，年出版量0.79亿册，增长0.6%。全省共有综合档案馆98个，已开放各类档案12311个全宗，共计255.5万卷、37.5万件。

年末共有卫生机构30522个（包括村卫生室）。各类医院床位数17.6万张，比上年增长7.9%；卫生技术人员30.6万人，增长1.9%，其中，执业（助理）医师11.9万人，注册护士11.4万人，分别增长0.4%和4.6%。医院年诊疗20394万人次，比上年增长12.3%。年末全省统一的预约诊疗网络平台有80家医院、38家社区卫生服务中心（站）接入，注册用户达100万户以上，日均成功预约量6000多人次。

全年甲、乙类传染病发病率为219.32/10万，比上年下降16.2%。孕产妇和5岁以下儿童死亡率分别为4.01/10万和6.52‰，比上年下降2.34/10万和0.85个千分点。“五苗”接种率保持在95%以上。

大力推进体育强省和“健康浙江”建设。2012年伦敦奥运会上，浙江省取得4金2银2铜和3个第五名、1个第六名、1个第八名，并破2项世界纪录和2项3次奥运会纪录。在衢州举办了全省首届女子体育节，开全国女子运动会的先河，成为“浙江体育最美的赛事”。举办了第5届职工运动会、第7届农民运动会、第6届老年人运动会和2012年全省幼儿体育大会。共创建省级青少年体育俱乐部35个、青少年户外体育活动营地9个。年末全省共有省级青少年体育俱乐部336所，国家级青少年体育俱乐部126所；省级青少年户外活动营地35个，国家级营地3所。全年共销售体育彩票73.3亿元，比上年增加12.7亿元，增长20.9%。

十一、人口、人民生活和社会保障

据2012年人口变动抽样调查，年末常住人口5477万人，比上年增长0.26%。其中，男性人口2818万人，女性人口2659万人，分别占总人口的51.5%和48.5%。全年出生人口55.4万人，出生率为10.12‰；死亡人口30.2万人，死亡率为5.52‰；全年自然增长人口25.2万人，自然增长率为4.60‰。

据对城乡住户抽样调查，全省城镇居民人均可支配收入34550元，农村居民人均纯收入14552元，扣除价格因素，分别比上年实际增长9.2%和8.8%（见图6、图7）。城镇居民人均消费支出21545元，比上年实际增长3.1%；农村居民人均生活消费支出10208元，实际增长3.5%。城镇居民家庭恩格尔系数为35.1%，比上年上升0.5个百分点；农村居民家庭恩格尔系数为37.7%，比上年上升0.1个百分点。

全年城镇居民人均可支配收入中位数为30613元，比上年增加3330元，增长12.2%；农村居民人均纯收入中位数为12787元，比上年增加1234元，增长10.7%。

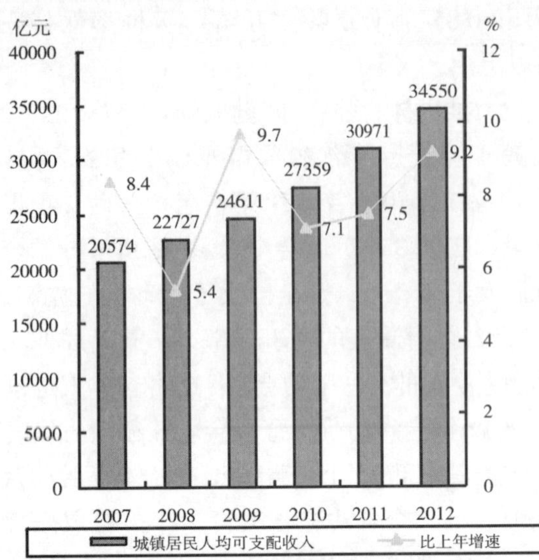

图6 2007—2012年城镇居民人均可支配收入及其实际增长速度

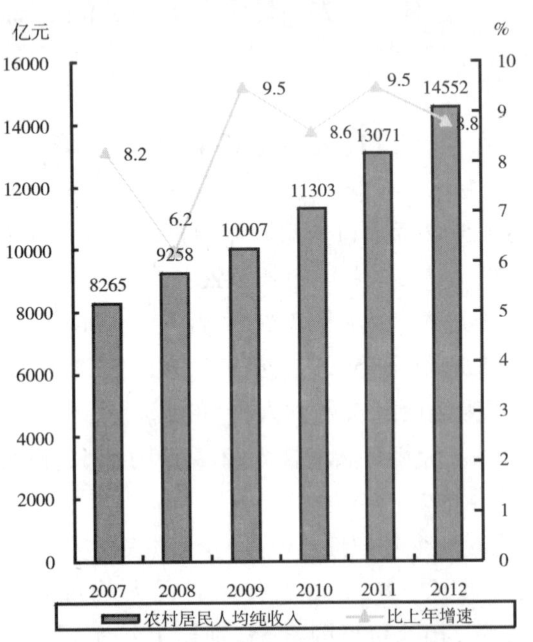

图7 2007—2012年农村居民人均纯收入及其实际增长速度

城镇居民人均住房建筑面积37.1平方米，农村居民人均居住面积61.5平方米。城乡居民家庭主要耐用消费品拥有量继续增加(见表10)。

表10 2012年城乡居民每百户主要耐用消费品拥有量

主要耐用消费品	单位	城镇居民	比上年增长(%)	农村居民	比上年增长(%)
洗衣机	台	95.5	0.6	72.5	5.6
电冰箱	台	100.9	0.7	95.3	2.5
空调器	台	203.8	1.4	99.9	5.9
摩托车	辆	21.9	–0.5	40.2	–2.7
家用汽车	辆	36.5	8.2	15.2	13.2
彩色电视机	台	186.6	1.0	171.7	1.9
固定电话	部	79.9	–0.6	76.3	–1.9
移动电话	部	210.1	1.1	211.5	3.4
家用电脑	台	106.4	2.7	47.8	10.4

全年参加企业基本养老保险人数2083.3万人，参加城镇职工基本医疗保险人数1671万人，参加失业保险人数1065.4万人，参加工伤保险人数1731.7万人，参加生育保险人数1084.8万人，分别比上年增加261.5万人、156.6万人、84.8万人、120.9万人和105万人。企业退休人员基本养老金月人均水平超过2000元，居全国省区前列。城乡居保基础养老金最低标准提高到80元，失业保险金平均水平为941元，因工死亡职工供养亲属抚恤金月人均提高105元。

年末新型农村合作医疗参合人数2872.9万人，参合率为97.7%；人均筹资标准为482.5元，比上年增加97.9元，其中，财政补助342.2元，比上年增加69.2元；所有统筹地区最高支付限额全部达到当地农村居民人均纯收入6倍以上。新农合统筹地区政策内住院报销比例为72.1%，比上年提高8.7个百分点；统筹区域内新农合定点医疗机构即时结报率达到100%。

年末在册低保对象67.5万人，其中，城镇7.8万人，农村59.7万人；低保资金支出17.6亿元，比上年增长13.8%；城乡低保平均标准分别为每人每月476.78元和350.03元，分别增长8%和14%；获得生活补助的城乡低收入家庭持证重度残疾人7.7万名，发放补助金额2.3亿元，分别增长12.4%和36.5%。

全年共支出医疗救助资金 7.5 亿元，比上年增加 1 亿元。投入资金 19.7 亿元，新增各类养老机构床位数 3.2 万张，建设社区居家养老服务照料中心 1298 个。

年内共发行各类福利彩票 102.4 亿元，比上年增加 9.7 亿元，共筹集公益金 29.5 亿元。

十二、资源、环境保护和社会安全

全省平均降水量为 2060.5 毫米（折合降水总量 2134.7 亿立方米），总水资源量 1454.8 亿立方米，人均水资源量 2656.2 立方米。总用水量 223.2 亿立方米，比上年增长 1.4%。

全年共完成造林面积 39695 公顷，其中，重点防护林工程造林面积 12561 公顷，更新造林 16587 公顷，低产低效林改造 16878 公顷；建设绿色通道 4960 公里、清水河道岸绿工程 7500 公里；完成针叶林阔叶化改造 16.2 万亩，建成生物防火林带 1098 公里。2012 年全省森林资源监测结果，森林覆盖率为 60.97%（含灌木林）。

全省有气象雷达观测站点 9 个，卫星云图接收站点 25 个，区域自动气象观测站 1615 个。各设区市及国家环保模范城市开展 PM2.5 监测和数据实时发布，新增烟尘控制区 300 多平方公里，高污染燃料禁燃区 30 个。221 个省控断面地表水Ⅰ—Ⅲ类水质比例达到 64.3%，比上年提高 1.4 个百分点。地表水环境功能区水质达标率为 68.3%，比上年提高 2.7 个百分点。221 个省控断面高锰酸盐指数平均浓度为 3.48 毫克/升，比上年下降 7.4%。跨行政区域河流交接断面满足功能要求比例为 61.7%，与上年持平。全年新增水土流失治理面积 720 平方公里；近岸海域共发生赤潮 17 次，累计面积约 1502 平方公里，其中，有毒赤潮 1 次，面积约 80 平方公里，有害赤潮 10 次，面积约 452 平方公里。与上年相比，赤潮发生次数下降 3 次，累计面积保持稳定，但赤潮生物种类有所增加，有害赤潮发生次数和面积大幅上升。

全年城市污水排放量 23.2 亿立方米，比上年增长 8.1%；城市污水处理量 20.4 亿立方米，增长 11.7%，城市污水处理率 87.9%，比上年提高 2.8 个百分点；城市用水普及率 99.5%；生活垃圾无害化处理率 97.4%，提高 0.95 个百分点。城市燃气普及率 98.9%；人均公园绿地面积 12.4 平方米，比上年增长 5.5%。农村沼气产气量 1.9 亿立方米，比上年增长 7.1%；太阳能利用累计面积 550 万平方米，增长 8.5%。

全年规模以上工业企业能源消费比上年下降 1.0%，单位工业增加值能耗下降 7.6%（见图 8）。其中，千吨以上和重点监测用能企业能源消费比上年分别下降 2.5%和 2.7%，单位工业增加值能耗分别下降 8.8%和 9.0%。

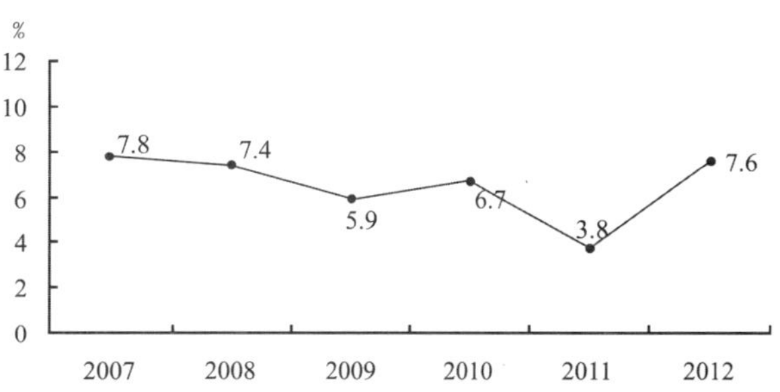

图 8 2007—2012 年规模以上单位工业增加值能耗下降幅度

全年累计建成国家级生态县 6 个、国家环境保护模范城市 7 个、国家级生态示范区 45 个、全国环境优美乡镇 374 个，省级生态县 49 个、省级环保模范城市 7 个、省级生态乡镇 979 个。累计建成国家级绿色学校 49 所、国家级绿色社区 27 个，以及一批省级绿色学校、绿色家庭、绿色饭店、绿色医院、绿色企业等。

全年共发生各类安全事故 23366 起，死亡 5710 人，受伤 19845 人，直接经济损失 37785 万元，分别比上年下降 4.3%、5.3%、7.3%和 6.8%。其中，较大事故 36 起，死亡 128 人，分别减少 29 起、143 人；重大事故 1 起，死亡 13 人，分别减少 1 起、9 人。道路交通共发生事故 19270 起，死亡 4962 人，受伤 19728 人，直接经济损失 8054 万元，分别比上年下降 4.5%、5.2%、7.3%和 5.3%。火灾事故共发生 3437 起，死亡 69 人，受伤 48 人，直接经济损失 6604 万元，分别下降 2.4%、持平、下降 11.1%和 16.6%。

注：

（1）本公报所列各项数据为年度初步统计数据。

（2）全省生产总值和各产业增加值绝对数按现行价格计算，增长速度按可比价格计算。

（3）第三产业增加值构成中，其他服务业包括信息传输和计算机服务，租赁和商务服务业，科学研究、技术服务和地质勘查业，水利、环境和公共设施管理业，居民服务和其他服务业，教育、卫生、社会保障和社会福利业，文化、体育和娱乐业，公共管理和社会组织等行业。

（4）居民家庭恩格尔系数：指居民家庭食品消费支出占生活消费总支出的比重。

（5）人均收入中位数：指将所有调查户按人均收入水平从低到高顺序排列，处于最中间位置的调查户的人均收入。

（6）国家环境保护模范城市分别为杭州市、宁波市、绍兴市、湖州市、义乌市、富阳市、临安市。

2012年度浙江省商务运行形势分析

浙江省商务厅

2012年,在全球经济复苏乏力、国内需求放缓的背景下,全省商务运行总体情况良好,国内贸易继续保持平稳增长,外贸进出口增速放缓,引进外资和境外投资质量进一步提高。

全省实现社会消费品零售总额13546亿元,增长13.5%,扣除价格因素增长11.4%,虽名义增速比上年下降3.9个百分点,但实际增速提高了0.1个百分点。

全省外贸进出口总额3122.4亿美元,同比增长0.9%。其中,出口2245.7亿美元,同比增长3.8%,低于全国平均增速4.1个百分点,在沿海主要出口大省(市)中出口增速低于广东、江苏列第三位;进口876.7亿美元,居全国第六位,同比下降5.8%,低于全国平均增速10.1个百分点。

全省新批外商投资企业1597家,合同外资210.7亿美元,实际外资130.7亿美元,同比分别增长2.4%和12.0%。截至2012年底,全省累计共批外商投资企业51005家,投资总额3900.6亿美元,合同外资2140.5亿美元,实际外资1117.3亿美元。

全省经审批和核准的境外企业和机构共634家,投资总额47.5亿美元,增长27.2%,中方投资额38.9亿美元,增长13.0%,全省实际对外直接投资24.0亿美元。截至2012年底,全省经审批和核准的境外企业和机构共5827家,累计投资总额177.1亿美元,中方投资额148.5亿美元。2012年全省国外经济合作完成营业额38.3亿美元,增长26.5%。

全省承接离岸服务外包合同签约额44.3亿美元、离岸合同执行额37.0亿美元,同比增长42.6%。

一、消费市场企稳回升,流通企业销量稳步增长

(一)社零增幅企稳回升

2012年,全省社零总额13546.3亿元,增长13.5%。从走势来看,一季度至四季度分别名义增长13.2%、12.8%、13.6%和14.4%,消费规模不断扩大。分区域看,农村、城镇、城市社零增速分别为12.2%、13.8%和14.1%。分行业看,批零贸易业同比增长13.3%,增速高于住餐业2.6个百分点。分商品类别看,限上吃穿类刚需商品增长18.5%,增幅回落3.1个百分点;限上汽车、家电类权重商品增长7.3%和下降6.2%,回落7.3个和23.3个百分点,占限上社零比重为36.4%和4.2%,比上年回落0.8个和1.0个百分点,分别影响限上社零增速放缓3.7个和1.2个百分点。

(二)重点流通企业销售(营业)业绩稳步增长

2012年,全省受监测的500多家重点流通样本企业累计实现销售(营业)额8444.1亿元,增长9.9%,增幅回落7.4个百分点。分行业看,批发、零售、服务业同比分别增长12.5%、3.5%和5.8%,增幅回落5.1个、12.6个和12个百分点,其中,12月份批发业、零售业、服务业同比分别增长32.8%、19.3%和36.5%。分业态看,七大零售业态除专营店同比下滑1.1%外,其他六大业态小幅增长,大型综合超市、超级市场、便利店、仓储式商场、百货店和专卖店分别增长4.4%、8.0%、13.8%、3.0%、2.6%和1.8%。

（三）生活必需品总体价格涨幅较去年同期收窄

2012年我省CPI同比上涨1.9%，低于全国0.7个百分点，涨幅较上年扩大0.3个百分点。12月份监测的7大类食用农产品批发价格同比“5涨2跌”，平均上涨3.1%，较去年同期缩小8.1个百分点，猪肉和水果批发价同比分别下降2.4%和12.7%，蔬菜、水产品、鸡蛋、食用油、粮食批发价同比依次上涨11.5%、8.8%、8.1%、4.6%和3.5%。2012年我省受监测批发市场共实现批发交易量同比“5增2减”，其中水果、鸡蛋、猪肉、蔬菜和粮食交易量走增，同比分别增长35.4%、24.1%、13.8%、9.4%和4.0%；食用油和水产品批发交易量同比分别下降5.3%和1.1%。

（四）重要原材料价格总体下行

12月监测的7大类商品价格与去年同期相比“3涨4跌”，平均跌幅达6.8%。其中，水泥、橡胶、钢材、化肥分别较上年同期下降22.6%、15.4%、12.4%和0.1%；有色金属、成品油、煤炭分别较上年同期弱增1.7%、1.4%和0.1%。从监测的主要商品销量来看，2012年成品油、煤炭、钢材、有色金属销量增长，尤其是煤炭和有色金属同比增长超过25%；而化肥、橡胶、水泥同比分别下滑6.6%、6.6%和22.1%。

二、对外贸易小幅增长，12月出口订单景气指数有所反弹

（一）外贸出口在困境中实现了小幅增长

2012年，面对前所未有的复杂形势，通过努力，外贸出口同比继续保持小幅增长，增幅为3.8%。全年出口规模再创新高，达到2245.7亿美元，列广东、江苏之后居全国第三位。从趋势来看，2012年出口同比增幅总体呈现前高后低的态势，月度同比波动较大。全年月均规模187亿美元，稍高于上年月均规模180亿美元。

（二）12月份出口订单景气指数反弹，企业出口信心增强

2012年以来，我省外贸形势十分严峻，出口订单数据一路走低，从年初的微弱景气区间一直下滑到三季度的相对不景气区间，但是自9月开始出口订单降幅有所减少，并有企稳迹象，经过3个月的盘整后，12月出现反弹。据12月份监测数据显示：出口订单景气指数为91.4，比上月反弹了6个点，从相对不景气区间重新回到微弱不景气区间运行。12月份，重点联系企业出口订单同比增长及持平的比重为63.6%，较上月提高4个百分点。同时监测数据显示：对后期出口持“乐观”和“一般”态度的企业面为79.6%，较上月上升了5.8个百分点，连续第二个月出现信心好转，且回升幅度有所增加。

（三）一般贸易为主的出口结构基本不变，加工贸易比重进一步下降

2012年，一般贸易出口1797.2亿美元，同比增长1.8%，占全省出口的80.0%，较去年下降1.6个百分点。加工贸易出口347.0亿美元，同比下降3.7%，占全省出口的比重连续第六年下降，为15.5%。另外，受国际贸易综合改革试点等国家战略因素影响，其他贸易发展迅速，全年出口101.5亿美元，同比增长165.3%，拉动了全省出口2.9个百分点，占全省比重达到了4.5%，较去年提高了2.8个百分点。

（四）传统市场出口占比有所下降，东盟、俄罗斯等新兴市场出口成重要增长点

2012年，我省对欧美日三大市场合计出口1022.0亿美元，占出口总额的45.5%，较上年底下降0.2个百分点。其中对欧盟出口同比下降9.3%，拉低了全省出口2.4个百分点，占全省比重也下降了3.3个百分点，为22.5%，但仍为我省第一大出口市场；对美国出口同比增长9.3%，比重达17.0%，比上年提高0.9个百分点；对日本出口增速创2009年以来的新低，仅增长0.8%，占全省比重为6.0%，较上年底下降0.2个百分点。同期，我省对东盟、中东、俄罗斯、拉丁美洲、非洲等新兴市场出口继续保持较快增长，比上年分别增长15.1%、8.5%、13.9%、7.7%和17.7%，拉动了全省出口增长4.1个百分点。五个市场合计出口占全省出口总额的37.3%，比上年提高了2.7个百分点。

（五）机电产品出口增长乏力，纺织服装、高新技术产品负增长，轻工产品保持较快增长

2012年，机电产品累计出口959.1亿美元，

增长3.8%。其中船舶出口57.1亿美元,同比下降13.4%,剔除船舶其余机电产品出口较上年增长5.1%。纺织服装出口面对外需疲软、订单转移明显等困难,累计出口598.2亿美元,同比下降0.7%,占全省比重为26.6%,较上年下降了1.2个百分点。高新技术产品出口148.0亿美元,同比下降4.6%,其中太阳能电池出口的大幅下降对其拖累较大,太阳能电池全年共出口15.4亿美元,同比下降48.5%,剔除后其余高新技术产品同比增长5.9%。2012年,轻工产品出口同比增长9.1%,高于全省平均增速5.3个百分点,也拉动了全省出口1.2个百分点,其中塑料制品、灯具、玩具等轻工产品出口同比分别增长24.8%、17.9%和16.0%。

(六)民营企业保持较快增长态势,小微企业出口形势好于大中型企业

2012年,民营企业出口1403.2亿美元,占全省出口总值的62.5%,比上年底提高了2.7个百分点;同比增长8.5%,高于全省出口4.7个百分点。同期,国有企业出口206.0亿美元,同比下降2.5%;外商投资企业出口630.0亿美元,同比下降3.5%。从企业规模看,32992家小微企业(2011年出口在300万美元以下)有17007家出口增长,比重达51.5%。同期,2736家大中型企业(2011年出口在1500万美元以上)有1094家出口增长,比重达39.1%。其中小微企业出口总额313.4亿美元,同比增长25.4%;而大中型企业出口总额1188.6亿美元,同比下降6.1%。

(七)进口同比持续下滑,机电与高新技术产品进口降幅较大

2012年,我省进口总额876.7亿美元,居全国第六位,同比下降5.8%,低于全国平均10.1个百分点,降幅连续七个月扩大。从进口市场看,我省自东盟进口总额113.4亿美元,同比增长6.5%;自日本、中国台湾地区、欧盟、韩国、美国等主要进口市场进口分别下降4.9%、3.1%、7.8%、3.7%和7.3%,五大市场拉低了全省进口2.9个百分点。从主要商品看,全省铁矿砂、废金属、初级形状的塑料等20大类原材料资源性商品进口483.7亿美元,占全省进口的55.2%,同比下降5.9%。究其原因,主要是受国际大宗商品价格下行的影响,根据测算上述商品综合平均价格下降9.2%,实际数量增长3.6%。其中,铁矿砂、煤及褐煤、废纸、乙二醇、纸浆、对苯二甲酸等进口价格下降20.5%、11.5%、18.9%、12.6%、17.5%和13.0%。同时,我省机电产品、高新技术产品进口大幅下降也拖累了全省进口。2012年,全省机电产品进口159.2亿美元,同比下降11.8%,拉低了全省进口2.3个百分点;全省高新技术产品进口87.5亿美元,同比下降9.9%,拉低了全省进口1.0个百分点。

三、引进外资质量进一步提高,结构进一步优化

(一)合同外资和实际外资实现双增长,实际外资单月增幅全年最高

2012年底合同外资扭转下降趋势,实现了2.4%的增长,同时实际外资增幅扩大到12%,增幅较上年扩大一倍。12月单月,合同外资35.4亿美元,实际外资29.3亿美元,环比分别增长31.0%和214.3%,同比分别增长18.4%和72.8%,实际外资单月增幅为当年最高。

(二)新批世界500强投资企业28家,投资领域多为高技术和现代服务业

2012年全省新批世界500强投资企业28家,单个项目投资总额规模超过5000万美元,投资行业主要集中在生物制药、信息软件等高技术行业及仓储、汽车销售等现代服务业。新引进世界500强包括美国运通公司、德国费森尤斯集团、瑞士ADECCO、美国康德乐、法国标致、美国辉瑞制药、英国沃斯利等11家企业。目前全省已累计批准154家世界500强投资企业443个,投资总额223.5亿美元,合同外资87.4亿美元。

(三)产业结构进一步优化,鼓励类、高技术、现代服务业引资形势喜人

全年新批鼓励类行业项目304个,投资总额106.1亿美元,合同外资55.1亿美元,分别占全省总数的29.0%和26.2%。高技术行业新批项目165个,合同外资24.7亿美元,实际外资8.9亿美元,分别占总数的10.3%、11.7%和6.8%。现代服务业合同外资和实际外资分别为107.1亿美

元和 64.6 亿美元，同比分别增长 13.6%和 19.7%，分别占总数的 50.8%和 49.5%。

（四）项目平均投资规模继续增大，3000 万美元以上项目占总数六成

2012 年单个项目平均投资总额达 2294 万美元，较上年增长 5.3%。新批总投资 1000 万美元以上项目 615 个，投资总额 365.5 亿美元，合同外资 198.1 亿美元，分别占全省总数的 38.5%、99.7%、94.0%。其中投资总额 3000 万美元以上新批项目 234 个，投资总额 269.7 亿美元，合同外资 130.5 亿美元，分别占总数的 14.7%、73.6%和 61.9%，同比分别增长 0.9%、9.9%和 7.3%。

（五）投资来源地结构不断改善，美、日、欧等实际外资比重上升

2012 年来自美国、英国、法国、德国、意大利、加拿大、日本七个发达国家的实际外资为 15 亿美元，占总数的 11.5%，比重较上年同期上升 3.1 个百分点。其中美国、法国、加拿大、日本合同外资与实际外资双增长。来自香港特别行政区的合同外资和实际外资占总数比重分别为 62.6%和 61.3%，分别较去年同期下降 5.4 个和 2.7 个百分点。

（六）外商投资企业贡献较为明显，科技活动经费支出大幅增长

2012 年 1—11 月，规模以上工业外商投资企业 6800 家，主营业务收入 1.4 万亿元，利润总额 724.5 亿元，税金总额 417.6 亿元，平均从业人数 196.4 万人，科技活动经费支出 175.8 亿元，分别占全省规上工业企业总数的 19.4%、26.4%、28.8%、22.4%、28.1%和 33.1%。主营业务收入、税金总额和科技活动经费支出同比分别增长 0.5%、3.3%和 13.2%。全年外商投资企业进出口 1029.9 亿美元，占全省总数的 33.0%，其中出口占 28.1%，进口占 45.6%。

四、境外投资步伐不断加快，境外营销网络扎实推进

（一）境外投资继续实现两位数增长，民营企业海外并购继续走在前列

2012 年，全省新批境外企业 634 家，同比增加 66 家，境外投资中方投资额 38.9 亿美元，同比增长 13.0%，继续实现两位数增长。经分析，在目前宏观复杂、微观困难、外需放缓、内需依然疲软的经济形势下，企业积极实施“走出去”战略，突出加工制造业等实体经济的发展，单项目平均投资额达 600 多万美元。全年经审核批准的 1 亿美元以上项目 2 个，同比减少 1 个，但 1000 万美元以上 1 亿美元以下的项目 73 个，同比增加 38 个。2012 年，以民营企业为主获取品牌、技术、营销渠道的海外并购继续走在前列，以并购形式实现的境外投资项目共有 63 个，并购额 7.1 亿美元，涉及设备制造业、新能源、批发业、商务服务业等行业。

（二）境外营销网络建设扎实推进，境外经贸合作区建设跨上新台阶，境外研发机构建设实现新突破

2012 年，全省经审核的境外营销机构 613 家（含具有营销、仓储功能的生产加工企业），境外中方投资额 37.5 亿美元。2008 年至今，我省在境外共设立各类营销机构 2421 家，中方投资额 96.9 亿美元。同时，境外经贸合作区建设跨上新台阶。2012 年，5 家国家级和省级境外经贸合作区协议引进企业 35 家，实际引进企业 20 家，完成产值 12.2 亿美元，共带动出口 11.3 亿美元，解决当地就业 5800 人次。截至 2012 年底，全省境外经贸合作区共完成投资额 5.1 亿美元，引进企业 99 家，其中，浙江企业 46 家，累计带动企业投资 7.7 亿美元，成为名副其实抱团走出去的良好

平台。此外，境外研发机构建设实现了新突破。全省经审核批准的境外研发机构有19家，总投资额11352.9万美元，中方投资额9707.3万美元。截至目前，全省经核准的境外研发机构200家，投资总额16.2亿美元，中方投资额10.4亿美元。

（三）对外承包工程企业承接大项目能力不断增强

2012年全省新批12家对外承包工程经营资格企业。截至12月底，全省累计批准对外承包工程经营资格企业258家，通过年度监督检查，部分企业注销资格，目前共有资格企业235家。截至12月底，合同额在1000万美元以上的项目82个，较上年同期增加4个，合计27.5亿美元，较上年同期增长34.7%，占新签合同总额的77.9%。其中超亿美元项目6个，标志着我省对外承包工程企业承接境外大型工程项目的能力不断增长。

（四）对外劳务分布广、行业集中，工程项下带动劳务成为主流

我省外派劳务分布在世界6大洲80多个国家和地区。期末在外劳务人员中，亚洲占48.5%，拉丁美洲占23.7%，非洲占25.3%。我省外派劳务行业主要集中在交通运输业（海员）、制造业和农林牧渔业，分别占全省总量的67.3%、16.7%和10.9%。工程项下外派劳务15030人次，期末在外19429人，分别占全省总量的75.1%和71.6%。

（五）援外培训特色鲜明，成效明显

2012年，全省8家援外培训单位共承办了各类援外培训班54期，培训1194人次。截至目前，全省累计承担各类援外培训班246期，培训6320多人次，受训学员来自南非、尼日利亚、乌干达、缅甸、菲律宾等100多个国家和地区。

五、信息技术外包是服务外包的主要类型，大企业离岸执行额占比高

（一）服务外包产业结构趋于优化，市场分布主要集中于发达国家

从接包类型看，信息技术外包（ITO）合同接包执行金额占总执行金额的67.9%；业务流程外包（BPO）合同接包执行金额占6.1%；知识流程外包（KPO）合同接包执行金额占26.0%。从接包合同市场看，美国、日本、中国香港特别行政区、芬兰离岸服务外包合同执行额分别为14.2亿美元、4.2亿美元、2.8亿美元和1.8亿美元，合计占全省总数的62.2%。

（二）大企业执行额集中度高，1000万美元以上企业实绩占七成

2012年，全省有离岸服务外包业务执行的企业总数为751家，其中离岸执行额1000万美元以上的服务外包企业有72家，离岸执行额27.5亿美元，占全省总额的74.4%。

2012 年浙江国税工作情况分析

浙江省国家税务局

一、基本情况

2012 年,全省办理出口退(免)税 1760.15 亿元,同比增长 10.26%,其中退税 1367.8 亿元,列全国第二位,直接办理省本级外贸企业出口退税 50.5 亿元,圆满完成了出口退税管理各项任务,有力支持了出口企业的平稳发展,为稳定我省外贸出口形势做出了积极的贡献。

二、结合浙江省实际,全面落实出口退税新政策

认真研究《财政部　国家税务总局关于出口货物劳务增值税和消费税政策的通知》和《国家税务总局关于发布〈出口货物劳务增值税和消费税管理办法〉的公告》,召开出口货物退(免)税管理培训班,出台《关于出口货物劳务增值税和消费税新政策实行后相关问题的公告》,为浙江省出口企业带来以下几大利好:一是延长了出口退税申报期限。二是将部分按原规定应予征税的货物调整为免税货物,减轻出口企业税收负担。三是新发生出口业务的生产企业不再受 12 个月审核期的限制,可以按月办理退税,使全省新办生产企业提前获得出口退(免)税款 8.2 亿元。四是生产企业外购货物视同自产的范围扩大,有利于生产企业拓展业务。五是放宽生产企业适用“先退税后核销”的条件,全省生产企业因此提前办理出口退(免)税 9.86 亿元。六是部分政策执行时间向前追溯至 2011 年 1 月 1 日,为出口企业增加退(免)税 9800 多万元。

三、加快退税进度,多项措施稳定外贸增长

一是研究出台《关于支持浙江省外贸稳定增长的若干意见》,明确提出加快全省出口退税进度、确保准确及时退税的 30 项措施。二是全省推广出口退税分类管理,优化申报审核审批手续,切实加快出口退税进度。据匡算,A、B 类企业实施分类管理后,退税进度进一步加快,一年可减少财务费用约 7000 余万元。三是加强税企沟通联系,提高出口退税服务水平。通过业务培训班、税企座谈会、实地走访、网上申报平台以及自主教育平台等,宣传出口退税政策,指导出口企业做好出口退税工作。四是在全省国税系统开展“抓订单、促转型、保目标——外贸企业服务月”活动,通过多种方式和渠道,了解出口企业诉求,帮助解决实际困难,充分发挥国税部门在促进外贸增长中的积极作用。

四、深化预警评估工作,严密防范出口骗税行为

一是根据实际使用情况和业务需求,进一步完善预警监控系统,合理选用预警指标,科学设置预警阈值,提高预警监控实用性和简便性的同时,指导帮助出口企业发现异常出口业务。二是初步建立预警监控关注信息发布制度,汇集各类出口异常情况,及时通报、发布预警监控关注信息,提醒各地加强退税审核,并对本地区的出口情况进行全面的监控分析和核查。三是认真做好

预警监控调研指导、经验交流以及协查等工作，开展优秀案例评析，加强工作经验的交流，协助稽查部门做好2012年度出口退税全省重点企业检查工作。四是核查增值税专用发票“一票两用”情况，共涉及“一票两用”疑点企业4392户，查实存在“一票两用”企业111户，需转出进项税额2491.12万元，补缴税款151.45万元，加收滞纳金1.73万元。五是加强与公安、海关、外汇管理等部门合作，充分运用出口退税预警监控系统，严厉打击骗取出口退税违法犯罪活动，维护正常经营秩序。

五、完善信息化建设，进一步提高信息化管理水平

一是完善出口退税管理系统和网上申报系统，分别对出口退税管理系统和网上申报系统进行了业务升级，制订出口退税管理数据库升级为oracle版本工作计划，进一步提高工作效率和数据统计可靠性。二是根据总局下发的《关于出口退税审核系统V10.00 SP5和SP6版本升级的通知》(国税办发〔2012〕80号)文件要求，做好出口退税审核系统升级工作，实现出口退税数据的全省集中，大大提高出口退税数据的安全性和可靠性，全省出口退税信息化建设进入崭新的阶段。

2012年浙江省外汇管理工作情况分析

国家外汇管理局浙江省分局

2012年，受国内外经济形势不稳定的影响，国内进出口增速回落，招商引资面临较大困难，人民币兑美元先贬后升，双向波动态势明显。受此影响，2012年浙江省跨境收支总额温和增长，结售汇总额与顺差出现4年来首次下降，跨境资金流动活跃度大大低于2011年。面对复杂外部经济环境和国内严峻的经济形势，浙江省分局深入贯彻落实科学发展观，加快外汇管理理念和方式的“五个转变”，积极防范跨境资金流动冲击，服务和支持实体经济发展，加快推进重点领域改革创新，全力维护地方涉外经济健康运行。

一、追求实效，全力做好帮扶实体经济工作

先后走访正泰太阳能、浙江物产国际等17家重点联系企业，征求企业意见和建议，在此调研基础上及时制定并出台支持外贸发展的十二条具体举措，全力促进浙江省进出口均衡稳定发展。组织省级主要外汇指定银行在全省开展政策宣传及服务实体经济竞赛活动，迅速在全省形成外汇管理扶持实体经济发展氛围。紧扣浙江县域经济发达特色，推进地方法人金融机构外汇业务，召开由50多家地方法人金融机构参加的外汇业务推进会，新批8家地方法人银行合作办理远期结售汇业务，充分发挥其服务中小企业的优势和特色。

助力浙江“四大国家战略举措”落地发展，多次深入调研了解“市场采购”贸易方式业务流程和小商品市场个人贸易现状，初步拟定与“市场采购”贸易方式相匹配的外汇监管框架，努力实现贸易便利与有效监管的统一。大力支持舟山群岛新区和海洋经济示范区建设，积极协助舟山市申报舟山港综合保税区并获批，并对舟山市外资企业资本金意愿结汇进行专题调研。

二、重视转型，持续做好货物贸易外汇管理制度改革

不断探索货物贸易非现场监测和现场核查方法，创新性地开展辅导期管理，运用星级筛选法对核查企业进行优先级评定，充分利用FDI、金宏系统、外汇账户等系统对企业实行主体监管，积极探索引入社会中介机构协助监管，在便利市场主体贸易收支同时，实现有效监管。制定个人贸易收结汇管理方案，在未对现有监测系统进行任何调整的基础上，实现个人收汇信息过让至代理公司。既进一步便利了个人外贸经营者通过个人结算账户收汇，也弥补了目前监测系统中代理企业资金流缺失的问题，有利于促进义乌等地个人贸易规范发展。

三、完善政策，进一步促进投融资便利化

大力支持浙江企业“走出去”，帮助阿里巴巴通过境内子公司向境外母公司放款20亿美元，促成其顺利回购美国雅虎持有的20%公司股权，实现了阿里巴巴收回公司控股权的重要战略目标，也为“子公司向母公司放款”新政策出台积累了实践经验。加强对“走出去”企业后续融资支持，以推进融资性担保业务为抓手，重点支持政

府确定的境外投资合作示范项目。助力企业提高跨境运营管理能力，继续与省内主要外汇指定银行合作开展“汇率避险服务月”活动，将提高企业“走出去”的资本运营能力和风险管理能力有机结合，提高浙江企业对外投融资的稳健性。积极向总局争取增加2012年短期外债余额指标，扩充辖内金融机构拓展贸易融资业务的能力和空间。划出3700万美元专项指标用于省内中资企业借用短期外债，消除中外资企业借用外债的差别待遇，实现了中资企业借用外债的政策突破。开展中资企业“外保内贷”试点，帮助企业化解融资难题。

四、改进手段，提升跨境资金流动监管水平

构筑多层次外汇专项监测数据体系，加强对进出口调查、出口换汇成本、外汇黑市等专项监测数据核查，完善“温州民间外汇市场指数体系”，填补当前对民间外汇市场运行监测的空白。按月编写浙江省外汇形势分析时间序列库，记录分析跨境资金流动主要交易类型前十名，尝试估算贸易信贷月度数据，推动数据利用向纵深发展。完善跨境资金流动分析框架，按月进行全省跨境收支监测分析，不断提高跨境资金流动分析的及时性、全面性和深入性。积极开展法规清理，最终共清理2012年3月末前文件3499件，为依法行政奠定了制度基础。

五、严打违规，维护浙江外汇市场稳定运行

多层次、全方位地开展专项检查工作，包括资本金结汇检查、特定经济区域企业检查、货物贸易外汇业务专项检查和个人项下境外资金分拆流入专项检查。强化部门配合，集中力量成功侦破“何氏地下钱庄案”和“傅氏地下钱庄案”，积极侦办青田非法买卖外汇系列案，案件的查处有效规范了侨乡个人外汇交易，极大地整顿了当地外汇市场秩序。主动在全省开展银行机构合规检查及对中信证券和中国出口信用保险公司开展外汇业务专项检查，促进证券保险机构外汇业务稳健发展。以“合规经营外汇、诚信发展经济”为主题在全省组织开展“诚信兴商宣传月”活动，首次组织在杭36家外汇指定银行开展“中信杯”银行外汇知识竞赛，努力提升银行诚信经营合规意识。积极参加浙江省打私与口岸办组织的守法诚信体系建设活动，全面参与反走私综合治理工作和进出口法律法规宣传教育活动，不断推进外汇市场诚信体系建设。

2012年浙江出入境检验检疫情况分析

浙江出入境检验检疫局

一、综　述

2012年,在浙江省委、省政府和质检总局的领导和关心下,我们认真学习党的十八大和省第十三次党代会精神,按照省委省政府和质检总局的总体部署,紧紧抓住全面实施浙江海洋经济发展示范区建设、舟山群岛新区建设和义乌市国际贸易综合改革试点"三大国家战略举措"的历史性机遇,加快改革创新,深入实施跨越发展战略,坚定不移抓质量、保安全、促发展、强质检,为促进浙江经济社会转型发展作出了新贡献。

2012年,浙江局累计检验检疫出入境货物177.79万批,货值967.27亿美元,同比批次增长4.88%,货值增长3.62%。累计签发出入境货物检验检疫证书11.89万份,同比增长4.21%;累计共签发各类原产地证书76.90万份,货值300.62亿美元,同比分别下降8.29%和6.03%。查验出入境人员287.64万人,发现病例8.29万例;截获有害生物1.19万次、937种;截获医学媒介生物1664批次、18种、4.42万只;检疫查验出入境航班1.79万架次、国际航行轮船8935艘次、集装箱64.16万标箱。

二、积极推进质检总局、浙江省政府合作,共同服务"三大国家战略"

10月23日,国家质检总局与浙江省政府在杭州举行《共同推进浙江海洋经济发展示范区建设、舟山群岛新区建设、义乌市国际贸易综合改革试点等战略举措合作备忘录》(以下简称《合作备忘录》)签字仪式。国家质检总局局长、党组书记支树平,浙江省委书记、省人大常委会主任赵洪祝出席签字仪式并讲话。支树平与浙江省省长夏宝龙代表双方在《合作备忘录》上签字。浙江省委常委、常务副省长龚正,省委常委、秘书长赵一德,省政府秘书长张鸿铭和国家质检总局有关司局负责人出席签字仪式。根据合作备忘录精神,浙江局于12月4日印发了相关业务分解表要求全省系统执行落实。

三、全力服务浙江海洋经济发展示范区建设

与省交通厅、宁波检验检疫局、浙江海事局签订了《关于落实海洋经济发展战略　提高口岸服务监管水平加快港航强省建设合作备忘录》,并制定相关人物分解表要求全省系统落实执行。加快口岸管理转型升级,加快浙江港航强省建设。加快浙江口岸对外开放项目的审核和验收,加快浙江口岸临时对外开放项目的审批,大力支持嘉兴独山港,温州状元岙等口岸临时开放,支持台州大麦屿、温州机场等扩大开放,支持义乌机场正式开放。

四、扎实开展"质量月"活动

2012年初制定《浙江局2012年质量月重大活动安排表》,明确29项重点活动内容。9月根据总局部署第一时间印发《浙江检验检疫系统2012年"质量月"活动实施方案》。活动期间,共组织2575家企业,3625人次开展质量月活动;

出动执法人员1617人次，查办各类案件96起。组织大型宣传活动13次，群众参加1246人次，涉及部门49个，部门参与253人次。全省系统通过报纸、杂志发表专题文章或新闻报道共165篇；播放广播、电视专题节目及新闻报道25次，总时长147.5分钟；制作、播放各类公益广告6次；制作、张贴宣传画263份，发放宣传资料4027份，制作展板55个。举办专题论坛和研讨会42次，惠及人数3326人。

五、进出口食品“两个专项”行动和食品安全大整治百日行动

2012年，浙江局根据质检总局和浙江省政府部署，组织开展了进出口食品“两个专项”行动以及“进出口食品安全大整治百日行动”，部署5个方面20项工作目标任务，并通过组织推进会、专项督导、督查暗访、中期督查、总结验收等方式扎实推进，保持行动的高压态势，行动期间，全省系统共出动执法人员2076人次，排查进出口食品、化妆品企业899家次，排查企业覆盖率100%，排查出问题及隐患420个，提出整改措施及建议442项；报送百日整治行动动态信息138篇，其中，获得当地媒体录用21篇，获得浙江局网站录用40篇，获得《国门时报》录用16篇，由于整治行动力度大、成效显著，浙江局被浙江省食安委评为浙江省食品安全大整治百日行动先进单位。

六、加强执法稽查工作

2012年3月，根据国家质检总局和浙江省政府“双打”领导小组的统一部署，浙江局制定发布了《浙江检验检疫局关于进一步做好打击侵犯知识产权和制售假冒伪劣商品工作的通知》，确定了2012年度“双打”工作重点，落实“双打”工作长效机制。先后组织开展了全省系统范围的多个专项执法稽查行动，全年共出动执法人员18345人次，针对重点商品、重点领域、重点地区和重点问题进行突击检查，立案查处涉及侵权和制售假冒伪劣商品的案件387件，进一步营造了出口领域打假保知的良好氛围。11月，顺利通过国家质检总局督查组对浙江局“双打”工作的检查，并获得好评。

七、加强诚信体系建设工作

一是发布《关于进一步加强浙江出入境检验检疫局质量诚信体系建设工作的通知》，明确各单位在质量诚信体系建设中的工作职责。二是组织起草了《浙江检验检疫局灰名单企业管理办法(试行)》，并在温州、台州、绍兴、湖州、衢州5个分支局先行试点，通过试点再推行到全系统正式实施，形成了浙江局对企业实施红黑灰名单的管理制度。此项制度在全国系统尚属首创，有关信息被总局《质检动态》录用，得到上级领导充分肯定。截至12月底，有效的灰名单管理企业为91家，黑名单企业69家。三是加强企业信用管理系统信息采集管理。借助绩效考核手段，提高企业信用信息的采集率和企业等级评定的覆盖率，最终使全省系统的信息采集率和企业等级评定覆盖率达到了总局绩效考核要求。四是牵头做好浙江局AA级企业评选和D级企业的审核工作。目前，浙江局系统共有8家AA级企业。

八、杭州机场和舟山海港顺利通过世界卫生组织首批口岸核心能力验收

2012年9月3—5日，口岸核心能力建设考核验收专家组通过听取汇报、现场检查、查阅台账、闭卷考试、操作提问等方式，对杭州机场和舟山海港口岸核心能力建设情况开展考核验收。专家组对相关口岸核心能力建设工作表示非常满意，对各级领导重视、设施设备完善、部门协调联动、突发事件应对等方面给予充分肯定，同时也针对检查中发现的不足之处提出改进建议。

九、及时高效处置一起外轮船员HIV感染事件

2012年3月21日，某美国籍在修集装箱船一名船员因严重腹泻、发热、全身虚弱无力等症

状,在舟山某医院住院治疗。经舟山局派员调查,其血样检测结果为HIV初筛阳性。接到舟山局的报告后,浙江局要求其立即启动应急预案,将血样送浙江局进行确证,将该情况通报舟山市疾控中心,并采取相应的防控措施。23日,患者血样经浙江局保健中心确证检测报告为HIV阳性,这也是舟山口岸首次从在修外轮船员中检出HIV感染者。24日,该患者在代理安排下,从上海浦东机场离境返回美国医治。

十、荷兰植检代表团来浙交流输欧植物检疫技术合作

2012年3月14—15日,由荷兰农业部官员及瓦赫宁根大学专家组成的植物检疫代表团,考察了浙江输欧星天牛寄主植物种植管理情况,并就星天牛检疫技术合作事宜进行交流。经实地考核交流,荷方代表团充分肯定浙江出入境检验检疫局星天牛防控措施研究工作,并希望双方加强在星天牛监测、检测和检疫处理等技术研究方面的交流与合作。

十一、签署沪苏浙甬进境粮食检验检疫业务合作备忘录

2012年3月23日,上海、江苏、浙江、宁波局在浙江宁波签订《沪苏浙甬进境粮食检验检疫业务合作备忘录》,徐日新副局长出席签署仪式。根据合作备忘录,上海、江苏、浙江、宁波局将共同合作,建立定点加工存放企业互认机制、四局检疫风险信息共享机制、检验检疫模式统一机制等9项合作机制,把好进境粮食检验检疫前中后三道关。

十二、深入推进出口工业产品质量安全示范区建设

2012年,质检总局研究出台《出口工业产品质量安全示范区建设指导意见(试行)》,规范和加强出口工业产品质量安全示范区建设工作。浙江局迅速贯彻总局指导意见精神,深入推进出口工业产品质量安全示范区建设。2012年,浙江局辖区新增创建示范区3家,编写工作简报12期,组织申报国家级示范区5家。截至2012年,全局共有各级示范区16家,省级质量安全示范区10家,示范区入区企业2500余家,评定标杆企业90家,培育出口免验企业5家。2012年全年,各示范区总计出口近90亿美元,占浙江局辖区出口工业产品总额的18%,示范区内总计发生国外通报事件4例,占全局通报总数的1.5%。

十三、加强进口大宗资源性商品检验鉴定把关,成效明显

2012年,浙江局不断完善进口大宗商品风险预警机制,大力加强进口大宗资源性产品、新增危化品的检验监管和把关有效性等多项措施,检出不合格率明显上升,有效维护了企业和国家的合法权益,树立了检验检疫执法把关权威,工作成效显著。全年共检出品质不合格铁矿共计394批,货值28.15亿美元;共检出短重铁矿135批次,短重货值1713.3万美元。进口原油检出短重85批次(超过5‰的21批次),短少重量15023吨,短重货值1231万美元。进口检出,其中检出短重17批次,涉及货值2712万美元。

十四、开展2012年度出口食品备案企业飞行检查工作

浙江检验检疫局组成两个飞行检查组,对2011年以来尚未飞行检查过的四个地区,抽取10家出口食品生产企业,进行监督检查,重点检查企业能否持续符合国内外卫生注册要求,跟踪调查其对国外通报和不合格产品后续处理情况等,同时也对当地分支局备案注册和后续监管工作情况进行了现场督查。

此次检查共涉及肉类、茶叶、菇类、罐头、蜂蜜、蔬菜以及大米蛋白等重点出口食品生产加工行业,共提出整改不符合项98个。特别是针对部分企业正面临“旧厂搬迁、新厂改造”等情况,提前介入,积极宣贯《出口食品生产企业备案管理规定》和《出口食品生产企业安全卫生要求》,指

导企业建成一流的出口标准化工厂，飞行检查取得良好效果。

十五、技贸信息

组织全省系统相关专业人员编写了12种《浙江省主要出口产品应对国外技术壁垒指南》，免费向辖区内企业发放。3月印发《浙江出入境检验检疫局技术性贸易措施信息管理办法》，“技贸措施信息服务平台”运行良好，全年外网点击率13320次，内网13850次，平台审核发布信息2342条。《技贸措施动态》编译出版12期，专刊1期，共向相关领导、部门和出口企业发送近11000份。顺利组织并完成了浙江222家出口企业受国外技贸措施影响的调查工作，调查企业数量居全国第二。有29.28%的企业反映遇到了技术性壁垒，浙江省受影响直接损失额占全国总额19.6%，居全国第三。

十六、建立科技合作交流机制

2012年5月，与吉林、河北和宁波三地检验检疫机构共同签署了《冀、吉、浙、甬检验检疫“科技质检”建设合作协议备忘录》，探索建立科技交流合作机制，努力在科技管理、科研制标、科技人才、科技团队、实验室建设、检验检测技术及业务等方面实现资源共享、合作共赢，加快推进检验检疫科技服务地方经济建设。此外，组织人员赴上海、宁波、河北局学习交流科技管理工作经验，取长补短，提升浙江局科技行业管理能力与水平。

十七、全力推进深化全省系统信息资源整合工作

“深化全省系统信息资源整合，全面推进‘检企通’推广应用”是2012年浙江检验检疫系统四件大事之一。经过全体参与单位的共同努力，信息资源整合工作在11月底总体完成，并取得显著成效。主要体现在：确定了浙江局业务主线系统框架，以总局开发部署的系统为支撑，浙江局开发的系统为补充，保留部分分支局特有业务的相关系统；集中梳理了全省业务信息化主线系统相应的80多个业务规范；深化优化统一信息化应用平台，有效提升应用成效；整合构建“E浙检”服务平台，兼顾、吸收、组合全省各类在线服务系统优势，博采其他服务系统长处加以整合、创新，整合构建了具有浙江特色的检验检疫服务企业的重要载体。平台的应用，是作为浙江检验检疫系统促进外贸稳定增长的重要举措，显著提升了服务外贸水平。

十八、“互学互比　创先争优”活动

“互学互比　创先争优”活动是2012年全省系统四件大事之一。政工处作为此项工作的牵头单位，认真组织，周密部署，在有关单位的支持配合下，有序开展了以“五比五看”为主要内容的系列活动。2012年3月—12月，组织开展互学互比共建结对活动，各分支局和浙江局有关处室之间通过走访调研，在党建、业务、服务等方面分片共建结对，相互学习，相互促进。3月—10月，开展服务品牌创建活动。各单位结合工作实际，认真提炼了各自的工作理念和服务理念。3月—5月，开展岗位技能大比武活动。组织开展了检务岗位和体系认证监管岗位比武活动，促进了干部职工业务素质的提高。3月—6月，组织开展示范集体和标兵能手的评选活动。在“自我申报，行业组初选，网上投票，行业组复选，活动办推荐和党组审定”的基础上，评选产生了全省系统十大示范集体、十大标兵、百名岗位能手。7月4日，浙江局召开全省系统庆祝建党91周年暨创先争优活动表彰大会，对先进集体和个人进行了隆重表彰。6月—12月，组织开展“学先进　见行动　作贡献”活动。在全省系统开展向受到省委表彰的创先争优先进基层党组织以及受到浙江局党组表彰的十大示范集体、十大岗位标兵、百名岗位能手等先进单位和先进个人学习的活动，在全省系统营造学先进、见行动、作贡献的浓厚氛围。“互学互比　创先争优”活动带动了全省系统创先争优活动全面推进，并取得优异的成绩，受到地方各级党委和政府的好评。据统计，全省系统共有

10多家基层党组织被各级党委命名表彰为创先争优先进基层党组织，其中温州检验检疫局机关党委、衢州检验检疫局机关党支部、湖州检验检疫局第四党支部等3家单位被命名表彰为浙江省创先争优先进基层党组织，占了全省受表彰的先进基层党组织的1/60，走在浙江省各系统、各行业的前列。2家先进基层党组织、2名优秀党员被省创先争优办在浙江省创先争优群英谱上进行了宣传，充分展示了浙江局创先争优活动取得的成果。

十九、道德领域突出问题专项教育和治理

2012年5月至12月，根据质检总局的统一部署，浙江局开展了道德领域突出问题专项教育和治理活动。第一阶段围绕“思想作风、党风廉政、干部选拔任用、财务管理、政风行风和内部管理”六个方面内容开展自查自纠；第二阶段对照“纪律教育月、廉政风险防控、用人上是否存在不正之风、是否超标准建设和装修以及挪用专项经费、信访举报、违法违纪现象和案件、窗口考核评议、国有企业领导人员廉洁从业”八个方面内容开展自查自纠；第三阶段对处级领导干部队伍建设中存在的“站位不高、心态浮躁、能力不足、作风不实”四个方面开展自查自纠。据统计，排查出队伍建设风险和突出问题27个，采取治理措施28个，制定完善规章制度7个，开展道德领域突出问题专项教育治理活动21次。

二十、全力做好“十八大”期间口岸安保工作

在十八大召开前，进一步完善口岸反恐安保工作的各类操作规程、方案和预案，对现场人员开展核生化知识、监测技术、应急处置、设备使用及个人防护方面知识的培训。完全模拟现实情况开展了最小作战单元反恐处置演练，检验常态下应急处置能力以及与多部门的联动机制。

二十一、建立口岸传染病联防联控“123模式”

为进一步提升口岸卫生检疫把关能力和技术保障水平，多次与保健中心召开联席会议，在原有《口岸传染病联防联控合作协议》的基础上，合作建立“123模式”，共同打造一个卫生检疫工作平台，建设两个教学实践基地，实现业务工作、科学研究和技术队伍建设等三方面的有效对接。

二十二、全力服务舟山群岛新区建设

支持舟山马岙、武港矿石码头、六横港区舟山亚泰船舶修造工程有限公司码头等口岸项目建设，积极支持舟山港综合保税区建设，做好检验检疫基础设施建设的指导。认真研究适合舟山群岛新区实际的检验检疫监管办法和优惠政策，提出了“国检风险分析，代理现场协检，船厂配合监督”的“三位一体”检疫监管模式，引入出入境集装箱检验检疫综合管理系统，并在舟山辖区内试行口岸报检、取证联网便捷服务。支持舟山大宗商品交易中心建设，2012年1月6日起派员正式入驻。积极做好舟山局升格和增编事宜，多次赴中编办、国家质检总局汇报，目前关于舟山局升格的省政府请示已上报国务院，国务院已批复增加相应检验检疫人员编制。

二十三、全力服务义乌市国际贸易综合改革试点建设

根据总局《关于创新采购地检验检疫制度推进义乌国际贸易综合改革的意见》文件精神，认真抓好《市场采购出口商品检验监督管理办法》的执行，于今年上半年制定出台了《浙江检验检疫局创新采购地检验检疫制度的实施方案和2012年工作计划》(浙检通〔2012〕77号)，着力在三大方面9个落脚点进行工作机制创新，全力推进检验检疫相关配套改革措施的实施，目前相关创新配套措施已在义乌局先行先试，报检主体备

案管理、报检单位台账规范、出台《市场采购小额小批量出口商品检验检疫监管工作规范（试行）》、信用放行、监管放行、检验放行等差异化放行模式研究和如实申报等工作已根据部署按要求开展。

二十四、全力服务浙江外贸稳定发展

针对2012年严峻的外贸形势，积极采取有效措施促进浙江社会经济发展。先后出台了《浙江局关于实施支持推动民营经济大发展大提升十大举措的通知》、《关于进一步促进对外贸易发展的实施意见》、《浙江局“抓订单、促转型、保目标”外贸企业服务月活动方案》、《浙江局关于做好进口检验检疫工作促进对外贸易平衡发展的实施意见》、《浙江局关于贯彻执行国家质检总局部署切实做好促进外贸稳定增长的意见》等5个文件，得到赵洪祝书记和龚正副省长充分肯定和重要批示。王岐山副总理视察绍兴、宁波后，我处组织在浙江局辖区召开外贸企业座谈会，积极上报总局有关贯彻落实王岐山副总理和支树平局长讲话情况。9月，四季度免收费政策出台后迅速制定印发了《关于坚决贯彻落实总局部署 切实做好第四季度免收费工作的通知》，第一时间做好对外公示和宣传工作，并部署做好系统升级保障和免征前应缴费的收费工作，按要求对各局收费依据公示情况进行检查，不折不扣地贯彻执行免收费政策要求。

2012年杭州海关运行情况分析

杭州海关

一、概　况

杭州海关深入践行“把好国门，做好服务，防好风险，带好队伍”总体要求，积极推进文化强关建设，强化实际监管，深化综合治税，严打走私犯罪，优化保税监管，圆满完成年度各项工作任务。

全年审核报关单85.52万份，比上年增长11.1%。监管进出口货物1.18亿吨、集装箱176.30万标箱，分别增长4.8%、25.5%；监管进出境运输工具60.79万辆（艘架）次、进出境人员295.49万人次，分别增长17.6%、20.4%；监管邮递物品709.80万件、快件865.42万件，分别增长1.96倍、46.4%。税收入库555.58亿元，其中，归类、审价、稽查补税2.20亿元，加工贸易内销征税17.27亿元。查扣知识产权侵权货物、物品1061.37万件，价值2203.88万元。

强化统计监测预警和政策研究，积极建言献策，全年为地方党政和企业提供数据咨询500余次、信息服务1200万条次，累计编发统计分析395篇、调研报告9篇，得到中央领导批示2篇（次），海关总署和省委、省政府领导批示34篇（次）。

以践行海关核心价值观为主线，以推进“文化强关”为目标，制定实施《杭州海关党组关于推进文化强关建设的若干意见》，深入推进海关文化建设。注重思想引领，积极发挥党工团组织作用，扎实开展海关总署文化建设“五个一”活动，认真组织“传承吴越优秀文化精神，践行海关核心价值观”主题实践活动，组织召开关区文化建设现场会，推进基层文化建设示范点和基层文体设施建设。广泛开展海关法治文化、廉政文化、管理文化等系列文化研讨，初步建立文化建设和业务发展、队伍建设、风险防范有机结合的工作机制，切实增强海关文化的感染力和凝聚力，“精忠为国，实干兴关，和合共进”已成为海关普遍共识。积极开展“学雷锋”等志愿服务活动，涌现出“全国优秀人民警察”钱宇峰、“献血状元”凌观桂、“最美妻子”吴梅丽等全国先进典型。

二、具体运行情况

1. 海关服务水平提升。杭州海关深化落实海关总署、浙江省合作备忘录，继续实施“789行动计划”，积极为浙江省“四大国家战略举措”做好服务。先后制订支持浙江省外贸“稳增长”八项措施和十六项举措，得到省委、省政府主要领导的肯定和进出口企业的普遍欢迎。积极支持地方口岸开发开放，促成5个港区17个项目扩大开放，支持9个重点项目临时对外开放。有效助推加工贸易转型升级，主动配合地方政府开展海关特殊监管区域规划，积极推动杭州、嘉兴出口加工区和杭州保税物流中心（B型）提质增效，促成舟山港综合保税区获得国家批准。完成“杭州海关大通关平台”二期建设，实现港口物流与内陆物流良性联动。做好重大减免税项目前伸服务，全年减免税款16.56亿元，比上年增长0.8%。

积极支持地方跨境电子商务产业发展，有效助推杭州市国家跨境电子商务发展试点改革。推进企业诚信体系建设，改进企业分类管理，新培育A类以上企业857个。

2. 海关业务协调发展。杭州海关研究制定改进海关监管和服务实施方案,扎实开展重大决策部署专项督察行动。牢固树立“由企及物”理念,强化风险分析和成果运用,风险管理实战能力明显提高。强化运输工具规范管理,稳妥解决小商品出口转关白卡车问题;有序开展分类通关改革,实现关区全覆盖。切实推动通关无纸化改革,实单运作现场扩大至9个,全面取消陆运转关货物的纸质关封。强化监管装备配备,完成嘉兴、义乌H986设备安装。加强涉证商品监控,开展易制毒化学品专项整治行动。加大知识产权海关保护力度,积极开展打击假冒药品、食品和汽车配件等专项整治,全年实施知识产权保护措施2146批次,查扣侵权货物、物品1061.37万件。

3. 开展“国门之盾”行动。杭州海关深入开展“国门之盾”行动,强化形势研判、情报经营、综合治理,严厉打击各类走私违法行为。全年立案走私犯罪案件67起,案值7.71亿元;立案走私违规行政案件9593起,案值46.09亿元。组织开展打击红松子走私、水产品走私等查缉行动,查处大要案件14起。开展打击武器弹药走私专项行动,查处枪支弹药案2起。以邮检、旅检现场为重点,加大口岸查缉毒品力度,先后查处毒品走私案件12起,缴获各类毒品31.18千克。开展打击小商品出口违法违规行为的“蓝天行动”,查处小商品走私违法案件2550起,案值7.77亿元。

4. 杭州海关被评为省级文明单位。杭州海关认真落实党风廉政责任制和“廉政准则”,深入开展“六项禁令”再教育、“关口浪尖Ⅱ”警示教育等活动,深化运用海关廉政系统,统筹抓好风险防范。深入推进海关基层廉政文化试点,牵头编制完成海关系统《基层海关廉政文化建设创建指引》,开展“清风关韵”海关廉政文化作品征创活动,被评为浙江省廉政文化建设“进机关、进基层”示范单位。加强内控机制建设,进一步健全制度规范、执行控制、职能监控、专门督查、处置评估内控框架体系。落实“能办、会办、办成”要求,强化关风、行风、作风建设,力求办文、办会、办事做到“短、实、新”。打造“12360”服务热线品牌,实现与中国电子口岸“95198”客服热线的互联互通;积极参与地方行风热线、文明创建活动,杭州海关被浙江省委省政府评为省级文明单位。

(杭州海关　周敏伟)

2012 年浙江商务大事记

1 月

1 月 8—13 日 商务部调研组来浙江省进行市场流通立法调研，商务部市场流通立法调研组由条法司唐文弘副司长带队，赴浙江省进行市场流通立法调研。调研组在杭州、宁波、金华、义乌、绍兴等地召开了市场流通和商业网点条例、网络零售管理条例立法座谈会，实地考察了宁波市、绍兴市商业网点布局和义乌市小商品市场经营情况，赴淘宝网进行实地考察，并就网络零售管理条例进行重点调研。

调研组一行 8 人由商务部牵头，国务院法制办有关同志参加。浙江省商务厅、法制办、发改委、规划局、建设局、国土资源局、工商局等省市有关部门负责人和相关企业参加座谈会。

1 月 13 日 省十一届人大五次会议财政经济委员会召开部门预算专题审查会，金永辉厅长代表省商务厅到会接受 24 名人大代表对省商务厅 2012 年预算审查的意见并作了表态发言。

金永辉厅长表示，省商务厅作为 2012 年省级部门预算重点审查单位之一，接受人大代表的审查和监督，对进一步提高全厅的公共财政意识、进一步树立依法理财观念、进一步建设节约型机关、进一步提高财政资金使用效益具有重要的意义。他对各位人大代表提出的宝贵意见表示感谢，也希望人大代表继续关心全省商务事业，促进浙江省商务工作更加健康有序地发展。

1 月 13 日 2012 年省商务厅春节联欢会在浙江国际大酒店成功举行，厅工会以综艺节目的形式组织了此次联欢会。从总体情况看，此次联欢会有四个特点：一、领导重视，大力支持；二、组织有序，准备周密；三、形式多样，喜闻乐见；四、全面动员，积极参与。

此次联欢会取得了圆满成功，充分体现了和谐机关、其乐融融的氛围，展现了全厅广大干部职工的多面才能和综合素质，得到了领导和群众的肯定。

1 月 20 日 省商务厅紧急部署落实应对雨雪冰冻天气保障节日市场供应工作，要求各市县商务主管部门：一是加强组织领导，落实工作责任。成立主要负责人为组长的市场应急领导小组，密切关注气象变化，严格落实 24 小时应急值班制度，发生突发事件，立即妥善处置，及时上报情况。二是完善应急预案，做好应急准备。将粮、油、肉、菜、蛋、奶、成品油等重要生活必需品以及水、方便食品、棉被、棉服、照明蜡烛等救灾商品的应急供应和低收入群众生活保障作为重点，完善应急预案，指导重点应急企业提前做好货源组织，增加商品库存，检查猪肉储备情况。协调交通部门保障应急货源运输。三是摸清市场情况，强化监测预警。深入生产经营一线，摸清重点商品供求库存情况。严格落实生活必需品市场监测系统日报制度，掌握市场供求、价格动态，密切跟踪灾害发生变化过程，预测市场发展趋势，为应急商品调度和防灾抗灾工作提供决策依据。四是组织开展检查，消除安全隐患。对重点商贸设施进行安全检查整改，提高抵御雨雪冰冻灾害的能力。制订相关预案，必要时实施紧急避险，建立临时供应点，确保消费者和从业人员的安全，保障市场供应渠道畅通。配合工商、物价、质监等部门加强市场监管，维护流通秩序。

1 月 29—31 日 2012 中国泵与电机展览会在温岭会展中心举行。本届展会由中国机电产品进出口商会、浙江省商务厅和温岭市人民政府共同主办。原浙江省政协副主席徐鸿道、中国机电产品进出口商会副会长王贵清、省商务厅纪检组长黄克旭、台州市副市长赵跃进等出席开幕式。

本届展会分泵类产品展区和电机产品展区，共有780个展位，展出面积2万平方米，参展企业数为378家，其中台州本土企业213家，占比56%，展位454个。特装展位80个。来自俄罗斯和乌克兰等18个国家和地区的58名国外采购商前来洽谈采购。共约2.8万人进场参观洽谈，现场成交额1.6亿元，达成意向合同4.5亿元，其中外贸意向合同500万美元。参展规模、参观人数和展会成交额均超往届，取得了不俗业绩。

温岭市作为省块状经济向现代产业集群转型升级示范区首批试点城市之一，目前，全市泵与电机产业共有3000多家制造商，产值上亿元企业30家，其中上市企业2家，年产值超过300亿元，占全市工业规模经济总量的四分之一，市场占有率达60%。已经成为全国水泵、真空泵、空压机、电机产品的主要生产基地，先后被授予"中国水泵出口基地"、"中国小型水泵名城"和"中国小型空压机之都"等荣誉称号。

1月31日 2011年度省商务厅总结表彰大会在厅机关召开，在杭的各位厅领导参加。会议由胡潍康副厅长主持，周日星副厅长宣读了2011年度"优秀处室"、"优秀公务员"和"三等功"获得者的表彰决定，厅领导向受表彰和嘉奖的个人和集体颁发了奖状。"优秀公务员"和"三等功"代表、秩序处王忠明副处长和"优秀处室"代表、公平贸易局张勇局长先后发言。

金永辉厅长代表厅党组传达了全国商务工作会议、全省经济工作会议的重要精神，要求全省商务系统全体干部职工认真学习领会，把握精神实质，抓好贯彻落实，并就2012年度商务工作作出部署。金永辉厅长强调，全厅干部职工要进一步加强学习，提高自身素质；增强大局观，既要能做主角也要能做配角；尽心尽职，工作既要高标准也要严要求；突出重点，抓好关键环节；齐心协力，合力营造积极向上的工作氛围，为确保2012年全省商务工作健康、有序发展提供坚实保障。

2月

2月9日 龚正副省长召开了《义乌实施"市场采购"新型贸易方式试点方案》(以下简称《试点方案》)专题协调会，省发改委、省科技厅、省公安厅、省财政厅、省人力社保厅、省商务厅、省外办、省工商局、省质监局、省金融办、省台办、人行杭州中心支行、杭州海关、宁波海关、浙江检验检疫局、义乌市人民政府等单位参加了会议。

会议听取了省商务厅徐焕明副厅长关于《试点方案》的情况汇报，并进行了审议讨论。会上，龚正副省长进一步指出：各部门要深化认识，根据《国务院办公厅关于印发推进浙江省义乌市国际贸易综合改革试点重点工作分工方案的通知》的要求和夏宝龙省长"抓紧推动"的指示精神，根据分工、明确职责、分工协作、解放思想，进一步推进义乌国际贸易综合改革试点工作；要加强领导、完善激励机制、营造改革的氛围、提高工作效率，真抓实干，推进义乌国际贸易综合改革试点早出成效。

2月9—10日 全省外经工作会议在温州召开，韩杰副厅长到会并讲话，外经处张曙明处长主持会议。各市和扩权县(市、区)商务部门，省外办、省外汇管理局、国家开发银行、进出口银行、中信保，受省政府表彰"走出去"先进示范企业和境外园区投资平台，厅办公室、财务处、综合处、外经处、促进中心、贸研中心等相关负责人共120余人参加了会议。

会议充分肯定了2011年全省外经工作成绩，回顾了2011年全省外经主要工作，并认真分析了2012年"走出去"面临的形势。会议明确了2012年"走出去"工作思路及目标。会议强调为完成2012年全省外经工作目标，将认真落实六项举措：一是加强组织领导，加强对"走出去"工作的领导，成立全省"走出去"工作领导小组，进一步完善由商务部门牵头，发展改革、财政、人民银行、公安、统计、税务、海关、检验检疫、外汇管理、外事等部门参加的"走出去"工作协调机制；二是加强规划引导；三是完善政策扶持；四是强化服务促进；五是注重风险防控；六是加强基础工作。

2月9—17日 省商务厅深入基层开展"改善发展环境"百组调研工作。根据省委、省政府的统一部署和《浙江省人民政府办公厅关于印发省级机关改善发展环境百组调研活动方案的通知》要求，全厅高度重视“改善发展环境”百组调研工作，召开党组会进行专题研究，制定了总体调研方案。金永辉厅长带队于2月9—16日在嘉兴市秀洲区开展调研活动。调研期间，共召开了地方党委政府、职能部门、乡镇街道、行政村、开发区（工业园区）、专业市场、企业负责人、农户8个层面的16次座谈会，走访了涉及商业、纺织、服装、农资、食品、电子技术、卫生医疗、水产养殖、物流配送、装备制造、汽车零部件、新能源新材料等多个领域的17家内外资企业，并按照省政府的要求向企业、村委会、农户发放了有关调查问卷。此外，调研组还利用周末时间考察了学校、医院、公园、农贸市场、农村便利店、城市综合体、老年活动中心等公共设施。调研围绕影响当前浙江省经济社会发展的政务环境、政策环境、服务环境、商务环境、法制环境、舆论环境等软环境，侧重从商务厅比较熟悉的商务工作入手，由点及面，全面了解基层经济社会发展的基本情况，并针对调研中发现的问题进行深入剖析。周日星副厅长带队于2月9—15日到西湖区开展实地蹲点调研。其间召开了政府部门、企业、人大政协代表、相关集聚区等5个座谈会，向企业和农户发放调查表，听取70个单位(个人)的情况反映，其中各类生产性、服务性企业29家，人大代表、政协委员、社会知名人士18位，各类经济园区6家，实地走访了1个街道、2个行政村、8家企业，考察了西湖区经济科技园区、浙大网新科技园、南都大厦、欧美中心，与基层干部群众面对面交流，认真调研西湖区经济社会发展环境中遇到的困难和问题，听取基层和企业对改善发展环境的意见建议。徐焕明副厅长带队于2月13日赴台州市路桥区进行为期一周的调研。调研组围绕六大发展环境开展面上调研，又针对路桥实际和商务部门职能，分小组就商品市场、地方金融、“走出去”与“引进来”等问题进行专题调研。召开了区政府及经济社会职能部门和镇街、资源要素管理部门、工业园区、工业企业、商贸企业、商品市场6个座谈会，走访了2家工业园区、6家工业企业、3家地方金融机构、3家商品市场、2个社区、2个乡村等，发放36份调查反馈表，广泛搜集意见建议并积极思考，最终完成并上报了路桥区调研报告和路桥专业市场发展、地方金融发展、“走出去”与“引进来”3个专题报告。

2月13—15日　国家15个部委（中编办、发改委、科技部、工业和信息化部、民政部、财政部、国土资源部、环境保护部、国务院发展研究中心、住房城乡建设部、商务部、税务总局、海关总署、国研室等）组成两个联合调研组赴浙江就国家级经济技术开发区发展情况开展专题调研。

在杭州分别召开省内国家级经济技术开发区及部分申报升级的省级开发区、省级对口厅局、省市政府主管领导三个不同层面的座谈会，重点就国家级经济技术开发区发展的内在动力、体制机制、产业结构、土地利用、节能环保以及开发区如何转型发展等问题进行调研。各参会单位认真准备，在汇报目前国家级开发区的发展现状的基础上，充分反映当前存在的问题和下步发展的诉求，为国家研究有关政策提供了一手的材料。

2月15—22日　为配合习近平副主席访美，浙江省财政厅按照商务部部署，在厅领导重视和有关处室积极努力下，组织了海正药业、中奥能源、四通车轮、维康药业等多家企业赴美参加相关经贸活动。

在美期间，代表团参加了由商务部牵头在洛杉矶举办的规模盛大的“中美经贸合作论坛暨项目签约仪式”。我国7个省市和中央有关部门的主要领导，美国商务部部长、加州州长、贸易发展署署长、洛杉矶市市长、洛杉矶郡郡长等美方政要，来自中美两国的企业家代表等共1200余人出席论坛。习副主席出席论坛开幕式并发表了《着眼长远携手合作开创中美合作新局面》的演讲。签约仪式上，浙江省万向集团、海正药业、中奥能源、嘉兴四通等企业共参加了5个项目的签约，签约总金额达8.57亿美元。签约项目分别是：万向集团与美国巨点能源的股权购买和示范项目合作、万向集团向史密斯电动汽车公司投资项目、海正药业与辉瑞公司的海正—辉瑞合资项目、中奥能源与路易达孚的舟山石化储运扩建项目、嘉兴四通与美国速通的印州合作投资制造钢圈项目。

在美期间，代表团还赴浙江省的友好省州印第安纳州开展经贸交流洽谈活动，受到了热情接待。印第安纳州副州长贝基·斯科尔曼女士亲切会见了代表团一行，她对浙江与印第安纳州两省州的经贸合作给予积极的评价，并安排团组考察了相关企业，有关企业还草签了合作项目备忘录，为友好省州的经贸交流增添了新的合作成果。

2月27日 民营企业“走出去”工作调研会在省商务厅召开。为落实国务院领导关于支持民营企业“走出去”批示精神，商务部合作司刘迎军副司长带队，由中国人民银行、国家外汇管理局、全国工商联等部门组成的联合调研组来省商务厅就如何创新民营企业“走出去”工作机制开展专题座谈会。会议由省商务厅韩杰副厅长主持，省人民银行杭州支行、省外汇管理局、省工商联、省进出口行、中信保浙江分行、杭州市、宁波市外经贸局、吉利集团、泰中罗勇工业园、雅戈尔集团、东华链条集团等单位负责人参加了座谈会。

2月28日 龚正副省长、夏海伟副秘书长等一行5人来商务厅走访调研和检查指导工作，专题听取商务工作情况汇报并作了重要指示。厅领导班子成员、机关各处室和厅属单位主要负责人参加了情况汇报会。

金永辉厅长代表厅党组，就贯彻落实龚正副省长在全省商务工作会议上的重要讲话和全省商务工作会议精神，进一步明确2012年全省商务工作的指导思想、主要思路和目标作了专题汇报。金厅长指出，根据龚正副省长最近对抓好2012年商务工作的有关指示，全厅梳理分解了拟在2012年开展的十八项重点工作，并就做好这十八项工作做了具体的部署安排，制订计划、明确任务、突出重点、责任到人，确保各项工作目标的完成。

龚正副省长充分肯定了商务厅的工作汇报，他指出，总的来看商务厅准备得很充分，考虑得也很详细、周到，有思路有举措。提出的目标切合实际，也比较科学、可行，工作重点突出，有牵头人、有责任处室，许多还列出了工作计划和进度表，这样的做法很好。龚正副省长特别就如何做好2012年商务工作提出了具体要求。他指出，2012年的目标任务和重点工作要围绕全省经济工作“稳中求进、转中求好”的总基调和省委、省政府的决策部署，按照“一个确保、两个强化、三个加快、四个创新”的工作思路，努力实现全省商务工作的平稳健康较快发展。“一个确保”就是确保完成今年确定的各项指标任务，“两个强化”就是强化服务“三大国家”战略和服务企业尤其是中小微企业的力度，“三个加快”就是加快“走出去”步伐、加快扩大进口、加快商贸流通体系建设，“四个创新” 就是引进外资的方式方法要创新、推动电子商务发展的措施要创新、应对贸易摩擦的机制要创新和开发区的体制机制要创新。

3月

3月2日 国务院批准义乌经济开发区升级为国家级经济技术开发区。至此，浙江省新升级的国家级经济技术开发区增至9家，累计数达到14家。新增数和累计数仍居全国第二。

3月2日 为深入贯彻落实全省统筹省内发展和对外开放加快实施“走出去”战略电视电话会议精神，省商务厅和国开行浙江分行联合举办“银企合作助力企业‘走出去’座谈会”。韩杰副厅长出席会议并致辞，国开行浙江分行范显伟副行长作主题发言。企业代表交流了“走出去”发展情况。全省境外投资合作重点企业负责人，省商务厅外经处、国开行浙江分行相关处室负责人共100余人参加了此次会议。此次座谈会是对政、银、企合作模式的探索和创新，加强了企业赴海外投资发展过程的实务经验交流，推动了金融机构了解企业融资难和作出相应安排，促进了政府部门对企业“走出去”业务工作指导和政策咨询。

3月6日 全省商务系统纪检监察工作会议在杭召开。厅党组书记、厅长金永辉，厅党组成员、副厅长胡潍康，厅党组成员、驻厅纪检组长、监察专员黄克旭出席会议。会上，金永辉厅长作了重要讲话，黄克旭组长代表厅党组向大会作了工作报告。厅党组书记、厅长金永辉强调，要深刻领会胡锦涛总书记和省委赵洪祝书记的重要讲话精神，充分认识保持党的纯洁性的重大意义，明确保持党的纯洁性的工作重点。他在充分肯定2011年全厅在反腐倡廉工作中取得成效的同时，提出2012年全省商务系统反腐倡廉工作重点。一是抓"三大战略",力争有新突破;二是抓工作目标,确保完成任务;三是抓民生工程,促进成果分享;四是抓资金管理,推动科学理财;五是抓简政放权,提高行政效能;六是抓自身建设,改善发展环境;七是抓服务水平,密切党群关系。

3月8日 全国"两会"间隙,省委书记、省人大常委会主任赵洪祝,省委副书记、省长夏宝龙等考察了北京"浙江名品中心"。金永辉厅长、周日星副厅长陪同考察。在国内外一些重要城市设立浙江名品中心,建设有浙江特色的品牌营销网络体系,是省委、省政府为应对国际金融危机冲击,大力实施"走出去"战略,助推企业开拓国内外市场、促进经济转型升级而作出的一项战略决策。自2011年6月开业以来,北京浙江名品中心按照"企业主体、市场运作、品牌优先、政府推动、省市共建、先易后难、逐步完善"的运营思路,集中展示销售浙江品牌产品,大力打造培育浙江品牌,积极服务浙江企业。中心已实现直接销售额1000多万元,通过这里向北京其他市场拓展的间接销售额达到500万元,并有近30家入驻企业在北京市场找到了代理商或进入北京超市。

3月8日 为加强对台经贸合作,鼓励浙江省企业入岛投资发展,实现两岸经济互利共赢,省商务厅与省台办联合举办"赴台投资企业政策培训座谈会"。省台办裘小玲主任主持会议,省商务厅韩杰副厅长出席会议并致辞。浙江省对台投资企业负责人,省商务厅、省台办、省科技厅、省经信委、省中小企业局、省外国专家局负责人及相关处室负责人,有关地市台办负责人共40余人参加了此次会议。此次会议,为入岛投资企业实务交流搭建了平台,宣传了浙江省对外投资、国际科技合作,引进海外高端人才政策,进一步推动了两岸经贸合作,实现两岸经济互利共赢。

3月12日 由商务部投资促进事务局联合中信银行主办、浙江省商务厅协办的"金融支持地方企业'走出去'研讨会"在杭州黄龙饭店举行。商务部合作司刘迎军副司长、投资促进局刘殿勋局长、浙江省商务厅韩杰副厅长,以及中信银行欧阳谦副行长出席研讨会。商务部、中信银行组织邀请了来自北京、上海、福建、广东、江苏等沿海贸易活跃区域的130多家大型企业代表参加探讨会。浙江省商务厅外经处组织了浙江省商务系统有关负责人以及境外投资项目较大、国外经济技术合作规模较大的企业代表30余人参加研讨会。会上,韩杰副厅长致欢迎词,介绍了浙江省商务发展尤其是"走出去"发展情况,以及浙江省探索银企合作方面的探索和尝试。刘迎军副司长就我国深入"走出去"战略基本情况以及政策制度体系进行了介绍和解读。

3月12—13日 2011年度全省商务系统目标责任制考核工作会议在衢州召开。厅党组成员、办公室主任马建国出席会议并讲话,各市及义乌市商务主管部门办公室主任或分管目标责任制考核工作处室主要负责人、省商务厅有关处室负责人参加了会议。会议对各市商务主管部门2011年度目标责任制完成情况(二类目标)进行了测评。会上,参会代表还对《全省商务系统目标责任制考核办法》和《2012年度全省商务系统重点工作任务》进行了热烈深入的讨论,提出了许多有益的意见建议。

3月14—15日 全省外经贸运行调查监测点(南片)考评会议在金华举行,对金华、温州、台州、衢州、丽水等11个市(县)监测点进行了集中考评。外经贸运行调查监测系统是在金融危机爆发之后外贸形势急剧变化的情况下建立起来的,全省共设立29个监测点,主要目的是及时、准确、全面反映浙江省对外贸易运行现状和发展趋势。

3月27日 浙江省商务厅与省财政厅、国税局、地税局、工商局、统计局、外管局(以下简称"七部门")在杭州联合召开了2012年全省外商投资企业联合年检工作会议,浙江省商务厅徐焕明副厅长到会并讲话。省级联合年检七部门分别就开展2012年全省外商投资企业联合年检工作进行了具体布置,相关软件公司对各市联合年检工作人员进行了系统操作的培训。2012年全省外商投资企业联合年检工作全面实现网上年检,于6月30日结束。各市联合年检相关部门100多人参加了会议。

3月27—28日 浙江省公平贸易工作十周年总结会议暨预警点总结会议于温州成功举行。商务部公平贸易局周大霖副局长、省商务厅韩杰副厅长、各市、县商务主管部门领导及相关工作人员及预警点工作人员共180余人与会。会上，省商务厅为10年来的公平贸易工作优秀集体及个人颁奖，为曾在公平贸易战线上工作的同志颁发了感动人物奖，并为2011年新设预警点授牌。会上，商务部公平贸易局周大霖副局长参会并主要就目前我国面临的贸易摩擦形势作了发言，韩杰副厅长就浙江省的公平贸易工作作了讲话，公平贸易局张勇局长作了浙江省公平贸易工作10周年的工作报告。本次会议肯定了10年来的公平贸易工作成绩，进一步明确了公平贸易工作的重要性和意义，了解了今后的公平贸易工作形势，部署了下一阶段公平贸易工作的工作重点。

3月29日 厅党组副书记、副厅长周日星一行赴义乌市，就义乌市场和阿里巴巴电子商务合作进行专题调研。义乌市政府、小商品城集团、阿里巴巴集团等有关负责人出席了专题调研会。会上，周日星副厅长就义乌市场和阿里巴巴电子商务合作"框架协议"和"合作方案"听取有关各方意见，并对下阶段双方合作计划、工作安排进行了部署。目前，义乌市场和阿里巴巴电子商务合作进展顺利，有望在近期签订合作协议。

4月

4月2日 省商务厅举办2012年全国消费促进月浙江活动。为认真贯彻落实《商务部办公厅关于组织开展2012年全国消费促进月活动的通知》(商办运函〔2012〕126号)精神和省委、省政府关于扩大内需促进消费的总体部署，按照商务部全国消费促进月活动的统一安排，省商务厅联合省商贸业联合会及杭州、宁波、嘉兴、金华、舟山等市商务主管部门共同举办了2012年全国消费促进月浙江活动，商贸企业踊跃参加。

本次活动以文明、健康、绿色、低碳的消费观为指导；以扩大消费为出发点；以改善民生、满足人民群众物质文化需要为目标；以提高消费规模、促进消费升级为基础；以促进便利消费、实惠消费、热点消费、循环消费、安全消费为主线，营造了良好的消费环境，提振了消费信心，充分发挥了扩大城乡居民消费对促进经济稳定增长和转型升级的作用。据各市上报的数据统计，活动月期间，各地共组织促销活动189场(次)，参与商家17213家，实现销售84.43亿元，按可比口径计算，同比增长14.61%。

4月5日 作为浙江省与日本静冈县缔结友好省县30周年庆典的重要活动，浙江—静冈投资贸易洽谈会暨名品展览会在日本静冈举行，洽谈会共到会600余人，其中日方400人。浙江省人民政府省长夏宝龙、静冈县对外关系辅佐官东乡和彦、中国驻日本大使馆公使吕克俭共同出席并为活动启幕。会上举行了合作项目签约仪式，共签订36个项目，总金额9.3亿美元，其中与世界500强签约的投资项目6个、贸易项目2个。展览会展出面积共3600平方米，参展企业109家。其中，浙江企业95家，展出了25类、300多种商品，现场举行了太极茶道、玻璃雕刻、麻饼制作等表演。静冈县14家企业也同台展出了具有浓厚当地风味的特产与美食。两天的展会共吸引了超过6000个县民和部分企业前来参观、洽谈，超过事先预期。名品展现场成交1336万日元，意向成交300万美元。静冈县知事川胜平太专程参观了展览。

4月12日 省商务厅在杭州组织召开了全省散装水泥发展和应用工作会议。会议由省商务厅党组副书记、副厅长周日星主持，省政府副秘书长夏海伟出席并作重要讲话，省散装水泥办公室主任陈利永作工作报告。省发改委、经信委、公安厅、监察厅、财政厅、建设厅等相关省级部门领导参加会议，各市、县(市、区)行政主管部门分管领导、散装办负责人，部分散装水泥、预拌混凝土和预拌砂浆行业代表企业负责人及相关科研机构、行业协会、新闻媒体代表等共计250余人参加会议。此次会议还表彰了2011年全省散装水泥发展和应用工作优秀单位、全省信息工作优秀单位和先进个人。嘉兴市、金华市、温岭市散装办以及浙江忠信集团代表分别就预拌砂浆推广、"禁现"行政执法、专用车辆管理、开拓集镇使用预拌混凝土和城市装修使用预拌砂浆市场作经验交流发言。

4月12日 全省农村商贸流通工作会议在舟山市召开，省商务厅徐焕明副厅长参加会议并讲话。会议在充分肯定去年全省农村商贸流通工作取得成绩的同时，进一步明确了下一步农村商贸工作的基本思路：围绕城乡统筹、转变经济发展方式新任务新要求，以加强商贸发展规划为龙头，以扩大消费需求为主线，以深化“万村千乡市场工程”为基础，以创建现代商贸服务示范镇示范村为导向，以畅通工业品下乡农产品进城双向流通渠道为重点，加快建立城乡一体的现代商贸流通体系，为经济转型升级、保障改善民生做出新贡献。

会议要求全省农村商贸工作不断取得新突破。一是在深化“万村千乡市场工程”建设上有新突破。二是在农产品现代流通体系建设上有新突破。三是在创建城乡统筹现代商贸服务示范镇和农村现代商贸服务示范村上有新突破。各市商务局分管局长、处长，部分县（市）商务局局长，省商务厅相关处室负责人近50人参加会议。

4月13日 全省首次服务贸易和服务外包形势分析会在安吉召开，参加会议的有全省11个市及义乌市商务局（外经贸局）负责服务贸易的分管局领导、处室负责人，省厅服务贸易处处长张钱江主持会议，省统计局、省外汇管理局相关处室负责人及省服务贸易协会会长到会指导，厅党组副书记、副厅长周日星同志出席会议并作讲话。

4月13日 为全面推进全省商务领域促进消费工作，省商务厅在舟山市首次召开促进消费工作座谈会。省商务厅副厅长徐焕明出席会议并讲话，省商务厅调节处处长潘中通报了一季度全省消费形势；全省12个市（含义乌市）商务部门负责人交流了促消费工作做法、经验和下一步打算，10个县（市、区）进行了书面材料交流。厅办公室、政法处、综合处、商发处、市场处、秩序处、贸研中心相关负责人参加了会议。

4月16日 全省一季度外资形势分析会在衢州召开。与会代表围绕创新利用外资方式这个会议主题，结合一季度工作进行汇报交流。徐焕明副厅长参加会议并讲话。全省11个市、有关县（市、区）商务主管部门，有关开发区管委会，厅机关有关处室、投资促进中心、省外资协会负责人共60余人参加了会议。

4月16—17日 由浙江省国际投资促进中心主办、第九届执行主席单位衢州市商务局承办的第九届浙江省投资促进机构联席会议暨引进世界500强专题研讨会在衢州隆重召开。衢州市政府胡仲明副市长出席会议并致辞，省商务厅徐焕明副厅长到会指导并讲话，厅有关处室负责人、各市商务局（外经贸局）、省投资促进机构联席会议各成员单位、扩权县商务局（外经贸局）、全省开发区等单位的代表共100多人参加会议。

4月19日 全省电子商务工作会议暨领导小组第一次会议在杭州召开，省电子商务工作领导小组全体成员及省公安厅、省邮政管理局、阿里巴巴集团等单位负责人参加会议，会议由省政府夏海伟副秘书长主持，领导小组办公室主任、省商务厅党组副书记、副厅长周日星作了工作汇报。领导小组组长龚正副省长出席会议并作重要讲话。龚正副省长在讲话中充分肯定了全省电子商务工作所取得的成绩，分析当前存在的问题，深入阐释电子商务发展的意义，并就下阶段工作提出五点要求：一是抓重点工作，二是抓电子商务普及应用，三是抓支撑配套，四是抓重大项目，五是抓管理机制。会议期间还审议了《2012年全省电子商务总体工作思路和要点》及《浙江省电子商务产业“十二五”发展规划》任务分解方案（审议稿）。

5月

5月3—4日 龚正副省长考察调研第111届“广交会”，并主持召开外贸形势座谈会。省政府夏海伟副秘书长，省商务厅金永辉厅长、陈如昉副厅长等随同考察。龚正副省长考察了代表浙江传统优势产业的服装、家纺、箱包、鞋类展区，走访了省迪达进出口公司、恒柏集团、宁兴服饰、凯喜雅集团、国贸集团、瑞教集团、荣光集团、旅行之家箱包等20家企业展位，询问了解企业的产品结构、出口市场、品牌建设、盈利水平、业务洽谈等情况，尤其是企业在当前面临外需不振、利润变薄、各项成本上升等压力时的经营情况和应对举措，听取了企业的意见和建议。龚正副省长鼓励各参展企业面对困难形势要保持信心，加快转型升级，求新求变。要着眼长远，加大技术研发，重视品牌建设，不断提高产品附加值，努力保市场、保订单、保客户、保工厂。他强调，各参展企业要紧紧抓住“广交会”这个大平台，努力克服各种不利因素带来的影响，以产品多元化和市场多元化为突破点，多交客户、扩大成交。

5月3—4日 2012年度全省商务法律暨反垄断工作会议在杭召开。11个市及部分县（市、区）商务主管部门分管领导、相关处室负责人参加会议。会议认真贯彻落实全国第四次商务法律工作会议及反垄断工作会议精神，总结了2011年度全省商务法律暨反垄断工作情况，研究部署2012年全省商务法律暨反垄断工作任务。杭州市贸易局、嘉兴市商务局作典型交流发言，各市商务主管部门进行工作交流。徐焕明副厅长出席会议并讲话。会议要求，各级商务部门加强对商务法律工作的组织领导、加强商务法律工作队伍建设、加强商务法律工作的基本保障，切实增强商务法律工作合力，力争全省商务法律工作走在全国前列。

5月8日 中国进出口银行浙江省分行联合省商务厅在西湖国宾馆举行了“支持浙江企业开拓国际市场座谈会”。龚正副省长出席座谈会并讲话，省政协徐冠巨副主席出席并介绍浙江省民企发展情况，省商务厅金永辉厅长介绍浙江省对外开放情况。会议由中国进出口银行浙江省分行徐建华副行长主持。韩杰副厅长以及厅有关处室负责人、省内20余家有代表性企业负责人等共计70余人参加会议。这是省商务厅搭建公共服务平台、深化银政企合作、推动全省外贸与“走出去”工作的务实举措。

5月8日 由泰国投资促进委员会、浙江省商务厅共同主办，泰王国驻上海总领事馆、泰王国驻上海总领事馆商务处、泰国国家旅游局以及泰国安美德基金会联合协办，浙江省国际投资服务中心承办的“无与伦比的泰国，无限可能的商机”泰国投资说明会在浙江杭州JW万豪酒店举办。泰王国驻上海总领事芙诗功女士率泰方代表团一行32人出席会议，并发表演讲。省商务厅韩杰副厅长到会并致辞。泰国安美德基金会主席邱威功先生，华立集团董事会主席汪力成先生，泰国投资促进委员会官员、泰国国家旅游局官员以及省内外企业120多位代表出席了会议。此次说明会得到了新闻媒体的积极关注，浙江与杭州各有关媒体记者均到会进行了采访，并对此次活动进行了广泛报道。

5月9日 为推进央企与浙江的合作，依托中央企业的优势开拓国际市场，提升浙江对外承包工程企业的经营管理能力，积极促进浙江省对外承包工程发展，由省商务厅主办、省对外承包工程商会承办的央企项目对接会在杭州召开。韩杰副厅长出席会议，中国对外承包工程商会会长刁春和出席会议并致辞，浙江商会80余家会员单位参加会议。会上，中国路桥工程有限责任公司、中地海外建设集团有限公司、中铁国际经济合作有限公司、中信建设有限责任公司、中国建筑股份有限公司、北京城建集团、北京建工集团有限公司等7家中央企业的负责人分别就企业发展、对外承包工程市场和项目进行了介绍，表达了与浙江企业的合作意愿，希望在项目、产业乃至资本方面寻求合作伙伴，进行对接。浙江省来自传统建筑行业、信息服务业、新能源光伏产业、高科技产业等8家代表企业现场对应交流，针对央企代表的推介，分别介绍了各自企业情况，并推出具体合作项目。

5月9日 全省城乡连锁经营重点流通企业座谈会在杭州召开，省商务厅徐焕明副厅长参加会议并讲话。会议着重就引导城市大型流通企业进入农村，加快提升“万村千乡市场工程”建设质量问题进行了研究和部署。会议指出，深化“万村千乡市场工程”，加快建立农村现代流通网络是商务工作的重要任务，有利于保障农村消费安全，有利于扩大农村消费，有利于统筹城乡发展。

5月9日 全省商务系统政务信息暨新闻宣传工作会议在杭州召开。会议总结回顾2011年度全省商务系统政务信息和新闻宣传工作，通报表彰2011年先进单位和个人，研究部署2012年全省商务系统政务信息及新闻宣传工作。会上，厅综合处、温州市商务局、萧山经济技术开发区等40家政务信息工作先进单位和任锦群、胡兴远、鲍伟伟等40名政务信息工作先进个人受到了表彰，宁波市外经贸局、海宁市商务局和厅公平贸易局就政务信息和新闻宣传的先进经验和典型做法作了交流发言。省商务厅副厅长陈如昉出席会议并作讲话。全省各市、各扩权县(市、区)商务主管部门分管领导,部分国家级、省级开发区分管领导,厅机关各处室分管处长,厅属事业单位分管领导,商务部驻杭特办和《国际商报》浙江记者站相关工作负责人共计90多人出席了会议。

5月9日 浙江省对外承包工程商会成立大会暨项目对接会在之江饭店举行。省人大常委会冯明副主任出席大会并为商会揭牌,中国对外承包工程商会会长刁春和出席并致辞,龚正副省长发来贺信,省商务厅金永辉厅长出席并讲话,韩杰副厅长主持会议。省外办、省建筑业管理局、省公安厅出入境管理局等有关部门负责人,省级集团公司负责人,国开行浙江省分行、中国进出口银行浙江省分行、中信保浙江分公司及11个地市商务部门负责人,部分央企代表,81家商会会员单位参加大会,《浙江日报》、浙江卫视、《国际商报》等媒体报道了大会情况。

5月10日 为进一步总结推广应对经验,推动进出口公平贸易工作,由浙江省商务厅和中国机电进出口商会主办的"四体联运成功应对美国对华钢轮毂'双反'案现场总结交流会"在富阳召开。商务部进出口公平贸易局宋和平调查专员、中国机电进出口商会王贵清副会长、浙江省商务厅韩杰副厅长到会并讲话,商务部驻杭特派员办事处、山东省商务厅、杭州市各级商务(外经贸)系统、企业代表等共100余人参加会议。会议总结了本次"双反"案应对的做法和经验,并对当前我国遭遇的贸易摩擦案件进行了分析和指导。韩杰副厅长指出浙江省各级政府和企业围绕此案分工合作,提前预警,确立应对机制,有序开展应对工作,为成功应对本案打下了良好的基础。并要求高度重视、提高贸易摩擦应对意识,同时加强自律,做好本案后续应对工作。

5月10日 省商务厅联合省级、金华市和义乌市三级涉外部门,在义乌国际商贸城开展了外贸政策宣讲咨询活动并取得圆满成功。陈如昉副厅长主持咨询活动开幕式,金永辉厅长和义乌市委书记黄志平分别致辞。这次活动是省商务厅"抓订单、优环境、稳外需——外贸企业服务月"活动的一项重要内容,是贯彻省委、省政府"服务企业、服务基层"要求和改变机关作风建设的具体体现,也是推进义乌市国际贸易综合配套改革的重要举措。咨询活动的参与部门有省商务厅、省公安厅、省外办、省工商局、省质量技监局、省国税局、省检验检疫局、杭州海关、省外汇管理局、省知识产权局、中国出口信用保险公司浙江分公司等11个省级部门和金华市、义乌市的对口部门,涉及对外贸易促进政策、贸易纠纷防范、出入境签证、产品认证、进出口税收、出入境检验检疫、海关报关、个人外汇管理、知识产权及专利、信用保险及工商管理等咨询内容。据统计,咨询活动到场人数近1000人,实际咨询人员200余人,其中外国客商约占两成左右,发放各类资料约3000份,咨询活动取得了较好的效果。

5月11日 省政府在杭州召开全省外贸工作专题会议。全省11个市和义乌、出口十强县(市、区)政府分管商务(外经贸)工作的负责人和商务局(外经贸局)主要负责人,省级有关单位、商务部驻杭特办负责人,金永辉厅长及有关厅领导、厅机关有关处室和厅属单位负责人约100人参加会议。会议由夏海伟副秘书长主持,龚正副省长出席会议并讲话。会上,11个市的代表与省政府签订了完成2012年外贸出口目标责任书。会议指出,2012年外贸形势比年初预计的要严峻,要实现全年出口增长10%以上的目标任务艰巨,全省各地要千方百计、全力以赴,确保完成2012年外贸各项目标任务。会议要求,今后一段时期推动外贸平稳较快发展,要把抓订单放在首要位置,千方百计稳定传统市场份额,大力拓展新兴市场;要通过转型升级提高外贸国际竞争力,切实提升研发、品牌、营销网络能力;要创新创优方式,通过"走出去"、电子商务、加工贸易等多渠道、多途径促进出口;要加大政策扶持和服务力度,为外贸企业营造良好发展环境;要抓进口促平衡,实现外贸可持续发展。

5月14日 郑继伟副省长率省食品安全委员会成员单位领导来省商务厅调研指导食品药品安全监管工作。周日星副厅长代表省商务厅重点汇报了生猪定点屠宰行业管理工作情况,特别是在监管过程中发现的风险隐患,以及下一步工作举措和建议。郑继伟副省长对省商务厅在商务领域食品药品监管方面所做的工作表示充分肯定。他强调，这次省政府部署的食品药品安全隐患大排查、大清理工作，旨在加强食品药品安全工作，让食品药品领域潜在的风险隐患和问题及早发现、尽快解决。各监管部门要对排查出来的风险隐患和问题进行分析，对于明确属于本部门日常监管职能范畴的，要按照现行法律法规和政策加强监管；对于涉及食品药品安全的系统性风险，要利用食安委的平台，加强部门之间的沟通与合作。对于短期内无法解决的问题，一是要做好预警工作，及时公开有关信息；二是对反复出现的问题，要向地方政府通报，建立问责机制；三是要制订中长期整治计划，逐步推进问题的解决。

5月16—18日 为应对国际经济复苏缓慢带来的外需减弱，贯彻浙江省出口市场多元化战略，积极拓展和培育周边新兴市场，进一步抓住中国—东盟自贸区系列协议全面实施带来的贸易机遇，按照“稳增长、调结构、促平衡”的总体要求，围绕省里“拓市场、促转型、扩进口”的工作部署，省商务厅在越南河内举办了第二届“浙江出口商品（越南河内）交易会”（下称越南展）。越南展在各方面的共同努力下，取得了圆满成功。本届越南展面积4000平方米，设标准展位150个，参展企业138家，主要展品是各类机械电子，建材、装饰材料及五金，家居用品、日用消费品及纺织面料等我省具有一定竞争优势的产品，也是越南市场有需求的产品。3天展会期间，到会客商5069人，成交了572笔交易，现场成交513万美元，意向成交2340万美元，分别比上年增长13%、76.5%、18%和-14%。

5月17日 为配合国家经济外交的总体部署，贯彻落实商务部关于加强中美省州间经贸工作有关精神，进一步推动浙江省对美省州经贸交流与合作，提高对美省州经贸工作水平，全省对美省州经贸工作座谈会在杭举行。商务部美大司王旭副司长等一行、省商务厅韩杰副厅长、各市、扩权县（市、区）商务局（外经贸局）、省级集团公司和厅有关处室、厅属单位等60余人参加了会议。王旭副司长就中美经贸形势发展背景、中美经贸发展面临的机遇和挑战以及当前中美省州经贸合作情况等内容作了报告，韩杰副厅长作了讲话，回顾总结了浙江省对美省州经贸合作交流的特点，并对今后做好对美省州经贸工作提出了具体要求。会议还传达了商务部对美经贸工作座谈会精神，总结了全省对美省州经贸工作开展情况并部署了下一阶段的相关工作。与会代表充分交流了本地近年来开展对美经贸（如双向贸易、投资）情况、重要经贸项目合作情况、与美友好城市经贸发展情况、友城间重要经贸团组来往情况、对美省州经贸工作经验等，对今后工作特别是对“全省对美省州经贸工作指导意见”提出了许多好的意见和建议。

5月21日 为进一步加强浙江省与印度尼西亚的经贸合作关系，“2012印度尼西亚贸易、旅游及投资促进会”在杭州洲际酒店举行。本次活动由印度尼西亚驻华大使馆、印度尼西亚驻广州领事和印度尼西亚驻香港领事主办，浙江省商务厅、省贸促会、省外办和省旅游局等协办。省商务厅组织了各地商务主管部门、开发区、省级有关企业、行业协会以及全省有意赴印度尼西亚投资的企业共计160多人参加会议。印度尼西亚驻华大使易慕龙发表开幕演讲，浙江省商务厅韩杰副厅长到会并致辞，省商务厅鞠雅莲巡视员出席了欢迎晚宴，省商务厅相关处室派员参加了会议。开幕仪式结束后，还分别举行了贸易、旅游、投资三场分论坛。印度尼西亚工业总部部长助理史蒂夫在投资论坛会上详细介绍了印度尼西亚投资环境和吸引外资的政策。

5月22日 省商务厅与商务部外贸司联合召开部省对接会议深入推进义乌国际贸易综合改革试点工作。商务部参加会议的有外贸司、市场建设司、条法司、财务司、市场秩序司、流通业发展司、市场运行司、服贸司、产业司、外资司、合作司、西亚非洲司和电子商务司的领导及承担改革试点工作的相关负责人，浙江省参加会议的有金永辉厅长、徐焕明副厅长以及厅12个相关处室、省商务研究院负责人，义乌市人民政府领导及相关部门负责人。会议强调，要建立健全部省联动的推进机制、跨部门以及商务部内的沟通机制，落实人员，密切合作，增强工作合力。会议要求，对在这次部省对接会上已明确的重点问题、已澄清的问题以及各方面已达成共识的问题，要落在纸面上，形成专题会议纪要。会议纪要既是对前面各项改革工作的一个阶段性总结，又使后面的改革工作能在原有工作成果基础上不断推进，争取改革不断取得新的进展。

5月23日 为应对当前外贸发展的严峻形势，积极开拓俄罗斯等新兴市场，进一步推进对俄的经济合作，省商务厅在温岭市召开重点企业对俄贸易出口座谈会，韩杰副厅长到会作讲话。该座谈会是“抓订单、促转型、保目标——外贸企业服务月”活动的主要内容之一，重点推荐“莫斯科—义乌国际商贸中心”项目，鼓励浙江企业通过该平台以合法、规范、有序的方式积极稳妥地开拓俄罗斯市场。台州各地商务部门负责人、重点企业代表、俄罗斯台州商会代表等共130多人参加了会议。

5月24日 全省典当工作会议在杭州召开，这是省商务厅组建以来第一次召开的全省性典当行业管理工作会议。徐焕明副厅长参加会议并讲话。各市、县(市)商务主管部门分管领导或业务处(科)室负责人、省典当行业协会和典当企业代表近400人参加会议，省公安厅有关领导应邀出席会议。会议还首次表彰了年度56家星级典当企业，并向10家四星级、五星级典当企业授牌。

5月25日 韩杰副厅长率厅公平贸易局同志陪同商务部公平贸易局余本林副局长一行三人赴临安就墨西哥对华同轴电缆反倾销一案进行实地调研。调研组分赴本案应诉企业创美实业与荣顺线缆与企业负责人座谈，认真听取企业在应诉墨西哥反倾销一案中遭遇的困难以及希望商务部解决的问题，并到车间了解企业情况。韩杰副厅长还与余本林副局长商议金砖国家贸易救济政策说明会相关事宜，初步达成了9月份于杭州举办金砖国家贸易救济政策说明会的共识。

5月28日 首届中国国际服务贸易交易会浙江主题日成功举办。本次活动以“国际服务贸易推动浙江经济新增长”为主题，推出了服贸概览、影视文化、动漫创意、服务外包四板块内容，通过企业展示、项目推介、产品介绍、动漫演绎，全面、生动展示了浙江服务贸易发展成果和蓝图。该活动由浙江省政府主办、浙江省商务厅承办，共组织了涉及服务外包、文化贸易、货代服务、信息技术等服务贸易领域300家企业代表和专家参会。浙江省人民政府龚正副省长、国家商务部服务贸易司周柳军司长、浙江省商务厅金永辉厅长、浙江省商务厅周日星副厅长、浙江省商务厅鞠雅莲巡视员等出席浙江主题日活动，并启动了开幕仪式。

6月

6月8日 由浙江省人民政府主办，省商务厅、省发改委、省经信委、省外办、省工商联、省新闻办承办，商务部投资促进事务局协办的浙江战略性新兴产业与世界500强对接洽谈会暨全省重大外资项目签约仪式在宁波举行。本次活动是第14届中国浙江投资贸易洽谈会重要活动之一，会前，龚正副省长会见了部分世界500强代表和美国各州驻华协会、上海美国商会、中国欧盟商会、日本贸易振兴机构等国际知名商协会负责人。省政协盛昌黎副主席参加了会议。省政府夏海伟副秘书长、商务部投资促进事务局刘殿勋局长出席会议并致辞。会议由省商务厅徐焕明副厅长主持。

本次对接会主要内容包括：推介各市战略性新兴产业发展情况，举行重大外资项目签约仪式，世界500强等跨国公司、投资促进机构与浙江省企业、园区对接洽谈。沃尔玛、摩根大通、家乐福、特易购、三井物产等50余家世界500强及其他100余家跨国公司的高管或代表，共270余人参加了会议。签约项目31个，投资总额60.97亿美元，协议外资27.32亿美元，其中世界500强投资项目9个，投资总额13.16亿美元，协议外资4.55亿美元。

6月8日 由商务部向宁波职业技术学院授予“中国职业技术教育援外培训基地”的授牌仪式在宁波举行。商务部钟山副部长、商务部服务贸易司周柳军司长、浙江省商务厅金永辉厅长、商务部援外司副司级商务参赞余应福等出席授牌仪式。这是浙江省继浙江师范大学被命名为“中国基础教育援外研修基地”之后获得命名的第二个援外培训基地，也是商务部在国内授予的第四个援外培训基地。

6月8—11日 由商务部和省政府共同主办、省商务厅和宁波市政府共同承办的第14届中国浙江投资贸易洽谈会、第11届中国国际日用消费品博览会在宁波成功举办。本届大会围绕“实施四大国家战略,深化国际产业合作,促进经济转型升级”主题,共安排了合作洽谈、展览展示和开放论坛三大板块43项活动,突出浙江重点产业、重点区域、重点项目和战略性新兴产业与跨国公司等的对接合作。大会期间举办了浙江战略性新兴产业与世界500强对接洽谈会暨全省重大外商投资项目签约仪式、浙江—台湾中小企业合作洽谈会等11场“投资浙江”产业对接会,参会外商突破万人,经贸团组超过百个。省委副书记、省长夏宝龙和商务部钟山副部长共同为本届“浙洽会”、“消博会”揭幕,龚正副省长主持开幕式,金永辉厅长、韩杰副厅长、徐焕明副厅长、陈晓龙副巡视员等参加了有关活动。

6月13日 由浙江省商务厅、浙江省农业厅和美国印第安纳州农业厅主办,浙江省国际投资促进中心和美国太平洋世界贸易公司承办的“浙江—印第安纳经贸合作对接会”在杭州凯悦酒店大宴会厅举行。印第安纳州副州长贝基·斯科尔曼女士率领印第安纳州政府和企业家代表团一行38人,省商务厅金永辉厅长、省外办余亦平副巡视员出席会议,省商务厅、省农业厅和省林业厅邀请了农业、林业、制造业企业及省外贸公司等共51家对口企业和机构约80名代表参会。

6月13日 全省各地商务主管部门以“共建诚信家园,同铸食品安全”为主题,举办了屠宰企业开放日活动。活动邀请了人大代表、政协委员、新闻媒体、消费者代表以及街道、社区代表参观生猪屠宰的整个流程和食品安全保障体系。参加活动的各界人士听取了屠宰企业的基本情况介绍,参观了生猪收购、宰前检疫和屠宰加工、产品出厂过程中的检验检疫程序。杭州西兴屠宰场、金华双汇、义乌华统等屠宰企业在“瘦肉精”检测、病害猪无害化处理和食品安全体系建设等方面给参观者留下深刻印象。各地参观者认为,屠宰企业开放日活动提供了一个很好的窗口,使大家对屠宰加工企业有了零距离接触和深入的了解,让消费者真正看到了各级监管部门和企业为保障食品安全所做的努力,这对提升消费者的信心、提高管理部门的监管效率、提升企业的管理水平都很有益处。

6月15日 全省外经贸运行调查监测工作会议在富阳召开。会议的主要内容是回顾总结2011年度全省外经贸运行调查监测工作,通报表彰2011年度全省外经贸运行调查监测工作先进单位和个人,研究部署2012年度全省外经贸运行调查监测工作。出席会议的有省商务厅副厅长陈如昉,全省各市商务局(外经贸局)的分管局长及相关处室负责人,有关县(市、区)商务局(外经贸局)的分管局长及相关科室负责人,省商务厅负责监测工作的综合处相关负责同志,厅属外贸中心负责运行监测工作的相关负责人,共计70多人。会上对2011年度的优秀监测点进行了表彰,陈如昉副厅长在会上作了重要讲话。

6月15日 第10届中国国际软件和信息服务交易会在大连隆重开幕,来自20多个国家和地区的政府和企业嘉宾,国内50多个省市团体的代表以及海内外众多知名企业家参加了开幕式。开幕式结束后,商务部部长助理仇鸿视察了浙江展区。

6月20日 东芝开利空调(中国)杭州项目在杭州黄龙饭店举行了签约仪式,徐焕明副厅长参加。项目投资总额6500万美元,投产后的第二年预计产值就可达10亿元人民币以上,五年累计产值有望超过70亿元,将成为浙江省第一家专业大型商用空调企业。投资方东芝开利株式会社是东芝株式会社(2011年排位89)与美国联合技术公司UTC(2011年排位150)共同投资的企业,两个合资方均为世界500强企业,在商用空调行业中无论在技术上,还是销售额上均处于领先地位。本次投资是东芝开利株式会社在我国的第一家工厂,也是东芝集团在东芝唯一笔记本电脑生产基地落户杭州后的又一个重量级项目,至今,东芝集团在杭投资项目已增加至7个。该项目参加了2012年4月5日夏宝龙省长带队的“浙静协商结好三十周年”在静冈的活动,是浙江省2012年引进的第6个世界500强投资项目。至此,全省累计批准的世界500强投资项目已达

418个。

6月21日 由省商务厅主办，各市商务（外经贸）部门协办的12期政策培训班活动圆满结束，其中市地11期，省级单位1期。厅财务处直接参与了本次活动。此次活动，通过省市联动，极大地调动了各级商务（外经贸）主管部门、企业的积极性，全省（不含宁波）参加培训的企业超过3100家，台州、金华、丽水、温州、杭州地区参会企业均超过350家；发放资料3500余册；65个市、县（市、区）商务（外经贸）主管部门负责“商务促进政策”的领导及管理工作的人员均参加了政策培训，成效显著，受到了企业好评。

6月26—27日 为进一步做好世界500强引进工作，不断提升浙江省利用外资质量水平，徐焕明副厅长带队赴余杭、嘉兴调研。分别考察了欧文斯科宁复合材料（中国）有限公司、巴布科克日立（杭州）环保设备有限公司、阿克苏诺贝尔涂料（嘉兴）有限公司、东海橡塑（嘉兴）有限公司等6家企业，听取了企业关于投资、运营情况，县（区）及开发区有关负责人关于利用外资工作的汇报。

6月27—28日 为扩大农商对接范围，提升农产品流通效率，由省商务厅和省农业厅共同主办的“2012浙江省农商对接大会”在杭州成功召开，省商务厅鞠雅莲巡视员参加活动并致辞。这次农商对接大会邀请了近百家上海、南京以及省内商贸流通企业、高校后勤系统、驻杭部队、武警后勤系统的采购商代表参会；邀请了农民专业合作社、农业生产加工企业等200多家农业生产企业到会布展，并组织了近百名省内外采购集团客商代表和媒体记者到慈溪实地考察农业企业，参加新昌举行的特色产品推介和品尝活动。通过农业生产与流通企业零距离的接触，建立感性认识，加强了解，增进合作，有效促进产销双方建立长期稳定的合作关系，共同为农业生产和消费者架好桥、铺好路，促进农业增效、农民增收。近两天的农商对接活动共达成合作意向58个，总金额达5.76亿元，取得了丰硕成果。

6月28—29日 省商务厅商务课题工作座谈会在萧山召开，厅机关各处室、厅属各单位负责课题工作的同志参加了会议。会议认真总结了近年来商务课题工作，鼓舞干劲，理清工作思路，各处室单位踊跃交流了商务课题工作情况，并讨论修改《浙江省商务厅调研课题评奖办法（讨论稿）》。省社科院作了调研课题写作方法辅导。徐焕明副厅长出席座谈会并讲话。会议要求，要做好商务课题调研工作的保障工作，做到有人抓、有计划、有经费、有考评，弘扬“勤学、多思、深察、善谋”的精神，力求多出思想、多出精品、多出人才，为浙江商务工作做出更大贡献。

6月 省商务厅牵头开展“万家购物”风险处置工作。金华亿家电子商务有限公司利用“万家购物”电子商务平台开展违法经营活动，采取传销手段进行迅速扩张，仅仅两年就实现所谓的销售额287亿元，涉及全国2350个县，金牌会员80多万人。按照省政府领导指示精神，省商务厅牵头成立了风险防范指导小组，会同省公安厅、工商局、法制办、金融办、通管局、人民银行杭州中心支行等部门，指导金华做好“万家购物”风险防范和处置工作。目前，全厅正按照省政府领导要求，结合“万家购物”处置工作，会同相关部门研究提出网络零售市场监督管理工作意见，拟报省政府发文实施，切实规范电子商务市场秩序。

7月

7月4日 省商务厅陈如昉副厅长率厅外贸处等同志到杭州市专题调研跨境贸易电子商务产业发展情况，并实地走访杭州全麦电子商务有限公司。杭州市外经贸局、下城区商务局相关处室负责人陪同调研。

7月4日 省商务厅纪检组长黄克旭一行五人，到庆元县经济贸易商务局调研廉政风险防控机制建设工作。黄克旭组长对经济贸易商务局的廉政风险防控机制建设取得的成效及规范化管理特色给予了充分肯定。并提出对技改项目申报过程要向社会公开提高知晓度，实事求是做好应报尽报，杜绝暗箱操作、人情买卖，确实做到公平、公正、公开，将廉政风险防控机制建设扎实深入推进。

7月5—6日 2012年上半年全省商务运行形势分析会在嘉兴海盐举行，各市商务运行特约分析员、部分县区特约分析员、省商务厅部分相关处室代表等共40多人参加了会议。会议交流上半年完成商务工作各项目标的情况,探讨当前遇到的各种困难和问题,分析研判2012年下半年全省商务发展所面临的形势,研究相关政策建议和举措。

7月10—11日 国家商务部会同发展改革委、财政部、海关总署、税务总局、质检总局、外汇局组织联合调研组,就义乌市"市场采购"新型贸易方式试点方案进行专题调研。省商务厅副厅长徐焕明,金华市委常委、义乌市委书记黄志平,金华市副市长、义乌市市长何美华等陪同调研。调研组负责人、商务部外贸司副司长张夏令在会议总结时充分肯定浙江省商务厅等省级有关部门和义乌市委、市政府前一阶段所做的工作,并就下阶段工作提出意见。义乌市实施"市场采购"新型贸易方案所涉及的五大主要内容涉及贸易出口的各个环节。应该把"市场采购"当作贸易统计方式中的一种新方式,并列于一般贸易、加工贸易、边境贸易等。要围绕主要内容,抓紧细化试点方案,完善配套政策措施,有关方案和意见争取尽快上报国务院。联合调研组还与浙江省商务厅、义乌市政府就下一步具体工作作了研究和分工。

7月10—12日 商务部李金早副部长率调研组来浙江省开展外贸形势、援外培训和援外物资质量管理专题调研。李金早副部长考察了义乌小商品市场和浙师大援外培训基地,并在杭州召开了部分外贸和援外企业座谈会,听取了省商务厅的情况汇报和有关企业对今后发展的意见和建议。省委常委、常务副省长龚正会见并宴请了李金早副部长一行,省政府夏海伟副秘书长,省商务厅金永辉厅长、陈如昉副厅长和韩杰副厅长参加和陪同有关活动。

7月11—12日 商务部进出口公平贸易局刘丹阳副局长一行六人来浙江省开展贸易壁垒应对模式调研,韩杰副厅长陪同调研。为协助商务部做好本次调研工作,省商务厅专门组织召开调研座谈会,向调研组汇报浙江省对外贸易预警机制建设及相关工作开展情况,请相关预警示范点介绍预警工作经验,并安排实地走访省茶叶对外贸易预警示范点,与陈宗懋院士等作工作交流。

7月13—14日 省商务厅在桐乡市召开"四体联动"国际贸易摩擦应对工作机制研讨会暨欧盟玻璃纤维织物反倾销案总结会。韩杰副厅长出席会议并讲话,商务部进出口公平贸易局、中国轻工工艺品进出口商会、桐乡市政府有关领导应邀出席会议并讲话。巨石集团有限公司、振石集团恒石纤维基业有限公司、北京锦天城律师事务所作了交流发言,各市商务局(外经贸局)、嘉兴市各县(市)区商务局相关负责人参加了会议。

7月16日 全省利用外资工作现场会在余杭召开。省利用外资工作领导小组成员单位、各市商务主管部门、国家级经济开发区管委会、有关县(市、区)政府和商务主管部门负责人约120人参加了会议。省利用外资工作领导小组副组长、省政府副秘书长夏海伟到会并讲话,省利用外资工作领导小组办公室主任、省商务厅副厅长徐焕明主持会议。会上,围绕认真贯彻落实省政府最近出台的《浙江省人民政府关于进一步做好世界500强企业引进工作的意见》和《浙江省人民政府关于鼓励民营企业与外资嫁接提升的意见》,进一步提高利用外资质量水平这一主题,余杭区政府、嘉善县政府、湖州经济技术开发区管委会和杭州、宁波、丽水市商务部主管部门负责人作了交流发言。会议公布了按照浙江省商务厅、省财政厅《关于印发〈浙江省利用外资专项考评奖励暂行办法〉的通知》评选产生的2011年度外资工作专项考评获奖市、县(市、区)。

7月16—17日 为切实抓好2012年全省对外投资合作各项工作的落实,全省半年外经工作会议在湖州召开。韩杰副厅长出席会议并讲话。各市商务主管部门分管局长、外经处长,外经十强县(市、区)商务主管部门分管局长,厅办公室、财务处、外经处、亚非处、欧美处、贸研中心、促进中心负责人及相关工作人员共计80余人参加了此次会议。

7月19日 省商务厅召开全省生猪屠宰环节肉品质量安全大整治百日行动电视电话会议,传达全省食品安全大整治"百日行动"工作会议精神,部署全省生猪屠宰环节肉品质量安全大整治"百日行动"工作。各市县商务主管部门、肉类协会、屠宰企业465人参加了会议,厅党组副书记、副厅长周日星讲话。周日星副厅长强调要讲政治、识大局,充分认识商务系统"百日行动"的重要意义,增强工作的责任感和紧迫感。要抓住重点,开展"一消除、二有效、三落实、四个100%"的生猪屠宰环节肉品质量安全整治百日行动。通过"百日行动",消除带有行业共性的隐患问题,防止隐患转换成实际问题;有效整治私屠滥宰等违法犯罪行为,有效解决肉品质量安全突出问题;促进"行业长效监管落实、屠宰规范执法落实、企业责任主体落实"的生猪肉品安全保障工作格局;达到企业负责人约谈率、培训率100%,签订肉品质量安全承诺率100%,出厂肉品通过检疫、检验率100%,屠宰环节出现的病死病害猪、废弃物无害化处理100%。

7月19日 由省商务厅和有关部门主办的"中国小商品城集团和阿里巴巴集团战略合作签约仪式"在杭州举行,合作双方本着"优势互补、功能提升、合作共赢、共同提高"的原则,实现了强强联合。仪式由周日星副厅长主持,金永辉厅长介绍了合作的背景、内容和政策,省委常委、常务副省长龚正出席了签约仪式。本次合作是省商务厅根据省委省政府领导有关商品市场和电子商务"强强联合"的战略部署,会同省级有关部门及义乌市政府共同推动达成的,主要包括六方面内容,涵盖市场拓展、商品采购、物流配送、产业园区以及人才培训等领域。本次合作是浙江省推进商品交易市场和电子商务平台互动发展的一次有益探索,具有很好的示范效应。

7月20日 省委、省政府召开全省拓市场促外贸工作电视电话会议。省委书记、省人大常委会主任赵洪祝在会上强调,当前,浙江省正处于经济企稳趋升和转型升级的关键时期,做好强工业兴实体和拓市场促外贸工作至关重要。我们要致力于加大有效投资、促进消费增长和外贸出口,进一步明确工作责任,创新工作举措,狠抓工作落实,努力推动工业和出口稳定回升,促进经济平稳健康运行,以优异成绩迎接党的十八大胜利召开。省委副书记、省长夏宝龙主持会议并讲话。省领导陈德荣、赵一德、毛光烈、朱从玖等分别在主分会场出席会议。省领导为对外贸易、利用外资、对外投资和经济合作成绩显著的县(市、区)授牌。宁波市、长兴县、平湖经济开发区、浙江泰普森控股集团公司、万丰奥特控股集团公司等作交流发言。省商务厅金永辉厅长,省直有关部门负责人,各市、县(市、区)负责人,企业、金融机构和行业协会负责人等参加会议。

7月25日 厅领导调研国家级农超对接试点工作。2012年,浙江省杭州市被国家商务部、财政部确定为全国农超对接试点城市。为深入推进试点,推动全省农超对接工作走在全国前列,徐焕明副厅长现场考察了物美望江超市、华润万家濮家超市农超对接鲜活农产品经营区,并与天天物美商业有限公司(华东总部)、华润万家生活超市(浙江)有限公司负责人进行具体探讨交流。

7月31日 浙江省光伏企业化解贸易摩擦开拓国际市场培训研讨会召开。商务部公平贸易局刘丹阳副局长、浙江省工商联南存辉主席、浙江省商务厅韩杰副厅长到会并讲话。会议还邀请了美国俄勒冈州、密西西比州、伊利诺伊州、亚利桑那州等各州驻华首席代表,德国法兰克福莱美两河地区国际投资促进会代表,德国商会代表,浙江省泰中罗勇、越南龙江国家级境外合作园区负责人,墨西哥工业园负责人,有关律师事务所代表参加本次培训,为光伏企业指点迷津、答疑解惑。本次培训由省太阳能光伏产业对外贸易预警示范点承办。全省商务系统、企业代表积极参加本次培训。

8月

8月2—3日 由省委"两新"工委联合省商务厅和省经信委共同举办的全省开发区园区非公企业党建工作现场推进会在杭州经济技术开发区举行。省委常委、组织部长蔡奇出席会议并作重要讲话,省委"两新"工委书记、省委组织部副部长庄跃成主持大会。会上,省委"两新"工委委员、副厅长胡潍康代表省商务厅作了题为"主动作为,探索创新,扎实推进开发区非公企业党建工作"的汇报,杭州经济技术开发区党工委、平湖经济开发区党工委等5家单位作了交流发言。此次会议以深入学习贯彻省第十三次党代会精神、总结交流浙江省开发区园区非公企业党建工作经验、对进一步深化推进开发区园区非公企业党建工作进行研究部署、努力推动浙江非公企业党建工作继续走在全国前列为主要任务。会议期间,与会代表实地参观考察了杭州经济技术开发区内的松下电器住宅设备(杭州)有限公司、中粮包装控股有限公司、和达文化创意园三家非公企业园区党建工作情况。全省 11 个市商务(外经贸)局、14 个国家经济技术开发区党委负责人参加了会议。

8 月 7—18 日 厅党组成员、办公室主任马建国率团参加了“中国品牌商品美国展”并顺访加拿大和韩国。本次展览会省商务厅共组织了 80 家企业、118 个摊位参加，主要行业有：工艺品、户外休闲用品、家纺、箱包、塑料制品、小家电、文具、印刷包装、灯具、鞋、服饰等,成交金额达 2075 万美元。展后,代表团顺访了加拿大和韩国,在加拿大期间,拜访了加拿大中国关系协会和温哥华华人商会,分别与两家单位就加中两地企业来往情况以及经贸发展趋势情况作了交流,访问取得了预期成效。

8 月 8 日 义乌市政府举行了隆重的国家级义乌经济技术开发区授牌仪式。省委常委、常务副省长龚正向义乌经济技术开发区管委会主任张庆奇授牌,夏海伟副秘书长宣读了国务院办公厅关于义乌经济开发区升级为国家级经济技术开发区的复函,商务部外资司余显强副司长发表庆贺祝词,省编委办杨利明副主任宣读了义乌经济技术开发区机构的批文,省商务厅胡潍康副厅长出席仪式。当天,义乌经济技术开发区还举行了重大项目签约仪式。仪式上,围绕开发区汽车零部件产业基地、装备制造业基地、总部经济基地和创意研发中心“三基地一中心”的定位,开发区签约引进总投资 20 亿元的赵龙集团特种车等一批重大项目。

8 月 9 日 全省进口工作会议在杭州召开,这也是浙江省首次召开专题会议研究扩大进口。会议分析了全省当前进口形势,研究了贯彻落实国务院《关于加强进口促进对外贸易平衡发展的指导意见》、推动全省扩大进口的若干意见和有关举措。省委常委、常务副省长龚正出席会议并作重要讲话,各市及有关县(市、区)政府分管领导和商务主管部门负责人、省级有关单位、商务部驻杭州特派员办事处负责人出席会议。省商务厅领导及有关处室(单位)负责人也参加了会议。

8 月 14 日 全省境外营销网络建设工作经验交流暨政策业务培训班在宁波举办,省商务厅韩杰副厅长出席会议并致辞。全省各市、有关县(市、区)商务局负责人,境外投资企业、外贸出口重点企业,厅外经处、外贸处、促进中心、贸研中心相关负责人及工作人员共计 450 余人参加了此次培训会。会后,各市及出口重点县(市、区)商务局负责人就境外营销网络建设工作展开了专题研讨和座谈。

8 月 16 日 省商务厅在台州市召开了全省消费促进工作情况交流会。徐焕明副厅长出席会议并讲话。各市及部分县商务部门分管局长,厅财务处和内贸各处、省商务研究院有关负责人参加了会议。会议还就省商务厅起草的《浙江省商务领域促进消费工作专项考评暂行办法》征求了意见。

8 月 17 日 全省市场体系建设工作会议在台州市召开,各市商务局分管局长、部分县(市)商务局和省商务厅相关处室负责人参加会议。省商务厅徐焕明副厅长参加会议并讲话。会议传达了 7 月初国家商务部在天津召开的全国市场体系建设工作会议精神,回顾总结浙江省市场体系建设工作。并讨论了《浙江省人民政府办公厅关于加强鲜活农产品流通体系建设的实施意见(征求意见稿)》、《浙江省商务厅关于加强城乡商业网点规划推进现代商贸服务设施建设的意见(内部讨论稿)》两个意见稿。

8 月 22 日 2012 年商务部与浙江省部省合作工作会议在杭召开。商务部姜增伟副部长,浙江省委常委、常务副省长龚正出席会议并发表讲话。省商务厅金永辉厅长及在杭的厅领导、厅相关业务处室负责人参加会议。会上,周日星副厅长汇报了浙江省商务工作及部省合作项目情况。会议讨论了 2012 年部省合作计划的 15 个重点项目的工作思路。商务部相关司局负责人对浙江省提出请求商务部支持解决的问题进行了回应和衔接。双方就进一步发挥部省合作机制作用,改革和创新流通模式,构建现代商贸流通体系,推动国内消费市场发展,转变外贸发展方式,优化利用外资结构，加快“走出去”步伐，提升服务外包和服务贸易竞争力，推进开发区整合提升，共同促进浙江商务事业发展等方面的事宜进行了商定。

8月22—23日 商务部在杭州召开全国典当与融资租赁行业工作会议。商务部党组副书记、副部长姜增伟出席会议并讲话。徐焕明副厅长代表省厅作了题为“明确发展方向，优化管理服务，积极发挥典当业在促进中小微企业发展中的作用”的典型发言，浙江省星级典当企业评选活动得到会议的充分肯定。会上，浙江省和北京、上海、天津等六个省市商务主管部门负责人作了大会交流，上海市社科院、上海市租赁协会的专家作了业务讲座。大会期间，还分组讨论了《典当行业监管规定(征求意见稿)》、《内资融资租赁企业管理办法(征求意见稿)》。各省(区、市)商务主管部门负责同志，商务部有关司局，部分地方行业协会和企业代表共130余人参加会议。

8月23—24日 浙江海洋经济与开发区发展座谈会在浙江海洋经济的核心区、舟山群岛的中心区——普陀召开。会议围绕“海洋经济视野下浙江开发区的新使命、新作为”这个主题，探讨了如何推进开发区成为浙江海洋经济发展的主平台、主阵地，进一步发挥开发区在浙江海洋经济示范区建设中的积极作用。

8月27—28日 浙江省提升万村千乡市场工程建设质量培训班在江山举办。培训内容主要包括四个方面：一是连锁经营基本技术及管理实践；二是万村千乡市场工程典型案例示范，参观考察江山市左邻右舍便利商店有限公司连锁便民店和农村商品配送中心；三是明确建设标准和工作要求，对万村千乡市场工程相关政策文件进行梳理和学习；四是宣传推广“农商通”信息机，提高万村千乡市场工程信息化水平。来自各市、县(市、区)商务主管部门和全省112家省城乡连锁超市龙头企业负责万村千乡市场工程工作的业务骨干，农业银行各级分行、移动通信公司各分公司负责“农商通”信息机推广工作的业务骨干，福建鑫诺公司、青岛海信公司两家“农商通”信息机供应商代表，约330余人参加培训和学习。

8月28日 为积极做好“商务援疆”工作，由副厅长徐焕明带队，组织厅机关有关处室和联华华商、华润万家、物美超市等10家省级农超对接示范流通企业，赴新疆阿克苏地区开展对口支援和“农超对接”有关活动。徐焕明副厅长一行与浙江省援疆指挥部有关负责人围绕“商务援疆”进行了座谈交流，听取并讨论了阿克苏地区商务局关于浙、阿两地商务合作的具体建议。在新疆维吾尔自治区商务厅有关负责人陪同下，还先后考察了富民红枣“矮密早”丰产示范生产基地、新疆天海绿洲农业科技有限公司、南达乳业集团、金园果业有限责任公司、金鲁红农副产品批发市场、西域龙珠葡萄种植基地等鲜活农产品生产基地和加工、物流企业。在疆期间，参加考察的省级农超对接示范流通企业与当地特色农产品生产基地、加工企业等，就农超对接、建立长期友好合作关系进行了交流洽谈，杭州天天物美商业有限公司、浙江新田园农产品股份有限公司还与西域龙珠葡萄种植专业合作社达成了合作意向。新疆方面对浙江省商务厅组织两地特色农产品产销对接活动表示欢迎和感谢，考察洽谈取得了预期效果。

8月30日 “2012转型升级·浙港企业合作周系列活动”在杭州世贸国际展览中心开幕。展会分为四大展区，分别为设计创新及市场推广展馆、管理创新展馆、科技创新展馆、香港创意力量创意作品展示区，近200家香港服务企业代表参展。本次活动的目的是借鉴利用香港先进的现代服务业和科技、品牌、管理等方面的创新优势和经验，加大浙江制造与香港现代生产服务业融合互动力度，助力全省企业转型升级和工业强省建设。

开幕式上，浙江省毛光烈副省长、香港特别行政区商务及经济发展局苏锦梁局长、省商务厅鞠雅莲巡视员等9人共同开启“2012转型升级·浙港企业合作周系列活动”的大幕。参与此次活动的香港服务企业将重点推介有助转型升级的企业管理专业服务、设计及市场推广服务以及环保及资讯科技服务，让两地企业互补优势共拓商机。

8月31日 “2012中国浙江商务周”新闻

发布会在之江饭店召开。新闻发布会由省商务厅副厅长、新闻发言人陈如昉作发布，省政府新闻办杨荣耀副主任主持。来自60多家媒体的记者以及商务周相关项目组负责人等100多人参加了新闻发布会。省商务厅陈如昉副厅长介绍了本届商务周的总体安排、特点和意义。他强调，与2011年的商务周相比，2012年的商务周呈现集聚资源服务中小微企业、参展机构和企业质量提高来源广泛、各项活动特色突出注重实效三大特点。本届商务周将为浙江省推进四大国家战略，稳定外需、扩大消费，加快商务领域稳增长、调结构、拓空间，扩大对内对外开放，建设“物质富裕精神富有”的现代化浙江做出新贡献，是建设“两富”浙江的有力抓手，是应对当前错综复杂经济发展形势的重要举措。随后，他回答了记者有关“商务服务博览会”、当前浙江省外贸形势等问题的提问。

9月

9月3日 浙江省举行浙江—西澳商务早餐会暨经贸交流会。交流会由浙江省政府和西澳州政府主办、省商务厅和西澳州经济发展部共同承办，省委副书记、省长夏宝龙和西澳州总理巴尼特出席并分别致辞。交流会上，省商务厅韩杰副厅长和西澳州经济发展部副部长尤尼尔斯分别介绍了两省州贸易投资环境；舟山市市长周国辉介绍了海洋经济示范区建设情况；澳新银行西澳州分行行长约翰·阿特斯金、浙江娃哈哈董事长宗庆后以及西澳州芬格富酒庄董事总经理安托尼·威尔克斯等企业家代表先后作了发言，两省州150余家企业近300余位企业家参加了交流会并在会上进行了卓有成效的对接洽谈。下午，双方商务部门还在珀斯会展中心举行了浙江—西澳合作项目签约仪式，省商务厅与西澳州经济发展部等相关部门和机构分别签署了合作协议，两地企业还在会上签订了贸易项目11个，协议总金额20亿美元；双向投资项目5个，协议总投资额5400万美元。夏宝龙和巴尼特出席签约仪式。省商务厅金永辉厅长等省政府代表团成员陪同夏宝龙省长出席了早餐会和签约仪式。

9月6日 由省商务厅与新西兰惠灵顿商务部门共同举办的浙江—惠灵顿商务交流会在惠灵顿市政大厅隆重举行。率团在新西兰访问的省委副书记、省长夏宝龙，惠灵顿市市长西莉亚·韦德布朗以及哈特市、波里鲁瓦市、凯皮提海岸市等惠灵顿大区各市市长出席交流会并共同签署了浙江省—惠灵顿大区战略经济伙伴关系协议。中国驻新西兰大使馆徐建国大使、王贺军商务参赞以及陪同夏宝龙省长访问的省政府代表团和省商务代表团全体成员，以及浙新双方企业家共200多人出席了交流会。

夏宝龙在会上致辞，新西兰工党副主席格兰特·罗布森先生介绍了惠灵顿大区的贸易投资环境，省商务厅金永辉厅长简要介绍了浙江商务发展情况。交流会上，夏宝龙和惠灵顿大区各市市长分别与新西兰和浙江企业负责人进行了交谈，浙江省部分企业负责人在会上作了发言，双方企业进行了自由交流。两地企业还在会上签订了6个商贸和技术合作项目，协议总金额7400万美元。当晚，浙江省与惠灵顿市共同举行了商务交流晚宴，浙新双方企业家共160余人出席了交流晚宴，并双向开展了对接交流。

9月12日 首届长三角地区农超对接洽谈会在嘉兴成功举办，省政协副主席王永昌，嘉兴市市长鲁俊、副市长盛全生，商务部市场体系建设司副司长孙长青，农业厅副厅长冯一鹤，团省委副书记王征，上海市商务委副巡视员余如鹤出席开幕式，省商务厅徐焕明副厅长主持活动仪式，浙江电视台、《浙江日报》等新闻媒体及时进行了宣传报道。洽谈会共现场签约12个项目，采购合同总额2.1亿元；达成采购意向66项，采购意向总额3.5亿元。

这次农超对接大型洽谈活动得到了长三角地区农产品生产基地、农民专业合作社、农产品加工企业等农产品生产商和大型连锁超市企业的积极响应，有125家大型采购商200多名采购人员参加现场采购洽谈，其中省外有35家连锁超市企业，沃尔玛、家乐福、乐购、华润万家等外资大型连锁超市均派出生鲜采购主管以上人员参加，家乐福华东区采购总监在对接会上作了采购说明。有240家农民专业合作社和加工企业等农产品生产商300多人参展布展，长三角地区商务部门和农业部门积极组团参加，活动总人数超过600人。

9月12日 全省农超对接试点工作座谈会在嘉兴市召开，各市商务主管部门分管领导、业务处室负责人和各县级市商务主管部门分管领导参加座谈，徐焕明副厅长出席并讲话。会议先后听取了浙江省两家农超对接示范流通企业——联华华商集团公司和浙江人本超市有限公司负责人关于农超对接经营情况的汇报，杭州市贸易局、宁波市贸易局交流了两地农超对接工作情况。省商务厅市场体系建设处具体部署了省级农超对接试点工作的目标、任务和支持政策。徐焕明副厅长就下步推进农超对接省级试点工作提出了四点要求：一要深化认识，二要明确目标，三要突出重点，四要发挥试点示范作用。

9月13日 2012中国浙江商务周·第二届浙江厨师节暨餐饮业群英大会在省人民大会堂举行。省委副书记、省长夏宝龙宣布开幕，省领导黄坤明、冯明、黄旭明，省企业家协会会长张蔚文等出席。开幕前，夏宝龙看望了2012浙江餐饮业"金鼎杯"获奖人员和餐饮企业家代表，并观看了菜品展示。他向各位名厨代表表示问候，向获奖者表示祝贺，向为全省餐饮业发展做出贡献的各界人士表示感谢。他说，浙菜作为全国八大菜系之一，是浙江一张亮丽的金名片，通过此次厨师节，向社会各界展示了浙江省餐饮业的创新成果和欣欣向荣的良好风貌。希望广大名厨大师再接再厉，勇于创新，开拓进取，继续在创新浙菜名品、创建浙菜品牌、丰富浙菜文化等方面大展身手，为繁荣全省餐饮市场、促进服务业发展、提升群众生活品质做出更大贡献。开幕式上举行了2012年浙江餐饮业"金鼎杯"颁奖仪式，夏宝龙等与会领导为终身成就奖获得者胡忠英和28名浙菜金牌大师、20位风云人物、10位最具影响力餐饮品牌企业家颁奖。

9月13日 浙江省农产品流通行业协会成立大会在杭州第一世界大酒店隆重召开。夏宝龙省长专门发来贺信，王建满副省长、省政协王永昌副主席到会讲话并为协会揭牌。省商务厅徐焕明副厅长作为主管部门领导出席了会议。来自全省各地的首批98家会员单位代表和省级有关部门代表近200人参加了大会。

在省商务厅的具体帮助指导和支持协调下，省农发集团等10家企业于2011年下半年牵头发起，启动协会的筹建工作，得到了省级农产品流通企业、省级农超对接示范企业和省级城乡连锁超市龙头企业的积极响应。协会的成立标志着浙江省农产品流通组织化进程正在加快，是全面推进农产品现代流通体系建设中的一件大事。

9月14日 由省商务厅、省工商联、省贸促会联合举办的"境外浙商与浙江开发区(园区)对接会暨境外浙商回归投资重大外资项目签约仪式"(以下简称"对接会")在杭州黄龙饭店举行。近150名来自法国、意大利、西班牙、匈牙利、日本、马来西亚、美国、加拿大、香港特别行政区等国家和地区的境外浙商，各市商务部门及40余个开发区(园区)代表140余人，约290人参加了会议。省政府领导对此次活动十分重视，龚正常务副省长、夏海伟副秘书长出席会议并签约。

对接会上举行了境外浙商回归投资重点外资项目签约仪式。签约项目23个，投资总额9.64亿美元，协议外资4.23亿美元。从签约项目的区域分布来看，主要集中在杭州、嘉兴、宁波三市，杭州6个，嘉兴5个，宁波3个，温州和金华各2个，湖州、绍兴、衢州、台州、丽水各1个。从项目行业分布来看，第二产业项目17个，投资总额5.5亿美元，协议外资2.03亿美元，分别占总数的73.9%、57.1%和48%；第三产业项目6个，投资总额4.14亿美元，协议外资2.20亿美元，分别占签约项目总数的26.1%、42.9%和52%。第二产业项目涉及生物医药、不锈钢线材加工、光电仪器、汽车配件、热电联产等行业，第三产业项目涉及总部经济、股权投资、旅游开发、城市综合体等。签约仪式后，浙江省40余家开发区(园区)与境外浙商进行了对接洽谈。会场交流热烈，对接洽谈持续了两个多小时。

9月14日 为了加强金砖国家贸易摩擦案件应对，稳外贸、拓市场，进一步加深与金砖国家贸易救济调查机构的交流，增强互信，商务部公平贸易局与省商务厅在浙江国际大酒店举行金砖国家贸易救济政策说明会。

省委常委、常务副省长龚正出席了本次会议

并致辞。商务部公平贸易局主要领导一行8人及世贸组织规则司司长尤汉·休曼先生、俄罗斯经济发展部对外经济活动发展调控司司长尼基申娜·维罗尼卡·奥列格芙娜女士、巴西发展工业和外贸部贸易救济局局长菲利普·希思先生、世贸组织、南非国际贸易管理委员会处长卡蕾娜·简丝·范·温仁女士等金砖国家相关官员和专家、省政府办公厅夏海伟副秘书长、省商务厅金永辉厅长、各市商务主管部门、预警点、企业、律师及高校研究人员共140余人参加了本次会议。

9月14日 2012第九届中华老字号精品博览会在杭州和平国际会展中心举行。浙江省人大副主任徐宏俊宣布博览会开幕,浙江省商务厅厅长金永辉、杭州市副市长徐文光、商务部流通发展司副司长王德生致辞。开幕式上进行了金字招牌大幡旗升旗仪式和第三批浙江老字号授牌仪式。

本届博览会以打造老字号精品,再现中华商道魅力为目标,加大投入,扩大精准到位的配套服务;展会规模之大、质量之精,是全国老字号展会中罕见的。共邀请到杭州胡庆余堂、张小泉、嘉兴五芳斋、绍兴塔牌、衢州邵永丰、山东东阿阿胶、北京百花蜂蜜、天津桂发祥的十八街大麻花等20多个省市的200余家百姓耳熟能详的老字号。参展企业覆盖食品、工艺品、文化用品、中药、服饰、酒类、五金、茶叶、饮料、化工、厨具等直接和百姓生活密切相关的行业。

9月14—15日 "2012中国浙江商务服务博览会"(以下简称商博会)在杭州市浙江世贸展览中心成功举办。商博会得到了各级领导的高度重视,省委常委、常务副省长龚正,省政府副秘书长夏海伟在省商务厅金永辉厅长、陈如昉副厅长的陪同下视察展会现场。中国国际广播电台、《浙江日报》、浙江卫视、浙江之声等30多家新闻媒体对展会活动进行了宣传报道。

与往届相比,本届商博会的参展机构质量进一步提高、地域性更广、特色服务增多。有102家参展机构(总部)来自省外或境外,占全部参展机构的近50%,其中来自境外或总部在境外的商务服务机构有72家;绝大部分的参展机构都能提供不同的特色服务,部分参展机构还推出了价格打折、礼品赠送、免费咨询等优惠措施。通过前期的大力宣传和省内各市商务主管部门积极组织,有6000多家企业前来参观洽谈,寻找所需的商务信息和商务服务,寻求企业转型升级的解决方案与合作伙伴。9月15日在世贸展览中心6号馆举办了浙江省商贸流通企业中高级人才招聘会,全省140多家重点商贸流通企事业单位到会招聘中高级专业人才和管理人员,有近千名中高级人才到会应聘。

9月16—22日 为贯彻落实省委、省政府关于进一步加大力度开拓国际市场的精神,鼓励浙江省企业赴海外拓市场觅商机,省商务厅和香港贸发局在以往合作的基础上,积极探索利用香港贸发局在日本的丰富网络资源为浙江省企业"走出去"服务,共同组织有意"走出去"与日开展经贸交流合作的浙江企业赴日与日本企业开展经贸交流对接活动,取得了积极的效果。

本次赴日经贸交流活动共组织了15家有意"走出去"与日开展经贸交流合作的浙江骨干企业,最终有9家企业11名负责人成行,他们和6家香港服务业企业的负责人组成香港浙江赴日经贸投资合作代表团,与日本的对口企业开展了2场经贸交流对接和3场投资环境和服务推介活动。为求取得实效,主要活动地点选在浙港企业感兴趣的在新能源、环保科技、先进制造业等领域有着显著优势、又是作为日本最重要的工业中心和商业中心的大阪与东京,进行了商贸配对洽谈会、日本投资环境和商务机会推介会、环保项目圆桌会议、香港服务业平台介绍会等重要活动,并组织企业实地走访高新技术企业,进一步拓展了企业家的国际视野,也对我方企业的管理理念有所启迪。在方案制订、责任分工、企业组织、活动安排等各个环节,省商务厅和香港贸发局充分探讨和协商,听取对方的合理意见和建议,并根据各自的职能特点和优势所在,明确了责任分工。在具体操作的过程中,双方能做到互相信任、互相帮助、互相提醒、互相补台,一切以服务浙港参团企业、提高浙港参团企业交流实效为出发点和落脚点,有力地确保了各项活动的安排,体现互利共赢的原则。

9月16—21日 省商务厅在日本大阪成功

举办了“2012浙江出口商品(大阪)交易会”。省商务厅在发扬前4届成功做法基础上,继续强化突出“浙江产品更适合您”这一主题,并着重强调三个“更加”,即更加注重宣传发动、更加注重客商质量和更加注重参展效益。本届展会面积共6729平方米、标准展位353个、参展企业228家、参展商品550多个系列,连续参展的企业占比达48%。4天展期共接待买家7968人次,到会日方专业客商4950人,在不利条件下保持了以往正常水平,企业普遍感到满意。可以说,经过四年的精心培育,浙江出口商品(大阪)交易会展务工作更加成熟有序,深度开拓日本市场的效果逐步显现。据统计,本届大阪展实际成交1617.7万美元,比上届增长6%;意向成交6123.5万美元,比上届增长17%。针对以往整体布展相对简单造成的展示效果欠缺的问题,2012年着力在布展上下功夫。除在展馆进门处进行公共布展以宣传浙江形象外,还对所有的企业展位进行了特装,用亮丽的橙色和清新的绿色来区分纺织服饰和日用消费品两大展区,展馆空间利用大大提高,交易会的整体档次也得以大幅提升,让人眼前一亮。同时,不少企业也积极利用此次机会展示自身形象,丰富的展品、艺术化的表现手法,充分体现了企业的实力和水平,吸引了不少买家的眼球。为了加大对参展企业的服务,展会期间现场提供临时翻译、免费上网等以满足企业的需求。据对参展企业调查统计,企业对本届展会服务工作的满意度达95%,对展会到访客商质量的满意度达96%,75%的企业明确表示希望明年继续参展。

9月18—25日 省商务厅开展生猪定点屠宰环节肉品质量安全大整治“百日行动”明察暗访。为进一步落实省政府关于开展全省食品安全大整治“百日行动”工作部署,推动生猪定点屠宰环节肉品安全大整治工作进展,省商务厅组织了6个督查小组,对全省的生猪定点屠宰环节肉品质量安全大整治“百日行动”开展情况进行了督查。督查采取明察与暗访结合的方式,先暗访屠宰企业和农贸市场,后明察商务部门工作开展情况和重点整治内容落实情况。通过听取汇报、查阅台账、暗访调查等形式,重点检查了组织领导、“三个一”落实、重点区域专项整治、案件查处、加强屠宰企业日常管理等方面的情况。

从督查的情况看,行动取得初步成效。一是开展隐患整治。各地认真排查行业存在的隐患,牵头协调开展肉品质量安全隐患专项整治,并针对排查的病死病害猪流入市场、屠宰废弃物处理等隐患加强屠宰企业监管,要求企业加强环节管理,落实整改措施。二是开展“三个一”活动。目前,已对全省435家生猪定点屠宰企业负责人进行了培训、约谈,并与屠宰企业签订了肉品质量安全承诺书,出厂肉品100%通过检疫、检验。三是严格执法。截至9月21日,各地共查处各类生猪定点屠宰违法案件33起,取缔私屠滥宰窝点26个,立案40起,涉嫌犯罪2起,移送公安机关2起,移送率100%。四是加强宣传。完成了在各个屠宰企业的宣传画、宣传标语、食品安全举报投诉奖励办法的张贴悬挂,积极利用报纸等媒体进行宣传。各地报送简报信息近200篇,编发简报87期。

9月21日 为深入了解义乌“市场采购”贸易方式先行试点情况,省商务厅徐焕明副厅长一行赴义乌进行调研。调研组一行实地考察海关现场,听取义乌海关、检验检疫局有关负责人的试点介绍,就改革试点所涉及的监管措施进行了交流;在义乌港,与浙江义联物流股份有限公司、扬翔国际货运代理有限公司、义乌市金隆国际货运代理有限公司、集海控股集团有限公司等率先从事市场采购贸易试点的企业进行了座谈,听取了企业负责人关于先行先试的做法、想法及意见和建议。

徐焕明副厅长在座谈时指出,市场采购新型贸易方式,有利于扩大出口,促进当地经济增长;有利于推动内外贸一体化发展,繁荣义乌市场;有利于维护良好的市场经营秩序,提升义乌市场国际美誉度,试行工作要继续按照省政府工作要求,紧紧围绕实现贸易便利化、监管规范化、作用长效化三个基本目标,不断深化和完善试行工作。同时,徐焕明副厅长对商务部门做好、做细外商投资合伙企业外贸经营权等已经取得突破的政策实施工作提出了要求,对下阶段加快争取市场采购贸易方式获批工作进行了部署安排。

10月

10月13日 国务院新批浙江省富阳开发区、柯桥开发区为国家级经济技术开发区，这是浙江省2012年继义乌、余杭后第三、第四家新批的国家级经济技术开发区。至此，浙江省2010年后新设的国家级经济技术开发区达到12家，累计总数为17家。

10月15日—11月4日 2012年秋季“广交会”在广州举行。10月17日，省委副书记、省长夏宝龙在商务部蒋耀平副部长、省政府张鸿铭秘书长、省商务厅金永辉厅长等陪同下，考察“广交会”浙江省企业参展情况，为扩大外贸出口鼓劲。

本届“广交会”浙江省展位总数达到11096个，参展企业5238家，参展人数达5.5万余人，是全国展位最多、参展规模最大的省份之一。浙江全省成交54.5亿美元，比第111届增长0.2%，比第110届下降4.6%，占大会总成交量的16.7%，总体情况好于大会平均水平。从成交市场情况看，欧美日等传统市场降幅明显，新兴市场降幅较小，俄罗斯和大洋洲增幅明显；从商品成交情况看，性价比较高的创新产品参展效果明显好于其他产品；从洽谈价格情况看，客户对价格更为敏感，接受新产品的提价态度较以往谨慎；从订单情况看，中短单比例仍然居高不下。

10月16日 省政府召开全省决战四季度努力实现工业与外贸全年发展目标电视电话会议，会议要求全省决战四季度，努力实现工业与外贸全年发展目标，确保全年经济增长达到8%以上，力争达到8.5%。省委常委、常务副省长龚正，副省长毛光烈出席会议并讲话。龚正希望各地、各部门根据全年目标任务，层层分解、落实，在最后两个月的时间里，倒排计划、倒排任务，明确阶段目标和时间节点。结合当前形势，要抓紧研究落实省政府下发的《关于促进我省经济平稳较快增长力争完成今年经济发展目标的若干意见》，强化一个观念，全力争取“三个少降、三个多增”。毛光烈要求各地要准确把握当前工业经济发展的形势和要求，扎扎实实做好决战四季度的各项工作，紧扣全年工作目标不放松，把稳增长放在更加突出的位置，进一步巩固全省工业经济先于全国企稳趋升的良好势头，进一步采取更加有力、更有针对性的对策举措和较大动作，全力促进工业经济加快回升向好发展，力争完成全年目标任务。省政府副秘书长夏海伟、孟刚出席会议。省工业与外贸联席会议成员单位、省经信委、省发改委、省商务厅等51人出席会议。

10月18日 “澳门(浙江)名品中心”在杭州南宋御街正式开业。该中心主要展示销售澳门及葡语国家特色食品和宣传推广澳门购物、美食、旅游及会展产业。“澳门(浙江)名品中心”位于杭州最繁华的南宋御街商业圈，分为上下两层，内外装饰极具澳门特色，面积约500平方米，投资接近500万元人民币，主要展销澳门知名手信、特色美食名点、澳门旅游产品、葡语国家特色商品、澳门时尚名牌以及宣传推广澳门的整体形象。省商务厅周日星副厅长、澳门经济局陈子慧副局长、杭州市贸易局郑永标副局长、杭州市上城区来剑波副区长、澳门威尼斯人度假村市场发展总监董蓉蓉、澳门参展商会会长李贤良、中渐国际贸易中心董事长杨建新等，共同为“澳门(浙江)名品中心”开业剪彩。

10月21—25日 第18届“义博会”在浙江义乌举行。来自130多个国家和地区的17万名境内外专业采购商共赴这一经贸盛会。全国人大常委会副委员长路甬祥，浙江省委书记、省人大常委会主任赵洪祝共同启动第18届中国义乌国际小商品博览会开幕球。商务部副部长、国际贸易谈判副代表钟山，省委常委、常务副省长龚正，省委常委、秘书长赵一德，省人大常委会副主任厉志海，省政协副主席黄旭明，省政府副秘书长夏海伟，省商务厅金永辉厅长等出席开幕式。开幕式上，还举行了“国家工商行政管理总局市场经济监督管理研究中心义乌研究基地”授牌仪式。

本届“义博会”设国际标准展位6000个，有2900家企业参展，实现展览成交额163.40亿元，同比增长3.73%，其中，外贸成交额15.83亿美元，占总成交额的61.6%，同比增长6.53%。值得关注的是，本届“义博会”共吸引了来自206个国家和地区的193552名境内外客商参会，同比增长 7.67%，其中境外客商 20886 人，同比增长 7.83%。到会境外客商数居前五位的国家和地区分别是：韩国、印度、中国台湾地区、美国、伊拉克。

10 月 23 日 为进一步贯彻落实国函〔2011〕22 号和《国务院办公厅关于印发推进浙江省义乌市国际贸易综合改革试点重点工作分工方案的通知》(国办函〔2012〕15 号)，商务部牵头召开研究推进市场采购贸易方式尽快确立和组织实施等相关工作专题会议，国办秘书二局、国家发改委经贸司、财政部税政司、海关总署监管司、税务总局货物劳务税司、质检总局通关司、外汇局经常项目司等负责同志参加会议，浙江省商务厅、义乌市人民政府受邀出席会议。

会议分别听取了省商务厅和义乌市政府领导就市场采购贸易方式确立、实施工作存在的主要问题和市场采购贸易方式试行存在的主要问题的汇报。同时，结合商务部起草的《商务部、发展改革委、财政部、海关总署、税务总局、工商总局、质检总局、外汇局关于建立市场采购贸易方式的若干意见(征求意见稿)》，国家发改委经贸司等 6 个中央部门相关厅局负责同志分别代表其所在部门表示将积极支持尽快确立市场采购贸易方式，并提出了具体修改完善意见。目前，各相关部门对尽快确立义乌市场采购贸易方式已基本达成共识，商务部在会后将根据各部门所提的修改意见进行完善并再征求意见。待各部门意见统一后联合行文批复或上报国务院批复浙江省政府组织实施。

11月

11 月 1—2 日 全省开发区文化建设现场会在杭州经济技术开发区召开。省商务厅胡潍康副厅长出席会议并讲话。胡潍康副厅长对开发区文化建设发展提出了四点要求：一是提高认识、加强领导，二是合理规划、优化机制，三是健全管理、完善设施，四是多元创新、丰富载体。在现场会上，省文化馆邬勇副馆长还通报了浙江省开发区“富阳开发杯”标语口号评选活动结果，到会领导向获奖单位颁发了奖杯和证书。

11 月 6 日 省商务厅在杭州召开了酒类流通行业管理座谈会，参加会议的有省内部分酒类流通龙头骨干企业和杭州、温州、金华市酒类流通行业协会的主要负责人。省商务厅徐焕明副厅长出席会议并讲话。徐焕明副厅长强调，商务部门作为酒类流通管理的职能部门，要责无旁贷地做好行业管理工作。除了按照商务部要求，结合实际，认真做好酒类流通日常管理工作外，当前的一个重点是加强省级行业协会建设。酒类流通行业市场化程度高，业务竞争激烈，组建行业协会一定要突出行业性、公益性、服务性，明确目标方向，合理设计制度，确保发挥作用。同时，切实推进法规建设。通过共同努力，加快推进我省酒类流通行业健康发展。

11 月 12 日 浙江省外商投资企业转型升级经验交流会暨第三届浙江省“百强”外商投资企业峰会在杭州市萧山区举行。省人大冯明副主任和省发改委、省经信委、省人力社保厅、省国土厅、省环保局、省地税局、省统计局、省国税局、省检验检疫局、省外汇局等厅级领导出席会议并为 2011 年度浙江省外商投资“亩产效益”示范企业和“百强”外商投资企业授牌。会上，省外资工作领导小组副组长、省商务厅厅长金永辉作重要讲话。杭州华三通信技术有限公司、新秀丽国际贸易(宁波)有限公司、博世电动工具(中国)有限公司 3 家企业代表就转型升级经验作了交流发言。各市、有关县(市、区)商务主管部门、国家级开发区管委会负责人以及外商投资“亩产效益”示范企业和“百强”外商投资企业高层管理人员约 200 人到会。

11 月 14—18 日 为期 4 天的 2012 中国食品博览会在宁波举行。本届“食博会”由中国商业联合会、中国轻工业联合会和浙江省人民政府共同主办，由宁波市人民政府、浙江省商务厅承办。全国政协经济委员会副主任、中国商业联合会会长张志刚，浙江省委常委、常务副省长龚正等嘉宾出席了“食博会”，省商务厅周日星副厅长主持开馆仪式。本届“食博会”共设 8 个馆，实际展览展示面积达到 75000 平方米，国际标准展位 3600 个，均为历届之最，共有 2000 余家企业参展，境外有 20 多个国家或地区企业参展参会。据统计，展会观众达到 32.4 万人次，比上届增加 2.5%，其中专业客商 3.8 万人，比上届增加8.7%，展会成交额大幅提升，达到127.3亿元，再次刷新展会纪录，比上年增长10.6%。

本届“食博会”现场人气极旺，新疆食品成为一大热点——在“库车日”活动的推动下，30多吨从库车运来的红枣、香梨、苹果、哈密瓜等现货销售一空。由宁波保税区进口商品市场承办的2号馆的进口食品展区生意红火，法国、意大利、澳大利亚、智利、美国、阿根廷等15个国家的顶级红酒企业集聚一堂，加上两个进口食品的常年展馆，本届“食博会”上境外食品占比增加到近四成。

11月15日 浙江省散装水泥与预拌砂浆发展协会第四次会员大会在杭州隆重召开。商务部流通发展司处长李嘉建、中国散装水泥推广发展协会理事长丁建一等莅会指导，省厅周日星副厅长作为名誉理事长应邀出席大会并作重要讲话。

周日星副厅长充分肯定了协会在第三届理事会领导下，紧紧围绕行业发展的主题，发挥桥梁作用，不断拓宽工作领域，先后开展了一系列内容丰富、形式多样的活动，团结带领会员单位创新服务、回报社会，为浙江省散装水泥事业发展、繁荣所做的努力与贡献，并对协会今后的工作提出了希望与要求。

11月15—16日 徐焕明副厅长与厅政法处负责人结合参加第二届国际商贸发展（金华义乌）大会，对义乌国际贸易综合改革情况进行了调研。徐焕明副厅长一行认真听取了义乌国际商贸城进口馆、义乌海关查验区、电子商务企业真爱网、义乌经济技术开发区负责人的情况介绍，召开义乌国际贸易综合改革试点座谈会，座谈交流明年推进义乌国际贸易综合改革的思路和打算。

在义乌国际贸易综合改革座谈会上，关于2013年省商务厅推进义乌国际贸易综合改革的基本思路，徐焕明副厅长提出，要认真贯彻落实国务院、省政府有关文件精神，紧紧抓住建立“市场采购”新型贸易方式这一核心，着力推进国际贸易与国内贸易联动、“走出去”与“引进来”联动、虚拟市场与实体市场联动、市场提升发展与产业转型升级联动，进一步深化试点工作，不断取得新的成效。

11月20日 “浙江—新加坡经贸理事会”在宁波市召开了第八次会议。理事会双方成员和杭州、宁波、绍兴、舟山市人民政府领导及浙新双方有关企业代表共150余人出席了会议。

会议由省政府副秘书长夏海伟主持，理事会浙方主席、浙江省人民政府常务副省长龚正和理事会新方主席、新加坡总理公署部长、环境与水资源部第二部长、外交部第二部长傅海燕女士分别在会上致辞。本次理事会以“可持续城市发展”为主题开展专题讨论会，来自新加坡和浙江的四位演讲嘉宾分别从政府、学术和企业的角度分享了协调促进可持续发展城市的观点和看法。会上，还签署了吉宝舟山综合开发项目、开发建设“嵊州（新加坡）高新技术产业园区”项目、宁波教育合作框架协议、义乌国际商贸城新加坡食品中心项目等四个合作框架协议。最后，双方主席龚正常务副省长和傅海燕总理公署部长签署了会议纪要并为签约项目签约。会后双方还组织了双方环保、食品、物流行业的50余家企业进行对接洽谈，对接洽谈会反响热烈，不少浙新企业在其中发掘了合作商机。

11月22日 浙江省食品安全大整治“百日行动”总结表彰大会在杭州召开，省商务厅被评为先进单位并受到表彰。“百日行动”期间，各级商务主管部门采取召开座谈会、培训会、约谈等方式，对全省435家生猪定点屠宰企业负责人进行了培训、约谈，并与屠宰企业签订了肉品质量安全承诺书，均达到了100%。各地共查处各类生猪定点屠宰违法案件69起，立案47起，取缔私屠滥宰窝点38个，收缴违法产品4.32万公斤，处罚涉案人员77人，涉嫌犯罪2起，移送公安机关2起，形成了对私屠滥宰等违法犯罪行为的巨大威慑。通过“百日行动”，全省生猪定点屠宰行业管理水平进一步提升，肉品市场环境进一步净化，肉品安全得到有效保障。

11月28日 全省开发区工作会议暨整合提升总结表彰会在富阳召开，会议全面总结五年来全省开发区（园区）整合提升工作，并研究部署下一阶段开发区贯彻落实党的十八大精神，加快推进转型升级、实施“四大国家战略举措”、推进

“四大建设”等各项工作。省委副书记、省长夏宝龙和省委常委、常务副省长龚正参加了本次会议并作重要讲话。

参加本次会议的有各市和设有开发区的县(市、区)政府主要领导,省级有关单位、各市商务(外经贸局)、各国家级、省级开发区管委会以及商务厅驻杭特派办的主要负责人。会议对整合提升先进单位、首批“浙江省外商投资新兴产业示范基地”和首批“浙江省开发区特色品牌园区”进行表彰授牌。富阳市政府、嘉兴市政府和绍兴市政府作为整合提升先进单位代表在会上进行了经验交流发言。

11 月 29 日 龚正常务副省长在钱江新城尊宝大厦出席了娃哈哈欧洲精品展览会开幕式暨娃欧商场开业仪式。来自美国、西班牙、意大利、澳大利亚、新西兰、保加利亚、哥斯达黎加、萨摩亚等国的 20 余名驻华使节，商务部欧洲司司长孙永福、省政府副秘书长夏海伟、省商务厅金永辉厅长等参加活动。

11 月 29 日 全省外资工作座谈会在上虞召开。会议通报了 2012 年全省外资工作十大长效机制落实情况及新一年打算，全省 1 月至 10 月利用外资工作推进情况和 2013 年“浙洽会”、“厦洽会”工作打算和 2013 年全省外资工作思路。省商务厅副厅长徐焕明出席会议并讲话。省外资处、省国投中心、省商务研究院、外资协会及全省各市及绍兴市所属县市区外资工作相关领导参加会议并进行交流讨论。

会议分析,2013 年外资形势将呈现三个特点,一是外资流向会发生转变,快速成长的发展中经济体对企业的吸引力变强;二是外资仍然看好中国,2012 年上半年是 2003 年中国首次取代美国后，再次成为全球最大外国直接投资目的地;三是我国吸收外资进入调整期,总体规模略有下降,但在结构、质量和水平上均出现了可喜变化,利用外资的总体趋势积极健康。

12 月

12 月 3 日 由浙江省政府和西澳州政府主办、浙江省商务厅和西澳州州发展部承办的“浙江省—西澳州经贸合作交流会”在杭州西子宾馆举行。西澳州州督马尔科姆·麦卡斯克夫妇率领的西澳州代表团一行,浙江省委常委、常务副省长龚正,省政府副秘书长夏海伟,省商务厅厅长金永辉,省商务厅副厅长韩杰,省外办副巡视员余亦平及浙江省国有企业和民营企业家代表共约 70 余人参加了此次经贸合作交流会。

与会期间，浙江省工商业联合会副主席尹健、浙江省物产集团公司董事长胡江潮、浙江省国际贸易集团有限公司董事长王挺革、杭州娃哈哈集团有限公司董事长宗庆后等知名企业家及西澳州企业代表,围绕两省州的经贸合作和具体合作项目相继作了发言。双方代表面对面交流与洽谈,介绍企业情况、经验体会及企业发展战略和合作愿望,内容涉及原材料和农产品贸易、“走出去”投资、引进有关项目等多个领域,是双方企业一次具体务实深入而有成效的交流活动。

12 月 3—5 日 由中国饭店协会、省商务厅和杭州市政府三个单位共同主办的首届中国饭店文化节在杭举办，有来自 20 多个国家和全国 31 个省市共计 1400 多家企业参加了相关活动。省长夏宝龙发贺信祝贺,省委常委、常务副省长龚正,商务部部长助理房爱卿,国际饭店协会主席艾迪,中国饭店协会会长韩明等领导和嘉宾出席开幕式。

本次文化节内容丰富，紧紧围绕品牌文化、科技文化、绿色文化、装饰文化、服务文化、餐饮文化六大文化产品,开展会议、展览、对接、体验四大板块的十二项行业活动,包括国际饭店产业大会、饭店业信息化和智能化管理现场会、中国饭店品牌连锁展、中国绿色饭店博览会、中国浙菜品牌展、中国饭店文化体验、中国金鼎奖颁奖文艺会演等多项活动,呈现品牌盛典、采购对接、科技高地、节能降耗、未来客房、菜谱文化、文化体验七大亮点,呈上了一席丰富的文化大餐。

12 月 4 日 商务部部长助理房爱卿在杭召开内贸工作座谈会，听取浙江省商务主管部门、部分协会和企业负责人关于 2013 年内贸工作的思路与建议。省商务厅金永辉厅长主持会议,徐焕明副厅长就浙江省商贸流通工作情况进行了汇报,鞠雅莲巡视员出席会议。在听取了大家的发言后,房爱卿部长助理作了重要讲话。

房爱卿部长助理强调,内贸工作即将面临一个新的战略机遇期,要牢牢把握机会加快发展。党的十八大报告对扩内需、促消费有很多新的提法,如收入倍增计划的实施、社会保障体系的建立,将有助于改善消费预期;城镇化的发展,将为扩大消费提供更加广阔的空间;信息技术的发展,将为扩大消费提供技术上的支撑。房爱卿部长助理还要求内贸工作要围绕"稳市场、扩消费、优投资",建立长效机制。

12 月 4—5 日 2012 年度厅机关效能建设"21 个联系网点"工作座谈会在江山市召开。厅党组成员、驻厅纪检组长黄克旭到会并讲话。会上,与会代表认为厅党组对机关效能建设高度重视,在廉政风险防控机制建设方面部署早、抓得实、效果好。厅领导坚持创新,开拓工作思路,深入基层,积极调研,为基层、企业干实事,解决难题。各业务处室与地市联系密切,工作作风扎实,工作抓得细、抓得实,业务指导和服务工作到位。会议代表还认为,省商务厅在办事大厅建设方面也卓有成效,办事程序简单明了,办事效率有效提高,工作方法科学灵活,工作态度热情周到,能做到特事特办、急事急办。同时,与会代表也对省商务厅政务公开、行政审批、办事效率、日常管理和为基层服务等方面提出了很多宝贵的意见建议。

12 月 8 日 省商务厅党组在安吉召开理论中心组学习会暨党组(扩大)会议。会议深入学习贯彻党的十八大和省第十三次党代会以及刚刚结束的省委第十三届二次全会精神,紧密围绕省委、省政府重大战略决策部署,结合当前全省经济和商务发展形势,就明年及今后一段时期商务发展的方向、目标、思路和工作重点进行探讨和交流。厅党组书记、厅长金永辉主持会议,厅领导班子成员,商务部驻杭特办负责人,各市商务主管部门及机关各处室、厅属各单位的主要负责人参加了会议。

会议特别邀请了两位专家作形势辅导报告。其中,商务部政研室主任张向晨介绍了全国商务发展形势和商务重点工作;省委副秘书长、省委政研室主任舒国增解读了党的十八大和省委第十三届二次全会精神,并介绍了全省经济社会发展形势和重大战略。会上,各位参会代表围绕会议主题,结合各地各部门的工作实际,就如何做好 2013 年的商务工作进行了深入研讨。通过一天时间的交流,参会代表对当前面临的形势和任务有了比较清醒的认识,对如何做好 2013 年的工作有了初步的设想和打算,也提出了许多好的思路和建议。

12 月 12 日 全省境外经贸合作区(工业园)(以下简称境外园区)座谈会在淳安召开,韩杰副厅长出席会议,并讲话。省商务厅、省财政厅,杭州市外经贸局、温州市、绍兴市、义乌市商务局相关负责人,泰中罗勇工业园开发有限公司、康吉国际投资有限公司、前江投资管理有限责任公司、越美集团、温州市金盛贸易有限公司、义乌泛非国际投资有限公司、国家开发银行浙江省分行、中国进出口银行浙江省分行、中国出口信用保险公司浙江分公司等金融机构负责人和助手共 30 余人参加了此次会议。

会议通报了 2012 年以来各境外园区的建设、招商、管理、服务等情况,交流了境外园区如何克服宏观环境不稳、入区企业母体公司经营困难等问题,部分实施企业提出了学习江苏、广东加大地方财政扶持的工作建议,积极探讨 2013 年的工作思路。省财政厅介绍了目前中央对境外园区的财政扶持比例,表明了中央对境外园区建设的重视,同时,解释了浙江省财政下沉体系与江苏、广东的区别,为实施企业提出了解决方案。金融保险机构介绍了支持境外园区建设的案例及相关政策。温州、绍兴、杭州、义乌相关商务主管部门负责人对进一步支持境外园区建设发展,表明了态度。

12 月 12—13 日 韩杰副厅长,厅外经处、厅投资促进中心相关人员组成调研组赴诸暨市调研企业"走出去"发展情况。调研组分别赴越美集团有限公司、菲达环保科技股份有限公司、天洁集团有限公司调研,听取公司负责人的汇报。调研中,韩杰副厅长要求越美集团做好成功收购友谊纺织厂的相关工作,为全省民营企业成功参与国家的援外项目做好探索,同时也希望菲达环保科技股份有限公司要积极探索出一条国际化发展的道路,加快国际化经营人才的培养,加快转变新的国际经济增长方式,从目前注重规模向注重技术、质量、效益转变，要积极探索如何让中国标准“走出去”，让中国标准成为世界标准。探索成功开拓美国市场模式，为省内其他产业进入美国市场提供模板。

12月17—18日 绍兴柯桥经济技术开发区和富阳经济技术开发区分别举行了授牌仪式。省委常委、常务副省长龚正在柯桥会场授牌；原全国人大常委会副委员长蒋正华在富阳会场授牌。省商务厅副厅长胡潍康、商务部开发区处处长朱冰分别在柯桥、富阳授牌仪式上发表贺词。

富阳和柯桥经济技术开发区是2012年10月同时获得国务院批准的。至此，浙江省今年新批升级的国家级开发区达到了4家。目前，全省共有国家级经济技术开发区17家，新批数和累计数与江苏省持平，居全国第一。

12月17—28日 为加深对西亚、北非等新兴市场的考察了解，推动浙江企业通过实施参展、海外承包工程和投资来主动开拓新兴市场，应商务部沙特展合作方奥比茨展览局、约旦安曼商会和中国驻突尼斯使馆经商处的邀请，由金永辉厅长带队，省委副秘书长、省委政策研究室主任舒国增以及厅机关外经处、外贸处、外贸中心负责人等共6人组成考察组，赴沙特、突尼斯及约旦参展、考察。

在沙特阿拉伯，考察组参观了中国商务部主办的“2012沙特中国商品展”，本次展览浙江省共有35家企业、60个展位，是历年来参展企业最多的一次。考察组还专门赴位于利雅得的中国通信服务沙特公司、位于吉达的精工钢构国际公司吉达机场项目办公室实地考察，了解公司开展国际业务情况并慰问了现场施工人员。在突尼斯，考察组拜访了突尼斯工商业联合会，与联合会国际关系部部长阿里·纳卡伊进行了会谈。在约旦，考察团分别拜访了约旦安曼商会和约旦投资委。考察组还拜访了中国驻约旦大使馆，并与岳晓勇大使、经济商务参赞赵占芳进行了座谈交流。

12月24—25日 为学习贯彻党的十八大和省委第十三届二次全会精神，培养和提高机关青年干部的团结协作能力和精神状态，推进团员青年队伍建设，进一步发挥优势、体现特色、服务中心工作，厅团委在临安组织开展以“凝心聚力 为商务发展建功立业”为主题的青年干部拓展培训会。厅机关青年干部和厅属单位团支部书记20余人参加此次培训会。

培训会议期间，厅团委专门播放了省委副秘书长、省委政研室主任舒国增在厅党组扩大会议上所作的“解读党的十八大和省委第十三届二次全会精神及关于全省经济社会发展形势和重大战略”的辅导报告的录音，厅党组成员、副厅长胡潍康专程到会并作重要讲话。培训期间还邀请了香港中文大学访问学者、浙江省行为医学委员会委员、国家级心理咨询师、杭州市第七人民医院医学心理科副主任医师毛洪京作“青年干部心理减压”的辅导报告。

12月27日 “浙江省电子商务发展情况”新闻发布会在之江饭店举行，得到了新闻界的广泛关注。新闻发布会由省商务厅副厅长（巡视员）、新闻发言人陈如昉作主发布，电子商务处负责人参与发布，省政府新闻办副主任杨荣耀主持。来自50多家境内外媒体的记者共70多人参加了新闻发布会。

12月 商务部下达了《关于开展重点培育内外贸结合商品市场试点工作的通知》（商贸函〔2012〕1087号），确定了浙江省义乌中国小商品城、海宁中国皮革城和江苏省叠石桥国际家纺城3家市场作为重点培育内外贸结合商品市场的首批试点。

培育内外贸结合商品市场是实现我国对外贸易转方式、调结构的重要举措，是推动内外贸协调发展的重要平台，是培育外贸竞争新优势的重要抓手，也是进一步提升商品市场发展水平的重要途径。

第三编

商务统计

一、国内贸易

2012年浙江省核心零售企业分业态销售经营情况表

单位:亿元

业态分类	企业数(家)	2012年销售收入(亿元)	2011年销售收入(亿元)	同比增长(%)
大型综合超市	35	197.6	189.2	4.4
超　市	46	154.7	143.2	8.0
便利店	16	20.3	17.9	13.8
仓储式商场	4	29.5	28.6	3.0
百货店	68	535.9	522.4	2.6
专业店	80	509.7	515.2	-1.1
专卖店	4	40.3	39.6	1.8
合　计	253	1488.0	1456.0	2.2

数据来源:浙江省市场运行监测网。

2012年浙江省重要生产资料市场运行状况表

种　类	12个月平均价格(元/吨)	价格同比增幅(%)	当年销量(万吨)	销量累计同比增幅(%)
煤　炭	787	0.1	5419.5	27.7
成品油	9170	1.4	1205.4	5.5
钢　材	4074	–12.4	1595.8	11.5
橡　胶	21631	–15.4	0.6	–6.6
化　肥	2763	–0.1	104.6	–6.6
有色金属	25429	1.7	28.6	38.3
水　泥	339	–22.6	3449.7	–22.1

注:数据来源为浙江省重要生产资料市场监测系统。销量同比增幅采用商品可比口径计算。

2012年浙江省主要生活必需品销售情况一览表

序号	商品类别	价格情况			销售情况		
		单位	12月份平均价格	同比增长(%)	单位	1—12月累计销售	同比增长(%)
1	粮食(零售)	元/公斤	6.16	3.0	万元	120922.76	23.7
	粮食(批发)	元/公斤	3.88	3.5	万吨	314.21	4.0
2	食用油(零售)	元/升	16.43	9.5	万元	166869.76	18.6
	食用油(批发)	元/公斤	16.09	4.6	万吨	24.31	-5.3
3	猪肉(零售)	元/公斤	27.56	-7.4	万元	74000.81	15.9
	猪肉(批发)	元/公斤	22.02	-2.4	万吨	24.01	13.8
4	鸡蛋(零售)	元/公斤	10.33	6.5	万元	19110.57	-8.1
	鸡蛋(批发)	元/公斤	9.26	8.1	万吨	5.37	24.1
5	蔬菜(批发)	元/公斤	3.96	11.5	万吨	807.34	9.4
	蔬菜(农贸)	元/公斤	6.63	9.1	万吨		
6	水产品(批发)	元/公斤	19.77	8.8	万吨	188.28	-1.1
7	水果(批发)	元/公斤	4.92	-12.7	万吨	584.99	35.4
8	牛奶(零售)	元/公斤	103.62	5.6	万吨	111941.26	13.0
9	糖(零售)	元/公斤	9.99	-7.4	万元	5902.71	-52.4
10	盐(零售)	元/公斤	4.39	25.8	万元	2328.38	-22.8
	盐(批发)	元/公斤	3.13	-3.7	万吨	10.78	-1.7

数据来源:浙江省城市生活必需品市场监测系统。

二、对外贸易

2012年全国及沿海部分省、市进出口情况表

单位：亿美元

地 区	进出口		出 口		进 口		12月出口		
	当年累计	同比增长（%）	当年累计	同比增长（%）	当年累计	同比增长（%）	金额	比上月增长（%）	同比增长（%）
全 国	38667.6	6.2	20489.3	7.9	18178.3	4.3	1992.3	11.1	14.0
广东省	9838.2	7.7	5741.4	7.9	4096.8	7.4	602.4	26.8	21.4
上海市	4365.4	–0.2	2067.4	–1.4	2298.0	0.8	172.0	–5.8	–5.8
江苏省	5480.9	1.6	3285.4	5.1	2195.5	–3.3	318.9	10.2	14.8
浙江省	3122.4	0.9	2245.7	3.8	876.7	–5.8	199.0	8.0	2.8
山东省	2455.4	4.1	1287.3	2.4	1168.1	6.0	118.4	2.9	4.8
福建省	1559.3	8.6	978.4	5.4	580.9	14.6	97.2	15.9	13.2

注：浙江省12月份当月进口74.6亿美元，比上月下降1.2%，比上年同月下降13.6%。

2012年全国及沿海部分省、市出口情况表

单位：亿美元

地区	出口合计		一般贸易		加工贸易		国有企业		外商投资企业		集体企业		私营企业		机电产品		高新技术产品	
	累计	同比增长（%）	累计	同比增长（%）	累计	同比增长（%）	累计	同比增长（%）	累计	同比增长（%）	累计	同比增长（%）	累计	同比增长（%）	累计	同比增长（%）	累计	同比增长（%）
全 国	20489.4	7.9	9880.1	7.7	8627.8	3.3	2562.8	–4.1	10227.5	2.8	508.9	–8.1	7157.1	23.8	11794.2	8.7	6012.0	9.6
上海市	2068.1	–1.4	789.3	2.3	1015.3	–6.9	324.8	–6.8	1387.7	–2.6	16.0	–4.5	339.5	10.2	1433.2	–3.0	902.5	–3.0
江苏省	3285.4	5.1	1395.5	10.5	1602.0	–7.0	284.7	6.2	2037.3	–4.9	59.4	3.2	901.4	37.5	2176.8	4.7	1309.2	1.3
浙江省	2245.7	3.8	1797.2	1.8	347.0	–3.7	206.0	–2.5	630.0	–3.5	103.0	–12.6	1300.2	10.6	959.1	3.8	148.0	–4.6
山东省	1287.3	2.4	688.0	6.3	544.2	–2.5	123.4	–12.4	605.5	–5.0	84.7	–4.4	473.3	21.1	504.1	–0.9	144.5	–4.9
福建省	978.4	5.4	675.9	6.9	255.4	1.3	92.9	1.1	391.4	0.0	8.1	–21.2	486.2	11.8	354.1	3.6	139.9	1.9
广东省	5741.4	7.9	1903.4	3.5	3249.5	4.3	518.7	–8.6	3405.9	4.9	151.0	–16.3	1660.8	26.0	3894.6	9.3	2213.8	12.2

注：本表由各省、市提供。

2012年浙江省进出口统计情况总表

单位：万美元

项目名称	当年实绩			上年同期实绩			与上年同期比较	
	12月实绩	本年累计	比重(%)	12月实绩	上年累计	比重(%)	12月增长(%)	累计增长(%)
进出口总额	2735983	31223640		2800370	30937777		-2.30	0.92
出口额	1990358	22457028		1936939	21634950		2.76	3.80
按贸易方式分：								
一般贸易	1535476	17971875	80.03	1591511	17648423	81.57	-3.52	1.83
加工贸易	285535	3469859	15.45	310313	3603795	16.66	-7.98	-3.72
其他贸易	169347	1015294	4.52	35115	382732	1.77	382.26	165.28
按企业性质分：								
国有及国有控股企业	169315	2060260	9.17	184041	2113709	9.77	-8.00	-2.53
外商投资企业	528926	6299622	28.05	567845	6528698	30.18	-6.85	-3.51
民营企业	1286483	14032137	62.48	1179432	12936496	59.79	9.08	8.47
集体企业	82176	1030233	4.59	96335	1178390	5.45	-14.70	-12.57
私营企业	1204307	13001904	57.90	1083097	11758106	54.35	11.19	10.58
按商品性质分：								
初级产品	87871	1010188	4.50	90877	891288	4.12	-3.31	13.34
工业制成品	1902487	21446840	95.50	1846062	20743661	95.88	3.06	3.39
进口额	745625	8766612		863431	9302827		-13.64	-5.76
按贸易方式分：								
一般贸易	534321	6244208	71.23	626490	6534332	70.24	-14.71	-4.44
加工贸易	125308	1527247	17.42	147803	1719315	18.48	-15.22	-11.17
其他贸易	85996	995157	11.35	89138	1049180	11.28	-3.52	-5.15
按企业性质分：								
国有及国有控股企业	82354	905325	10.33	100460	1036810	11.15	-18.02	-12.68
外商投资企业	333809	3999357	45.62	375308	4263893	45.83	-11.06	-6.20
民营企业	329249	3848274	43.90	386321	3992203	42.91	-14.77	-3.61
集体企业	49675	664946	7.58	61186	795269	8.55	-18.81	-16.39
私营企业	279574	3183328	36.31	325135	3196934	34.37	-14.01	-0.43
按商品性质分：								
初级产品	237799	2722651	31.06	269069	2792527	30.02	-11.62	-2.50
工业制成品	507827	6043960	68.94	594362	6510300	69.98	-14.56	-7.16

2012 年浙江省进出口分月进度情况表

单位:亿美元

月份	当年			上年			同比增长(%)					
							进出口		出口		进口	
	进出口	出口	进口	进出口	出口	进口	当月	累计	当月	累计	当月	累计
2011 年 12 月	279.99	193.72	86.27	239.70	164.30	75.40	16.81	22.03	17.91	19.89	14.42	27.33
2011 年累计	3093.97	2163.60	930.37	2535.33	1804.65	730.68		22.03		19.89		27.33
2012 年 1 月	264.37	200.32	64.05	271.34	192.40	78.94	-2.57	-2.57	4.12	4.11	-18.86	-18.85
2012 年 2 月	173.29	94.66	78.63	152.06	95.50	56.56	13.96	3.37	-0.88	2.46	39.02	5.31
2012 年 3 月	261.68	178.53	83.15	241.23	158.35	82.88	8.48	5.25	12.75	6.10	0.33	3.52
2012 年 4 月	249.08	179.53	69.55	255.49	180.64	74.85	-2.51	3.06	-0.61	4.15	-7.08	0.73
2012 年 5 月	283.26	206.03	77.23	263.20	189.04	74.16	7.62	4.06	8.99	5.27	4.14	1.38
2012 年 6 月	265.85	198.00	67.85	262.97	188.59	74.38	1.10	3.47	4.99	5.17	-8.78	-0.41
2012 年 7 月	272.48	198.17	74.31	288.73	209.12	79.61	-5.63	1.96	-5.24	3.37	-6.66	-1.34
2012 年 8 月	273.34	201.56	71.78	289.65	206.40	83.25	-5.63	0.85	-2.34	2.52	-13.78	-3.09
2012 年 9 月	286.69	211.49	75.20	283.29	198.80	84.49	1.20	0.89	6.38	3.00	-11.00	-4.06
2012 年 10 月	261.78	196.09	65.69	239.41	166.60	72.81	9.34	1.69	17.70	4.37	-9.78	-4.59
2012 年 11 月	259.78	184.30	75.48	266.37	184.36	82.01	-2.47	1.28	-0.03	3.94	-7.96	-4.93
2012 年 12 月	273.60	199.04	74.56	280.03	193.69	86.34	-2.30	0.92	2.76	3.80	-13.64	-5.76
2012 年累计	3122.36	2245.70	876.66	3093.77	2163.49	930.28		0.92		3.80		-5.76

2012 年浙江省出口主要市场情况表

单位：万美元

项目名称	出口实绩			上年同期实绩			与上年同期比较	
	12 月实绩	本年累计	比重（%）	12 月实绩	上年累计	比重（%）	12 月增长（%）	累计增长（%）
各大洲情况：	1990358	22457028		1936938	21634949		2.76	3.80
亚　洲	679247	7545916	33.60	632881	7097940	32.81	7.33	6.31
欧　洲	552435	6294138	28.03	591420	6743560	31.17	-6.59	-6.66
北美洲	347322	4210590	18.75	355536	3878939	17.93	-2.31	8.55
拉丁美洲	201364	2209363	9.84	184778	2050943	9.48	8.98	7.72
非　洲	151922	1578539	7.03	125481	1341111	6.20	21.07	17.70
大洋洲	58068	618482	2.75	46842	522457	2.41	23.97	18.38
区域(经济)组织：								
欧　盟	443215	5057512	22.52	492268	5576880	25.78	-9.96	-9.31
中　东	195361	2101964	9.36	178892	1937308	8.95	9.21	8.50
东　盟	158729	1696782	7.56	146962	1474798	6.82	8.01	15.05
20 个主要国家和地区合计：	1290186	14941844	66.54	1303186	14637925	67.66	-1.00	2.08
美　国	315657	3817715	17.00	321224	3491686	16.14	-1.73	9.34
日　本	102593	1344931	5.99	114178	1333877	6.17	-10.15	0.83
德　国	88442	1043235	4.65	102968	1187459	5.49	-14.11	-12.15
俄罗斯	73148	798232	3.55	62082	700575	3.24	17.82	13.94
英　国	59616	722476	3.22	64918	686774	3.17	-8.17	5.20
中国香港特别行政区	60314	663236	2.95	51935	594117	2.75	16.13	11.63

续表

项目名称	出口实绩			上年同期实绩			与上年同期比较	
	12月实绩	本年累计	比重（%）	12月实绩	上年累计	比重（%）	12月增长（%）	累计增长（%）
印 度	63695	647798	2.88	55639	688873	3.18	14.48	–5.96
巴 西	56086	594471	2.65	52103	561419	2.59	7.64	5.89
阿拉伯联合酋长国	50538	585217	2.61	53397	550460	2.54	–5.35	6.31
韩 国	52094	556574	2.48	43437	545287	2.52	19.93	2.07
荷 兰	44551	539684	2.40	54803	618859	2.86	–18.71	–12.79
意大利	47322	517916	2.31	53952	708214	3.27	–12.29	–26.87
澳大利亚	40739	485053	2.16	40336	441062	2.04	1.00	9.97
法 国	42036	456641	2.03	48634	491726	2.27	–13.57	–7.14
西班牙	38914	394806	1.76	36982	415850	1.92	5.22	–5.06
加拿大	31665	392760	1.75	34310	386851	1.79	–7.71	1.53
印度尼西亚	37892	370987	1.65	30019	314133	1.45	26.23	18.10
墨西哥	30130	354309	1.58	25268	308468	1.43	19.24	14.86
泰 国	28690	328185	1.46	26286	268628	1.24	9.15	22.17
土耳其	26064	327618	1.46	30715	343607	1.59	–15.14	–4.65

2012年浙江省出口主要商品情况表

单位:万美元

项目名称	出口实绩			上年同期实绩			与上年同期比较	
	12月出口	累计出口	比重(%)	12月出口	累计出口	比重(%)	12月增长(%)	累计增长(%)
所有商品	1990358	22457028		1936939	21634950		2.76	3.80
机电产品	831488	9590865	42.71	830508	9242116	42.72	0.12	3.77
纺织服装	516828	5982168	26.64	525340	6024655	27.85	–1.62	–0.71
高新技术产品	124019	1480334	6.59	128942	1551933	7.17	–3.82	–4.61
农副产品	85933	971841	4.33	92074	966284	4.47	–6.67	0.58
其中:农产品	44542	471699	2.10	47987	454511	2.10	–7.18	3.78
文化产品	25950	236120	1.05	17186	189751	0.88	50.99	24.44
30个主要商品合计:	1166124	13173258	58.66	1157583	13039572	60.27	0.74	1.03
纺织纱线、织物及制品	269219	3127521	13.93	273061	3110820	14.38	–1.41	0.54
服装及衣着附件	247609	2854647	12.71	252280	2913835	13.47	–1.85	–2.03
家具及其零件	80816	807508	3.60	88012	761579	3.52	–8.18	6.03
鞋　类	71984	755716	3.37	64833	748640	3.46	11.03	0.95
船　舶	53340	570712	2.54	54291	658922	3.05	–1.75	–13.39
塑料制品	50827	489023	2.18	37775	391872	1.81	34.55	24.79
汽车零件	40481	465520	2.07	42242	450209	2.08	–4.17	3.40
灯具、照明装置及类似品	26667	327049	1.46	22282	277376	1.28	19.68	17.91
旅行用品及箱包	31778	322820	1.44	24897	296561	1.37	27.64	8.85
成品油	29936	288236	1.28	24750	206547	0.95	20.95	39.55

续表

项目名称	出口实绩			上年同期实绩			与上年同期比较	
	12 月出口	累计出口	比重（%）	12 月出口	累计出口	比重（%）	12 月增长（%）	累计增长（%）
钢　材	24311	282621	1.26	22147	298983	1.38	9.77	-5.47
通断及保护电路装置	22386	254079	1.13	22609	240004	1.11	-0.99	5.86
电线与电缆	21570	249920	1.11	20856	235762	1.09	3.42	6.01
医药品	19170	211588	0.94	19584	213015	0.98	-2.11	-0.67
床垫、寝具及类似品	17422	206292	0.92	16847	195695	0.90	3.41	5.42
钢铁或铜制标准紧固件	15390	195170	0.87	17676	208565	0.96	-12.93	-6.42
水海产品	15356	174827	0.78	18672	177399	0.82	-17.76	-1.45
二极管、晶体管及类似半导体器件	8063	172858	0.77	19038	331976	1.53	-57.65	-47.93
电动机及发电机	13649	167543	0.75	15242	162406	0.75	-10.45	3.16
手用或机用工具	16361	163175	0.73	13478	144510	0.67	21.39	12.92
自动数据处理设备及其部件	10132	130470	0.58	10820	125570	0.58	-6.36	3.90
新的充气橡胶轮胎	10274	122449	0.55	10171	120389	0.56	1.01	1.71
体育用品及设备	11890	120541	0.54	9769	103899	0.48	21.71	16.02
未锻造的铜及铜材	9743	117580	0.52	10289	129690	0.60	-5.31	-9.34
未锻造的铝及铝材	9640	113903	0.51	9343	116042	0.54	3.18	-1.84
玩　具	8026	104802	0.47	7146	90343	0.42	12.31	16.00
轴　承	8453	102720	0.46	10864	115176	0.53	-22.19	-10.81
原　油	0	98981	0.44	6093	71656	0.33	-100.00	38.13
摩托车及自行车的零件	8869	89606	0.40	8370	90176	0.42	5.96	-0.63
玻璃制品	12762	85381	0.38	4146	51955	0.24	207.81	64.34

2012年浙江省进口主要市场情况表

单位：万美元

项目名称	进口实绩			上年同期实绩			与上年同期比较	
	12月进口	累计进口	比重(%)	12月进口	累计进口	比重(%)	12月增长(%)	累计增长(%)
各大洲情况：	745604	8766612		863421	9302827		-13.65	-5.76
亚　洲	448553	5149267	58.74	480685	5351420	57.52	-6.68	-3.78
欧　洲	104455	1277183	14.57	134446	1425734	15.33	-22.31	-10.42
北美洲	86631	897658	10.24	95749	1001507	10.77	-9.52	-10.37
拉丁美洲	46231	671146	7.66	68851	753895	8.10	-32.85	-10.98
大洋洲	47703	549703	6.27	62439	526848	5.66	-23.60	4.34
非　洲	12031	221470	2.53	21251	243236	2.61	-43.39	-8.95
区域(经济)组织：								
东　盟	115156	1133974	12.94	117816	1064871	11.45	-2.26	6.49
欧　盟	81637	1030931	11.76	113056	1118344	12.02	-27.79	-7.82
中　东	49523	572708	6.53	48601	667397	7.17	1.90	-14.19
20个主要国家和地区合计：	635655	7238361	82.57	714118	7617290	81.88	-10.99	-4.97
日　本	92492	1126984	12.86	106659	1185441	12.74	-13.28	-4.93
中国台湾地区	94338	1088006	12.41	81939	1123252	12.07	15.13	-3.14
韩　国	69329	839626	9.58	78455	872016	9.37	-11.63	-3.71
美　国	72661	721062	8.23	77527	777637	8.36	-6.28	-7.28
澳大利亚	37568	445661	5.08	55128	439286	4.72	-31.85	1.45
印度尼西亚	40465	315586	3.60	36597	335596	3.61	10.57	-5.96

续表

项目名称	进口实绩			上年同期实绩			与上年同期比较	
	12 月进口	累计进口	比重（%）	12 月进口	累计进口	比重（%）	12 月增长（%）	累计增长（%）
德　国	29558	315583	3.60	38373	377772	4.06	−22.97	−16.46
巴　西	23285	293504	3.35	20319	280542	3.02	14.60	4.62
沙特阿拉伯	28220	282989	3.23	26872	308935	3.32	5.02	−8.40
新加坡	18639	250365	2.86	33251	231632	2.49	−43.94	8.09
泰　国	19969	224975	2.57	20286	224371	2.41	−1.56	0.27
印　度	10877	184097	2.10	26746	232976	2.50	−59.33	−20.98
加拿大	13970	176569	2.01	18222	223829	2.41	−23.33	−21.11
马来西亚	23951	175703	2.00	11084	133536	1.44	116.09	31.58
智　利	11351	158130	1.80	26085	209773	2.25	−56.48	−24.62
伊　朗	10554	151124	1.72	11955	174061	1.87	−11.72	−13.18
俄罗斯	13467	146624	1.67	13507	182860	1.97	−0.30	−19.82
法　国	10490	133221	1.52	12326	105507	1.13	−14.90	26.27
意大利	7782	108893	1.24	10550	139418	1.50	−26.24	−21.89
越　南	6689	99659	1.14	8237	58850	0.63	−18.79	69.34

2012年浙江省进口主要商品情况表

单位:万美元

项目名称	进口实绩			上年同期实绩			与上年同期比较	
	12月进口	累计进口	比重（%）	12月进口	累计进口	比重（%）	12月增长（%）	累计增长（%）
所有商品	745625	8766612		863431	9302827		-13.64	-5.76
机电产品	138901	1591793	18.16	157462	1803721	19.39	-11.79	-11.75
高新技术产品	72075	874945	9.98	79421	970994	10.44	-9.25	-9.89
农副产品	66642	736390	8.40	78775	713663	7.67	-15.40	3.18
其中:农产品	51444	537408	6.13	64149	537005	5.77	-19.81	0.08
文化产品	143	4332	0.05	182	1449	0.02	-21.43	198.96
30个主要商品合计:	462849	5445246	62.11	543144	5684477	61.10	-14.78	-4.21
铁矿砂及其精矿	55124	655338	7.48	54181	717926	7.72	1.74	-8.72
初级形状的塑料	62346	653954	7.46	56028	610595	6.56	11.28	7.10
成品油	43403	403773	4.61	37333	323136	3.47	16.26	24.95
二甲苯	31158	371626	4.24	27884	358731	3.86	11.74	3.59
未锻造的铜及铜材	18748	309247	3.53	57531	404615	4.35	-67.41	-23.57
乙二醇	21920	288848	3.29	27086	331738	3.57	-19.07	-12.93
液晶显示板	25001	288467	3.29	22376	271750	2.92	11.73	6.15
对苯二甲酸	16766	253286	2.89	26524	364507	3.92	-36.79	-30.51
纺织纱线、织物及制品	18377	215532	2.46	16163	183825	1.98	13.70	17.25
纸　浆	14925	185384	2.11	16284	212641	2.29	-8.35	-12.82
集成电路	13508	160098	1.83	14148	165607	1.78	-4.52	-3.33

续表

项目名称	进口实绩			上年同期实绩			与上年同期比较	
	12月进口	累计进口	比重（%）	12月进口	累计进口	比重（%）	12月增长（%）	累计增长（%）
粮　食	13652	154264	1.76	16736	161126	1.73	-18.43	-4.26
原　油	2764	129337	1.48	13762	134568	1.45	-79.92	-3.89
废　纸	11179	124559	1.42	13400	130628	1.40	-16.57	-4.65
钢　材	7385	118282	1.35	10739	156321	1.68	-31.23	-24.33
煤	11154	111433	1.27	21660	127352	1.37	-48.50	-12.50
废塑料	10019	105156	1.20	9261	106112	1.14	8.18	-0.90
苯乙烯	10582	98293	1.12	8371	89279	0.96	26.41	10.10
纺织机械及零件	12938	98009	1.12	11918	124806	1.34	8.56	-21.47
羊　毛	9995	97890	1.12	12528	93392	1.00	-20.22	4.82
医药品	10076	97748	1.12	10556	78837	0.85	-4.55	23.99
原　木	5813	91033	1.04	5623	76992	0.83	3.38	18.24
计量检测分析自控仪器及器具	6174	64300	0.73	6147	67300	0.72	0.44	-4.46
金属加工机床	4243	58340	0.67	8542	71174	0.77	-50.33	-18.03
非泡沫塑料的板、片、膜	4493	58301	0.67	5273	57276	0.62	-14.79	1.79
通断及保护电路装置	4117	53437	0.61	4742	54167	0.58	-13.18	-1.35
锯　材	4966	53063	0.61	5408	53774	0.58	-8.17	-1.32
棉　花	6124	52526	0.60	12974	57122	0.61	-52.80	-8.05
二极管及类似半导体器件	4169	50491	0.58	4177	46447	0.50	-0.19	8.71
己内酰胺	1730	43231	0.49	5789	52733	0.57	-70.12	-18.02

2012年浙江省各市进出口情况表

单位:万美元

地区	进出口		出口		进口	
	进出口额	同比增长(%)	出口实绩	同比增长(%)	进口实绩	同比增长(%)
全省合计:	31223640	0.9	22457028	3.8	8766612	–5.8
省级公司:	879457	–12.6	645699	–8.8	233757	–21.5
11个市合计:	30343497	1.4	21810692	4.2	8532804	–5.2
杭州市	5288868	–1.9	3480457	1.1	1808412	–7.1
宁波市	9657269	–1.6	6144526	1.0	3512743	–5.9
温州市	2043787	–5.3	1769597	–2.6	274191	–20.0
嘉兴市	2874358	0.9	1960260	1.7	914098	–0.8
湖州市	873662	0.9	739640	0.6	134022	2.5
绍兴市	3209794	–4.2	2555689	–1.7	654105	–13.0
金华市	2273891	38.4	2131315	40.7	142576	10.6
其中:义乌	934742	136.7	900507	150.3	34235	–2.5
舟山市	1535605	15.8	922448	23.4	613157	5.9
台州市	2062194	0.6	1723882	1.2	338312	–2.5
衢州市	301819	12.4	185928	5.6	115891	25.3
丽水市	222935	4.9	197587	8.9	25348	–18.6

2012年浙江省各县(市、区)出口情况表

单位:万美元

序号	县(市、区)	出口额	同比增长(%)	序号	县(市、区)	出口额	同比增长(%)
1	宁波市鄞州区	1006841	5.1	24	舟山市定海区	240278	46.4
2	绍兴县	973949	0.9	25	宁波市江北区	235204	3.7
3	义乌市	900507	150.3	26	嘉善县	229907	-1.6
4	杭州市萧山区	881645	-1.9	27	临海市	228690	4.7
5	宁波市北仑区	856057	1.0	28	武义县	211169	5.1
6	慈溪市	842179	0.9	29	宁海县	205346	-1.6
7	余姚市	593911	5.7	30	乐清市	202963	-8.4
8	诸暨市	474748	-6.5	31	安吉县	201362	9.5
9	舟山市普陀区	471439	30.0	32	台州市椒江区	197145	1.0
10	杭州市余杭区	470747	7.9	33	象山县	195022	-6.8
11	宁波市江东区	413806	16.1	34	东阳市	193943	5.6
12	海宁市	398725	0.8	35	温州市龙湾区	186401	5.1
13	温州市鹿城区	374145	-0.8	36	奉化市	186296	3.7
14	永康市	365003	-1.5	37	台州市黄岩区	183631	5.0
15	平湖市	360834	2.1	38	温州市瓯海区	183087	-2.8
16	温岭市	341184	4.2	39	杭州市西湖区	177352	4.0
17	宁波市海曙区	322870	0.4	40	岱山县	174813	-4.4
18	玉环县	319070	-1.7	41	绍兴市越城区	173580	-3.4
19	杭州市高新(滨江)区	314355	-2.4	42	台州市路桥区	171062	-5.2
20	宁波市镇海区	308504	8.0	43	德清市	162133	4.2
21	瑞安市	298168	0.9	44	杭州市下城区	159444	4.3
22	上虞市	274693	0.3	45	嵊州市	158472	2.5
23	桐乡市	255278	6.6	46	嘉兴市秀洲区	157752	2.6

续表

序号	县(市、区)	出口额	同比增长(%)	序号	县(市、区)	出口额	同比增长(%)
47	杭州市江干区	156090	3.8	69	仙居县	56041	12.8
48	海盐县	151256	0.4	70	苍南县	55901	11.8
49	新昌县	149576	-1.9	71	江山市	45979	21.0
50	长兴县	133680	0.5	72	青田县	30052	4.3
51	嘉兴市南湖区	121154	-4.7	73	磐安县	28928	17.4
52	杭州市上城区	115612	-3.8	74	嵊泗县	28205	-11.5
53	临安市	114271	2.4	75	衢州市柯城区	26332	43.0
54	富阳市	109546	10.1	76	衢州市衢江区	21702	6.4
55	湖州市南浔区	99449	-8.4	77	龙游县	20687	7.6
56	杭州市拱墅区	98235	2.8	78	龙泉市	20269	-1.6
57	桐庐县	96564	12.0	79	松阳县	16904	10.4
58	金华市婺城区	90254	27.0	80	淳安县	15997	0.7
59	金华市金东区	88345	37.3	81	遂昌县	11110	3.5
60	兰溪市	85576	1.5	82	常山县	10257	-18.6
61	湖州市吴兴区	85502	-12.0	83	开化县	9782	8.7
62	浦江县	82243	0.5	84	丽水市莲都区	9450	10.8
63	建德市	75740	-12.8	85	云和县	7833	22.3
64	永嘉县	69415	16.1	86	庆元县	5543	29.2
65	三门县	65995	2.6	87	洞头县	5462	5.5
66	平阳县	61399	13.7	88	景宁畲族自治县	2471	95.3
67	缙云县	59906	10.2	89	文成县	2344	-9.8
68	天台县	56321	0.0	90	泰顺县	2070	0.9

2012年浙江省各县(市、区)进口情况表

单位:万美元

序号	县(市、区)	进口额	同比增长(%)	序号	县(市、区)	进口额	同比增长(%)
1	宁波市北仑区	895379	-3.0	24	嘉兴市南湖区	60691	41.9
2	杭州市萧山区	485645	-9.0	25	台州市椒江区	60288	3.6
3	宁波市镇海区	369685	-7.9	26	杭州市西湖区	57885	-6.3
4	平湖市	333869	12.7	27	瑞安市	56917	-7.8
5	舟山市定海区	312456	12.9	28	奉化市	48463	15.4
6	绍兴县	309187	-15.2	29	上虞市	48252	-20.8
7	宁波市鄞州区	302626	-5.0	30	海盐县	46245	14.7
8	慈溪市	186754	2.5	31	杭州市拱墅区	45351	17.8
9	余姚市	184844	-5.8	32	温州市龙湾区	43439	-9.2
10	台州市路桥区	157969	-4.9	33	湖州市南浔区	42176	4.2
11	舟山市普陀区	142068	30.3	34	杭州市余杭区	41784	-18.4
12	宁波市江北区	137516	60.1	35	嘉兴市秀洲区	40612	9.8
13	杭州市下城区	134819	-33.2	36	岱山县	38400	-42.8
14	桐乡市	130882	-12.1	37	德清市	37332	37.9
15	杭州市上城区	126704	0.6	38	温州市鹿城区	36587	-13.7
16	嵊泗县	116626	-6.0	39	兰溪市	36403	47.7
17	富阳市	114900	-2.0	40	义乌市	34235	-2.5
18	宁波市江东区	105977	-34.3	41	乐清市	29745	11.5
19	海宁市	102594	-20.3	42	临安市	28068	-0.1
20	诸暨市	100242	-12.8	43	永康市	26890	6.1
21	杭州市高新(滨江)区	91348	-7.6	44	象山县	25672	4.9
22	嘉善县	82917	-20.1	45	东阳市	22113	6.2
23	宁波市海曙区	72468	8.2	46	湖州市吴兴区	21092	-8.0

续表

序号	县(市、区)	进口额	同比增长(%)	序号	县(市、区)	进口额	同比增长(%)
47	杭州市江干区	19448	-7.5	69	淳安县	5607	22.8
48	临海市	19210	2.4	70	天台县	4332	-4.7
49	玉环县	18254	-16.6	71	金华市婺城区	3933	5.8
50	宁海县	17487	0.5	72	衢州市柯城区	3610	-24.6
51	温州市瓯海区	16124	12.4	73	武义县	2861	-3.1
52	温岭市	14497	18.8	74	三门县	2720	20.4
53	台州市黄岩区	12942	-16.5	75	遂昌县	1616	-38.1
54	衢州市衢江区	12313	-40.2	76	金华市金东区	1424	-34.2
55	长兴县	12267	-24.6	77	仙居县	1387	0.5
56	安吉县	11954	20.4	78	开化县	1352	-66.4
57	新昌县	11833	-14.4	79	缙云县	1232	-28.6
58	建德市	10941	-46.0	80	磐安县	1132	-36.7
59	平阳县	10903	-13.9	81	江山市	1038	-59.4
60	永嘉县	9587	-3.2	82	龙泉市	455	-66.4
61	嵊州市	9482	-17.5	83	丽水市莲都区	427	250.0
62	龙游县	8441	22.0	84	常山县	366	7.3
63	洞头县	8247	-60.2	85	景宁畲族自治县	211	-46.0
64	浦江县	7332	5.8	86	松阳县	184	5551.1
65	绍兴市越城区	6597	-12.2	87	云和县	112	-94.6
66	桐庐县	6590	-8.7	88	文成县	84	14.6
67	苍南县	6266	-42.9	89	庆元县	33	-27.2
68	青田县	5719	32.7	90	泰顺县	2	-7.8

三、利用外资

2012年浙江省各市外商直接投资情况表

单位：万美元

市地	企业个数			合同外资			实际利用外资		
	当年新批	占总数（%）	比上年同期增长（%）	当年新批	占总数（%）	比上年同期增长（%）	当年实投	占总数（%）	比上年同期增长（%）
全省总计	1597	100.0	-5.6	2107213	100.0	2.4	1306926	100.0	12.0
宁波市	428	26.8	2.4	512571	24.3	-1.2	291268	22.3	3.6
小　计	1169	73.2	-8.2	1594642	75.7	3.6	1015658	77.7	14.7
省　属				-312					
杭州市	510	31.9	2.0	868833	41.2	6.3	496061	38.0	5.0
温州市	29	1.8	70.6	59209	2.8	461.4	39836	3.0	290.0
绍兴市	134	8.4	-31.3	83173	3.9	-28.0	95399	7.3	18.6
嘉兴市	234	14.7	-10.0	281419	13.4	-9.6	178159	13.6	3.5
湖州市	108	6.8	-16.3	168721	8.0	-21.2	102599	7.9	9.1
金华市	88	5.5	-21.4	21443	1.0	-12.6	22292	1.7	-0.2
其中：义乌市	46	2.9	-16.4	5848	0.3		5487	0.4	276.3
衢州市	14	0.9	-26.3	4583	0.2	-34.6	5067	0.4	11.6
台州市	25	1.6	25.0	78482	3.7	1141.8	47520	3.6	232.3
丽水市	17	1.1	88.9	11624	0.6	28.6	10386	0.8	134.4
舟山市	10	0.6	-16.7	17467	0.8	-27.8	18339	1.4	70.0

注：合同外资额中包含增资，增资额688082万美元。

2012年浙江省外商直接投资主要行业情况表

单位:万美元

行业	项目(企业)个数			合同外资			实际外资		
	本年累计	占总数(%)	同比增长(%)	本年累计	占总数(%)	同比增长(%)	本年累计	占总数(%)	同比增长(%)
总计	1597	100.0	-5.6	2107213	100.0	2.4	1306926	100.0	12.0
第一产业	29	1.8	61.1	11125	0.5	111.3	8303	0.6	-53.9
农业	24	1.5	118.2	10088	0.5	130.6	5838	0.4	-22.1
第二产业	658	41.2	-16.2	1025012	48.6	-7.7	652212	49.9	7.2
工业	647	40.5	-16.8	991311	47.0	-9.8	648310	49.6	6.6
采矿业	1	0.1		1871	0.1	28.3	1886	0.1	-22.1
石油和天然气开采业				1090	0.1	-5.1	1089	0.1	-43.0
制造业	640	40.1	-17.1	977586	46.4	-10.3	640577	49.0	7.1
纺织业	26	1.6	-18.8	32883	1.6	-11.0	25692	2.0	-34.4
化学原料及化学制品制造业	21	1.3	-36.4	53695	2.5	-27.8	59400	4.5	51.3

续表

行业	项目(企业)个数			合同外资			实际外资		
	本年累计	占总数(%)	同比增长(%)	本年累计	占总数(%)	同比增长(%)	本年累计	占总数(%)	同比增长(%)
医药制造业	15	0.9	50.0	26666	1.3	91.6	12655	1.0	-70.0
通用设备制造业	82	5.1	-18.0	112056	5.3	-23.0	68419	5.2	15.8
专用设备制造业	62	3.9	-6.1	54595	2.6	-1.6	35432	2.7	31.6
通信设备、计算机及其他电子设备制造业	64	4.0	-28.9	109568	5.2	-25.0	47781	3.7	-0.9
电力、燃气及水的生产和供应业	6	0.4	0.0	11854	0.6	58.3	5847	0.4	-22.6
建筑业	11	0.7	57.1	33701	1.6	205.8	3902	0.3	776.9
第三产业	910	57.0	2.5	1071076	50.8	13.6	646411	49.5	19.7
交通运输、仓储和邮政业	11	0.7	-31.3	59244	2.8	20.8	64255	4.9	300.0
信息传输、计算机服务和软件业	94	5.9	16.0	125269	5.9	21.9	35207	2.7	10.9
批发和零售业	438	27.4	-5.6	198327	9.4	23.7	124649	9.5	44.0
住宿和餐饮业	24	1.5	14.3	17948	0.9	480.8	13385	1.0	118.5
旅游饭店	2	0.1	100.0	9230	0.4	6309.7	9375	0.7	141.1

续表

行业	项目(企业)个数			合同外资			实际外资		
	本年累计	占总数(%)	同比增长(%)	本年累计	占总数(%)	同比增长(%)	本年累计	占总数(%)	同比增长(%)
金融业	7	0.4	600.0	10401	0.5	277.3	5421	0.4	183.7
房地产业	36	2.3	-7.7	254732	12.1	-26.0	262629	20.1	-9.3
房地产开发经营	27	1.7	-18.2	239524	11.4	-28.4	255894	19.6	-10.8
租赁和商务服务业	130	8.1	4.8	143832	6.8	6.2	76895	5.9	13.5
科学研究、技术服务和地质勘查业	154	9.6	28.3	238553	11.3	89.2	59173	4.5	67.9
水利、环境和公共设施管理业	5	0.3	-44.4	6159	0.3	-48.4	1249	0.1	-13.0
居民服务和其他服务业	7	0.4	16.7	5517	0.3	41.2	2752	0.2	27.5
教育				-10		-155.6	7		-77.4
卫生、社会保障和社会福利业	2	0.1		10700	0.5				
文化、体育和娱乐业	2	0.1	-60.0	404		-86.5	789	0.1	-47.0

2012年浙江省各县(市、区)外商直接投资同期比较表

单位:万美元

序号	地区	实际外资金额	同比增长(%)	序号	地区	实际外资金额	同比增长(%)
	县(市、区)合计	1050712	6.7	23	杭州市上城区	17513	4.8
1	杭州市萧山区	87137	8.9	24	德清县	17309	8.0
2	宁波市北仑区	78248	-6.9	25	湖州市吴兴区	16867	-0.9
3	杭州市余杭区	60521	44.7	26	嘉兴市秀洲区	16591	28.9
4	杭州市西湖区	53065	30.6	27	临安市	15244	7.8
5	宁波市鄞州区	39111	2.7	28	湖州市南浔区	14572	-14.9
6	余姚市	36676	4.8	29	安吉县	13605	35.3
7	玉环县	35471	8265.8	30	桐庐县	13061	-0.2
8	平湖市	33725	24.6	31	嘉兴市南湖区	13005	-0.4
9	嘉善县	33723	2.5	32	淳安县	10000	-2.6
10	杭州市下城区	33598	19.8	33	宁波市海曙区	8247	64.4
11	杭州市江干区	29035	33.0	34	嵊州市	8013	-7.6
12	杭州市拱墅区	28066	-47.3	35	宁海县	7652	1.4
13	慈溪市	25452	-39.0	36	象山县	7575	0.8
14	上虞市	25350	68.9	37	舟山市普陀区	6851	186.2
15	宁波市江东区	24069	-28.4	38	宁波市江北区	6661	-65.1
16	海宁市	23480	-15.3	39	海盐县	6521	-50.7
17	绍兴县	23238	54.8	40	奉化市	5596	9.0
18	桐乡市	22693	12.2	41	义乌市	5487	276.3
19	诸暨市	22109	-11.4	42	苍南县	5467	844.2
20	富阳市	21117	-19.0	43	瑞安市	3927	19535.0
21	长兴县	19213	13.0	44	兰溪市	3703	52.8
22	宁波市镇海区	18371	1.4	45	岱山县	3618	257.5

续表

序号	地区	实际外资金额	同比增长(%)	序号	地区	实际外资金额	同比增长(%)
46	缙云县	3100	715.8	69	温州市龙湾区	660	
47	金华市金东区	3076	23.7	70	遂昌县	610	577.8
48	龙游县	2859	128.4	71	仙居县	532	-32.1
49	舟山市定海区	2602	-3.2	72	衢州市柯城区	437	
50	建德市	2580	-21.3	73	绍兴市越城区	422	222.1
51	新昌县	2557	5.7	74	丽水市莲都区	400	700.0
52	温州市鹿城区	2553	248.3	75	龙泉市	400	273.8
53	温州市瓯海区	2527	104.3	76	浦江县	353	-69.0
54	台州市路桥区	2500	-17.1	77	庆元县	250	
55	台州市黄岩区	2279	685.9	78	景宁畲族自治县	250	212.5
56	武义县	2111	1.4	79	常山县	214	250.8
57	乐清市	2096	11.0	80	洞头县	210	-45.6
58	青田县	2084	76.8	81	磐安县	148	-34.8
59	台州市椒江区	2072	395.7	82	嵊泗县	101	-66.3
60	金华市婺城区	1732	2.7	83	松阳县	100	100.0
61	平阳县	1564	246.0	84	三门县	74	-97.0
62	临海市	1304	-34.1	85	衢州市衢江区	37	-92.9
63	温岭市	1208	-70.5	86	杭州市滨江区		
64	东阳市	1110	-58.5	87	永嘉县		
65	云和县	852	-5.3	88	文成县		
66	永康市	812	-77.3	89	泰顺县		
67	天台县	718	54.4	90	开化县		
68	江山市	665	-47.5				

注:按实际外资排序。

2012年浙江省国家级、省级开发区外商直接投资情况表

单位:万美元

序号	地区	实际外资金额	同比增长(%)	序号	地区	实际外资金额	同比增长(%)
开发区合计		703284	6.9	15	浙江海宁经济开发区	16965	-17.5
其中:国家级开发区		439464	5.3	16	浙江南浔经济开发区	14449	-11.5
省级经济开发区		263820	9.6	17	杭州钱江经济开发区	13964	5054.7
1	宁波经济技术开发区	81252	-3.4	18	浙江安吉经济开发区	13056	33.4
2	杭州经济技术开发区	67187	6.5	19	袍江经济开发区	12511	-3.9
3	杭州高新技术产业开发区	57937	31.7	20	浙江德清经济开发区	10535	-13.5
4	萧山经济技术开发区	36323	13.5	21	宁波保税区	10450	3.9
5	浙江玉环经济开发区	35471	78935.2	22	浙江临安经济开发区	10145	-11.7
6	嘉善经济开发区	31705	11.8	23	浙江乍浦经济开发区	10081	11.6
7	嘉兴经济开发区	28421	13.7	24	浙江桐庐经济开发区	9415	-1.6
8	浙江余姚经济开发区	24227	520.7	25	浙江余杭经济开发区	8680	-63.4
9	浙江平湖经济开发区	21107	37.4	26	浙江嵊州经济开发区	8013	-6.9
10	杭州之江旅游度假区	20719	21.8	27	浙江诸暨经济开发区	7024	-26.3
11	浙江富阳经济开发区	20386	-13.4	28	宁波石化经济技术开发区	6364	219.2
12	长兴经济开发区	17395	21.6	29	浙江海盐经济开发区	6228	-45.2
13	浙江桐乡经济开发区	17339	4.5	30	绍兴柯桥经济开发区	5716	30.0
14	湖州经济开发区	17114	8.3	31	浙江慈溪经济开发区	5288	21.8

续表

序号	地区	实际外资金额	同比增长（%）	序号	地区	实际外资金额	同比增长（%）
32	浙江淳安经济开发区	5180	-18.1	51	浙江金东经济开发区	995	-58.4
33	浙江宁海经济开发区	4581	3.2	52	浙江永康经济开发区	757	-77.8
34	浙江镇海经济开发区	4222	-80.7	53	衢州经济开发区	688	-2.0
35	温州经济技术开发区	3967	-12.3	54	浙江江山经济开发区	665	-36.8
36	宁波大榭开发区	3900	-29.3	55	浙江岱山经济开发区	567	
37	金华经济开发区	3679	-19.7	56	浙江东阳经济开发区	306	-66.1
38	浙江上虞经济开发区	3664	76.2	57	浙江浦江经济开发区	252	-49.6
39	浙江奉化经济开发区	3472	-3.4	58	浙江瓯海经济开发区	161	-86.4
40	宁波国家高新区	3000	102.2	59	浙江衢江经济开发区	37	-92.9
41	浙江兰溪经济开发区	2289	148.4	60	浙江舟山经济开发区		
42	浙江丽水经济开发区	2269	267.8	61	浙江建德经济开发区		
43	浙江黄岩经济开发区	2260		62	浙江平阳经济开发区		
44	浙江象山经济开发区	2112	-91.7	63	浙江瑞安经济开发区		
45	义乌经济开发区	2070	4494.9	64	浙江乐清经济开发区		
46	浙江武义经济开发区	1591	36.9	65	浙江普陀经济开发区		
47	浙江台州经济开发区	1363	237.2	66	浙江温岭经济开发区		
48	浙江临海经济开发区	1302	-22.5	67	浙江青田经济开发区		
49	浙江金西经济开发区	1270	279.2	68	浙江景宁经济开发区		
50	浙江绍兴经济技术开发区	1199	-2.7				

2012年浙江省主要投资国家(地区)投资情况表

单位:万美元

国家(地区)	项目(企业)个数			合同外资			实际使用外资		
	本年累计	占总数(%)	同比增长(%)	本年累计	占总数(%)	同比增长(%)	本年累计	占总数(%)	同比增长(%)
总　计	1597	100.0	-5.6	2107213	100.0	2.4	1306926	100.0	12.0
亚　洲	1091	68.3	-11.4	1550416	73.6	-4.2	937998	71.8	7.3
阿富汗	6	0.4	-14.3	367	0.0	239.8	316	0.0	6220.0
文　莱	2	0.1	-66.7	46	0.0	-97.8	365	0.0	-57.9
柬埔寨	1	0.1		-135					
塞浦路斯	3	0.2	50.0	112	0.0	646.7	55	0.0	139.1
朝　鲜							10	0.0	
中国香港特别行政区	700	43.8	-11.2	1319778	62.6	-5.7	801667	61.3	7.4
印　度	11	0.7	-71.8	413	0.0	-72.3	592	0.0	14.1
印度尼西亚	6	0.4	200.0	1854	0.1	332.2	243	0.0	-68.5
伊　朗	12	0.8	71.4	272	0.0	17.2	223	0.0	418.6
伊拉克	1	0.1	-90.9	8	0.0	-96.7	47	0.0	-38.2
以色列	3	0.2	-25.0	-366			26	0.0	-80.6

续表

国家(地区)	项目(企业)个数			合同外资			实际使用外资		
	本年累计	占总数(%)	同比增长(%)	本年累计	占总数(%)	同比增长(%)	本年累计	占总数(%)	同比增长(%)
日　本	75	4.7	-25.0	59070	2.8	20.7	45971	3.5	9.8
约　旦	2	0.1	-33.3	20	0.0	-83.9	52	0.0	-17.5
老　挝							200	0.0	-66.0
黎巴嫩							15	0.0	200.0
中国澳门特别行政区	10	0.6	233.3	5503	0.3	-39.8	3622	0.3	-28.4
马来西亚	12	0.8	33.3	7434	0.4	232.6	1533	0.1	-17.7
蒙　古							4		
巴基斯坦	9	0.6	50.0	76	0.0	-90.0	77	0.0	-80.8
巴勒斯坦	1	0.1		10	0.0		10	0.0	0.0
菲律宾	1	0.1	-83.3	3568	0.2	-37.0	2970	0.2	117.4
卡塔尔							8	0.0	
沙特阿拉伯	2	0.1	100.0	249	0.0	3012.5	136	0.0	3300.0
新加坡	26	1.6	-35.0	46137	2.2	-44.1	55656	4.3	36.2
韩　国	51	3.2	24.4	25695	1.2	37.0	8913	0.7	-44.2
斯里兰卡				-51					
叙利亚	3	0.2	-62.5	33	0.0	-36.5	26	0.0	62.5
泰　国	7	0.4	600.0	3323	0.2		1147	0.1	3996.4

续表

国家(地区)	项目(企业)个数			合同外资			实际使用外资		
	本年累计	占总数(%)	同比增长(%)	本年累计	占总数(%)	同比增长(%)	本年累计	占总数(%)	同比增长(%)
土耳其	12	0.8	100.0	1353	0.1	4128.1	103	0.0	-60.1
阿拉伯联合酋长国	10	0.6	100.0	5874	0.3	4920.5	2626	0.2	31.5
也门共和国	4	0.3	-78.9	-35			204	0.0	72.9
越　南	1	0.1		16	0.0				
中国台湾地区	120	7.5	4.3	69792	3.3	65.2	11181	0.9	-24.7
非　洲	22	1.4	-43.6	2945	0.1	-85.1	9266	0.7	-54.1
阿尔及利亚							24	0.0	
贝　宁				-600					
埃　及	1	0.1	-80.0	-806			108	0.0	535.3
加　纳				15	0.0				
利比里亚	1	0.1		6	0.0				
利比亚							5	0.0	
毛里求斯	2	0.1	-60.0	-592			3554	0.3	-54.6
摩洛哥	2	0.1		16	0.0				
尼日利亚	1	0.1	-50.0	-1272			203	0.0	-86.5
塞内加尔	1	0.1		8	0.0		8	0.0	
塞舌尔	12	0.8	-33.3	6618	0.3	-29.4	4691	0.4	-49.2

续表

国家(地区)	项目(企业)个数			合同外资			实际使用外资		
	本年累计	占总数(%)	同比增长(%)	本年累计	占总数(%)	同比增长(%)	本年累计	占总数(%)	同比增长(%)
南　非	2	0.1	-66.7	52	0.0	-92.8	33	0.0	-95.3
乌干达				-500			11	0.0	-97.7
赞比亚							629	0.0	
欧　洲	160	10.0	13.5	151927	7.2	43.8	99280	7.6	39.5
欧　盟	144	9.0	14.3	143006	6.8	57.0	91609	7.0	88.7
比利时	3	0.2	0.0	1043	0.0		525	0.0	2.7
丹　麦	4	0.3	-20.0	824	0.0	48.2	1938	0.1	394.4
英　国	25	1.6	108.3	18298	0.9	37.3	3560	0.3	-37.7
德　国	32	2.0	6.7	12431	0.6	-32.8	6844	0.5	93.7
法　国	12	0.8	0.0	72258	3.4	1094.0	42857	3.3	824.0
爱尔兰	1	0.1		85	0.0		407	0.0	943.6
意大利	23	1.4	-25.8	7675	0.4	-62.0	7557	0.6	-33.3
卢森堡	2	0.1	0.0	11394	0.5	46.1	5028	0.4	13.7
荷　兰	11	0.7	37.5	-355			2972	0.2	-33.4
葡萄牙	1	0.1	0.0	1000	0.0	1251.4	11	0.0	-96.7
西班牙	5	0.3	-58.3	1709	0.1	-76.8	2163	0.2	-63.7
奥地利	4	0.3	300.0	7115	0.3		2816	0.2	307.5

续表

国家(地区)	项目(企业)个数			合同外资			实际使用外资		
	本年累计	占总数(%)	同比增长(%)	本年累计	占总数(%)	同比增长(%)	本年累计	占总数(%)	同比增长(%)
保加利亚							8	0.0	-97.8
芬　兰	1	0.1		1265	0.1	-91.5	11328	0.9	136.0
匈牙利	4	0.3		3423	0.2		163	0.0	-37.3
挪　威				1552	0.1	-49.2	201	0.0	5.2
波　兰	2	0.1	100.0	161	0.0	7950.0	23	0.0	-42.5
罗马尼亚				-89					
瑞　典	9	0.6	80.0	2830	0.1		1271	0.1	412.5
瑞　士	8	0.5	60.0	7951	0.4	20.2	7019	0.5	-66.8
格鲁吉亚	1	0.1		100	0.0		20	0.0	
白俄罗斯	1	0.1		14	0.0				
俄罗斯	4	0.3	-20.0	-336			104	0.0	-91.9
乌克兰				-800					
南斯拉夫联盟共和国							52	0.0	
斯洛文尼亚共和国	1	0.1		1259	0.1		1259	0.1	
克罗地亚共和国	2	0.1	100.0	440	0.0	-18.4	271	0.0	1706.7
捷克共和国	2	0.1	0.0	-220			572	0.0	535.6
斯洛伐克共和国	2	0.1		900	0.0		307	0.0	-18.8

续表

国家(地区)	项目(企业)个数			合同外资			实际使用外资		
	本年累计	占总数(%)	同比增长(%)	本年累计	占总数(%)	同比增长(%)	本年累计	占总数(%)	同比增长(%)
欧洲其他							4		
南美洲	78	4.9	-3.7	165466	7.9	34.0	118915	9.1	6.4
阿根廷	1	0.1		3	0.0				
巴巴多斯	1	0.1		2687	0.1	10.4	2775	0.2	-8.9
巴　西	4	0.3	-33.3	1248	0.1	-76.1	1670	0.1	48.4
开曼群岛	11	0.7	-15.4	35138	1.7	26.0	20725	1.6	11.7
智　利	1	0.1	-50.0	8	0.0	-89.9	23	0.0	
哥伦比亚	1	0.1		8	0.0				
墨西哥	3	0.2		1293	0.1		884	0.1	229.9
巴拿马				2151	0.1		2083	0.2	349.9
巴拉圭				2010	0.1		2013	0.2	
特立尼达和多巴哥				150	0.0				
乌拉圭							35	0.0	-44.4
英属维尔京群岛	56	3.5	-3.4	120770	5.7	36.5	88532	6.8	1.2
拉丁美洲其他							175	0.0	-34.0
北美洲	184	11.5	19.5	90486	4.3	38.3	44687	3.4	20.6
加拿大	31	1.9	40.9	10579	0.5	100.6	2758	0.2	70.2

续表

国家(地区)	项目(企业)个数			合同外资			实际使用外资		
	本年累计	占总数(%)	同比增长(%)	本年累计	占总数(%)	同比增长(%)	本年累计	占总数(%)	同比增长(%)
美　国	153	9.6	15.9	77720	3.7	25.7	40429	3.1	41.1
百慕大				2187	0.1		1500	0.1	-77.8
大洋洲	57	3.6	-12.3	64484	3.1	28.1	28184	2.2	69.4
澳大利亚	25	1.6	8.7	11101	0.5	-42.5	2875	0.2	-22.6
新西兰	12	0.8	20.0	8295	0.4	135.6	530	0.0	-1.5
萨摩亚	17	1.1	-34.6	43045	2.0	154.2	23850	1.8	141.0
马绍尔群岛共和国	3	0.2	-50.0	2043	0.1	-85.0	929	0.1	-62.6
其　他	34	2.1	70.0	81489	3.9	8.2	68596	5.2	91.9
国(地)别不详的							1549	0.1	158.6
创业投资公司投资	3	0.2		2090	0.1	105.3	2791	0.2	
股权投资公司投资				28	0.0				
投资性公司投资	31	1.9	55.0	79371	3.8	6.9	64256	4.9	82.8

四、对外经济合作

2012年浙江省国外经济合作情况汇总表

单位:万美元

内　容	当年累计	比上年同期增长(%)
境外企业总投资额	474621.5	27.17
境外企业中方投资额	389235.6	12.97
境外投资企业数(个)	634	
营销网络项目	613	
并购项目	63	
研发项目	19	
国外经济合作营业额	382974	26.52
其中:对外承包工程营业额	371286	
对外劳务合作实际收入总额	11688	
国外经济合作合同额	361220	22.27
其中:对外承包工程合同额	352257	
对外劳务合作合同工资总额	8963	
期末在外人数(人)	27149	
外派人次	20020	

2012年浙江省部分市国外经济合作情况统计表

单位:万美元

单位	营业额及收入总额(合计)	同比增长(%)	对外承包工程		对外劳务合作		外派人数	期末在外人数
			合同额	营业额	合同额	营业额		
全　省	382974	26.52	352257	371286	8963	11688	20020	27149
省　属	119340	39.93	157066	114702	4898	4638	3755	6884
杭州市	56043	27.98	37452	55447	289	596	575	1423
宁波市	123773	9.87	87110	122819	20	954	868	1935
温州市	5478	15.45	19188	4900	589	578	207	718
嘉兴市	18989	202	1300	17634	1016	1355	267	389
湖州市	1658	2.47	0	1370	4	288	3	221
绍兴市	11168	-1.32	25001	10598	426	570	108	265
金华市	25774	8.98	25087	25662	0	112	1843	2444
舟山市	17127	621	0	14600	1623	2527	12328	12461
台州市	3624	-51.51	53	3554	98	70	66	409

2012年浙江省国外经济合作前十位国家(地区)情况表

单位:万美元

名　次	国家(地区)	营业额
1	阿尔及利亚	50949
2	尼日利亚	21622
3	阿根廷	17299
4	新加坡	16697
5	越　南	15703
6	柬埔寨	15096
7	秘　鲁	13563
8	巴　西	13224
9	蒙　古	12178
10	德　国	11640

2012年浙江省境外投资前十位国家(地区)统计表
(按累计中方投资排序)

单位:万美元

名 次	名 称	项目个数	投资总额	中方投资
1	中国香港特别行政区	989	518204	502309
2	瑞 典	18	149534	148481
3	美 国	855	226814	146423
4	德 国	284	103355	95459
5	阿拉伯联合酋长国	429	57823	55525
6	越 南	164	45036	43278
7	泰 国	99	41646	35830
8	俄罗斯联邦	223	45429	32567
9	卢森堡	8	33568	26823
10	开曼群岛	10	52652	26258

2012年浙江省境外投资分市地情况表

单位:万美元

名 称	项目数(个)	上年同期	投资总额	同比增长(%)	中方投资额	同比增长(%)
累 计	634	568	474621	27.2	389236	13.0
浙江省	15	14	4463	79.9	3842	56.2
杭州市	137	101	91075	17.8	85422	25.3
宁波市	200	215	204343	59.0	180671	44.8
温州市	42	26	15007	102.7	14103	111.2
嘉兴市	43	27	26958	–22.3	24799	–22.7
湖州市	22	21	11051	132.0	8563	102.3
绍兴市	65	84	28986	–59.3	25852	–62.8
金华市	34	21	41976	180.4	27152	170.9
其中:义乌市	3	8	14355	30.3	4611	–37.6
衢州市	9	8	5735	–10.7	5735	–10.7
舟山市	9	7	3623	–71.4	3383	–73.3
台州市	38	36	39899	246.2	8209	28.8
丽水市	20	8	1505	11.4	1505	25.0

2012年浙江省实际对外投资月报表

单位:万美元

国家(地区)	中方实际投资额							
	合 计		货币投资		实物投资		其他投资	
	12月额	当年累计	12月额	当年累计	12月额	当年累计	12月额	当年累计
合 计	88008	240190	75264	209700	9144	18949	3600	11500
北美洲	14237	23975	14217	22824	20	220	0	900
美 国	14186	22984	14186	21853	0	200	0	900
加拿大	51	991	31	971	20	20	0	0
大洋洲	545	1616	545	1616	0	0	0	0
澳大利亚	535	1060	535	1060	0	0	0	0
西萨摩亚	0	185	0	185	0	0	0	0
巴布亚新几内亚	10	120	10	120	0	0	0	0
斐 济	0	251	0	251	0	0	0	0
非 洲	2848	9796	2848	9331	0	465	0	0
南 非	0	307	0	107	0	200	0	0
马 里	0	1128	0	1128	0	0	0	0
坦桑尼亚	15	401	15	136	0	265	0	0
刚果(金)	1283	4212	1283	4212	0	0	0	0
刚果(布)	0	20	0	20	0	0	0	0
塞舌尔	0	20	0	20	0	0	0	0

续表

国家(地区)	中方实际投资额							
	合　计		货币投资		实物投资		其他投资	
	12 月额	当年累计	12 月额	当年累计	12 月额	当年累计	12 月额	当年累计
埃　及	1550	3708	1550	3708	0	0	0	0
毛里塔尼亚	0	101	0	1	0	100	0	0
阿尔及利亚	31	31	31	31	0	0	0	0
埃塞俄比亚	2999	2999	219	219	1280	1280	1500	1500
安哥拉	152	152	0	0	152	152	0	0
多　哥	139	139	139	139	0	0	0	0
尼日利亚	30	30	30	30	0	0	0	0
乌干达	9	9	9	9	0	0	0	0
加　蓬	0	855	0	855	0	0	0	0
津巴布韦	104	364	104	364	0	0	0	0
拉丁美洲	684	3389	265	2970	0	0	0	0
开曼群岛	0	1168	0	1168	0	0	0	0
英属维尔京群岛	1	1	1	1	0	0	0	0
墨西哥	419	484	0	65	419	419	0	0
秘　鲁	30	30	30	30	0	0	0	0
巴　西	234	1707	234	1707	0	0	0	0
欧　洲	12027	43862	8887	36722	3140	3140	0	0
德　国	3177	24282	3097	24202	80	80	0	0
瑞　典	151	209	151	209	0	0	0	0
比利时	264	1081	264	1081	0	0	0	0

续表

国家(地区)	中方实际投资额							
	合 计		货币投资		实物投资		其他投资	
	12 月额	当年累计	12 月额	当年累计	12 月额	当年累计	12 月额	当年累计
俄罗斯	3908	4308	2098	2498	1810	1810	0	0
荷 兰	3874	7162	2824	6112	1050	1050	0	0
西班牙	100	272	0	172	100	100	0	0
波 兰	0	10	0	10	0	0	0	0
英 国	201	4344	201	344	0	0	0	0
爱尔兰	0	197	0	197	0	0	0	0
匈牙利	7	32	7	32	0	0	0	0
意大利	130	1681	130	1681	0	0	0	0
罗马尼亚	0	53	0	53	0	0	0	0
瑞 士	31	31	31	31	0	0	0	0
法 国	185	200	85	100	100	100	0	0
亚 洲	53070	151738	46836	133455	4133	9173	2100	9100
中国香港特别行政区	32787	104355	30687	93055	600	3600	1500	7700
中国澳门特别行政区	0	50	0	50	0	0	0	0
印度尼西亚	2904	6295	2824	6205	80	80	0	0
老 挝	87	178	87	178	0	0	0	0
蒙 古	0	89	0	89	0	0	0	0
文 莱	0	258	0	258	0	0	0	0
新加坡	937	2978	937	2978	0	0	0	0

续表

国家(地区)	中方实际投资额							
	合　计		货币投资		实物投资		其他投资	
	12 月额	当年累计	12 月额	当年累计	12 月额	当年累计	12 月额	当年累计
土耳其	21	399	21	399	0	0	0	0
越　南	5294	5570	3348	3584	1946	1986	0	0
阿拉伯联合酋长国	167	737	167	737	0	0	0	0
柬埔寨	3773	13557	3773	11557	0	2000	0	0
菲律宾	1000	1000	400	400	0	0	600	600
日　本	778	3762	778	2962	0	0	0	800
以色列	430	1099	430	1099	0	0	0	0
马来西亚	3	60	3	60	0	0	0	0
泰　国	3326	9632	3326	9632	0	0	0	0
韩　国	56	96	56	96	0	0	0	0
印　度	0	89	0	89	0	0	0	0
塔吉克斯坦	0	0	0	0	0	0	0	0
乌兹别克斯坦	895	895	0	0	895	895	0	0
沙特阿拉伯	612	612	0	0	612	612	0	0
哈萨克斯坦	0	6	0	6	0	0	0	0
中国台湾地区	0	20	0	20	0	0	0	0

注：此项统计数据来源于对外合作信息服务系统。

2012年浙江省境外投资按行业分类统计表

单位:万美元

名　称	项目数(个)	投资总额	中方投资额
农、林、牧、渔业	15	12283	11061
农、林、牧、渔服务业	6	4181	3761
农　业	4	3440	3305
林　业	2	3240	3120
渔　业	2	1101	712
畜牧业	1	320	163
采矿业	6	4969	2952
有色金属矿采选业	4	2955	1642
其他采矿业	1	1714	1010
黑色金属矿采选业	1	300	300
制造业	88	178461	130603
交通运输设备制造业	5	49205	45390
纺织业	6	18800	15111
纺织服装、鞋、帽制造业	8	12393	12343
橡胶制品业	6	10950	10772
电气机械及器材制造业	5	14324	10307
通信设备、计算机及其他电子设备制造业	8	6336	6254
皮革、毛皮、羽毛(绒)及其制品业	2	4013	3683

续表

名　称	项目数(个)	投资总额	中方投资额
专用设备制造业	8	3335	3177
塑料制品业	8	4208	3085
农副食品加工业	3	2954	2954
通用设备制造业	6	2625	2595
医药制造业	1	32445	2142
食品制造业	2	3726	1812
木材加工及木、竹、藤、棕、草制品业	2	2298	1798
黑色金属冶炼及压延加工业	2	2720	1780
化学纤维制造业	2	1843	1750
非金属矿物制品业	3	1720	1660
仪器仪表及文化、办公用机械制造业	4	1176	1075
金属制品业	2	1056	1056
工艺品及其他制造业	2	1270	960
家具制造业	2	700	700
有色金属冶炼及压延加工业	1	364	200
建筑业	6	4800	4394
房屋和土木工程建筑业	3	2300	1920
建筑安装业	增资项目	1800	1800
其他建筑业	3	700	674
交通运输、仓储和邮政业	6	8765	8765
水上运输业	5	8665	8665
装卸搬运和其他运输服务业	1	100	100

续表

名 称	项目数(个)	投资总额	中方投资额
信息传输、计算机服务和软件业	4	1297	1209
软件业	增资项目	609	561
计算机服务业	4	418	378
电信和其他信息传输服务业	增资项目	270	270
批发和零售业	314	119165	104840
批发业	259	99429	87033
零售业	55	19736	17807
住宿和餐饮业	3	602	442
餐饮业	2	402	242
住宿业	1	200	200
金融业	8	43580	43580
其他金融活动	8	43580	43580
房地产业	7	22434	13684
房地产业	7	22434	13684
租赁和商务服务业	32	37970	35545
商务服务业	32	37970	35545
科学研究、技术服务和地质勘查业	26	17855	12121
研究与实验发展	19	11353	9707
科技交流和推广服务业	3	6428	2348
专业技术服务业	4	75	65
水利、环境和公共设施管理业	3	4436	2046
公共设施管理业	2	4370	1980

续表

名　称	项目数(个)	投资总额	中方投资额
环境管理业	1	66	66
居民服务和其他服务业	5	10936	10926
其他服务业	5	10936	10926
文化、体育和娱乐业	2	7069	7069
文化艺术业	增资项目	6000	6000
广播、电视、电影和音像业	1	999	999
新闻出版业	1	70	70

注:此项统计未包含境外机构。

2012年浙江省境外投资各大洲分布情况表

单位:万美元

名 称	项目数(个)	投资总额	中方投资额
合 计	633	474521	389135
亚 洲	326	264663	247060
非 洲	48	25282	17743
欧 洲	110	83959	62047
南美洲	25	11984	8132
北美洲	108	80050	47731
大洋洲	16	8583	6422

五、其他

2012年浙江省国民经济主要统计指标

项　目	计量单位	金额	增长(%)
生产总值(GDP)	亿元	34606.3	8.0
第一产业	亿元	1669.5	2.0
第二产业	亿元	17312.4	7.3
第三产业	亿元	15624.4	9.3
工业增加值	亿元	10875.3	7.1
其中:国有及国有控股	亿元	1854.3	2.6
工业销售产值	亿元	56903.3	5.9
其中:出口交货值	亿元	11063.6	1.3
固定资产投资	亿元	17096.0	21.4
其中:制造业	亿元	5321.2	17.3
限额以上消费品零售额	亿元	6636.1	12.5
一般预算总收入	亿元	6408.5	8.2
一般预算收入	亿元	3441.2	9.2
城镇居民人均可支配收入	元	34550	11.6
农村居民人均纯收入	元	14552	11.3

续表

项　目	计量单位	金额	增长(%)
金融机构人民币存款余额(人民币)	亿元	64886.3	8.6
城乡居民储蓄存款余额(人民币)	亿元	26406.8	12.5
金融机构人民币贷款余额(人民币)	亿元	56982.7	11.1
规模以上工业企业经济效益(1—11月)			
企业单位数	个	35120	
其中:亏损企业	个	5647	36.6
利润总额	亿元	2514.4	-8.8
亏损企业亏损额	亿元	256.9	58.8
工业产品产销率	%	97.4	-0.6
工业生产者出厂价格	%	97.3	-2.7
工业生产者购进价格	%	96.7	-3.3
商品零售价格指数	%	101.9	1.9
居民消费价格总指数	%	102.2	2.2
外贸依存度	%	57.0	—
出口依存度	%	41.0	—
工业出口外向度	%	19.4	—

2012年浙江省对外贸易经营者备案登记情况表

单位:个

地区	当年累计数				12月新增数			
	总数	内资企业	外资企业	个体经营者	总数	内资企业	外资企业	个体经营者
全省合计	11596	11168	198	230	898	865	8	25
省属企业	9070	8831	72	167	691	668	3	20
宁波市	2526	2337	126	63	207	197	5	5
杭州市	1956	1881	59	16	140	134	2	4
温州市	1279	1276	0	3	96	96	0	0
嘉兴市	820	803	0	17	59	55	0	4
湖州市	393	359	12	22	40	35	1	4
绍兴市	1733	1716	0	17	104	103	0	1
金华市	1553	1505	0	48	145	141	0	4
衢州市	209	207	0	2	18	17	0	1
舟山市	101	99	1	1	12	12	0	0
台州市	853	813	0	40	64	62	0	2
丽水市	173	172	0	1	13	13	0	0

注:义乌本月备案企业83家。

截至2005年12月底,全省累计获权企业25006家(含宁波市)。

截至2006年12月底,全省累计获权企业33080家(含宁波市)。

截至2007年12月底,全省累计获权企业41960家(含宁波市)。

截至2008年12月底,全省累计获权企业50742家(含宁波市)。

截至2009年12月底,全省累计获权企业60533家(含宁波市)。

截至2010年12月底,全省累计获权企业71810家(含宁波市)。

截至2011年12月底,全省累计获权企业83782家(含宁波市)。

2012年浙江省出口退税分地区统计表

单位:万元

地区	累计办理退免税		
	合计	退税	免抵调库
全省合计	17601516	13678000	3923516
宁波市	5115865	4080000	1035865
全省小计(小浙江)	12485651	9598000	2887651
省局进出口处	505050	505050	
杭州市小计	2454345	1871412	582933
嘉兴市小计	1488700	1074000	414700
湖州市小计	638150	463500	174650
绍兴市小计	2393600	1861500	532100
舟山市小计	445655	358710	86945
温州市小计	1447491	1196068	251423
丽水市小计	177000	124400	52600
金华市小计	1334300	1011950	322350
衢州市小计	129860	96410	33450
台州市小计	1471500	1035000	436500

注:根据省国税局提供的数据整理。

2012年浙江省国际服务贸易进出口统计表

单位:万美元

项　目	进　出　口			出　口			进　口		
名　称	进出口额	比重(%)	同比增长(%)	出口额	比重(%)	同比增长(%)	进口额	比重(%)	同比增长(%)
总　值	2703785		13.20	1734932		18.88	968853		4.30
运输服务	485445	17.95	16.23	323506	18.65	17.06	161939	16.71	14.59
旅游服务	1099265	40.66	27.30	515300	29.70	13.46	583965	60.27	42.67
建筑及相关工程服务	389928	14.42	33.43	371286	21.40	27.50	18642	1.92	-10.33
计算机和信息服务（国际服务外包）	374094	13.84	42.24	369686	21.31	42.63	4408	0.46	29.34
金融服务	1435	0.05	2.65	153	0.01	-37.30	1282	0.13	-16.15
保险服务	3100	0.11	153.68	1708	0.10	156.46	1392	0.14	26.09
通信服务	3336	0.12	414.81	2081	0.12	243.40	1255	0.13	-34.91
教育服务	48404	1.79	57.81	21215	1.22	35.60	27189	2.81	11.34
文化、娱乐和体育服务	80426	2.97	78.11	14562	0.84	22.86	65864	6.80	12.38
医疗、保健和社会服务	32589	1.21	152.84	16291	0.94	297.44	16298	1.68	17.18
分销服务	66789	2.47	20.80	3446	0.20	15.52	63343	6.54	-14.74
其他商业服务	118974	4.40	209.62	95698	5.52	324.55	23276	2.40	-25.43

注:本表数据由国家外汇管理局浙江分局、浙江省统计局、浙江省商务厅提供的数据综合整理。进出口项目基本遵循商务部、国家统计局2010年修订的《国际服务贸易统计制度》(文化、娱乐和体育服务出口额为商务部统计直报系统数据)。

第四编

调研报告

以实施“四大国家战略举措”为契机 进一步扩大浙江省对外开放

【内容摘要】“四大国家战略举措”是我国深化重点领域和关键环节改革，加快对外开放的重要举措，为浙江省进一步扩大开放提供了重要的战略机遇。为此，我们要主动抓住机遇，统筹内外开放，重点在推动体制机制创新突破、搭建对外开放大平台、加快内外贸一体化、提高外资综合效益、提升企业跨国经营能力等方面有重大突破，打造对外开放新优势，拓展对外开放新空间，营造对外开放新亮点，构建对外开放新格局，实现更大范围、更广领域、更高层次的开放，为干好“一三五”、实现“四翻番”现代化“两富”浙江做出更大的贡献。

【关 键 词】四大国家战略举措　对外开放　改革创新　对策思路

自2011年以来，国务院陆续批复了义乌国际贸易综合改革试点、浙江海洋经济发展示范区、舟山群岛新区、温州金融综合改革试验区“四大国家战略举措”。“四大国家战略举措”是我国深化重点领域和关键环节改革，进一步扩大对外开放的重要举措。浙江省第十三次党代会把全面实施“四大国家战略举措”作为促进经济发展的首要举措。为此，主动抓住“四大国家战略举措”的重大战略机遇，深化对外开放，更好发挥对外开放促进经济发展的积极作用，有利于为实现“两富”浙江做出更加积极的贡献。

一、浙江省对外开放发展成效

（一）广度和深度大幅拓展

改革开放30多年来，浙江省对外开放领域逐步深入，全方位、宽领域的大开放格局基本形成。开放的内容更为丰富，实现了主要由经济开放转向包括经济、社会、文化等多领域的对外开放，实现了由主要是商品开放转向包括商品、资本和人才等生产要素并举的开放，实现了由主要是第二产业的对外开放转向第一、第二、第三产业的对外开放，实现了由主要是“引进来”的对外开放转向“引进来”与“走出去”相结合的对外开放。目前，浙江产品已出口到全球230多个国家和地区，对外投资已覆盖到全球130多个国家与地区，已引进来自100多个国家与地区的外资，浙江及省内城市已与52个国家和地区中的城市缔结为214对友好城市，已与112个国家和地区开展了文化交流，与58个国家和地区建立了相对稳定的文化交流关系等。

（二）综合实力不断提升

全省对外开放实力不断提升，综合实力较强。贸易大省地位不断巩固，2012年，浙江省进出口总额3122.4亿美元，是2002年的7.4倍；出口额2245.7亿美元，居全国第三位；实现社会消费品零售总额13546亿元，居全国第四位。利用外资有力推动了全省产业规模扩大和结构调整，截至2012年底，全省累计共批准外商投资企业51005家，实际使用外资1117.3亿美元，累计共批准154家世界500强在浙江投资企业443家，投资总额超过200亿美元。对外投资和经济技术合作走在全国前列,10年间浙江境外中方投资额和国外经济合作营业额分别增长了75倍和2.6倍,对外投资规模、项目数量均居全国第一。截至2012年底,全省经审批和核准境外企业和机构共计5827家,累计中方投资148.5亿美元。服务外包起步快、发展迅速,近三年离岸服务外包合同执行额年均增长近50%,2012年达到37亿美元,其中杭州在全国21个服务外包示范城市中一直保持前五位。开放平台对全省发展的贡献度不断提高,全省国家级和省级开发区(不含园区)以约占全省5%的土地面积,引进了占全省半数以上的实到外资,完成了占全省四成以上的工业增加值和进口额,上缴了全省近三成的财政收入。港口物流实力进一步提升,宁波—舟山港货物吞吐量位居全球海港吞吐量首位。浙江对外文化贸易发展迅速,文化出口遍及全球180多个国家和地区,有力推动了浙江文化走出去步伐。

(三)结构优化明显加快

对外开放30多年来,浙江开放型经济结构优化明显加快。外贸结构明显改善。民营企业出口比重不断提高,2012年,民营企业出口占比62.5%,是2002年的2.1倍。机电产品、高新技术产品、自有品牌出口占比逐年提高,2012年高新技术产品和机电产品出口占比分别达到6.6%和42.7%;浙江自主品牌出口占到全省出口总额的18%左右。出口市场结构进一步多元化,对拉丁美洲、大洋洲、东盟等新兴市场出口增长较快。服务贸易结构不断优化,计算机和信息服务、金融、文化服务等新兴贸易出口快速增长。外资结构调整取得明显成效。利用外资由制造业为主向服务业、农业拓展,由劳动密集型向资本、技术密集型转变,由加工链中间环节向两端延伸。2002年浙江实际利用外资第一、二、三产业的占比分别为1.1%、81.4%、17.5%,2012年则调整为0.6%、49.9%、49.5%。大项目数明显增加,2002年浙江新批总投资1000万美元以上的大项目为242个,2012年增长到615个。外经结构进一步优化。自1982年浙江开展境外投资以来,浙江境外投资由以设立贸易公司和办事处为主向以设立境外加工生产型企业、营销网络、研发机构、专业市场和境外资源开发等多领域拓展。对外投资大项目明显增多,2012年投资额1000万美元以上的大项目75个,占全省项目总数的11.8%,其中投资额1亿美元以上的大项目2个。"走出去"方式进一步多元化,集群式走出去取得较大进展,全省企业自主投资建设国家级和省级境外合作区分别达到了3个和2个,为全省产业对外梯度转移提供了良好的平台。

(四)开放平台日益夯实

改革开放30多年,浙江在口岸建设、公共服务平台、产业发展平台等方面取得突破发展,这些开放平台成为浙江对外开放的重要载体。产业投资平台突破发展。截至2012年底,全省共有18个国家级经济技术开发区和45个省级经济开发区。服务外包平台发展迅速,杭州是21个中国服务外包示范城市之一;截至2012年底,全省已有2个国家级服务外包示范园区、29个省级园区、66个省级服务外包人才培训机构。出口基地建设开始起步,2012年底全省拥有22个国家级出口基地、109个省级出口基地。公共服务平台更趋完善,搭建了"浙洽会"、"消博会"、"义博会"、"食品博览会"、境外"浙江周"等一批开放大平台。建立了公平贸易服务平台,截至2012年底全省已建立了100多个对外贸易预警示范点,并进一步完善了产业预警机制,提升了预警监测质量。境外贸易投资促进平台创新发展,在中国澳门特别行政区、印度尼西亚等设立了"浙江品牌产品贸易展示中心",搭建了5个境外经贸合作区。还拥有全球最大小商品市场——义乌市场、亚洲最大轻纺专业市场——中国轻纺城等一批年成交额超百亿元的国际化大市场;拥有萧山机场、宁波栎社机场等若干国际空港;拥有宁波—舟山港、嘉兴港、台州港等一批国际化大港;拥有苍南、象山、玉环、普陀四个浙台经贸合作区等开放平台。

(五)服务环境不断优化

随着开放型经济的加快发展,以开放促改革,开放型经济的发展不断推动浙江开放环境持续优化,尤其是中国加入世界贸易组织后,开放型经济发展环境进一步优化。构建了良好的制度环境,加入世界贸易组织后,浙江对不符合世贸规则和中国入世承诺的法规、规章和政策措施进行了全面清理，并新制定了一批应对加入世贸组织急需的地方性法规和规章。创造了良好的政务环境，推动了两轮审批制度改革，大幅提升审批效率，初步形成了行为规范、运转协调、公正透明、廉洁高效的行政管理体制。营造了良好的人文环境，通过每年聘请外国专家、选派管理和技术人员出国培训、吸引海外留学人员来浙创业等方式，加快了浙江人才的国际化进程。打造了更趋公平合理的市场环境，通过打击经营假冒伪劣商品、侵犯知识产权的违法行为，加强企业信用建设等，营造规范有序的市场环境。通过大力整治社会治安秩序，维护社会稳定，坚决打击各类刑事犯罪活动，为企业的生产、经营活动营造安全、有序、正常的社会环境。

但是，随着浙江省对外开放进一步深化发展，开放领域一些素质性、结构性、体制性问题也日渐凸显。一是外贸出口优势有所弱化。与中西部和东盟周边国家相比，浙江省传统的外贸低成本制造优势削弱明显，体制机制创新的优势不突出。二是利用外资空间亟待拓展。浙江省是陆域资源小省，土地资源尤缺，制造业、绿地投资等空间受限严重。浙江又是海洋大省，利用外资也迫切需要从陆域发展向海洋推进，拓展发展空间。三是走出去仍存在瓶颈制约。浙江省民营资本发达，个人参与境外投资的意愿也日趋强烈，但由于个人境外投资法规制度的缺失，个人境外投资渠道不畅。四是通过开放来培育新兴产业还不明显。改革开放30多年来，对外开放有力促进了我省经济的快速发展，但是开放带动高新技术产业、高附加值制造业和战略性新兴产业发展的步伐明显滞后于广东、江苏，浙江省产业科技贡献率仍偏低。

二、“四大国家战略举措”带来的重大战略机遇

表1　“四大国家战略举措”核心内容

名称	获批时间	实施地	发展目标和战略定位	主要任务
义乌国际贸易综合改革试点	2011年3月	义乌市	1. 到2015年，基本形成有利于科学发展的新型贸易体制框架；先进展示交易平台和便捷国际贸易通道基本形成；义乌市场集聚、辐射、服务功能明显增强；进口、转口贸易和服务贸易比重比2010年翻一番，具有知识产权、品牌和高附加值的产品出口比重比2010年翻一番，带动国内就业2000万人以上。 2. 到2020年，率先实现贸易发展方式转变，使义乌成为转变外贸发展方式示范区、带动产业转型升级的重要基地、世界领先的国际小商品贸易中心和国际商贸名城。	1. 探索建立新型贸易方式。 2. 优化出口商品结构。 3. 加强义乌市场建设。 4. 探索现代流通新方式。 5. 推动产业转型升级。 6. 进一步开拓国际市场。 7. 加快“走出去”步伐。 8. 推动内外贸一体化发展。 9. 应对国际贸易摩擦和壁垒。

续表

名称	获批时间	实施地	发展目标和战略定位	主要任务
浙江海洋经济发展示范区	2011年2月	宁波、舟山、温州、台州、绍兴、杭州、嘉兴	发展目标:建设综合实力加强、核心竞争力突出、空间配置合理、生态环境良好、体制机制灵活的海洋经济发展示范区，形成我国东部沿海地区重要的经济增长极；到2015年基本实现海洋经济强省，到2020年全面建成海洋经济强省。 战略定位:“一个中心、四个示范区”，即我国大宗商品国际物流中心；我国海洋海岛开发开放改革示范区、我国现代海洋产业发展示范区、我国海陆协调发展示范区、我国海洋生态文明和清洁能源示范区。	1. 优化海洋经济空间布局，构筑“一核两翼三圈九区多岛”的海洋发展格局。 2. 打造现代海洋产业体系，突出发展涉海现代服务业、海洋新兴产业、临港先进制造业和现代海洋渔业、海洋旅游业等。 3. 提高海洋科技创新能力，加强海洋基础研究、海洋工程研究，设立海洋科研基地，培育海洋人才等。 4. 完善沿海基础设施网络，加快构建“三位一体”的港航物流服务体系。 5. 加强海洋生态文明建设，科学保护和治理海洋环境，增强海洋经济可持续发展能力。 6. 创新海洋综合开发体制，重点推进舟山群岛综合开发开放、杭甬海洋科技创新、甬舟港航配套服务、温州和台州民营海洋产业发展等试点工作。
舟山群岛新区	2011年7月	舟山	发展目标：努力把新区建成我国大宗商品储运中转加工交易中心、东部地区重要的海上开放门户、海洋海岛综合保护开发示范区、重要的现代海洋产业基地、陆海统筹发展先行区，同时加快国际物流岛、自由贸易岛、海洋产业岛、国际休闲岛和海上花园城“四岛一城”建设。 战略定位：浙江海洋经济发展先导区、我国海洋综合开发试验区、长江三角洲地区经济发展的重要增长极，通过10年至20年努力，把舟山群岛新区打造成为我国面向环太平洋经济圈的桥头堡。	优化海洋海岛开发空间布局，建设大宗商品储运中转加工交易中心，建设东部地区重要的海上开放门户，建设海洋海岛综合保护开发示范区，建设现代海洋产业基地，建设陆海统筹发展先行区，建设海洋科教文化中心，建设国际群岛型花园城市。
温州金融综合改革试验区	2012年3月	温州	通过体制机制创新，构建与经济社会发展相匹配的多元化金融体系，使金融服务明显改进，防范和化解金融风险能力明显增强，金融环境明显优化，为全国金融改革提供经验。	1. 规范发展民间融资。 2. 加快发展新型金融组织。 3. 发展专业资产管理机构。 4. 研究开展个人境外直接投资试点，探索建立规范便捷的直接投资渠道。 5. 深化地方金融机构改革。 6. 创新发展面向小微企业和“三农”的金融产品与服务，探索建立多层次金融服务体系。 7. 培育发展地方资本市场。 8. 积极发展各类债券产品。 9. 拓宽保险服务领域，创新发展服务于专业市场和产业集群的保险产品，鼓励和支持商业保险参与社会保障体系建设。 10. 加强社会信用体系建设。 11. 完善地方金融管理体制，防止出现监管真空，防范系统性风险和区域性风险。 12. 建立金融综合改革风险防范机制。

（一）有利于对外开放体制机制创新，培育新优势

改革开放以来，浙江省对外开放取得巨大成就，贸易大省的地位逐步确立，已成为全球资本重点关注的战略投资地，综合经济实力明显增强。但是，随着对外开放的深入推进，一些制约开放发展的体制性、机制性障碍也日益突出，迫切需要通过先行先试，在重点领域和关键环节取得突破性进展，为深化对外开放注入强大动力。浙江省获批的“四大国家战略举措”，都涉及对外开放重点领域的突破与创新，是全省深化对外开放的重大举措。义乌市国际贸易综合改革试点将在确立新型贸易方式、创新外贸管理体制、内外贸一体化等领域进行突破；浙江海洋经济发展示范区将在推进浙江沿海区域深化开放、促进涉海产业开发开放、推动涉海资源统筹开放等领域进行突破发展；温州金融综合改革试验区将着重在金融领域扩大开放、个人境外直接投资探索、民间资本促进实体经济发展等方面先行先试。这些体制机制的突破创新，将有效拓展浙江对外开放发展空间，增创发展新优势，增强经济发展活力。

（二）有利于优化对外开放格局，开创新局面

“四大国家战略举措”将深化推动浙江口岸开放、区域开放、产业开放。浙江海洋经济发展示范区将形成“一核两翼三圈九区多岛”发展格局，舟山群岛新区将形成国际物流岛、自由贸易岛、海洋产业岛、国际休闲岛、海上花园城“四岛一城”大格局，义乌国际贸易综合改革试点将建设小商品出口、进口、转口贸易的大平台，温州金融综合改革试验区将构建民间资本服务实体经济、走向全球的金融大平台，形成大开放、大发展的机遇，有利于全省优化开放格局，构建主动有为、层次多样、内外联动、布局合理的全方位对外开放体系，并为下一轮对外开放打好扎实的基础。

（三）有利于形成对外开放新增长点，打造新高地

随着国家经济宏观战略调整，中东西部经济崛起，沿海省市综合成本大幅上升，作为对外开放前沿阵地的浙江，区域政策优势、低成本竞争优势等传统优势逐步削弱，新一轮发展迫切需要培育开放新增长点，增强对外开放整体实力和综合竞争力。“四大国家战略举措”将重点打造大宗商品交易中心、港航物流中心、国家级义乌小商品贸易区等一批开放大平台，促进对外开放在更高的起点上发展。“四大国家战略举措”将有利于在小商品出口、大宗商品进口、引进“大好高”外资、国际化海洋新兴产业发展、个人境外投资等领域形成对外开放的新增长点。通过紧抓“四大国家战略举措”机遇，有利于把“四大国家战略举措”实施地打造成全省进一步扩大开放的新高地，把浙江打造成全国进一步对外开放的新高地。

（四）有利于提高对外开放水平，争做新贡献

“四大国家战略举措”将推动体制机制的创新、发展空间的拓展，进一步深化对外开放的广度与深度。“四大国家战略举措”均对产业转型发展提出了明确要求，将对浙江省产业转型发展注入新的活力，提升开放的产业支撑。“四大国家战略举措”大平台、大项目建设的吸引力，将集聚一批境内外优质的资本、技术、人才等高端要素落户浙江。“四大国家战略举措”将增强浙江国际物流、国际金融、国际保险等服务贸易的能力与水平。由此，“四大国家战略举措”的实施，将全面提升浙江对外开放的质量与水平，更好发挥对外开放带动经济发展的巨大作用，推动在引领全省经济发展方式转变、突破经济发展瓶颈、激发经济发展活力、优化国际化发展环境等领域做出更大的新贡献。

三、以实施“四大国家战略举措”为契机，进一步扩大浙江省对外开放的思路与战略重点

（一）总体思路

以科学发展观统领全局，深化贯彻落实“十八大”精神、省十三次党代会精神，实行更加积极主动的对外开放战略，抢抓“四大国家战略举措”的重大契机，统筹内外开放，夯实对外开放基础，着力建设对外开放新体制机制，打造对外开放新优势，拓展对外开放新空间，营造对外开放新亮点，构建对外开放新格局，实现更大范围、更广领

域、更高层次的开放，构建主动有为、层次多样、内外联动、布局合理的全方位对外开放体系，为干好"一三五"、实现"四翻番"现代化"两富"浙江做出更大的贡献。

（二）基本原则

坚持主动有为，服务大局。增强紧迫感和使命感，把"四大国家战略举措"作为发挥对外开放优势、服务全省经济发展大局的新机遇，主动对接，实施更加积极主动的对外开放战略，更加主动吸纳和整合全球资源，更加积极参与国际合作与竞争，从被动承接产业转移到主动参与全球产业分工，从被动接单生产到主动营销，构建自主销售渠道，从被动应对贸易摩擦到主动实施贸易救济，从省内有限资源市场环境下的发展到主动整合全球资源市场，为我所用。积极有为，全面提升驾驭经济全球化能力，实现大开放、大促进，服务于、服务好全省建设物质富裕、精神富有的现代化浙江的发展大局，为省委、省政府提出的干好"一三五"、实现"四翻番"的发展目标做出积极贡献。

坚持先行先试，创新发展。加快创新，把"四大国家战略举措"作为浙江创新推动对外开放的着力点，充分发挥"四大国家战略举措"先行先试、改革创新的发展优势，积极破解进一步扩大开放的体制机制障碍，创新体制机制；努力打造开放发展大平台，创新拓展经济发展空间；创新推动海洋资源开发开放，缓解经济发展面临的资源环境要素制约，集聚全球生产要素，培育新的经济增长极；创新构建民间资本与民营企业间稳定有效的渠道和桥梁，推动民间资本与实体经济的融合互动、良性发展，给全省对外开放注入金融动力。通过创新推动，有效实现对外开放领域思路创新、体制创新、举措创新，全面推动浙江对外开放再创新优势，实现新发展。

坚持转型提升，提质增效。加快转型，把"四大国家战略举措"作为浙江转变对外经济发展方式、推进经济转型升级的大载体，积极推动对外贸易增长方式转变，全面提升自主研发设计、自主品牌、自主知识产权、自主营销等能力，形成出口竞争新优势；加大引进大好高项目，推动引资、引技、引智有机结合，全面提高利用外资综合优势和总体效益；加快"走出去"步伐，探索个人境外投资，增强企业国际化经营能力，培育一批世界水平的跨国公司。全面推动对外开放朝着优化结构、拓展深度、提高效益方向转变，实现全省产业、企业、产品国际竞争力的有效提升。

坚持内外联动，互动发展。推动协调发展，把"四大国家战略举措"作为促进浙江对外开放内外融合互动、协调发展的推动力，推动内贸与外贸的联动发展，加快内外贸一体化步伐；推动引进外资与浙商回归、省外资本的协调发展，集聚优质资本服务全省经济；推动"引进来"与"走出去"互动发展，全方位参与国际竞争与合作；大力增强"四大国家战略举措"对全省及周边省市的辐射带动作用，促进"四大国家战略举措"实施地与其他区域对外开放的联动发展；全面形成内外联动、互动发展、协调共进的对外开放良好局面。

（三）重点任务

1. 大力推动体制机制创新突破，创造对外开放新活力。适应国际经济新形势，紧抓"四大国家战略举措"的新机遇，开拓创新，先行先试，力争对外开放领域一批体制机制的创新突破，破解体制障碍，激发开放发展活力。一是推动贸易管理体制创新。以义乌国际贸易综合改革试点为契机，加快确立"市场采购"新型贸易方式，构建小商品采购出口全新的管理体制；突破内外贸融合发展的政策障碍，探索建立促进内外贸一体化的政策体系。加快推动"市场采购"贸易方式试点方案获国务院批复，并积极推进制定实施与"市场采购"新型贸易方式相适应的海关、税务、工商、检验检疫、外汇、商务、出入境和就业管理等监管措施和办法，加强各部门、各环节监管措施和办法的衔接配套，构建起有法可依、便捷高效、相互衔接的"市场采购"贸易管理政策体系。探索建立内外贸促进体系，研究出台推进企业经营内外贸的便利化措施；探索建立统一、协调的内外贸监管体制和工作机制，健全内外贸协调的统计、监测、预警、分析和调控体系；探索建立涵盖内外贸、互通互认的内外贸企业信用评价体系。以海洋经济发展示范区建设为契机，总结舟山口岸外籍船舶修造监管经验，探索建立外籍船舶修理的海关监管政策和办法，并推进其监管政策和办法在舟山口岸先行先试。二是促进海洋资源开发开放的体制机制创新。积极推进舟山海岛开发开放综合改革试点、杭州宁波海洋科技创新改革试点、台州绍兴海洋循环经济发展改革试点工作进程，做优推进海洋资源开发开放的核心载体。突出重点，核心领域和关键环节的体制创新。加快推动宁波—舟山港管理一体化的体制机制创新，大胆先行先试，力争加快突破一个港区、两个监管体制的障碍；创新海岛开发与保护新模式，探索建立滩涂、岸线和海域资源综合开发和节约集约利用机制，为全国海洋开发保护提供示范。理顺海洋开发管理体制，健全海洋开发投资机制，放宽民资、外资准入门槛，创新海洋投融资体制，建立完善民资、外资、国资联合参与海洋开发的体制机制。三是探索金融领域深化开放的体制机制。以温州金融改革试点为契机，重点突破个人境外直接投资障碍，探索建立个人境外投资的管理监督体系、促进机制和服务体系，建立有效引导、管理、促进个人境外投资的政策体系；推动地方金融开放发展，力求在引进外资金融机构、拓宽民间资本投资领域服务对外开放等领域有重大突破。

2. 积极搭建对外开放平台，构建对外开放新优势。利用“四大国家战略举措”先行先试的政策优势，积极申报获批一批对外开放平台，为下一轮对外开放打好扎实的平台基础。一是力促口岸大开放。进一步完善宁波—舟山港国际大港功能，推动宁波—舟山港智慧口岸建设，开展物联网项目和电子锁应用等试点；推动宁波—舟山港列入上海洋山保税港的启运港退税政策试点，积极申请保税租赁业务政策试点。加快境外国际邮轮公司在宁波、舟山设立经营性机构，开展国际航线邮轮服务业务，推动境外大型邮轮公司挂靠宁波—舟山港，使其逐步发展成为邮轮母港。积极争取支持，将宁波梅山保税港区增列为整车进口口岸。推动宁波港、舟山港、温州港、嘉兴港、台州港口岸扩大对外开放列入《国家“十二五”口岸发展规划》。推动舟山高亭、定海、老塘山、沈家门、泗礁等港区扩大开放，支持舟山重点项目码头临时对外开放。推动义乌深化与宁波—舟山港等口岸港口合作，推进“义乌港”建设成为功能完备的“始发港”和“目的港”。推动义乌机场对外开放，推动义乌机场飞行区等级提升和航空口岸配套设施建设；支持培育地区和国际航线。根据舟山口岸发展需要，探索低空开放直升机、低空水上飞机等岛际航空。积极争取温州航空口岸扩大对外国籍飞机开放。二是加快建设舟山自由贸易园区。以推动实现区内货物进出口、货币进出境、人员进出区的便利自由为重点，以深化监管体制机制改革创新为动力，加快建设大宗散货贸易中心、现代海洋产业中心、国际离岸燃油供应中心、区域性转口贸易中心和东部对外开放门户，先行先试、积极稳妥、配套完善，努力实现国务院对舟山群岛新区建设的战略定位和发展目标，把舟山自由贸易园区建设成为政策支持有力、竞争优势明显、贸易总量较大、离岸业务发达、交通运输便利、通关环境优化、金融投资宽松、配套服务完善，符合国际通行标准、具有较大国际影响力的自由贸易园区。三是努力建设一批海关特殊监管区域和出口基地。进一步完善舟山港综合保税区功能，选择有条件区域或岛屿（如金塘、六横、长涂等港区）设立保税物流园区或大宗散货商品保税港区。根据舟山海岛特点，参照海南国际旅游岛，建立“离岛免税”商店（城），在舟山机场（车站港口）建立与免税商店衔接配套的服务系统，向国务院申请在舟山实行旅游购物离境退税和离岛免税政策。积极申报建设义乌综合保税区、义乌进口商品免税区。支持温州、台州沿海及海岛和舟山朱家尖及其他海岛县设立台商投资区，在苍南、玉环等地设立两岸农业试验区，探索设立两岸合作海关特殊监管区，实行更加优惠的政策。支持条件成熟时设立温州出口加工区、湖州出口加工区、台州出口加工区。推进义乌小商品出口基地、舟山船舶出口基地、舟山水海产品基地等特色基地建设。围绕打造高端引领的海洋产业发展平台，培育一批创新能力强、特色突出的海洋战略性新兴产业出口示范基地。四是加快提升开发区载体功能。按照“四大国家战略举措”发展总体格局，依托现有的国家级和省级开发区，着力创建一批外商投资新兴产业示范基地和特色品牌园区，努力把开发区建设成为经济转型和产业升级的示范区，科技创新、成果转化的集聚区，绿色发展、生态文明的引领区，工业化和城市化融合发展的和谐区。着力建设一批特色海洋产业基地，成为培育集聚拥有自主知识产权、具有国际竞争力的海洋高技术产业和战略性新兴产业的重要平台载体。高起点建设义乌经济技术开发区，努力打造成为汽车零部件产业基地、装备制造业基地、总部经济基地和创意研发中心，成为义乌试点高端要素的集聚地。推动温州开发区、产业园区内科技金融创新结合、产业金融结合，促进金融体制机制改革，构建金融与产业互动发展的良好平台。

3. 推动内外贸互动发展，加快内外贸一体化。根据“四大国家战略举措”中对内外贸一体化发展的要求，通过政策引导、平台对接，主体培育、内外互促等，形成有利于内外贸协调发展的环境，加快内外贸一体化。一是力促流通环节内外贸一体化。支持专业特色明显、市场交易规模大的专业市场实现出口、进口、内销等一体化，增强专业市场内外贸一体化功能，打造义乌市场、绍兴轻纺城等一批专业市场成为内外贸一体化、全球性工业品交易市场和生产资料购销平台，实现大市场、大流通。加快发展电子商务，推动线上市场、企业与线下市场、企业的联动，打造内外贸一体化的营销渠道。搭建内外贸对接平台。组织外贸优质产品与义乌市场等专业市场、百货公司、连锁超市、全国浙商营销网点进行对接，逐步建立内外贸对接的长效机制。二是构建内外贸一体化大型企业。推动有条件的外贸企业开拓国内市场，建立国际营销网络，组建自己的内销团队，打造自有品牌等，推动有实力的内贸企业以及义乌市场等专业市场“走出去”，构建境外营销网络和建立跨国采购基地，实现内外贸一体化经营。推动温州民间资本、财政扶持资金、银行等支持培育大型商贸流通龙头企业，构建有国际竞争力的大流通集团。三是推动内外贸互促发展。积极通过“四大国家战略举措”平台不断丰富进口商品，满足国内生产和生活需求，带动消费、扩大内需；充分发挥流通先导作用，通过发展“绿色贸易”、整合流通产业链，增强商贸流通服务于外贸转型的积极功能。

4. 切实加快外贸发展方式转变，增强出口竞争力。充分利用“四大国家战略举措”创新贸易方式、建设贸易通道与平台、发展新兴产业的机遇，积极构建外贸新优势，加快推动外贸增长方式转变，形成以渠道、品牌、技术、质量、服务为核心的出口竞争优势。一是做强国际贸易大通道。通过确立义乌“市场采购”新型贸易方式，提高贸易效率，壮大市场采购贸易经营主体队伍，做大做强市场采购出口；并积极提升义乌市场进口和转口贸易功能，增强义乌市场小商品全球定价、信息发布等核心能力，打造义乌市场成为集出口、进口和转口贸易等功能于一体的小商品走向全球的国际贸易大通道。以建设我国重要的大宗商品国际物流中心为契机，完善宁波、舟山中国大宗商品交易中心建设，丰富交易品种，力争成为若干大宗进口商品全国乃至全球的定价中心，完善全国重要的油品中转贸易储存、铁矿砂中转、煤炭中转加工配送等大宗商品储运中转基地建设，构建宁波、舟山大宗商品进口、转口的国际贸易大通道。二是做优一批出口商品。推动浙江省出口商品高附加值、品牌化出口，争创发展新优势。积极推进义乌市场品牌战略，引导支持企业创立自主品牌、培育知名品牌、推进品牌国际化建设。提高小商品出口品牌、质量和技术，积极推动以质取胜战略，进一步增强义乌市场贸易主体自主创新能力，培育更多“小而专”、“小而精”、“小而特”的出口企业，培育一批外贸出口创新基地、创新平台，推动产品结构优化。推动船舶制造、海产品加工等传统海洋出口产品提质增效，加快海洋工程装备与高端船舶、海洋新能源、海洋新材料、海洋生物医药、海洋环保材料等海洋高技术产品出口发展。三是打造一批优质高效的自主展销平台。继续做大做强“浙洽会”、“消博会”、“义博会”、食品博览会、西博会、“浙江周”等贸易投资促进平台，加快省外“浙江名品中心”、境外“浙江品牌产品贸易展示中心”、境外义乌小商品城等自主展销中心建设。加快推动将“中国义乌国际小商品博览会”、“中国义乌国际装备制造业博览会”、“中国义乌文化产品交易博览会”、“中国舟山渔业博览会”、“中国舟山船业博览会”等打造为国家级重要展会平台，增强国际化平台的展示功能，扩大国际影响力。借助浙江电子商务发展优势，做大做精一批专业市场电子商务平台，构建全新的网络支付平台，为商户和企业提供在线发布供求信息、在线贸易洽谈、商品交易与国际结算的便捷平台。四是加快进口贸易发展。积极引进先进技术、设备、重要资源能源性产品，支持“四大国家战略举措”的实施。充分发挥我省现有的海关特殊监管区域和保税监管场所的作用，鼓励企业用足用好上述区域的优惠政策，大力开展保税仓储等方式进口；加快义乌进口商品馆、舟山自由贸易岛、舟山大宗商品物流中心等建设，增强进口平台功能，扩大进口；依托浙江发达的专业市场，支持各类专业市场拓展进口功能；积极培育进口商品展会，拓展企业进口渠道；促进进口和国内流通的衔接，鼓励发展进口自营销售平台，建设若干进口商品交易中心和市场。五是积极发展服务贸易。充分完善义乌全国物流节点城市功能，加快完善浙江港航物流体系建设，引进和培育竞争力强的远洋运输、国际物流等大型企业，探索组建服务海洋经济发展的大型金融集团，增强国际运输和服务能力。发挥浙江对台前沿优势，与台湾地区发展海运与物流相关业务。加快涉海产业服务外包基地建设。加强与欧美在服务外包、现代物流和金融服务等现代服务业领域的合作，加快拓展流程外包业务。大力发展滨海旅游、购物游等，拓展国际旅游。

5. 加强利用外资水平，提高外资综合效益。充分发挥“四大国家战略举措”建设大产业、大项目的机会，积极引进境内外优质外资，通过引进、溢出、融合、再创新的有机结合，增强产业国际竞争力，提升外资综合经济效益。一是加强招商引导。根据“四大国家战略举措”，结合浙江经济转型发展需要，梳理一批重大招商引资项目，进一步充实完善各地招商项目库，引进一批旗舰型、基地型、效益型大项目，实现招商工作与“四大国家战略举措”紧密对接，使外资对浙江重大项目建设、经济转型发展的作用和效益更为突出。积极搭建以“四大国家战略举措”为主题的重大招商活动平台，构建客商资源和招商网络共享利益机制，增强项目推介，促进“四大国家战略举措”项目与境内外有效对接。二是大力引进优质涉海外资项目。以培育优势海洋产业为导向，立足区域比较优势，大力引进优质外资，推动海洋产业转型提升，努力构建具有浙江特色、适应时代要求的现代海洋产业体系。引进水产品精加工、船舶制造、海洋工程装备等临港先进制造业，加快传统临港制造业转型提升。引进海洋生物、海水利用、海洋可再生能源与新能源产业等海洋战略性新兴产业项目，打造海洋高科技产业。引进涉海金融、航运、涉海商贸服务、海洋信息与科技服务等涉海生产性和生活性服务项目，增强对海洋产业发展的服务支撑。依托宁波、舟山、温台、环杭州湾的海洋旅游资源优势，积极引进滨海休闲旅游、游艇邮轮观光、休闲疗养等外资项目，引进国际知名酒店管理集团、旅游代理商和旅游资讯集成商等，建成我国知名的海洋文化和休闲旅游目的地。三是加快引进优质境外贸易机构。以完善义乌市场全球商品集散功能为导向，注重引进一批全球知名采购商，国内外大型企业集团的采购总部、设计总部、物流总部、营销总部等落户义乌；加快引进大型日用工业品外资批发企业。充分利用各级政府部门访问非洲、东盟等机会，加大对义乌国际商贸城“非洲产品展销中心”和“东盟产品展销中心” 等进口商品展贸专区的宣传，大力引进一批优质境外展销商，增强进口经营队伍。四是积极引进优质金融外资。有力推动境内外投资基金、银行、保险、金融中介机构等支持“四大国家战略举措”，力争引进一批优质金融外资大项目，增强金融支持和服务功能。以完善温州金融功能为导向，探索引进若干家外资银行、保险公司入驻温州，探索引进一批境内外金融服务公司落户温州。

6. 加快“走出去”步伐，提升跨国经营能力。推动企业“走出去”发展壮大自身，并通过“走出去”与“引进来”相结合，推动“走出去”企业积极参与“四大国家战略举措”建设和“两富”浙江建设，反哺浙江经济。一是探索推动个人境外直接投资。根据《浙江省温州市金融综合改革试验区实施方案》的要求，加快出台温州个人境外直接投资的具体实施细则和管理办法，推动商务、外汇、银行等相关部门建立配套政策和全新的服务方式，建立政府主导、市场运作的个人境外直接投资服务体系和规范便捷、有序可控的个人境外直接投资监管体系，实现个人境外直接投资管理的制度化、规范化、便利化。引导个人境外直接投资方式多元化，探索引导个人以跨国并购、合资合作、重组联合、参股和股权置换、新设研发中心等方式，参与国际合作，积极争取国外的资金、技术、人才、管理、品牌、渠道等战略性资源，为全省创新发展服务，有效促进民间资本带动省内实体经济转型升级。完善个人境外直接投资保障体系，健全境外纠纷与突发事件处置应急机制，加强信息与咨询服务，为个人境外直接投资稳步发展提供保障和服务。二是推动商贸物流类企业“走出去”。发挥浙江市场大省的优势，加快推动中国义乌经贸合作区（坦桑尼亚）、俄罗斯义乌商品展销中心等境外市场建设，并不断创新、探索省内市场与境外市场的合作机制，做强做大境外市场，构建连通全球的贸易网络。推动有条件的批发、零售类企业到境外设立销售终端、配送中心和采购基地，带动商品出口；支持中小零售企业“抱团”方式“走出去”；支持开发境外商业设施，为零售企业“走出去”提供平台，带动零售企业“走出去”。充分发挥义乌辐射全国的物流网络资源以及全省港口物流优势突出的优势，支持有实力的物流企业“走出去”，建立物流园区或物流节点，开展跨境物流，构建服务全省经济开放发展的快速物流通道。三是推动有条件的制造企业“走出去”。充分发挥海产品加工、船舶制造、临港石化等行业竞争优势，结合境外经贸合作区建设，鼓励有条件企业“走出去”开展加工贸易、投资建设生产基地和营销网络。加强境外资源合作开发，建立若干大宗商品的供应基地，为全省建设大宗商品交易中心提供支撑。重点鼓励企业投标承包境外船舶修理等大中型工程项目，发展国际海运、捕鱼等专业型和技术型劳务输出。四是推动“走出去”与“引进来”相结合。充分发挥境外浙商资金、技术、人才、跨国经营管理等优势，加强“走出去”企业与“四大国家战略举措”、“四大建设”等省内重大项目的对接，建立重点项目和大项目的跟踪服务机制，积极推动境外浙商反哺浙江项目的落成，形成“走出去”与“引进来”互动发展的良好格局；推动浙江境外人才资源的加速回流，积极引进海洋经济、国际金融、国际物流等境外浙商人才，加快“四大国家战略举措”的实施，为我省新时期对外开放提供有力的人才支撑。

四、保障举措

（一）提高意识，加强工作对接

各级涉外部门要充分认识到“四大国家战略举措”工作的重要性和艰巨性，全面贯彻落实省委、省政府的战略部署，实现意识对接、工作对接，全方位对接“四大国家战略举措”，进一步深化对外开放。站在对外开放发展大局的战略高度，增强大胆探索、先行先试、创新推动的工作意识。积极落实“四大国家战略举措”责任分工，重大工作要纳入年度考核重要内容。建立和完善工作机制，加快建立和完善推动“四大国家战略举措”的部省市合作机制，形成合力推动试点发展的良好协调推进机制；进一步完善各级部门联席会议制度，完善各部门对接推动“四大国家战略举措”的工作推进机制，强化对“四大国家战略举措”重大决策、重大项目和配套措施的督促落实。

（二）加大扶持，增强政策引导

加大力度研究“四大国家战略举措”需要国家层面破解的对外开放政策及事项，并通过部省合作机制，积极争取国家层面政策支持。对国家各部委已给予的对外开放政策，切实加强与各部委的沟通对接，争取早日将各项扶持政策具体落实到位。积极推动各级涉外部门统筹本部门掌握的财政专项资金，加大对“四大国家战略举措”相关的对外开放平台建设、技术创新等重点方向和关键环节的支持力度。积极利用对外开放平台，吸引境外资本、国内民间资本等多渠道支持“四大国家战略举措”，为进一步扩大开放提供资金支撑。

（三）引培人才，强化智力支撑

结合“四大国家战略举措”的人才需求，大力开展招商引智，加快培育和引进贸易管理、国际物流、国际金融、海洋资源开发等高端人才，强化人才储备；不断创新人才引进方式，探索通过智力引进、智力借入、人才创业、人才派遣等多种途径，“柔性”引进境内外高端人才；加强对涉外部门工作人员新领域、新知识、新理念的宣传培训，打造一支真懂、实干、高效的政府人才队伍,为加快对外开放提供强有力的智力支撑。

(四)增强服务,优化发展环境

加强宣传和舆论引导,利用“浙江周”、“浙洽会”、“义博会”等对外开放平台,积极做好“四大国家战略举措”的增强整体展示和推介力度,形成对外开放与“四大国家战略举措”互动发展的良好氛围。进一步提高政务服务水平,精简行政审批事项,加快审批事项的办理进度;根据政策许可和实际需要,推动对外开放领域相关行政审批事项下放给“四大国家战略举措”实施地,构建优质高效的政务环境。加快大通关建设,完善大通关统一信息平台,增强大通关协调机制功能,完善跨区域口岸协作机制,构建快速、高效的口岸通关环境。完善诚信体系建设,逐步形成以道德为支撑、产权为基础、法律为保障的社会信用制度,为开放发展提供良好的信用基础。

课题主持人:龚　正　浙江省人民政府副省长
课题协调人:夏海伟　浙江省人民政府副秘书长
金永辉　浙江省商务厅厅长
牵头单位:浙江省商务厅
课题执笔组组长:徐焕明　浙江省商务厅副厅长
课题组成员:孙　宏　浙江省人民政府办公厅涉外处
胡　斌　浙江省商务厅政法处
陈国荣　浙江省商务厅财务处
张青山　浙江省商务厅商发处
高来鑫　浙江省商务厅市场建设处
张　勇　浙江省商务厅外贸处
韩　峻　浙江省商务厅产业处
汤小刚　浙江省商务厅外资处
宋东舢　浙江省商务厅开发区处
张曙明　浙江省商务厅外经处
张汉东　浙江省商务研究院
王君英　浙江省商务研究院
胡朝麟　浙江省商务研究院
周俊子　浙江省商务研究院

商务领域扩大消费的对策研究

【内容摘要】 消费是拉动经济增长的“三驾马车”之一，贯彻落实十八大精神，以扩大消费促进浙江省经济社会科学发展率先发展具有重大意义。在新的发展阶段，我省扩大消费面临的机遇与挑战并存，任务十分艰巨，必须加快构建扩大消费长效机制，着力引导消费、便利消费、保障消费，促进消费升级与有效投资、产业升级、城镇化联动共进，充分发挥消费需求对经济发展的拉动作用，为干好“一三五”、实现“四翻番”和加快“两富”现代化浙江建设做出更大贡献。

【关 键 词】 浙江 扩大消费 对策

消费是社会生产总过程的终端，是社会生产的目的与实现，是反映居民生活水平的关键指标，也是拉动经济增长的“三驾马车”之一。党的十八大报告提出“要牢牢把握扩大内需这一战略基点，加快建立扩大消费需求长效机制，释放居民消费潜力，保持投资合理增长，扩大国内市场规模”。如何落实这一要求，以扩大消费促进全省经济社会科学发展率先发展，是当前需要研究的重要课题。

一、扩大消费的重要意义

（一）扩大消费是拉动经济持续平稳较快增长的基础动力

浙江省经济增长“三驾马车”中，消费增长的速度最稳、贡献显著，是基础动力。据统计，1980年以来六个五年规划期的年均最终消费率（GDP中消费占比）均在45%以上，五个五年规划期年均最终消费贡献率（GDP增长中消费增长贡献）处于45%以上（详见表1）。进入新世纪，虽然遭受国际金融危机冲击，但全省最终消费年均增速一直稳定在10%—19%区间（详见图1），波动峰谷差为7.7个百分点，远小于资本形成总额（26.8个百分点）和净出口（93.8个百分点），经济增长“稳定器”作用特征显著。

表1　“六五”以来浙江省生产总值中的三大需求规模和贡献率变化

单位：%

五年规划期		六五	七五	八五	九五	十五	十一五	2011年
三大需求规模占比	年均最终消费率	61.6	60.3	47.6	45.1	48.8	46.4	46.6
	年均资本率	28.2	35.7	42.4	47.4	46.1	45.8	45.6
	年均净出口率	10.2	4.0	10.0	7.5	5.1	7.8	7.8

续表

五年规划期		六五	七五	八五	九五	十五	十一五	2011年
三大需求贡献率	最终消费贡献率	66.8	64.0	34.2	58.5	45.3	48.0	49.5
	资本形成贡献率	28.5	10.6	57.4	36.4	49.9	47.9	39.0
	净出口贡献率	4.7	25.4	8.4	5.1	4.8	4.1	11.5

数据来源：根据《浙江统计年鉴》相关数据计算整理（下同）。

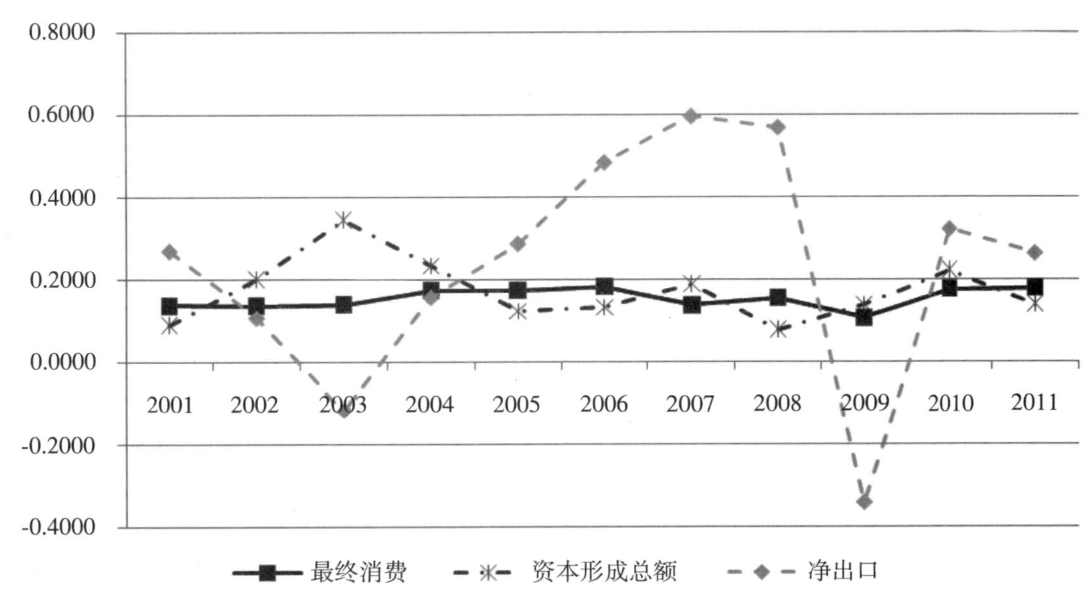

图1 2001年以来浙江省三大需求年增长率波动情况

（二）扩大消费是转变经济发展方式的内在要求

转变经济发展方式，重点要推进需求结构、产业结构和要素结构的战略调整。从需求结构调整看，主要是改变经济增长过度依赖投资和出口的局面，实现消费、投资、出口协调拉动。近年来全省出口依存度超过40%，位居全国前列，在当前复杂多变的国际经济形势下，外贸出口高增长已难以维持，外需主导的经济发展模式风险加大，浙江省经济发展方式转变必须更加依靠扩大内需特别是消费需求拉动，增强经济发展的内生动力。从产业结构调整看，主要是改变经济发展过度依赖第二产业的局面，实现一、二、三产业协调发展。浙江省是制造业大省、资源小省，居民收入水平全国居前，扩大消费，有利于促进现代服务业快速发展，推动产业结构从“二三一”向“三二一”的战略性转变。从要素结构调整看，主要是改变经济发展过度依赖物质资源消耗的状况，通过技术进步、改善管理和提高劳动者素质来促进经济增长。扩大消费，尤其是积极扩大绿色消费和服务消费，有利于形成资源节约型、环境友好型消费方式和生产方式，提高经济发展的质量和效益。

（三）扩大消费是建设“两富”现代化浙江的重要举措

我国仍处于并将长期处于社会主义初级阶段，人民日益增长的物质文化需要同落后的社会生产之间的矛盾将贯穿这一阶段的始终。建设“两富”现代化浙江目标，紧紧抓住了满足人民日益增长的物质和文化需求这两大基本需要，将物质世界和精神世界的富裕富有两个维度统一起来考虑。促进和扩大消费，探索构建增强消费能力、优化消费环境、培育消费热点的长效机制，有利于进一步发挥消费在促进我省经济持续较快增长中的基础性引领性作用，实现全省人民物质富裕目标；另一方面，扩大消费，促进居民消费由以生存需要为主逐步转变为以享受和发展需要为主，有利于提升消费质量和水平，促进消费结构优化升级，加快文化、教育、科技和生活服务等产业快速发展，在创造更多就业机会的同时，不断提高人的素质，不断满足人民群众日益增长的文化需求，实现精神富有目标。

二、面临的主要机遇与挑战

现阶段，扩大内需特别是消费需求是我国的战略基点。浙江省人均GDP已突破1万美元关口，工业化、信息化、城镇化和农业现代化将联动快速推进，消费市场潜力巨大，为浙江省加快建立扩大消费需求长效机制，促进经济转型发展，提供了前所未有的战略机遇；但也面临着思想认识不到位，消费热点不突出，消费环境不完善，体制机制不健全等挑战，居民消费能力难以充分释放，扩大消费的任务十分艰巨。

（一）主要机遇

1. 扩大消费上升为国家战略。近年来，中央对扩大消费的重视程度不断提高，扩大消费已上升为国家战略，并围绕收入增长、收入分配、财税管理、公共服务和社会保障等领域加快顶层制度设计。十八大报告不仅进一步确立了扩大消费的战略地位，还提出“实现国内生产总值和城乡居民人均收入比2010年翻一番”、“基本公共服务均等化总体实现”、“就业更加充分”、“收入分配差距缩小，中等收入群体持续扩大”、“社会保障全民覆盖，人人享有基本医疗卫生服务，住房保障体系基本形成”等目标，更是清晰地指明了扩大消费的基本方向。

2. 城乡发展一体化加快推进。截至2011年底，浙江省城市化率为62.3%，未来5—10年仍处于城镇化全面推进期。按照每年城市化率提高1个百分点计算，未来10年全省新增500多万城市人口，可直接增加消费规模2000亿元以上。同时，根据《浙江省深入推进新型城市化纲要》，下阶段浙江省围绕都市群、中心镇和农村新社区建设，将加快促使居民生活集聚，从而提升公共服务、商业服务业的供给水平和效率；特别是将中心城市和都市区建设放到更加突出位置，积极推进杭州、宁波、温州和金华—义乌等长三角区域中心城市建设，不仅有利于推动城市居民消费升级，也为集聚更多外来消费人群提供了条件。高水平的城乡一体化发展，将为浙江省扩大消费提供广阔的空间。

3. 技术和产业水平升级加速。技术方面，以信息技术为主导的新技术革命正广泛渗透到居民生产生活的各领域，互联网、物联网、云计算加快发展和应用，新能源、新材料、生物科技和节能环保等技术不断突破，不仅为扩大消费提供了技术手段，也将创造出新的消费需求。工业方面，当前我国正处于从“世界工厂”向制造强国的转型升级阶段，立足自主创新和品牌升级的自主现代工业体系，将会为满足浙江省居民多层次、多样性、相对实惠的消费品需求，提供良好的供给保障；服务业方面，多业态共存的实体商业布局日趋完善，电子商务迅猛发展，金融业、信息服务业日益发达，文化产业、旅游业加快发展，以主体品牌化、经营连锁化、服务规范化、设施现代化为特征的现代生活服务业体系加速形成，为我省居民消费升级，提供了更可靠、更便利的保障渠道。

4. 居民消费市场潜力巨大。改革开放30多年来浙江省经济增速和城乡居民收入增速均居国内前列，但普通居民收入水平还有待提高，公共服务和社保医疗体系仍需大力完善，消费能力尚未充分释放。据统计，2011年全省最终消费率为46.6%，远低于世界发达国家70%以上的平均水平，其中居民消费率仅为36.0%，也与发达国家相差较大，如能有效激活，发展潜力巨大。同时，居民服务消费近10年年均增速虽达20%以上，但大众化普及不够；消费市场多元化趋势加快，网络消费、信息消费、旅游休闲和文化时尚等消费高速发展，老龄化带来的消费需求日趋扩大。上述消费市场发展趋势，将为浙江省扩大消费提供强劲的需求拉动力。

（二）主要挑战

1. 思想认识不到位。对扩大消费的作用和工作定位认识不够统一，影响扩大消费工作的深入推进。一方面，有的地方习惯于“消费不用管、增长靠投资”的单一传统思路,忽视了消费需求在拉动经济增长中的基础性、先导性作用,未能统筹谋划推进“扩投资”和“扩消费”,形成经济持续平稳增长的长效机制;另一方面,有的认为扩大消费只需提高居民收入水平、地方可作为的空间有限,不重视地方在扩大消费中应发挥的重要作用,也未将扩大消费与促进产业转型升级、改善和保障民生有机结合起来,充分发挥消费的综合作用。

2. 消费环境不完善。当前浙江省城乡商贸流通网络初具多元化、多层次、现代化的发展特点,但一些地方城市商业流通设施过度重复建设导致激烈竞争,与农村商贸流通设施低小散,城乡社区性、公益性商贸设施建设滞后等现象共存;生活服务业相关基础设施建设投入不足,不平衡、不规范和专业化程度低等问题,已成为制约居民商品和服务消费的瓶颈。同时,商品价格不透明、售后服务体系不完善、部分商品价格波动较大、进口商品价格虚高、少数商品尤其是食品药品质量不稳定等市场秩序问题时有发生,社会化、专业化的消费市场信息引导机制不完善,也影响了居民的消费热情。

3. 消费热点不突出。商品消费方面,汽车、石油制品、家电占浙江省限上社会消费品零售总额的60%以上,是近年来全省市场上的权重热点消费品。但是,目前家电市场受到房地产调控、促消费政策退出、股市低迷等因素影响,汽车市场遭遇城市拥堵、停车难等难题,致使三大权重消费品增速下滑,成为影响当前我省社会消费品零售总额较快增长的主要原因,且从目前趋势看,如无积极综合的政策推动,后期增长空间也难有大的突破。服务消费方面,餐饮、家政、文化娱乐、休闲旅游、信息消费加快进入普通家庭,但目前在居民消费总支出中所占比重还不够大,尚无法承担起支撑消费较快增长的重任,相关统计制度缺陷也有一定影响。

4. 体制机制不健全。政府层面,扩大消费是涉及众多部门的一项系统工程。近年来浙江省重视抓国家有关部委相关政策的推动落实,但对扩大消费战略主动深入研究不够,工作关键点的重点突破还不够,政策系统联动和创新不足,合力推进的长效机制尚未形成。市场层面,虽然我省工商领域均有一批优势企业,城乡建设走在全国前列,但总体上仍存在商业品牌对本省制造品牌的承载力不足、服务业与制造业联动发展不够、市场供应链效率偏低等问题,先发优势和市场联动效应尚未得到充分发挥。

三、浙江省扩大消费的对策建议

在新的发展阶段,浙江省扩大消费工作要以科学发展观为指导,认真贯彻落实党的十八大精神,按照省第十三次党代会和省委十三届二次全会的决策部署,深入实施“八八战略”和“两创”总战略,紧紧围绕主题主线,加快构建扩大消费长效机制,着力做深引导消费、便利消费、保障消费三篇文章,千方百计扩大消费,促进消费升级与有效投资、产业升级、城镇化联动共进,充分发挥消费需求对经济发展的拉动作用,为干好“一三五”、实现“四翻番”和加快“两富”现代化浙江建设做出更大贡献。

根据总体发展思路,扩大消费工作要抓好“一三五”,不断上新台阶:

“一”是全力以赴做好2013年工作,全省社会消费品零售总额预期目标为15300亿元,同比增长13%,居民消费率达到37%。

“三”是在今后三年全面完成省“十二五”规划确定的目标任务。到2015年社会消费品零售总额突破20000亿元,居民消费率超过38%。

“五”是在2016年比2010年实现翻一番的基础上,力争到2017年,全省社会消费品零售总额超过25000亿元,居民消费率达到40%。

(一)坚持率先发展,提升消费能力

居民消费能力是由其收入、公共服务和社保水平决定的,率先发展经济是提高居民收入和民生投入水平的关键。

一是加快推进经济转型升级。坚持把推动率先发展、加快发展和高质量发展作为首要任务。坚持把以人为本作为核心立场,把握好经济转型发展与群众生活改善的关系,全面深化经济体制改革,努力在经济转型中创造更高质量的就业、更高水平的收入和更加优美的环境。着力推进创

新驱动战略，增添新的发展动力，努力在制度创新、技术创新和产业结构、城乡结构调整中构筑新的发展优势。着力推进产业转型升级。结合“四大国家战略举措”、“四大建设”，强化需求导向，推动战略性新兴产业、先进制造业健康发展，加快传统产业转型升级，推动服务业特别是现代服务业发展壮大，合理布局建设基础设施和基础产业。

二是加快完善居民就业和社保体系。围绕实现全省生产总值、人均生产总值、城镇居民人均可支配收入、农村居民人均纯收入到2020年分别比2010年翻一番的目标，加快落实《浙江省就业和社会保障发展“十二五”规划》，坚持就业优先、保障为基，以农民市民化、高校毕业生和城镇低收入群体等为重点，着力稳定和扩大就业，健全社会保障体系，率先推进工资收入分配制度改革，强化公共服务体系建设；同时，建立健全多元化、多层次的创业平台和政策扶持体系，吸引海内外高技术人员来浙创业，完善大学生创业环境，鼓励和引导城乡居民创业致富。

（二）加快城镇化进程，扩大消费规模

一是加快推动城乡发展一体化。加快落实《浙江省深入推进新型城市化纲要》，坚持以新型城市化引领城乡一体化发展，加快建设杭州、宁波、温州和金华—义乌等现代化都市区，强化区域中心城市对高端要素、高端产业的集聚发展能力；加强县城和中心镇规划建设，推动人口向“一城数镇”集聚；全面推进社会主义新农村建设，深化“千村示范、万村整治”工程，完善村庄布局，加快中心村和农村社区的规划建设，不断提高城乡一体化发展水平，提升人口集聚度，扩大总体消费需求规模。

二是推动城乡商贸流通发展一体化。抓住当前流通变革的历史机遇，从推动商业网点规划立法入手，理顺与城市总规和土地利用规划的关系，强化规划对商贸基础设施投入的指导性和约束力；建立全省重点商贸基础设施投资项目库、商业网点建设指导目录、商贸投资情况通报和重大商贸服务项目分级联系服务等制度体系，确保重点商贸投资项目的及时落地和有效产出；重点抓好全省现代物流园区、城市商业街区、商贸综合体、乡镇商贸服务中心的规划建设，提升城镇中心商圈的集聚水平和服务能力；大力推进社区商业网点布局建设，深化“万村千乡市场工程”、城乡统筹现代商贸服务示范镇、示范村建设，引导大中型商贸企业下沉网络，打造城乡社区“一刻钟便利消费圈”商业服务网络。

三是加快建设一批特色消费集聚平台。深入落实电子商务产业发展规划和实施意见，重点培育一批网络零售电子商务网站、自主品牌网商，鼓励和支持浙江有条件的传统工商企业开展电子商务直销平台建设；结合全国商业功能区建设要求，立足全省优势商贸和旅游文化资源分布，利用城乡生活方式差异，采用商旅文融合的方式，着力打造一批消费集聚力较强、特色鲜明的旅游购物消费平台（街区）和乡村品牌休闲消费基地，提高我省商业的跨区域消费辐射能力。

（三）大力培育热点，引导消费升级

一是进一步促进热点商品消费。研究出台汽车、家电等重点商品消费促进举措，发掘农村汽车市场、新能源汽车、汽车后市场等重点消费领域，规范发展二手车市场；坚持房地产市场调控，鼓励和引导建材家具绿色化、品牌化消费，以及家电节能化和智能化消费，推动家电、家具建材等商品市场持续健康发展；繁荣消费类电子产品市场。鼓励发展热销产品进口，重点结合全省的外贸港口、市场平台优势，着力打造一批进出口协调发展的大流通平台，着力引进国际品牌商来浙开设中高端进口消费品直营店，建设一批外贸名品展销中心，打造大型进口商品展销平台，构筑进口商品批零集散中心优势。建立消费信息公共服务平台，引导和支持社会中介机构开展消费市场调查和咨询服务，指导企业优化市场营销策略。

二是加快培育居民服务消费。加大生活服务设施投入，推动中高端服务业适度集聚发展和城乡社区居民服务业快速有序发展。扶持发展一批品牌连锁型的生活服务行业龙头企业，示范带动服务行业标准化、规范化、现代化。规范和壮大大众服务行业，贯彻实施振兴浙菜加快发展餐饮业的政策意见，做强餐饮文化和品牌，加快培育信息、旅游休闲、文化娱乐、老年消费等新兴服务行业，提升家政、美容美发、足浴、健身休闲等生活服务品质。加快培育中高端服务业，合理布局建设高档餐饮、高星级酒店、养生美容、商业会所、休闲娱乐、卫生健康等高端生活服务网点，加快提升各类文化活动、度假旅游景点的商业配套水平，打造一批品牌化、现代化的中高端服务产业基地。

三是大力发展网络、信用消费。大力发展网络消费，积极支持网络零售平台、品牌网商及相关电商服务行业快速做大做强，结合移动网络终端产品和服务升级，加快提升手机网购中商品选择、移动支付等方面的便利性，完善物流、仓储、技术、售后等配套服务，推动网络消费方式普及应用；强化网络购物的安全性建设，提升网络消费的满意度，保障行业的持续发展。加强消费金融服务，降低商业服务领域的刷卡消费费率，规范商户消费预付卡发放和使用管理；转变消费模式，适度鼓励超前消费，加强消费信贷风险管理，加快建设个人信用体系，完善信用担保机制，创新信用消费金融工具，探索发展消费型金融公司，努力完善消费信贷环境，率先推进信用消费机制创新。

四是充分发掘节庆营销作用。不断完善省级年度春秋两季城乡促消费活动，鼓励各地整合优化发展促消费节会活动，打造一批影响力大、内容丰富、产业结合度高、特色鲜明、消费规模大的品牌促消费活动平台，突出主题引领，宣传倡导文明健康、资源节约、绿色低碳消费理念，深入发掘不同地区消费习俗和文化，鼓励和支持各地加强研究和培育本地个性化消费热点，组织企业开展购物节、美食节、刷卡购物优惠等促销活动。引导大型商业企业根据主导产品销售季节规律、店庆、主力客户消费习惯等，积极开展主题促销活动。结合低碳消费、循环消费和实惠消费等，探索构建绿色消费促销补贴政策体系和巡展促销平台，激发居民即期消费热情。

（四）提高流通效率，优化消费环境

一是加快提高市场流通效率。落实国务院《关于深化流通体制改革加快流通产业发展的意见》和降低流通费用等政策措施，尽快出台全省深化流通体制改革的实施意见。切实消除流通领域体制性成本，清理各类不合理费用负担，完善推进“营改增”试点，提高中小微型流通企业税收起征点，降低流通企业税收负担。努力降低商品流通经济性成本，大力发展电子商务、连锁经营和现代物流等现代流通方式，鼓励发展网络零售、商业综合体、体验式休闲商业、厂家直销中心等新业态；推进实施一批流通技术管理和商业模式创新项目，推动传统商贸企业转型升级。大力培育大型现代流通企业，鼓励企业通过兼并、重组、上市等途径做大做强，开展跨区域经营和跨国发展；支持中小商贸流通企业做专做优，提高流通产业组织化程度和综合服务效能。

二是加强市场监管和商务诚信建设。落实浙政发〔2012〕32 号文件要求，建立健全高度重视保护知识产权和打击制售假冒伪劣商品工作长效机制。完善商品和服务的全程质量监管机制，总结推广杭州、宁波肉菜质量安全追溯体系建设经验，协同抓好生产环节质量标准体系建设及实施、工商质量抽检制度落实、市场终端的质量安全追溯体系建设，做到来源可追溯、去向可查证、责任可追究。着力推进商务诚信建设，制定和完善流通信用体系制度，以商贸企业信用分类管理制度和商务领域信用信息管理系统为基础，推进我省商务信用综合公共服务平台建设，推动部门、区域间信息公开、共享，加快建立守信激励、失信惩戒机制；鼓励协会开展信用等级评定和宣传，营造诚信兴商的社会环境，积极倡导现代商业文明。

三是健全稳定市场运行的保障机制。提高“菜篮子”建设水平，加快推广农产品现代流通综合试点城市建设经验，继续发挥好政府的引导作用、财政资金的带动作用和龙头企业的示范作用，加快重点农产品现代流通设施建设，大力发展农超对接、农产品电子商务大平台等流通模式，培育现代农产品流通企业；加快建立布局合理、高效畅通、安全有序的农产品现代流通体系。完善市场运行调控机制，深化市场运行监测和商务预报工作，加强消费市场形势分析和调查研究，进一步发掘市场运行监测系统预警预测能力；扩大和完善重要商品储备制度，强化突发事件市场应急调控手段，加强民生商品和服务的价格管理，为市场健康有序运行提供保障。

（五）优化工作机制，形成推动合力

一是强化政府领导部门联动机制。建议由政府领导牵头，建立扩大消费联席会议制度，进一步加强各级政府对消费促进工作的组织领导，健全扩大消费工作机制。加强政策研究和信息共享，统筹考虑运用国家、省级相关政策，围绕建立促消费长效机制谋划出台相关投资指导目录及政策，立足我省居民消费和产业发展的特点，结合网络消费、信用消费、服务消费、绿色消费、品牌消费等重点领域，运用好国家促消费政策，积极研究出台省级扩大消费政策，推动扩大消费与有效投资、产业升级、城镇化联动，确保国家扩消费政策和本省相关政策投入的综合效应最大化。

二是形成扩大消费示范带动机制。按照“典型引领、示范带动”原则，全省先行选择几个地区，结合扩大消费政策实施，相关部门联合给予一定政策支持，率先推动一批特色鲜明、潜力较大、居民生活品质较高的地区，开展消费拉动型经济发展模式试点，积极推动经济发展方式的转变。

三是建立考核评价和舆论引导机制。立足我省实际，围绕促进“十二五”期间我省消费对经济贡献稳定增长的目标要求，以综合评价消费对经济发展的贡献、促消费重点工作进展、居民消费品质改善等为内容，着力从省级层面研究制定扩大消费工作的综合评价指标体系，逐步探索建立扩大消费工作评价方法，为“十二五”时期全省扩大消费工作提供较为科学合理的考核导向。围绕消费热点培育、消费方式创新、消费环境优化等内容，通过各类媒体渠道，加大对扩大消费工作重要性、战略地位和成功经验的舆论宣传，切实推动全省形成扩大消费的良好舆论氛围。

课题组组长：徐焕明
常务副组长：潘　中
副　组　长：张汉东　胡　斌　陈国荣
张青山　高来鑫　周关林
郭心亮
课题组成员：郑　秉　朱志勤　林士俊
赵建华　王　晨
执　笔　人：林士俊

浙江省实施“走出去”战略贡献和作用研究

【内容摘要】 本文通过对浙江“走出去”战略总体绩效评价，得出浙江省对外直接投资发展与国情、省情相适应的结论，有力推动了全省经济增长。并通过实施“走出去”对拉动浙江省进出口，推动贸易方式转变，促进产业结构转型升级，扩大就业，提升企业国际竞争力，带动“引进来”等方面进行了深入分析，深刻评价了“走出去”对浙江省经济社会发展的贡献和作用，最后提出了进一步扩大“走出去”经济效应的建议和意见。

【关 键 词】 走出去 绩效 贡献 作用

“十一五”以来，浙江大力实施“走出去”战略，“走出去”已经成为浙江开放型经济发展的新动力。随着浙江省企业“走出去”步伐不断加快，对外投资合作的经济社会效应问题开始成为社会关注的焦点，部分地方政府质疑“走出去”对外贸发展、地区就业、产业升级所带来的积极作用，担心“走出去”发展会导致产业空心化、税收流失等，尤其在当前全省经济增速放缓、外需不足的情况下，“走出去”发展的积极性受到了一定程度影响。基于此，本文结合面板数据实证研究、问卷调查、案例分析等多种方式，评价“走出去”对全省经济社会发展的贡献和作用，以期能为相关部门决策提供有效依据和参考。

一、浙江“走出去”发展基本情况

“十一五”以来，浙江省对外投资合作实力显著增强，形成了颇具浙江特色的“走出去”模式。从总量规模看，截至 2011 年，全省经核准的境外投资企业和机构 5132 家，累计中方投资额 106.1 亿美元，覆盖了 138 个国家和地区。2011 年，全省经核准的境外投资企业和机构共计 568 家，投资总额 37.3 亿美元；中方投资 34.4 亿美元，同比增长 2.54%，主要涉及制造业、批发和零售业、商务服务业等行业。实际对外直接投资为 21.1 亿美元，继 2010 年后再次位居全国地方省市区第一（山东省第二，投资额为 207704 万美元，江苏省第三，投资额为 200129 万美元），占全国地方总数（2030276 万美元）的 10.4%。

截至 2011 年，全省已有 246 家对外承包工程经营资格企业。其中，有经营业绩企业 128 家，在 90 个国家和地区承揽工程项目 143 项。2011 年，国外经济合作完成营业额 30.26 亿美元，同比增长 4.0%。其中，对外承包工程完成营业额 29.12 亿美元，同比增长 5.9%，排名全国第九位。

二、浙江“走出去”总体绩效评价

联合国贸发会议（UNCTAD）开发的对外直接投资绩效指数（OND），以反映在控制了母国经济规模之后一国对外投资的相对份额。对外直接投资绩效指数用一国对外投资流量占世界对外投资流量的份额与该国国内生产总值占世界生产总值的份额的比率来表示。如果某国的 OND 为 1，意味着该国对外直接投资的绩效达到世界平均水平；如果某国的 OND 大于或小于 1，意味着该国的绩效高于或低于世界平均水平。

由表 1 我们可以看到，浙江对外直接投资绩效指数为 0.205。从全球来看，浙江对外直接投资绩效指数低于美国（1.007）、日本（0.808）、德国

(0.646)这些发达国家绩效指数水平，同样也低于印度(0.423)；从国内看，在对外直接投资前十位省、市中，浙江对外直接投资绩效指数排名第三，低于海南省[①](1.542)、上海市(0.236)，同时低于全国平均对外直接投资绩效指数(0.336)[②]。

表 1　　2011 年对外直接投资绩效指数比较

单位:亿美元

序号	国家与地区	OFDI	GDP	OFDI 份额	GDP 份额	绩效指数
	中　国	600.7	74851	0.0361	0.1074	0.336
	美　国	3838	159242	0.231	0.229	1.007
	日　本	1156	59743	0.069	0.086	0.808
	德　国	505	33059	0.030	0.047	0.646
	印　度	148	14300	0.009	0.021	0.423
1	海南省	12	326	0.000721	0.000468	1.542
2	上海市	15.1	2678	0.000907	0.00384	0.236
3	浙江省	21.1	4302	0.00127	0.00617	0.205
4	辽宁省	11.5	2778	0.000691	0.00399	0.173
5	北京市	7.45	2187	0.000448	0.00314	0.143
6	山东省	20.8	6257	0.00125	0.00898	0.139
7	湖南省	8	2524	0.000481	0.00362	0.132
8	江苏省	20	6597	0.00120	0.00947	0.127
9	湖北省	6.9	2524	0.000415	0.00362	0.114
10	广东省	19	7218	0.001142	0.010357	0.110

总的来看，浙江对外直接投资绩效在全球与我国国情相适应，仍处于发展中国家水平，与美、日、德等发达国家对外投资水平仍存在距离；同时在国内相比较海南省、上海市还有一定差距，但是剔除央企因素，浙江对外直接投资绩效要高于全国平均水平，处于各省、市前列。随着浙江对外直接投资绩效水平的不断提升，有效拉动了全省经济增长。我们通过浙江省 1989—2011 年的对外直接投资额与 GDP 数值之间的协整分析[③]得到，对外直接投资的增长有效地拉动了全省 GDP 增长：即浙江的 OFDI 当期每提高一个百分点，会使当期的 GDP 增长 0.44 个百分点。尽管我们没有考虑影响 GDP 的其他相关因素，但是对外直接投资对经济增长的正向推动效应是显著的。

① 2011 年海南对外直接投资额高主要由于海航的对外投资额占据海南省对外投资额的大部分，且由于海南地区生产总值较低，因此其绩效指数相对较高。

② 全国平均对外直接投资绩效指数高主要是未剔除央企因素。

③ 协整分析主要用来验证解释变量和被解释变量是否存在长期均衡关系，以得到解释变量对被解释变量存在正向效应抑或是负向效应。

三、浙江“走出去”作用和贡献分项评价

（一）开拓国际市场，加快外贸发展方式转变

1. “走出去”拉动出口。“走出去”带动出口的途径主要有二：一是通过建立境外营销网络，与省内生产加工企业形成对接，产生显著联动效应。我们通过对1989—2011年对外直接投资额与出口额之间的协整分析发现，浙江省对外直接投资和出口存在长期协整关系，浙江的OFDI当期每增长1个百分点，会使当期的出口增长0.54个百分点。在浙江省2012年境外营销网络建设工作经验交流暨政策业务培训班上，通过对企业进行问卷调查，在所调查企业中，2011年企业海外分支机构带动出口占本企业总出口额最高的达到95%，平均达到37%；企业海外分支机构销售收入占本企业总收入最高达到95%，平均达到30.5%；企业海外分支机构资产占本企业总资产最高达到40%，平均达到8.8%，90%的受访企业认为企业通过“走出去”在开拓国际市场方面受益匪浅。另据对全省40家境内重点企业在外设立的124家境外营销网络机构的不完全调查，平均一个境外营销网络机构带动出口557万美元，绍兴县凡来哥特纺织品公司负责人介绍，2011年公司400多万美元产品，全部通过境外营销窗口出口，2012年预计增加到500多万美元，“走出去”设立营销网络使企业出口在当前外贸形势严峻的背景下实现了25%的增长。二是对外承包工程企业，带动材料、成套设备出口。从浙江省建设投资集团等20多家外经企业的调查情况来看，企业每完成1美元的营业额可以带动全省0.33美元商品的出口。以浙江金轮机电实业有限公司为例，该公司一直从事水电设备研究开发、生产制造、安装调试、维修服务，年出口产品占总销售量的70%以上。2011年公司通过对外承包工程带动水电设备出口3600万美元。

2. “走出去”扩大进口。从对进口的影响来看，我们通过同样的协整分析数据显示，浙江的OFDI当期每提高一个百分点，会使当期的进口增长0.66个百分点。对外直接投资的增加从长期来看会带来进口规模的扩大，这一现象可以从以资源寻求为目的对外直接投资动因来解释。资源问题是我国经济发展面临的一大瓶颈，尤其对浙江这样的东部沿海省份来说，资源匮乏更是一个悬而未决的难题，对外资源寻求是浙江对外直接投资的主要动因之一。通过对浙江稀缺矿产、生物、生产原料等资源的国外投资，有效缓解了要素瓶颈制约，同时也进一步扩大了进口规模。如为解决上游原材料供应紧张的问题，富丽达集团于2011年出资2.535亿美元，“走出去”收购了产业链上游资源型企业加拿大纽西尔特种纤维素有限公司的全部股份。集团由此进入上游产业链，获得了稳定的国内生产的原料供应，一定程度上缓解了国内棉浆短缺的压力，粘胶纤维产业的抗风险能力大大增强。再如海力生集团为解决水产品加工业原料严重不足问题，公司通过在巴布亚新几内亚投资近1000万美元设厂，取得10艘大型和20艘小型金枪鱼围网船的入渔捕捞许可证，将配额租赁给国内、台湾的相关渔业公司以及舟山本地渔民，年收购40万吨金枪鱼原料，彻底解决本地及国内金枪鱼生产企业的原料进口，实现了金枪鱼精深加工产业的可持续发展。

3. “走出去”推动贸易发展方式转变。一是提高了出口产品自主知识产权比重。企业通过海外并购技术和生产线，境外联合研发等实现了产品的生产条件从全部技术不具有自主知识产权、仅非核心技术或小部分技术具有自主知识产权，向核心技术或大部分技术乃至全部技术具有自主知识产权转变。例如浙江永力达数控机床有限公司，定下了“以台湾为跳板，逐步拉近技术上与德国的差距”的发展策略，通过在台湾地区设立生产企业，并与台湾旭阳国际精机股份有限公司合作，共建研发基地，借助旭阳的高端设备、技术力量、生产厂房，联合研发高速数控轮毂复合加工生产线专用数控转塔工作台，项目产品拥有自主知识产权，项目成熟后转入浙江永力生产。二是拓宽了自主品牌营销渠道。通过设立境外营销网络输出自主品牌或收购国外行业知名品牌打造“品牌效应”。例如新秀集团，2006年全面启动了自主品牌的全球推广，在保留少量国际高端品

牌的ODM业务同时，积极拓展自主品牌的全球分销渠道，目前新秀集团自主品牌产品已销往美国、欧洲等20多个国家和地区。再如三花集团，通过并购英维思集团旗下兰柯公司的四通换向阀全球业务，使三花从“产品竞争优势”走向“品牌竞争优势”，三花的大功率四通阀大多以“兰柯”的牌子生产销售，并利用兰柯在欧美的品牌影响力，在欧美销售市场稳固，销售额逐年上升。三是推动了贸易发展模式转变。其一促使产品的生产模式从为国外企业贴牌向打造自主品牌转变，产品的贸易类型从加工贸易向一般贸易转变。例如安吉远凯家具有限公司，由于缺少品牌竞争，产品在出口贸易中80%是加工贸易，产品、价格都要受制于人，在这种背景下，远凯家具决定在美国创立自有品牌，建立境外市场，并在美国印第安纳州马里昂市建设以家居展销为主的市场，建立自有品牌店，主推自有产品。其二推动企业由单纯加工向设计、研发、品牌、服务等内容延伸，延伸产业链，提升价值链，例如2008年国际金融危机后，秀锦集团面对企业国际化经营环境发生重大变化，开始转变发展战略，从原来的订单式生产模式向集研发、营销、生产一体化的发展模式转变。又如宁波均胜投资集团投资2.2亿美元收购了德国普瑞公司，弥补了该集团在汽车电子产品和机电集成系统方面的缺陷，打破了这一领域的技术被少数国外汽车零部件企业的垄断，实现了产业链完善和提升。四是抵御市场风险，规避贸易摩擦。“走出去”也成了企业规避国外贸易救济措施的有效路径。海亮股份在越南龙江工业园的投资，盾安集团在泰国罗永工业园区的投资，都让两家企业有效地规避了国外贸易救济措施带来的不利影响。境外投资的加速发展势必将一部分贸易顺差转移至国外，减小浙江省面临的贸易摩擦的压力。

（二）扩大发展空间，促进产业结构调整和升级

纺织、机械、电子等传统优势产业对外投资占比达50%以上，“走出去”一方面加速浙江传统优势产业转移，促进产业结构调整。另一方面通过汲取国外先进产业技术和管理经验，带动产业技术升级，创造新的比较优势。

1. “走出去”推动传统产业转移，促进产业结构调整。从对外直接投资与浙江一、二、三产业产值比重的协整分析看，浙江的OFDI当期每提高一个百分点，使第一产业的产值比重减少0.23个百分点，继而拉动了二、三产业产值比重，产业结构的调整逐步由一产向二、三产业转移，这主要与浙江“走出去”发展集中在二、三产业吻合。浙江“走出去”企业发挥局部相对优势，向更低阶梯的发展中国家进行投资，实现传统的劳动密集型边际产业转移，为省内其他先进制造业、现代服务业发展腾出了空间，促进省内产业结构调整。而这种最典型的值得关注的模式在全省表现为境外经贸合作区（工业园）的发展，截至2011年底，浙江省企业实施的7家国家级和省级境外经贸合作区共完成投资额4.09亿美元，共引进企业93家，其中，浙江企业46家，累计带动全省企业投资4.79亿美元，这些工业园主要分布在泰国、越南、俄罗斯、乌兹别克斯坦、美国、尼日利亚、博茨瓦纳等国，主要承接产业包括汽配、机械电子、建材化工、纺织轻工、棉纺制造、服装针织、绣花印染等。境外经贸合作区的快速发展在转移全省传统产业产能、推动全省产业结构调整等方面发挥了积极作用。

2. “走出去”提升产业技术水平，加速转型升级步伐。近年来，浙江省企业通过向更高阶梯国家投资，积极推动海外并购，汲取国外先进的产业技术和管理经验，有效地控制销售渠道、获取先进技术、推广或收购自主品牌，带动省内现代制造业和现代服务业的跨越发展，创造新的比较优势。我们通过调查问卷数据显示，50%的受访企业认为企业自身通过实施“走出去”获得了行业内国际先进技术。如乐清市江银实业有限公司收购法国泰乐玛股份有限公司来获取汽车电涡流缓速器制造先进技术；海正药业股份有限公司投资参股赛金控股有限公司，与赛金控股和赛金药业建立更为紧密的合作关系，实现从原料药到制剂一体化生产和全球化经营的目标；浙江三花股份有限公司以1050万美元在以色列并购设立海利福克斯有限公司（HelioFocus Ltd.），共同参与太阳能热发电技术的开发。其中最具代表性的如吉利并购沃尔沃，并购成功后吉利将100%

拥有沃尔沃轿车品牌，同时拥有沃尔沃轿车的9个系列产品、3个最新平台的知识产权，接近60万辆产能、自动化程度较高的生产线，以及2000多个全球网络及相关的人才和重要的供应商体系。通过并购，一方面迅速做大了吉利的产销规模；另一方面成功获取到具有核心竞争力的国际品牌、核心技术和国际营销渠道，实现汽车产业技术跨越，扩大了吉利本土汽车品牌的影响力。

同时，部分行业、领域为了推动发展方式的转变、市场竞争力的提升，其中不乏很多企业在境外设立研发中心，利用发达国家先进科技资源进行新产品开发，企业内涵包括经营管理水平和自主创新能力都得到了提升。“十一五” 期间，全省研发国际化取得了新进展，经核准的境外研发机构共有132个，总投资额为10.9亿美元，中方投资额为6.9亿美元，研发国际化是继贸易全球化、生产全球化之后世界经济一体化的重要趋势，对促进我省个别产业技术进步意义重大。如开山集团在美国投资270万美元设立了泽西北研发中心，引进了世界空气动力行业顶尖人才，拥有了螺杆主机“Y”转子型线为代表的国际顶尖专利技术。随着企业“走出去”步伐加快，研发投入需求不断加大，我们通过对外直接投资与全省科研活动经费两者的协整分析表明，浙江的OFDI当期每提高一个百分点，使得全省科研活动经费增长0.66个百分点。如富丽达集团，为积极配合实施“走出去”战略，每年投入研发经费占企业销售收入的3%以上。

（三）扩大就业空间，提升产业从业人员整体素质

尽管浙江“走出去”发展带动省内相关产业就业规模占全省就业规模比重很小，但是其在缓解我省就业压力，改善就业结构、提升从业人员素质，优化人力资源配置等方面具有积极意义。

1. “走出去”扩大就业规模，促进就业结构调整。大批企业“走出去”，或在海外新设机构，或扩大原有海外公司的规模，需要配置大批人才，创造了从管理层到生产线大量的就业机会；另外，通过实施对外承包工程，带动大量劳务输出。如“十一五”期间，浙江省建设投资集团自营外派劳务人员10989人，至“十一五”期末，集团累计外派劳务人员5万余人；2010年度，浙江水电建筑安装有限公司外派劳务人员就达844人，在企业“走出去”带动下，全省劳动就业空间得以进一步拓展。其次，随着浙江企业“走出去”发展进程加快，有效促进了省内就业的产业间转移。从对外直接投资与浙江省一、二、三产业就业人数的协整分析看，浙江的OFDI当期每提高一个百分点，使第一产业的就业人数减少0.124个百分点、第二产业就业增长0.133个百分点，第三产业就业增长0.159个百分点。由此可见，通过对外投资，使浙江就业人数由第一产业向第二、三产业转移，这与浙江省的对外直接投资集中在多为劳动密集型行业的第二、三产业相吻合，优化了产业就业结构。

2. “走出去”提升从业人员素质。到发达国家进行投资，面对发达国家市场，员工获得了学习高技能、先进技术、管理经验的机会，在就业理念、技术技能、管理水平等方面都有不同程度的提高，无论是企业家的素质还是企业经营管理能力，也都会因此得到提升。如广厦集团2012年仅以现有新承接工程为基础，就培养具备承担国际大型工程项目的项目经理6人和具备经营国际项目工程的团队5个。同时，浙江致力于加快外派劳务基地建设，加强专业技术培训和适应性培训，提高劳务人员素质，充分发挥劳动力资源优势，深度开发传统市场，扩大浙江外派劳务在海员、技术和管理人员的比例。如“十一五”期间，浙江省建设投资集团帮助培训外派劳务人员28012人，到“十一五”末完成新加坡劳务考培5万余人，外派赴日研修生3000余人。通过实施“走出去”，外派人员获得了学习高技能、先进技术、管理经验的机会，在就业理念、技术技能、管理水平等方面都有不同程度的提高。

（四）提升国际竞争力，培育本土跨国集团

在浙江省“走出去”企业中，其投资动机大致主要集中于：一种是市场寻求型，企业为了有效供应东道国或相关区域的市场，在国外直接投资建立分公司从事生产加工、分销或者售后服务。决定此类投资的因素主要是市场容量、贸易成本、投资壁垒、东道国和投资国生产成本的差异及该市场在企业发展战略中的地位等，这种投资类型企业在浙江省占大多数。一种是自然资源寻求型，为了保证企业原材料、能源的供应，或者以较有利的价格供应，在该资源丰富的国家进行投资，设立子公司或者附属企业，从企业可持续发展的角度保证资源的可获得性。这两种类型的对外直接投资往往目的性很强，客观来说也是处于对外投资的初级阶段。随着企业"走出去"步伐加快，规模变大，通过汲取国外企业先进的科学管理经验和自身不断摸索，企业自身的管理水平和自主创新能力不断提高，企业"走出去"发展的动机逐渐开始追求效率和谋求战略布局。这种对外投资的类型大致有：一种是效率寻求型，企业通常通过横向或者纵向并购的形式获得规模经济效应，通过建立全球性的信息网络系统，在世界不同的地区进行产业内分工，提高企业站在世界市场的高度利用全球资源的效率，以最高的效率去安排产品价值增值链上的活动，降低生产成本，扩大企业的竞争能力。另外一种是战略资产寻求型，企业试图通过在国外投资建立子公司，从国外获得关键性要素或无形资产，与企业现有资产组合，形成更强的资产的组合效应。此时的企业跨国经营能力逐渐增强，已经具备了全球视野，国际竞争力不断增强，向国际跨国集团演变。例如万向集团强调集团整体的发展模式和可持续发展的思路，确立了万向集团不仅要成为国内汽车零部件行业的排头兵，而且要营造万向跨国集团的发展目标。1994 年，在经济全球化背景下，万向集团以汽车零部件为主业，开始实施"走出去"战略，通过一系列并购活动获取设备、品牌、技术专利及市场网络，打破资源区域限制，逐步实现资源外部化；着力在市场营销、管理体系、资本市场、人才选择等方面逐步实现经营本土化；在资源外部化，经营本土化的基础上，在国际范围内形成完整的产业群体或产业链，实现产业的国际化，推进国际化经营从量变到质变的飞跃，培育真正的跨国集团。

（五）带动"引进来"，促进浙商反哺浙江经济

"走出去"和"引进来"是开放型经济的两个方面，表面上看，要素流向截然相反，但事实上，二者并行不悖，且相互融合、相辅相成。坚持"引进来"和"走出去"同时并举、相互促进的开放战略，才能最大限度地拓展发展空间，更好地利用国内外两个市场、两种资源，积极参与经济全球化，实现浙江经济社会的持续健康发展。如为了避免贸易纠纷、加快产业转型升级，"诺力"在"走出去"的同时，更加注重"引进来"。"诺力"以百万年薪的待遇，请来 4 位世界 500 强企业退休工程师，从德国进口大量自动化设备，产品结构从低端的手动液压搬运车逐步升级到高附加值的电动堆高车、电动仓储搬运车和电动叉车。到 2015 年计划实现产值翻一番，未来的"诺力"，将不仅仅卖产品，更主要的是提供整套物流解决方案。位于杭州高新区的聚光科技（杭州）股份有限公司是由归国留学人员创办的高新技术企业，2009 年，聚光科技公司得到了浙江省重点国际合作项目支持，与美国斯坦福大学合作开展离子阱质谱气体分析仪及关键技术攻关。不到 3 年时间，他们不仅成功研制出中国第一台商用便携式质谱仪，还申请专利 16 项，其中发明专利 8 项，获得授权专利 5 项，软件著作权登记 1 项，目前已实现销售收入 1659 万元。又如富通集团通过"走出去"和"引进来"相结合，加速产业升级。在自身实力发展到一定程度时，富通开始走出国门，在境外设立生产基地、投资平台，甚至主动掌握跨国公司的控制权。其中，2010 年富通与住友电工合资，在香港成立住电富通香港控股有限公司，成为杭州第一家与世界 500 强携手共赴海外投资的民营企业。作为富通早期以民引外的合作伙伴，昭和电线在 2011 年成为富通的境外并购目标。富通集团出资 60 亿日元，通过富通香港公司购买昭和电线定向增发的 18.5%股份，成为其单一最大股东。2012 年，富通投资泰国工厂，成为泰国主要的光缆供应商、进口通信电缆供应商。通过"走出去"和"引进来"相结合，富通成功汲取了国际领先企业的技术和管理经验，并不断创新，加速产业升级。目前，富通成为中国移动、中国电信、中国联通等国内通信运营商的领先供应商，并致力于"领先中国、拓展国际"，打造面向全球、有竞争力的综合线缆企业。

"走出去"带动"引进来"在浙江最具说服力的是"浙商回归"现象，浙江有近 100 万人在境外从事生产经营活动，广大浙商通过早年“走出去”发展，当对外直接投资发展到一定规模，取得明显收益时，将资金带回省内，转向其他投资，又进一步直接推动了省内经济的发展。通过对企业进行问卷调查，在所调查企业中，77%的企业对于境外分支机构所获得利润是逐年分配并及时汇回国内或者是转增资于本土企业用于扩大生产，技术升级等。如法国亚美杰国际投资集团郭胜华由最初的一家商店发展成为以商贸为主的多元化跨国企业集团。由他引领的4000多名同乡也都拥有了各自的事业和财富。新世纪以来，他将法属圭亚那的一些商铺逐步低价转让给同胞，自己则开始将产业向国内转移，除了杭州维景国际大酒店、长兴农贸市场等省内项目。在家乡青田，他捐资助学、扶贫济困，热心公益慈善事业。在他的带动下，不少法属圭亚那的同胞把再次创业的目光投向国内，投向浙江。境外浙商回归已经成为推动浙江经济发展的新动力，据统计，仅2012年1—7月份，全省新批境外浙商回归投资外资项目64个，合同外资11.1亿美元，实际外资4.38亿美元。

四、进一步发挥“走出去”贡献和作用的几点建议

实施“走出去”战略，加快对外投资合作已经成为浙江开放型经济发展的新动力，给浙江经济发展的各个领域注入了新的活力，其战略贡献和作用巨大。为进一步发挥对外投资推动本地区经济增长的作用，就必须从以下几个方面作出进一步努力：

（一）提高认识、凝聚思想，把握“走出去”发展方向和重点。

一方面高度认识加快实施“走出去”战略的现实意义。纠正“走出去”导致地方产业空心化，税收流失，就业水平下降等给地方经济发展带来负面影响的片面认识，加大“走出去”宣传力度，充分认识到实施“走出去”战略对我省经济发展的重要推动作用。二是不断更新完善“走出去”的投资国别产业指导目录，加强产业指引。在国家已推出《对外投资国别产业导向目录》的基础上，不断充实完善、及时更新，结合我省重点发展的产业布局、地区市场以及企业国际化经营态势，尽快研究出台《浙江省境外投资合作国别（地区）产业指南》，使之真正起到导向作用和辅助参考功能，促使企业明确“走出去”的方向和重点，努力提高国内企业对外投资的针对性和可行性。只有这样，才有可能通过“走出去”达到优化产业结构、提高资源配置效率的根本目的。

（二）突出重点、注重层次，推动“走出去”主体发展壮大。

要结合浙江发展实际，遵循产业国际化发展规律，坚持市场导向和企业自主决策、自担风险的原则，支持和引导有条件的各类所有制企业到境外开展各种形式的投资、贸易合作。首先，要加大对中小企业“走出去”的支持，促进中小企业国际竞争力的提高。中小企业因其自身的特点，在“走出去”时需要给予更多的帮助。目前浙江省对中小企业走出去的支持体系建设还需进一步完善。其次，要积极培育“走出去”重点企业，打造本土跨国公司。充分意识到培育本土跨国公司对推动本省产业结构调整升级，推动经济增长方面的重要作用，重点支持一批具备条件的优势行业、骨干企业“走出去”发展，鼓励企业参与全球资源配置，拓展市场空间，尤其是并购境外的国际知名品牌和营销网络、境外研发机构和先进技术，是培育本土跨国公司，快速提升全省企业创新能力和国际竞争力的有效途径。

（三）细化政策、强化扶持，提升企业“走出去”发展质量水平。

一是增加省级专项扶持资金的项目和规模，提高各种补助和奖励额度；降低专项资金使用门槛，拓宽扶持范围。尤其是对能拉动本省经济发展和涉及我省长远战略的境外投资给予重点财政支持。例如加大对建立境外营销网络的扶持，其中包括对在境外设立以推广自主品牌为主，具备营销接单、售后服务、仓储配送等功能的营销展示中心项目；要对境外研发共性和关键技术项目，在省内申报境外科技研发项目时予以优先立项，并予以财政补助；支持境外产业园（区）建设，对境外产业园（区）承办单位在公共建设的投入资金给予一定资助，在购置（或租赁）土地的贷款

给予贴息支持，对入园（区）省内企业支付的地价款（或租赁费）给予一定资助等。二是强化金融服务。进一步放宽企业跨国经营的外汇管制；加大政策性银行对企业对外投资合作的支持力度；提高商业银行等金融机构提供"走出去"金融服务的能力；大力引导民间资本与"走出去"项目融资的结合。三是进一步强化公共服务主体建设，逐步形成政府机构，由企业组建的行业协会、商会和其他社团，以及商业性中介机构为主体的"走出去"公共服务工作网络。

（四）先出后进、先进后出，强化"引进来"与"走出去"互动。

一方面推动"引进来"与"走出去"统筹发展，形成内外联动、交互发展局面。企业可以通过先"引进来"提升自身实力后"走出去"，也可以先"走出去"通过增资扩股再将外资"引进来"，尽量消除"引进来"与"走出去"泾渭分明的思维定式，形成国内与国外整合式经营、资本国际化运作的新局面。特别要强调的是，要充分发挥"走出去"企业在带动"引进来"方面的作用，要注重境外企业的生存状态，努力塑造境外企业的良好形象和产品信誉，通过境外企业这个窗口向外国公司间接展示国内母公司的吸引力，最终将外国资本"引进来"，形成资本的内外循环往复流动。其次，在处理"走出去"和"引进来"关系中，围绕拓展市场、调整结构、应对贸易摩擦、引进高新技术和资源等目标，积极鼓励企业留住本部、走出加工环节，留住研发及研发成果、走出营销环节，留住高新产业产品、走出相对过剩的产业产品，通过"走出去"与"引进来"结合，大力发展新能源、新材料、节能环保、生物医药、信息网络和高端制造产业等具有战略意义的新兴产业；增强自主创新能力和品牌营销优势，提升传统优势产业，做强做大本土产业，培育壮大本土经济。

（五）防范风险、应对变化，建立健全"走出去"高效保障机制。

进一步提升政府在宏观指导，投资后监管、跟踪、统计、分析等管理服务功能；加强金融机构和中介机构专业性风险防范能力建设，建立高效的境外投资合作风险预警系统。在防范投资风险、发挥融资功能、防范收汇风险、提供风险咨询等方面稳步推进和完善出口信用保险，切实提高出口信用保险业务的覆盖面，确定合理适度的保险费率。同时，建立境外突发事件处置领导小组工作机制，进一步完善商务、外事、公安、工商、财政以及地方政府之间的工作协调机制，提高全省境外安全援助能力。

浙江省开发区特色化发展、品牌化建设研究

【内容摘要】 浙江省开发区经过三年整合提升，具有了一定的发展空间，在后整合时期，如何推进浙江省开发区走内涵式、品质化发展之路，成为开发区转型升级工作重中之重。本课题以特色化发展、品牌化建设作为切入点进行研究，首先对一年以来浙江省开发区创建特色品牌园区的初步探索进行了总结，并结合科学发展观、西方区域经济等理论和实践启示，提出了对全省开发区"高、优、活、绿"特色定位，最后对进一步推进开发区特色化发展、品牌化建设分层次提出了设想和建议。

【关 键 词】 开发区 特色 品牌 研究

从 1984 年宁波经济技术开发区设立至今，浙江省开发区从无到有，建设发展取得了巨大成果，无论经济规模、发展质量还是综合效益都走在全省前列。2011 年，全省开发区土地面积占全省 5%，但实到外资占全省半数以上，工业总产值和出口额分别占四成以上，财政总收入占近三成；集中了 1600 多家省级以上高新技术企业、上千家研发机构、8000 多家投资总额亿元以上内资和千万美元以上外资项目，2011 年新增专利授权量 38000 多项，占全省三成；同时，各地区主要工业产业进一步向开发区集中，开发区在投入、产出方面年年提升，成为部分地方政府设立投入、产出考核指标的标杆。

浙江省开发区在发展中形成了产业、项目、人才等诸多优势，在如今贯彻实施科学发展观的实践中，有责任也有能力成为我省产业结构调整、促进发展方式转变、实现创新集约发展的新高地、主平台。为此，开发区正在摈弃粗放、低端、同构、要素驱动的发展模式，努力走集约、高端、特色、创新驱动的内涵式、品质化发展之路。

一、顺应发展趋势，浙江省开发区创建特色品牌园区的初步探索

商务部投资促进局国际投资促进中心主任孙万松在考察 100 多个国内外园区后，提出中国园区的未来发展将有两个重要趋势：一是以现有开发区和高新区为主体，整合周边乡镇或行政区，建设和谐新城区；二是发展品牌园区和特色园区将会成为提升园区竞争力的重要方向。推进特色化发展、品牌化建设，不失为目前全省开发区推进产业结构调整和转变发展方式，走内涵式发展之路的重要途径和工作切入点。

首先，宏观调控促使开发区更加重视质量先行。自党的十六届三中全会提出科学发展观以来，国家围绕转变发展方式和调整经济结构主线，出台了一系列严格的环保、能耗、贸易、安全性等方面的约束性指标，土地、金融、税收的优惠政策向高科技、优势产业倾斜，开发区作为产业发展的主要平台，理应顺势而为，走内涵式发展

之路，才能有所作为。

其次，浙江省要素禀赋转变和产业发展的现实需要。劳动密集型产业曾为浙江经济发展立下汗马功劳，但近年来，随着土地成本、人力成本不断攀升，国内中西部地区的崛起、东南亚等更加低廉的国际制造区域的兴起及反倾销、反补贴等国际贸易壁垒及摩擦增加，浙江失去了继续发展劳动密集型产业的比较优势，出现了国际大品牌减少在我省订单、劳动密集型产业持续转移的现象。浙江产业定位需要重新确立，作为省内经济增长极的各级开发区，有责任提升发展品质，重构我省竞争优势，积极应对潜在的产业空心化问题。

再次，开发区发展到一定阶段的内在规律使然。开发区的发展具有自身的生命周期和发展阶段的特点。一般要经历：要素聚集、产业主导、创新突破和财富聚集四个发展阶段。目前，浙江省开发区历经了近30年的发展，有了一定的要素聚集和产业主导，已进入以转换发展模式为主的创新突破阶段。

这几年来，浙江省开发区致力于推进开发区产业结构调整和转变发展方式，努力走内涵式发展之路，一直在进行种种思考和积极探索，并陆续考察了周边上海、江苏、山东等省市的先进做法。

江苏省特色产业园区的建设与发展抓住产业集聚，体现不同地区的优势，注重公共资源的集约使用和降低成本，并与推进南北共建苏北开发区、创建生态工业园区、拓展特殊功能区的工作紧密结合，目前已认定100多个特色园区，其优势正逐步凸显；山东省重点抓了国别产业园区，主要依托毗邻日本、韩国的地理优势，设立了一批日资产业园和韩资产业园；上海市作为长三角龙头，直接将重点放在品牌建设上，先后评选出21家品牌园区和15家品牌建设园区。通过宣传报道扩大园区品牌影响力，通过培训班、研讨会、联谊活动等形式培育园区品牌管理人才，促进开发区园区对园区标识、商标的注重度，增强品牌意识。

基于以上认知和经验借鉴，为进一步深化整合提升工作和加快开发区转型升级步伐，2011年初全省商务工作会议确定创建10个“外商投资新兴产业示范基地”和20个“浙江省开发区特色品牌园区”。经过一年多时间，对创建特色品牌园区做出了初步探索：

一是确立了指导思想。即要以科学发展为主题，以转型升级为主线，把有效利用外资与培育战略性新兴产业结合起来，把推进开发区差异化、特色化发展与加强开发区品牌建设结合起来，依托浙江省现有国家级、省级开发区，创建一批具有标志性、示范性的外商投资新兴产业示范基地和特色品牌园区，促进开发区向专业化、高端化、低碳化、品牌化、国际化方向发展。

二是制定了标准条件。在充分调查研究的基础上，制定了《“浙江省外商投资新兴产业示范基地”和“浙江省开发区特色品牌园区”认定标准及办法》。申报示范基地应基本符合“三化”标准和要求，即：新兴产业基地化、高新产业规模化、发展环境品质化。申报特色品牌园区应基本符合“三态”标准和要求，即：形态、业态、生态三者相统一。

三是启动了申报程序。开发区申报资料，商务厅进行具体指导，经过专家初选，省政府办公厅及相关8个专业部门共同认定，初步产生“基地”和“园区”候选名单，公示后上报省政府批准。历时一年，最终于2012年2月，省政府公布首批10个“外商投资新兴产业示范基地”和20个“浙江省开发区特色品牌园区”。10家基地和20家特色品牌园区，涉及电子信息业、新能源新材料、节能环保、现代装备制造、新能源汽车、生物医药和现代服务业。涉及开发区30家，即近50%的开发区已设有省政府批复的外商投资新兴产业基地和开发区特色品牌园区。

二、开发区特色化发展、品牌化建设的理论依据和实践启示

（一）理论依据

1.“科学发展观”是开发区走特色化发展、品牌化建设道路的主要理论依据。科学发展观坚持以人为本、全面协调和可持续发展，深入贯彻落实科学发展观始终是我们开发区的发展主线。

开发区是浙江省的主要经济引擎，尤其应在推进统筹城乡发展、统筹区域发展、统筹经济社会发展、统筹人与自然和谐发展、统筹国内发展和对外开放，推进生产力和生产关系等各个方面相协调，实现经济发展和资源、环境相协调等可持续发展方面做出自己的贡献。

2. 增长极理论、资源禀赋理论及梯度理论在区域经济中的结合运用。增长极理论在区域经济中的应用认为经济进步不会在所有地方同时出现，而且它一旦出现，强有力的因素必然使经济增长集中于起点附近地域。一个经济主体要提高发展水平，必须首先发展其内部一个或几个地区中心的经济力量。资源禀赋理论及地域分工说指出，各地在有比较优势的自然禀赋或后天的有利条件基础上，发展自己有比较优势的产业，地区分工产生，地区分工导致了地区专业化和产业的空间集聚，从而提升了效益，效益带来了财富。区域发展梯度推移理论则认为创新活动是决定区域发展梯度层次的决定性因素。创新活动大都发源于高梯度地区，然后随着时间的推移，产业周期的变化，按顺序逐步由高梯度地区向低梯度地区转移，主要通过多层次的城市系统向低梯度地区转移。以上理论对我们的启示是，开发区应以创新为核心，以当地资源禀赋为依托，集中力量整合特色优势，推进特色化发展和品牌化建设，在全省形成一批具有竞争力的梯度分布的经济增长极。

（二）实践启示

浙江省 2011 年以来创建特色品牌园区的初步实践，对深入推进浙江省开发区特色化发展、品牌化建设有四点启示：

一是特色化发展品牌化建设必须围绕“转型升级”的主题，以创建品牌为目标。开发区特色化发展不能为了特色而特色，而是为了提升品质，打造品牌而进行特色化发展。开发区特色化主要是指优化特色产业。开发区经过几十年的发展，基本已经形成轮廓较粗的特色产业，本轮特色化发展必须紧紧围绕“转型升级”的主题，以提升品质，打造品牌为目标，在原有特色产业的基础上进行优化整合和提升，助推创新发明，推动经济转型升级。特色化发展是品牌建设的前提和必经之路，树立品牌是特色化发展的目标。特色走向品牌的过程，就是集群、创新、提升的过程。当特色发展成为优势，到了具有长久稳定的特色核心价值的高品质阶段，具有特色核心价值的开发区名称和标示获得大家的认可，开发区品牌就基本形成，品牌开发区的名称和标示，具有了高附加值。在人们的脑海中这种名称和标示会与某种特色品质联系在一起，就如一提到“硅谷”，人们就想到前沿高技术产业，一提到“新加坡工业园区”，人们就想到它先进的规划和管理。

二是开发区特色化发展品牌化建设要符合客观事实，尊重发展规律，找准分工定位和梯度定位。开发区特色化发展并非人们想发展什么就发展什么，开发区特色化离不开历史沉淀和地缘发展积累，首先要符合自己所处历史、社会、经济等发展阶段；第二要符合当地区位优势，需要考虑在自然资源、地理位置，以及社会、经济、科技、管理、文化、教育等方面的比较优势；第三要符合区域经济协作体中的定位。开发区的特色化发展不应局限于眼前一城一地的发展，而要放眼所处城市群、大片区的发展，要符合在更宏观层面的区域经济框架下的分工和定位。开发区不一定非要追求成为核心的或国际的或先导的，需要的是通过空间互补来发展自己的特色经济。

三是开发区特色化发展品牌化建设可以选择多种实现路径。推进开发区特色化发展品牌建设是为了加快全省开发区转型升级，提高效率、增强竞争力，只要有利于加快转型升级，提高效率、增强竞争力的特色，都应该提倡发展。所以开发区特色化品牌化概念应超越特色产业和特色工业园区的概念。特色产业或特色工业园区是开发区特色化发展和品牌建设路径之一，但后者概念远远宽泛于前者。开发区特色发展品牌建设可以建立多种路径，可以如大多数开发区选择以“产业”为特色，也可以如漕河泾开发区以“服务”为特色，或如新加坡开发区以“管理”为特色。实践证明，以“服务对象”为特色的特色化发展也是行之有效的。如：建立“国别园区”，“浙商回归园区”，等等。我们还可以探索其他尚没有发现的特色路径。

四是创新是推进开发区特色化发展品牌化

建设的核心动力。梯度理论认为，创新活动是决定区域发展梯度层次的决定性因素。建设实践也告诉我们科技创新是提升社会生产力、核心竞争力和综合实力的战略支撑。所以开发区要发展，创新是核心动力。创新环境涉及社会诸多方面，需要更务实的教育、更科学的金融税收倾斜、更公平高效的市场环境，等等。那么，作为一个开发区，在建设创新环境中要承担的主要职能就是搭建科技与产业紧密结合的平台，把开发区建设成为科技创新、成果转化的集聚区。开发区从诞生之始，就赋予了承接国外先进产业、引进先进技术的使命。因此，开发区既是产业的集聚区，也是科技创新的集聚区，而且也只有产业与科技的紧密结合才是真正意义上的开发区。作为我省梯度龙头的杭州湾地区开发区的国家级开发区，更应该加快实现"投资驱动"向"创新驱动"、"资源依赖"向"科技依托"的转变。以企业为主体，市场需求为导向，整合人才、院校、研发机构、金融与企业的高度结合，从而加快实现科技与产业紧密结合，打造品牌开发区、品牌企业和品牌产品。

三、因地制宜确立浙江省开发区"高、优、活、绿"特色定位

根据以上理论依据和实践启示，首先要从浙江省和开发区的实际出发，明确自身的特色定位。

（一）浙江省在长三角地区的特色定位

长江三角洲地区发展的战略定位是：亚太地区重要的国际门户、全球重要的现代服务业和先进制造业中心、具有较强国际竞争力的世界级城市群。浙江省地处长三角南翼，杭州、宁波、湖州、嘉兴、绍兴、舟山属于长三角核心地区。上海是该地区的龙头，江苏和浙江是南北两翼。在发展模式和产业差别上，江苏走政府主导，外资拉动的发展之路，产业偏重规模较大。浙江走的是市场主导，政府引导的内生性发展之路，产业偏轻偏小，以生产消费品为主。浙江省与上海、江苏相比，具有海岸线长、沿海沿湾沿河临湖地区广、山地资源丰富的地理特征；具有民营经济发达、民营资本丰富，产业集聚分布广、专业市场丰富的经济特征；具有务实、创新、开放的人文特征。推进浙江开发区特色发展品牌建设，需要我们充分发挥优势和特色，扬长避短，以"创新"为核心，以"转型升级"为目标，以上海为龙头，实现长三角南翼腾飞。

（二）开发区基于比较优势的特色定位

立足浙江省在全国和长三角的区域功能定位和禀赋资源，呼应浙江省"四大国家战略"和"十二五"规划，在各地开发区业已形成的发展特色基础上，顺势而为，对开发区特色品牌发展做出合理定位。

一是以杭州湾地区国家级开发区为领头羊的"国家队方阵"，以"高"为特色定位。"高"是指产业层次高、附加值高、环保水平高。产业结构重点向第三产业转移、产业要素向资金和技术转移、产业链向微笑曲线两端转移。打造成高新技术产业中心和先进制造业、现代服务业高地。环杭州湾地区是长三角南翼核心地带，浙江省29个国家级开发区中有25个布局在环杭州湾地区。这些国家级开发区，具有外资集中，开放度高，综合实力强，产业基础好，历史文化底蕴深厚、母城资源和海洋资源丰富等优势，发展质量、教育科技和综合效益都走在全省前列，是全省接轨上海龙头，开拓国际市场，引领辐射省内产业发展，统筹海陆产业联动发展的主要高地。为此，以"高"为特色定位，重点发展具有全省引领作用的现代服务业、现代制造业、现代海洋产业和高新技术产业，并向低梯度区域转移以劳动密集型为主的产业项目。金华—义乌—衢州国家级开发区作为新升级国家级经济技术开发区，应重新定位，志存高远，走"高"起点规划、"高"质量建设、"高"水平管理、"高"技术引领之路，加快提高综合实力和竞争力，致力于打造浙江省中西部地区的新城区和经济"高地"，组合引领中西部地区。

二是以杭州、宁波、绍兴、嘉兴、湖州地区综合实力较强的省级开发区方阵以及舟山地区开发区，在产业集聚已初步形成的基础上，以"优"为特色定位。"优"是指重点做优传统特色制造业并从优培育新兴产业，联动发展相关服务业。杭州、宁波、绍兴、嘉兴、湖州地区综合实力较强的省级开发区设立年份一般较早，运作比较成熟，

有一定的发展规模、质量和效益，这几年发展速度较快。集中了很多知名企业、著名品牌和外资企业，所在市县不少具有在全国甚至全球拥有一席之地的制造业产业集群。传统装备制造业、轻纺产业在这个方阵占主要产业地位。该方阵开发区重点在于引领企业以全球战略为目标，重点培植、引进先进技术、人才、设备、优质项目，加大研发投入，做“优”已有的产业集群或特色工业园区，整合更大范围内相关产业，创建品牌产品，并联动发展行业相关现代服务业和中介机构，改变传统产业在国际上以量取胜的局面，增强在国际市场上的竞争力。相比而言，舟山地区开发区发展基础薄弱，但舟山群岛新区的设立，将给舟山地区开发区注入动力，发展潜力巨大。舟山地区开发区应争取优质要素，提升优化传统海洋产业。

三是以温州、金华、台州地区的开发区方阵，以“活”为特色定位。活指活力和灵活，是浙江民营经济的主要特色。民营经济是这三个地区经济的优势与活力所在，在与外资企业、国有企业的一路竞争中，凭借顽强的生命力，谋求发展，不但在当地经济社会的发展进程中起到关键性作用，并且在做强做大的过程中不断外拓，开始布局全球。不同于外资企业，民营经济源于草根，根植性强，如何为民企、民资创业创新发展提供条件，吸引浙江民企、民资回归已成为目前应对产业转移潮的对策之一。但浙商回归并不是原有模式的回归，劳动密集型制造环节的转移是客观规律，我们需要做好柔性环境吸引浙商高端制造或研发、营销、物流等环节的回归。温州、金华、台州地区的开发区应开拓思路，广泛联络国内外浙江商会、华侨华联等组织机构，统筹国内外两个市场，创新管理体制、金融体制和开发区服务模式，灵活创造各种条件，提供制度保障，研究现阶段民营企业的发展诉求，为进一步提升民营企业品质和吸引浙商回归创建特色平台，打造以活力为特色的现代民营经济示范园区。

四是以衢州、丽水地区开发区为主，包括杭州地区的山区开发区方阵，以“绿”为特色定位。“绿”指绿色、生态。这些开发区由于区位使然，所在地区具有优美的自然景观，全省几大水系源头，处理好“保护”与“发展”的关系至关重要，在我省贯彻实施“统筹人与自然和谐发展”、“实现经济发展和资源、环境相协调”等科学发展观方面，具有重要作用和责任。开发区应利用自然景观优势，发展休闲创意业；利用山海协作等政策推动，与沿海沿湾先进开发区优势互补，联动发展；利用中心城市退二进三的机会，主动承接先进制造业，发展低碳低能耗产业，从长计议，坚决淘汰与绿色定位相悖的产业，全方位打造绿色开发区。

四、进一步推进开发区特色化发展、品牌化建设的设想

我们已形成了开发区走特色发展和品牌建设之路的共识，并在这种共识上创立了30个实体，但还需要长期培育。其中，建立实体是推进浙江省开发区特色化发展和品牌化建设最关键的一环。但特色和品牌的培育是一个漫长和艰辛的过程。在探讨了浙江省开发区特色定位后，本文从省级、开发区所在市县和开发区本身三个层面就如何进一步推进、培育开发区特色和品牌提出以下设想。

（一）省级层面

一是省级层面设立特色品牌园区，并非多多益善，主要作用在于引导、突出特色定位，重点培育。打破行政区域限制，增强开发区之间相关特色产业的有序竞争和合作。我省开发区在发展过程中，在实践探索过程中，已自发建立了一批特色园区，但作为个体的开发区，受制于当地政府投资冲动，往往缺乏全局观念，造成全省开发区同质化竞争。如在创建“10+20”特色品牌实体的初报过程中，开发区上报申请的44个拟创建新兴产业示范基地和特色品牌园区中有6个涉及光伏特色产业，这些特色产业之间往往有竞争，但缺乏合作。开发区省级主管部门应引导同类型产业在全省布局的层次性和互补性，打造特色产业的跨地区综合实力，并争取在更大范围和更深层次整合特色优势；二是省级开发区主管部门要创立科学的动态管理和跟踪制度。跟踪基地和园区的建设发展情况，定期对设立的基地和园区进

行考核和评价，实行优胜劣汰制度，保证特色品牌园区向既定方向发展；三是联合大学院校、中介媒体适时组织沙龙、培训班，从意识形态上确立开发区人员的品牌理念；四是积极争取省领导和省级专业部门对开发区外商投资新兴产业和特色品牌园区的支持；五是在综合考评中，增加对推进特色品牌建设内容的鼓励分值；在开发区发展资金中，提高对外商投资企业基地和特色品牌园区的份额；六是带领开发区积极参加具有影响力的品牌招商和展示会，加强与上海等先进地区开发区的横向联系，主动出击，加强宣传，扩大影响力。

（二）市县层面

据2011年统计，浙江省开发区工业、外贸、外资及财政总收入四项指标在各地市都占有较高份额，湖州地区占七至八成、嘉兴地区占六至七成（财政总收入除外）、金华地区占五至六成、宁波地区占近四至五成、衢州地区占四至五成（财政总收入除外）、绍兴地区占四成左右。温州地区的开发区实际外资占比最高，达96.9%。全省近65%的开发区2011年规模以上工业总产值占当地市县的30%以上。开发区已经成为各地经济、社会发展的主要平台，当地政府应积极争取将开发区特色品牌园区作为实现本地区优势产业集群的重要平台，一方面争取省级层面相关产业政策扶持，另一方面在本级政府层面，在尊重市场、产业发展规律的基础上，充分发挥开发区特色品牌园区主体地位，整合区域内同类型产业，从规划布局、组织制度、人才技术、资金、土地等方面保障开发区特色品牌园区的建设发展，培育经济发展增长极，借以拉动本地经济进一步集聚、提升。

（三）开发区层面

开发区管委会是推进全省开发区特色品牌建设的最重要的主体。“产业”仍然是开发区特色发展品牌建设的主流路径选择，这是由开发区的历史发展原因决定的，与其他地区相比，开发区大项目、大企业、外商投资企业集中，具有产业基础强的优势。开发区层面应该从规划、环境建设、项目引进等围绕特色化、专业化进行运作，推进产业特色发展品牌建设。从“高、优、活、绿”不同层面共同推进我省开发区特色发展品牌建设。

一是坚持规划先行。开发区应首先结合本地区地域特征、优势资源与产业发展特点，以市场需求为导向，确立特色发展方向和目标。可以引入国际品牌专家团队，作出科学分析、缜密研究，制订具有前瞻性但切实可行的特色发展和品牌建设规划，实施方法步骤，谋定而动。

二是加强产业引导。项目须围绕规划引入，对引进的项目，宁缺毋滥，求精不求快，围绕构建特色产业而开展，尤其是龙头大项目、大企业的引入对当地特色产业的形成起到定海神针般的效果。这对新开发的区域或早期规划意识较强的开发区来说，比较容易做到，新开发的区域，从空白开始，利用后发优势，可以按照科学规划，布局产业空间；对已具有特色产业的开发区，需要往品牌化方向发展。但对既没有空间又没有形成产业特色的开发区是个难题，早期开发区往往缺少科学规划，招商选资缺乏条件，更不要说有意识地推动产业特色的形成，所以这些开发区存在如何“腾笼换鸟”的问题，对区内已饱和的企业、项目格局进行重新整合。

三是优化发展环境。特色化、专业化发展需要有良好的发展环境。打造现代、科学、生态的硬环境，构建以人为本、科学、高效的柔环境是开发区开展特色化发展、品牌化建设的前提条件。开发区管委会需要不断创新管理和服务制度，为区内企业提供全方位的特色服务并凝聚有效的创新资源，激发开发区各个层面的创新活力。可以建立或引入特色产业相关公共试验室、标准化中心、研发中心，为企业提供技术支撑平台；创造条件，邀请全国甚至全球特色产业相关中高端技术人才的加盟，与院校、研究机构建立合作关系，建立特色产业相关大中专院校，甚至技术学校，建立高素质、稳定的产业工人队伍，等等。

课题组组长：胡潍康

课题组成员：宋东舢　庄　谨　蔡　丽
陈芳芳

课 题 执 笔：蔡　丽

浙江省商务领域廉政风险预警机制建设研究

【内容摘要】 本课题首先分析了廉政风险预警机制的内涵和深刻意义，同时指出了商务领域廉政风险的现状与特点，提出了浙江省商务系统廉政风险预警机制体系建设的主要原则、预警层次分级、动态管理办法与要求、廉政风险信息收集及预警处置方法。

【关 键 词】 商务领域 廉政 风险预警 机制

面对国内、国际商务环境的不断发展变化，在反腐败斗争依然严峻的形势下，如何把握商务运行的特殊性，在浙江省商务领域构建专业化、规范化和法制化的反腐败预警机制，并使其作用发挥到最大化，以有效减少各级党员干部在执行公务或日常生活中发生腐败的可能性，是值得认真思索和研究的一个重要课题。

建立健全浙江省商务领域廉政风险预警处置机制同时也是为深入贯彻中央纪委和省委、省政府加强廉政风险防控工作的有关意见精神，建立健全廉政风险防控机制，强化对权力运行的监督制约的重要举措。

一、浙江省商务领域廉政风险预警机制建设概况

（一）廉政风险预警机制的内涵和意义

廉政风险的基本含义是指党员领导干部在执行公务和日常生活中发生腐败的可能性。廉政风险点包括关键岗位、重点环节和重点人员。要发挥廉政风险预警机制的作用，只有通过有效识别关键岗位、重点环节以及重点人员存在和潜在的廉政风险，才能抓住防控腐败的有效部位，进而利用和完善现有的制度平台，建立相应的预防风险机制，确保预防腐败工作各项制度措施得到有效落实。目前，通过对省内少数商务主管部门腐败案件发生诱因的分析，浙江省商务厅已初步摸索出廉政风险点的构成及风险点存在的基本规律。首先看廉政风险点的构成。由于思想道德、岗位职责、业务流程、制度机制以及外部环境等诱因条件的不断变化，导致与经济发展密切相关的重要展会摊位分配、专项资金拨付和经贸出访团组等重点领域具有处置权的关键岗位，以及握有公权支配力的重点人员都具备了潜在的发生腐败行为的可能性。其次看廉政风险点存在的基本规律。即廉政风险点存在的必然性、发生的复杂性和最终的可控性。廉政风险是不以人的意志为转移并超越人们主观意识的客观存在。但廉政风险之所以称为“风险”，表明其还没有转化为真正的腐败行为，仍旧处在从量变到质变的过程中。只要我们制定的制度到位，措施得力，完全有可能将廉政风险化解或控制在一定范围内，进而实现防控腐败现象发生的最终目标。

廉政风险一旦得不到有效控制，就将转化为实际的腐败行为，从而使社会的廉洁性遭到破坏，国家财产受到损失，降低党在人民群众心目中的地位。反之，若廉政风险得到及时有效化解，必将有助于预防腐败的发生，赢得广大群众的拥护和赞誉，使经济社会发展的软实力得到进一步优化和提升。通过不断摸索和尝试，围绕需要排查的各类廉政风险发生范围及具体的廉政风险点，依据不同的风险预警指标，通过对排查出的各类情况进行科学、细致的汇总和研判，初步形成以事实依据为根本保证的各类廉政风险管理

系统，进而建立廉政风险预警机制。运用该机制，只要认真剖析廉政风险中存在的突出问题即产生风险的原因和规律特点，并针对其中的苗头性、倾向性问题提前预测并及时发出预警，就可以有针对性地采取预防腐败行为发生的措施，进而最大限度地降低腐败行为发生的可能性。

运用廉政风险预警机制，可以通过分析和识别腐败风险易发高发的环节、领域和岗位，建立起反映廉政状况的指标体系。通过及时汇总相关信息，针对廉政风险点提出有效的预防手段和措施，定期分析评估风险点，提高化解风险的能力。

（二）浙江省商务领域廉政风险的特点

一方面，各级商务主管部门在2009年浙江省机构改革后，依法管理全省国内贸易、对外贸易、外国直接投资、对外经济合作等关系到国计民生的重要领域，所辖行业、企业众多，是全省实施“四大国家战略”的重要执行部门，责任重大，所掌握的公共资源较多；另一方面，商务运行又有其特殊运行规律，应尊重国际、国内经济客观规律，这是我省商务领域风险预警机制建设必须予以重视的一大特点。

1. 廉政风险防控与商务管理职能、重点环节相结合。

（1）廉政风险排查制度。全体公职人员、机关处室、直属单位紧紧围绕“人、财、物、事”等重点部位，通过个人自查、单位排查、领导小组核查、厅党组审查等环节，深入排查、从严把关、注重预防，确保了风险点排查到位、潜在风险表现分析到位、防范措施防范到位。全厅排查廉政风险点544个，其中“一级”风险点3个，占0.6%；“二级”风险点60个，占11%；“三级”风险点481个，占88.4%；绘制权力运行流程图100份；制定防控措施1494条；制定岗位职权目录184份。通过采取一系列有效措施，真正做到严格内部监管，加强监督控制，强化风险防范，防止腐败风险和诱发腐败行为。

（2）内外贸专项资金分配监督。为加强内外贸发展专项资金分配使用，切实落实政府扶持政策，有效推进扩大内需和全省外贸企业开拓国际市场，省商务厅派驻纪检组参与历次专项资金分配专题会议，确保了资金分配程序到位、依法办理、合理分配。商务主管部门财务部门加大对中央和省级财政扶持项目的审计，促进政策扶持项目依法、规范、高效推进，保证中央、省级商务政策落到实处。2012年度涉及中央、省两级专项资金共计8.43亿元，其中中央级资金3.14亿元，省级资金5.29亿元，全部兑现政策足额拨付。

（3）行政审批监督。省商务厅以电子监察系统为核心的行政审批电子监察体系，优化了审批流程，加强了动态监管，切实提高了行政审批的工作效率和服务水平。据统计，2012年，系统受理总数43264笔，按时办结率为99.9%，平均比承诺期提前4.47天办结。电子监察对办理事项超时限、违反审批程序等违规行为进行实时监控、预警纠错，使政务服务“看得见、管得住”。

（4）重点展会及采购工作监督检查。加强展会招投标、政府采购项目的监督检查。2012年省商务厅纪检组参与了亚欧博览会、东盟博览会、“夏洽会”等重点展会浙江馆设计及工程施工招投标，促进招投标工作公开、公平、公正有序竞争。

（5）因公出国（境）团组监督。为更好贯彻落实国家及省政府各项出国（境）管理规定，把加强国际经贸交流合作同落实厉行节约要求结合起来，完善因公出国（境）计划管理制度，切实把经贸出访团组列入效能建设监督检查的一项重要内容，以经贸出访团组为重点，抓专项监督检查。2012年共有44个团组出访，召开团组成果汇报会3次，100人次参加了成果交流并接受了出访成效专项监督检查，提高了出访成效。

2. 廉政风险防控与商务系统纪检监察机构互动相结合。浙江省创建了全省商务系统纪检监察机构互动机制。为加强和推进全省商务系统纪检监察工作交流互动，共享党风廉政建设工作成果，促进工作信息交流。2012年，出台了《全省商务系统纪检监察工作信息报送和工作交流制度》和《全省商务系统案件信息报送制度》两项制度，推动全省商务系统上下联动，工作资源和信息共享，以共同推进商务纪检监察工作深入开展。

3. 廉政风险防控与深化机关效能建设等工作相结合。继续巩固以“机关效能建设创新创优典型”荣誉称号为抓手，充分发挥机关作风与效能建设“21个监督联系网点”的监督作用，定期召开座谈会听取并征询相关意见建议。坚持基层、企业需要什么，机关服务什么，把企业的需求作为提升行政效能的工作出发点。2012年，通过“21个监督联系网点”沟通平台征询的意见建议共计28条。

二、浙江省商务系统廉政风险预警机制体系建设

（一）建设原则

浙江省商务系统廉政风险预警机制体系建设主要体现以下五个原则：

1. 预防性的原则。廉政风险预警机制的实施不仅仅是为了解决已经发现的廉政风险问题，重在能够预防还未发生的廉政风险问题，能对潜在的风险问题作出准确的预测和判断。要注重转变思想，把廉政风险防控工作的重心由事后转变到事前，以事前监督取代事后惩戒是预防性原则的基本要求，同时要把被动查处的作风转变为主动预防的行为，进而达到彻底扭转“头痛医头，脚痛医脚”的被动局面。

2. 系统性的原则。系统性原则是指廉政风险评估涉及廉政风险预警的各个环节，对廉政风险预警整个进程进行全面、系统、科学的综合评估，并考虑不同廉政风险点之间的联系。在日常的廉政风险评估工作中，我们可以借鉴综合风险管理（Integrate Risk Management）的基本思路，研究范围涵盖廉政风险管理目标的设定、风险评估程序、风险预警的方法、风险点的确定、风险控制步骤及风险补救对策等，综合评价分析不同要素之间的联系，较好地实现了廉政风险评估的全面性、系统性、科学性。

3. 客观性的原则。客观性原则是指在廉政风险评估的过程中，运用科学的风险评估方法，对各个风险点进行细致的定量分析，对不同风险点的风险等级进行科学的定性描述，以使风险评估的结果和实际相一致。在推行廉政风险预警防控机制中，我们逐步将风险预警的相关技术和方法，科学系统地引入到廉政风险评估中来，对廉政风险进行量化测算。在此基础上，确定廉政风险的性质和等级，实现重点建设工程的科学化、系统性。

4. 可操作性的原则。可操作性原则是指对廉政风险预警中的动态考核和综合评估要简单实用，风险评估的方法容易操作，简便易行，提出的对策建议具有实践针对性，具有比较强的可操作性。虽然风险评估的技术与方法很多，但是我们始终坚持理论联系实际，根据可操作性的原则，选择政府部门容易操作、简便实用、易于推广的风险评估技术与方法，以保证实现重点工程廉政风险评估的可操作性。

5. 导向性的原则。导向性原则是指通过廉政风险评估体系的构建，及时总结风险预警的相关经验，及时发现廉政风险预警管理中出现的问题与原因，引导党风廉政建设向既定的方向与目标发展。在廉政风险评估的基础上，我们主要通过制度分析的方法，发现廉政风险和制度之间的联系，查找廉政风险预警建设过程中相关制度运行的状况和出现的问题，切实发挥制度预防与制度控制的功能，逐步实现廉政风险预警建设中廉政风险评估的导向性。

（二）预警层次设定

商务系统廉政风险预警初步分三个层次，即普遍预警、个别预警和特别预警。

1. 普遍预警。启动普遍预警的情况主要包含以下情况：全国或全省商务系统出现具有普遍特征的案件；重要传统节日来临之际；干部个人或直系亲属婚丧嫁娶、乔迁之际等。

采用的预警方式主要为：案件通报，重大节日来临之际利用省商务厅政务网、短信通知、书面文件、集中开会等各种形式进行预警；干部婚丧嫁娶等利用短信、电邮、书面等方式向特定人提醒预警。

2. 个别预警。启动个别预警的情况主要包含以下情况：对上级部门、群众或基层机关反映的有关情况，经初核后并无明显过错，应当启动个别预警。

采用的预警方式主要为：采取个别谈话、指定人谈话、诫勉谈话、书面预警等方式，对专人专事进行提醒、纠正。

3. 特别预警。启动特别预警的情况主要包

含以下情况:机关工作人员做出违反廉洁自律等违法违纪行为,造成不良影响或严重后果,经核查属实,应启动特别预警进行问责。

采用的预警方式主要有:问责采取通报批评、书面检查、停职检查、引咎辞职、责令辞职免职、党纪政纪处分等措施。视情节采取“双规”措施或移送司法机关处理,同时对负有领导责任的直接领导者给予必要的问责。

(三)预警动态管理机制

建立廉政风险预警动态管理机制,对增强党风廉政建设和反腐败工作的前瞻性、预见性、针对性和主动性,提高预防腐败的能力,具有十分重要的作用。

1. 动态管理主体及对象。动态管理主体为厅党组。对象为机关全体公职人员、厅属单位班子成员。

2. 动态管理主要内容。

(1)定期调整防控内容。根据机构调整、职能变更、人员变动、政策变化、工作重点重心转移等情况,对职权目录、职权风险等级、权力运行流程、廉政风险点及防控措施、预警防控制度等定期进行修改、调整、规范。

(2)收集处置风险信息。通过民主生活会、领导干部述职述廉、政风行风评议、来信来访、专项检查、明察暗访、问卷调查、征询意见、民主测评、聘任廉政风险预警防控监督信息员等措施,多渠道广泛收集廉政风险信息,分类建立台账,逐条分析评估,确定相应风险等级,进行预警处置。

(3)突出预警防控重点。对容易产生风险的重点行政许可审批及执法、工程项目决策及实施、重大物资采购及大额资金运行等,实行“普遍预警、个别预警、特别预警”的三层预警,立足于让苗头性、倾向性的廉政风险得到及时化解,充分体现廉政风险预警防控的针对性、预防性、时效性和实效性。

(四)廉政风险信息收集及预警处置

1. 建立廉政风险预警信息网络。

(1)省商务厅监察室具体负责廉政风险预警管理、实施、检查、督促、处置。

(2)日常廉情采集。廉情采集通常在上级纪检监察、司法机关、执法机构等反馈信息或交办事项。

(3)廉情监督员。廉情监督员由“21个监督网点”负责并作为联系工作内容之一,每年对商务系统党风廉政建设、干部廉洁从政情况进行评议。

2. 明确廉政风险预警信息收集的主要内容。

(1)商务运行过程中的廉政风险问题。

(2)落实党风廉政建设责任制工作中的廉政风险问题。

(3)重大事项决策、重要工作部署、重要人事任免、大额资金使用方面的廉政风险问题。

(4)全体公职人员在党风廉政建设和执行廉洁自律规定方面的廉政风险问题。

(5)群众反映强烈的难点、热点问题的处理及解决损害群众切身利益方面的廉政风险问题。

(6)执法执纪部门在商务系统监督检查中发现的廉政风险问题。

(7)在执行商务救助政策、法律法规和党纪政纪方面存在的问题。

(五)风险动态管理

1. 落实责任。在厅党风廉政建设领导小组同意协调下,各负其责,共同参与。

2. 定期自查。动态管理对象针对个人查找的廉政风险点防控情况、防控措施落实情况等,处室、直属单位每半年开展一次自查,堵塞漏洞,加强防范。

3. 健全档案。在廉政风险预警动态管理过程中,建立廉政风险预警信息台账并纳入党员干部廉政档案管理。

4. 检查考核。廉政风险预警动态管理各个环节的工作落实情况,纳入相关人员落实党风廉政建设责任制年度检查考核和党员干部述职述廉报告内容进行考核。

浙江省药品流通行业发展现状及建议

【内容摘要】 药品流通行业管理职能作为浙江省商务厅一项新的管理职能，承担着保障人民群众安全、便捷用药的职能。本课题通过总结我省药品流通行业发展现状，分析当前浙江省药品流通行业具有的优势和存在的问题，揭示我省药品流通行业目前面临的形势，对全省药品流通行业发展提出建议。

【关 键 词】 药品流通 现状 建议

药品是一种特殊商品，药品流通在医药产业链中，上游连着药品生产企业，下游连着医疗机构和患者，是保障人民群众用药安全的重要环节。随着我国医药卫生制度改革的不断深入，药品流通行业在整个药品供应链体系中的作用更加凸显。药品流通行业能否持续健康发展，直接关系和影响到人民群众的身体健康，关系到我国医药卫生体制改革的顺利推进。

一、浙江省药品流通行业发展现状

自20世纪80年代中期，医药流通行业市场化开始起步，至今已近30年。在这近30年时间里，浙江省药品流通行业稳步发展，行业规模不断扩大，行业兼并重组步伐加快，企业组织化程度逐步提高，零售药店数量逐年增加，布点粗具规模，居民购药更加方便，行业作用更加明显。

1. 销售规模居全国前列。2011年底(2012年数据将在2013年6月公布)，全省药品流通行业销售收入677亿元，占全国销售收入的7.18%，居全国第四位，其中化学药品销售496.23亿元，占全国销售总额的6.91%，居全国第五位；中成药销售97.94亿元，占全国销售总额的6.86%，居全国第七位；中药材销售18.1亿元，占全国销售总额的6.67%，居全国第五位，医疗器械销售16.92亿元，占全国销售总额的6.67%，居全国第七位。预计2012年全省药品流通行业各项指标将有14.5%的增长。浙江省华东医药、英特药业、省医药工业公司等11家药品流通批发企业主营业务收入名列全国百强；杭州九洲大药房、浙江震元药业、宁波四明大药房等5家药品零售企业销售总额名列全国百强。

2. 市场集中度不断提高。国家《规划纲要》及浙江省《发展规划》明确提出，做强做大是药品流通行业发展的主题，目前浙江省以省内外龙头企业为主导的药品流通企业并购明显加快，行业集中度进一步提高。2012年，华东医药对惠仁医药完成了控股，绍兴、湖州公司相继成立；英特药业近年兼并了福建盛健医药、嘉善医药等公司。省内龙头企业并购活动在不断加速，企业流通网络加快向市县级城市延伸。同时，国药、上药等国内医药流通龙头企业利用并购股权，快速进入我省温州、台州、丽水、舟山、金华等城市。并购活动为提高全省药品流通行业组织化程度奠定了良好的基础。

3. 零售药店布点初具规模。浙江山地、岛屿众多，给药品流通企业配送药品带来一定困难。为方便居民购药，药品连锁企业努力延伸经营触角，截至2012年底，全省共有零售企业(含药店)16976家，其中药品零售连锁企业218家，药品连锁门店7185个，药品零售连锁率42.3%。全省90个县市区中已有87个拥有连锁门店，占

96.7%。全省935个乡镇，已有连锁门店520个，占55.61%。这些连锁药店为方便群众购药，确保用药安全起到了重要作用。

4. 药品流通行业地位不断提升。近年来，浙江省药品流通行业主动配合全省药品集中采购、政府办基层医疗机构实施基本药物制度、县级公立医院改革等医改政策的推行，在降低药价、方便群众购药等方面发挥了积极作用。实施基本药物制度后，全省基药中标价格平均下降30%，品种和数量基本保障了医疗机构药品日常供应的需求，部分药品流通骨干企业成为药品储备和应急配送主体，确保了全国第八届残运会等重大活动、"禽流感"等以及季节性重大疫情的药品需求。药品流通行业为保障人民身体健康、维护社会稳定、促进和谐社会建设做出了贡献，行业地位不断提升。

但是，由于药品流通行业长期以来累积的体制性、机制性问题，我省药品流通行业仍存在着"低、小、散"和竞争力不强的行业发展问题。

1. 行业"低、小、散"问题仍然较为突出。全省现有药品批发企业308家。年销售额在100亿元以上的企业仅2家，占总数的0.65%；年销售额在10亿元以上的企业11家，占3.57%；年销售额在10亿元以下的企业，占95.78%；绝大多数是年销售额不到1亿元的小型批发企业，约占总数的80%。"低、小、散"问题依然突出，有相当一部分批发企业的业务规模极小，经营困难。

2. 连锁药店布局不够合理。近几年来，药店连锁经营发展较快，但连锁药店主要在城区密集布点、竞争激烈，在农村地区特别是偏远山区、海岛等交通不便的区域，由于种种原因，连锁的网点相对较少，尚不能满足农民便利安全购药需求，"缺医少药"现象依然存在。

3. 现代医药物流仍需加快发展。各大医药公司已开始布局全省性物流配送网络，但受专用设备、设施投资大，配送成本高以及土地、税收、地区垄断等因素影响，专业化第三方物流配送发展仍面临诸多困难，现代流通方式普及应用任重道远。

4. 药品流通秩序需加紧规范。药品流通领域部分从业人员法律意识不够强，"出租"、"挂靠"、"过票"、"无票经营"、"虚开税票"、"偷税漏税"等不正当竞争现象时有发生，需进一步加大规范力度，确保群众用药安全。

二、浙江省药品流通行业发展面临的形势

近年来，随着国家医改推进和行业管理各项政策及标准的出台，我国药品流通体制改革、结构调整、行业升级和转变流通方式不断深化，在宏观经济平稳增长的环境下，药品流通行业转型步伐将进一步加快。

（一）药品流通市场规模将继续扩大

随着浙江省居民消费结构加快升级，人口老龄化加快，人民生活需求和消费结构将发生重大变化，对医疗卫生服务和自我保健的需求将大幅度增加，药品市场增长潜力巨大。全民医保体系的进一步建立以及基本药物制度、基层运行机制建设和公立医院改革的推进，药品市场需求将出现结构性扩大，药品市场规模将持续增加，为全省药品流通行业带来新的发展机遇。同时，根据医改"十二五"规划的要求，药品流通行业改革发展政策将陆续出台，行业主管部门也正在酝酿出台行业管理相关政策和标准。政策和标准的制定与实施将有利于进一步规范和促进行业发展。

（二）行业结构调整步伐将进一步提速

自深化医疗卫生体制改革政策颁布实施以来，我国医药流通行业结构调整步伐不断加快，各业态（批发、零售连锁、物流配送）的重组将继续促进结构调整和集中度提高。各业态要素资源的整合将加速推进。以华东医药、英特药业等为代表的本省大型上市企业都积极借助资本力量进行并购重组，促进了行业结构调整和行业集中度提高。省内外乃至国际大型药企凭借雄厚的资本实力、先进的营销理念和现代大规模营销网络优势，抢占国内市场份额，对浙江省众多中小药品流通企业形成冲击。中小药品流通企业或主动并入大型企业，共享大型企业的品牌资源，或采用联购分销、共同配送等方式结成合作联盟，以应对激烈的市场竞争。连锁药店的渠道控制力会得到增强，直营门店数量会相应增加，连锁率将

进一步提高。

（三）行业服务模式和服务功能将不断创新升级

根据国务院“十二五”期间深化医药体制改革文件要求，未来三年我国医药卫生体制改革将继续深入实施，同时，浙江也提出，要进一步加强医疗保障制度建设，全面实施国家基本药物制度。但目前，行业内诸多企业所采取的以进销差价作为主要盈利来源的模式，将会受到国家基本药物制度、招标政策以及药品降价的挑战，行业毛利率会进一步压缩。因此药品流通企业必须提高综合服务水平，控制运营费用，巩固已发展的诸如第三方物流、网上交易、供应链服务等增值服务，提高服务品质，扩大服务范围，还要积极借鉴国外、省外成功经验，以上下游供应链需求为抓手，创新服务模式，向服务要效益，以应对行业整合、价格调控所带来的影响。

三、对行业发展的建议

党的“十八大”明确指出，要在改善民生和创新管理中加强社会建设，必须以保障和改善民生为重点，解决好人民最关心最直接最现实的利益问题，提高人民健康水平。浙江省药品流通行业应高度关注国际、国内市场环境变化，进一步解放思想，按照我省行业发展规划提出的目标方向，破除等、靠、要的陈旧观念，大胆突破传统经营理念和营销模式，抓住历史机遇，力争实现转型升级、结构调整的突破。

（一）加快企业兼并重组，带动企业跳出区域求发展

要通过多种方式促进药品流通企业的资源整合，提高行业集中度。浙江省药品流通规划提出，到2015年，要形成2—3家年销售额150亿元以上和5—8家年销售额在20亿元以上的药品批发流通企业；连锁药店占全部药店的比重争取达到50%以上。2012年底，华东医药、英特药业、浙江医药销售额分别为147.5亿元、127.52亿元、47.43亿元；全省药品零售连锁率41.9%，各项指标距离规划目标尚有差距。新版GSP将于2013年6月1日起正式实施，由于改造成本较高，显著提高了药品流通行业的市场准入门槛等原因，对现有药品流通行业存在的依附于医院的大量中小药品流通企业带来巨大冲击，而区域内大型药品流通企业则将面临归拢整合渠道机遇，可以预见未来新一轮区域性药品流通行业并购整合即将开始。今后一段时间，要大力推动药品流通企业的兼并重组，通过收购、兼并、参股、控股和强强联合等方式，做强做大企业，政府在用地、税收、配送费用、信息化建设等方面给予支持，促进企业实现跨区域、规模化、集约化经营。要加快培育一批零售连锁企业，争取卫生、财政、医保等相关部门政策支持，促进零售药店连锁经营。优化网络布局，利用现有万村千乡配送网络，促进连锁药店向二、三线城市及农村乡镇、行政村延伸，逐步实现覆盖全省、城乡一体的现代药品批发物流配送及现代药品零售网络。

（二）激发企业服务功能，推动企业改善服务求突破

药品流通环节上联生产企业，下接终端消费，是确保安全、便利用药的中间环节，其作用不可替代。同时药品又非一般商品，具有种类复杂性、医用专属性、质量严格性等特点，企业的发展受国情和体制的一定制约。但是，药品流通企业同样具有商业经营和专业服务的能力。当前，很多医药流通企业只局限于传统的配送或售药业务，进销差价小，盈利能力弱。据了解，浙江省某大型药品零售企业，其药妆等其他业务收入只占其总收入的15%。因此，药品流通企业要跳出传统惯性思维，遵循市场经济的规律，变传统商业为现代服务业，向生产和销售终端延伸各种专业化服务（如手术包器械配套合成），建立并主导医药产业供应链，不断提高服务附加值，拓展新的增长点。各级政府部门也要在药店多元化经营，批发企业延长供应链管理等方面给予政策上的支持。

（三）大力发展现代物流，引导企业提升能力求进步

在现代医药流通行业中，物流配送占有很重要的地位，是药品流通最基本的组成部分，而第三方物流具有专业化、集约化、低成本、高速度的特点，所以在保证药品物流必要条件的情况下，开放物流权，是推动医药物流乃至医药流通行业发展的大趋势。但由于受市场环境不规范、物流信息化及标准化建设水平低等因素影响，制约着医药物流的发展。因此要结合专业医药物流资质认定推动企业进行兼并重组，鼓励部分有意愿的物流企业通过升级改造转型为专业医药物流企业；研究制定物流过程中的管理标准；引导企业使用自动分拣、冷链物流、无线射频、温度传感等物联网技术，全球定位、无线通信等信息技术，促进信息资源共享，提升物流专业服务水平，加快药品配送速度，降低药品配送成本，保障药品质量安全。

（四）提升行业信用建设，落实信用等级评定求规范

诚实守信是企业在市场竞争中的立业之道、兴业之本。应加强行业诚信建设和职业道德教育，开展全行业诚信经营示范创建活动。以按照《药品批发企业物流服务能力评估指标》、《零售药店经营服务规范》等行业标准抓好分级评定为契机，推动医改、卫生、药监、医保等政府部门在行业准入和退出、药品招标配送、定点医保药店选择等政府决策时将药品等级作为参考依据，促进企业按标准加强信用建设，加强企业信用水平日常监管和惩戒，形成社会按星级选择药店氛围。

（五）加大人才培养力度，牵引企业跨越发展求提升

一支高素质的管理人才队伍和大批专业人才是企业做强做大的重要保证。要抓住商务部支持我省定点为药品流通行业人才教育培训基地的契机，组织以省、市、县药品管理人员，药品流通企业职业经理人、执业药师、药学技术人员等为对象开展培训；鼓励中介组织和药品流通企业开展各类形式的职业培训和继续教育，推动药品流通行业持续健康发展。

课题组组长：鞠雅莲
课题组成员：周关林　楼肇良　赵　赛
课 题 执 笔：赵　赛

优化浙江省商务发展环境研究

当前，区域间的竞争已经由过去的区位、资源竞争，逐步演变为环境优势的竞争，谁的环境好，谁的竞争力就大，谁就能赢得发展的主动权。改革开放以来，浙江十分重视营造良好的商务发展环境，在促进各项商务政策符合 WTO 规则、提升国际化服务水平、打造国际化发展平台、引进和培育国际化人才等方面成效明显，有力推动了浙江商务发展。随着对外开放深化发展、区域竞争更趋激烈，浙江省需以更加积极的姿态，在营造商务发展环境建设上有新突破，有力推动全省商务工作迈上新台阶，为建设“两富”浙江做出更大的贡献。

一、浙江商务环境发展现状分析

（一）构建了国际化的制度环境

入世以来，按 WTO 规则要求，积极完善地方性政策法规，进一步加大对各类扶持政策的“立、改、废”工作，逐步建立和完善了符合 WTO 规则的开放型经济政策扶持体系建设，创造了良好的制度环境。逐步取消了对利用外资量的考核，更加注重对外资质的考评；逐步取消了对出口增量的直接奖励，注重提高对出口企业品牌培育、境外参展、技术创新等方面的扶持力度；鼓励和支持有比较优势的企业“走出去”，加强对“走出去”的扶持力度；增加了对服务贸易的扶持，设立了扶持服务外包发展的专项资金等。面对开放型经济发展新形势，推动出台了多项大的政策意见，包括《扩大开放加快提升浙江经济国际化水平的若干意见》、《鼓励服务外包产业加快发展的实施意见》、《搞活流通扩大消费的实施意见》、《关于扩大进口的若干意见》、《进一步做好利用外资工作的若干意见》、《进一步做好世界 500 强企业引进工作的意见》、《关于鼓励民营企业与外资嫁接提升的意见》、《进一步提升全省开发区发展水平的指导意见》等，加强了政策引导，合力推进了我省商务的有序健康发展。

（二）营造了较为高效的政务环境

近年来，通过加强宣传，创新服务制度，全省商务系统进一步转变了工作作风，主动服务、高效服务的新观念得到了不断强化，逐渐获得了企业和基层群众的广泛认可。为建立和健全行为规范、运转协调、公正透明、廉洁高效的行政管理体制，培育和完善与国际市场相统一的市场经济体制，全省商务系统通过深化政府审批制度改革，各项行政审批工作多次提速，办事效率大幅提升。全省商务系统通过“服务企业、服务基层”的“服务月”活动、“外经贸企业拓市场、保订单专项行动”以及各种形式的实地调研、座谈等方式，进一步畅通了政企沟通渠道，切实为企业解决了一批急需解决的问题；推出了“重点企业联系制度”、“重点项目跟踪协调”等服务企业、优化环境的举措，建立了较为长效的政企沟通渠道，服务企业的体制机制进一步完善。

（三）搭建了多样化的公共服务平台

全省搭建了一批贸易投资促进平台，浙江的“浙洽会”、“消博会”、“义博会”、食品博览会等，已打造成为浙江企业向国际市场展示形象、吸引客户的重要平台；省委、省政府在日韩、欧洲、港澳台等地区举办的“浙江周”活动，以及在亚洲、非洲召开的投资贸易洽谈会等重大的经贸活动，已成为浙江展示政府和企业形象、提升浙江企业和产品知名度的重要平台；每年联合市县政府部门合力举办农超对接会、工业品产销对接会等，已成为企业与市场对接的重要渠道；借助上海世博会平台，推动浙江企业积极参与展馆建设、礼品设计制造等，使全省企业获得了较多的发展机遇。建立了公平贸易服务平台，省商务厅与省级有关部门先后成立了应对国外对我出口农产品反倾销工作小组、应对欧美纺织品特限措施工作小组、应对反补贴部门联席会议、应对国外技术性贸易壁垒联席会议等制度，建立了数据互换机制和不定期会商机制，共同组织开展调研、培训、研究政策、发布信息等活动，合力推进公平贸易平台建设。为积极应对贸易摩擦，2007 年浙江省开始探索在国际贸易摩擦频繁的块状经济区上建设预警示范点，截至 2011 年底，全省已建立了 100 个对外贸易预警示范点。进一步完善了“一体两翼”产业预警机制，开展了对部分产品的产业损害预警监测，提升预警监测质量。

（四）推动了贸易投资平台的突破发展

截至 2011 年底，全省拥有 15 个（占全国 1/10）国家级经济技术开发区，居全国第二位。2011 年我省国家级和省级开发区（不含园区）以约占全省 5%的土地面积，引进了占全省半数以上的实到外资，完成了占全省四成以上的工业增加值和进口额，上缴了全省近三成的财政收入。截至 2011 年底，全省已有 2 个国家级服务外包示范园区、29 个省级园区、66 个省级服务外包人才培训机构。出口基地建设开始起步，2011 年底全省拥有 4 个国家级出口基地，50 个省级出口基地。境外贸易投资促进平台创新发展，浙江省在澳门、印尼等地设立了“浙江品牌产品贸易展示中心”，搭建了 7 个境外经贸合作区。已有义乌国际贸易综合改革试点、舟山群岛新区、海洋经济示范区、温州金融改革试点四大国家战略平台。

（五）形成了较为便捷的通关环境

区域通关深化推进，对出口货物实施了“属地申报，口岸验放”通关模式；省内海关合作加强，省内货物实现了“一次申报、一次查验、一次放行”的模式。浙江电子口岸建设突破发展，已建设成涵盖商务厅、海关、商检、边防等 9 个涉外部门的信息服务大平台，实现了“一个门户入网、一次身份认证、一站式”大通关信息服务，并实现与中国电子口岸并网运行、实现与区域（上海、宁波）地方电子口岸互联互通。积极推进长三角区域通关一体化建设，实行跨关区属地申报、口岸验放通关新模式，推动了长三角地区人流物流畅通便捷。积极推进长三角区域商务领域合作和贸易便利化，省商务厅与浙江检验检疫局签订了《关于建立贸检合作机制备忘录》，与上海、杭州、宁波海关签订了《关贸紧密合作机制备忘录》。

（六）建成了较为和谐的社会人文环境

营造了有利于开放型经济发展的舆论环境，全省各地逐步建立了重商、亲商、惠商、富商、安商的良好发展氛围；文化、医疗、教育等服务的国际化水平显著提升，为商务发展提供了配套较为完备、文明和谐的社会发展环境。通过打击经营假冒伪劣商品、侵犯知识产权的违法行为、加强企业信用建设等，营造了规范有序的市场环境。通过大力整治社会治安秩序，维护社会稳定，坚决打击各类刑事犯罪活动，为商务企业的生产、经营活动营造了安全、有序的社会环境。通过每年选派管理和技术人员出国培训、每年聘请近 2 万多人次的外国专家、吸引海外留学生回国创业等方式，培养和引进了一批国际化高级人才，加快了浙江人才的国际化进程，为商务发展营造了良好的人文环境。

二、浙江商务发展环境存在的问题

（一）政策、服务长效性欠佳，政府服务仍有待优化

改善商务发展环境是一项长期而艰巨的任务，需要各部门的长期坚持，并根据新形势、新情况，不断地完善政策、强化服务才能切实提高商务环境的发展质量。但是，少数相关部门仍没有意识到这项工作的长期性，急于求成的心态仍然存在，使得一些政策的变动较为频繁，政策延续性相对较差；提供的暂时性、短期服务相对较多，长效服务机制相对较少。同时，全社会重视商务环境的氛围还没有真正形成，浙江少数部门和个人仍存在着对商务发展环境认识不足，关注不够，举措不足，一些部门工作人员立党为公，执政为民，依法行政的理念没有真正树立起来。

（二）城市国际化水平相对滞后，商务生活配套服务仍有待完善

与上海等国际化大都市相比，浙江省城市的

国际化水平仍相对滞后,国际化的生活配套不完善,这在经济相对落后的地区以及县级城市表现得更为突出。在医疗方面,全省专业的涉外医院较少,直接能用外语为外商诊疗的医院相对较少。在教育方面,全省国际双语学校较少,外商子女入学难。在生活方面,住宿、消费、休闲等领域的国际化配套也不完善。

(三)资源要素瓶颈突出,商务发展优势大平台仍不足

浙江是资源小省,随着全省经济总量的扩大,土地、能源、人才等资源约束与商务发展的矛盾越来越突出。浙江地域面积狭小,工业用地指标缺乏、地价高,使得引进项目落地难,也导致了一批本土民营企业的外迁。浙江百姓生活富裕,劳动力成本相对于江苏、广东偏高,企业用工成本高。另外,与广东、江苏、上海相比,浙江品牌开发区不足。2010年底,浙江和江苏各有8个国家级经济技术开发区,但浙江8个国家级开发区的地区生产总值仅为江苏的36.3%,出口为江苏的18.8%,税收为江苏的52.8%,差距很大。

三、优化浙江省商务发展环境的思路、目标和工作重点

(一)发展思路

以邓小平理论和"三个代表"重要思想为指导,全面落实科学发展观和"十八大"精神,全面实施"八八战略"和"两创"、"两富"总战略,紧紧围绕全面建成惠及全省人民的小康社会和转变经济发展方式、大平台大产业大项目大企业建设培育,全力完善制度建设,积极提升服务水平,大力打造服务平台,全面营造积极和谐的人文环境,实现我省商务发展环境的明显提升,将浙江打造成为最具吸引力、竞争力和凝聚力的商务发展地,使浙江省商务环境在全国具有示范、引领作用。

(二)发展目标

通过五年努力,全省商务发展环境建设取得"二个走在前列","三个明显提升"成效。

1. 贸易投资大平台建设走在全国前列。借"四大国家战略"举措实施的机遇,打造一批具有发展先机和竞争优势的特殊监管区域和开发区大平台。并进一步做实做优各类境内外贸易投资平台,使我省大平台建设实现突破发展,走在全国前列。

2. 商务公共服务平台建设走在全国前列。贸易预警和产业损害监测等贸易服务平台建设进一步完善。投资促进服务体系更加完善和有效。境外投资服务平台建设更趋成熟和完善。大通关建设成效更趋明显,全省通关更趋便捷化。全省商务工作信息化建设加快,商务信息更具预测性、及时性和有效性。

3. 服务满意度明显提升。全省商务系统服务投资者、服务企业、服务发展大局的意识进一步增强,工作人员的积极性、主动性得到更好的发挥;办事程序、工作流程更加优化,办事效率更加快捷,服务措施更加完善,行为规范、运转协调、公正透明、优质高效的工作运行机制逐步完善;推动相关部门合力优化商务发展环境的能力明显提升。来浙投资者、在浙江商务企业、基层部门和群众、相关领导及部门对全省商务系统的服务满意度明显提升。

4. 对外吸引力明显提升。不断优化的商务发展环境对投资者的吸引力明显提升,实现来浙江投资考察的外商明显提升,来浙江投资的规模化跨国企业明显增多,有更多的城市成为外商眼里最具投资价值的城市,有更多的开发区成为外商安家落户的首选地。

5. 对内凝聚力明显提升。优质的商务发展环境将更好地解决在浙商务企业的发展顾虑,企业放心、安心地开展生产,安商的氛围更加浓郁;优质商务发展环境将更好地降低企业的商务成本,提升企业经营利润,使浙江成为"富商"的最佳投资地。

(三)工作重点

1. 强化政策支撑,建设公平合理的制度环境。积极探索建立和完善商务法律法规体系,推动建立与国际惯例相适应、内外对接、分工明确、监管有力的新型商务政策体系。加快商务领域法制建设,完善商务法律体系,积极推进依法行政。加强行业监管工作,适时完善我省商务工作指导性政策意见和规范性法律文件。推进电子商务、

甲醇汽油、会展业、典当业和应对出口反倾销等商务规章立法工作。以促进商务结构调整和转型升级为导向，深化完善商务促进政策，建立公共性、基础性和系统性的商务促进政策体系。整合行政执法资源，推动我省商务领域综合执法，提高依法行政水平。

2. 提升商务服务，建设务实高效的政务环境。进一步改进商务系统工作作风，增强服务意识，提高服务质量。加快推进政府信息公开和电子政务监察系统建设，继续加强机关效能建设和廉政建设，形成公开、透明、高效的商务行政运行体系。进一步深化审批制度改革，规范审批程序，简化审批手续，提高行政效率。强化商务队伍素质建设，通过深化和丰富干部选拔手段、抓好干部在职学习、推进干部轮岗、下派和外派工作等方式，建设一支服务能力强的干部队伍，增强干部队伍推动我省商务发展的能力。继续完善“四体联动”的反倾销应对机制、反补贴联席会议制度等组织协调机制，努力形成全省上下联动、区域协调、内外并重的大商务格局。继续推进“12312”商务举报投诉服务体系建设。完善商务考评体系建设，突出质量考核，推动商务结构调整。继续推行“开放型经济服务月”等活动，建立政府、企业间通畅的沟通联络机制，积极推广政府服务企业的长效服务机制。

3. 搭建服务平台，完善优质商务服务平台建设。进一步扩大监测样本、优化监测手段、做深监测研究，做优对大宗商品、生活必需品等的运行监测，强化分析、预测等功能，营造稳定有序的国内市场环境。深化推动大通关服务平台建设。加快推动口岸开放力度，推动台州港、温州港、嘉兴港等港口国际化进程，推动萧山国际机场、宁波栎社国际机场、义乌机场等空港口岸的国际化进程，构建海陆空配套、功能完善、服务优质的口岸大平台。积极推进省内、长三角区域以及浙江与中西部地区的“大通关”建设，加强大通关协作，完善电子口岸建设，切实使口岸通关提速增效。优化推动贸易投资服务平台建设。进一步做优“义博会”、“浙洽会”、“消博会”和“西博会”等省内展会，使之成为对外交流、拓展贸易投资的发展平台；以浙江出口商品（日本大阪）交易会和浙江出口商品（迪拜）交易会的成功举办为经验，积极探索更多的境外自主性国际展会；以“浙江周”、“浙江省投资合作与商务机会推介会”等成功举办经验，积极探索建设多种形式的对外投资推介平台。进一步做好公平贸易服务平台建设。进一步完善对重点地区、重点行业、重点企业和重点出口市场的公平贸易预警点和监测点建设。积极发挥中介组织在公平贸易工作中的组织、协调和自律功能，增强行业和企业应对贸易摩擦的能力。进一步完善产业损害预警监测机制，完善省内的产业救济和安全保障体系，维护省内产业安全，维护企业利益。

4. 构筑贸易投资平台，构建良好的产业投资环境。以科技创新，推动产业转型升级为重点，以各地产业集群为基础，加快推进产业集群的科技兴贸基地、产业集群科研基地平台建设，做优区域产业特色和做强区域竞争优势，打造一批具有竞争优势和投资吸引力的贸易投资产业集聚平台。借助浙江海洋经济示范区建设、义乌综合贸易改革试点建设的发展机遇，积极推动相关开发区的整合提升，积极申报一批贸易特殊监管区域，打造一批推动贸易投资发展的优势平台。进一步做优做强现有开发区、保税区、保税港区、出口加工区、物流园区和保税物流中心等各类贸易投资平台，使其成为浙江省扩大开放、参与国际竞争的重要载体。用足用好浙江省对服务外包产业发展的政策支持，做优做强一批服务外包产业示范园。继续推动境外合作园区建设，争取有更好更多的境外经济贸易合作区落成，使之成为我省参与国际竞争与合作，省内产业向外转移的重要基地和创新样板。加快推进境外浙江商品展示中心建设，扩大浙江出口商品的境外宣传，树立良好的浙江品牌形象。进一步优化电子商务交易平台，促进网上市场和网上交易的快速发展，拓展企业发展空间。

5. 加强宣传引导，营造文明和谐的社会人文环境。加强对商务工作的宣传引导，注重通过主流媒体宣传商务发展对经济发展的积极作用，营造有利于商务发展的舆论环境。加大宣传商务发展亮点，注重对重大商务活动、重大发展项目的宣传和推介，营造商务发展的有利氛围。加强对商务发展转型升级发展方向、政策转型等的宣传引导，集聚社会各方力量推动商务转型升级。逐步建立和完善商务领域人才培训、激励约束和引进交流等机制，培育和引进一批支撑浙江国际化的高端人才，探索和建立培育和引进高端人才的平台和渠道，健全各项技能资格认证制度，全面提高商务领域人员素质。不断推动完善城市的国际化功能，推动城市文化、医疗、教育、交通等公共设施建设的国际化水平，为商务发展提供较为完善的生活配套设施。大力打击经营假冒伪劣商品、侵犯知识产权等违法行为，维护良好的市场竞争环境。建设商务信用体系，增强浙江商务企业良好的对外信用。

浙江省对外贸易与经济增长、产业结构之间的关系研究

——基于投入产出模型的实证分析

【内容摘要】 浙江外贸结构具有特殊性，研究外贸与浙江经济、产业结构之间的关系具有重要的现实意义。本文利用投入产出模型，分别从供给和需求两个角度分析了外贸进口、出口对浙江经济和各行业增加值的贡献。分析结果显示，外贸对浙江经济的贡献是显著的，由于进出口结构失衡，出口对GDP总量的贡献远大于进口，且差距有拉大的趋势；出口对纺织、木材加工及家具制造、仪器仪表及文化办公用机械制造、纺织服装鞋帽皮革羽绒及其制品、工艺品及其他制造等轻工行业增加值的贡献较大；进口则对废品废料、金属矿采选等资源类行业增加值的贡献较大；农业和服务业中大部分行业的开放度有待提高。

【关 键 词】 外贸 经济增长 产业结构 投入产出模型

一、引言

改革开放以来，浙江外贸获得了快速的发展，进出口总额从1980年的2.49亿美元增加到2011年的3093.97亿美元，年均名义增长率高达25.8%，比同期地区生产总值（GDP）的年均名义增长率18.2%（实际增长率为12.7%）高7.6个百分点。浙江外贸以一般贸易为主，民营企业进出口规模占比超过50%，出口规模远大于进口，外贸特征与全国及其他省份情况存在较大差异，外贸对国民经济的贡献程度也有所差别。外贸对浙江经济和各行业的贡献到底有多大？应如何进一步提高外贸贡献率？近年来这类问题引发了热烈的讨论，但尚未形成统一的认识。在此背景下，本文力求科学、客观、合理地评价外贸对浙江经济和各行业增长的贡献，研究具有重要的现实意义。

对外贸易与经济增长之间的关系一直都是经济学界研究的热点。众多研究均认为，外贸的增长能够有效地推动经济增长。外贸带来的国际竞争对产能利用率的提高、规模经济、技术的改进和高效的管理等都是有利的（Balassa，1978；Keesing，1967；Krueger，1980；Bhagwati & Srinivasan，1978）。Grossman 和 Helpman（1990）认为贸易导致技术和知识的扩散进而推动经济增长。Feder（1983）认为出口部门由于与国外生产者和消费者发生更多的联系从而代表更高的生产效率。

综合已有国内外文献，关于外贸对经济增长贡献程度的实证研究方法主要有三类。一是从国民收入恒等式出发来考察外贸对经济增长的作用，用净出口的增量除以GDP的增量来表示外贸对经济增长的贡献程度，这类研究有McCombie（1985）、王子先（1998）、外贸政策研究课题组

(1999)和彭福伟(1999)等。该方法的局限性在于仅仅考虑到净出口对经济增长的直接贡献，而没有考虑出口通过对消费、投资、政府支出和进口的影响而对经济增长造成的间接影响(林毅夫等,2003)。二是建立线性回归模型或联立方程组来分析，这类方法通常是基于支出法、国民收入恒等式和消费、投资、进口函数来构建模型的，如Thirlwall(1979)、林毅夫和李永军(2003)、邱晓华等(2005)。三是采用非竞争型投入产出模型，如陈锡康(2002)、吴振宇和沈利军(2004)、刘碧云等(2008)、国务院发展研究中心课题组(2010)等，这一方法的优点在于能够有效地分析外贸对各行业增长的贡献。

关于外贸与浙江经济增长之间关系的研究中，多数文献采用第一类方法或使用简单的线性回归模型，如张钱江等(2008)、韩海军(2009)等，研究方法存在一定局限性，往往研究得不够深入，结论可信度不够高，且缺乏从行业视角分析外贸贡献的相关研究。鉴于此，本课题研究将以上述成果为基础，采用投入产出模型对浙江外贸与经济增长、产业结构之间的关系做出实证分析，并根据分析结果提出增强外贸对浙江经济的贡献的相关思考。

二、分析的理论基础

要准确判断外贸对经济增长的影响，就必须把外贸产品放到整个国民经济系统中来考察，根据各种外贸产品在生产过程中与国内产品的联系和作用，来分析其对经济的影响(国务院发展研究中心课题组,2010)。因此，本文采用吴振宇和沈利军(2004)、刘碧云等(2008)类似的方法，结合浙江实际，利用投入产出模型和其他相应的方法来分析浙江外贸对GDP的贡献。

(一)出口对GDP贡献的计算方法

浙江省的投入产出简化表如表1所示。其中：$x_{ij}=a_{ij}X_j$，$C_i+IN_i+FO_i+EX_i=Y_i$，a_{ij}为直接消耗系数，Y_i为最终使用合计。

表1　　浙江省投入产出简化表

		中间使用	最终使用				调入省内	进　口	总产出
		1　2　…　n	消　费	投　资	调出省外	出　口			
中间投入	1	x_{ij}	C_i	IN_i	FO_i	EX_i	P_i	M_i	X_i
	2								
	…								
	n								
增加值		v_j							
总投入		X_j							

为了方便分析进出口产品在国民经济中的作用以及对GDP的贡献，可将表1中“中间投入”拆分为“省内产品中间投入”、“进口产品中间投入”、“调入省内产品中间投入”，中间使用和最终使用的各指标也分别拆分为以上三类产品中间投入带来的流量，增加值和总投入保持不变，具体如表2所示。

表 2　　拆分后的浙江省投入产出表

		中间使用	最终使用					调入省内	进　口	总产出
		1　2　…　n	消　费	投　资	调出省外	出　口	合　计			
省内产品中间投入	1	X_{ij}^{D}	C_i^{D}	IN_i^{D}	FO_i^{D}	EX_i^{D}	Y_i^{D}			X_i
	2									
	…									
	n									
进口产品中间投入	1	X_{ij}^{M}	C_i^{M}	IN_i^{M}	FO_i^{M}	EX_i^{M}	Y_i^{M}		M_i	
	2									
	…									
	n									
调入省内产品中间投入	1	X_{ij}^{P}	C_i^{P}	IN_i^{P}	FO_i^{P}	EX_i^{P}	Y_i^{P}	P_i		
	2									
	…									
	n									
增加值		v_j								
总投入		X_j								

由于进口产品和调入省内产品的流量数据统计不完善，在拆分投入产出表中的“中间使用”和“最终使用”时，通常根据一致性假设进行比例分配，即假设进口产品、调入省内产品与省内产品具有同质性，三类产品在各部门之间的分配方案完全相同。

即：$Y_i^{D}=X_i\times\dfrac{Y_i}{\sum_{j=1}^{n}x_{ij}+Y_i}$，$C_i^{D}=\dfrac{C_i}{Y_i}\times Y_i^{D}$，$IN_i^{D}=\dfrac{IN_i}{Y_i}\times Y_i^{D}$，

$FO_i^{D}=\dfrac{FO_i}{Y_i}\times Y_i^{D}$，$EX_i^{D}=\dfrac{EX_i}{Y_i}\times Y_i^{D}$；

$Y_i^{M}=M_i\times\dfrac{Y_i}{\sum_{j=1}^{n}x_{ij}+Y_i}$，$C_i^{M}=\dfrac{C_i}{Y_i}\times Y_i^{M}$，$IN_i^{M}=\dfrac{IN_i}{Y_i}\times Y_i^{M}$，

$FO_i^{M}=\dfrac{FO_i}{Y_i}\times Y_i^{M}$，$EX_i^{M}=\dfrac{EX_i}{Y_i}\times Y_i^{M}$；$Y_i^{P}=P_i\times\dfrac{Y_i}{\sum_{j=1}^{n}x_{ij}+Y_i}$，

$C_i^{P}=\dfrac{C_i}{Y_i}\times Y_i^{P}$，$IN_i^{P}=\dfrac{IN_i}{Y_i}\times Y_i^{P}$，$FO_i^{P}=\dfrac{FO_i}{Y_i}\times Y_i^{P}$，

$EX_i^{P}=\dfrac{EX_i}{Y_i}\times Y_i^{P}$。

同理，根据一致性假设，另可推出：

$$x_{ij}^{D}=\frac{X_i}{\sum_{j=1}^{n}x_{ij}+Y_i}\times X_{ij}=\frac{X_i}{\sum_{j=1}^{n}x_{ij}+Y_i}\times a_{ij}X_j,$$

令 $a_{ij}^{D}=\dfrac{X_i}{\sum_{j=1}^{n}x_{ij}+Y_i}\times a_{ij}$，则 $x_{ij}^{D}=a_{ij}^{D}X_j$；$X_{ij}^{M}=\dfrac{M_i}{\sum_{j=1}^{n}x_{ij}+Y_i}\times x_{ij}$；

$x_{ij}^{P}=\dfrac{P_i}{\sum_{j=1}^{n}x_{ij}+Y_i}\times x_{ij}$。

根据表 2 可得到以下行和列的平衡关系式：

省内产品行平衡关系式为：$\sum_{j=1}^{n}a_{ij}^{D}X_j+Y_i^{D}=X_i$；

列向平衡关系式为：$\sum_{i=1}^{n}x_{ij}^{D}+\sum_{i=1}^{n}x_{ij}^{M}+\sum_{i=1}^{n}x_{ij}^{P}+V_j=\sum_{i=1}^{n}x_{ij}+V_j=X_i$。

省内产品行平衡关系式写成矩阵形式有：

$A^{D}X+Y^{D}=X$

可化为：$X=(1-A^{D})^{-1}Y^{D}$

$X=(1-A^{D})^{-1}C^{D}+(1-A^{D})^{-1}IN^{D}+(1-A^{D})^{-1}FO^{D}+(1-A^{D})^{-1}EX^{D}$

$(1-A^D)^{-1}C^D$ 即为省内产品消费带来的总产出，令为 X^C；$(1-A^D)^{-1}IN^D$ 即为省内产品投资带来的总产出，令为 X^{IN}；$(1-A^D)^{-1}FO^D$ 即为省内产品调出省外带来的总产出，令为 X^{FO}；$(1-A^D)^{-1}EX^D$ 即为省内产品出口（即排除转口贸易出口）带来的总产出，令为 X^{EX}；

根据列平衡式可得：$V_j=(1-\sum_{i=1}^{n}a_{ij})X_j$，令：$\hat{A}_V$ 为第 j 列对角线元素为 $1-\sum_{i=1}^{n}a_{ij}$ 的对角矩阵，则列平衡式写成矩阵形式为：$V=\hat{A}_VX$。

可得：$V=\hat{A}_VX=\hat{A}_VX^C+\hat{A}_VX^{IN}+\hat{A}_VX^{FO}+\hat{A}_VX^{EX}$

则出口（排除转口贸易）对 GDP 的贡献率计算方式即为：$n_{EX}=\frac{sum(\hat{A}_VX^{EM})}{sum(V)}$。

（二）进口对 GDP 贡献的计算方法

接下来我们将继续根据拆分后的投入产出表来计算进口对 GDP 的贡献。首先，根据表 2 中各元素的含义，令：$d_{ij}=\frac{x_{ij}^D}{X_i}$，$e_{ij}=\frac{x_{ij}^M}{M_i}$，$k_{ij}=\frac{x_{ij}^P}{P_i}$；即：$x_{ij}^P=d_{ij}X_i$，$x_{ij}^M=e_{ij}M_i$，$x_{ij}^P=k_{ij}P_i$。

代入列向平衡关系式 $\sum_{i=1}^{n}x_{ij}^D+\sum_{i=1}^{n}x_{ij}^M+\sum_{i=1}^{n}x_{ij}^P+v_j=X_j$

得：$\sum_{i=1}^{n}d_{ij}X_i+\sum_{i=1}^{n}e_{ij}M_i+\sum_{i=1}^{n}k_{ij}P_i+v_j=X_j$

写成矩阵形式为：$D^TX+E^TM+K^TP+V=X$

即：$X=(1-D^T)^{-1}E^TM+(1-D^T)^{-1}K^TP+(1-D^T)^{-1}V$

$(1-D^T)^{-1}E^TM$ 即为进口产品用于投入时引起的总投入，令为 X^M，则进口产品投入产生的增加值为 $\hat{A}_VX^M$。由此进口对 GDP 的贡献率计算方式即为：$\eta_{EX}=\frac{sum(\hat{A}_VX^M)}{sum(V)}$。

三、实证结果及分析

利用上述计算方法和 2002、2005 和 2007 年的浙江省投入产出表（数据来源：《浙江统计年鉴》），本文测算了浙江外贸对 GDP 和各行业增加值的贡献率，计算结果及分析如下。

（一）外贸与浙江经济增长的关系

基于非竞争型投入产出模型的测算结果表明，2007 年，浙江省出口和进口对 GDP 总量的贡献率分别为 23.9% 和 6.2%，总体上看，在 2002—2007 年期间，随着浙江省进出口规模的不断增长，出口与进口对 GDP 总量的贡献率分别提高了 7.1 和 2.0 个百分点。浙江省进口对 GDP 总量的贡献率要大幅低于出口，另外，进口对 GDP 总量的贡献率在 2005—2007 年期间出现了小幅下降，与出口的差距进一步拉大。

从浙江外贸进出口结构来看，2000 年以来，外贸出口规模约是进口的 2.5 倍，大部分年份出口增速要高于进口增速，进出口结构失衡是导致进口、出口对 GDP 总量的贡献失衡的主要原因。

表 3　2002—2007 年浙江省外贸进出口对 GDP 总量的贡献率

指标 \ 年份	2002	2005	2007
出口对 GDP 总量的贡献率	16.8%	22.1%	23.9%
进口对 GDP 总量的贡献率	4.2%	6.4%	6.2%

数据来源：根据 2002、2005 和 2007 年浙江省投入产出表，利用投入产出模型计算得出。

（二）外贸与浙江产业结构的关系

1. 外贸出口对各行业增加值的贡献率。令 $V^{EX}=\hat{A}_VX^{EX}$ 为出口带来的增加值矩阵，其第 i 个元素为 V_i^{ex}，则 $\eta_i^{ex}=v_i^{ex}/v_i$ 即为出口对第 i 个行业增加值的贡献率。

以 2007 年为例，利用分解后的投入产出表可以分别计算出出口对各行业增加值的贡献率（如表 4 所示）。计算结果显示，“纺织业”、“木材加工及家具制造业”、“仪器仪表及文化办公用机械制造业”、“纺织服装鞋帽皮革羽绒及其制品业”和“工艺品及其他制造业”等轻工行业排在出口贡献率的前五位，分别达到 59.6%、49.5%、45.4%、45.4%和 38.5%，其他出口贡献率较高的行业还有“通信设备、计算机及其他电子设备制造业”、

"金属制品业"、"化学工业"、"电气机械及器材制造业"等。而出口对"公共管理和社会组织"、"建筑业"、"教育"、"房地产业"、"住宿和餐饮业"和"农林牧渔业"等行业增加值的贡献率偏低。

通过进一步分析可以发现,外贸对各行业增加值贡献率的大小与浙江省出口产品结构具有高度相关性,计算结果表明,出口对劳动密集型轻工行业的发展起到了较大的促进作用。

表 4　2007 年浙江省外贸进口、出口对各行业增加值的贡献率

序号	行业名称	出口贡献率(%)	进口贡献率(%)	序号	行业名称	出口贡献率(%)	进口贡献率(%)
1	农林牧渔业	16.4	3.3	22	废品废料	27.4	43.6
2	煤炭开采和洗选业	24.6	5.6	23	电力、热力的生产和供应业	23.2	1.6
3	石油和天然气开采业	0.0	0.0	24	燃气生产和供应业	15.1	5.8
4	金属矿采选业	14.0	27.5	25	水的生产和供应业	15.8	4.2
5	非金属矿及其他矿采选业	11.4	10.4	26	建筑业	0.8	7.0
6	食品制造及烟草加工业	11.6	6.1	27	交通运输及仓储业	26.9	3.7
7	纺织业	59.6	7.8	28	邮政业	14.7	2.8
8	纺织服装鞋帽皮革羽绒及其制品业	45.4	6.8	29	信息传输、计算机服务和软件业	9.6	4.5
9	木材加工及家具制造业	49.5	9.1	30	批发和零售业	29.2	1.7
10	造纸印刷及文教体育用品制造业	34.5	14.2	31	住宿和餐饮业	9.0	4.9
11	石油加工、炼焦及核燃料加工业	12.3	7.1	32	金融业	18.8	1.6
12	化学工业	36.0	14.3	33	房地产业	5.0	1.0
13	非金属矿物制品业	11.8	6.4	34	租赁和商务服务业	19.4	5.7
14	金属冶炼及压延加工业	26.4	14.0	35	研究与试验发展业	19.8	3.7
15	金属制品业	37.2	8.1	36	综合技术服务业	18.1	4.3
16	通用、专用设备制造业	27.7	8.4	37	水利、环境和公共设施管理业	5.8	3.0
17	交通运输设备制造业	20.1	7.9	38	居民服务和其他服务业	14.9	3.2
18	电气机械及器材制造业	35.3	9.6	39	教育	3.0	2.5
19	通信设备、计算机及其他电子设备制造业	37.2	9.2	40	卫生、社会保障和社会福利业	9.8	9.1
20	仪器仪表及文化办公用机械制造业	45.4	10.7	41	文化、体育和娱乐业	11.6	3.6
21	工艺品及其他制造业	38.5	8.5	42	公共管理和社会组织	0.5	3.0

数据来源:根据 2007 年浙江省投入产出表,利用投入产出模型计算得出。

2. 外贸进口对各行业增加值的贡献率。令 $V^M=\hat{A}_V X^M$ 为进口带来的增加值矩阵，其第 i 个元素为 v_i^m，则 $\eta_i^M=v_i^m/v_i$ 即为进口对第 i 个行业增加值的贡献率。

基于细分行业的测算结果表明（如表 4 所示），2007 年，“废品废料”、“金属矿采选业”两个行业进口贡献率排名前两位，分别达到 43.6%和 27.5%，其他进口贡献率较高的行业还有，“化学工业”、“造纸印刷及文教体育用品制造业”、“金属冶炼及压延加工业”、“仪器仪表及文化办公用机械制造业”等行业，这些行业进口贡献率均大幅高于全行业平均水平。

浙江省属于陆地资源小省，金属、煤炭等资源贫乏，资源类产品进口比重较大。分析结果表明，通过废品废料、金属矿石等资源类产品进口，可以很好地缓解浙江省资源匮乏问题，促进经济健康发展。

3. 对外贸易在各行业中的地位比较。为进一步分析外贸在各行业中的地位，令 $\xi_i^M=\eta_i^M/\eta_M$ 为第 i 个行业进口贡献率系数，$\xi_i^{Ex}=\eta_i^{Ex}/\eta_{Ex}$ 为第 i 个行业出口贡献率系数，根据表 3 和表 4 可计算得出 2007 年浙江省各行业进口、出口贡献系数，并以出口贡献系数作横轴，进口贡献系数作纵轴，作出散点图并划分为四个象限，如图 1 所示。

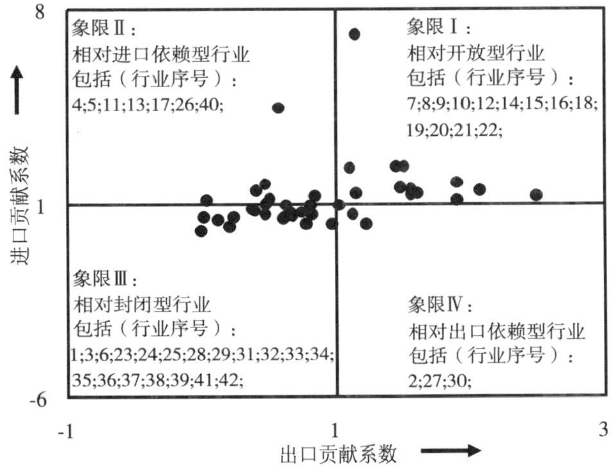

图 1　2007 年浙江省各行业进口、出口贡献系数散点分布图

象限Ⅰ里面的各行业进口、出口贡献系数均大于 1，进口和出口对行业影响较大，属于相对开放型行业。落入第Ⅰ象限的行业包括“纺织业”、“纺织服装鞋帽皮革羽绒及其制品业”、“木材加工及家具制造业”、“通用、专用设备制造业”、“电气机械及器材制造业”、“通信设备、计算机及其他电子设备制造业”等 13 个行业，这类行业总产值占全省生产总值的比重较高，是浙江省的支柱产业，这些行业都属于制造业，大部分为劳动密集型产业，外贸对浙江省这类行业增长的推动力最大。

象限Ⅱ里面的各行业进口贡献系数大于 1，出口贡献系数小于 1，对进口产品的使用较多，生产的产品多数为内销，属于相对进口依赖型行业。落入第Ⅱ象限的行业有“金属矿采选业”、“非金属矿及其他矿采选业”、“非金属矿物制品业”、“石油加工、炼焦及核燃料加工业”、“交通运输设备制造业”、“建筑业”、“卫生、社会保障和社会福利业”7 个行业，大部分均为采掘工业和原材料工业，表明浙江省在这类行业上资源禀赋不足或产品国际竞争力不高。

象限Ⅲ里面的各行业进口、出口贡献系数均小于 1，进口和出口对行业影响较小，属于相对封闭型行业。共有 19 个行业落入第Ⅲ象限，主要为农业和服务业，以及“电力、热力、燃气、水的生产和供应业”等政府垄断型行业。

象限Ⅳ里面的各行业进口贡献系数小于 1，出口贡献系数大于 1，出口对行业的贡献较大，且对进口产品的使用较少，属于相对出口依赖型行业。“煤炭开采和洗选业”、“交通运输及仓储业”和“批发和零售业”共 3 个行业落入第Ⅳ象限，“交通运输及仓储业”和“批发和零售业”是第三产业中仅有的 2 个进口贡献率较高的行业。

通过象限划分，论文全面、清晰地展示了浙江外贸在各行业中的地位，为我们进一步提高外贸对浙江经济的贡献提供了启示。

四、结论和启示

本文通过投入产出模型分析了外贸对浙江经济及各行业的贡献，可以得出以下结论：(1)外贸对浙江经济的贡献是显著的，进口和出口对GDP总量均有贡献，但进出口结构失衡导致出口对浙江省GDP总量的贡献远大于进口，且差距有拉大的趋势;(2)出口对“纺织业”、“木材加工及家具制造业”、“仪器仪表及文化办公用机械制造业”、“纺织服装鞋帽皮革羽绒及其制品业”和“工艺品及其他制造业”等轻工业行业增加值的贡献较大;(3)进口则对“废品废料”、“金属矿采选业”等资源类行业增加值的贡献较大。(4)分三次产业来看：第二产业中劳动密集型制造业、原材料工业、采掘工业对外贸依赖更为明显,第一产业和第三产业中大部分产业属于相对封闭型产业,外贸进出口对这类行业增加值的贡献有待提高。

根据以上结论,可从以下几个方面着手增强外贸对浙江经济的贡献:一是扩大进口,推动贸易平衡。要积极培育进口主体,加强进口渠道建设,加快搭建进口平台。优化进口产品结构,除继续进口资源类基础原材料弥补省内资源匮乏劣势外,还要鼓励企业进口高新设备,引进国外先进技术。二是加快制造业转型升级。浙江省外贸对制造业的产业增加值贡献最大,但浙江省外贸出口仍以劳动密集型、低附加值产品为主,因此,要积极培育自主品牌和鼓励自主创新,改善出口产品结构，提高产品附加值和外贸综合效益,从而进一步提升外贸对浙江省支柱产业的拉动作用。三是提高农业和服务业开放度。大力发展农产品深加工,提高出口农产品附加值,鼓励农业“走出去”,减轻土地资源对浙江省的制约;大力发展服务业是全省经济结构调整的主要举措之一,要鼓励企业通过国际合作,利用对外贸易推动服务业快速发展。

课题执笔:张汉东　胡朝麟

第五编

市、县（市、区）商务发展

一、各市商务发展

2012 年杭州市国内贸易

商业综述

城乡市场繁荣活跃。2012 年,在“全球经济增长乏力、出口需求锐减、国内经济增速放缓、消费需求不足”等环境背景下,杭州市消费品市场总体呈现“企稳回升”、“稳中趋快”的发展态势。全市实现社会消费品零售总额 2944.63 亿元,比上年同期增长 15.5%。其中,住宿餐饮业实现零售额 314.40 亿元,增长 14.9%;批发零售业实现零售额 2630.23 亿元,增长 15.6%。增幅高于全国 1.2 个百分点,高于全省 2 个百分点,在全省 11 个地市处第 4 位,在全国 15 个副省级城市中排名第 4 位,绝对值排名第 6 位。从城乡结构看,农村社会消费品零售总额增长快于城镇。2012 年杭州市城镇社会消费品零售额 2805.07 亿元,增长 15.4%; 乡村社会消费品零售额 139.56 亿元,增长 18.1%。分区域看,五县市社会消费品零售增长高于市区。市区社会消费品零售额 2521.69 亿元,增长 15.3%;五县市社会消费品零售额 422.92 亿元,增长 17.3%。

主题促销系列活动。2012 年,杭州市共开展重点会展、节庆、促销活动 233 项,进一步提升消费信心、拉动消费需求。1 月启动开展了“红红火火过大年” 主题促销活动,3 月开展了 “清新早春·柔美女性”——女性月主题促销活动,4 月以春游、春茶、春菜为主推出休闲购物活动,5 月推出“激情五月”主题促销活动,6 月启动“爱幼·童趣”主题购物节,7 月推进“缤纷夜游·特色小吃”夏季夜间休闲活动,8 月“清凉度夏”主题购物全面拉动杭州夜间经济,9—10 月“欢乐金秋”主题活动全力掀起秋冬商品大促销热潮,12 月第五届杭州休闲购物节掀起岁末购物狂潮。其中,消费促进月期间, 杭州市 14 家定点百货商场实现销售额 12.7 亿元,31 家定点超市实现销售额 9.5 亿元;萧山区第四届购物节,共推出 181 项主题消费活动,累计实现销售额 17.3 亿元,同比增长 18.6%;第三届拱墅运河美食节,总营业额高达 9780 万元,同比增长 25%;第八届杭州汽车消费节暨第二届汽车巡回展,现场成交汽车 6470 辆,成交额约 1.8 亿元。

第五届杭州休闲购物节。2012 年 12 月 2 日至 2013 年 1 月 3 日的第五届杭州休闲购物节,以“活力杭州·精彩消费”为主题,有 80 个活动项目和近 3 万家商户参与,分时尚生活、美食生活、多彩生活、闲情生活、网络生活、汽车生活六大板块,时间上由白天向夜晚拓展,空间上由城市向农村拓展,业态上由购物向休闲拓展,形式上由单一促销向多彩生活拓展, 以各式不同的载体,多角度、全方位、一体化地让杭州城乡居民和游客体验到“购物天堂、美食之都”的独特魅力,共享品质休闲生活,99 家样本企业在购物节期间累计实现销售额 62.1 亿元。

商业特色街。从 2001 年至 2012 年底,杭州市先后建成 13 条特色鲜明的商业特色街, 涉及丝绸、服装、民俗、特色餐饮、艺术休闲、科技、茶文化、汽车、名品商业等多行业类型。13条街总长度大约有28公里,年营业额近900亿元。全国62条国字号商业街,杭州占了8条,居全国之首;其中,清河坊历史文化特色街区被中国步行商业街工作委员会评为“中国著名商业街”。为进一步实现特色街优势互补、抱团发展,打响杭州商业特色街区结群品牌,2012年9月25日,杭州市成立了商业特色街联合会,架起政府与企业之间相互沟通的桥梁。推出“‘最特色·醉商业’2012杭州商业特色街巡礼”大型专题活动,于9月25—28日,10月9—19日在《杭州日报》专版连续刊登。

肉菜流通追溯体系建设试点。自2010年底杭州市被确定为全国肉菜流通追溯体系建设试点城市后,通过强化组织领导、保障资金投入、健全工作机制、建强工作队伍、加强学习培训,试点工作快速、有序推进。目前包括萧山、余杭在内已有9家屠宰场、12家肉类批发市场(含定点屠宰场批发)、3家蔬菜批发市场、200余家农贸市场、68家超市、56家餐饮团体伙食单位已上线运行,相关数据上传量居各试点城市首位,得到省商务厅、国家商务部的多次肯定。

农产品现代流通体系建设。杭州市自2010年被确定为国家级农产品现代流通综合试点城市以来,总投资10.06亿元。其中,批发市场改造项目6个、农贸市场改造项目11个、大型连锁超市“农超对接”项目4个、农产品流通模式创新项目5个。建设内容主要包括冷链系统、仓储设施、配送中心、质量安全检测系统及品牌建设等。截至2012年12月,全部26个项目中,通过省验收和财政拨付资金的21个,正在验收的3个,仍待验收的2个。

农产品直供直销。努力创新农产品流通模式,开展农超对接、直供直销、“菜篮子”直通车进社区等多种形式的农产品直供直销工作。华联、华润、物美、新田园等超市、便利店设立了直供区,77家农贸市场设置了蔬菜等农产品直销摊位970余个,31个社区设置了直通车供应点,为8200个家庭送菜上门,为65家企业配送。

中小商贸流通企业公共服务平台。2012年,杭州成为商务部中小商贸流通企业公共服务平台建设试点城市之一,经过数月的精心筹备,完善了建设方案,成立了运作机构,充实了工作团队。目前,平台建设正式进入建立网站、选定场地、购置设备、建立站点、融资担保、申报预算等实质性阶段。

农村商贸体系建设。坚持以深化“万村千乡市场工程”为依托,着力拓展城乡商贸发展空间布局,重点抓农村小标超的改造提升。杭州市109个乡镇中,开设日用消费品连锁超市173家,2081个行政村中已发展日用消费品村级连锁便利店3110家,覆盖率达100%,累计销售额34.56亿元,比去年同期增长30.12%。完成农家小标超改造957家。

再生资源回收体系建设。2012年,107家回收网点完成提升改造工作,并通过联合验收。完成新建、改建和提升改造回收企业和网点233家。再生资源回收行业全年回收废旧金属85.6万吨、废纸21.9万吨、废塑料3.9万吨。纳入统计的60个回收企业全年销售收入21.25亿元,利润572万元,创造税收5906万元。

餐饮服务业

评定首批星级餐饮企业。2012年1月8日,杭州市餐饮企业星级评定工作启动。评定工作历时近1年,依据杭州市《餐饮企业星级划分》标准,经企业自愿申报、材料审核、实地考察、专家组评审、社会公示,最终评定楼外楼等15家餐饮企业为首批杭州市星级餐饮企业,促进了行业标准化、规范化建设。

“全民饮茶日”免费赠饮活动。2012年4月20日为杭州第一个“全民饮茶日”,市餐饮旅店行业协会开展了“全民饮茶日”餐饮企业免费赠茶活动。活动期间,共向消费者送出8万杯近20万元各类茶水,社会反响较好。

天津、杭州烹饪文化交流峰会。2012年6月15日,“天津、杭州烹饪文化交流峰会”在中国杭帮菜博物馆举行。杭州代表团以“天堂盛宴”为主题,展出了代表杭州最高烹饪技术水平的八大宴席,分别是:楼外楼的杭州传统名菜宴、知味观味庄的联合国大使宴、天香楼的天香国色宴、奎元馆的寿宴、醉白楼的素宴、知味观味舫的船宴、大华饭店的婚宴、香溢大酒店的茶宴;天津代表团派出了大名鼎鼎的起士林、登瀛楼、红旗饭庄等老字号餐饮企业,展出了86道“津门美食”,12组点心和12组雕刻作品。近千名餐饮企业代表、专家、厨师和杭州市民被精湛的菜品艺术所吸引,一致认为交流峰会展现了全国一流水平的烹饪技艺。

2012休闲美食体验点评选。2012年6月26日,市贸易局与杭州日报集团联手推出的“2012杭州休闲美食体验点”评选正式启动。评选历时6个多月,在评定首批78家休闲美食体验点基础上,突出精致时尚、特色新锐,共有100多个休闲美食点申报。经过企业申报、网络投票、实地考察、专家评审、社会公示等程序,最终评选出塘栖镇水南街区等26家休闲美食企业(区块)为2012“杭州市休闲美食体验点”,丰富了体验点的内涵。

“文化中国·中华美食”杭州厨艺德爱推广活动。2012年9月15—30日,杭帮菜厨艺团赴爱尔兰都柏林、德国柏林、不来梅和法兰克福两国四城市开展了美食推广活动,这是国务院侨务办公室首次在传统八大菜系之外选择地方菜系赴海外进行展示推广。面向当地主流社会和侨界举办的9场活动,为展示杭州城市形象,弘扬杭菜饮食文化,提升当地中餐馆水平做出了积极努力,让欧洲民众加深了对“杭帮菜”和“美食之都”杭州的认知与向往。

组团参加第三届中国餐饮博览会。2012年9月21—23日,由国家商务部和澳门特区政府经济财政司共同主办的第三届中国餐饮博览会在澳门举办。杭州市组织杭帮菜博物馆、知味观、羊汤饭店等餐饮企业赴澳门进行了杭帮菜展示、厨艺表演、成品售卖等活动,推广了杭帮美食。

第13届中国(杭州)美食节。2012年11月13日,第13届中国(杭州)美食节开幕。本届美食节由杭州市人民政府与中国饭店协会共同主办,杭州市贸易局承办。美食节以“饕餮美食·文化餐饮”为主题,着力于文化引领、彰显特色、市区联动、创新发展,精心策划了国际美食大荟萃、中国美食大汇聚、杭州美食大展示、烹饪厨艺大比拼、饮食理念大碰撞五大板块,推出了咖啡西餐文化节、西湖国际酒吧节、拱墅西塘河台湾美食节、余杭仓前羊锅节等13个项目,是一次转型升级、品牌提升的美食节。据不完全统计,整个活动参与人数达217万人次,营业收入6000余万元,同比增长17%。各项目在扩大内需、促进消费,增添节庆氛围,推进“购物天堂、美食之都”建设中发挥了积极作用,达到了预期成果。

杭州(悉尼)美食文化节。2012年11月22—28日,杭州(悉尼)美食文化节在澳大利亚悉尼成功举办。此次美食文化节由杭州市人民政府、中国驻悉尼总领事馆共同主办,杭州市贸易局、澳洲中澳文化中心、澳中餐饮业总商会联合承办,杭州市餐饮旅店行业协会、杭州杭菜研究会、悉尼点心师协会等协办。作为庆祝中澳建交40周年的活动之一,通过开幕式、杭帮菜品鉴会、厨艺(茶艺)表演、美食图片展、杭帮菜推广和厨艺交流等活动,“杭帮美味·尽是不同”的主题得到多角度诠释,悠久的中国饮食文化得到生动展示。驻悉尼总领事段洁龙、新州上议长哈文、下议长汉考克及当地政界人士、侨团领袖、教育界、中资企业和媒体代表近百人,共同出席了这场美食文化盛会。中国烹饪大师、杭帮菜领军人物胡忠英和叶杭胜领衔的厨师团队表演了杭帮菜烹饪技艺。鸡腿做的叫化童鸡、笋壳鱼做的西湖醋鱼、澳洲龙虾芙蓉蛋以及经典名菜名点西湖雪媚娘、宋嫂鱼羹、东坡肉等广受青睐。

首届中国饭店文化节。2012年12月3—5日,首届中国饭店文化节在杭州隆重举办。首届中国饭店文化节由中国饭店协会、杭州市人民政府、浙江省商务厅共同主办。来自20多个国家和全国31个省市共计1400多名代表参加。文化节进行了论坛交流、品牌展示、产业对接、文化体验等形式多样的系列主题活动,集中展示了全国及杭州饭店的品牌文化、科技文化、绿色文化、装饰文化、服务文化、餐饮文化六大文化产品,活动取得圆满成功。

首批休闲美食体验点培训。2012年12月6—12日,市贸易局组织首批休闲美食体验点职业经理共61人,在上海复旦大学进行专题培训。整个培训过程结合实际需求,分为理论授课、实地考察及互动交流等多个环节。通过培训，学员们领略了国际大都市的餐饮经营水平，深化了对国家宏观经济政策的了解，拓宽了企业发展经营思路，有助于杭州餐饮休闲企业的良性持久发展。

西塘河台湾美食街开街。2012 年 12 月 7 日，杭州西塘河台湾美食街正式开街，并成功举办了为期 6 天的“首届杭州台湾风味美食节”。街区沿运河支流西塘河而建，南至登云路和睦桥，北到湖州街西塘桥，长约 460 米。现有又见小城、台海岸活虾之家、水声餐厅、巴希里老饕牛排、德福肥牛等 18 个品牌企业，以经营原汁原味的台湾餐饮、小吃以及工艺品、伴手礼为主。美食节期间街区人流如梭，总人流量达 15 万人次，营业额达到 310 万元。通过“以节带街”的形式，让杭城市民和外地游客在美食节活动中深入体验了台湾风情和美食，进一步扩大了街区知名度和影响力。

粮油商业

粮油商业概况。2012 年全市各粮油专业市场共成交粮油及副产品 2389375 吨，比去年同期的 2407608 吨，减少 18233 吨，下降 0.76%；成交总额为 1066062 万元，比上年同期的 1064024 万元，增加 2038 万元，增长 0.19%；其中杭州市区 2012 年成交量 2273382 吨，比上年同期的 2225816 吨，增加 47566 吨，增长 2.14%，占全市成交总量的 97.91%；成交总额为 1028027 万元，比去年同期的 1006815 万元，增加 21212 万元，增长 2.11%。全年实现网上交易粮油量达 82.3 万吨，交易额达 19.68 亿元。

继续实施粮食安全行政首长负责制。认真贯彻《中共杭州市委、杭州市人民政府关于进一步完善粮食安全工作行政首长负责制并严格考核的意见》和全省、全市粮食工作会议精神，进一步落实杭州市粮食安全工作行政首长负责制，强化基础工作，提升粮食安全责任意识。7 月 5 日，杭州市召开农业生产暨粮食工作会议。邵占维市长与相关区、县(市)负责人签订 2012 年度的《粮食安全责任书》，部署粮食安全责任制的各项工作。年末，在浙江省粮食安全责任制考核中，杭州再次以第一名的好成绩获得优秀单位称号。

产销合作平台进一步深化。通过建立生产、采购基地和“订单粮食”省外延伸等多种形式的合作方式，加强与黑龙江、江苏、安徽、江西、河南、湖北、湖南等粮食主产区的粮食产销合作，形成相对稳定的合作机制。新建的杭州市军粮供应中心与黑龙江东方粮油集团开展了合作，把黑龙江的优质粮源继续引入杭州，丰富杭州粮食市场。全市在省外共建立粮食生产基地 42 个，基础面积 72.3 万亩。

储备规模继续扩大。杭州市粮食储备规模(含周转储备)超过了省政府下达任务的 10.5%；全市成品粮储备超过了省政府下达任务的 110.1%。全市形成了周转成品粮——储备成品粮——储备原粮三级应急保供机制。

社会粮油供需状况调查。2012 年初，完成全市社会粮油供需状况调查。从调查情况看，2011 年末，杭州市常住人口为 870.04 万人，粮食总产量为 97.8 万吨，比上年减少 2.45 万吨；油料产量为 90179 吨，折合成品油 30703 吨。根据调查测算，2011 年杭州市粮食消费总量为 376.23 万吨，比上年增加 17.07 万吨，粮食供需缺口为 278.43 万吨，比上年增加 19.52 万吨；食用油消费总量为 206166 吨，供需缺口为 175463 吨。

粮食仓储基础设施建设。803 地下库扩建工程进展顺利，全年共完成主通道开挖 1328 米，开挖量 13.09 万立方米，开挖面积 1.73 万平方米；萧山粮食物流中心基本建成，500 吨级码头、9 个浅圆仓和 5 座平房仓完工；临安市中心库建设项目如期实施，累计完成投资 3600 万元；桐庐县中心库三期和富阳市中心库二期工程已完成招标，开工建设；建德市南峰粮库迁(扩)建工程进入拆迁阶段。

粮食收购政府奖励。2012 年的粮食收购政策进一步加大政府奖励的力度。早籼稻、晚籼稻、晚粳稻和小麦从每百斤 25 元、22 元、22 元、20 元分别提高到 30 元、25 元、25 元、22 元；烘干补贴不变；最低收购保护价高于国家 2—3 元。提高了订单粮食收购价格及奖励，据测算，全市订单粮食的农户至少增加收入 495 余万元。

粮食惠农服务。全市各级粮食部门，积极创

新为农服务方式，走访种粮大户和粮食专业合作社，到田间地头抓粮食政策宣传，提高订单履约率，促进“订单粮食”健康发展；深入开展“送订单、送定金、送政策、送科技、送信息”为农服务活动，吹响全市粮食系统惠农服务活动的集结号。

争创“星级粮库”。2012年，杭州市9家中心粮库全部通过“省星级粮库”考评验收。其中南星桥中心粮库和富阳市中心粮库通过省“四星级”粮库考核组的考核验收，成为首批获得“省四星级”粮库称号的中心粮库。

绿色储粮技术应用推广。杭州市粮食收储公司南星桥分公司地下库全面实现准低温储粮，并运用自然缺氧、脱氧剂降氧、富氮气调降氧和富氮与脱氧剂降氧相结合等方式进行绿色储粮，有效确保粮食质量良好，品质宜存，提高绿色储粮的应用率。富阳市中心粮库在对富氮储粮技术完善的基础上结合储备粮轮换，将在今后三到五年内中心粮库全部实现富氮储粮技术应用。淳安县中心粮库采用硅藻土拌粮绿色储粮技术，免熏蒸仓容达到4050吨。

（杭州市贸易局　王　聪）

2012年杭州市外经贸

概 述

2012年，面对国内外复杂多变的经济形势，杭州市认真贯彻落实中央和省、市各项决策部署，强化服务，狠抓落实，开放型经济保持了平稳发展态势，为全市经济社会转型发展、科学发展增添了强劲的动力。

紧紧围绕保稳促调，切实转变外贸发展方式。全市（不含省公司，下同）自营进出口总额528.89亿美元，同比下降1.87%；其中出口348.05亿美元，同比增长1.06%；进口180.84亿美元，同比下降7.05%。

利用外资平稳增长，质量和结构显著提高。全市新批外商投资企业510家，全年引进合同外资82.65亿美元，同比增长1.15%；实际到资49.61亿美元，同比增长5.05%。合同外资与实际利用外资分别占全省总量的41.2%和38.0%，占比继续居于全省首位。

对外投资势头良好，投资领域呈现多元。全市新批对外投资项目139个，境外企业总投资7.80亿美元，境外企业中方投资额7.21亿美元，投资项目分布39个国家和地区。全年全市实现国外经济技术合作营业额5.49亿美元，外派各类劳务人员349人。

服务外包快速增长，产业集聚日趋明显。全市承接服务外包合同签约额43.33亿美元，接包合同执行额为38.27亿美元，其中离岸服务外包合同签约额为35.22亿美元，离岸执行额为29.68亿美元，离岸执行额比上年增长了56.84%，在全国21个服务外包示范城市中排名再进一位。

对外贸易

进出口增幅同比回落，全年出口保持增长。受复杂的内外部环境影响，外贸整体形势十分严峻，全年全市进出口总额528.89亿美元，同比下降1.87%；其中出口348.05亿美元，增长1.06%；进口180.84亿美元，下降7.05%。

民企进出口势头良好，一般贸易好于加工贸易。全年全市民营企业（包括集体、私营、个体工商户）出口194.05亿美元，同比增长6.07%，好于全市平均水平5.01个百分点，占出口总额的55.75%。一般贸易进出口419.95亿美元，其中出口271.61亿美元，同比增长2.35%，进口148.34亿美元，同比下降4.71%。加工贸易受外部环境影响较大，进出口101.21亿美元，其中出口75.49亿美元，同比下降3.68%，占总出口额的21.69%；进口25.72亿美元，同比下降16.96%，占总进口额的14.22%。

发达国家出口分化，新兴市场增长较快。随着美国经济温和复苏，零售市场回暖，全年全市对美国出口67.48亿美元，同比增长3.33%，但对欧盟和日本市场分别出口80.86亿美元和32.04亿美元，同比分别下降8.30%和1.04%。随着出口企业深入推进市场多元化，对新兴经济体出口总体保持快速增长势头，其中对东盟、非洲和俄罗斯出口额分别为30.30亿美元、17.64亿美元和9.27亿美元，分别增长17.15%、11.66%和16.90%，占全市出口总额的24.68%，较上年同期提高2.50个百分点，较好地弥补了传统市场下滑的一部分份额。

机电产品比重提高，商品结构继续优化。高

附加值、高技术含量的产品出口表现好于低附加值产品，机电产品出口144.63亿美元，增长1.84%，高出同期整体出口增速0.78个百分点，占出口比重从上年同期的41.26%提高至41.55%，其中手机或机用工具、电线和电缆分别增长8.65%和6.14%。高科技产品出口37.72亿美元。劳动密集型产品出口增速放缓，其中服装及衣着附件等劳动密集型产品出口同比下降5.64%。

进口整体下滑，市场商品均有亮点。全市全年进口下降7.05%，下降幅度高出全省1.25个百分点，其中外贸企业进口下降9.27%，外资企业进口下降4.16%。进口主要商品和进口主要市场整体下降明显，在进口前10位的商品中，有8个商品进口下降；进口前10位的主要市场中，有7个市场下降，最大下降幅度达22.28%。但无论商品和市场进口仍有亮点，其中医药品进口增幅达23.79%，占总额的比重为5.09%，从东盟和非洲进口增幅分别达15.7%和58.37%，进口分别占总额的15.86和1.40%。

贸易摩擦案件不断，成功应对亮点突出。全市全年遭遇国际贸易摩擦涉案24起，涉案企业322家；涉案金额约6.95亿美元，比上年增长44.79%。面对贸易保护主义加剧现象，杭州市积极研究发展形势，扎实抓好公平贸易工作，积极组织企业应诉，其中成功应对美国对华钢轮毂“双反”案是我国应对国际贸易“双反”调查史上的第二起完胜，得到商务部有关领导的高度肯定。指导预警点加强规范建设，对全市15个省市级预警点开展了全面走访调研和工作督查。

信保工作扎实推进，帮助企业防范风险。2012年，杭州市与中信保浙江分公司签署新一轮三年战略合作协议，继续推广多种成功信保模式，为外贸“稳增长”提供了有力支撑。全年出口信用保险承保规模快速提升，实现保额130.53亿美元，比上年增长26.62%，出口渗透率达31.49%，比上年增加7.2个百分点。承保企业数量快速增长，信保覆盖面达到20%的目标计划。全年接到杭州市出口企业报损案件569起，增长14.03%；为企业挽回损失7833.89万美元，增长30.52%。

基地建设取得成效，品牌支撑作用明显。全市以加快转变外贸发展方式为主线，以提升“技术、品牌、质量、服务”为中心，全力培育杭州外贸竞争新优势。积极推进创建外贸出口基地和出口名牌认定工作，新增了1个新能源国家级出口基地和13个省级出口基地，新增了28个“杭州出口品牌”，出口名牌企业出口额占全市出口总额的18%。

利用外资

利用外资平稳增长，总量居全省首位。全市全年共引进合同外资82.65亿美元，同比增长1.15%；实际到资49.61亿美元，同比增长5.05%，顺利完成全年目标任务，并实现平稳增长。合同外资与实际到资分别占全省的41.2%、38.0%，首位优势明显。

十大产业招商成效显著，引资质量不断提高。全年十大产业实际利用外资21.87亿美元，占全市总额的44.09%。全年引进的世界500强项目中，运通技术服务(杭州)有限公司、浙江外企德科人力资源服务有限公司、中韩人寿保险有限公司、海正辉瑞制药有限公司等均为十大产业项目。全年到资的十大产业项目中，实际利用外资1000万美元以上的重大项目66个，共引进外资15.11亿美元，占全市总量的30.46%

产业结构持续优化，战略型新兴产业快速增长。第三产业继续保持快速增长，全年全市服务业合同外资57.99亿美元，同比增长14.47%，占全市总量的70.16%；实际到资32.84亿美元，同比增长15.43%，占全市总量的66.20%，合同外资与实际到资占比较去年分别提高8.15和5.95个百分点。信息软件业、金融业、科技服务业等重点产业继续保持了迅猛的增长势头，全年引进合同外资同比分别增长17%、146.23%和125.8%，实际到资同比增长分别为15.95%、48.87%和72.26%。全年房地产业合同外资13.64亿美元，实际到资14.91亿美元，同比下降分别为20.55%和8.2%；但商业金融办公项目利用外资均有所增长，全年共引进合同外资4.08亿美元，实际到资2.76亿美元，同比增长分别为9.85%

和2.81%。全年制造业利用外资下滑仍较为显著,但其中医药制造业、通用设备制造业、专用设备制造业合同外资有所增长且增长较快,同比增长分别为214.53%、30.49%和27.35%。

“大项目带动”成效明显,500强招商成果丰硕。全年全市总投资1000万美元以上项目294个,总投资133.81亿美元,合同外资80.87亿美元,分别占全市总额的99.67%和97.84%。其中,总投资3000万美元以上项目增长明显,总投资105.6亿美元,同比增长11.77%,合同外资59.36亿美元,同比增长13.3%,大幅高于全市利用外资平均增速。全年共引进世界500强投资项目12个,较上年增加2个,主要涉及先进装备制造、金融保险、信息软件、生物医药等产业,其中,美国运通、日本永旺、瑞士德科等世界500强企业均为首次进入杭州市。2012年,杭州市设立了第一家外资创业投资有限公司——杭州鑫悦动创业投资有限公司,此外,裕隆(中国)汽车投资有限公司、宝爱捷(中国)汽车投资有限公司等5家投资性、融资租赁公司在杭批准设立。

“以民引外”稳步增长,民企优势逐步显现。全年全市共批准设立“以民引外”项目133个,总投资48.52亿美元,引进合同外资18.74亿美元,占全市总额的22.68%;实际到资15.78亿美元,同比增长10.56%,占全市总额的31.81%,占比较去年同期上升1.59个百分点。其中,浙江万向马瑞利减震器有限公司、海正辉瑞制药有限公司两个世界500强项目的引进,充分体现了我市优质民企对于跨国集团与世界500强企业的吸引力。

开发区主平台作用突出,国家级开发区占比超四成。随着富阳开发区和余杭开发区升格为国家级开发区,杭州市开发区利用外资主平台作用进一步突出,全年国家级开发区完成合同外资34.15亿美元,实际到资21.12亿美元,全市占比分别为41.32%和42.58%;省级开发区共完成合同外资3.64亿美元,实际到资4亿美元,全市占比分别为4.41%和8.07%。

对外经济合作

对外投资步伐加快,投资以中方独资为主。全市全年新批139个对外投资项目,比上年同期增加37.62%,境外企业总投资7.80亿美元,境外企业中方投资额7.21亿美元,其中新批项目总投资6.52亿美元,中方投资额5.93亿美元,增资项目总投资1.28亿美元,中方投资额1.28亿美元。新批对外投资项目以中方独资为主,占总数的86.33%。全年新批境外贸易性项目90个,非贸易性项目49个,贸易性项目占总数64.74%。

对外投资领域广泛,投资行业不断拓展。全年新批对外投资项目涉及农业种植、橡胶制品、酒业投资、食品餐饮、生物技术、海洋工程、电站建设、环保研发、汽车零部件、国际货运、计算机软件、产业园运营等领域,在传统生产基地、矿产开发基础上不断拓展,尤其是农业种植、海洋工程、环保研发、产业园运营类对外投资成为新的亮点。

对外投资地区分布广,项目以中国香港、美国为主。全年新批对外投资项目分布于德国、英国、法国、荷兰、意大利、卢森堡、爱尔兰、俄罗斯、乌克兰、中国香港特别行政区等39个国家和地区,国别(地区)比上年同期增加9个;中国香港特别行政区和美国仍是杭州市对外投资的主要目的地,投资两地的项目共69个,占总数的49.64%。

民企“走出去”步伐加大,境外大项目运作良好。面对全球经济复杂多变的形势,杭州市民企对外投资仍保持稳步增长,企业“走出去”步伐加大。2012年,全市新增中球冠集团有限公司等5家民营500强企业对外投资项目5个,中方投资额15965万美元,占全年新批对外投资项目中方投资额的22.14%。泰中罗勇工业园共计吸引50家企业入驻园区,协议投资金额合计10.19亿美元,其中29家中资企业已经开工投产。

承包工程发展平稳,大项目带动作用明显。全年对外承包工程完成营业额比上年度增加18.76%,项目分布于柬埔寨、尼日利亚、土耳其、泰国、韩国、罗马尼亚、越南等国家和地区。主要项目有杭州万向的远洋渔业捕捞,杭州中能汽轮动力的印度汽轮发电项目,之江市政尼日利亚房屋建筑,浙江富春江水电越南、柬埔寨和土耳其电站项目。其中浙江正泰太阳能、杭州交通工程、万向集团、之江市政等龙头企业营业额均超过4000万美元。浙大网新联合工程公司在巴西获得1.5亿美元的电网建设合同,是我市在海外实现的首个大型BOT项目。

服务贸易

服务外包快速增长，全省首位度进一步提高。2012年，全年承接服务外包合同签约额43.33亿美元,接包合同执行额为38.27亿美元,其中离岸服务外包合同签约额为35.22亿美元,离岸执行额为29.68亿美元，比上年增长56.84%,占全省离岸执行额总量的80.3%,首位度进一步提高。

龙头企业集聚,引领作用凸显。全市全年离岸服务外包合同执行额在1000万美元以上企业共52家,离岸执行额共24.93亿美元,占全市总额的83.98%。其中离岸执行额亿美元以上企业4家,5000万—1亿美元企业8家，数量均比去年翻了一番。有11家企业入围2012年中国软件百强企业,浙大网新位居全国第8位,海康威视位居第16位。在商务部组织的中国服务外包评选中,浙大网新被评为“2012年十大领军企业”,虹软科技、泰格医药等4家企业被评为“2012年度中国服务外包成长企业”，浙大网新被评为“2012年度中国服务外包金融服务业之星”。

加大外包招商力度，多渠道引资有新进展。2012年以来,加快招引服务外包高端企业,经过多方努力，引进了一批服务外包企业和培训机构,包括达内集团总部、日本永旺永乐、美国运通技术、城云科技、中地海外、海正辉瑞制药、英富进信息技术等知名服务外包企业。全年共引进项目30个,其中外资项目占80%。

产业结构日益优化,物联网、金融占重要地位。全年全市物联网行业服务外包离岸执行额为7.36亿美元，占全市离岸总执行额的24.8%;金融服务外包离岸执行额为2.67亿美元，占全市离岸总执行额的9.01%。2012年,全市离岸服务外包合同中,信息技术外包(ITO)合同接包执行金额为21.22亿美元,占总执行金额的71.47%,业务流程外包（BPO）接包执行金额为5572.75万美元,占总执行金额的1.88%,其他(KPO等)合同接包执行金额为7.91亿美元，占总执行金额的26.65%。

离岸市场较为集中，外包业务层次较高。全市承接的离岸服务外包合同中,来自美国的服务外包合同执行额有12.69亿美元,占全市离岸执行额的42.74%；来自欧盟的服务外包合同执行额有4.13亿美元，占全市离岸执行额的13.91%；来自日本的服务外包合同执行额有3.78亿美元,占全市离岸执行额的12.72%;来自港澳台的服务外包合同执行额有2.24亿美元,占全市离岸执行额的7.54%。

开发区产业集聚,主导作用明显。两个国家级服务外包示范区的服务外包企业离岸合同执行额为20.90亿美元，占全市离岸执行额的70.41%。其中杭州高新技术产业开发区服务外包企业离岸合同执行额为16.12亿美元,占全市执行额的54.30%；杭州经济技术开发区服务外包企业离岸合同执行额为4.78亿美元，占全市执行额的16.11%。

（杭州市对外贸易经济合作局）

2012 年宁波市国内贸易

概 述

2012 年，全市商贸系统，紧紧围绕“六个加快”战略部署，牢牢把握“稳中求进，进中求好”的总基调，攻坚克难，负重作为，商贸流通业呈现出平稳较快发展态势，2012 年全市实现社会消费品零售总额 2329.3 亿元，比上年增长 15.4%；商品销售额 10610.8 亿元，比上年增长 13.1%；批发零售和住宿餐饮业增加值 851.6 亿元，比上年增长 15.7%。

应对严峻形势，全力以赴促进消费。围绕扩内需主题，多管齐下促进消费。积极开展节庆促销活动。通过举办富有宁波特色的年货展销会、“家博会”、“车博会”和消费促进月等丰富多彩的节庆促销活动，促进消费增长。其中，组织参加商务部举办“诚信、安全、低碳、惠民”为主题的消费促进月活动，共举办促消费活动 76 项，全市共有 1 万余家大小企业参加，拉动消费 43.7 亿元。2012 中国食品博览会，展览展示面积 70000 平方米，国际标准展位 3500 个，共有 2000 余家企业参展，境外有 20 多个国家或地区企业参展参会，展会参观总人次 32.2 万人，专业客商达到 3.8 万人，专业采购商达到 1.4 万人，展会成交额大幅提升，达到 127.3 亿元，比去年增长 10.6%。充分利用国家消费促进政策。以开展节能惠民工程为契机，帮扶家电企业拓市场，宁波市共有 13 家企业 233 个型号的产品入围推广目录。全市家电下乡工作继续有序推进，截至 12 月底，全市 670 个备案销售网点累计销售各类家电下乡产品 121.3 万台，销售额达到 29.4 亿元，继续位居全省前列。培育新兴消费拓空间。着力引导居民在文化、旅游、休闲、健身、通讯、家政、科技信息等领域的服务消费，实现消费结构升级和消费质量的提高。推进网络购物发展，鼓励、引导大型商贸企业开设网上购物平台，抢占网购商机。“双十一”网购销售出现了井喷，11 日当天阿里巴巴支付宝单日交易额 191 亿元，而宁波以成交 3.93 亿元的成绩排名全国第八，同比新增 4 倍。鼓励发展信用消费。引导促进大型家电销售企业与金融系统建立深度合作关系，促进信用消费。目前苏宁、国美、五星等大型家电营销企业已与工行、建行、中行、农行等金融机构建立了良好的合作关系，实现了重大活动、重要节庆期间“零首付、零利率、零手续费”的“三零”信用消费。降低门槛，努力普及刷卡消费，餐饮行业刷卡费率已由 2%下调至 1.8%。

坚持执政为民，突出重点保障民生。坚持政府推动，企业参与，分类指导，分片落实，进一步完善了城乡生活服务体系。菜篮子保供工程成绩突出。2012 年，菜篮子供应受台风、休渔期和生猪等菜篮子商品生产的周期性影响，菜价出现一定幅度的波动，通过举办年货展销会、淡季菜篮子商品展销会、扩种 3000 亩夏秋季青菜，农超对接设立社区、超市直销点等方式，较好地保障了供应，稳定了物价。特别是台风“海葵”正面袭击宁波市，对本地菜篮子基地造成毁灭性打击，在组织生产自救的同时，立即启动应急措施，持续 15 天每天从外地紧急调运 30 吨蔬菜投放本地市场，平衡供需，平抑物价，保持了市场的相对平稳。菜市场改提升工程进展顺利。加强对城乡菜市场的规划、建设和改造提升，不断改善居民消费环境。列入 2012 年“三思三创”专项行动的 11 个菜市场、32 个创建省级文明示范农贸市场的菜市场、130 个年度改造提升的菜市场，全部顺利完成。追溯体系建设工程初见成效。城市管理平台累计上传中央平台数据达4300余万条，追溯网络总体运行正常。流通节点追溯子系统正在有序拓展，其中一期111个节点已全部建设完成，二期目前完成了116个节点的设备安装及调试工作，截至目前，投入试运行的节点共计139个。宁波市肉类蔬菜流通来源追溯难、去向查证难等问题正在逐步解决。社区双进工程创新发展。创新社区商业发展模式，加大双进工作力度，到年底，全市共有市级商业示范社区140个，国家级21个。深入实施“家政服务工程”建设，下拨专项扶持资金，促进家庭服务业健康有序规范发展。认真做好家政从业人员的培训、考核工作，已完成年度培训计划指标2600人，经考试合格2100人。水产市场整合搬迁顺利推进。到年底，金海水产市场、江东水产市场、大世界活鲜交易区、兴宁、新基咸干水产五个市场已全部整体迁入宁波市水产品批发市场，整个搬迁过程平稳、有序、安全。

围绕服务生产，多措并举搞活流通。主动服务生产，衔接产需，全面统筹商贸系统开拓市场的工作。深化名品直销网络平台建设。先后对南昌、成都、武汉三家宁波名品直销中心进行了调整，新入驻企业15家，重庆—宁波名品直销中心进一步加大融合力度，41家参销企业进入重庆中百仓储采购体系。南昌、重庆、成都、武汉、上海、郑州、北京7家名品直销中心共销售宁波地产品牌产品19.3亿元。加大限上企业培育力度。充分利用商贸发展专项资金、现代贸易物流企业发展专项资金等，支持限上企业发展，促进中小企业跨进限上企业门槛。2012年以来，全市新增限上商贸企业483家，同比增长17.1%。特别是连锁经营、电子商务、商贸物流配送等现代流通方式发展迅速，加快企业的规模扩张。加贝物流成为拓市场领头羊，2011年以来新增市外营业网点47个，现有营业网点达350余个，年销售额突破55亿元。来必堡、华必和等连锁快餐点在市内外开设新店50多家，M6等生鲜超市在全市逐步铺开。加大产销对接力度。2012年，全市组织农超对接60余次，乐购、沃尔玛、三江、加贝等大型超市与一批农业龙头企业建立了产销战略联盟关系，共同搭建产销对接平台，探索多形式的直供直销模式。全市共有130余家菜篮子企业开展各类产销对接活动，销售菜篮子商品超16亿元，同比增长15%。

立足促稳定任务，全面加强监管调控。按照开展专项整治和实现长效管理的要求，进一步改善全市市场经济秩序。市场运行监测分析及时准确。充分利用商务部、省商务厅和全市各级商务系统监测平台，对全市10个监测系统2200余家企业经营状况进行监测，并及时收集数据，深入分析动态趋势，为各级政府部门提供信息资源，决策参考，全年多次为上级领导提供消费市场运行和菜篮子商品供求专题分析报告，政务信息报送进步明显。商品质量安全监管扎实有效。重点组织实施了2012年度市政府实事工程关于500批次菜篮子商品质量安全抽检工作，开展城区菜市场检测服务外包工作。全年全市生猪瘦肉精检测共21657批次，合格率99.99%；上市蔬菜农残检测共977092批次，合格率99.66%，质量安全总体平稳。特种行业监管不断加强。牵头组织餐饮业节能减排工作，全市餐饮企业软硬件建设和节能意识得到普遍提高。典当、拍卖、二手车、旧货、报废车回收、生猪屠宰、酒类流通、成品油等特种行业的依法行政和市场管理扎实有序。牵头组织大型零售企业违规收费清理整顿，完成全市17家零售商156个门店的检查，并对三江、加贝两家企业总部进行重点检查，共查出违规收费220多万元，受到了商务部检查组的充分肯定。加强安全综治工作，加大“十小”行业整治力度，确保全市商贸系统安全稳定运行。

着眼发展后劲，统筹提升城乡商圈。近年来，顺应城市化进程，积极打造城乡商贸多级商圈，不断扩张商业容量，优化商业结构，“一核两翼多节点”的网络都市空间架构初步凸显。在城市，进一步提升以天一广场、鄞州万达、江北万达、江东世纪东方等大型商业综合体为核心的商圈功能，带动了区域商贸产业从块状建设向成片开发，单一功能向综合服务提升。促成宁波(鄞州)首家迪卡侬商场、海曙南塘河历史街区(一期)、江东现代百货广场、江北来福士广场等建成开业。大型商业综合体开始落户县(市)区，鄞州BEST广场、余姚四明广场、保利文化广场、慈溪文化商务区等一批城市综合体建设正有序推进，现代都市商圈快速成长；坚持“示范带动、优化整合、强化功能、规范管理”的发展方针，着力推进特色街建设。新增月湖盛园、舟宿夜江等6条市级商业特色街，和义大道被评为国家级商业特色街。全市共有市级商业特色街区42条，年销售额超过500亿元。在农村，以市镇商贸中心工程、万村千乡市场工程两大工程为抓手，深入推进农村流通网络建设。加强重点乡镇商贸规划编制，点面结合推进试点工作，市镇商贸中心建设成效初步显现，一批重点商贸项目开始落户中心镇，并逐步发挥集聚效应；万村千乡市场工程在2011年提前实现全覆盖的基础上，进一步提升工程质量。到年底，在全市2696个农村便利店中改选提升为连锁直营店346个，直营店率达12.8%，居全省前列。

突出转变作风，努力提高政府效能。以开展企业服务年活动为载体，积极主动为企业排忧解难，共克时艰。积极争取政策资金助力发展。加强中央、省、市政策对接，争取项目和资金支持。2012年，宁波市共利用中央内贸专项扶持项目资金3114万元，市级资金1.45亿元，在支持中小商贸企业参加展会、便民菜市场建设、应急能力建设、肉菜流通追溯系统建设等方面发挥了重要作用。修订实施2012商贸流通工作考核评价办法，对各项考核政策进一步深化和细化，增强了政策的透明度和可操作性。深入开展“三思三创”和“创先争优”活动。扎实推进“三思三创”主题教育实践活动，深入开展“进村入企一线解难创优”专项行动。组织开展“知民情、解难题、惠民生百日活动”，落实帮扶结对工作。全年班子成员走访企业共78人次，走访各类企业150余家，帮助企业解决实际困难30余件。积极推进机构改革工作。市贸易局进行了内设机构调整，在职能上进一步理顺了与商务部、省商务厅的对口衔接关系。同时，提拔任用了12位中层干部，推进了局机关干部队伍结构和素质的优化提升。加强行政审批电子监察工作力度，提高透明度和办事效率，全年共受理办结行政审批事项130件。

消费品市场

2012年，宁波市实现社会消费品零售总额2329.2亿元，增长15.4%。其中，城市消费品零售额1954.9亿元，增长14.9%；县及县以下农村市场的零售额实现374.4亿元，比上年增长17.7%。

消费市场降中企稳。2012年以来，宁波市消费品市场规模扩张速度明显减缓。全年限上社会消费品零售总额累计增长14.4%。从走势看，2012年以来限上社会消费品零售总额增幅波动较大，其中11月份增长最快，达22.6%，而4月份则仅为5.3%，传统“金九银十”的季节效应也未在今年显现，仅增长6%和7.9%，整体形势相当严峻。但从另一方面看，第四季度已有明显回升迹象，且11月份出现了井喷式增长。从城乡看，城镇和乡村限上社会消费品零售总额分别累计增长14%和24.6%。随着乡村消费网点不断完善，迅速拉动乡村市场，由于基数较小，使得增幅高出城镇10.6个百分点。从行业看，限上批零业累计实现零售额1152.5亿元，增长14.3%，拉动限上社会消费品零售总额增长13.2个百分点；限上住餐业累计实现零售额97.3亿元，增长15.6%，拉动限上社会消费品零售总额增长1.2个百分点。

传统热点商品增幅大幅减缓。2012年宁波市汽车、家电等传统热点商品增速大幅减缓。限上家电及音像器材类消费下滑4.5%，成为扩大消费的一大阻力；限上汽车类消费增长4.8%，比上年同期下滑9.2个百分点；限上石油及制品类增长19.7%，比上年同期下滑39.5个百分点；生活必须品类消费增长23.2%，比上年同期下滑4.5个百分点。

物价指数持续走低。2012年，宁波市居民消费价格指数同比上涨1.7%，比去年同期回落3.6个百分点。扣除物价因素，社会消费品零售总额增长13.5%，反而比上年上浮1.1个百分点。八大类商品“六增二减”，其中食品类价格增长最快，达5.2%，烟酒、衣着、家庭设备用品及维修服务、医疗保健和个人用品、居住类分别上涨

2.4%、1.7%、3.3%、1.1%和2.1%,交通和通信、娱乐教育文化用品及服务分别下跌0.4%和5.0%。

商贸行业服务生产能力增强。2012年全市规上工业完成销售产值11609.9亿元,同比下降0.1%,产销率为97.1%。规模以上工业企业完成出口交货值2658.7亿元,下降2.2%。在外需低迷的情况下,规模以上工业国内销售8951.2亿元,与上年基本持平,内销比重达到77.1%,同比提高0.3个百分点。

究其原因,是由于需求透支效应明显显现。前几年,汽车节能补贴等促进汽车消费的政策有效释放了新增需求和更新换代需求,并出现了抢搭政策末班车现象,提前透支了部分消费需求。2012年需求透支效应明显显现,消费进入低潮期,市场陷入增长困境。全年宁波市限上汽车类零售增长4.8%,对社会消费品零售总额增长贡献率仅为6.8%,而2010年和2011年贡献率分别达40.0%和16.9%。同样的情况出现在家电领域,随着政策退出,家电消费对整个消费市场的贡献率急剧下降,拉动效应明显减弱。家居装潢类消费受房地产调控影响,2012年增幅较2010年限购令前低6.1个百分点。在经济不景气的情况下,生活必需品类消费成为支撑消费市场平稳增长的主力军,全年累计增长23.2%,对社会消费品零售总额的贡献率达13.6%。

网购冲击传统零售业。对于传统零售企业而言,更大的冲击来自电子商务领域,尤以百货企业受到的冲击最为巨大。2012年"双十一"网购节,淘宝天猫总销售额达191亿元,同比增长260%,其中宁波品牌GXG、博洋、太平鸟等单品牌在天猫旗舰店均创造了数千万元的良好业绩,同时宁波单日支付量为3.93亿元,排名全国各城市第八,单日支付量就达2012年日平均社会消费品零售总额的61.6%。与之成鲜明对比的是传统零售业经营疲软。首先零售业绩不佳。监测的18家重点百货商场零售额增长5%,其中有10家百货商场出现负增长,降幅最大的达38.3%。监测的8家重点大卖场零售额增长6.6%,其中有4家大卖场出现负增长。监测的12家连锁超市(便利店)零售额增长3.4%,其中5家超市出现负增长。监测的311家专业店零售额与去年基本持平。其次,盈利状况不佳。监测的17家重点百货商场利润总额比去年同期下降77.9%,尽管存在冲账、补偿款等因素影响,但足以说明盈利形势欠佳。其中有7家商场出现亏损,亏损面达41.2%,仅1家商场利润比上年同期有所增长。监测的6家重点大卖场有3家大卖场出现亏损,亏损面达50%,有4家利润比去年同期有所减少。监测的10家连锁超市(便利店)有3家超市(便利店)出现亏损,亏损面高达30%。监测的282家专业店有98家出现亏损,亏损面达34.8%。

假日经济效益明显减弱。2012年中秋国庆相连,假期长达8天,加上宁波天公作美,气候宜人,高速免费等利好因素,外出旅游、购物、休闲者众多,商场、超市和酒店人气火爆,但受宏观经济形势低迷等影响,居民消费意愿趋于保守,旺盛的人气并未把整个市场充分带动起来,除餐饮业一枝独秀外,整体表现欠佳。9月30日至10月6日,宁波市重点监测的28家商场、超市和酒店共实现营业额56583.6万元,同比下降2.8%。

商品市场运行

2012年底,宁波市共有各类商品交易市场779个。其中消费品市场672个,生产资料市场100个,服务类市场7个。全市有生产要素市场4个和网上交易市场12个。有年成交额超亿元的各类商品交易市场124个。2012年商品交易市场成交额2681.28亿元,同比增长11.28%。其中亿元以上商品市场成交额2517.8亿元,同比增长16.1%。按商品市场分类,消费品市场成交989.12亿元,同比增长3.03%。其中农副产品市场成交542.38亿元,同比增长5.49%;工业消费品市场成交298.81亿元,同比增长5.15%。生产资料市场成交额1681.27亿元,同比增长16.9%。其中宁波中国液体化工产品交易市场成交167.9亿元,同比增长10%;镇海煤炭交易市场成交171.94亿元,同比增长28.41%;中国塑料成交450亿元,同比增长3%;钢材市场成交171.94亿元,同比增长45.6%。全市网上交易市场交易额397.68亿元,同比下降7.93%。其中浙江塑料城网上市场成交380亿元,同比下降0.1%。

2012中国食品博览会概况。2012年11月15—18日,2012中国食品博览会(以下简称“食博会”)在宁波市国际会展中心成功举办。本届“食博会”由中国商业联合会、中国轻工业联合会和浙江省人民政府联合主办,由宁波市人民政府和浙江省商务厅承办,宁波市贸易局执行承办。本届“食博会”共设8个馆,实际展览展示面积达到75000平方米,国际标准展位3600个,均为历届之最,共有2000余家企业参展,境外有20多个国家或地区企业参展参会。展会全面展示了中国食品行业的新面貌、新成果,在加强产业链合作、扩大消费需求、搞活食品流通、引领产业创新发展等方面取得了显著成绩。

“食博会”是国家商务部和浙江省人民政府重点培育的展会,也是商务部和浙江省部省合作的重点项目,至今已在宁波成功举办8届。8年来,“食博会”的专业化、国际化、市场化水平不断提升,已发展成为中国食品行业规模大、档次高、人气旺、影响广的行业龙头展会。据统计,展会观众达到32.4万人次,比上届增加2.5%,其中专业客商3.8万人,比上届增加8.7%,展会成交额大幅提升,达到127.3亿元,再次刷新展会纪录,比上届增长10.6%。纵观整个展会,筹备扎实,生意火爆,亮点纷呈,特别是在市场化上再迈新台阶。

2012食品博览会举行食品高峰论坛。2012年11月15日下午,2012食品博览会组委会举行食品高峰论坛,主题是“食品安全与品牌创新”。本届论坛突出了专家档次,首次邀请了中国工程院院士、北京工商大学副校长孙宝国先生,与此同时还邀请到了中国商业联合会副秘书长曹立生、江南大学食品设计领域专家陈新华教授等在论坛上作了精彩演讲。演讲嘉宾从食品包装设计到品牌营销,从食品安全到食品消费趋势等不同的角度进行了战略性、前瞻性的深入探索,勾勒了食品行业发展的现状与未来。其中对食品安全和品牌建设等焦点、热点问题的研究具有很高的学术价值,为与会的从事食品产业理论研究、食品生产经营和行业管理的相关人员提供了了解产业政策、信息的渠道,特别是为食品生产及加工企业把握自身发展方向,促进食品产业健康发展提供了决策依据,成为“食博会”的一大亮点。有200余名食品及与食品相关的企业代表聆听了行业专家和企业高管的发言。

“食博会”举行国内外大型连锁企业采购洽谈会。2012年11月16日,国内外大型连锁企业采购洽谈会在宁波国际会展中心会议楼二楼多功能厅隆重举行。本次活动是本届“食博会”的一项重要贸易洽谈活动,也是2012年贸易洽谈活动的一次创新和探索。市贸易局相关领导出席会议并讲话,14家大型连锁企业负责人和供应商代表200多人参会洽谈。

参会的有沃尔玛、家乐福、麦德龙、欧尚、三江、加贝、浙江华联商厦、开开便利、家家乐、宁波金鑫等14家连锁企业。到会的还有北大荒、康师傅、统一、上海太太乐、卡夫食品、中萃、恒康食品等知名供应商,会上,麦德龙、三江2家连锁企业采购负责人先后介绍企业概况和采购说明,着重介绍食品采购的相关标准、要求和流程,受到众多供应商的欢迎。4家连锁企业分别与8家供应商举行签约仪式,成交总额达2.787亿元,其中三江分别与浙江青莲食品股份公司、宁波市有容商贸公司达成签约金额7000万元、3200万元,加贝分别与宁波万泰食品公司、宁波凯谐食品公司达成签约金额8000万元、3000万元,华润万家分别与宁波市嘉源粮油公司、慈溪市引飞果业公司达成签约金额3000万元、2000万元,家家乐分别与宁波市成伟贸易公司、宁波市江东龙达公司达成签约金额1050万元、620万元。

“食博会”举办全国百强商贸企业采购对接会。2012年11月15日,全国百强商贸企业采购对接会在宁波国际会展中心会议中心多功能厅隆重举办。本次活动是中国商业联合会、浙江省商务厅与宁波市贸易局共同举办的一次大型盛会,出席的主要领导有中国商业联合会姜明副会长、浙江省商务厅和市贸易局相关负责人。

本次采购对接会,特点突出,规模空前。主办方高度重视组织服务工作,广泛邀请国内有实力、有特色、有代表性的采购商、供应商参会,有来自全国20余个省市的366家企业、400多名代表进行现场对接洽谈。其中省外230余家采购商,包括上海跨国采购中心等零售、连锁、餐饮和区域龙头企业;省内78家采购商由省内各地市企业组成,拥有杭州百货大楼、沃尔玛、联华、浙江人本超市、三江超市等享誉海内的名优企业;58家供应商来自浙江省著名企业,有古越龙山、养生堂、致中和、五芳斋等众多知名品牌。洽谈现场气氛热烈,人声鼎沸,参展客商络绎不绝,且成效喜人:陕西华东食品有限公司与宁波陆洋食品集团达成宁波水产品业务,并当场签约1000万元。会上,西安康兴商贸公司、福建元泰茶业公司代表采购商发言,北大荒营销股份公司、杭州桀恩科技公司代表供应商,通过PPT形式作公司产品宣传推介,引起在座采购商的浓厚兴趣。会后,经中国商业联合会、浙江省商务厅与宁波市贸易局统计,现场签约意向总额达3.86亿元,比上年增长8.4%。

（宁波市贸易局办公室）

2012年宁波市外经贸

概 述

2012年，面对国内外严峻复杂的经济形势，宁波市开放型经济工作在市委、市政府正确领导下，经过各地、各有关部门和广大外经贸企业共同努力，实现了全市开放型经济总体稳定增长。

2012年，宁波市进出口、出口和进口分别约为965.73亿美元、614.45亿美元和351.28亿美元，出口比上年增长1.0%，进出口和进口分别比上年下降1.6%和5.9%。合同利用外资53.13亿美元，比上年增长5.9%，实际利用外资28.53亿美元，比上年增长1.5%。核准境外中方投资13.07亿美元，比上年增长18.3%，实际境外中方投资额6.09亿美元；境外承包劳务合作营业额12.2亿美元，比上年增长10.6%。服务外包合同额114.56亿元，比上年增长33.8%，服务外包执行额84.63亿元，比上年增长34.1%；离岸服务外包合同额5.32亿美元，比上年增长39.8%，离岸服务外包执行额4.1亿美元，比上年增长46.4%。总体看，除外贸指标外，各项业务主要指标均超额完成全年目标任务。

对外贸易

1. 全年进出口规模与上年基本持平，增幅呈现前高后低走势。全市进出口965.73亿美元，低于2011年16亿美元，其中出口小幅增长1%，进口降幅达到5.9%，全年出口增速快于进口增速6.9个百分点。全市进出口已连续两年超过900亿美元，与千亿美元台阶仅一步之遥。分析历月走势，全年进出口、出口、进口累计增幅，自3月份达到年内高点1.9%、4.8%和-2.1%以后，基本呈逐月下行态势。全年出口增速快于进口增速6.9个百分点。

2. 与新兴市场贸易增长较快，对传统市场进出口总体低迷。全市对东盟、俄罗斯、澳大利亚、巴西出口同比分别增长10.7%、11.7%、7%和7.2%，从东盟、澳大利亚、巴西进口同比分别增长3.4%、5.2%和10.5%。除对美国出口同比增长11.9%外，对传统市场进出口总体低迷，其中，对欧盟出口、进口分别同比下降9.3%和4%；对日本出口、进口同比分别下降4.5%和6%；对美国进口同比下降12.8%。欧美日三大传统市场出口、进口合计占比比2011年分别下降1.3个和0.5个百分点。

3. 机电产品出口好于轻纺产品，大宗原材料进口价跌量增。全市机电产品出口同比增长1.7%，其中液晶显示板、灯具、汽车零件、电线电缆出口同比分别增长10.9%、16.1%、4.8%和2.5%，但光伏产品、船舶、集装箱出口分别下降46.7%、30.3%和24%，全年合计减少出口10.65亿美元，拉低增幅1.8个百分点；服装、纺织、鞋类、箱包出口增幅分别为－5.3%、1.6%、1%和－7.4%。进口方面，废金属、铁矿砂、二甲苯进口同比分别下降2.7%、11.1%和2.1%，由于三商品平均进口价格同比分别下降3.5%、20.5%和49.7%，实际进口量同比则分别增长0.9%、11.8%和94.5%。其他重点进口商品中，铜材进口同比下降36.5%，初级形状的塑料、液晶显示板、苯乙烯进口则同比分别增长9.8%、7.8%和27.8%。

4. 内资生产企业增势相对领先，进出口队伍继续扩大。全市自营进出口企业出口、进口同比分别增长4.5%和2.1%，占全市出口、进口比重分别达到23.8%和24.6%，比2011年提高4.5和2.1个百分点，同期外商投资企业出口、进口同比分别下降1.5%和4.7%;外贸公司出口同比增长0.8%,进口同比下降14.5%。全年有进出口、出口、进口实绩企业分别为12928家、11723家和4883家,分别比上年净增918家、812家和154家。全市上亿美元进出口、出口、进口企业分别为134家、71家和60家,比上年分别减少6家、3家和7家。

5. 一般贸易进出口比重进一步提高,加工贸易进口好于出口。全市一般贸易出口同比增长2.8%,进口同比下降3.6%,均好于全市平均水平,占全市比重分别提高1.4和1.7个百分点,达到80%和69.8%;加工贸易出口、进口同比分别下降5%和3.9%,其中船舶、服装、集装箱、纺织加工贸易项下出口同比分别下降32.8%、11%、26.7%和15.7%,钢材、纸浆、废塑料、铜材加工贸易项下进口同比分别下降36.7%、18.9%、17%和26.2%。其他贸易项下出口、进口同比分别下降10%和21.1%,其中保税区仓储转口货物出口、进口同比分别下降15.4%和31.3%。

利用外资

1. 利用外资继续增长,引资规模再创新高。全市合同利用外资、实际利用外资在2011年首破50亿美元、28亿美元的基础上,双双实现小幅增长,引资规模均再创历史新高。全年新批总投资1000万美元以上外资大项目(含增资项目)228个,合同外资50.81亿美元,占全市总量的95.6%;新批3000万美元以上重大项目(含增资项目)79个,合同外资29.64亿美元,占全市总量的55.8%;新批总投资1亿美元以上特大项目9个,其中3个为鼓励类项目,合同外资5.90亿美元。

2. 二、三产业利用外资均衡发展,服务业利用外资结构优化。宁波市第三产业合同利用外资、实际利用外资19.92亿美元、15.35亿美元,同比分别增长12.5%和0.5%,分别占全市比重37.5%和53.8%;第二产业合同利用外资、实际利用外资33.19亿美元、13.16亿美元,同比分别增长3.1%和10.2%,分别占全市比重62.5%和46.1%;第一产业合同利用外资、实际利用外资127万美元、171万美元,同比分别下降95.0%和98.0%。租赁业成为服务业利用外资新亮点,全市新批融资租赁业外商投资项目10个,合同利用外资1.23亿美元,同比增长878.2%;房地产实际利用外资占比下降,从去年的32.1%减少到今年的24.2%。

3. 中国香港特别行政区仍是外资主要来源地,合同和实际日资双双下降。来自香港地区的合同利用外资31.74亿美元,同比下降6.8%,占全市总量的59.7%,实际利用外资18.70亿美元,同比增长3.2%,占全市总量的65.6%,继续保持宁波市最大的外商投资来源地地位,其中制造业港资项目合同利用外资17.97亿美元,实际利用外资7.51亿美元,分别占制造业外资总量的54.1%和57.1%;服务业港资项目合同利用外资13.77亿美元,实际利用外资11.79亿美元,分别占服务业外资总量的69.1%和76.8%。来自日本的合同利用外资、实际利用外资6089万美元、5166万美元,同比分别下降15.0%和32.9%。来自欧洲的合同利用外资、实际利用外资分别为2.63亿美元、1.14亿美元,同比分别下降4.5%和增长108.5%。来自美国的合同利用外资、实际利用外资分别为5599万美元、4219万美元,同比分别下降65.3%和增长45.7%。

4. 并购投资平稳推进,世界500强企业投资项目增多。全市新批外商投资并购项目25个,总投资4.95亿美元,合同外资1.64亿美元。其中,总投资1000万美元以上并购项目7个,总投资4.63亿美元,分别占并购项目数和总投资额的28%和93.5%。全市共引进世界500强企业项目6个,总投资达4.7亿美元,其中,新引进世界500强企业3家。

对外经济合作

1. 境外投资区域集中度高。亚洲、欧洲分别为宁波市第一、第二大境外主要投资区域,全年实际中方投资额3.5亿美元、2.13亿美元,分别占全市实际中方投资额的57.5%和35%。宁波市境外投资(实际中方投资额)排名前五位的国家或地区分别为中国香港特别行政区、德国、英国、美国、柬埔寨，合计实际中方投资额5.53亿美元，占全市总额的90.8%。宁波市境外投资区域新增中国台湾、白俄罗斯、斐济、巴勒斯坦、乌干达、丹麦、毛里塔尼亚7个国家和地区，宁波市境外投资遍及全球五大洲103个国家和地区。

2. 境外投资产业日趋多元化。宁波市境外投资侧重向生产性企业投资为主，投资范围不断向科技、房产、制造、服务等高科技、高附加值领域拓展。全年境外投资产业类别中，服务性企业、工程房产企业和生产性企业核准中方投资额同比分别大幅增长192.6倍、6.93倍和2.33倍；涉及文化交流、物产服务、机器人研发等新兴产业和领域的境外投资项目开始出现。

3. 境外投资单体规模持续扩大。宁波市核准中方投资额超千万美元大项目26个（含增资项目7个），大项目平均核准中方投资规模3515万美元，合计核准中方投资额9.14亿美元，占全部项目核准中方投资总额的69.9%。

4. 境外承包工程市场和业务不断优化。宁波市企业在59个国家和地区开展了境外承包工程劳务合作业务，新兴市场国家成为宁波市企业境外承包工程的主战场，亚洲取代非洲成为宁波市境外承包工程最大市场，占宁波市境外承包全球业务额的44.3%。境外承包工程业务逐渐开始从传统的房屋建筑承包向制造工程加工和电力工程承包转变，制造工程承包和电力工程承包营业额同比分别增长了55.8%和160.2%。

服务外包

1. 外包业务快速增长，重点区域优势明显。宁波市服务外包产业继续保持了快速发展态势，全市服务外包四项考评指标均超额完成年度目标任务，同比增幅均超过30%。高新区软件与服务外包产业园、鄞州区南部新城服务外包产业园、宁波经济技术开发区服务外包园区及江东服务外包示范园区等四个示范园区所在的鄞州、江东、北仑、高新区，服务外包执行总额合计达55.66亿元，离岸执行额达2.5亿美元，分别占全市服务外包执行总额的65.8%和离岸执行额的60.9%，产业集聚度进一步提高，龙头示范效应进一步显现。

2. 产业格局相对稳定，产业层次有待提高。全市ITO业务合同总额为50.06亿元，BPO业务合同总额为54.08亿元，KPO业务合同总额为10.41亿元，分别占全市服务外包合同总额的43.7%、47.2%和9.1%，与上年相比，BPO占比仍居首位，ITO占比略有上升，而KPO占比略有下降。从离岸业务态势看，ITO仍是业务主源。全年ITO离岸合同额3.26亿美元，BPO离岸合同额1.57亿美元，KPO离岸合同额0.49亿美元，分别占全市离岸合同总额的61.4%、29.5%和9.2%，三块业务的占比与上年同期基本相同。

3. 嵌入式软件业务占比略升，供应链管理业务增长较快。从全年业务领域细分看，在ITO业务领域，嵌入式软件服务收入比重略有提升，占全市ITO业务收入的44%，比重同比上升4个百分点；软件研发、软件技术服务和信息系统运营等占比超过10%，分别占比为21%、12%和11%；其他业务份额普遍较小。在BPO业务领域，分布则更趋向集中，供应链管理数据库服务同比增长19%，占全市BPO业务比重57%；人力资源数据库服务和财务数据库服务同比降幅较大，分别占BPO业务比重13%和2%，比重同比分别下降7个百分点和13个百分点；客户营销数据库服务、呼叫中心服务和金融医疗数据库服务发展较为稳定，分别占BPO业务比重15%、10%和3%。

4. 离岸外包规模质量相对不足，发包来源地较为广泛。全市离岸服务外包业务虽有所增加，但占全市服务外包合同总额和执行总额的份额仍然偏低，分别为29.3%和30.5%。从业务细分上看，嵌入式软件服务收入仍是全市离岸服务外包业务的主要来源，占全市离岸外包业务额的46%；企业供应链管理、软件研发及开发和企业运营服务占比均超过10%，分别为16%、15%和13%；离岸KPO业务和信息技术研发占比仍然偏低，仅占9%和1%。宁波市承接离岸服务外包来源地达到123个国家和地区，外包来源地与上年同期相比增加41个，其中有8个国家和地区的外包执行额超过千万美元。全市离岸服务外包执行总额超过50万美元的企业已达98家,企业数同比增长40%。

(宁波市对外贸易经济合作局)

2012年温州市商务

概　述

2012年，国际金融危机深层次影响继续显现，世界经济复苏明显减速，国际市场需求下滑，国内经济增长放缓，区域竞争更趋激烈。温州市商务系统在市委、市政府的正确领导下，全面贯彻落实中央和省市经济工作会议以及"两会"精神，突出把握好"稳中求进"的工作总基调，围绕"扩内需、稳外需，调结构、拓空间，抓改革、促协调"，主动应对挑战、化解风险，积极抢抓机遇、创新进取，全市商务实现平稳发展。

国内贸易

2012年，温州市实现全社会消费品零售总额1929.29亿元，比上年增长9.1%。其中，限额以上批发业实现消费品零售总额14.87亿元，同比增长8.1%；零售业实现消费品零售总额688.62亿元，同比增长2.6%；住宿业实现消费品零售总额18.79亿元，同比减少1.5%；餐饮业实现消费品零售总额45.86亿元，同比减少2.0%。

吃穿用、娱乐保健消费呈增长态势。限额以上批发和零售企业统计显示，吃、穿、用三大类商品实现零售额106.19亿元，分别增长10.8%、0.8%和7.8%。食品类零售价格指数高居榜首，达到105.8，从而拉高了食品类零售额的增长幅度。体育娱乐用品类、中西药品类和书报杂志类逆势而上，分别增长37%、21.6%和9.5%，增幅比上年上升32.7、11.0和4.7个百分点，成为全年增幅上升的三大类。

高档商品、时尚用品消费回落。经济增速放缓，以手机为代表的通信器材类零售额下降14.1%，汽车消费呈下降态势，全市限额以上批发零售企业实现汽车零售额下降2.9%。住宿餐饮市场两极分化明显。宴请、婚宴档次下降，大型高档酒店生意清淡，年营业额超亿元的企业有10家，比上年减少2家，完成营业额15.81亿元，下降16.5%；小型特色的酒楼、农家乐受到追捧。

农村市场体系建设步伐加快。新建便利店2052家，全市行政村连锁便民店覆盖率达到100%。截至2012年底，全市共有乡镇连锁超市70家，村级连锁便利店5410家，商务部万村千乡市场工程承办企业2家，省级万村千乡市场工程大型流通企业1家，省城乡连锁超市龙头企业10家，省城乡连锁超市龙头企业培育单位4家。家电下乡工作有序开展，家电下乡销售网点备案487家，销售数量92.07万台，销售金额22.73亿元，产品补贴兑付90.0万台，财政补贴发放2.76亿元，有力带动了农村消费。推行"农超对接"模式，逐步建立并完善了农产品的可追溯体系及居民农产品消费保护体系。

商业业态结构渐趋优化。市级商业中心、区域商业中心和社区商业中心组成的、层次分明的商业格局逐步完善。城市商业中心建设加快，龙湾万达广场正式开业，滨江商务区市级商务中心建设启动，大西洋购物中心兴建提速。2012年，浙江人本超市拥有连锁门店1159家，实现销售额41.51亿元，增长10.11%；时代广场（温州店）、银泰百货年销售额分别为7.18亿元、11.7亿元。社区便民商业发展较快，社区修理、干洗、餐饮、便利店等便民网点不断增加。

流通业现代化水平不断提高。2012年，出台了《关于加快电子商务发展的实施意见(试行)》，推进电子商务网站、网络服务公司和商品交易市场网站的发展。温州市电子商务技术支撑与人才培养公共服务平台、温州不锈钢行业电子商务公共服务平台、绿森数码开放平台等信息交易平台项目建设加快，形成了线下线上齐上的格局。据不完全统计，截至2012年底，按主体建档的企业网站有19556家，全市已建立了中国皮带网、中国开关网、中国泵阀网等传统优势产业的电子商务网站十多家，浙江绿森数码科技有限公司被评为省网络零售促进工程重点企业和省电子商务重点企业。

特殊流通行业管理规范。开展对市区典当企业非法集资风险排查。全市71家典当企业和2家分公司典当业务共计17543笔，实现典当金额29.89亿元，上缴税金1063万元，税后利润1449万元。25家拍卖企业共组织各类拍卖活动936(场)次，总成交额达88.89亿元，营业税及附加费达433.92万元，比去年增长4.02%。加强对报废汽车回收管理，把好回收证明发放和使用关。市区"四小车"综合整治专项行动深入推进，申报摩托车11500辆，发放补偿资金2104.97万元。

稳物价促消费成效显著。开展周末车载蔬菜市场试点，减少流通环节，平抑物价。以本地龙头企业一鸣食品为依托，供应放心早餐食品，推动"阳光早餐"工程发展。组织实施省级猪肉储备投放，部署开展节假日猪肉、蔬菜等重要生活必需品市场供应。清理整顿利用互联网滥用专供、特供等标识的酒类商品等。加强成品油监管，清理整顿非法加油站（点），确保成品油市场供应平稳，运行安全。加快推进会展业发展，先后举办家博会、汽车展、户外旅游休闲展、皮革及鞋材、眼镜展等专业展会27个，促进了会展消费。第九届中国(温州)国际轻工产品暨时尚消费博览会筹备进行中。

市场秩序建设有力推进。清理整顿大型零售企业向供应商违规收费管理工作取得成效，全市共出动执法人员116人次，检查零售商总部2家次、门店61家次，违规金额5.84万元。全市生猪屠宰场(点)规划有效落实，市本级、县城、乡镇生猪定点屠宰率分别达到99.18%、98.26%、95.48%。开展"打击私屠滥宰强化肉品卫生安全专项治理行动"、"屠宰肉品质量安全整治百日行动"及"生猪定点屠宰资格审核清理"等专项行动，集中整治私屠滥宰违法行为成效明显。全市共出动执法检查人员16188人次，取缔私屠滥宰窝点51个，收缴违法产品16559.1公斤，销毁不合格产品11073.1公斤。全市共处理屠宰环节病害猪5300头，"瘦肉精"检测抽检批次达51736批次，样品检验118983个，合格数118963个，合格率达99.98%。

对外贸易

2012年，温州市累计进出口总额204.3亿美元，同比减少5.3%，其中出口176.9亿美元，同比减少2.6%；进口27.4亿美元，同比减少20%。全市外贸依存度38.7%，出口依存度33.5%，分别比2012年降低2和0.8个百分点。

对外贸易增幅回落。受世界经济复苏乏力影响，全市出口处于下降趋势，同比出现负增长，增速分别低于全国、全省平均水平10.5、6.4个百分点，处于历史低位。进口同比下降至两位数，更低于出口增速17.4百分点。

主要出口市场和商品表现不一。外贸出口市场格局发生变化，第一大贸易伙伴欧盟受欧债危机影响，对欧盟出口出现大幅下滑，同比减少10.5%；对美国、俄罗斯、日本等出口态势良好，分别同比增长13.3%、14.2%、6.0%。鞋类、服装、纺织品等支柱行业处于下降趋势，分别同比下降1.4%、13.5%、5.6%，拉低了全市的出口。机电商品也表现低迷，同比下降3.4%，独阀门行业异军突起，同比增长22.5%。

帮扶外贸企业力度加大。重点组团参加特多贸易投资展、波兰展、越南展、日本大阪展、约旦中国商品展以及"华交会"、"广交会"、"消博会"、"义博会"等境内外国际展会，累计参展企业1000多家，展位数3000多个。开展外贸企业服务年活动，先后出台了《关于促进外贸增长的若干意见》和《进一步推进口岸绿色大通关便利措施的实施细则》，建立重点出口企业帮扶制度和涉外系统帮扶企业联席会议制度。

贸易平台建设加快推进。成立鞋类国家级出口转型升级基地国际设计研发中心，引进意大利、英国设计工作室和台湾鞋技中心入驻。对国家级温州鞋类出口基地和鹿城鞋类、鹿城服装、瓯海鞋类、平阳宠物用品四家省级出口基地出台扶持政策，制定出口基地工作细则。斯丹尼汽配和兆祥摩托配件获国家摩托车及零部件外贸转型升级基地企业称号。温州侨贸网第一期建设获专家评审通过，开始正式运营。

贸易预警建设成效显著。新增乐清市电子工业协会、乐清市船舶行业协会为省对外贸易预警示范点。出台《海外公平贸易信息工作站考核办法》。做好应对美对华汽车零部件产品、巴西对华纺织服装、出口欧盟餐具厨房用具等反倾销调查。奥康鞋业胜诉长达6年之久的欧盟皮鞋反倾销案，为中国企业通过司法途径维护自身权益提振信心再树典范。

利用外资

2012年，温州市新批外商投资企业29家，同比增长70.6%。总投资19.42亿美元，合同外资5.92亿美元，同比增长461%，实际外资3.98亿美元，同比增长290%。

增资项目扩大外资总量。2012年，温州市坚持民资、外资、国资一起抓，按照“招大、引强、选优”的思路，以大项目、大企业为抓手，积极培育新兴产业，促进高端服务业发展；积极开展对台投资合作，全面加强对台招商引资。全市增资3.74亿美元，占合同外资总量63.1%，实际外资增资3.22亿美元，占实际外资总量的80.8%。

商贸业利用外资潜力显现。新批第三产业项目数为12个，合同外资4.24万美元，实际外资2.88万美元，占比达41.4%、71.5%和72.4%，其中合同外资和实际外资比重均超过了第二产业。重大外资商贸业并购项目世界著名投资银行美国高盛集团和美国SIG集团联手并购温州市玖玖旅馆管理有限公司，并购和增资总额为7500万美元。

大项目带动作用明显。甬台温高速、华润电力、博远利华、仙岩大酒店、华润雪花啤酒等五大项目，到位实际外资2.69亿美元，占全市实际外资总额的67.7%。新批投资总额1000万美元以上的项目12个，同比增加240%；新批投资总额3000万美元以上的项目6个，合同外资达1.09亿美元，占新批合同外资的18.9%。

重大外资项目顺利落地。具国际水准的比利时高性能激光数控切割设备研发和生产项目顺利落地高新区，中外研发团队已经入驻并开始样机生产。与世界500强中海油签订意向合作框架协议，投资16亿元的成品油库及销售网络建设项目前期已经开始运作。

对外经济合作

2012年，温州市新批境外机构43家，总投资额1.5亿美元，同比增长114.5%，中方投资总额1.4亿美元，同比增长125%。对外承包工程、对外劳务合作和境外就业完成营业额5322万美元，同比增长19.45%，再创历史新高。

投资项目呈规模、数量双增长。2012年，温州市境外投资新批项目个数比上年增加104.7%，其中500万美元以上项目11个，1000万美元以上项目3个。新批项目在投资规模、项目个数上均有较大的增幅，“走出去”企业境外投资力度持续加大。

境外经济合作多领域互动。在温州举办温州—马来西亚产业对接会，组织企业参加第二十三届马来西亚国际食品加工及包装工业展览会。借“透过香港，走向国际”香港服务业研讨会之机，邀请香港贸易、金融等专家来温开展互动探讨。举办“中非地方政府合作论坛”。

境外投资促进机制不断完善。“开展个人境外直接投资试点”纳入《温州市金融综合改革试验区》总体方案已经国务院原则同意，充实个人境外投资项目数据库并完善相关制度，积极争取试点早日获批实施。出台了《温州市处置境外经贸纠纷和突发事件暂行办法》。支持并帮助温商城市商业合作社成立，指导开展企业融资担保工作。

对外承包工程实现质的飞跃。以成套设备出口带动境外工程总承包，在优化利润、控制风险、提高竞争力等各方面成效明显，一改以前主要由外派劳务工资和小项目实现的营业额为主的局面，首次当年完成3个超1000万美元的大项目，其中人民电器集团的越南安庆火电站项目合同金额1.68亿美元，被列入时任国家副主席的习近平对越南高访项目，成为浙江省首个成功的中国信用保险公司买方信贷项目。

服务贸易

2011年，温州市服务贸易进出口总额95.35亿美元，比上年下降32.9%。其中，出口额41.48亿美元，比上年下降41.1%；进口额53.86美元，比上年下降0.3%。服务外包合同登记3703万美元，同比增长363%，完成执行额1653万美元。

服务贸易环境不断优化。首次制定了2012年度温州市服务外包的工作量化考核指标和考核办法，初步建立科学考核体系。正式出台《关于加快温州市服务外包产业发展的政策意见》。邀请商务部、省厅专家来温专题辅导服务外包业务。

服务外包业务有效开展。组织企业和园区参加了首届中国(北京)国际服务贸易交易会和大连软件交易会等，促进与国内外同行学习交流。确定印刷品和工艺美术产品作为下一步重点培育的文化出口产业。3家企业申报浙江省文化出口重点企业。浙江工贸学院成教学院列入省服务外包人才培训考点。

（温州市商务局　胡　璋）

附：

2012年温州市外经贸情况表

单位：万美元

项　目		金　额	同比增长(%)
对外贸易	进出口总额	2043788	-5.3
	出口额	1769597	-2.6
	进口额	274191	-19.5
利用外资	项目个数(个)	29	70.6
	合同外资	59209	461.4
	实际外资	39836	290.0
对外经济合作	对外承包劳务营业额	4889	26.6
	境外投资项目(个)	43	104.8
	年末在外人数(人)	146	-39.7
服务贸易	进出口总额	953527	-32.9
	出口额	414846	-41.1
	进口额	538681	-0.3

2012 年湖州市国内贸易

2012 年，湖州市商贸流通业紧紧围绕省商务厅中心工作，坚持“拓市场、促消费，调结构、促提升，强保障、促和谐”工作主线，努力推进统筹城乡的现代流通网络、内外对接的品牌营销网络、安全有序的应急供应网络建设，全年消费品市场运行平稳，商贸工作预期目标完成良好，重点工作推进取得新的成效。

商贸流通业

2012 年湖州市商贸流通业发展呈现以下主要特点：

1. 消费市场保持平稳增长。2012 年全市社会消费品零售总额突破 700 亿元，达到 703.87 亿元，比上年增长 15.4%，扣除价格因素，实际增长 13.4%。虽然名义增速与上年相比有所回落，但仍高于全省平均 1.9 个百分点，位列全省第 5 位，较上年上升 3 位。其中，一季度、二季度、三季度、四季度累计分别增长 15.1%、14.7%、14.6%和 15.4%，社会消费品市场总体呈现逐季企稳回升的态势（见图 1）。

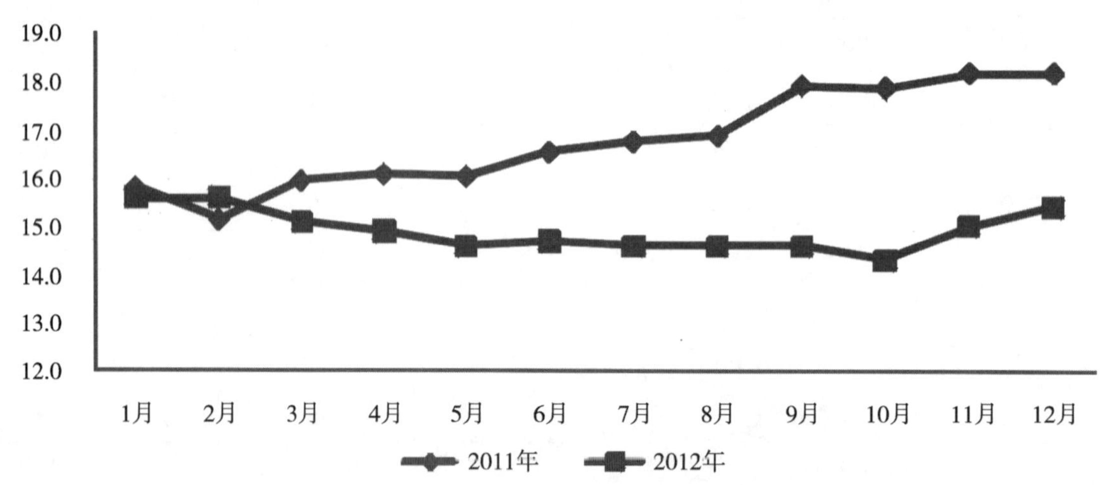

图 1　2012 年湖州市社会消费品零售总额月累计增幅（%）

2. 商贸业贡献不断增强。2012 年全市商贸业实现增加值 191.61 亿元，占服务业和 GDP 比重分别达到 29.5%和 11.5%，比上年分别提高 2.4 个和 1.1 个百分点；当年商贸业增加值增速为 18.1%，分别快于服务业和 GDP 增速 8.5 个和 8.4 个百分点，商贸业对服务业和 GDP 的贡献率分别达到 51.2%和 19.4%，分别比上年提高 12.6 个和 0.8 个百分点，列服务业九大行业首位（见图 2）。

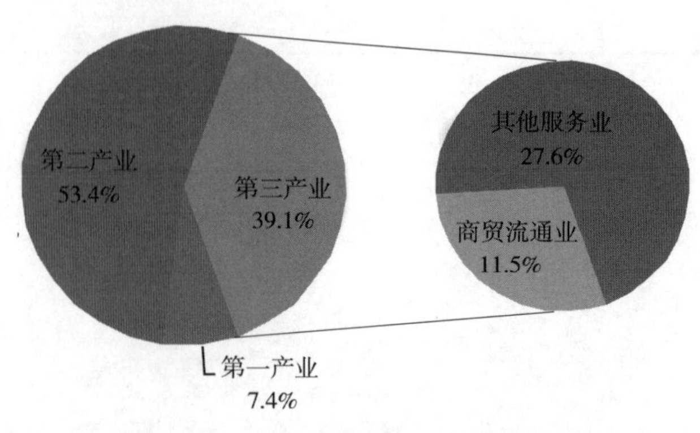

图 2　2012 年湖州市地区生产总值结构图

3. 限额以上企业拉动作用明显。2012 年全市限额以上单位(含限上企业、限上个体)增加到 632 家,比上年同期净增加了 118 家。当年限额以上单位实现零售额 250.82 亿元,同比增长 13.3%。全市限额以上商贸企业零售额占社会消费品零售总额比重达到 35.6%。

4. 四大行业增幅好于全省平均。2012 年全市批发零售住宿餐饮四大行业分别实现销售额、营业额 1122.23 亿元、710.23 亿元、18.31 亿元和 85.87 亿元,较上年分别增长 33.9%、20.7%、14.8%和 25.4%。虽然四大行业同比增幅较上年均有不同程度的回落,但仍快于全省平均水平,特别是批发业,增长更是明显快于全省(见图3)。

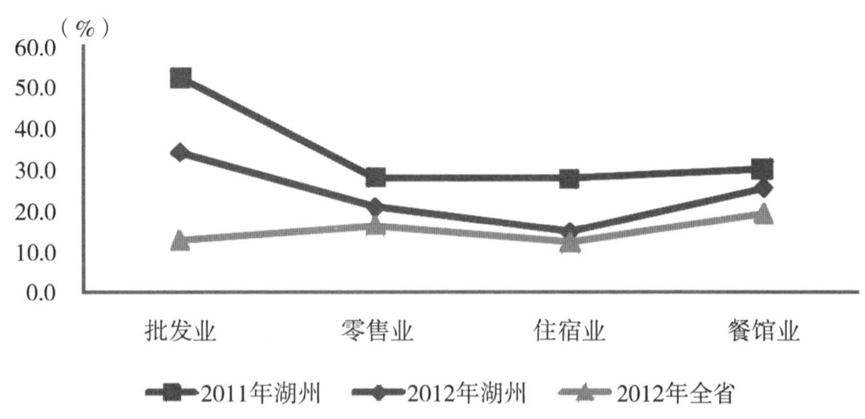

图 3 2012 年湖州市四大行业销售额营业额增幅比较图

5. 生活必需品有升有降。从限额以上批发零售业单位商品分类销售看:一是吃穿用等生活必需品增长平稳。食品、服装类商品零售额分别增长 19.0%、4.9%;日用品类零售额增长 14.4%,增幅比上年提高 6.8 个百分点,高于全省平均 4 个百分点。二是金银珠宝类商品消费高位回落。金银珠宝类零售额增长 12.3%,同比回落 34.5 个百分点,低于全省平均 12.5 个百分点。三是家电类商品消费由降转正。家电以旧换新等消费刺激政策的退出,对家电销售影响较大,全市家用电器和音像器材类一季度、上半年、前三季度同比分别下降 16.8%、13.8%和 5.8%,但从 6 月开始,当月增幅同比由降转正,累计增幅逐步回升,全年家电销售累计增幅回升至 10.0%,高于全省平均 16.2 个百分点。四是文化娱乐类消费有所放缓。文化办公用品类、书报杂志类和体育、娱乐用品类分别增长−0.5%、7.1%和 2.1%,同比分别回落 22.9 个、0.1 个和 11.8 个百分点,低于全省

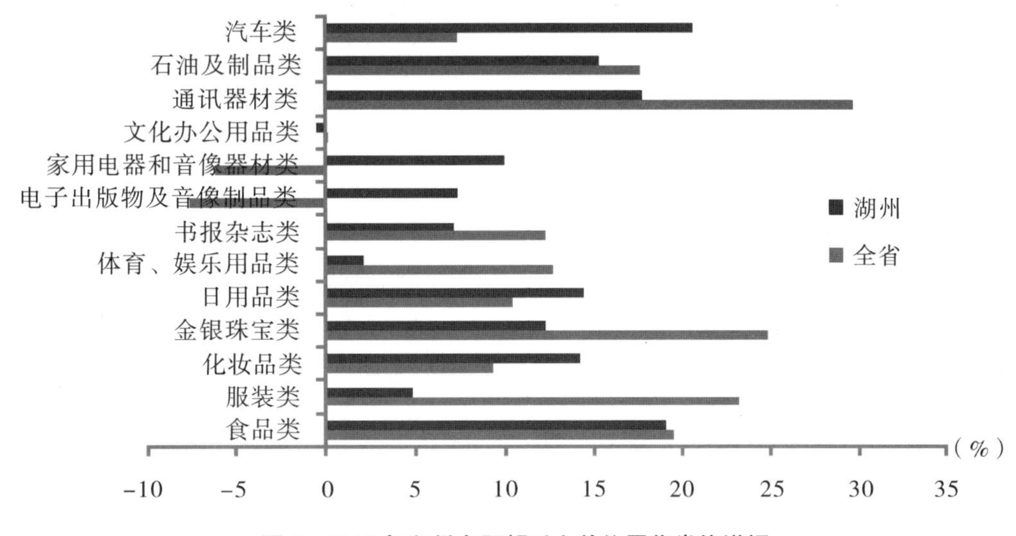

图 4 2012 年湖州市限额以上单位零售类值增幅

平均0.6、5.2和10.6个百分点。五是汽车消费相对较快。全市2012年汽车类销售企业达到55家，比上年增加14家；全市汽车类零售额增长20.6%，虽比上年有所回落，但销售明显好于全省，增幅比全省平均快13.3个百分点(见图4)。

6. 商品交易市场成交活跃。2012年，全市经工商部门登记在册的市场共有226个，较上年同期增加2个，其中商品交易市场214个，生产要素市场1个，网上交易市场11个。当年商品市场总成交额748.9亿元，同比增长9.9%。其中：消费品市场成交额532亿元，同比增长11.5%；生产资料市场成交额215亿元，同比增长6.2%。

7. 连锁经营占比继续提高。2012年全市连锁经营实现销售额170.5亿元，同比增长17.2%，占社会消费品零售总额比重24.2%，高于年度目标0.2个百分点。

重点工作

1. 着力促进城乡消费。积极推进商旅互动，商文结合，市县联动，组织开展了以"节会"为重点的各类营销活动，开展了购物节、美食节、网上购物优惠、刷卡购物优惠等促销活动，充分挖掘城乡市场消费潜力。2012年全市城镇实现社会消费品零售额517.34亿元，同比增长15.3%；乡村实现社会消费品零售额186.53亿元，增长15.6%。乡村市场增幅高于城镇市场0.3个百分点。其中，家电消费成为带动乡村市场的亮点，2012年全市301个网点销售家电下乡产品33.95万台，销售额达8.90亿元，发放补贴1.11亿元，销售额和销售量同比分别增长97.0%、96.7%。

2. 着力助企开拓市场。深化产销对接跟踪问效，进一步完善充实采购商、供应商信息资源库。至12月底，通过产销对接平台，全市有23家"老字号"及农产品企业和全国142家超市签订供需合同，上架商品150类、945种，销售额达32.496亿元；有13家丝绸企业与81家商场签订合约，有194类、2320个丝绸品种进入了北京、上海、杭州等大型商场(购物中心)，销售额2.024亿元。组织企业参加"浙江—静冈名品展览会"、2012上海台湾名品博览会、第7届跨国零售集团采购会、2012北京"丝绸商品大集"、2012中国浙江商务服务博览会、第2届中国海洋经济投资订货洽谈会、第6届浙江省连锁加盟展览会、2012中国食品博览会等，成功举办北京浙江名品中心周年店庆活动和新春年货团购订货会。通过加大营销力度，拓展营销网络，不断提高湖州产品的市场份额和市场影响力。

3. 着力培育营销品牌。积极开展现代品牌营销体系建设试点，"湖州织里童装品牌推进公共服务平台"被认定为国家品牌促进体系试点项目，浙江蓝鸽实业有限公司被认定为浙江省现代品牌营销体系试点企业，"浙北大厦商贸服务标准化"列入省级标准化试点项目，成功举办了2012年浙北大厦百货品牌峰会。继续培大育强商贸企业，重点在商业零售、新型业态、宾馆酒店、专业市场等行业培育了50家现代商贸业优强企业，实施分类指导，加大扶持力度，服务转型升级，促进做大做强；培育提升7家中华"老字号"、31家浙江"老字号"企业和18家国家级酒店等餐饮品牌，组织丁连芳、王一品、诸老大、震远同等13家"老字号"企业参加了2012第九届中国中华老字号精品博览会，湖州乾昌酒业有限责任公司、湖州震远同食品有限公司、湖州诸老大食品有限公司、湖州市善琏湖笔厂等老字号企业入驻衣裳街特色文化街。认真组织餐饮企业参加第二届浙江厨师节，市贸易与粮食局获得最佳组织奖，莫干山大酒店太湖文化名宴获得金鼎奖，国际大酒店获得浙菜最具影响力餐饮品牌企业，另有1人获得金鼎杯风云人物、2人获得浙菜金牌大师、3人获得技术能手等荣誉。

4. 着力创新商业模式。一是推进电子商务发展。开展电子商务领域重点工程建设，浙江欧诗漫集团有限公司(易妆网)、湖州市名特优农产品快购有限公司(农民巴巴网)被省商务厅、财政厅认定为实施网络零售促进工程试点企业，湖州先锋网络科技有限公司列入浙江省电子商务服务示范企业。二是推进品牌连锁发展。组织珍贝、翔顺、谈竹庄3家企业参加第6届浙江省连锁加盟展览会；全市培育了2家省级城乡连锁超市重点龙头企业、2家省级城乡连锁超市龙头企业和

1家省级城乡连锁超市培育单位。浙江老娘舅餐饮有限公司在本省及上海、江苏、安徽共有门店83家，湖州市浙江德悦酒店管理有限公司在省内外共发展连锁门店11家，湖州好运来餐饮投资管理有限公司在全市共发展门店6家。三是推进"农超对接"。精心组织省级农产品流通综合试点项目、省级鲜活农产品流通综合试点项目申报;积极指导绿叶生态、南浔新雅等农产品生产企业与浙北超市、老大房超市等流通企业开展"农超对接"工作;组织10家餐饮企业与太湖蟹养殖专业户进行产销对接;组织浙北超市、老大房等5家企业参加首届长三角地区农超对接洽谈会;组织浙北超市参加第2届中国海洋经济投资订货洽谈会。

5. 着力完善流通网络。认真组织实施"十二五"商贸发展规划,基本形成了总体规划、区域规划和专项规划相配套的商贸规划体系。大力推进中央商务商贸集聚区、新型专业市场集聚区建设,优化城乡商贸结构和业态布局。以农村"万村千乡市场工程"、社区"双进工程"、中心镇商贸工程、商贸服务示范镇村工程等为载体,积极推进城乡物流配送服务体系建设,努力提升网点服务内涵,着力改善消费环境,进一步建立完善城乡现代流通网络。2012年底,全市共发展社区连锁便利店236家，家政服务单位约150家,2家放心早餐示范工程企业销售网点180多个；全市54个乡镇共建"乡镇连锁超市"121家,985个行政村共建"村级连锁便民店"1220家,覆盖率继续保持100%,其中有122个行政村建立了直营店,行政村直营店覆盖面达到12.2%。全市共有7个乡镇、16个行政村成为浙江省城乡统筹现代商贸服务示范镇和商贸服务示范村。

6. 着力推进项目建设。进一步完善项目推进机制,建立健全商贸项目库,努力在谋项目、挖项目、招项目上下功夫。按照"新建项目抓开工、开工项目抓竣工、竣工项目抓开业"的要求,重点推进新浙北大厦、东吴·国际广场、龙溪翡翠、南浔中国地板城、再生资源利用基地项目(德清)、长兴美欣达商业中心、安吉浙北购物中心等商贸业重点项目建设。同时,做好商务领域"浙商感召、湖商回归"项目跟踪服务工作。2012年,全市50个商贸建设实施类项目完成投资68.09亿元,完成年度投资计划的118.82%,其中,列入市服务业重大建设项目"双百"计划29项,完成投资50.15亿元,完成年度投资计划的133.33%,项目开工率100%,商贸业重大项目建设已超额完成年度目标任务。通过商贸项目建设,加快商贸业结构调整、转型升级。

7. 着力改造提升市场。认真贯彻落实全省《关于进一步推进商品交易市场提升发展的意见》,启动了以"农贸市场改造提升、专业市场转型创新、基础管理强化推进"为重点的市场培育工程,通过市场和实业、实体市场和虚拟市场的融合发展，加大提升发展商品交易市场力度。重点推进南浔"国际建材城"、织里"中国童装城"、湖州赛格数码电器广场、中钢物流园等建设,培育发展湖州国际小商品城、红星美凯龙家居生活广场、府庙颐高数码广场等市场。加强与工商部门的协作,全面推进农贸市场建设标准化、信息化管理,在2011年19家农贸市场改造提升的基础上,着力推进30家农贸市场改造提升工作。规划新建总投资6亿元、一期占地450亩的"湖州农副产品物流集散中心"项目前期工作在抓紧进行中。

8. 着力强化应急保障。积极组织实施"米袋子"、"菜篮子"工程。继续实施粮食、食用油和生猪储备等民生实事项目,全市落实储备粮食9.62万吨（其中市本级4.71万吨)、食用油1190吨(其中市本级500吨),落实3.8万头(其中市本级3万头)和市本级150吨冻肉应急储备。修订和完善市场供应应急保障预案,细化粮油、猪肉、蔬菜、食盐等商品及关联商品的应急储备制度和应急处置程序,建立完善应急企业、应急商品、应急网点、应急运输、应急协调和应急指挥等数据库。加强市场应急处置,做好抗击台风和雨雪冰冻期间生活必需品及重要生产资料的预警监测日报和市场应急保障工作,及时平息了因钓鱼岛事件引发的食盐抢购风波。加强服务业统计工作,进一步完善商贸经济市场运行监测网络体系,建立完善了77家定点监测商贸企业的信息员和17家重点监测预警员队伍,及时监测、预警、分析各类市场动态,为政府决策、企业经营、居民消费提供服务。加快推进“商务预报”平台建设，率先在全省实现了“商务预报”市、县区全覆盖。

9. 着力规范市场秩序。坚持依法行政，推行政务公开，规范推进扩权强县、扩权强区工作，有序推进机关内部行政审批职能整合和集中改革。加强执法队伍建设，规范执法程序，建立健全部门联合执法机制。加强成品油、煤炭、拍卖、典当、报废车、二手车、小美容美发等特种服务行业及粮食行业监管与服务，加强特许、直销、酒类、再生资源等行业备案管理。积极推进报废汽车回收拆解升级改造，大力推进甲醇汽油试点推广工作，扎实推进商贸行业节能降耗工作，全系统综合能耗下降4%。开展零售业节能环保示范工作，长兴润瑞商业有限公司（大润发长兴店）、青岛润泰事业有限公司湖州分公司（大润发湖州店）被商务部确认为第一批流通领域节能环保“百城千店”示范工程企业。大力推进商贸服务诚信体系建设，加强商业促销监管、指导与服务；与市科技局联合下发了《关于加强湖州市流通领域知识产权保护的指导意见》，推动商贸领域知识产权保护工作。

10. 着力营造安全环境。加强食品安全，组织开展“2012年食品安全宣传周”、屠宰企业“开放日”活动及食品安全百日专项行动；牵头组织有关部门开展猪肉质量安全联合执法行动；全面完成定点屠宰资格审核清理工作，制定并落实了《湖州市证章管理办法》和《湖州市台账制度》，城区生猪定点屠宰率达到100%，乡镇和农村达到97.33%。配合工商部门做好中心城区15家农贸市场的国家卫生城市复评迎检工作。全面落实安全生产目标责任制，扎实开展“安全生产年”活动，落实“清剿火患”、“打非治违”、安全生产月、“除火患、保平安”等各项专项整治行动方案。联合市安监局启动商贸行业商场企业安全生产标准化建设；落实民爆销售行业安全生产目标管理责任；深入开展“平安商场（市场）”平安细胞建设；2012年无重特大安全事故发生，全系统安全生产形势保持稳定。

（湖州市贸易与粮食局）

2012 年湖州市外经贸

对外贸易

2012 年，全市完成外贸进出口总额 87.4 亿美元,同比增长 0.9%;其中,出口总额为 74 亿美元,同比增长 0.6%;进口总额为 13.4 亿美元,同比增长 2.5%。全市进出口、出口和进口总额三项指标均创历史新高。

传统市场出口出现分化,新兴市场保持平稳增长。随着美国经济温和复苏和日本需求的增长,2012 年湖州市对美国和日本分别出口 15.46 亿美元和 4 亿美元，同比分别增长 10.7%和 3.8%；受欧盟经济陷入衰退和中国香港特别行政区转口业务萎缩影响,2012 年湖州市对欧盟和中国香港特别行政区分别出口 18.4 亿和 1.1 亿美元,同比分别下降 12.3%和 5.8%。同期,由于新兴经济体经济增长相对较快,以及通过鼓励出口企业深入推进市场多元化,湖州市对新兴市场出口保持平稳增长,2012 年共出口 35 亿美元，同比增长 4.2%，高于全市平均 3.6 个百分点。其中对东盟、澳大利亚和俄罗斯出口额分别为 5.7 亿、2.1 亿和 1.7 亿美元,增长 11.7%、21%和 20.4%。

机电化工产品增势良好,纺织高新产品下降明显。2012 年,湖州市以坐具、电线电缆、车辆及配件等为代表的机电产品共出口 22.4 亿美元,同比增长 6.8%(扣除光伏因素)，高于全市平均 6.2 个百分点,占全市出口比重的 30.3%;化工产品出口 4.7 亿美元，同比增长 5.3%。纺织服装 2012 年共出口 24.5 亿美元，同比下降 8.3%,占全市出口比重的 33.1%;受光伏出口下降 70.3%的影响，湖州市高新产业出口为 1.9 亿美元,同比下降 39.7%。

对外贸易主体不断增加,规模以上企业持续壮大。2012 年，全市共有新备案外贸企业 401 家，新增各类出口企业 323 家，合计新增出口 1.59 亿美元。全年有外贸进出口实绩企业 2001 家，较 2011 年增加 156 家；有出口实绩企业 1893 家,较 2011 年增加 135 家。全市进出口超亿美元企业 7 家,较 2011 年增加 1 家。在全市鼓励发展实体经济政策的引导下,外贸生产企业出口发展良好，全年生产企业共出口 38.23 亿美元，同比增长 1.7%，高于全市平均 1.1 个百分点，占全市出口比重的 51.7%，进口 7.03 亿美元,同比增长 11.8%,高于全市平均 9.3 个百分点。同期,流通和外资企业分别出口 11.09 亿和 24.64 亿美元,同比下降 0.7%和 0.5%。

出口品牌基地蓬勃发展,外贸转型升级初显成效。坚持以出口品牌和基地为抓手,引导企业加快自主创新步伐和产业集聚提升。2012 年全市新增“越球”等 9 件“浙江省出口名牌”和“先登”等 21 件“湖州市出口名牌”,至此,全市共有 32 个“浙江省出口名牌”和 81 个“湖州市出口名牌”。2012 年全市新增“安吉竹产业”等 5 个省级出口基地，并争取到 1000 万元资金用于扶持基地内产品设计中心、公共试验检测平台、公共技术研发平台等公共服务平台的建设。通过政策扶持、紧俏展会倾斜、鼓励企业国际认证和境外商标注册等方式,着力促进湖州市工业“3+3”产业的外向型发展,2012 年全市先进装备、生物医药、新能源、绿色家居等六大特色产业共出口 34.3 亿美元,同比增长 4.7%。

发挥“四体联动”机制,主动防范国际贸易风险。坚持不断完善国际贸易摩擦预警体系和产业损害调查机制,把国际贸易摩擦对全市外贸的影响降到最低。2012 年全市共遭遇欧盟、美国、澳大利亚等13个国家发起的贸易救济调查案25起，共涉及各类出口产品24种，涉案总金额达3.11亿美元，涉案企业144家，均创历史新高。为更有效应对，以预警示范点建设为抓手，进一步完善国际贸易摩擦预警机制，2012年在原有8个省级对外贸易预警示范点的基础上，又成功获批长兴县新能源（电池）和吴兴区金属材料2个省级预警示范点，通过加强预警示范点建设，及时了解国外最新贸易救济措施，发布各类动态预警信息520条，并帮助和指导久立、金洲、诺力等近50家企业参与“双反”调查。同时，为进一步推进湖州市贸易救济和维护产业安全工作，2012年首次举办了全市贸易救济与维护产业安全工作会议培训，制定并发布了《湖州市产业损害预警监测分析工作考核制度》。

利用外资

2012年，全市共批外资项目192个，其中新批“大好高”项目26个；完成合同外资16.87亿美元（包括境外借款8624万美元），同比下降21.2%；完成实到外资10.26亿美元（包括境外借款8624万美元），同比增长9.1%。实到外资突破10亿美元，创历史新高；外资到位率49.8%。合同外资、实到外资总量均列全省第四。

超亿美元大项目有所体现。2012年，全市批准总投资1000万美元以上项目80个，占批准项目总数的41.7%；总投资、注册资本和合同外资分别为27.04亿美元、15.20亿美元和13.67亿美元，合同外资占全市总额的81.0%。批准总投资3000万美元以上外资企业31家，占全市批准外资企业家数的16.1%；总投资、注册资本和合同外资分别为18.72亿美元、9.57亿美元和7.74亿美元。新批了鑫元盛世新材料、港中旅等5个总投资超亿美元大项目。

产业集聚效应有所显现。2012年，全市第二产业（制造业）引进合同外资10.11亿美元，主要集中在电子设备、纺织品、汽车零部件及配件等行业，上述三个行业分别引进合同外资2.72亿美元、1.38亿美元和1.21亿美元，占全市第二产业引进合同外资总量的53.1%。

单体项目增资势头强劲。积极鼓励近年来利润水平较高的外资企业利润再投资，切实做好增资项目的跟踪服务工作。2012年，涌现了琥珀（安吉）燃机热电（增资3570万美元）、比奇厨卫（增资3000万美元）、超威电源（增资3439万美元）及港奥电梯（增资2000万美元）等一批增资规模较大的项目。

中国香港特别行政区继续引领外商投资。2012年，全市引进合同外资前5位的资金来源国家和地区分别是中国香港特别行政区、中国台湾地区、中国澳门特别行政区、美国和法国；实到外资前5位的资金来源国家和地区分别是中国香港特别行政区、芬兰、美国、日本和新加坡。其中香港地区合同外资12.33亿美元，实际外资6.61亿美元，分别占全市总数的73.1%和64.5%，继续列引资国家和地区合同外资和实到外资首位。

开发区仍为利用外资主战场。2012年，全市5个省级以上开发区共完成合同外资11.36亿美元，占全市总量的67.3%，合同外资同比下降30.7%；完成实到外资7.25亿美元（包括境外借款8287万美元），占全市总量的70.7%，实到外资同比增长6.0%。在全市新批的24家总投资3000万美元以上的外资企业中，有20家落户在各级开发区（园区）。2012年，在商务部对全国国家级开发区2011年综合发展水平评价中，湖州经济技术开发区在90家老国家级经济技术开发区中位列第48位，长兴经济技术开发区在41家新国家级经济技术开发区中位列第18位。

全面启动招商引资突破行动。2012年，根据市委、市政府“八大专项行动”的总体部署，牵头组织开展招商引资突破行动，研究制定《招商引资“百日攻坚行动”计划方案》，以“五个一批”（招引一批、精办一批、推进一批、拜会一批、宣传一批）为主抓手，以招引世界500强和行业龙头为主攻方向，以开发区园区为主阵地，全力打好“大好高”项目、企业增资扩股和民资嫁接改造、应到未到资金“三个攻坚战”。成功引进了德国大众、瑞士雀巢2家世界500强企业和旺能环保、港中旅、德泰港务、帕罗节能材料等26个外资“大好高”项目，实现新增合同外资3.45亿美元，力促

55 家注册资本未按期到位企业实现到资 3.7 亿美元。

精心组织招商活动。2012 年,根据优化产业链、完善城市功能的要求,积极包装推出一批重点招商引资项目,进行重点招商。编印《招商项目本》,对全市 58 个重点招商项目通过"2012 中国浙江湖州—美国南加州生物医药产业洽谈会"、"浙江—静冈投资贸易洽谈会"、"2012 浙江湖州·台湾战略性新兴产业投资说明会"、"浙洽会"、"投洽会" 等重大境内外招商洽谈经贸活动进行推介,取得了良好成效。

强化外资考核督查。2012 年,紧紧围绕"三个转变",进一步健全完善考核推进机制,重点突出对引资质量的考核,尤其是加大对上年度所批项目推进情况的考核力度,同时对当年度新引进的世界 500 强项目、科技型企业给予加分。指导全市各县区积极修改完善考核办法。

对外经济合作

2012 年,全市共批境外投资项目 26 个。实现境外投资总额 11051.4 万美元,其中,境外投资中方投资额 8623.5 万美元,同比增长 103.7%;实现外经营业额 2554 万美元。

境外投资量质并举。2012 年,围绕湖州产业优化结构、拓展深度、提高效益的方向,进一步加快"走出去"步伐。境外投资中方投资额同比增长 104%,大项目比重增加,项目质量有所提升,其中 200 万美元以上项目 14 个,占比 54%。在境外设立生产、加工型企业成为湖州市境内投资者投资主方向之一,电梯、机械设备、小家电、房地产、矿产等新兴行业也为湖州市"走出去"行业作了新的大胆尝试,进一步推进了湖州市境外投资领域的拓展。

"走出去"带动出口成效显著。2012 年,全市境外投资企业带动出口 4 亿美元,同比增长 33%,大多数正常经营的境外投资企业能够通过设立境外营销窗口,及时掌握境外市场动态,把握境外消费者最新需求,带动境内母公司扩大出口。如湖州市中山化工集团在香港设立营销窗口,借助这一渠道带动境内产品出口到南美、东南亚市场,带动公司出口逆势增长近 50%。此外,大港集团、永达集团、久立集团等公司也分别在尼日利亚、安哥拉、美国等地设立了分公司或办事处,通过"走出去"进一步拓展海外市场,扩大出口成交。

境外投资空间进一步拓展。加快推动"走出去",指导企业在更大范围、更广领域、更高层次拓展市场,助推企业转型升级、做大做强。境外投资市场进一步开拓,2012 年,湖州市企业分别在加纳、尼日利亚、墨西哥、日本和南非等国家开拓了境外投资新市场。进一步利用中国浙江品牌(匈牙利)中心这一平台,在原有入驻摊位的基础上,新增入驻企业三家,为湖州市企业开拓和巩固欧洲市场起到了积极的作用。

境外投资形式日趋多样。湖州市企业在境外的投资形式进一步呈现多样化发展趋势,2012 年,湖州市"走出去"并购、增资类项目增多,亮点纷呈。德清恒力数控、长兴爱侣健康、南浔莱茵电梯等并购项目的获批和成功运行,进一步提升了企业产品品质与技术,充分体现了"走出去"战略实施的必要性,为湖州市企业接轨行业国际先进水平,全面融入国际市场奠定了基础,也为有效规避贸易壁垒、引领企业技术创新、拓展国际市场树立了良好的典范。

境外安全意识有所增强。在落实商务部《境外中资企业机构和人员安全管理指南》基础上,指导企业建立科学的境外安全风险管理体系,加强事前管理,有效规避和控制风险。通过宣传和工作指导,目前全市各县区均已建立境外安全管理体系及制度建设的工作,境外安全应急机制的健全与完善,进一步保障了湖州市"走出去"工作的健康持续稳定发展。

服务外包

2012 年,服务外包继续平稳较快增长,全市新增服务外包注册企业 100 家,累计已达 228 家。完成服务外包合同额 10846.37 万美元,同比增长 2.8%,完成服务外包执行额 9559.15 万美元,同比增长 36.3%。其中离岸外包合同执行额 4140.72 万美元,位居全省第六位;全年完成服务外包人才培训671人，467人通过服务外包人才培训综合考试，排名全省第四。

离岸市场更趋集中，在岸外包颇具潜力。2012年，全市离岸外包执行额4140.72万美元，在岸外包执行额5418.43万美元，双双完成全年目标任务。来自美国、中国香港特别行政区、加拿大和法国四个国家和地区的交付金额占离岸执行总额的52.6%，欧美国家和港台地区市场走向成熟，已成为湖州市主要的离岸外包市场，主要业务类型为技术性知识流程外包服务和企业供应链管理数据库服务。在岸外包业务主要来自浙江省内、上海及广东等地，执行额占全市服务外包执行总额的56.7%。

产业规模快速扩张，区域实力显著提升。湖州市服务外包产业经过几年的培育与引导，加上云计算和移动互联网等新兴技术的应用，除传统的ITO（信息技术外包）外，BPO（业务流程外包）、KPO（技术性知识流程外包）所占比重也在逐步增加，产业正逐步向价值链高端攀升。2012年，信息技术外包（ITO）执行金额为2565.47万美元，占总额的26.8%；业务流程外包（BPO）执行金额2869.2万美元，占总额的30.1%；技术性知识流程外包（KPO）执行金额4124.48万美元，占总额的43.1%。尤其是呼叫中心与数据处理为主的BPO业务，占了全省份额的12.6%。

明确定位做大平台，完善服务做强园区。三个省级服务外包示范园区及浙江省地理信息产业园、淡竹软件园等已成为全市服务外包业的主要载体。湖州多媒体产业园已形成了数据中心与云计算、电子商务与呼叫中心、工业设计与文化创意三大产业为主体的基本格局；南太湖服务外包示范园区主要发展信息软件、动漫设计、生物医药、工业设计等；长兴经济技术开发区以工业研发设计、现代物流服务、软件开发等业务为发展重点。各园区同步推进招商引资、招研引智和招校引才等各项工作服务入驻企业。多媒体产业园还建立起企业咨询服务平台、金融服务平台和知识产权服务平台；新修订了服务外包产业发展政策，强化了财政支持力度。

（湖州市商务局　邹　岚　沈海浩　余　欣　傅远超）

2012 年嘉兴市商务

2012 年，在困难和挑战明显增多的宏观环境下，嘉兴商务系统在省商务厅和市委、市政府的正确领导下，坚持科学发展、转型升级，以"拓市场、稳增长，调结构、促转型，重服务、惠民生，抓党建、强队伍"为重点，着力推进"开放商务、民生商务、阳光商务"建设，全市商务工作取得了新发展。

国内贸易

2012 年，全市社会消费品零售总额 1083.74 亿元，同比增长 14.3%；增速比上年回落 4.4 个百分点；扣除价格变动影响后实际增长 12.4%，增速比上年回落 0.7 个百分点。全市新增 4 家典当企业和 1 家拍卖企业。全市 29 家典当企业，典当总额 45.8 亿元。其中，市本级典当企业 9 家，典当总额 13.88 亿元，同比增长 12.29%；利润 1137 万元，同比增长 24.8%；缴税 614 万元，同比增长 15.8%。全市拍卖企业 25 家，拍卖场次 820 场，成交 23.7 亿元。

组织开展消费促进活动，积极实施商贸流通大企业培育工作。编制并发布了《嘉兴市商业网点十二五发展规划》，对市区各级商业中心、各类大型商业网点布置和商业业态作出说明，首次引入了交通枢纽商业。2012 年 4 月 2 日—5 月 4 日组织开展消费促进月活动，中秋、国庆期间举办了第四届休闲购物节活动。培育部级流通示范企业 2 家、省级重点流通企业 5 家、工贸结合型连锁企业 10 家、省级示范商业特色街 2 条。

深入实施"千镇连锁"和"万村千乡"工程。全市 44 个镇开设乡镇连锁店 62 家，村级便利店 861 家，778 个行政村便利店覆盖率达 100%。积极推进农超、农批、农餐对接模式，首届长三角地区农超对接洽谈会在嘉兴成功举行。做好农产品流通综合试点项目的实施工作，6 个项目已完成 4 个项目的省级验收和资金拨付工作。

推广商贸企业太阳能合同能源管理模式。通过大型商场、市场开展利用太阳能的综合示范，将商贸企业节能增效与光伏企业开拓国内市场有机结合，推进生态文明建设，这一做法得到了商务部的充分肯定。

进一步完善市场监测和应急网络，确立了省生活必需品应急库供应企业 100 家，城乡市场服务体系样本企业 74 家，商务部应急商品数据库企业 15 家，畜禽屠宰信息系统企业 42 家。通过周报、月报和年报方式，及时向商务部门报送主要生活必需品市场情况。

多措并举确保生猪定点屠宰与安全供应。开展商务系统生猪定点屠宰肉品质量安全整治"百日行动"、生猪定点屠宰资格审核清理工作。全市关停 10 家屠宰企业，保留定点屠宰企业 32 家。全市定点屠宰生猪 430 多万头，生猪定点屠宰率 99.24%；违禁药物"瘦肉精"抽检 255473 批次，合格率 100%。

大力培育专业市场做大做强。中国茧丝绸交易市场：2012 年交易额 98.04 亿元，其中网上交易额为 89.8 亿元。现有会员 150 家，驻场企业 130 多家。在广西蒙山县与宜州市设立了市场仓库，并积极探索开展业务运营。修改完善交收规则，扩大干茧交收范围，吸引更多茧源进入市场流通。减免茧丝交易手续费和质押服务费，提高交易活跃性。嘉兴市蔬菜批发市场：2012 年交易额 40 亿元，同比增长 11.1%；交易量 103 万吨，同比增长 2%。市场汇聚了全国 30 多个省、市、自治区的蔬菜，日均客商流量达 1 万多人次，形成了"菜源足、品种全、销量大、价格稳、治安好"

的显著特点和良好口碑。2012 年，市场投入近 8000 万元落实商务部农产品综合试点项目，积极提升市场软硬件建设。创新推出信息化管理，突出抓好农产品质量安全工作。市场交易使用 IC 卡累计办理 69972 张，累计刷卡交易服务笔数达 2052 万笔，市场内每一笔刷卡交易都能快速、方便地查找到货主的确切身份。嘉兴水果市场：2012 年交易额 68.94 亿元，交易量 135.72 万吨，同比分别增长 17.59%和 14.4%。市场荣获"全国诚信示范市场"、"浙江省供销社系统农产品龙头企业"等荣誉称号。市场三期工程竣工正式投入使用，新增营业面积 49900 平方米，新建 8000 吨冷库一座，7000 平方米配套仓储用房，29190 平方米水果交易大棚和仓储物流设备。市场积极拓宽零售连锁经营范围，坚持"农超对接"发展模式。继续以"果农＋专业合作社＋基地＋市场"的运作模式，积极引导地产水果融入果市大流通。海宁中国皮革城：2012 营业收入 22.6 亿元、利润 9.19 亿元，同比分别增长 21.82%、26.78%。2012 年 9 月，五期旗舰店广场、佟二堡二期裘皮广场、成都海宁皮革城三地市场先后顺利开业，市场面积增加 45 万平方米。时尚产业园项目于 2012 年 9 月 25 日奠基开工。皮革城与清华大学、中国美院等院校建立了战略合作，浙江理工大学、嘉兴职业技术学院还设立了实训基地，市场成为嘉兴首个、全省首批 11 个省级工业设计示范基地之一。发布了国内皮革行业第一个皮革指数——海宁中国皮革指数，提升了行业权威性和影响力。濮院羊毛衫市场：2012 年成交额 190.8 亿元，同比增长 18.90%；物流货运量 24.05 万吨，同比增长 6.9%。濮院毛纺织原料电子交易市场试营业，濮院国际童装城正式投入使用，物流仓储中心二期工程启动。实施濮院毛衫电子商务龙头培育工程。全年举办电子商务培训班 10 多期，已有网企 100 多家，网店 1000 多家，全年实现网上销售额近 3 亿元。毛衫科创平台申报各类科技项目 35 项，申报专利 158 件。市场全面铺开"网格化管理、组团式服务"管理模式，把市场 17 个区分割成 3 个网络块、18 个组和 82 个点，将 9000 多个门市部、6376 户经营户、近 20000 从业人员和采购商全部纳入网格化管理对象。扩大"濮院毛衫"省级区域名牌和集体商标的使用范围，授权使用企业达到 30 家。成功举办 2012 中国濮院国际毛针织服装博览会，举行了濮院打造"中国毛衫之都时装名城"启动仪式暨第二届"浅秋杯"中国桐乡毛针织服装文化创意设计大赛颁奖典礼，浙江省首届新市镇商业发展高峰论坛等系列活动。

对外贸易

2012 年，嘉兴市实现进出口总额 287.44 亿美元，同比增长 0.92%。其中，出口 196.03 亿美元，同比增长 1.72%；进口 91.41 亿美元，同比下降 0.77%。外贸增速好于杭州、宁波、绍兴等传统外贸大市，部分区县增速高于全市平均水平。全市进出口增速与全省持平，比杭州、宁波、绍兴分别高出 2.8 个、2.5 个、5.1 个百分点，位列全省第五。其中出口增速低于全省平均 2.1 个百分点，但比杭州、宁波、绍兴分别高出 0.6 个、0.7 个、3.4 个百分点，位列全省第五；进口增速高出全省平均 5 个百分点，比杭州、宁波、绍兴进口降幅分别收窄 6.3 个、5.1 个、12.2 个百分点，同样列全省第五。

对新兴国家出口比重提升，市场结构日趋多元化。2012 年，与嘉兴市有贸易往来的国家和地区有 206 个，比上年增加 5 个，外贸市场结构进一步多元化发展，对新兴市场国家出口增速较快，新兴市场国家在全市贸易伙伴中的地位不断提高。嘉兴市对东盟、拉丁美洲、非洲的出口额分别为 11.3 亿美元、11.7 亿美元、7.2 亿美元，同比分别增长 11.3%、19.2%、24.4%，这三个市场出口占嘉兴市出口的比重为 15.4%，比上年提高 2 个百分点。嘉兴市对"金砖国家"的出口规模也在扩大，对俄罗斯、印度、巴西、南非的出口额分别为 7.11 亿美元、4.5 亿美元、3.3 亿美元、1.9 亿美元，同比分别增长 15.3%、2.2%、29.7%、8.2%，高于全市出口平均增幅 13.6 个、0.5 个、28 个、6.5 个百分点，对金砖四国出口占全市出口比重达 8.6%，比上年高出 0.8 个百分点。同期，在传统出口市场中，因外需不振，全市对美国出口增长放缓，出口 45.9 亿美元，同比增长 8.1%，比上年回落4.9个百分点,但占全市出口比重比上年提高了1.4个百分点;受日本经济政治因素影响,全市对日本出口22.1亿美元,同比仅增长0.7%,出口比重比上年回落0.1个百分点;对欧盟出口46亿美元,同比下降6.9%,出口比重比上年回落2.2个百分点。

内资、小微企业出口增幅较为显著,出口主体结构更趋合理。全市新增进出口权备案登记的企业有809家,有出口实绩的企业共4354家(其中内资企业3105家,外商投资企业1249家),同比增加了315家(其中内资企业增加296家,外商投资企业增加19家)。新增出口实绩的企业出口总额达5.3亿美元。内资企业出口保持较快增长,外资企业占比下降。内资企业出口109亿美元,同比增长7.5%,高出全市出口平均增速5.8个百分点,占全市出口比重达55.6%,比上年提高3个百分点;外商投资企业出口87亿美元,同比下降4.2%,占全市出口比重44.4%,比上年下降3个百分点。体现在贸易方式上,一般贸易出口增速快于加工贸易5.4个百分点,一般贸易出口占我市出口比重达76.3%,比上年提高1个百分点。小微企业出口增长较快,出口前100位企业出口下降。2012年,出口实绩在300万美元以下的小微企业共3157家,比上年增加278家,出口23.4亿美元,同比增长6.8%,小微企业出口占全市出口比重为11.9%,比上年提高了0.5个百分点。而出口前100位企业出口额为78.1亿美元,同比下降4.6%,占全市出口比重39.8%,比上年回落2.7个百分点,其中有53家企业出口为负增长。

机电产品出口保持稳定增长,出口产品结构渐趋优化。嘉兴市机电产品出口63.4亿美元,同比增长3.9%,高出全市出口增速2.2个百分点,占我市出口总值的32.3%,比上年提高0.6个百分点。其中,机械设备出口15.2亿美元,同比增长11.8%。同期,全市传统服装及附件产品出口39.1亿美元,同比下降5%,占全市出口额的19.9%,比上年减少1.3个百分点。"一升一降"体现出我市外贸出口商品结构层次有所提高。

进口商品结构逐步改善。2012年,国家、省都出台了进一步鼓励扩大进口的相关政策,为企业扩大进口创造了更加有利的外部环境,虽然嘉兴市进口增速同比下降0.8个百分点,但仍高于全省5个百分点。一是进口龙头企业发挥显著作用。全市共有进口实绩的企业2001家,同比增加35家。其中前20位企业的进口总额为38.3亿美元,占全市进口的比重达41.9%,比上年提高1.6个百分点。在这20家企业中,进口额超1亿美元以上且增速高于100%的企业有5家。二是内资企业进口表现优于外商投资企业。全市内资企业进口41.4亿美元,同比增长14.2%,占全市进口比重为45.3%,比上年提高5.9个百分点。其中,民营企业进口37.8亿美元,增长10.7%;国有企业进口3.6亿美元,增长68.3%。外商投资企业进口50.0亿美元,同比下降10.5%,占全市进口比重为54.7%。三是设备和资源型产品进口较快。设备及其零件进口6.97亿美元,同比增长10.5%;有机化学品进口21.5亿美元,同比增长12.3%;木浆进口6.6亿美元,同比增长25.9%;木及木制品进口4.56亿美元,同比增长22%;生皮及皮革进口4.1亿美元,同比增长11.7%;矿物燃料、矿物油及产品进口2.8亿美元,同比增长6%。

利用外资

2012年,全市新批外商投资项目234个。其中,合同利用外资28.14亿美元,同比下降9.6%,完成全年目标的113%;实际利用外资17.82亿美元,同比增长3.5%,完成全年目标的127%。合同外资和实际外资均居全省第三位。

重大项目数量减少,规模层次有所提高。全市总投资(增资)1000万美元以上大项目140个,较上年减少31个,其中总投资(增资)3000万美元以上大项目46个,较上年减少16个;总投资(增资)5000万美元以上大项目20个,较上年减少11个;总投资(增资)1亿美元以上大项目4个,较上年减少1个。尽管重大项目数量有所减少,但项目规模层次却有提高,总投资(增资)1000万美元以上大项目合同外资占总量的90%,平均单个项目合同外资1803万美元,2011年平均为1723万美元。全市新引进了日本日立和三菱化学2个世界500强投资项目以及总投资9800万美元的敏实投资性公司项目。重大项目中,世界五百强、行业龙头、上市企业增资项目居多,包括壳牌化工、杰富意容器、日本电产、富鼎电子、昱辉能源、海利普电子、卫星股份等。

产业结构调整明显,三次产业态趋于丰富。全市第一、二、三产业合同利用外资比重分别为0.7%、56.2%和43.1%,实际利用外资比重分别为1.7%、67.3%和31%。第一产业比重低,但增幅最为明显,合同外资和实际外资同比分别增长353%和20%;第二产业合同外资同比下降27%,实际外资增长5.7%,合同外资几乎全行业下降,纺织、皮革、化工等传统、低端制造业下降尤为明显,而通信设备、计算机制造业、交通运输设备制造业、通用设备制造业虽也有不同程度下降,但利用外资行业排名仍居前列。第三产业合同外资同比增长26.6%,实际外资微降1.6%,行业业态趋于多元化,商务服务业、房地产业和批发业成为拉动服务业利用外资前三大行业,多数行业呈现较快增长,计算机服务和软件业合同外资增长1318%、批发零售业增长111%、租赁和商务服务业增长59%、交通运输仓储业增长64%、居民服务业增长1353%。

投资来源趋于多元,发达国家比重提高。投资前十位的国家和地区中除港台地区、自由港、日韩外,美国、加拿大、卢森堡、德国、新西兰、澳大利亚等国家和地区投资比重逐步提高。来自亚洲的合同外资和实际外资比重分别为65.2%和65.6%,自由港分别为15.9%和19.4%,欧洲分别为4.1%和7.4%,北美分别为8.5%和2.3%,发达七国(美、英、法、德、意、加、日)分别为16%和13.7%,较上年分别提高了8个和5.7个百分点。从增速看,来自北美的投资增长较快,合同外资同比增长1314%,其中,加拿大增长1499%,美国增长972%;来自亚洲的合同外资同比下降19.2%,其中,韩国增长149%,日本增长4.4%,中国香港特别行政区下降20%,中国台湾地区下降51%;来自欧洲的合同外资同比下降56%。

开发区比重较稳定,增速好于全市面上。按整合提升区域统计,全市省级以上开发区(园区)合同外资24.86亿美元,同比下降5%,占全市合同外资的88%;实际利用外资15.45美元,同比增长8%,占全市实际利用外资的87%。开发区利用外资好于全市面上水平,合同外资降幅低于全市面上4.6个百分点,实际外资增幅高于全市面上4.5个百分点,完成全年目标的113%和126%。

投资方式偏于单一,功能项目为数不多。利用外资仍以绿地投资项目为主,增资、并购等投资比重未有显著提高,增资项目合同外资10.58亿美元,占比38%;新增7家外资并购企业,较上年减少1家,合同外资413万美元;鼓励类项目合同外资9.75亿美元,占比35%,较上年下降3个百分点。

对外经济技术合作

2012年,全市新批境外投资项目和增资项目57个,投资总额35158万美元。其中中方投资额32999万美元,同比下降12.4%。全市对外承包工程和劳务合作营业额18590万美元,同比增长104.9%。

境外投资依然以大项目为主。境外投资额在500万美元以上的投(增)资项目12个,投资总额达31282万美元(其中中方投资额29582万美元),占全市境外投资总额的89%,平均单个大项目投资额为2606万美元。其中:浙江华友钴业股份有限公司进一步扩大在刚果的资源开发力度;巨石集团有限公司为在香港设立的巨石集团香港有限公司增资;浙江桐昆控股集团有限公司在加拿大设立公司;浙江尖山光电股份有限公司在香港特别行政区设立公司;嘉兴埃迪尔丝绸有限公司并购意大利塞尔里尼制丝有限公司等。

境外资源开发仍然是嘉兴市境外投资的重点之一。境外资源开发投(增)资项目虽然只有3个,投资总额达9914万美元(其中中方投资额9200万美元),占全市境外投资总额的28%。资源开发项目仍然是嘉兴市境外投资的重点之一。三个资源开发项目是:浙江华友钴业股份有限公司在刚果(金)的铜钴矿共同开发项目;浙江泛亚装饰面板有限公司在美国投资设立圆农木材有限公司;振石控股集团有限公司为在印度尼西亚南雅加达的贾尔巴克提林塔斯努沙登加拉有限公司增资。

企业境外营销机构越来越多。境外营销机构的新批项目和增资项目共43个，投资总额18493万美元(其中中方投资额18288万美元)，占境外投资总额的53%。在新批和增资的境外营销机构中,500万美元以上的投(增)资项目有4个,如:巨石集团有限公司为在香港设立的巨石集团香港有限公司增资;浙江桐昆控股集团有限公司在加拿大投资设立公司;浙江尖山光电股份有限公司在香港设立公司;振石控股集团有限公司为在香港的振石集团(香港)和石复合材料有限公司增资。

境外生产型项目比往年有所增加。境外投(增)资生产型项目共10个,投资总额5799万美元(其中中方投资额4559万美元),占境外投资总额的16%。在新批和增资的境外生产型项目中,投资500万美元以上的投(增)资项目有3个,如:嘉兴埃迪尔丝绸有限公司在意大利投资设立塞尔里尼制丝有限公司;浙江众成包装材料股份有限公司在美国设立众成包装(美国)公司;海宁宇立塑胶有限公司在泰国泰中罗勇工业园内投资设立宇立塑胶(泰国)有限公司。这些企业都将生产和销售扩大到境外,境外投资中生产型项目比往年有所增加。

境外经贸合作区投资促进工作有了收获。近年来我市各级商务部门积极做好境外经贸合作区的投资促进工作,充分利用各种境外投资促进机会,组织各种推介活动,为企业搭建交流合作的平台，推动企业到境外园区发展，取得了一定的效果。2012年有两家企业成功到境外园区落户。

对外承包工程又有新的进展。2012年,对外承包工程营业额完成17634万美元,比上年增长128%。对外工程承包营业额主要是华友钴业股份有限公司在非洲的配套工程项目,尖山光电股份有限公司德国光伏电站项目和浙江鸿翔建设集团在马来西亚国立高中项目。在对外承包工程方面,还有多家企业正在努力提高开展境外承包工程的能力与水平,积极寻找境外承包工程项目与合作。

服务外包

2012年,全市围绕“聚焦发展”和“扩规模、提质量”的总体要求,以加快示范园区建设为重点,以壮大企业主体和业务规模为基础,以开展招商引资和招才引智为手段,狠抓落实,充分利用内外两种资源,积极拓展两个市场,服务外包各项任务圆满完成预期目标。全年业务呈现年初低开、年中平稳、四季度较快增长的态势。全市实现服务外包签约合同金额8.66亿元，同比增长40.9%；合同执行金额6.07亿元，同比增长40.6%,其中离岸合同执行金额4410.05万美元,同比增长32.25%,比2010年翻了二番。接包合同金额、合同执行金额及离岸执行金额分别完成年初制定的工作目标108.2%、110.3%及110.3%。全年新增注册服务外包企业47家,累计企业数达248家;其中,在商务部服务外包业务管理与统计系统内有业务报送实绩的企业96家。96家企业中，签约合同金额在1000万美元及以上的有2家，合同金额在500万到1000万美元的有6家,合同金额在100万到500万美元的有21家;执行金额在1000万美元及以上的企业有1家,执行金额在500万—1000万美元的有3家,执行金额在100万—500万美元的有21家。

人才培训略有不足。2012年,全市共培训服务外包从业人员4065人,同比减少20.4%,其中省级、市级服务外包人才培训机构培训3675人。从各省级、市级服务外包人才培训机构开班情况来看,由于杭州、无锡等地培训机构加大了培训的支持力度,我市培训机构存在开班不足,生源不够的情况。

省级、市级服务外包示范园区建设取得新进展。一是业务规模有所扩大。全市11个省级、市级服务外包示范园区完成签约合同金额7.52亿元，同比增长41.95%；完成合同执行金额5.42亿元,同比增长48.21%,其中离岸合同执行金额3309.97万美元,同比增长27.55%。示范园区合同执行金额、离岸合同执行金额分别占到全市的89%、75%。二是园区建设有新成就。据统计,全年各示范园区共投入建设资金17.07亿元,其中用于公共平台建设投入 9988 万元，建成服务外包业务用房 107019 平方米，为服务外包产业快速发展打下了良好基础。

国际贸易促进

2012 年，中国国际贸易促进委员会嘉兴市支会(简称市贸促会)以科学发展观为指导,围绕“十二五”规划战略目标,坚持把“拓市场、稳增长”作为贸促工作的首要任务,把“调结构、促转型”作为工作的落脚点和出发点,积极开展各项贸易促进服务工作。

认真做好各类证书签发工作。全年共签发一般原产地证书 49421 份,同比增长 16%;各类单据认证 1539 份,同比增长 9.6%;出具各类国际商事证明 4791 份，同比增长 11.4%；办理 ATA 单证册 6 份，代办使馆认证 1465 份，同比下降 14%;签发优惠国原产地证书 1210 份,同比增长 25.2%,主要涉及印度、秘鲁、韩国、新加坡、新西兰、孟加拉国、斯里兰卡、哥斯达黎加、中国台湾地区等国家和地区。

加大开拓国际市场力度。全年市贸促会共组织 67 家企业,120 人次，分别赴香港特别行政区、日本、俄罗斯、波兰、约旦、阿联酋、德国等国家和地区参加各类展览会 11 次，共计摊位 75 个,展出面积近 700 平方米,其中境外主办展会 1 个,同时组织境外考察团组 4 个,共计 25 人次。

组织各类商务洽谈活动。2012 年参与了“2012 长三角·嘉兴投资贸易洽谈会”的组织活动，成功举办了嘉兴市第二届商务人才选拔大赛,同时还分别举办了“国际货运运价交易知识培训班”、“输美消费品质量安全新趋势研讨会”等相关活动,组织企业参加“浙港企业转型升级活动周”以及“浙商创业创新洽谈会”等活动,参加活动人员达 800 多人次。

加强组织建设和自身建设。一是顺利完成了贸促会的换届选举。选举产生了新一届贸促会会长。二是自身建设得到了进一步加强。内强素质、外塑形象,团队精神得到巩固。三是继续壮大会员队伍,全年新注册会员 227 家,会员企业总数达到 1428 家。四是建立嘉兴市贸促会网站,贸促会对外影响进一步扩大。

（嘉兴市商务局　徐伟强）

2012年绍兴市商务

2012年,全市商务系统根据绍兴市委、市政府总体决策部署,围绕“开放商务,阳光商务,民生商务”工作主题,主动应对宏观形势变化,强化服务,狠抓落实,切实增强应对和创新能力,全市商务运行总体保持平稳发展态势。

内　需

2012年,全市社会消费品零售总额达1158.7亿元,比上年增长15.1%,其中城镇实现社会消费品零售总额1000.3亿元,比上年增长15.1%;乡村实现零售总额158.4亿元,比上年增长15.0%。

生活必需品市场平稳运行,供应充足,猪肉需求量和价格都有所上升,蔬菜价格略有下降。12月社会总生猪消耗量为138486头,本地屠宰137596头,分别比上年同期上升5.6%和6.4%;毛猪到厂收购价格为16.91元/公斤,环比上升9.7%,白条猪肉平均出厂价格为21.9元/公斤,环比上升9.7%。据市蔬菜果品批发交易市场监测,12月蔬菜交易量为23157吨,成交额为14820万元,成交量和成交额环比分别下降5.6%和增长0.7%,同比分别下降12.1%和19.3%,本期监测品种47个,价格比上年平均下降了0.7%,其中上涨的品种15个,下降的品种32个。

重点流通企业运行良好。列入绍兴市商务局监测的14家重点百货零售企业共实现销售额69.4亿元,比上年增长6.4%;20家重点住宿餐饮企业实现营业额28.8亿元,比上年增长12.4%;13家重点超市连锁企业实现营业额55.8亿元,比上年增长10.5%;15家重点商品交易市场实现交易额1900.2亿元,比上年增长6.0%;绍兴·中国汽车城共销售汽车37040辆,实现销售额106.2亿万元,比上年增长8.4%,实现维修产值7.4亿元。

对外贸易

2012年,全市完成进出口总额321亿美元,比上年下降4.2%,其中出口总额255.6亿美元,比上年下降1.7%,进口65.4亿美元,比上年下降13%。进出口总额、出口总额居全省第三位,进口总额居全省第四位;进出口增幅居全省第十位,出口增幅居全省第十位,进口增幅居全省第九位。

全市纺织服装、机电和化工医药三大支柱出口产业累计出口229亿美元,占全市出口比重近90%,其中纺织服装出口172亿美元,比上年微降0.6%;化工医药出口15.8亿美元,比上年增长4.1%,机电产品出口41.5亿美元,比上年下降10.1%。

全市与203个国家和地区开展贸易往来,比上年增加7个,其中出口超千万美元的国家和地区111个,比上年增加4个。在15个主要出口国家和地区中,出口前三位的为美国、阿联酋、巴西,分别出口33.2亿美元、14.3亿美元、12.3亿美元,增幅排在前列的分别是巴基斯坦、越南、俄罗斯,分别比上年增长20.6%、16.6%和9.5%。

全市新登记备案企业1656家,累计获进出口经营权企业13934家。至2012年底,全市有出口实绩企业7789家(包括三资企业),比上年增加554家。其中当年新开展自营出口业务企业有1390家,比上年增加38家,出口额为11.6亿美元。全市出口超1000万美元企业578家,比上年减少1家。

全市加工贸易进出口36.4亿美元，比上年下降10.3%，其中加工贸易出口24.4亿美元，比上年下降9.9%，增幅低于一般贸易出口增幅10.6个百分点，占全市出口总额的9.5%。加工贸易出口比重同比下降0.9个百分点。

全市进口总额65.4亿美元，比上年下降13.0%，其中一般贸易进口52.7亿美元，比上年下降12.3%，占全市进口总额的80.6%；加工贸易进口12亿美元，比上年下降11.1%，占全市进口总额的18.4%。

利用外资

2012年，全市新批外资项目134个，比上年减少61个，合同外资8.3亿美元，比上年下降28%；实到外资9.5亿美元，比上年增长18.6%。截至2012年末，全市历年批准外商投资企业5697家，历年累计总投资366.9亿美元，历年累计合同外资186.7亿美元，历年累计实到外资103.2亿美元。

全市新增项目平均投资规模1153.7万美元，比上年增长6.9%；当年共引进千万美元以上大项目48个（其中增资项目10个），比上年减少22个，千万美元以上的大项目合同外资5.8亿美元，占全市总量的69.5%，其中3000万美元以上大项目有14个，分别是诸暨5个，上虞市4个，绍兴县2个，绍兴高新区、袍江经开区和新昌县各1个。

全市新引进高技术行业项目10个，合同外资4635万美元，比上年增长20.5%，实到外资4539万美元，比上年下降29.4%，合同外资和实到外资分别占全市总量的5.6%和4.8%，吸收外资来源主要是医药、医药设备的制造和电子及通信设备制造；机电类行业共引进外资项目33个，合同外资1.9亿美元，比上年下降60.5%，实到外资3亿美元，比上年增长4.1%。

全市开发区继续发挥招商引资主战场作用。全市开发区新批项目63个，比上年减少13个，合同外资5.9亿美元，比上年下降27.6%，实到外资近7亿美元，比上年增长23.6%，分别占全市总量的70.9%和73.1%；合同外资和实到外资占比比重分别比上年提高0.5个和3.1个百分点。

对外经济合作

2012年，全市新批境外投资企业65家（其中增资企业13家），境外企业投资总额28987万美元，其中中方投资额25854万美元，比上年下降62.8%。截至2012年末，全市历年累计批准境外投资企业994家，总投资21.6亿美元，其中中方投资额20.6亿美元。全市外派劳务71人次，年末在外人数219人。

境外投资大项目突出。全市新批境外投资总额在500万美元以上的投资和增资项目16只，投资总额2.3亿美元，占全市总量的80%。

对外承包工程有新的进展。全市新签对外承包工程合同额65474万美元，比上年下降80.9%，完成对外承包工程营业额43827万美元，比上年下降4.1%，其中实际境外工程营业额10589万美元，比上年下降2%。长江精工钢结构（集团）股份有限公司签约承接沙特阿普杜勒阿齐兹国王机场，合同金额7490万美元；在建浙江菲达环保科技有限公司在印度的除尘器安装调试和运行项目已实现工程营业额近2000万美元。

境外投资风险有所增加。非洲、中东地区是绍兴市境外投资热点地区，受当地政局影响，现有境外投资企业安全运营问题受到考验。

服务外包

2012年，全市新增服务外包注册企业52家，累计达到172家，新增服务外包从业人员16218人，比上年增长351.4%，历年累计服务外包从业人员26572人。

全市服务外包合同签订额10262万美元，其中离岸合同额7545万美元，比上年下降18.7%；完成合同执行额8071万美元，其中离岸执行额6508万美元，比上年增长16.9%，完成全年预期目标的108.5%。

全市承接离岸业务中，来自瑞士的离岸执行额达到3016万美元，占全市总量的46.3%，来自中国香港特别行政区的离岸执行额为 991 万美元,占总量的 15.2%,来自美国的离岸执行额为 510 万美元,占总量的 7.8%,以及英国、日本、巴西、德国、新加坡、意大利、南非、韩国、俄罗斯、印度等 42 个国家及地区。

承接的业务类型以新昌的医药外包、绍兴高新区的软件设计、物流运输以及绍兴县的工业设计为主。

(绍兴市商务局综合处　程素国)

2012 年金华市商务

概　述

2012 年，面对严峻的国内外经济形势，金华市商务工作在省商务厅和市委、市政府的正确领导下，围绕“赶超发展、浙中崛起”这一主题，深入实施“商贸富市”、“开放带动”战略，努力适应经济发展方式调整新要求，准确把握商务工作新趋势，积极构建内外贸统筹发展新格局，切实采取发展内贸保民生、促消费，稳定外贸保就业、促增长，强化外资调结构、增动力，扩大外经调资源、增实力，推动外包抓示范、强集聚等新举措，全市商务工作总体保持良好发展态势。

国内贸易

2012 年金华实现社会消费品零售总额 1260.41 亿元，增长 15.7%。城乡消费市场同步增长，其中城镇消费品零售额为 1064.70 亿元，增长 15.7%；乡村消费品零售额为 195.71 亿元，增长 15.8%。分行业看，批发零售业零售额 1141.10 亿元，增长 15.8%；住宿餐饮业零售额 119.31 亿元，增长 15.5%。

消费市场繁荣活跃。在限额以上批发零售业零售额中，服装鞋帽针纺织品类、日用品类、金银珠宝类、化妆品类零售额分别为 36.86 亿、6.90 亿、7.31 亿、3.35 亿元，分别增长 36.3%、5.5%、22.9%、27.3%。中西药品类、通讯器材类零售额分别为 24.41 亿、1.64 亿元，分别增长 22.3%、27.4%。汽车类、石油及制品类增速较上年略有下降，汽车类零售额 229.38 亿元，增长 5.8%；石油及制品类零售额 126.33 亿元，增长 14.0%。

农村网络建设推进。推进“万村千乡市场工程”。全年增加农超对接农户 2600 户；全市新建村级便民连锁店 395 家，其中市区新增村级连锁店 107 家，全市行政村覆盖率达 95%，连锁超市覆盖率 100%。“家电下乡”工作有序开展。2012 年，全市销售家电下乡产品 43.44 万台，比上年增长 31.08%，销售额 11.4 亿元，比上年增长 32.3%。

国家试点稳步推进。开展国家级家政服务体系建设试点。1 家网络服务中心、3 家龙头企业、12 家中小型企业通过验收。开展国家级现代农产品流通体系建设试点。市区 12 个列入试点的项目完成总投资 2.67 亿元，改造面积 12.5 万平方米，改造后市场环境、市场信息化水平有了明显提升，市场营业额增加 20.7%。开展国家级再生资源回收体系建设试点。确定了再生资源交易市场的承办主体，5 个分拣中心、188 个回收网点的建设任务分解落实到位。开展国家级中小商贸流通企业服务体系建设试点。注册成立金华市中小商贸流通企业服务中心，20 个服务联系点、100 家专业服务机构和服务商的筛选和培育工作全面展开。

商品市场繁荣发达。2012 年全市共有各类市场 450 个，商品交易市场年成交额 1904.77 亿元，比上年增长 10.3%，其中年成交额超亿元的市场 59 个，总成交额 1994 亿元，比上年增长 13.6%。义乌中国小商品城 2012 年成交额 580 亿元，连续 22 年居全国各类专业市场之首。永康中国科技五金城 2012 年成交额 470 亿元，居全国同类市场首位。

对外贸易

2012 年金华实现外贸进出口总额 227.4 亿

美元,同比增长 38.4%,增幅高于全国、全省 32.2 个和 37.5 个百分点。其中出口 213.1 亿美元,同比增长 40.7%,增幅高于全国、全省 32.8 个和 36.9 个百分点。进出口、出口增幅跃居全省第一,出口总量赶超嘉兴、温州、台州位居全省第四位,实现了赶超发展。

市场采购强劲增长,有力拉动全省出口。2012 年,全市以"市场采购"方式出口 52.7 亿美元,占全市全年总出口额的 23.2%,拉动全省出口增幅提高 2.4 个百分点(全省增长 3.8%)。其中义乌市场采购出口 49.1 亿美元,占全年金华市出口总额的 23.04%。

出口有效主体增加,出口企业规模明显扩大。全年新增备案企业 1534 家,全市有出口实绩企业 5059 家,比上年净增 632 家;其中出口超 1000 万美元企业 481 家,比上年净增 132 家。出口市场结构优化。全市与 223 个国家和地区建立了贸易关系,其中出口超 1 亿美元的国家和地区 51 个,比上年增加 12 个。

机电产品出口稳定增长,小商品增势走强。2012 年,全市机电产品出口 91.4 亿美元,同比增长 30.88%,保持稳定增长。服装、纺织品出口增势继续走强,分别实现 34.6 亿、15.5 亿美元出口,增幅达 31.68%、31.56%。受刚性消费需求和"市场采购"贸易出口带动,小商品出口增长强劲,其中塑料制小雕塑品及其他装饰品出口 3.31 亿美元,增长 228.25%,增幅比上年提高 32.65 个百分点;塑料或纺织材料作面的提箱、小手袋等出口 2.38 亿美元,同比增长 122.64%。

新兴市场出口比重提升,对日出口持续下降。在对美国、金砖国家等重要贸易伙伴出口保持稳定增长的基础上对非洲出口 25.94 亿美元,同比增长 141.54%,占比提高 5.08 个百分点;对拉丁美洲出口 24.98 亿美元,同比增长 64.74%,占比提高 1.71 个百分点。但对日本出口出现持续下滑,全年仅出口 5.16 亿美元,同比下降 21.16%,连续第 12 个月下降。

进口增速保持稳定。2012 年,全市进口 14.25 亿美元,同比增长 10.64%。台湾地区为金华市最大的进口市场,2012 年累计进口 2.60 亿美元,同比增长 18.12%,占金华市进口总值的 18.24%。其次分别为美国、越南。从进口产品看,初级形状的塑料(2.16 亿美元)、铜及其制品(1.91 亿美元)、棉纱(1.91 亿美元)、铝及其制品(1.64 亿美元)是金华市的主要进口产品。从贸易方式看,进口仍以一般贸易为主。

利用外资

2012 年,金华新批外商投资企业 88 家,合同利用外资 3.49 亿美元,同比增长 7.73%,实际利用外资 2.83 亿美元,同比增长 21.44%。

工业制造业继续占主导地位。全年新批工业制造业外资项目 26 个,其中总投资超 1000 万美元工业项目 10 个,工业项目实到外资 17184 万美元,占全市实到外资总数的 80.14%。新设立一批科技含量较高或新能源类的外资项目,其合同利用外资占全市新批工业制造业项目合同利用外资总额的 42%,优化了金华市利用外资的结构。

外商投资大项目呈现主体作用。全市新设立总投资 1000 万美元以上项目 12 个,其中总投资 3000 万美元以上的项目 3 个,合计总投资 33878 万美元,合同利用外资 13415 万美元,合同利用外资占总数的 62.56%。

三产领域项目投资占比较高。全市新设立第三产业外资项目 60 个,占新批项目数的 68.18%;累计合同利用外资 5764 万美元,占全市新批合同利用外资总额的 26.88%。从总体看来,金华市三产外资企业呈现"项目个数多、投资规模小、经营范围窄"的特点。

独资企业成为主要投资类型。全年新批外商独资企业 73 个,合同利用外资 16065 万美元,占新批合同利用外资总额的 74.92%;中外合资项目 15 个,合同利用外资 5309 万美元,占新批合同利用外资总额的 24.76%。

外商投资合伙企业异军突起。截至 2012 年底,全市累计登记注册外商合伙企业 1345 家,外方认缴出资额 6021.64 万美元,占全市合同利用外资的 17.24%,占全市实际利用外资总额的 21.27%。其中,义乌市 1283 家,外方认缴出资额为 5773.94 万美元,占全市外商合伙企业外方认缴额的 95.89%。

对外经济合作

2012 年，金华审批核准境外投资企业（机构）46 家，境外投资总额 4.17 亿美元，同比增长 180.24%；中方投资 2.72 亿美元，同比增长 171.40%，投资额列全省第三，增幅居全省第一。全市对外承包工程劳务合作完成营业额 25774 万美元，列全省第三，比上年同期增长 8.98%。派出各类劳务人员 1843 人次，年末在外各类劳务人员 2396 人，雇佣项目所在国人员数量 548 人。

境外营销网络建设扎实推进。2012 年全市新批境外营销网络（贸易公司、办事处等）29 家，占项目总数的 63%。遍及美国、英国、加拿大、澳大利亚、俄罗斯、阿联酋和中国香港特别行政区等国家和地区，涉及汽摩配、电动工具及配件、旅游休闲用品、健身器材等多种行业。信达照明、亚太家纺、联山竹制品和天地运动器械、三叶富新机车等一批企业纷纷在境外设立营销网络（机构）。

企业“走出去”与境外公司合作力度加大。金华市浙江世丰投资有限公司与俄方合作投资设立“莫斯科—义乌国际商贸中心”，累计投资总额达 15800 万美元，中方投资额 3950 万美元。青年汽车投资并购荷兰世爵股份有限公司，总投资额超过 6427 万美元。有 10 个超千万美元投（增）资项目直接做大金华市对外投资规模。

以增资并购方式实施的境外投资大项目增多。2012 年全市境外投资增资总额 11220 万美元，占中方投资额的 41.25%。除世丰投资、青年汽车外，香港华谊兄弟国际有限公司增资 6000 万美元；温商科技集团增资 5000 万美元，在瑞典建设龙门旅游商贸城项目；美国绣锦实业股份有限公司增资 830 万美元；横店集团香港国际有限公司增资 980 万美元，香港康恩贝国际有限公司增资 400 万美元；郑泰工程机械有限公司投资 1750 万美元，在香港设立“东海（香港）国际控股集团有限公司”，并购奥地利高斯控股有限公司全部股权。

对外承包工程建设项目稳步发展。东三建在阿尔及利亚百套住宅工程稳步推进，完成工程营业额 13563 万美元，占全市对外承包工程总额的 52.62%；中天集团实现了以总承包方式承接阿尔及利亚住宅项目；金轮机电在巴基斯坦开展包括大坝土建工程在内的水电站总承包 EPC 项目；中高动力科技股份有限公司在利比里亚承建 23MW 重油发电项目、在巴基斯坦建设 16MW 重油电站项目以及沙特电站项目，有力拉动了金华市对外承包工程营业额的增长。

服务外包

2012 年，金华服务外包离岸合同签约额 17016 万美元，同比增长 68%；离岸合同执行额 13106.45 万美元，创历史新高，同比增长 39.1%。

重视企业主体培育。全市在商务部服务外包系统中注册登记的服务外包企业已达 153 家，从业人员超 1.8 万人。从事电子商务的企业数大幅增加，龙头骨干企业的发展迅猛。有 3 家企业被评为省重点电子商务企业，有 4 个平台被评为省重点电子商务第三方平台。电子商务年交易额在 850 亿元以上。

人才培训成效明显。全年市区四个省级服务外包培训机构共开班 60 期，培训 4029 人。义乌市自主开发的第三方电子商务交易平台“义乌购”正式上线，与中科院签订国际电子商务城合作项目，5 万平方米的国际商贸城电子商务专区、11 万平方米的网商创业园投入使用。兰溪市积极扶持引导康恩贝公司以保健品官方旗舰店、元邦官方旗舰店的运作模式拓展电子商务销售。

（金华市商务局）

附:

2012年金华市商务发展情况表

单位:亿美元

项　目		金　额	同比增长(%)
国内贸易	社会消费品零售总额(亿元)	1260.41	15.7
对外贸易	进出口	227.4	38.4
	出口	213.1	40.7
	进口	14.25	10.6
利用外资	项目个数(个)	88	-21.43
	合同利用外资	3.49	7.73
	实际利用外资	2.83	21.44
对外经济合作	境外投资项目(个)	46	119.05
	境外投资中方投资额	2.72	171.4
服务外包	离岸执行额	1.31	39.1

2012年衢州市商务

概　述

2012年，全市商务系统积极应对世界经济增长放缓、全球贸易增速回落、国际金融市场剧烈动荡的不利形势和国内物价上涨、国家宏观经济政策收紧的压力，认真贯彻全省商务工作会议、市委六届一次全会和市政府工作报告年初工作部署，准确研判形势，强化应对措施，创新工作思路，圆满完成了各项任务。衢州市商务局荣获市级机关“最佳满意单位”、行政服务中心窗口被评为“红旗窗口”和高效服务窗口，此外，还荣获“2012中国食品博览会”最佳设计奖、全省进出口公平贸易工作十周年先进集体、第111届广交会三等奖等10多项荣誉称号。

国内贸易：全市社会消费品零售总额397亿元，同比增长15.2%。其中城镇社会消费品零售额343亿元，乡村54亿元，同比分别增长14.7%和29.3%。

对外贸易：全市进出口总额30亿美元，同比增长12.4%，增幅全省排名第三。其中进口额12亿美元，同比增长25.3%，增幅连续12个月排名全省第一；出口额19亿美元，同比增长5.6%，增幅全省排名第四。

利用外资：全市累计新批外商投资企业14家，增资项目3个，减资项目6个，实际到资项目21个，实际利用外资5067万美元，同比增长11.58%，顺利完成全年利用外资目标任务。

对外经济合作：全市新批境外投资项目11个，其中新设企业项目9个，增资项目2个，中方投资额5735万美元，同比增长145%。境外投资大项目增多，超额完成省商务厅下达的全年境外投资目标任务的956%。

服务贸易：全市服务外包离岸合同额62万美元，离岸外包合同执行额57万美元，服务贸易实现了零的突破。

2012年，全市商务工作坚持“内外贸并举、内外资同步”的工作思路，强化内外贸工作融合，奋力实现商务经济新突破。国内贸易注入新动力。全面推进现代商贸流通三大体系建设，主动赴部对接商贸流通业重点项目；家电下乡产品销售再创佳绩，“千镇连锁超市”工程成效显著；被确定为全国家政服务体系建设试点城市，获得中央财政促进服务业发展专项资金支持。对外贸易推出新举措。积极组织境内外各类国际性展会，广交会参展企业数和展位数均创历史新高；全市新启动出口业务企业116家，新增出口额1.22亿美元，带动全市出口增长5个百分点，成为拉动全市出口新的增长点；打造省级氟硅新材料、木门和国家级蜂产品等一批出口产品基地，加强蜂产品等6个省级外贸预警点建设。外资转型助力新提升。推进外资政策修订，开展外资管理服务创新竞赛和外商投资企业服务月活动，提高外资服务管理水平；稳步推进开发区整合提升，市开发区荣获省开发区特色品牌园区和整合提升先进单位等荣誉。外经合作推动新跨越。境外投资大项目增多，提前并超额完成省商务厅下达的全年境外投资目标任务。服务贸易实现零突破。着力搭建服务平台，打造国际服务贸易统计监测平台，组织服务外包企业组团参加各类展会活动；着力推进人才培训，着力推动政策引导。优化环境取得新成效。通过简政放权和审批流程再造，行政许可办理速度列全省第一，行政服务中心商务窗口形象进一步提升；面对严峻形势，积极应对，多措并举，开展“外经贸企业服务月”、“外经贸政策宣传服务月”、蹲点调研等一系列活动,努力破解企业难题。

保供应、促消费,商贸惠民成效显著

1. 落实扩大内需政策,有效促进消费需求。推动《关于加快衢州餐饮业发展的实施意见》、《关于促进商贸流通业转型发展专项资金的管理办法》等扶持政策出台。家电下乡产品销售再创佳绩,全市销量39.7万台,销售额10.7亿元,同比分别增长68%和84.7%。“千镇连锁超市”工程成效显著,全市新建村级连锁便利店328家,新增便利店行政村116个,全市连锁超市和连锁便利店已达3036家,已建连锁便利店行政村1582个,行政村覆盖率达91.2%。成功举办以“传承民俗文化,促进绿色消费”为主题的“2012衢州中秋民俗文化节暨金秋购物系列活动”,召开了全省中秋民俗文化与中华老字号传承与保护研讨会,主办“醉美衢州”赏月晚会。举办2012衢州春、秋季汽车博览会和家居建材展销会等14次展会,100多万人次参展,成交金额15亿多元。各商家组织开展各类节日促销活动,限额以上企业消费品零售额达67.2亿元,同比增长6.6%。

2. 努力推进项目建设,市场体系不断完善。全市签约和立项商贸流通重点项目112个,其中亿元以上项目68个,总投资达425亿元,已立项或开工建设项目88个,年度实际投资额达60.81亿元。浙西首家大型平价装饰建材超市、百家居装饰建材超市、衢州柏丽大酒店、浙西汽车专业服务市场等一批项目完工投入运营。市农副产品交易中心、上洋专业市场城钢材市场二期、颐高科技创业园、新凤朝建材市场、衢江区东方广场商贸综合体等一批项目进展顺利。积极谋划和招商衢州万达广场大型城市商业综合体项目、农贸城搬迁、南湖广场商圈、南街商圈等一批项目。积极培育衢州市商贸重点企业,市粮食批发交易市场等6家企业被列为浙江省第一批农产品流通龙头企业,衢州东方商厦有限公司等4家企业被列为浙江省第一批农超对接示范流通企业,总家数位列各市之首。推进商贸业节能减排工作,与13家商贸重点企业签订了节能减排责任书,重点企业能耗同比下降4%。

3. 全力推进家政服务,商贸服务有新突破。7家企业列入中央财政促进服务业发展专项资金支持。加快81890和96811家政服务网络平台建设,培育东方家政和喜羊羊城家政公司2家重点企业,开办18期家政服务培训,培训保姆、护理、家电维修、保洁等服务人员1000多人。组织2012衢州市烹饪技能竞赛暨第一届衢州厨师节和美容师职业技能大赛,提升商贸服务能力和水平。组织39家食品生产和采购企业参加2012中国食品博览会,成交额达539万元,其中零售额达96万元,均比上届增长60%以上。创新北京、浙江名品中心衢州馆营销模式,现入驻企业50余家,推介和销售的特色产品480多种,实现销售额80多万元,名列全省前三位。

4. 有效规范市场秩序,商务执法不断强化。发挥行业主管部门职能作用,积极开展返利型电子商务模式调查,排查出8家涉嫌违规违法企业,顺利完成“广聚”等三家电子商务公司的规范整治。做好商务执法主体资格的调整,举办全市商务法律培训班,精心组织法制宣传日活动。开展“放心肉”工程建设,落实各级政府、部门和生猪屠宰企业的责任,与市内6家生猪定点屠宰场签订了“食品安全承诺书”,规范屠宰企业管理制度和屠宰行为。组织实施衢化生猪定点屠宰场点的撤并工作,有效解决社会不稳定因素,提升市区肉品质量安全保障水平。开展以“共建诚信家园、共铸食品安全”为主题的“屠宰企业开放日”活动,招募肉品安全志愿者50名。全面开展打击“黑窝点、黑作坊”、“屠宰环节安全隐患大排查”、“百日行动”等一系列专项整治行动,严厉打击私屠滥宰、病死猪病害猪肉加工经营等违法行为。全年全市生猪屠宰执法2667次,取缔私屠滥宰窝点12个,查处违法案件39件,收缴违法产品23728公斤,销毁不合格产品21640公斤。

推进《衢州市散装水泥发展和应用管理办法》出台,对散装水泥监管工作职责等8项内容进行明确。举办散装水泥专用车辆驾驶员业务技能和安全知识培训4期,培训专用车辆驾驶员64名,截至目前累计举办培训班15期,培训驾驶员571名,合格率达97%。向473辆专用车辆发放了GPS行驶记录装置使用证及安装凭证。对83个在建项目进行城市禁止现场搅拌混凝土和砂浆工作专项检查。全年散装水泥供应量1090万吨，同比下降3.28%；散装水泥供应率63.9%，同比增长3.0个百分点。

稳出口、抓引导，外经贸工作质量提升

1. 全力以赴，着力推动外贸出口。推动《关于促进外经贸稳定增长若干政策的意见》出台，形成了增总量、拓市场、建平台、强保障、优服务五大方面的18条政策措施。与财政局联合制定《衢州市本级外经贸转型升级专项资金使用管理办法》。启动外贸小微企业简易联保工作，优先支持小微外贸企业参加境内外交易会，优先安排小微外贸企业申报中小企业外贸扶持资金。积极开展“拓市场、抓订单、稳外需”活动，推动企业参加境内外各类国际性展会，抢抓出口订单，共组织238家企业参加华交会、广交会、义博会、中国品牌出口商品美国展、波兰展和浙江出口商品（越南）展等境内外大型展销会，共设展位317个，出口成交1.2亿美元。积极赴部、厅对接，第112届广交会衢州市参展企业数59家，展位84个，其中获得品牌展位的企业5家，展位20个，参展企业数和展位数均创历史新高。加强两个省级出口基地（衢州市氟硅新材料、江山木门出口基地）建设，组织申报江山市蜂产品国家级出口基地。帮助企业开展境外商标注册和出口创品牌工作，开山集团等三家企业被新认定为省出口名牌，全市共有6家企业获得浙江出口名牌认定。开展律师团驻对外贸易预警点服务月活动，帮助企业规避国际贸易风险和解决国际贸易纠纷等实际问题。加大出口信用保险推广力度，鼓励出口信用保险项下融资，帮助企业有效避免出口风险。加强蜂产品、化工、轴承、电视天线、纸业和氟硅6个省级外贸预警点建设，及时发布贸易预警信息，其中蜂产品对外贸易预警点连续4年被评为省级优秀。将产业损害预警机制与外贸预警机制相结合，入库企业由原来的19家扩大为40家。市化工外贸预警网发布各类信息1000余条，点击量28万人次，百度搜索量排名跃居第一。加强重点联系企业监测，样本企业由原来的30家扩大到60家，连续三年被评为全省优秀外经贸运行调查监测点。全年签发一般原产地证3906份，区域性优惠原产地证115份，办理国际商事证明书565份，代办领事馆认证172份。

2. 突出重点，努力提升引资水平。推进外资政策修订，进一步提高对利用外资的认识，营造利用外资的良好氛围。充分利用“浙洽会”、“厦洽会”、浙江商务周等平台做好推介宣传和招商活动，积极做好在谈大项目的投资促进工作，力促项目早审批、早落地。总投资8000万美元明旺乳业增资项目、总投资1.9亿美元维达纸业三期项目、总投资15亿港元“北京建设”国际物流项目、总投资10.8亿元人民币饭甑山旅游开发项目等一批重大外资项目陆续签约落地。通过多种渠道有针对性地向120多个世界500强、行业龙头企业发送衢州投资环境等宣传资料，提高衢州知名度。加强与各县（市、区）及一批重点骨干企业的联动，开展“以民引外”、“以外引外”对接世界500强企业的专项招商活动。外资引进工作呈现较好回升势头。

3. 注重引导，“走出去”实现新跨越。重视政策对企业境外投资行为的导向作用，切实开展省级“走出去”扶持政策申报，全市共有2个项目申报2011年度浙江省实施“走出去”战略专项资金，其中浙江永和新型制冷剂有限公司获得中央、省两级20万元的资金补助。加快提升境外投资核准事项方面服务企业的能力和水平，认真做好企业境外投资申报工作指导和服务，境外投资联合年检参检率和统计年报填报率均达95%以上，通过率100%，位于全省前列。深入开展境外中资企业安全管理对照检查工作，促进企业建立相关安全管理体系。综合利用和有效发挥“走出去”会展平台作用，积极组织企业参加各类境内外国际经贸活动，先后组织了20多个单位参加亚非地区贸易投资培训班、境外营销网络培训班、印尼贸易旅游投资论坛会和“浙洽会”等境外投资促进活动，拓宽了企业境外投资融资渠道，增进企业对境外国家（地区）投资环境的认识，有效增强企业对政府服务和境外投资工作的认同感。

4. 完善机制,服务贸易加速发展。通过强化政策支持、引导服务、人才培训、产业调研、沟通交流,实现国际服务外包的零突破和国际服务贸易的良好发展,新认定2家国际服务外包企业和1个综合考试考点。主要承接的业务来自香港和台湾的工业设计和产品技术研发。正式启动国际服务外包人才培训工作,培训人数67人次。国际服务贸易额5286万美元(不含服务外包和转口贸易),主要集中在国际物流、国际旅游、教育培训和其他服务等方面。组织全市服务外包企业参加第一届中国(北京)国际服务贸易大会和转型升级香港博览会(暨浙港企业合作周系列活动)等各类展会活动。

强素质、优服务,商务系统自身建设不断加强

1. 优化服务,努力破解企业难题。积极开展"百日走百企"、"服务企业、服务基层"、"外商投资企业服务月"等系列活动,"外经贸政策宣传服务月"活动组织涉外部门组成10个政策宣讲服务小组,调研走访400多家外贸企业,现场解决问题300多个,为企业献计献策26条,帮助企业解决资金1800多万元,切实帮助企业解决股权变更、增设公交站点、增设电容等问题。利用广交会企业集中参展的机会,组织涉外部门为参展企业服务,现场咨询、解疑。开展国家、省、市外经贸扶持政策宣讲培训,举办全市商务促进政策培训班、涉外法律知识培训班等20余场,培训1500多人次,帮助企业了解并用足、用好各项扶持政策。开展出口信用保险知识宣讲和培训活动,积极引导企业充分利用政策性保险开拓国际市场,帮助企业有效规避贸易风险,提高国际竞争力。积极筹建中小微企业融资服务合作社,30多家企业入社。

2. 加强规范,提高办事效率水平。局机关班子成员确保每周1/3时间、业务处室工作人员确保1/2时间下基层、下企业调研并帮助企业解难题,利用"白加黑"、"五加二"时间加班处理日常工作,调研情况实行"每周一通报"制度,共走访企业559家,收集问题65条,解决38条,走访行政村2个,解决问题2个。以"全省前列,周边领先"为目标,进行审批流程再优化、审批速度再提升,制定了《行政审批工作程序规定》,建立服务时限承诺制等五项制度,在全省商务系统中实现了窗口集中办理的审批事项最多、单个办理事项的审批时限最短、审批权限下放最彻底的目标。全年共办理各项审批业务982件,其中行政许可事项349项,非行政许可事项598项,其他事项35项,按时办结率100%,群众测评优秀率100%,商务窗口连续被评为五星级服务窗口,荣获衢州市"群众满意基层站所(服务窗口)"等荣誉称号。

3. 夯实基础,推进商务全面发展。成立市国际商会、市商贸业联合会,完成市外商投资企业协会换届选举。全市散装水泥办公室机构全部划归商务系统管理,是全省第一个市本级及所辖各县(市、区)散装水泥办公室机构全部归口商务系统管理的市。加强学习型党组织建设,制订干部学习计划,传达学习十八大会议精神,切实改进思想和工作作风,不断提高领导班子和党员干部推动科学发展、服务群众的能力和水平。推进廉政文化建设和政务公开、党务公开工作。严格执行廉洁从政各项规定,加强廉政风险防控机制建设,针对单位机构改革,重新制定廉政风险防控措施,查找风险点325个,编制业务流程图38份,开展廉政监督检查21次。加强和改进调研工作,信息工作在全省商务系统排名第一、位列全市前列,撰写各类分析报告和调研报告40余篇,获得省委书记赵洪祝,省委常委、常务副省长龚正及市委书记陈新等省、市领导的重要批示。成立商务系统全面推进依法行政工作领导小组和普法依法治理工作领导小组,制定"六五"普法规划和年度工作计划,加大对专项资金的监管力度,加强对行政许可、行政处罚的实时监督,顺利通过省行政执法案卷评查。深入推进节约型机关建设。认真做好信访和"两会"提案议案办理工作。

(衢州市商务局)

2012年舟山市商务

概　述

2012年，面对国际国内异常复杂的经济形势，舟山市商务工作紧紧抓住群岛新区建设全面启动的历史契机，全面贯彻落实市委、市政府和省商务厅的决策部署，围绕加快经济方式转变和转型升级主线，稳中求进、转中求好，呈现良好发展势头。舟山市实现社会消费品零售总额290.54亿元，同比增长16.0%。进出口总额153.56亿美元，同比增长15.8%，增幅居全省第二，其中出口92.24亿美元，同比增长23.4%，增幅居全省第二；进口61.32亿美元，同比增长5.9%，增幅居全省第三。实际利用外资1.83亿美元，同比增长70.0%，增幅居全省第三。新批境外投资企业9家，中方投资额3383万美元。实现服务外包离岸合同额2780万美元，离岸合同执行额1093万美元。

国内贸易

国内贸易平稳增长。2012年，舟山市消费品市场规模继续扩张，社会消费品零售总额逐季放大，第一、二、三、四季度分别完成社会消费品零售总额67.62亿元、68.01亿元、73.24亿元、81.67亿元，同比分别增长12.1%、16.5%、15.1%、19.8%，全年累计实现社会消费品零售总额290.54亿元，同比增长16.0%，其中限额以上社会消费品零售总额86.33亿元，同比增长10.5%。从限额以上批发零售业商品零售类别看，通讯器材类消费全年增长1.3倍，食品类、服装鞋帽针纺织品类、中西药品类、石油及制品类分别增长29.0%、23.2%、23.0%和26.8%，汽车类和金银珠宝类增速持续回落，比上年回落63.9个和73.6个百分点。

搞活流通扩大消费。开展了《舟山群岛新区商业网点规划(2012—2020)》预研究工作，组织编制《舟山市商贸流通业“十二五”发展规划》和《舟山市成品油分销体系“十二五”发展规划》，出台《舟山市海上加油船成品油零售经营资格竞标管理办法(试行)》。深入实施“万村千乡市场工程”，成功创建省级现代商贸服务示范镇13个、村3个，实现舟山市所有344个行政村连锁超市、便利店100%覆盖；在11家企业中开展省级农产品流通企业农超对接工作，推进项目8个；六横、大衢商贸综合中心建成并开业。落实国家拉动内需政策，完成家电以旧换新22.74万件，销售额8.6亿元；销售家电下乡产品82325台(件)，金额19411万元。围绕假日消费、会展消费，成功举办“消费促进月”、“金秋新区购物节”等活动，做好浙江商务周、食博会组展工作，累计销售7.88亿元。加快城市社区服务业发展，提升改造家政服务中心1个，培训家政人员500人次。

对外贸易

对外贸易难中求进。2012年，舟山市累计实现进出口总额153.56亿美元，同比增长15.8%；其中出口92.24亿美元，同比增长23.4%；进口61.32亿美元，同比增长5.9%。一是外贸出口高位收官，进口增幅收窄明显。全年外贸出口均保持两位数增幅，年终收涨于23.4%，比去年快增15.7个百分点，拉动全省外贸出口增长21.3%；进口全年呈“前高后低”格局，由一季度的48.4%逐季收缩至四季度的5.9%，单月进口自9月份以来连续4个月“沉落”于水平面，预计后市仍不容乐观。二是加工贸易出口发力，保税仓库货物进口给力。全市加工贸易出口44.03亿美元，同比增长16.6%，比上年增幅扩大32.3个百分点，占全市出口份额的47.7%；全年保税仓库货物进口47.67亿美元，同比增长19.1%，占全市进口份额的77.8%，比上年提高了8.6个百分点。三是主要出口市场平稳，三大出口产业均实现稳增长。全市船舶出口45.09亿美元，同比增长17.9%；水产品出口7.55亿美元，同比增长0.3%；油品出口33.67亿美元，同比增长47.6%。主要出口市场除欧盟下滑33.2%外，香港、日本、东盟、韩国、美国市场均保持了增长态势，年末全市超亿美元和超10亿美元市场分别比去年多增1个和2个，达到10个和5个。四是重点企业对全市出口支撑作用增强。全市20强外贸企业2012年实现出口78.53亿美元，占全市出口额的85.1%，比去年提高2.8个百分点；进出口超亿美元的企业家数比上年多增6家，达到18家；特别在船舶出口形势严峻的状况下，20强中全部8家船企除1家外，其余7家出口均实现增长。五是船舶行业难中求变，弱势格局短期难改。在市场倒逼因素、政府推动的多重作用下，船舶行业难中求变，转型调整加快。部分船企抢抓国家加强海洋维权、发展远洋渔业的机会，积极申请完善有关生产资质，准备进军军品船舶、执法船、远洋渔船等细分市场。海工装备制造也有新突破，一批有条件的骨干船企瞄准市场空白，开发特色海工产品。部分经营困难的船企和难以为继的船舶项目通过搬迁、转产转业、寻求外部合作、引进战略合作等多种方式积极推进重组转型。

调结构促转型。组织企业重点参加希腊海事展、西班牙维哥水产展、迪拜商品交易会三大海事展、三大海鲜展和“广交会”、中国渔博会等符合舟山市产业发展的国内外知名展会，实现优势产业、重点企业与专业行业协会、专业展会的对接。成功举办第四届中国舟山国际渔业博览会，达成出口意向2910万美元、国内贸易意向8200万元，创历届最好。加快船舶、水海产品国家级外贸转型示范基地建设，编制完成基地规划初稿，培育基地内研发、物流、设计展示等公共技术服务平台20多个；牵头组织成立全国水海产品出口基地联盟，被商务部确定为理事长单位。实施出口品牌战略，鼓励和引导外贸企业开展质量体系认证和国际商标注册，岱山通衢等自主品牌成功出口国际市场。大力发展服务贸易，重视扩大舟山文化国际影响力，成功申报国家级文化出口项目1个、省级重点文化出口项目5个。促进贸易平衡，引导企业扩大对关键生产设备及技术、重要原材料、重要工业品进口；启动依托舟山港综合保税区申报国家、省级进口基地前期工作。强化船舶、水产品、油品、贻贝预警分析，坚持输欧虾仁“总量控制、有序出口、价格协调、企业自律”措施，完善政府、协会、企业三方协同的预警体系。

利用外资

利用外资积极有为。2012年，舟山市新批外商投资企业10家，合同外资金额1.75亿美元，实际利用外资1.83亿美元，同比增长70.0%，增幅居全省第三。一是利用外资规模快速扩张。舟山市现有外商投资企业486家，投资总额47.39亿元，其中2012年吸引外商总投资9.28亿美元，注册资本9.13亿美元，分别比上年多增3.18亿美元和5.78亿美元。二是海洋产业规模项目支撑作用明显。新批项目均为船舶修造、仓储物流、海洋科技、海洋旅游综合开发等涉海产业，其中超千万美元大项目7个。三是利用外资方式接连出彩。除外商独资、中外合资方式外，还获批全省首家外商投资股份制融资租赁公司。全年以外引外获批项目6个，合同外资7147万美元，占全市总额的47.5%。四是亚洲仍是舟山市外资主要来源地，共吸引投资1.68亿美元，中国香港特别行政区、新加坡、日本、韩国分列投资前四位。

搭建招商引资平台，圆满完成“浙洽会”、“厦洽会”、中国投资贸易洽谈会、东盟博览会等组团参展任务，成功举办香港·舟山国际商务合作研讨会、韩国船配企业对接会、2012浙江舟山群岛新区船舶投资论坛等招商活动，组织商务代表团赴西澳洲开展专题经贸推介活动。实施外资目标考核，强化市、县(区)、乡镇三级联动抓外资，全面推进重大招商项目攻坚计划，全年新批外商投资企业10家，引进超千万美元外资项目7个，世界500强企业2家、签约项目3个。

对外经济合作

外经合作步伐加快。2012年，舟山市批准设立境外企业9家，中方投资额3383万美元；全年完成外经合作营业额1.64亿美元，同比增长4.9倍。一是对外投资目的地新增巴布亚新几内亚国，覆盖至21个国家和地区，对香港特别行政区、坦桑尼亚列中方投资额前2位。二是投资领域从传统的船舶代理、航运贸易、渔业捕捞拓展到农业资源开发、大豆贸易、技术研发、咨询等领域。三是投资方式更趋灵活，除中方独资外，与境外公司合作成为企业规避投资风险的新选择。

推进"走出去"战略实施。重点利用中国境外经贸合作区招商推进会、"走出去"开放论坛等境外投资促进平台，开展境外投资宣传和指导；重点组织相关企业参加"德国石荷洲推介会"、中德投资贸易促进活动、赴斐济商务考察，开展经贸对接；重点鼓励船舶、水产企业开发境外资源、带动渔工劳务输出、拓展海外销售服务网络；重点开拓远洋鱿鱼国内销售市场，探索打开郑州、成都市场。

服务外包

服务外包态势良好。2012年，舟山市获批浙江省国际服务外包示范园区1个，总数达到2个。依托园区的"舟山服务"正在发力，全年完成服务外包离岸合同额2780万美元，离岸合同执行额1093万美元。

参加了首届京交会，成功举办全省货代物流企业对接会；重视文化产品出口，扩大舟山文化国际影响力，成功申报省级重点文化出口项目5个、国家级文化出口项目1个。

（舟山市商务局）

2012年台州市商务

概 述

2012年，国际金融危机深层次影响继续显现，欧洲主权债务危机深化蔓延，世界经济复苏明显减速，国际市场需求下滑，商务工作面临更加复杂困难的局面。在严峻的形势面前，全市商务系统认真贯彻落实市委、市政府“大干二季度”、“突破三季度”和“决胜四季度”工作部署和任务要求，紧紧围绕年度各项目标，知难而进，自加压力，努力推进台州商务工作全面发展。

1. 消费稳步增长。2012年，台州市全社会消费品零售总额1304.3亿元，同比增长15.2%，超过年度目标0.2个百分点，扣除商品零售价格指数实际增幅为12.5%。

2. 对外贸易知难而进。全市实现进出口总值206.2亿美元，同比增长0.6%，比全省平均水平低0.3个百分点；其中，出口172.4亿美元，同比增长1.2%，比全省低2.6个百分点；进口33.8亿美元，同比下降2.5%，比全省高3.3个百分点。进出口顺差138.6亿美元。

3. 利用外资提前完成。全市外商投资企业总投资(含新批、增资和减资项目)为53829万美元，同比增长356.7%；合同外资78483万美元，同比增长1141.8%；实际外资47520万美元，同比增长232.3%，实到外资完成全年目标的237.6%。

4. 对外经济合作较快增长。全市新批38家境外投资企业，中方投资额8215.6万美元，同比增长28.9%。新批对外经济合作项目1个，累计项目数16个，外派人数65人，对外经济合作营业额3636.29万美元，同比下降50.9%。

5. 服务外包循序渐进。全市新注册服务外包企业13家，同比增加2家，全年服务外包离岸合同额3073万美元，同比增长38.6%，离岸合同执行额2857万美元，同比增长19.6%，完成全年目标的105.8%。

6. 商贸设施建设进度良好。2012年，全市39个商贸流通设施重点建设项目进度良好，全年计划投资38.45亿元，实际完成42.48亿元，完成率达110.5%。2012年，全社会商贸设施建设总投资达58.9亿元。

7. 连锁便利店建设有了新突破。至2012年底，全市累计已有4545个行政村建成村级连锁便民店，覆盖率为90.4%，超额完成省定目标4.4个百分点，其中2012年新增建立便民店的行政村479个。

8. 订单粮食顺利收购。全市全年共入库订单早稻50077吨，比去年同期增长20.8%。共向187户种粮大户发放粮食预购定金1858.04万元，同比增长77.3%，占全省34%。

9. 粮食安全设施建设稳步推进。总投资3.16亿元的市粮食储备配送中心建设工作推进有序，2012年已累计投资8600万元，配送中心交易区已开工建设。

10. 散装水泥节能减排成效明显。全市散装水泥使用量490.2万吨，同比增长10.5%；生产企业散装量194.6万吨，同比下降12.6%；散装率68.2%，同比下降11个百分点；预拌混凝土供应量802万立方米，同比增长12.3%；预拌砂浆供应量4.6万吨，同比下降4.1%。全市因生产使用散装水泥节约标准煤16.7万吨，减少粉尘排放4.5万吨、二氧化碳20.2万吨、二氧化硫149吨，循环综合利用工业废弃物132万吨，创综合经济效益2亿元。

主要工作

1. 着力加强商务工作总体部署。统一思想，凝心聚力。按照2012年度商务局既定的工作思路和目标任务以及市委、市政府“大干二季度”、“突破三季度”和“决战四季度”工作要求，全面及时开展全年工作部署，通过各个层级会议进行精神传达和具体工作布置。成立了由局领导、各职能处室负责人组成的“大干二季度”工作领导小组，进一步部署落实年初提出的各项工作目标，凝心聚力、明确责任，突出重点、把握关键，做到各项工作井然有序、推进有力。

分解目标，落实任务。台州市印发了《关于下达2012年全市商务工作预期目标的通知》，把年度对外贸易、利用外资、对外经济合作、服务外包、行政村连锁便民店建设以及粮食安全责任制考核等具体目标任务下达到各县、市、区商务主管部门，并建立考评制度。同时，还在局机关印发了《关于下达2012年内部工作目标的通知》，根据《政府工作报告》、《台州市商务局2011年工作总结和2012年工作思路》等文件要求，将2012年度具体工作目标分解落实到各处室、事业单位。并积极争取把外贸、外资工作目标列入市委、市政府对各县、市、区的年度经济社会发展目标责任制考核中，增强了工作力度。

突出重点，排好项目。在扎实调查研究的基础上，及时排出了2012年重点推进和组织开展的商务工作和活动项目。主要有，重点支持60个境内外展会，努力做好外贸市场拓展工作；着力推进39个商贸设施重点建设项目，积极推动消费培育和商务环境提升；动态维护200个项目的招商引资项目库，务实开展投资促进活动。同时，全市商务系统深入实施万村千乡市场工程、食品安全工程和粮食保障工程建设，努力实现行政村连锁便民店全覆盖，食品(粮食)安全无事故，市场供应无风险，切实保障商务领域各项工作健康有序平稳发展。

加强调研，及时监测。做好商务运行监测分析，定期发布商务信息，完善统计数据，提高分析质量；充实调整外贸监测企业至216家，县级外贸监测点增至3个；商务部三个监测直报系统样本企业信息数据及时报送率达到100%；认真开展市场和商品销售分析，做好商务预报，新增玉环、仙居2个商务预报试点县，现共有市本级、临海、温岭、玉环、仙居5地开展了商务预报工作；落实商贸流通典型企业统计制度，135家典型企业列入调查统计。加强调查研究，上半年开展了全市范围外向型经济发展调研，走访了6大主导行业的外贸企业24家。并按市委要求赴温岭市城南镇、石桥头镇开展基层改善发展环境调研。第111届“广交会”期间，在广州召开了台州市重点进出口企业座谈会，商讨促进外贸发展对策措施；第112届“广交会”期间，市长吴蔚荣、分管副市长赵跃进和副市长李跃程及市涉外部门负责人组成的代表团考察展览，走访台州参展企业。同时，充分利用广交会平台，发放各种调查问卷近200份，及时掌握第一手信息。借“大干二季度”契机和全市督评等平台，认真开展“抓订单、促转型、保目标——外贸企业服务月”活动，积极走访大中小各种类型层次的外向型企业，深入了解企业发展情况，认真倾听困难问题，送温暖、提信心。11月份，为了制定2013年工作目标和总体思路，组织赴全市各地深入开展了商务综合调研，走访了6个行业协会、50多家内外贸企业，及时掌握真实准确的内外贸发展前景和企业经营信息，为研究谋划新一年工作提供了许多富有价值的基础材料。

打造品牌，以点带面。致力台州商务品牌建设，按照年度计划，认真开展了台州商务各类品牌和荣誉企业的评选工作，以此促进商务领域的发展和升级。2012年共评选了台州市重点流通企业、台州市十大重点特色展会、台州市十大超市、台州市十大精品百货店、台州市自营进出口50强企业、台州市十强外资企业、台州市餐饮名店7大类共142家重点商务企业。继续推进实施出口品牌战略，开展了第五批“台州出口名牌”认定和复评，“吉鑫祥”等39个品牌被认定为“台州出口名牌”；推荐53个品牌参加“浙江出口名牌”认定，新增浙江出口名牌21个，复核15个；至此台州市已共认定“台州出口名牌”132个，获“浙江出口名牌”92个。

2. 着力加强流通体系建设。引导商贸业规范发展,组织开展了“台州市十大超市”、“台州市十大精品百货店”、“台州市餐饮名店”、“台州市重点流通企业”、“台州市重点展会”评定。积极实施消费促进工作,组织开展金秋购物节、台州购物节活动,组团参加中国食品博览会,黄岩、路桥、温岭等地举办了电动车、塑料、工量刃具、泵与电机等展览会。继续做好家电下乡工作,督促家电零售企业开展补贴资金直接兑付;全年销售下乡家电68.2万台,销售额17.1亿元,发放财政补贴20362万元,各项指标均居全省首位。积极推动重点商贸设施建设,39个商贸重点项目完成投资42.48亿元,完成年度计划的110.5%。努力推进菜篮子工程建设,出台了《台州市菜篮子工程建设“十二五”规划》2012年度实施意见,明确了2012年度菜篮子工作任务。大力发展村级连锁便民店,全市新增村级连锁便民店525个,新增有连锁便民店的行政村479个,累计4545个行政村建成了连锁便民店,行政村覆盖率达到90.4%,比上年底提高了9.5个百分点。组织全市连锁龙头企业申报“万村千乡市场工程”国家财政支持项目和省农村商贸服务体系建设财政专项资金补助项目,共获资金补助649.5万元。认真做好成品油、拍卖、典当企业的管理和申报工作。

3. 着力做好市场监管。认真组织开展肉品质量安全整治百日行动,全面完成企业负责人约谈率、培训率100%,签订肉品质量安全承诺率100%,出厂肉品100%通过检疫、检验,屠宰环节出现的病死病害猪、废弃物100%无害化处理的目标,商务局被市政府评为台州市食品安全大整治百日行动先进单位。抓好生猪定屠企业资格审核清理,对全市31个屠宰场(点)逐一进行了审核,顺利通过省级验收。加强定点屠宰企业监督管理,督促企业严格执行无害化处理规程,全市的定点屠宰企业全部安装了视频监控设备,全市定点屠宰场无害化处理生猪1752头,检出并无害化处理生猪产品509774公斤,确保了出场肉品质量。进一步加强“瘦肉精”检测力度,全市定点屠宰企业共抽检生猪尿样68723个,抽检率达4.88%,合格率达99.99%;“瘦肉精”抽检的品种也逐步从盐酸克伦特罗扩展到莱克多巴胺、沙丁胺醇等有害物质。联合开展打击私屠滥宰专项整治行动,全市商务部门共出动执法人员11302人次,检查经营户(含屠宰场)14932个次,查处违法案件22起,收缴违法产品11845公斤。组织开展生猪屠宰企业开放日活动,邀请消费者代表、党代表、人大代表、政协委员以及媒体记者参加,展示了生猪屠宰加工及检疫检测过程,接受社会监督。加强单用途商业预付卡监督管理,已着手发卡企业备案工作。深入开展酒类流通管理,全市已有2986家企业备案登记,备案率达67.5%。认真做好再生资源回收利用工作,台州市区被商务部确定为第三批再生资源回收利用体系建设试点城市,重点建设社区、乡镇标准化再生资源回收网点和分拣中心,市区已有近200家回收站(点)按照“七统一、一规范”要求纳入统一管理,椒江、黄岩和路桥3家再生资源分拣中心已基本建成。编制印发了《台州市散装水泥、预拌混凝土和预拌砂浆“十二五”发展规划》,促进建设,加强监管,维护秩序。

4. 着力促进外贸拓展市场。加强国际市场拓展,印发了2012年重点支持展会项目,确定60场境内外专业展会为重点展会予以支持。先后组织企业参加了第22届“华交会”、第111届“广交会”、第112届“广交会”、第11届“消博会”、第4届舟山渔博会、第5届杭州户外休闲展、第6届“汽博会”和2012浙江出口商品(河内、日本大阪)交易会等境内外展会。共组织1316家企业参展,设展位3390个,累计成交8.92亿美元。

加大政策扶持力度,组织全市330余家中小企业举办了商务促进政策培训班,印发了包括中央、省、台州市本级以及各县(市、区)对外经贸财政扶持和促进政策——《商务发展促进政策汇编(外经贸部分)》,及时出台了《台州市加大外贸扶持力度十条措施》。

加强贸易摩擦应对,2012年共应对“两反两保”案件22起。全市13个省级对外贸易预警点接受了省厅考评,其中台州汽车及零部件等2个预警点被评为优秀预警点。新组织申报2012年度省级预警点3个。每月编印《台州贸易壁垒预警》。在浙江省纪念“入世”十周年大会上，台州市被授予浙江省公平贸易工作先进集体。组织律师团开展了为外贸企业“送法律”服务活动，指导外贸企业学习应对国际贸易摩擦的有关法律知识和应诉流程，增强应对能力。

加强出口基地和公共服务平台工作，制定了《台州市出口基地及外贸公共服务平台管理工作实施细则》和《考核办法》，进一步做好全市国家级和省级出口基地的指导管理。新组织申报并已被认定了“台州国家生物医药科技兴贸创新基地”和“台州国家摩托车及零部件外贸转型升级基地”。至今，台州已有国家级出口基地3个、省级出口基地17个，出口基地数量和规模走在全省前列。共申报了外贸公共服务平台项目54个，经浙江省商务厅初审，有47个平台项目得到初步确认。组织召开了台州市出口基地与公共服务平台现场会，并对全市64家公共服务平台企业进行了授牌。

5. 着力创新引资方式。抓工作考核，制定了外资目标责任制考核和奖励办法。搭建招商引资平台，圆满完成了第14届“浙洽会”的各项任务，共推出200个招商项目；认真落实台州市区（上海）推介会相关工作，做好项目册和政策汇编；积极筹备参加美国印第安纳州回访活动和西澳洲、新西兰友好省州活动。

抓重点项目推进，协助浙江苏泊尔股份有限公司转股报批，通过了集中者经营审查及出资币种审批，此次股转，外方法国SEB集团再次购得中方20%股份，收购金额高达5亿美元；协助温岭银泰置业及泰悦房地产两个项目通过商务部房地产项目备案；积极参加台州市城市天然气有限公司的三区燃气管网建设项目的协调研究；积极协调台州开发区的麦德龙项目，共同推进项目进度。

完善服务体系，组织了新口径外资审批管理的培训，做好新版外资审批系统上线使用，开展了外商投资企业的年检工作，妥善解决企业在年检中的各种问题，圆满完成了外资企业设备进口减免税核查工作。起草了“2011台州外资发展综述”。

6. 着力推动外经合作。加强基础工作，开展境外营销网络调研和境内投资者境外融资情况调查，收集对外投资及境外工程承包成功案例，完成“2011台州外经发展综述”。强化业务培训，组织境外工程承包企业参加《境外中资企业机构和人员安全管理指南》的培训，提升外经业务能力。加强境外投资拓展，续聘境外商务代表，发挥好代表作用；举办了走进俄罗斯专场——义乌莫斯科国际商品城推介活动；积极参加浙洽会、哈洽会“走出去”专场，推动企业“走出去”。

7. 着力发展服务贸易。明确工作目标，下达2012年各县（市、区）服务外包目标任务。继续大力发展生物医药研发外包服务。并依托台州模具、船舶制造、缝制设备等优势产业，重点拓展模具设计、船舶设计等工业设计服务外包，努力推进机电产品嵌入式软件外包业务，着力培育新增长点。加大文化及服务出口产业培育，上报省文化出口重点扶持项目6个、境内外展5个，认定首批台州市文化出口重点企业17家，推荐国家文化出口重点企业4家。落实浙江省服务贸易统计调查台州市监测点工作，委托台州市进出口企业协会承担台州市服务贸易统计调查监测，至今台州市已有15家服务贸易企业上网，居全省第三。

8. 着力落实粮食收储任务。抓好粮食安全责任制有效落实，层层签订了2012年的《粮食安全责任书》。全面落实全国粮食库存大检查，逐库核查粮食安全情况。深入推进“订单粮食”工作，全市国有粮食系统共与粮农签订“订单粮食”5.49万吨，同比增加48.7%；其中早稻订单3.41万吨，同比增加33.7%；晚稻订单1.98万吨，同比增加63.6%。全市实际落实地方储备18.3564万吨，其中折合晚稻谷5.1208万吨，占储备规模的27.9%。增强粮食安全保障能力，全市投入130余万元购置了168套正压式空气呼吸器和12台电动充气泵等一批新式粮食熏蒸作业安全防护设备，全面停止自吸过滤式防毒面具使用。扎实推进粮食安全基础设施建设，成立了台州市储备粮管理有限公司，台州市粮食储备配送中心项目建设工作推进有序。粮食各项工作继续走在全省前列，市商务局被省粮食局评为“2012年度粮食行政管理局工作目标考核一等奖”。

9. 着力推进机关建设。全面完成商务局机构改革。平稳、高效地完成商务局组建任务,实现“三个到位”,按照市政府机构改革方案,实现了职能、人员、工作交接三个一次性到位;实现“四个对接”,机构改革到位后,迅速开展了与省商务厅、市直有关部门、市县商务主管部门以及企业的快速对接,各项工作现有序推进。商务局机关正式合并办公当年,就被市委、市政府评为2012年度市级单位工作目标责任制考核良好单位,新机构组建工作得到充分肯定。合理调整处室、充实人员,开展了商务局成立以来首次中层干部公开竞争上岗,严格按照有关用人选拔的规定组织了笔试、面试和民主测评,成功选拔了3名优秀年轻干部走上了副科级领导岗位,体现了公开、公平、公正的用人原则,激发了全局干部的积极性。及时向市政府汇报商务执法队伍现状,引起市政府主要领导的重视,椒江、路桥、玉环、仙居新建了执法机构,目前全市除三门外,均建立了商务执法机构。

完善各项制度,加强机关效能建设。商务局自组建以来,把机关制度建设作为核心工作,以此推动机关优良作风的形成和工作效能的提升,连续出台了会议制度、干部选拔使用规定、公文处理制度、财务制度、老干部管理服务制度、请销假制度、信访工作制度等各项规章制度,为局机关自身较好运转建立了制度保障,并为下属商务局机构改革提供了极有参考价值的样板。确定了14项行政审批项目入驻行政服务中心商务窗口,清理了9项,缩短了14个大项24个小项的承诺办理时限,全部审批项目的承诺办理时限均达到全省最短。

进一步加强机关党建和廉政建设。召开了商务局党员大会,开展了局直属机关党委换届选举工作,市商务局系统共设立了20个党支部,强化了商务局机关党的组织建设。开展了保持党的纯洁性主题教育活动和社会主义核心价值观大讨论活动,提炼了核心价值观“诚实做人、高效做事、服务经济、保障民生”。积极开展商务系统廉政风险防控机制建设,规范健全业务工作流程,编写职权清单目录72份,绘制权力运行流程图46份,在查找出岗位廉政风险点154个、制订廉政风险防控措施485条的基础上健全了人事、财务、行政服务、公务用车、“三重一大”管理等方面12项制度。

(台州市商务局)

2012年丽水市商务

国内贸易

2012年，全年实现社会消费品零售总额371.09亿元，同比增长17.5%，增速位列全省各市首位。从区域看，城镇消费仍占主导，乡村增幅有所回落。2012年全市城镇实现社会消费品零售总额292.8亿元，同比增长19.1%，增幅提高0.8%，占社会消费品零售总额比重78.9%，占比低于上年1.37个百分点；乡村实现社会消费品零售总额78.28亿元，同比增长11.9%，增幅回落8.4%，占社会消费品零售总额比重21.09%，占比高于上年1.36个百分点。从规模看，限额以上商贸企业增势强劲。2012年全市限额以上商贸企业实现社会消费品零售总额132.0亿元，同比增长25.5%，占社会消费品零售总额的比重达35.57%，比上年提高1.59个百分点。截至2012年底，丽水市拥有3家省重点流通企业、4家中华老字号企业和12家浙江老字号企业。

各大类商品消费增速不一。从限额以上批发和零售的15大商品分类来看，增速同比下降的有3类，同比提高的有12类。其中家用电器和音像制品类、文化办公用品类、机电产品及设备类分别实现零售额为6.68亿元、1.28亿元、0.08亿元，同比分别下降2.2%、2.1%、25.5%；粮食食品饮料烟酒类、金银珠宝类、日用品类、中西药品类、通讯器材类、汽车类增速明显，分别实现零售额10.8亿元、1.33亿元、1.6亿元、9.94亿元、0.2亿元、32.33亿元，同比分别增长67.9%、36.7%、22.6%、31.6%、65.3%、20.2%。

居民消费价格总体指数上升。2012年市区居民消费价格总水平与上年同期相比上涨2.5%。从价格变动结构看，八大类商品价格均呈现上涨态势，其中：食品类价格上涨5.8%，烟酒及用品价格上涨0.5%，衣着类价格上涨2.3%，家庭设备用品及维修服务类上涨2.2%，医疗保健及个人用品价格上涨2.0%，交通和通信价格上涨0.4%，娱乐教育文化用品及服务价格上涨1.6%，居住类价格上涨0.2%。

万村千乡市场工程。2012年全市累计完成已建便民店行政村2184个，行政村便民店覆盖率为76.6%；其中2012年全市新增建立便民店行政村409个，完成年度目标的111.1%，新增行政村直营店73个，完成年度目标的102%。同时积极组织企业申报万村千乡市场工程承办企业资质，其中：申报国家级万村千乡市场工程承办企业4家，省级城乡连锁超市龙头企业12家，省级城乡连锁超市龙头企业培育单位2家。

假日消费拉动明显。在节日消费的带动下，消费品市场表现积极活跃，商品价格基本平稳。各大商家紧抓商机，开展了丰富多彩的促销活动，城乡居民的购物热情和消费欲望得到释放。据统计，春节和国庆黄金周期间，丽水百大、世纪联华罗马店和解放店、沃尔玛、莲城宾馆等市区重点商贸7家企业共实现销售额2050.02万元、3744.86万元，比2011年同期增长17%、4.38%。在五一劳动节和国庆节期间举办的汽车展上，共销售各式轿车1551辆，有效提振汽车消费市场，2012年全市共新增缴税车辆30542辆，同比增长9.37%。2012丽水第二届金秋购物节热闹非凡，交易额达1.8亿元，同比增长13%。

成品油销售稳中有升。随着私家车保有量和工程建设项目不断增加，2012年丽水市成品油市场稳定运行，销量稳中有升。据监测，2012年丽水中石化、中石油两大公司销售成品油31.82万吨，同比增长8.67%。其中：汽油14.62万吨，同比增长 13.33%；柴油 17.2 万吨，同比增长 5.01%。限额以上石油及制品类商品实现零售额 34.66 亿元,同比增长 4.2%。

生猪定点屠宰。2012 年全市共出动监管人员 3946 人(次),检查屠宰场和肉品经营户 3714 个(次),取缔私屠滥宰窝点 43 个,立案 30 件,查处违法案件 35 件,收缴违法产品 15050 公斤,销毁病害猪 8158 公斤。2012 年全市生猪定点屠宰率为 98.14%；其中城区生猪定点屠宰率 100%、乡镇定点屠宰率 95%以上。

对外贸易

2012 年全市实现进出口总额 22.29 亿美元,比 2011 年增长 4.9%,增幅列全省第 4 位;其中出口额 19.76 亿美元,增长 8.9%,增幅列全省第 3 位;进口 2.53 亿美元,同比下降 18.6%。截至 2012 年底,全市开展自营进出口业务的企业 633 家,超千万美元的企业 55 家,其中超 3 千万美元以上的企业 8 家。目前丽水市累计有 7 个省级出口基地、7 个省级出口名牌,24 个市级出口名牌,6 个省级对外贸易预警示范点、1 个国家级摩托车转型升级示范企业(缙云涛涛)。

表 1　2012 年新增“丽水市出口名牌”名单

序　号	品　牌	企业名称
1	SUPER 山蒲	浙江山蒲照明电器有限公司
2	KAN	浙江凯恩电池有限公司
3	BENH 比好	浙江和信玩具有限公司
4	世风 SHIFENG	浙江世风机械有限公司
5	Tronny	浙江中力工具制造有限公司
6	STARLIGHT 星光	浙江芳华峰值设备有限公司

表 2　2012 年新增“浙江出口名牌”名单

序　号	品　牌	企业名称
1	山蒲(SUPER)	浙江山蒲照明电器有限公司
2	创优 ZJCXAAC	浙江创新汽车空调有限公司

对外贸易保持平稳增长。2012 年外贸出口增长 8.94%，高于全省平均增速 5.1 个百分点，占全省的比重从 2011 年的 0.8%提高到 0.88%。从增幅走势上看,呈现上半年高增长下半年逐步回落的态势,一季度到四季度累计同比增长分别为 14.5%、18.3%、10.9%和 8.9%。从单月出口情况看,8 月份创出了历史第二高，出口达 19124 万美元,也是全年唯一一个月出口超 1.9 亿美元的月份。进口方面由于受企业设备进口减少、进口产品价格下降以及使用国内替代品等因素影响,全年进口下降 18.6%,低于全省平均 12.8 个百分点,增幅列全省第 10 位。

内资生产企业出口占比不断提高。2012 年内资生产企业出口 13.67 亿美元，比 2011 年增长 9.1%,占全市出口总额的 69.1%,提高 0.1 个百分点;三资企业出口 1.19 亿美元,增长 9.2%,占总出口的 6.1%,同比持平;流通公司出口 4.9 亿美元,增长 8.4%,占总出口的 24.8%,下降 0.1 个百分点。

美、印、俄位居丽水市出口市场前三甲。全年出口北美市场 3.29 亿美元,增长 18.4%;出口拉丁美洲市场 1.63 亿美元,增长 39.9%;出口非洲市场 1 亿美元,增长 8.6%;出口亚洲市场 7 亿美元,增长 4.6%;出口欧盟市场 3.8 亿美元,下降 0.1%。美国、印度和俄罗斯位居主要出口市场前三位,出口额分别达到 3.03 亿美元、1.38 亿美元和 1.3 亿美元,市场份额分别占全市出口总额的 15.3%、7.0%和 6.6%。

机械产品为第一大出口产品。全年化工产品出口 5829 万美元,增长 38.5%;机械产品、纺织服装和农副产品分别出口 11.75 亿美元、2.59 亿美元和 0.68 亿美元，分别增长 9.7%、6.1%和 7.7%;轻工工艺品出口 4.16 亿美元,增长 5.6%。

其中，鞋类和玩具分别出口1.36亿美元和1.14亿美元，分别增长0.9%和26.7%。机械产品为第一大出口产品，占总额的59.5%，其次为轻工工艺品占21%，纺织服装占13.1%，农副产品占3.4%，化工产品占3.0%。

全市各地出口发展不平衡。从出口增幅上看，全市除龙泉、遂昌和青田增速在5%以下外，其他县(市、区)出口增速都在10%以上。从出口总量上看，缙云县以出口近6亿美元大大领先，占全市总出口的30.4%，而年出口不足1亿美元的县(市、区)还有4个(云和、莲都、景宁、庆元)。

参加“华交会”。第22届华东地区进出口商品交易会(华交会)于2012年3月1—5日在上海举行，丽水市组织14家企业参加此届“华交会”，共有展位17个，比上届减少2个。丽水市参展的各企业意向成交995万美元，比上届增长1%。成交的主要商品是装饰品、家纺、玩具、竹炭等竹木制品及日用品，主要销往日本、欧盟、北美等国家和地区。

参加“广交会”。2012年4月15日—5月5日，丽水市组织76家企业参加第111届“广交会”，摊位101个，意向成交4570万美元。10月15日—11月4日，丽水市组织80家企业参加第112届“广交会”(秋交会)，共112个展位，意向成交3779万美元。

浙江—静冈名品展。2012年4月5—6日浙江—静冈名品展在日本静冈举行。丽水市10家企业参加了展会，其中食用菌企业3家、青瓷企业3家、餐厨用具企业2家、木制玩具和竹炭制品企业各1家，浙江天丰陶瓷有限公司还现场表演了青瓷拉胚成型。各界来宾和日本市民对丽水市特色产品兴趣浓厚，丽水市参展企业共成交近300万日元。

参加“消博会”。2012年6月8—12日丽水市组织13家企业参加第11届中国国际日用消费品博览会(消博会)，共有17个展位，其中文具企业3家、青瓷企业1家、石雕企业1家、木制玩具和竹木制品企业共6家、畲族服饰企业2家。

外贸企业服务月活动。2012年5月底至7月初在全市范围内开展“抓订单、促转型、保目标——外贸企业服务月”活动，市县各级成立专题服务工作组，走访企业，破解难题，政策推动，助力企业。

利用外资

2012年，全市新批外商投资项目17个，合同利用外资14925万美元，比2011年增长65.1%，实际利用外资10386美元，比2011年增长134%，完成省商务厅下达年度目标任务的225.8%。各县(市、区)的外资任务全部完成，且大部分都是超额完成，为历年首次。

利用外资总量创历史新高。2012年，全市合同利用外资和实际利用外资均超过1亿美元，均创历史新高，合同利用外资完成市政府下达的全市年度目标任务的149%，实际利用外资完成市政府下达的全市年度目标任务的133%。

外资来源地区呈现多元化。2012年，新批项目的投资分别来自中国香港、中国台湾、瑞士、荷兰、美国、阿联酋等国家和地区，投资来源从原来的相对集中于港澳台、华侨向国外投资企业发展，例如肖特新康药品有限公司的外方投资来自瑞士，是世界同行业中的龙头企业。

大项目支撑明显。2012年，合同利用外资在3000万美元以上的项目有3个，其中浙江起步儿童用品有限公司合同外资3301万美元，肖特新康药品有限公司合同外资3085万美元，浙江江泰酒店管理有限公司合同外资3000万美元，占2012年全年合同利用外资的62.9%。

参加“浙洽会”。2012年6月8—12日，第13届“浙洽会”在宁波召开。丽水市组成以陈重副市长为团长，市直有关部门、各个县(市、区)政府、丽水经济开发区和有关企业人员组成的代表团参会。丽水市筛选了重点对外招商项目33个对外推出，投资总额40.7亿美元，其中工业项目14个，农业及农产品加工项目3个，休闲旅游及养生养老项目5个，中草药种植及加工类项目6个，其他类项目5个。丽水生态产业集聚区(经济开发区）在浙江战略性新兴产业与世界500强对接洽谈会暨全省重大外商投资项目签约仪式上做推介发言，并成功签约合同外资3000万美元的项目。

参加“厦洽会”。2012年9月8—10日，丽水市组成代表团参加第16届中国投资贸易洽谈会(厦洽会)，选择了26个重点项目上报投洽会组委会，主要分布在机械设备、生物医药、水电能源、旅游等行业，其中有17个项目参加现场与客商的对接洽谈。丽水市代表团参加了50多场次的项目对接活动，与迪卡侬、欧尚、麦德龙等世界500强商贸流通企业进行了探讨和沟通，向他们详细介绍了丽水的投资环境和市场潜力。

中国丽水(东京)投资贸易推介会。2012年4月9日中国丽水(东京)投资贸易推介会在东京成功举办，本次推介会共推出招商项目28个，总投资400多亿日元。在推介会上丽水南明化工有限公司与Sumi-Eagle公司和兴和株式会社分别签订投资贸易合作框架协议，丽水瓯微科技有限公司与日本奥博洋株式会社签订了300万日元的服务外包合同。

外商投资企业服务月活动。2012年8—10月在全市开展外商投资企业服务月活动。以科学发展观为指导，以“优化投资服务环境、提升外企发展水平”为主题，编印《丽水外商投资企业商务通》，建立健全丽水市外向型经济联席会议制度和外商投资QQ群服务平台，开展政策业务培训会、外资调研、外资工作集中系列宣传报道等专题外资活动，建立和完善了重点外资企业联系制度、重点外资项目全程跟踪服务制度等，进一步改善丽水的投资环境，营造“亲商、安商、富商”的良好氛围。

服务外包基础不断夯实，2012年，全市国际服务外包离岸合同金额351万美元，服务外包离岸执行金额为361.6万美元，同比增长177%，完成省商务厅下达任务的120.5%。服务外包人才培训基地丽水学院工学院和丽水市外经贸培训中心开展了服务外包人才培训，参加培训人员210人。

对外经济技术合作

2012年，全市新批境外投资项目20个，增资项目2个，中方投资额1525万美元，增长24.6%，完成省商务厅目标任务的508.3%，历年累计中方投资额突破7000万美元。截至2012年底，对外投资中中方投资额前五位的国家和地区是加拿大、美国、中国香港特别行政区、德国和越南。

境外投资目的地不断扩大。2012年新增泰国、沙特阿拉伯、安哥拉、印度、韩国5个境外投资目的地，境外投资扩大到30个国家和地区，遍及五大洲。

各地境外投资情况不一。从各县(市、区)任务完成情况看，2012年缙云县对外投资800万美元，龙泉市400万美元，开发区275万美元，庆元县30万美元，市直20万美元，其他县(市、区)对外投资均为零。

大项目支撑作用明显。2012年新批100万美元以上的项目2个(浙江方正电机有限公司越南公司增资项目和浙江雄泰光伏科技有限公司德国贸易公司项目)，投资总额和中方投资额均占全市总额的66.9%，其余项目均为几十万美元的小项目。

境外投资行业集中。丽水市企业“走出去”主要集中在批发和零售业，积极建立自主的境外营销网络，缩短了贸易流程，减少了贸易摩擦，规避了贸易壁垒，有效地拓展了海外市场，较好地把握了国际市场的主动权。

组织企业“走出去”。组织10家企业参加了第14届“浙洽会”境外投资促进活动。拜访了国际馆参展的国家和招商机构，收集了联系方式和相关资料，并同德国、法国、比利时、奥地利等国的招商机构进行详细接洽；参加了境外投资说明会、中国境外经贸合作区招商推介会、2012中德企业投资合作推介会等专场的投资推介，了解了与会国家和地区的投资环境、投资政策、招商项目等。

组织5家企业参加印度尼西亚贸易旅游及投资促进论坛会，与印度尼西亚驻华大使馆、印度尼西亚贸易部、印度尼西亚能源矿产资源部、印度尼西亚投资协调局等进行了一对一洽谈，了解了印度尼西亚的投资环境、投资政策和合作机会，明确了印度尼西亚矿业开产的准入条件，降低了“走出去”的盲目性。

组织2家企业参加了第16届“厦洽会”。与越南中国(深圳)经济贸易合作区、中国龙江经济贸易合作区、柬埔寨太湖国际经济合作区和老挝万象经济贸易合作区进行了洽谈,了解了合作区的政策;与瑞典、德国、法国、西班牙、意大利等投资机构进行会谈;参加汉堡投资与贸易推介会、津巴布韦推介会和境外投资说明会,了解了与会国和地区的投资环境、投资政策和招商项目,为推动丽水市企业"走出去"积累了有关资料和信息。

(丽水市商务局　周　赟)

二、各扩权县(市、区)商务发展

2012年绍兴县商务

概 述

2012年，全县实现自营进出口128.31亿美元,其中出口97.39亿美元,同比增长0.85%;完成实到外资2.32亿美元,同比增长54.8%;完成境外投资8557万美元，完成实际境外工程营业额4009万美元,同比增长12.96%;全县新批服务外包企业23家,累计82家,完成合同执行额940万美元，其中离岸合同执行额471万美元，同比增长1208.3%；实现社会消费品零售总额167.4亿元,同比增长17.7%,增速高出全市平均2.6个百分点,列全市第一;新增国(境)外企业常驻代表机构86家,累计1016家;新增外商投资商业企业44家,累计203家。面对前所未有的严峻形势，全县商务系统和各涉外部门在县委、县政府正确领导下,合心合力,积极联动,开放型经济保持了稳定增长,相关工作得到了时任省委书记赵洪祝同志的批示,称赞"绍兴县的做法很好,应对国际贸易摩擦将是长期任务"。并荣获全市开放型经济工作金奖、全市商贸流通服务业竞赛银奖、绍兴市服务外包工作先进奖,外经工作位列绍兴市境外投资和境外承包工程实际营业额全市第一。是年,县商务局获得浙江省实施"走出去"战略工作优秀单位称号。

对外贸易

2012年，绍兴县完成进出口总额128.31亿美元,比2011年下降3.54%,其中出口97.39亿美元,比上年增长0.85%,位居全省第二;进口30.92亿美元,比上年下降15.18%。加工贸易出口3.55亿美元,比2011年下降8.84%。

2012年，全县有出口实绩企业3665家,比2011年同期增加318家。其中生产型企业出口1073家,同比增加6家,出口额36.62亿美元,同比下降8.02%;贸易公司2592家,同比增加312家,累计出口60.77亿美元,同比增长7.07%。

2012年,全县进出口国家和地区184个,其中出口超1000万美元的国家和地区77个。在十大重点出口国家和地区中，居前三位的是东盟、欧盟和阿联酋，分别出口128126万美元、110937万美元、91778万美元，增幅分别为11.4%、-4.03%、1.31%。

2012年,全县组织外贸企业参加"广交会"、"华交会"、纽约国际服装面料展、拉斯维加斯国际时装面料展、香港成衣及时装材料展等20次境内外重点展会,参展企业673家次,其中组织境外展16场,182家次企业参加,创绍兴县境外组展和参展企业历年之最。

2012年，全县组织企业向上级申报新的出口基地公共服务平台和出口名牌,成功申报中国轻纺城网络有限公司网上电子公共交易服务平台等6个省级外贸公共服务平台和1个省级出口名牌，至此绍兴县获省级以上出口名牌累计已达11个。

2012年8月31日，绍兴县国际商会成立大会暨第一次会员大会在鉴湖大酒店隆重举行，来自浙江省贸促会、绍兴市商务局等上级涉外单位和县四套班子的有关负责同志以及102家国际商会会员企业出席了本次会议。会议选举产生了32位商会理事成员，并召开了商会一届一次理事会。

2012年2月29日下午，第一期外贸预警论坛——“贸易壁垒的风险防范和应对措施”专题培训讲座在金昌开元大酒店顺利举行。来自全县各镇（街道）的外经贸科长和100多家外贸企业代表参加了本次培训。设立外贸预警论坛，是绍兴县商务局为了应对当前国际贸易保护主义进一步升温、贸易摩擦日益增多的国际贸易形势而组织的系列预警活动，此举开创绍兴市专题风险预警工作先河。全年成功举办外贸预警论坛9期，培训企业800余家次，培训面覆盖了全县五分之一以上的出口实绩企业。

利用外资

2012年，全县完成合同外资20550万美元，比2011年增长32.9%；实到外资23238万美元，比2011年增长54.8%。合同外资和实际外资绝对值均居全市各县（市、区）的第二位。

发达国家增资活跃。2012年，美、英、意、日等发达国家有6家企业增资，追加合同外资1733万美元，比2011年增长151.9%。这4个国家实际投资1934万美元，比2011年增长56.3%，其中世界500强丰田通商参与投资的“索密克汽车配件”公司，日方以利润第7次追加投资709万美元，使累计实际外资达3016万美元。

第三产业外资创新突破。2012年，外资开始涉足创意产业、微电子技术研发等新兴产业，打破了多年来第三产业外资基本上由小规模批发零售企业统领天下的局面。全年新批54个第三产业项目中，6个属高新技术，2994万美元合同外资全部到账，部分企业已开始运转。服务业全年实际外资16965万美元，占总量73%，绝对值和占总量比创历年之最，其中1000万美元以上的大项目8个，合计10009万美元，占第三产业外资的59%。

越商回归正当其时。2012年4月21日下午，绍兴县越商投资恳谈会在鉴湖大酒店隆重举行。这是绍兴县首次在家门口举办此类高规格招商活动，旨在为绍兴县籍越商搭建一个展现自强、创新、睿智、责任的交流平台，团结和凝聚天下越商建设家乡、发展家乡，营建良好的回归经济发展环境。

举行绍兴县（上海）商贸投资环境推介会。2012年6月12日下午，绍兴县（上海）商贸投资环境推介会在上海浦东喜来登由由酒店举行，专题推介绍兴县现代商贸业投资环境和中国轻纺城中央商务区（CBD）项目。县委副书记、县长徐国龙在会上致辞，并介绍全县经济社会发展情况和投资环境。县委常委、常务副县长孙君主持会议。

对外经济合作

2012年，全县新批境外投资企业42家，总投资10671万美元，同比下降7.95%，其中中方投资额8557万美元，同比下降26.18%，累计有获批准境外投资企业454家，分布61个国家和地区；新批境外工程承包资格企业1家，累计有获境外承包工程资格企业9家；完成境外承包工程营业额11676万美元，同比下降8.08%，其中完成实际境外承包工程营业额4009万美元，同比增长12.96%。

境外投资领域取得新突破。2012年外经工作在境外并购、资源开发、商贸中心等领域有了实质性拓展，全年新批4家生产性企业，总投资5604万美元，占全年新批项目总投资的52.52%。

境外投资国别开始向高端市场大幅迈进。2012年，新增欧美项目13家，占全年新设家数的30.95%，投资额1310万美元，占全县新设项目总投资额的12.28%。其中美国投资11家。

境外投资质量提升明显。2012年，全县在境外投资100万美元以上项目有14个,其中11个系新设项目,总投资8814万美元,以米娜纺织在埃塞俄比亚投资2930万美元项目为最高；另3个为增资项目,增资额1440万美元。

境外承包工程项目规模创新高。2012年,浙江精工钢结构有限公司实施了合同额为7490万美元的沙特阿卜杜勒阿齐兹国王国际机场项目和合同额为2770万美元的麦加火车站项目,刷新了全县承接境外承包工程项目规模之最。

服务外包

2012年，全县新批服务外包企业26家,累计85家。有业务实绩企业21家,其中开展在岸合同业务10家、离岸业务11家。完成合同执行额940万美元，其中离岸合同执行额471万美元,超额完成市对县考核任务。建立“绍兴柯桥国际服务外包示范园区”，并于2012年10月被省商务厅批复同意创建省级国际服务外包示范园区。组织举办了“全县服务外包企业业务管理培训会议”和“全县服务外包专业人才综合知识培训活动”,92人通过省级统一考试获得专业资格证书。组织企业广泛参展,专门出台扶持政策,激励企业做大做强。

商　贸

全年加速推进商贸项目建设,县委、县政府在2012年9月份举行的商贸、工业“双百亿”重大项目开工仪式上,涉及商贸业投资项目达132亿元,这批重大项目包括夏威夷风情园、天马汽车休闲广场、若航绍兴直升机场及游艇俱乐部、柯岩欧式名品商业街、柯岩联盛国际商业广场5个商贸项目。加快推进城乡流通体系建设,首次组织开展“柯桥城市购物节”活动,扎实推进“万村千乡市场工程”、“农超对接”等各项惠民工程,累计建设改造农家店389家，配送中心2家,总经营面积27165平方米,从业人员1350人。2012年新增“国家五钻特级酒家”2家,“国家四钻级酒家”1家，累计全县已有6家餐饮企业被评为国家级钻级酒家。英豪洲际公馆正式投入运营,成为全县规模最大的“三产”集群项目。2012年,全县新开汽车4S店7家,新投入资金5亿多元,新增经营面积近4万平方米,累计经营面积达到14万平方米。上缴各类税金3398万元,有10家企业税收上百万元，其中英之杰以1354万元成为第一创税大户。全行业42亿元的营业收入占到全县社会商贸零售总额的四分之一,汽车消费市场成为全县商贸消费的重要生力军和增长点。全年共销售汽车18870辆,比上年增长25.52%,实现销售额42.09亿元,同比增长31.2%,远远高于全市13.8%的平均增速。

进一步加强内贸监管保障机制建设,积极推进生猪屠宰、散装水泥、成品油等内贸领域建设标准化、保障制度化、执法监督常态化。加快柯桥城区、齐贤和兰亭3个机械化生猪屠宰场标准化建设,以活体储备方式储备生猪16000头,组织开展生猪屠宰管理百日大检查和生猪定点屠宰肉品质量安全整治“百日行动”,全县累计屠宰生猪30.76万头,同比增长14.56%,组织开展专项性肉产品执法检查8次，检查屠宰企业212场次,农贸市场肉品经营摊点150个,无害化处理病害猪42头,病害产品10471.5公斤。加强散装水泥推广应用，目前全县拥有省级预拌砂浆、预拌混凝土实验室21个,为全市最多。同时,还在全市率先实现专用车辆安装GPS系统全覆盖,加强对新老驾驶员的业务技能培训和资格认证,实现较大交通事故零增长。2012年1—12月份,全县产销散装水泥337.7万吨，同比增长1.12%,水泥散装率达到85.72%,同比提高1.47个百分点。全面开展油气回收综合治理验收工作,到12月底,全县42座加油站中已完成油气回收综合治理验收38家,完成率达到90.5%,处罚整改加油点1个，新建迁建加油站3个。至2012年底，绍兴县有正常营业的加油站42家,加油点9家,从业人员520人。全年成品油零售总销量200047吨,比2011年增长5.4%。

9月14日,首届柯桥城市购物节启动仪式在柯桥天虹商场广场隆重举行,活动共持续27天,参与商贸企业51家,累计实现销售额3.84亿元,同比增长49.63%,日均销售额1423.22万元。

2012年12月20日—2013年1月3日,第

一届“柯桥城市新春购物嘉年华”活动盛大举办，累计实现销售额23804.48万元，同比增长56.73%。

2012年8月20日，绍兴县商贸零售协会成立，蓝天百货、杭州大厦柯桥购物中心、万达广场商管公司、万达百货、天虹百货被推选为县商贸零售协会执行会长单位。

完成村级连锁便利店389家，实现全县291个行政村百分百全覆盖。2012年新增连锁便利店21家，引导两大龙头企业——供销超市和蓝天·学友超市，先后投入200万元，对农家店从形象、服务、标准等方面进行提升改造。

县商务主管部门积极推进浙江供销超市与全县21个农业龙头企业、51个农合社建立长期直供关系。浙江供销超市投资百万元设立统一配送部，配备专职配送车6辆，专职人员28名，落实专门仓库4000平方米，日均库存300万元，商品品种达4000多种。

截至2012年12月底，全县典当行业新批1家，迁入1家，累计达到9家，注册资金达到1.16亿元。全年累计发放典当额6955万元，一定程度上缓解了中小企业资金的燃眉之急。全年监管到位，无一违规经营。

2012年8月21日，县汽车流通行业协会成立暨第一次会员大会召开。县商务局、县民政、工商、车管和运管部门的领导出席会议。会议还选举产生了协会第一届会长及理事会成员，协会现有会员30家。

2012年，县商务局联合相关部门下发《关于印发绍兴县加油站储油库油罐车油气回收综合治理实施方案的通知》，经过一年的油气回收改造治理，全县39家加油站通过油气回收改造验收，另外3家迁建改造中。

根据浙江省商务厅关于绍兴地区成品油分销体系“十二五”发展规划的批复，绍兴县在“十二五”期间新建加油（气）站（点）规划布点13座。绍兴县客运中心加油站、绍兴县沈家畈加油站、绍兴县柯南加油站通过规划调整或新增启动建设。

（绍兴县商务局）

2012年温岭市商务

概　述

2012年,温岭市新批三资企业2家,全市利用外资共计总投资额14918万美元,合同外资2060万美元,实际外资1209万美元。实现外贸自营进出口总额35.6亿美元,同比增长4.7%,其中自营出口34.1亿美元,同比增长4.2%,增幅比全省和台州分别高0.4个和3个百分点,自营进口14497万美元,同比增长18.8%。新批境外项目6个,中方投资额1857.9万美元,完成境外承包工程营业额3015万美元。

实现社会消费品零售总额326.7亿元,同比增长16.3%,批发业实现社会消费品市场零售额15.23亿元,同比增长22%,零售业实现社会消费品市场零售额255.49亿元,同比增长15.7%,餐饮业实现社会消费品零售额55.06亿元,同比增长19.6%。举办各类大小展会25场,展出面积达188900平方米,共吸引观众25.55万人,现场成交额8.28亿元,达成意向合同10.42亿元。村级连锁超市覆盖面达到95.06%。定点屠宰肉品质量抽检合格率达100%。粮食安全责任制考核获台州市第二名。

对外贸易

从出口行业结构来看,出口基地产业支撑出口作用明显。老牌出口基地产业鞋类累计出口99789万美元,同比增长6.6%,占了全市出口总量的29.2%;水泵、汽摩配、电机、空压机四大支柱产业分别累计出口54832万美元、40163万美元、30220万美元、17109万美元,增幅分别为14.4%、12.5%、5.5%、6.5%。受铝制餐厨用具、光伏产业、船舶产业出口下降影响,全市机电产品出口同比仅增4.17%,占全市出口比重为61.4%。

从出口企业来看,四家龙头企业拖累全市出口,小微企业和流通企业好于整体。全市有出口实绩企业665家,同比增加35家。全市20强出口企业同比下降3.0%,其中爱仕达电器股份公司因出口欧美市场萎缩,降幅19.5%;温岭市对外贸易有限公司因外需疲软,降幅23.9%;宝利特新能源公司因受美对华光伏电池及组件反倾销案和欧盟取消新能源补贴政策影响,降幅50.8%;浙江合兴船厂2011年出口3121万美元,而2012年零出口——这些龙头企业全年同比减少出口11460万美元,影响全市出口增幅3.4个百分点。出口300万美元以上企业(除20强以外186家)同比增长3.2%;出口200万美元以下的小微出口企业351家,全年累计出口4530万美元,同比增长49.1%。外贸流通企业132家,比去年同期增加19家,累计出口96327万美元,同比增长12.9%,增幅比生产企业高11.3个百分点。

从出口市场来看,传统市场继续低迷,新兴市场逐渐分化,全市产品自营出口销往186个国家和地区。受欧债危机持续影响,欧美市场形势依然严峻。对美国出口35073万美元,同比增长3.5%,对欧盟出口47887万美元,同比下降14.88%。新兴市场冷热不均,出口东盟、拉丁美洲和非洲同比分别增长18.77%、12.63%和19.61%;对金砖国家出口后劲不足,未能延续2011年增长势头,对俄罗斯、巴西出口分别增长仅为9.14%、6.8%,对印度出口同比下降19.28%。

从进口情况来看,企业进口国外先进设备、加强技术改造步伐明显加快。据统计,自营进口累计14497万美元,同比增长18.8%,其中,高新技术产品进口同比增幅达169.3%。

抓好展会拓市场。组织208家次企业参加74个展会，展位总数314个，面积3041.5平方米，同比增幅44.8%。其中符合产业结构的区域产品整体营销展会10个，参展企业59家，展位959个，面积1001平方米，占全年境外总展位数的1/3。组织217家次企业参加“广交会”、“华交会”等6个国内展会，参展面积4170平方米。通过展会获得60%多新客户、3.3亿美元新订单，拉动全市出口增长10个百分点多。

深化出口基地和公共服务平台建设。新增机床及配件、水产食品两个省级出口基地。分别与中国机电产品进出口商会、中国轻工工艺品进出口商会就续建中国水泵、空压机、小型电机出口基地和中国鞋类出口基地进行签约，达成深化基地建设共识。新建公共服务平台8个，为基地企业提供技术设计、检测检验、涉外业务指导等服务。

加强促出口的政策扶持力度。设立专项资金，争取中信保与温岭联动率先开展小微出口企业整体参保促进出口的国家级试点工作，开创在全国县级首个设立联络处的先河，政策效果显著，使小微企业整体出口快速增长的同时，加速跨入规模企业行列的步伐。取消外贸流通企业收购异地产品出口退税限制及相关政策出台，外贸流通企业做大外贸意愿提升。加快无水港建设，形成以大溪海关监管场地为龙头，保税仓库为主要端口的“无水港”基础设施平台。

利用外资

外资基础工作扎实推进。组织专门力量负责重新编印全方位、多角度展示温岭发展优势、投资环境的温岭市利用外资投资指南；全面完成产业对接排摸，协同发改部门对项目事前预审的方式，梳理、筛选出成熟的项目进行包装，推出了全新版本的重点招商项目册，确保广泛而又重点地向国际组织和境外企业推介。

招商推介活动有序开展。组织参加省政府统一的第14届“浙洽会”、九八中国“投洽会”和第2届中国海洋经济投资洽谈会等各种形式的招商引资活动。利用省商务厅组织的“第4届澳大利亚—中国商务周”浙江招商项目推介谈判小组活动，与澳大利亚澳中联合商会、新西兰国际商会、奥克兰市政府、奥克兰海滨开发区等相关机构建立了良好的投资合作促进关系。认真筹备并圆满举行“百名中外客商温岭行”活动，重点安排推介温岭市三大重点招商平台和20个重点招商项目，并组织客商现场考察相关园区、项目以及产业龙头企业，加深应邀客商对温岭投资环境、投资要素的全面了解。将赴深圳、广州等地开展专题上门招商工作常规化，主动向有意外移投资的港澳台投资商开展招商推介工作。

在谈在批项目积极跟进。经过近一年的沟通谈判，促成全省首家县级微软（温岭）IT学院落户温岭。事先介入省重点项目浙台海洋投创中心项目的前期谈判，参与项目审批相关事项推进工作，项目于2012年7月7日成功签订合作框架协议，一期工程于年内成功摘牌受让。全力服务温岭义大世界旅游综合体项目的招商引资工作，及时沟通联系台湾义联集团和温岭市双方有关项目推进的相关信息，双方进行了多次深层次的专家组商洽，项目已取得了阶段性进展，前期相关工作有序推进，已进入正式投资合作协议的商谈阶段。

对外经济合作

境外营销网络建设不断加强。继续抓境外项目的报批，以营销网络建设为平台拓展国际市场。全市经审批境外投资企业（机构）120家，分布在36个国家和地区。开展境外营销网络建设的企业出口逆势增长，增幅高出全市平均2.1个百分点，境外营销网络建设每年直接带动出口10亿多美元，占到全市自营出口总额的三成。其中台州天和水产食品有限公司开创了温岭市水产行业走出国门、在境外直接设立营销网络的先河。台州富岭塑胶有限公司转变以往展会接单模式，在美国设立直销公司，建立起覆盖全美的销售网络，使在美国快餐用具市场份额节节攀高。

企业对外接洽合作层次不断提高。以外经合作加强产业转型对接。积极组织企业赴境外考察，引导温岭优势产业寻求与境外优秀企业对接合作。构建具有温岭产业特点的境外营销网络体系,在匈牙利、印度尼西亚分别设立了温岭鞋、工量刃具等产品整体展销中心。组织参加境外项目推介活动,促进温岭优势产业企业与俄罗斯专业商城的贸易对接。

境外承包工程企业国际竞争力得到有效提升。加大对境外承包工作企业的扶持力度,组织温岭市6家企业加入浙江省对外承包工程商会,实现企业更大范围、更广领域、更高层次参与全球经济技术的竞争与合作的目的,抢占国际承包工程市场份额,实现行业上下游的整合、集成。

服务外包

新注册服务外包企业1家,累计达12家。全年实现服务外包合同执行额65.757万美元,其中离岸服务外包合同执行额15.757万美元,在岸服务外包合同执行额50万美元。

商贸业

会展经济蓬勃发展。着重于宣传温岭特色产品、重点产品及区域品牌优势,突出重点企业,进一步提高温岭块状经济及产品的知名度和美誉度。成功举办中国泵与电机展和中国工量刃具展两个国家级展会,展会共设1310个展位,展出面积35000多平方米,有388家企业参展,展会吸引了18个国家的58名国外采购商前来参观洽谈,约4.3万人进场参观洽谈,现场成交额2.77亿元,达成意向合同6.51亿元,其中外贸意向合同500万美元。新增4个展会,即温岭全国年货精品购物节、汽车文化节、首届温岭家居装饰博览会、温岭婚博会,四个新展现场成交额达0.53亿元。温岭会展中心全年共举办各类大小展会25场,展出面积达188900平方米,共吸引观众25.55万人,现场成交额8.28亿元,达成意向合同10.42亿元。

农村流通网络不断完善。积极实施“万村千乡市场工程”工作,全市830个行政村有789个行政村开设了连锁超市,村级连锁超市覆盖面达到95.06%,超额完成了市政府下达的95%工作目标。开展农超对接活动,多次召开农超对接协调会,在三和超市推广无公害蔬菜产销一体化链条。完成了泽国镇省级城乡统筹示范镇和牧屿、牧南、夹屿村农村现代商贸服务示范村的申报工作。

家电下乡工作圆满完成。认真贯彻落实中央扩大内需的方针,切实抓好家电下乡工作,全市核准备案销售网点123家,累计销售“家电下乡”产品285698台(部)(其中:2012年销售127351台,同比增长51%),销售额6.7亿元(其中:2012年销售金额3.1亿元,同比增长58%),兑付财政补贴资金8700万元(其中:2012年补贴资金3829万元,同比增长51%)。严格执行商务部和省商务厅要求,积极开展家电下乡网点清理整顿工作,今年注销三家不合规网点,规范家电下乡网点建设。

重点行业管理

加强生猪屠宰管理工作,确保“放心肉”工程落实。组织开展松门区域肉品质量安全专项整治行动,自3月8日开始,对松门、石塘区域肉品质量安全开展为期一个月的集中整治行动。此次整治行动,共出动执法人员791人次,收缴非法生猪产品574公斤,案值11628元。部署落实食品安全大整治生猪定点屠宰肉品质量安全整治百日行动,“百日行动”以来,先后组织出动执法人员305人次,检查了320户次,收缴违法生猪产品2234公斤,涉及货值金额4.1096万元,立案1起,罚没金额1.84万元。无害化处理病死猪102头,无害化处理病害肉品71503公斤,确保屠宰环节产生的病死猪、病害肉及废弃物100%得到及时处理。

加强成品油市场监管。做好加油站竣工验收,积极配合经信局等部门完成对中石化大溪大石公路加油站和中石化大溪上山加油站竣工综合验收。完成成品油经营企业年检,全市共有成品油零售企业127家,通过年检合格120家,暂缓年检2家,要求整改5家。认真落实消防安保工作,根据市政府《关于印发温岭市集中开展党的十八大消防安全保卫工作方案的通知》文件要求，由商务局牵头，召集公安、安监、发改、消防、经信等部门相关负责人，部署消防安保工作，对在用、在建油库，加油站、点等122家成品油经营企业下发《关于开展消防安全检查的通知》和签订《责任书》，不定期进行督促检查。据不完全统计，2012年成品油销售91.12万吨，同比下降了6.2%，其中：汽油37.74万吨，同比增加15%，柴油销售40.12万吨，同比下降16%，燃料油13.26万吨，同比下降20%。

加强典当企业监管。完成了6家典当经营企业年检，相关年检资料按规定要求和时间上报省商务厅；做好申请企业初审资格。对2家新申请典当企业进行资格初审，年内已审批设立。目前，全市共有典当公司8家，其中独立法人单位6家，分支机构2家，注册资金11238万元。全年累计实现典当额48570万元，上缴税金210万元，税后利润377万元。争创“上星级创品牌”。引导企业规范经营，禁止企业吸收公众存款、非法集资和信用贷款。未发现有典当企业陷入中小企业资金链断裂的典型案例。

粮食工作

切实加强粮食储备管理。较好地完成台州市商务局对部门粮食工作目标考核的各项指标和任务。已完成省政府下达的地方粮食储备任务2.95万吨和成品粮720吨，储备粮晚稻谷比例达到25%，储备成品粮晚稻米比例达到85%以上，做到规模、仓储、费用“三落实”。积极开展粮食食用植物油库存检查，库存粮油质量合格率、储备品质宜存率、出库检验率、质量建档率分别达到100%，实现“一符四无”粮仓管理要求，确保储备粮的质量和储存安全。

积极开展粮食市场监测和价格预警。建立健全粮食市场监测预警报告制度，组织开展粮食市场监测预警工作，定期报送报告粮食市场供应价格监测信息，及时报告粮食市场异动情况。

认真落实保供稳价和粮食应急管理。按照上级要求落实保供稳价措施，市场供应和价格基本稳定，按要求落实应急加工能力、供应网点、市场监测网点均已完成和超额完成。继续推广“订单粮食”，与种粮农户签订订单数、发放预购定金均创历史新高。2012年度被省粮食局评为粮食收购先进单位。

（温岭市商务局　叶　芝）

附：

2012年温岭市外经贸情况表

单位：亿美元

项　目		金　额	同比增长(%)
对外贸易	进出口	355682	4.7
	出口	341177	4.2
	进口	14497	18.8
利用外资	项目个数(个)	2	
	合同外资	2060	
	实际外资	1209	
对外经济合作	境外承包工程营业额	3015	
	境外投资项目(个)	6	

2012年慈溪市国内贸易

概 述

一年来,面对严峻复杂的宏观环境和艰巨繁重的发展任务,在市委、市政府的正确领导和上级业务主管部门的精心指导下,紧紧围绕加快经济发展方式转变这条主线,积极开拓市场引导扩大消费,着力构建产业互动、特色鲜明、功能完善的现代服务业体系,商贸服务业呈现稳步健康发展的良好势头。全年全市实现服务业增加值348.41亿元,增长12.0%,占国内生产总值的比重达到36.7%;实现社会消费品零售总额391.98亿元,增长14.6%,总量继续位居宁波各县(市、区)首位;完成商品市场成交额444.59亿元,其中亿元以上商品市场成交额251.69亿元,分别增长17.6%和15.1%。

主要工作

回顾过去一年,全市突出抓好了以下六方面工作:

1. 政策措施扎实有效。把进一步贯彻落实国家宏观调控政策与推进服务业跨越发展一起来抓。一是按照《2011年慈溪市商贸流通服务业发展引导资金使用办法》的规定,对全市167个符合产业发展导向的商贸服务业项目实施了奖励(补助),奖励(补助)总额达到1629.73万元,直接受惠企业达到117家。二是根据《市委市政府关于加快现代服务业跨越式发展的若干政策意见》精神,制定出台了《2012年慈溪市商贸流通服务业发展引导资金使用办法》,以及《2012年度慈溪市家电公共服务平台发展扶持办法》和《慈溪市商贸流通服务业十强企业评选实施细则》等10多个配套政策措施,预计全年市财政扶持商贸服务业的资金总额将达到3700万元。三是为优化慈溪市服务业发展环境,组织开展了数次调研活动,收集和梳理了涉及物流业税制改革、农村三产用房发展等方面的意见和建议,并形成书面材料上报给市委、市政府。着手开展牛羊屠宰现状调研工作。同时,为规范全市成品油市场管理工作,及时草拟了《进一步认真落实加油站建设项目申报规程的通知》,已报市政府审定。

2. 平台项目加快建设。坚持把项目建设作为经济转型发展和推进服务业提速增效的重要引擎。一是市商品市场园区和综合物流园区两大产业平台抓紧建设。市商品市场园区综合商贸城于4月26日正式开建,目前地下层建设已基本完工;慈溪农贸城、国际名品城项目规划设计方案已经编制完成,园区基础设施建设和管网布局启动,引进的首个招商项目——浙江长三角石油化工交易中心自2011年底成立运行以来,已有26家交易企业入驻,全年实现石油化工交易额91.47亿元。市综合物流园区正在推进基础设施项目相关工作,物流大厦、宝瑞精细物流等项目包装开始启动。二是重点项目进展顺利。白金汉爵大酒店、宝利丰宝马4S店、东部建材家装城等竣工营业;城西休闲商务区一期、联盛国际广场两大城市商业综合体,市工业品批发市场二期、嘉润国际、红星美凯龙等一批重点服务业项目加快建设。全年完成服务业固定资产投资263.61亿元,增长61.7%,占全社会固定资产投资的比重达到59.5%。三是招商引资工作成效明显。成功举办了2012慈溪现代服务业(厦门)招商推介会,会上共推出了包括产业平台、中心城区、新型城镇等三大板块的33个服务业招商项目,并有城东大型城市综合体、海洋主题休闲美食广场等

11个现代服务业项目在会上签约，协议投资逾70亿元人民币，是历届现代服务业推介会投资项目最多、协议投资金额最大、涵盖服务业范围最广的一次。同时，围绕城区商务休闲区一期、市商品市场园区等一批城市综合体和产业平台，通过落实产业政策推动服务业业态招商引资，引进知名品牌。全年服务业实际利用外资6336万美元，占全市实际利用外资的36.9%。

3. 新型业态快速发展。重视商业模式创新，增强对新型业态的培育和发展。一是大力发展专业物流。引导物流企业规范发展，建立物流培育梯队，推广RFID、GPS、LNG油改气、双重甩挂、冷链物流一体化、同向专线整合、医药物流供应链延伸等新技术和手段应用；新评国标3A级物流企业2家，至此，全市2A级以上物流企业总数达到20家，占宁波大市的四分之一强，居宁波各县(市、区)首位；神化物流项目获得国家专项资金扶持。二是着力推进电子商务。网商大厦创工场自2011年开建以来，致力于服务慈溪的家用电器、婴童用品等产业的全网营销，扩大经营场所5000平方米；E点电子商务产业园正式运营，已入驻电商企业22家，引进第三方服务企业3家，全年实现网上销售近2亿元。全市已涌现出了以加乐多、一搜、百捷工贸、易购吧、同润科技、天天发等为代表的一批B2C、C2C电子商务服务平台，电子商务与物流、冷链、医药、家电等行业的整合程度不断加深。助力电商发展，促成淘宝大学在慈溪设立专业培训机构，至今已开办各类专业培训班3期，培训人次达到248人次。豆豆龙电子商务等产学研项目，在服务慈溪电商的同时，还辐射到了余姚、上虞等周边地区。三是积极培育家庭服务业。浙江三替家政连锁公司落户慈溪，弘佳、给力等传统家政龙头企业不断壮大，好月子、维多利亚早教等新兴家庭服务企业开始试水，城市物业被评为全国百强家庭服务业企业。以81890服务平台为基础，引导家庭服务企业统一服务标准，规范经营。

4. 市场开拓成效明显。主动衔接产需，全面统筹商务系统开拓市场工作。一是以“拓市场、促调整、保增长”为主线，成功举办了第18届年货展销会、第13届和第14届中外名车展览会、首届餐饮文化节、长三角能源资本高峰研讨会、家电产销对接洽谈会以及十大风云网商展活动，组织参加了宁波市淡季菜篮子商品展销会和2012宁波中国食品博览会。其中，第13届和第14届中外名车展览会共现场成交车辆1050台，实现直接成交额1.5亿余元，意向成交额2.7亿余元。二是深入推进市镇商贸中心工程、万村千乡市场工程和商业特色街区等建设。加强重点乡镇商贸规划编制，点面结合推进周巷、观海卫、龙山试点工作，市镇商贸中心建设成效初步显现。在万村千乡市场工程实现全覆盖的基础上，进一步提升工程质量，2012年新开农村连锁超市便利店8家，全市总数累计达到346家。三是认真落实好家电下乡政策。截止到2012年12月31日，全市88个备案销售网点累计销售各类家电下乡产品20.98万台，销售额达到5.3亿元，继续位居宁波各县(市、区)前列，对拉动农村消费起到了积极作用。四是全力推动家电采购、售后、物流、信息和设计研发等五大公共平台建设。积极引进康成投资(中国)有限公司、北京京东世纪信息技术有限公司等10家家电采购商、大型商超、电子商务服务商落户中心；新发展国内售后服务网点360家，有14家市内家电生产企业接受了物流外包服务，全年家电采购服务平台实现慈溪家电产品直接采购额3.57亿元，售后、物流两大服务平台共完成服务实绩4624万元。积极推进慈溪家电网上直销商城建设，在淘宝、拍拍网和易趣等知名电子商务网上开设了集聚式店铺。

5. 惠民工程扎实推进。把改善民生作为保增长的出发点和落脚点来抓。重点实施了“四大工程”：一是“米袋子”保障工程。不断推进粮食产销合作，分别在省内江山市以及江西省九江市、铅山县和崇仁县，安徽省宣城市建立了10万亩粮食生产基地，全年调入粮食1.8万吨。切实抓好订单粮食收购工作，全市417户农户与市粮食收储有限公司签订了粮食收购合同14904吨，较上年增长27%；全年收购粮食11975吨，订单履约率达80.3%。二是“菜篮子”基地提升工程。加强应急“菜篮子”商品储备调控体系建设，扩大“菜篮子”商品储备规模。全市落实生猪活体储备3万头、水产品2600吨、蔬菜3400吨、禽蛋800

吨和豆类制品原料100吨的储备任务,以应对突发事件而产生的“菜篮子”商品供应短缺和价格波动。进一步加强基地的软硬件设施建设,扩大种养殖规模,市级“菜篮子”商品供应基地由上年的13家增加到20家,全年共出栏生猪20万头,销售蔬菜、水产品9.3万吨,家禽330万羽,成为全市“菜篮子”的有力补充。三是农贸市场改造提升工程。通过召开会议,制定鼓励政策,出台建设标准,加强协调督查,列入计划的30家农贸市场已基本完成改造提升任务,其中有4家农贸市场顺利创建成为省级文明示范农贸市场。四是肉类蔬菜流通追溯体系工程。17个节点单位已按计划完成了全部管线的铺设,正在进行集成设备的安装调试。

6. 市场运行平稳有序。把维持市场稳定运行作为一项战略性任务来抓。一是市场运行监测分析及时准确。借助商贸服务业信息上报平台和宁波网上统计直报系统,对全市203家企业经营状况进行监测,并及时收集数据,深入分析动态趋势,为各级政府部门提供信息资源,决策参考。加强部门之间的联系与沟通,及时掌握限上商贸企业的入统情况,全市新增限上商贸企业33家,总数达到236家,全年限额以上零售额实现167.95亿元,增长12.8%。二是商品质量安全监管扎实有效。严格进行农贸市场农残检测和“瘦肉精”检测,全市农贸市场(超市)食品安全快速检测室已达到96个,全年共检测各类食品247181批次,检出不合格食品1229批次,处理44690公斤;外来生猪“瘦肉精”检测16177批次,133418头,合格率为100%,质量安全总体平稳。三是行业监管不断加强。牵头组织商贸流通企业节能减排工作,全市商贸流通企业软硬件建设和节能意识得到普遍提高。典当、拍卖、旧货、报废汽车回收、成品油、酒类流通等特种行业的依法行政和市场管理扎实有效。有序推进市食品公司董、监事会换届选举工作;积极协调做好市旧货交易市场搬迁安置、经营户分流等工作,并适时退出国有股本。牵头组织生猪定点屠宰肉食品质量安全整治百日行动,以及大型零售企业违规收费清理整顿,完成了全市2家生猪定点屠宰场资格审核清理工作和6家零售商6个门店的检查。加强安全综治工作,指导大型商场超市企业开展安全生产标准化达标工作,部署“打非治违”专项行动,确保全市商务系统安全稳定运行。

(慈溪市商务局)

2012年慈溪市外经贸

概 述

2012年全市实现进出口总额102.89亿美元,其中出口84.21亿美元,进口18.68亿美元,同比分别增长1.2%、0.9%和2.5%。全年进出口、进口增幅分别高于宁波平均2.8个、8.4个百分点,出口增幅与宁波持平。

2012年慈溪市新批境外投资企业23家;实现中方合同投资额1.16亿美元、实际投资额4205万美元;完成对外承包劳务合作营业额5496万美元,各项指标均较好完成了全年目标任务。

2012年全市完成服务外包合同额7.92亿元、执行额5.52亿元,其中离岸服务外包合同额4887万美元、执行额3980万美元。各项指标均超额完成全年任务。

主要工作

1. 坚定不移开拓国际市场,保持和扩大市场份额。2012年慈溪市精心组织了各类国内外国际性展会30多个,组织了900家(次)企业参展,摊位数达1400个;同时,对企业参加重点展览予以展位费全补,降低企业的参展成本。鼓励企业开展自营出口,2012年新增自营出口企业159家,出口队伍和市场的双重扩张使慈溪市出口保持了逆势增长的势头。

2. 启动外贸企业服务月活动,促进外贸便利化。2012年6月全市启动了为期3个月的"外贸企业服务月"活动。市政府成立服务月活动领导小组,市经信局成立办公室,各镇(街道)、慈东开发区及各涉外部门组成的成员单位深入企业调研,改进和提高服务水平,共同提高我市外贸便利化水平。各部门推出的"无纸化通关"、"无纸化报检"、出口退税"直通申报"等便利化政策,使广大外贸企业实现出口的"减负增速";工贸对接座谈会为生产企业和流通性企业的互利合作打开了方便之门。

3. 切实加大对出口信保的扶持力度,实施小微企业"全覆盖"。2012年慈溪市加大了对企业投保出口信用保险的保费扶持力度,由15%提高到25%,并在2012年10月份出台了"慈溪市小微企业出口信用保险政府联合投保方案",安排200万元专项资金,对年出口额500万美元以下的外贸企业投保出口信用保险实施保费全免政策。

4. 推进出口品牌建设,加大出口基地建设。2012年全市新增宁波市级以上出口品牌14个,其中省级出口名牌5个。家电出口基地建设取得新成效,通过加强和国家机电商会的联系和合作,选择慈溪的优秀家电企业编印了三期《重点供应商目录》,其中一期是慈溪专刊。该目录在广交会等大型展会中发放给参展商,并作为官方宣传刊物在中国驻外使馆参赞处发放。同时,机电商会官方网站中对入刊的企业进行宣传,并将收集到的国外买方讯信免费提供给入刊企业。对提升我市家电企业在国际上知名度和美誉度大有益处。

5. 推动企业"走出去",取得突破性进展。2012年慈溪市企业在"走出去"上取得了突破性进展。企业"走出去"的热情空前高涨,境外投资迅速铺开,境外企业增多,营销体系也呈现出向国际化、专业化发展的势头。其中,宁波金帅进出口有限公司在澳洲设立的"中国名牌商品展示分拨中心"于11月24日正式开业,成为今年宁波企业"走出去"三大项目之一,也开创了我市企业在境外设立分拨中心进行营销的先河;宁波慈星股份有限公司在香港设立贸易公司,通过深入开展销售、租赁、售后等服务大力开拓东南亚市场。

6. 服务外包夯实基础,步入快速发展轨道。2012 年慈溪市做好了服务外包的布点扩面工作,制定了《服务外包数据统计制度》,同时加强对服务外包知识的普及,提高了广大企业和政府对服务外包工作的认识和重视,为下一步发展打好了坚实的基础。

(慈溪市经信局)

2012年诸暨市商贸服务

2012年，全市实现服务业增加值310.96亿元，同比增长11.9%，占GDP比例达38.3%，高于GDP增幅1.8个百分点，三次产业结构调整为5.8:55.9:38.3。全市实现社会消费品零售总额231.22亿元，同比增长17.6%；全市完成第三产业税收19.7亿元，同比增长25.3%，占全市地税比重为50.4%。

扎实推进项目建设

2012年，全市商贸服务业项目共1334个，完成投资110.76亿元，完成年度目标的116.5%。其中，投资千万元以上商贸服务业项目达195只，累计完成投资81.03亿元(投资3000万元以上的重点项目有137只，3000万元以上重点项目完成投资70.76亿元，占千万元以上商贸服务业项目完成投资总量的87.33%)；千万元以下项目1139个，累计完成投资29.73亿元。长城国际影视网游动漫创意园、经易通现代综合仓储物流网络、越美轻纺商贸城被列入2012年度浙江省重点建设项目；铭仕广场、大唐轻纺袜业城、华东国际珠宝城被列为第一批绍兴市现代服务业集聚示范区；长城国际影视网游动漫创意园、雄风永利商业广场、恒龙国际汽配用品城等18只项目列入2012年绍兴市服务业重大建设项目。

着力优化产业结构

传统商贸业转型升级。围绕东、南、西、北、中五大城市商贸综合体布局规划，2012年，城东商贸综合体——雄风永利商业广场、旧城核心商贸综合体建设进一步加快；城南商贸综合体——一百商贸广场地块已拍，城西、城北商贸综合体正在洽谈，历史文化商业街加快建设进度，诸暨国际商贸城启动建设，红星美凯龙落户诸暨。骨干企业进一步做大做强，全市综合30强企业中拥有服务业企业6家，同时还拥有市级服务业企业15强，创新成长型服务业企业10强。其中，祥生集团、雄风集团等2家企业列入2012年中国服务业企业500强；海越公司、一百集团等4家企业入选2012年浙江省服务业企业100强；服务业品牌建设取得成果，雄风、华东国际珠宝城获浙江省著名商标，东旺成为浙江省知名商号。

现代物流业加快发展。目前，物流园区一期区域土地农保已经调整，土地预征完成，物流园区主要骨架道路建设启动，延伸道路已到园区，市政排水排污、供电供水等基础配套建设步伐加快，新亭埠散杂货码头工程开始全面建设。培育壮大10家市级重点物流企业，2012年，10家市级重点物流企业累计实现货运量1163万吨，实现营业额10.27亿元。继续推进企业“主辅分离”工作，到目前，全市累计分离发展服务业企业176家，其中当年新增4家，新增地方税费8381.75万元。

总部经济成为新亮点。目前，全市在建或建成总部大楼共37幢，总投资65.88亿元，总建筑面积107.93万平方米。其中已建成11幢并已正式投入使用；在建26幢，总投资51.38亿元，总建筑面积71万平方米。此外，城东新区还有4幢正在进行开工前准备，届时诸暨新建总部大楼总数达到41幢，总部经济成为全市服务业发展的新亮点。

大力发展新兴服务业。到目前，全市共有家政服务业企业28家，拥有大型家政培训机构3家，以“便利消费进社区、便民服务进家庭”为重点的“双进”工程使居民生活更加方便。推进新兴服务业发展。2012 年，全市新增 2 家典当公司，到目前全市已拥有 8 家典当企业和 1 家分支机构，位居全省前茅；长城国际影视动漫创意园项目建设进一步加快，目前已完成拆迁遗留、高压线移位等工作，同时当年完成 8 部影视剧拍摄工作，文化创意产业将成为全市现代服务业新的亮点。

积极扩大城乡消费

深入开展万村千乡市场工程。到 2012 年底，全市 3 家“万村千乡市场工程”龙头企业共建连锁便利店 897 家，其中镇级直营店 113 家，村级连锁店 703 家，校园连锁店 81 家，另有农资连锁店 173 家，各级连锁便利店实现销售 15.47 亿元，同比增长 20.7%。以“商品百分之百实行龙头配送，销售百分之百实行信息联网”为重点的村级便利店“双百”示范创建完成第三批 40 家创建任务。雄风集团成为 2012 年度浙江省“万村千乡市场工程”大型流通企业(全省仅 2 家)，一百集团、雄城商贸成为 2012 年浙江省城乡连锁超市重点龙头企业(全省 25 家)。同时，以全省“农商通”试点工作及向全省推广论证会在诸暨市召开为契机，积极推进“农商通”信息终端设备安装工作，目前已完成 110 台系统安装，城乡流通网信息化水平走在全省前列。

积极创建省级现代商贸示范镇和示范村。2012 年，店口、大唐 2 个镇和斗门、侠父、三都 3 个村已成功创建为浙江省首批现代商贸服务示范镇和示范村；璜山、牌头 2 个镇以及璜山镇桥下村被确定为新一批省级现代商贸服务示范镇、村创建公示对象。

成功举办首届金秋消费节。为进一步打造现代化的城市形象，更好展示繁荣繁华的商业面貌，努力构建舒适一流的购物环境，诸暨市成功举办首届金秋消费节，其中包括快乐购物节、金秋美食节、2012 诸暨市城市广场秋季汽车展示会、酒文化推广节、2012 第三届婚庆博览会、2012 家电下乡特购节 6 个分节会，有力拉动了城乡消费，消费节期间，13 家重点商家实现销售额 5.18 亿元，同比增长 18%。同时，继续深入开展家电下乡，2012 年，全市家电下乡累计销售家电 341171 台，实现销售额 8.39 亿元。

认真开展执法监管

切实加强生猪定屠管理工作。2012 年，全市共出动商务执法 801 人次，检查经营户、屠宰场 3712 家，立案查处定屠等违法违规案件 17 起，生猪宰前“瘦肉精”检测在原有对“盐酸克伦特罗”抽检的基础上，增加了对“莱克多巴胺”和“沙丁胺醇”的抽检，全市共抽检“瘦肉精”10688 批次，抽检生猪 21906 头，检测合格率达 100%。同时，城区机械化屠宰中心正式启动建设，全市屠宰场审核清理工作深入开展，城乡居民肉品安全保障能力得到进一步提升。

认真做好各项监测监管工作。加强对成品油市场的监管，全市 77 家成品油经营企业已有 74 家通过年检验审，并新建、改建、迁建加油站 5 家。进一步加大生猪对典当、拍卖、再生资源回收等特许行业的报备监管、举报投诉处理和执法检查力度。与此同时，诸暨商务预报网站对市场运行情况进一步加强跟踪、监测、分析，及时发布各类信息，为政府决策、企业经营、居民消费提供便捷服务。

(诸暨市服务业发展办公室)

2012 年诸暨市商务

概 述

2012 年,诸暨市商务局倡导“艰苦创业,幸福民生”的工作理念,把握“聚焦发展、率先突破”的工作基调,紧扣出口市场拓展、电子商务发展、招商引资三大工作主题,积极应对国内外宏观经济形势变化,努力破解要素制约,全市开放型经济负重奋进,稳中趋缓。全年自营出口总额 47.5 亿美元,居全省第八位;实际利用外资 2.1 亿美元,实际到位市外境内资金 51.2 亿元;境外投资企业中方投资额 7227.1 万美元,服务外包业务离案执行额 201 万美元。

对外贸易

2012 年,诸暨市新增进出口备案登记企业 168 家,累计达到 1707 家。有进出口实绩的企业 1056 家,其中 2012 年新开展进出口业务 165 家。全市实现进出口总额 574990 万美元,同比下降 7.7%。其中出口 474748 万美元,同比下降 6.5%,完成绍兴市竞赛目标(568800 万美元)的 83.5%;进口 100242 万美元,同比下降 12.8%,完成绍兴市竞赛目标(128800 万美元)的 77.8%。实现加工贸易出口 38822 万美元,同比下降 23.6%,占全市出口总额的 8.2%,比上年同期减少 1.8 个百分点。

2012 年,诸暨市五大块状特色产业累计出口 343784 万美元,同比下降 5.7%,占全市出口的比重为 72.4%。其中机电产品出口 110937 万美元,同比下降 18.8%,占全市出口总额的 23.4%;袜子出口 126173 万美元,同比增长 10.1%,占比 26.6%;提花布出口 76910 万美元,同比下降 6.6%,占比 16.2%;珍珠出口 27498 万美元,同比下降 5.2%,占比 5.8%;农产品出口 2266 万美元,同比增长 7.6%,占比 0.5%。进出口国家(地区)达 177 个,较上年同期增加 3 个。出口超 1000 万美元的国家(地区)59 个,较去年同期增加 6 个。出口总量居前五位的国家和地区依次为美国、中国香港特别行政区、阿联酋、贝宁、多哥。出口超 1000 万美元的镇乡(街道)20 个,与上年同期持平;出口超 500 万美元的企业 250 家,较 2011 年同期增加 1 家。

利用外资

2012 年,诸暨市新批外商投资企业 14 家,比上年同期减少 7 家,新批项目总投资平均规模 1393 万美元,比上年同期减少 201 万美元;合同外资平均规模达到 1128 万美元,比去年同期增加 129 万美元。全年累计总投资 23750 万美元,同比下降 49.1%;合同外资 16867 万美元,同比下降 44.3%;实到外资 21247 万美元,比去年同期下降 11.4%,完成绍兴市竞赛目标(2.1 亿美元)的 101.2%。

到 2012 年底,全市累计设立外商投资企业 915 家,除去终止 185 家、撤销 246 家、外迁 1 家,现存外商投资企业 483 家。

引进市外境内资金

2012 年,诸暨市引进市外境内资金项目 98 个,同比增加 42 个;投资总额 1263976 万元,同比增长 63.5%;协议投资 920452 万元,同比增长 49%;实际投资 512287 万元,同比增长 76.4%,完成绍兴市竞赛目标 253000 万元的 202.5%。

2012年，全市新批大项目数（总投资5000万元以上)40个，其中总投资1亿—5亿元项目20个,总投资5亿元以上项目1个。

对外经济合作

2012年，诸暨市新批境外投资企业10家（含增资4家），同比减少56.5%；投资总额7277.1万美元,同比减少77.7%。其中中方投资额7227.1万美元,同比减少77.7%,完成绍兴市竞赛目标(16600万美元)的43.5%。全市累计设立境外企业和机构241家,总投资额10亿美元,其中中方投资额96460万美元。

2012年,全市新签境外工程13个,合同额28867万美元,同比增长105.1%。完成承包劳务营业额9606万美元,同比下降28.1%,其中境外工程营业额3181万美元,同比下降2.1%,完成绍兴市竞赛目标(3150万美元)的101%。

电子商务

至2012年底，诸暨市共有工商注册的电子商务企业157家,其中当年新增104家,新注册3家网上交易市场，电子商务企业井喷发展。诸暨市商务局重抓平台建设,促进电子商务集聚发展。出台首个电子商务政策《诸暨市人民政府关于加快推进电子商务发展的实施意见》(诸政发〔2012〕68号)，确立了电子商务发展的总体目标、实施对象和工作措施,统筹安排300万元专项资金用于推进电子商务发展。建设占地33.5亩的电子商务园区,建筑面积3万平方米,建成项目一期(面积3839平方米),入驻企业12家,达到86%的入园率。开展电子商务招商,与“2012年十佳电商服务商”杭州熙浪公司达成意向,把在义乌的分公司浙江熙浪公司迁入园区。

（诸暨市商务局）

2012 年余姚市商务

2012 年以来，全市商务工作紧扣市委、市政府工作部署，以科学发展为指导，抓住商务局成立后内外贸资源整合加速机遇，深入实施商务发展“五个一起”工程，取得了扩大内需、拓展市场、助推产业、统筹城乡、服务民生新进展。全年实现社会消费品零售总额 305.16 亿元，同比增长 17.5%；实现市场成交额 677.74 亿元，同比增长 7%；实现商贸增加值 80.57 亿元，同比增长 14%；实现自营进出口总额 77.9 亿美元，同比增长 2.7%，其中出口 59.4 亿美元，同比增长 5.7%，进口 18.5 亿美元，同比下降 5.8%；实现境外中方投资额 9350 万美元，同比增长 22.9%，实现境外承包工程劳务合作营业额 1 亿美元，同比下降 26.2%；实现服务外包合同额、执行额分别为 11 亿元、8.6 亿元，同比分别增长 6%和 8.8%。

2012 年主要工作

1. 坚持国际、国内两大市场“一起闯”，实现市场拓展新格局。2012 年以来，余姚着力推进实施国际、国内两大市场“一起闯”战略，统筹内外两大市场、两种资源，取得了外贸出口持续增长，内贸消费稳步提升的良好局面。一是主攻外贸产业升级。大力实施外贸品牌化、市场多元化“外贸发展”两大工程，引导外贸企业加大品牌培育、新兴产品开发，努力推进出口以传统市场为主向新兴市场体协同开发转变。目前，全市宁波市级以上外贸品牌已达 53 个。积极化解出口风险。针对不断增多的贸易摩擦和欧债危机下日渐萎缩的外贸需求，引导企业参加出口信用保险、实行跨境贸易人民币结算，去年已投保出口信用保险企业 124 家，可享受宁波和余姚出口信用保险补贴 1100 多万元，投保企业比上年增加了 35 家。同时重点以展会为平台，帮助企业抢抓订单。重点组织企业参加了中东五金卫浴展、中国国际家电产品（迪拜）采购交易会、香港电子展、德国柏林国际消费类电子产品展览会、新加坡宁波进出口交易会等 10 余个境外展会。并精心组织春秋两届广交会、华交会和消博会等境内重要展会，参展企业多达 500 多家。二是全力促进消费持续增长。一方面积极发展汽车消费、品牌消费、高端消费，挖掘农村消费、外来务工人员消费，重点策划以“幸福余姚，享受人生”为主题的商贸系列活动，已举办车展等大型促销活动 20 余次，累计销售突破 7 亿元，同时，发挥家电下乡政策效应，累计办理家电下乡产品 12.6 万件，实现销售 3.04 亿元。另一方面继续加大国内市场开拓。2012 年新开设了“杭州余姚名品直销中心”，余姚名品直销中心已达五家，中国裘皮城继 2012 年在西安设立“中国裘皮城·西安裘皮广场”后，哈尔滨裘皮城也于 2012 年开业，市外名品直销中心全年销售突破亿元。宁波云环集团转变国内市场拓展方式，新设立了以开设社区店为主要模式的“阿迷你”家电营销公司，已在全国各地开设加盟连锁（直营）店 32 家，每家月销售达到近 30 万元。

2. 坚持引进来与走出去两条腿“一起走”，实现投资新突破。余姚着力推进实施引进来与走出去两条腿“一起走”战略，纵深推进对外开放发展工程，取得了商贸投资招引、境外投资开发的双增长。一是坚持招商引资一号工程不动摇。在市级层面确立了以 35 个重点项目为主体的项目引建年度计划，建立项目招引领导包干联系、工作进展月报等推进机制，起草制订了《全市城市综合体发展定位及招商工作要点》，建立每月一次例会制度，及时编制《城市综合体简报》。累计投资达 70.6 亿元，同比增长36.5%，其中列入日常监测的重点商贸项目共35个，全年实现投资48.8亿元，提前完成年度投资计划。万达广场、四明广场、城东华润、红星美凯龙、低塘国际商业广场等重大项目开工且进展顺利，大德商都、沃尔沃4S店等项目陆续开业，有色金属材料城试营业。推进项目建设的同时，着重推进了以城市综合体二次招引为主的品牌招引，陆续引进了苹果专营店、85度C、资生堂、Lee、Prich、水天堂等国内外品牌；签约了希尔顿、乐购、欧尚、星巴克、哈根达斯等国内外的酒店、百货、超市、影院以及服装、餐饮、休闲等著名品牌100多个。同时，还积极做好了余姚台湾名品城、高铁新城商业体、浙东汽车城等项目招引洽谈的协调推进工作。二是坚持“走出去”发展不停步。开展境外投资意向企业调研，组织企业参加各类投资说明会等，余姚境外投资取得了投资规模不断扩大、投资结构积极优化的良好局面。2012年1—12月份，新开设境外企业35家，有研发中心7家，贸易性公司9家、办事处14家，矿产开发1家，实业投资1家，生产性企业3家；而且项目单体投资规模扩大，500万美元以上项目5个，千万美元以上项目2个。宁波燎原灯具有限公司、宁波贝泰灯具有限公司两家企业新获对外承包工程经营资质。

3. 坚持生活性服务业与生产性服务业“一起抓”，实现商贸结构新优化。余姚着力推进实施生活性服务业与生产性服务业“一起抓”战略，不断优化商贸产业发展结构，实现了商贸产业发展的双驱动。一是城乡商圈建设不断推进。桐江桥核心商圈重点企业华联商厦、天一商城完成改造提升工程，舜大财富广场与宁波天一签订接管协议。城东嘉悦广场沃尔玛超市运行良好，城南商业副中心万达广场、东南商圈保利文化广场项目、城西商圈红星美凯龙项目加快建设；泗门的姚西北商业副中心效应正在显现。同时，六大镇级商贸中心、村级商业中心建设积极推进，丈亭镇、丈亭镇渔溪村、梁弄镇五桂村成功创建省级商贸服务业示范镇和示范村，4个村级商业中心通过第一批验收，其余17个已完成创建待年后验收。去年市商务局还被国家商务部授予全国商业特色街管理先进集体。二是生产性服务业快速发展。裘皮城二期风情街实现开盘，二期项目完成总工程量的80%，裘皮城东区项目(2万平方米)已于2012年9月中旬顺利开业；天德商都工业配套城开业；有色金属材料城实现试营业，85家企业入驻材料城，中国铝业等央企已签订意向入驻协议，年底前正式开业。全年全市实现市场成交额677.74亿元，同比增长7%，专业市场交易总量领跑宁波。创意、物流等新兴产业发展势头良好。阳明188创意产业园二期积极推进、文山创意广场一期工程完成，超凡节能创意园项目顺利开工。全市“一主四副”物流布局继续得到完善，舜发物流中心项目全面竣工，舜发供应链管理平台正在建设；滨海物流园区已经规划，招商正在进行中；塑料城仓储基地已规划设计，全年新增现代服务业企业979家。去年实现服务外包合同额、执行额分别为11亿元、8.6亿元，同比增长分别为6%、8.8%。

4. 坚持服务民生与行业监管两大职能“一起挑”，实现商务职能新发挥。余姚着力推进实施服务民生与行业监管两大职能“一起挑”战略，把服务民生为作为商务工作的最终目标，实现了服务民生工作与强化行业监管工作的双提升。一是有序推进民生实事工程。严格落实粮食安全责任制，共收购粮食6.1万吨，其中小麦5100吨、早稻2.6万吨、晚稻3.07万吨。继续深入实施“万村千乡”工程和“家电下乡”工程，积极推进商业示范社区创建，“96345”平台建设扩容提升。列入去年改造提升的19家菜市场全面完成改造提升并顺利通过省、宁波市政府验收，其中凤山、泗门等4家菜市场成功创建省文明示范农贸市场。建成肉类蔬菜追溯体系流通节点16个。二是全力保障市场供应。不断提升菜篮子基地功能，积极推进农超、农餐对接工作，与6大生猪基地签订应急储备合同，新建生活必需品应急储备保障网络，落实粮食、柴油供应应急保障工作，做好元旦、春节等节假日及雨雪、台风、强降雨等市场供应工作。三是扎实推进行业监管。加强生猪定点屠宰场管理，去年开展执法检查257次、检查经营户8350家次、出动执法人员1548人次，进点屠宰生猪30万余头，打击和取缔私屠滥宰窝点20家次。食品安全百日整治行动之肉品安全整治工作，在省商务厅组织的暗访督查中，取得宁波市第一名的好成绩。同时狠抓安全生产、系统维稳，加强典当、成品油、煤炭等特种行业的监管。商贸行业节能继续推进，行业万元营业额能耗率同比下降5%。

5. 坚持服务产业发展与机关系统建设“一起促”，实现履职能力新提升。余姚着力推进实施服务产业发展与机关系统建设“一起促”战略，不断提升商务工作的履职履新能力，取得服务发展与自身建设的双增强。一是着力增强引领能力。充分发挥政策、规划对商务工作发展的引领杠杆作用，着眼商务工作发展新形势、新目标，及时制定出台了2012年度乡镇街道商贸服务业考核办法和开放型经济考核办法，以及华联商厦、有色金属材料城一企一策，积极推进“退二进三”，有26个项目获得“退二进三”政策支持。二是全力优化服务环境。在商务系统深入开展“三思三创”、基层组织建设年、进村入企、外贸服务月等活动，加大企业帮扶，认真倾听商务发展意见、建议，办好二会提案、建议，加强部门联系，协调好商贸重点项目推进，提早拨付商务政策资金等，积极为企业营造优质的服务环境。三是全面加强自身队伍建设。制订实施局党委重大事项议事规则、局机关工作规则，实现用制度管权管人管事；健全三定工作机制(定人员、定时间、定任务)和《监察简报》通报等督查机制，全面提高行政执行力；层层签订党风廉政建设责任状，明确责任内容和责任追究，落实工作措施，形成一级抓一级、层层抓落实的党风廉政建设责任网；并出台一系列规范性文件，从制度上进一步规范党员干部从政行为。

2013年工作思路

面对新形势、新挑战，2013年的商务工作将紧盯年度目标任务不放松，不断创新工作举措，狠抓职责落实，以促进消费、扩大市场、帮扶企业、改善民生为主要内容，力争实现社会消费品零售总额同比增长14%，市场成交额同比增长8%，商贸服务业增加值同比增长9%；外贸进出口总额同比增长6%，其中出口同比增长7%，进口同比增长3%；实现境外中方投资额1.1亿美元，境外承包工程劳务合作营业额8180万美元；实现服务外包合同额和执行额分别为12.7亿元、9.8亿元。围绕上述目标任务，重点抓好以下工作：

1. 抓好项目建设，促商贸大跨越。一是要打造以城市综合体为代表的区域商业高地。要制定以综合体为重点的全年商贸项目建设计划表，落实项目领导联系制、难题会商制、进展月报制，倒排项目进度，引导项目错位发展，增强发展后劲。着重加快万达、华润、保利等城市综合体建设进度，确保万达广场、舜大财富广场等一批项目建成投用，打造现代商贸亮点。二是实施以“一号工程”为载体的商贸提速计划。坚持招商引资“一号工程”不动摇，从传统项目向现代项目转变，从一次招商向二次业态招商转变，在引大牌、创特色上做足文章，全年新引进新品牌100个以上，新增商贸投资额65亿元。

2. 抓好市场开拓，促消费增长。一方面组织好年度系列主题促销，充分发挥行业协会作用，通过举办春、秋两季大型汽车交易会、乡镇巡回展活动和裘皮服装节、金秋购物节等重大节庆活动，进一步拉动消费增长。大力培育新型消费热点，挖掘新的经济增长点，扩大消费增长潜力，全年力争新增限上商贸企业(个体户)或产业活动单位30家以上。另一方面加快市场拓展，创新营销方式。继续抓好市外名品直销中心的后续运行管理，积极引导本市企业创新国内市场开拓模式，重点扶持云环集团“IMINI(阿迷你)”全球家电营销集团及裘皮城开设裘皮广场项目，进一步扩大产销结合型新型流通渠道。

3. 抓好开放型经济发展，促规模提升。一是全方位深层次开拓国际市场。主动应对外贸风险考验，深入推进出口市场多元化、出口品牌化两大外贸工作战略，积极组织企业参加境内外展会，尤其要开发蒙古、南非、波兰、迪拜、墨西哥等市场，并以推广企业出口信用保险为手段努力化解企业出口风险，重点引导企业加大新产品开发，突出品牌培育，提升产品附加值，着力提升企业竞争力。二是大力实施走出去。一方面以境外能源资源开发、境外企业并购为重点，引导企业“走出去”发展，重点设立、兼并或收购一批境外研发机构、产品设计中心、销售服务体系等，力争全年再新批境外企业32家，并支持推进迪拜凤城等外经项目，力促境外投资更大突破，提升余姚企业的国际影响力。另一方面努力扩大外经企业队伍，拓展工程承包领域。继续鼓励符合条件的机电产品生产企业申请成套设备输出类的对外承包工程经营资质。继续推进有资质工程企业开展境外工程业务，鼓励企业与中国承包巨头企业合作，以分包方式参与境外工程大项目，争取实现境外承包工程的突破。三是快速发展服务外包。努力打造服务外包产业集聚区。按照“以点带面”的工作思路，抓紧建设若干重点服务外包集聚园区或基地，努力争创宁波市级服务外包示范园区。重点推进阳明188文化产业园、市科创中心、文山创意园等高端服务外包产业发展基地。加强服务外包企业的培育。积极排摸有承接能力的企业，引导企业把经营能力与范围向承接服务外包转型，鼓励企业二三产分离设立研发中心，承接技术研发、工业设计服务外包业务；通过排摸筛选，动员并帮助符合条件的企业积极申报服务外包资格，扩大余姚服务外包企业队伍。

4. 抓好体系建设，促城乡统筹。一方面加快传统商贸业转型升级，始终凸显桐江桥核心商圈地位，通过华联、太平洋大酒店的改造提升，天一商城、购物中心的转型升级，提升桐江桥核心商圈商业能级，特别是要通过舜江楼县东街地块的改造提升，打造城市客厅，塑造城市灵魂，彰显城市亮点。同时加快万达广场和舜大财富广场的培育，引导城市综合体错位发展并形成新的商业消费增长，重点关注两大广场的品牌引进，着力培育发展一批龙头型、品牌型商贸企业和精品店、专业店。进一步加大商业特色街的政策扶持和培育力度，着力推进胜山西路餐饮休闲特色街改造提升，努力创建省级商业特色街区。同时继续深化“双进”工程，做好商业示范社区的提升工作，着力提升15分钟便民消费圈建设水平。另一方面加快农村现代流通网建设。大力推进乡镇商贸中心建设工程，进一步完善镇级商贸服务功能，切实抓好乡镇商贸中心大型重点项目建设，引导乡镇商贸向微型CBD模式发展。继续推进村级商业中心，进一步改善农村消费环境，挖掘农村消费潜力，完成村级商业中心建设三年行动目标。

5. 抓好产业服务，力促服务业新拓展。一是做大做强专业市场。继续跟踪抓好裘皮城二期工程项目推进，力促有色金属材料城项目扩大招商，引进中国铝业等重点央企，扩大有色金属材料城影响力。同时要加强其他专业市场的配套建设，扩大市场交易规模，提升市场品位档次，继续做大做强余姚专业市场，确保专业市场继续领跑宁波。二是加快发展现代物流业和电子商务。重点是“营改增”后，针对物流企业出现的问题，做好引导鼓励，避免物流企业外流，向上争取更大的优惠政策；做好明年在姚举办的海峡物流展的组织、配合工作等。同时制定余姚未来一定时期内电子商务的发展规划，并在基地中统一规划专门区域，吸引各类网商企业集中入驻，建设一个全市的电子商务产业基地。鼓励电子商务企业注册，鼓励电子商务集聚发展，鼓励电子商务人才培养和引进等。三是提速发展新兴服务业。继续积极推动“退二进三”政策实施，引导城区产业向服务业转型，提升楼宇经济发展水平，继续抓好阳明188文化创意园区深度培育，关注文山创意广场、超凡节能创意园区的改造建设进度、招商工作和建成开业，着力引进一批区域营销企业、研究策划机构及中介服务、创意设计等现代服务业企业，促进商务服务业快速发展。

6. 抓好民生工作，促消费环境提升。一是稳步推进民生实事工程。立足更高层次规范提升村级便利店和城乡菜市场，继续推进菜市场改造提升工程，完成三年行动计划剩余30家菜市场改造任务和肉菜流通追溯体系建设，建立生猪定点屠宰管理长效机制。二是全力保障市场供应。高度关注商品市场运行，加强监测预警，推进产销对接、农超对接，提升农批市场、连锁超市卖场等流通保障功能，抓好菜篮子基地、农村商品配送中心等市场保障设施建设，落实应急物资储备、完善预案体系、开展应急演练，确保粮油、菜篮子、成品油等重要商品的市场供应稳定。三是切实加强行业监管。积极开展成品油、煤炭、民爆、典当、酒类流通等行业专项检查整治行动，抓好商贸系统交通社会化管理、文明城市创建等，做好节能降耗等工作。

7. 抓好保障性工作，促职能新发挥。一是依靠上级部门。紧密团结在市委、市政府及宁波贸易局周围，不折不扣地贯彻落实上级的工作布置与相关政策，同时主动、及时地向上级汇报工作情况与存在的困难，以帮助尽快解决问题。二是依靠职能部门。加强与财政、工商、海关、卫生等兄弟单位的沟通与联系，保持思想的统一与步调的一致，确保信息渠道的畅通，齐心合力共同做好相关工作。三是依靠基层。基层是商贸工作的落脚点，也是着力点。明年打算建立定期沟通制度。除了召开商务大会之外，每季组织召开一次由各乡镇、街道工贸办主任参加的工作例会，将内外贸二线合一，分析全市商务形势，交流工作经验，汇报工作进展、通报政策信息，组织学习培训等，以加强沟通联系，提高工作效率。四是依靠自身。要不断提升系统队伍整体素质。一抓政治理论学习。认真学习并贯彻党的十八大精神，邀请专家进行专题辅导讲座，利用微型党课组织学习讨论，并倡导个人自学，真正领会其精神实质。继续开展"我为商务发展献一策"活动，群策群力，集思广益，共同推进商务事业又好又快发展。二抓业务培训。制订教育培训计划，组织各类学习培训，同时鼓励党员干部通过自考、函授、网络教育、党校等多种途径，广泛学习政治、经济、文化、社会等各方面知识，在学习中拓宽视野，提高能力。三抓拒腐防变。通过加强党风廉政教育，落实廉政制度，落实民主监管制度等，进一步规范党员干部从政行为。四抓效能建设。一是深化"三思三创"，继续深入开展"进村入企"大走访活动，为企业排忧解难。二是落实各项制度，包括岗位责任制、AB岗工作制、服务承诺制、首问责任制、限时办结制等机关效能建设制度。三是抓好工作督促落实。对市委、市政府布置的各项工作全程跟进并抓好反馈，坚决不只报喜不报忧，如实反映工作情况。实行"季度工作进展报表制"，实现督促常态化，力争提前完成各项任务。

（余姚市商务局）

2012年乐清市商务

概 述

2012年,乐清市商务局认真贯彻落实市委、市政府的决策部署,加快改造提升传统商贸业,积极转变外贸发展方式,大力优化商务发展环境,确保了全市商务经济总体平稳较好运行。全市去年实现社会消费品零售总额213亿元,同比增长8%;进出口总额23.27亿美元;完成合同利用外资1787万美元;实际利用外资2096万美元;全市境外投资额为2210万美元,乐清市被省评为"外经工作全省10强县(市)"。

商贸流通

扶持商贸企业做大做强。开展第三次乐清市商贸流通明星企业和成长型企业评选活动,38家商贸流通企业入选。依据《乐清市商贸流通业发展若干意见》,商贸流通业发展专项资金提高至500万元,全年实现商贸流通市财政专项资金补助248万元,省厅补助80万元,较好地促进了商贸流通业的发展。加强商业项目建设。切实加快中心城区南虹置业广场建设,梳理中心城区城市经济综合体、中心区菜市场、北白象镇大型购物中心等15个商贸流通项目,向社会进行招商引资。精心搭建商贸平台。通过各类商贸协会和中介机构组织了汽车消费展览、婚庆市场展示会和品牌建材推广等活动,有效促进消费市场发展。继续扩大农村消费市场。切实加快农村连锁超市(便利店)建设,2012年全市新增村级便利店364家,覆盖率达100%。深入开展家电下乡活动,认真做好扩大品种、组织货源和规范流程等工作,全市开展财政"直补"网点68家,家电下乡产品累计销售73084台,销售金额19122.09万元,累计补贴金额2350.27万元。加强了行业管理。把脉企业的最新业务动态和发展趋势,探讨企业在运营过程中碰到的难题以及相应的发展思路和对策,对企业运营中出现的问题及时予以制止,限期整改。加大成品油市场的监管力度,全年出动检查65人次,发放停业通知书21份,配合其他部门或乡镇联合行动2次,取缔6家无证无照加油站。组织近150家企业参加了温州电子商务培训会,拟定电子商务扶持政策,鼓励企业建设网上交易平台或同第三方电子商务企业合作,推进传统商贸流通业与新型流通业态的融合。规范国有企业管理。明确了责任分工,建立和完善了管理制度。加强了对国有企业的调研,为下一步做出一系列决策打下了基础。同时与国资部门合作,加大了对国有资产的监管力度,防止国有资产的流失。同时积极支持企业盘活国有资产,发挥其应有的作用。

对外贸易

加大财政政策扶持力度。在用足用活上级政策的同时,研究制定了《乐清市促进开放型经济发展若干扶持意见》,每年安排2800万元左右开放型经济发展专项资金,在外贸平台搭建、优化出口结构、开拓国际市场、开展境外投资等方面予以补助。2012年以来,落实上年度各类补助资金3000万元。着力优化外贸发展环境。坚持发挥政府"有形之手"作用,深入组织开展"进村入企"大走访、"外贸服务月"等活动,发放调查问卷230份,收集问题建议68个,努力帮助企业解决困难和问题,积极为企业提供业务培训、政策知晓等服务。开展小微外贸企业专题帮扶活动,市商务局与温州民生银行签订了战略合作协议，成立联兴城市商业合作社，及时帮助小微企业解决融资困难。优先支持小微企业参加各类境内外展会，支持小微企业申报出口信用保险专项资金补贴。积极组织企业参加各类国际专业展会，出台《2012年乐清市支持的境内外展览目录》，争取春季“广交会”209个展位，秋季“广交会”203个展位。为支持中小外贸企业积极开拓国际市场、降低保费门槛、减轻企业负担，与中信保温州办事处签订战略合作，助小微企业集约投保，参保企业达123家，同比增长10%。加强外贸基础工程建设。抓好外贸保税物流推进工程，公共保税仓库运行良好，完成入库货物502.984吨；加快杭州关区首家出口监管仓建设，基础设施工程已通过杭州海关验收并投入运行。同时《乐清市保税物流发展的探索》获评市政府优秀课题。积极对接温州市电子商务公共平台建设，实施电子商务骨干企业培育工程，首批动员和培训35家乐清外贸企业，应用电子商务开拓市场。完善风险防范机制。进一步加强公平贸易预警监测系统建设，船舶行业协会和电子工业协会为省级预警点，加强市场动态监测，帮助企业规避经营风险。加快推动对外开放步伐。继续加强同军方及上级有关部门的沟通衔接，加快乐清湾港区对外开放申报工作，启动港区对外开放查验配套设施建设前期工作。

利用外资与对外经济合作

丰富招商选资项目库。依托乐清产业发展的空间布局，年初对外发布了38个招商引资重点推介项目。2012年11月底，为对接世界温州人大会，重新梳理研究确定了15个符合要求的招商选资项目，总招商规模达3.4亿元，涵盖多个领域，并启动招商推介方案。搭建招商引资平台。通过世界温商大会、乐商回乡创业投资洽谈会和部门联合招商等形式，邀请在外商会和在外华侨华商投资乐清市重大产业项目，墨西哥侨领黄卫国意向投资的雁荡山影视文化城目前已完成项目开发策划方案。启动申报设立海峡两岸经济合作试验区，突出对台引资重点区域和重点引资项目，市政府和正大新生活（香港）集团有限公司签订了乐清市中心城区城市综合开发项目的框架性协议。积极引导企业参展。组织宸宜和长虹2家公司参加“浙洽会”产业对接活动，做好“厦洽会”、“海洽会”、浙江商务服务周等活动前期工作。推动在外项目进度。盯紧在外项目进度，落实专人跟踪服务。人民集团在越南承包水电厂工程项目详细设计和施工图已完成，贷款资金已部分落实到位，已进入部分施工阶段；金三林公司在柬埔寨兴建1万公顷橡胶树林区和年产2万吨天然橡胶建设项目的境外机构已获批。

肉品管理

重点抓好生猪定点屠宰管理。全年各生猪定点屠宰场累计共进点屠宰生猪24.98万头，定点屠宰率市区达100%，镇（街道）达98%以上，未发生一起猪肉质量安全事故。开展猪肉质量安全大检查暨“地沟油”专项整治，开展生猪定点屠宰肉品质量安全整治百日行动。严厉打击私屠滥宰行为，打击取缔3个私宰窝点，排查出肉食安全“百日大行动”十大隐患风险，并逐一进行了整改落实。联合环保、农业、畜牧等部门对生猪定点屠宰场（点）开展了资格审核清理工作，进一步促进了各定点屠宰场的改造提升。组织执法检查市场巡查3725人次。进一步提高瘦肉精检测比例，从去年的3%—5%提升到8%以上，全年共检测8969批次，检测样品18534个，合格率达100%。

自身建设

深入开展“六型”机关、“四好”科室、文明机关的创建活动。围绕“服务更加高效、作风更加优良、企业更加满意”的目标，使机关工作正规化、秩序化、高效化。一年来，组织机关干部开展“进村入企”活动，并在全市范围开展了外贸、外资服务月活动，掌握企业的实际情况，为商务工作的决策提供了第一手材料。加强审批规范化建设。规范优化审批流程，提高审批效率。局党组根据市政府的要求将机构改革后的审批事项全部纳入行政审批科，使审批事项进驻到位，做到充分授权。去年共审批、核准、上报各类审批事项共745件,提前办结比率为99%,期内办结比率为100%。同时为保证审批工作廉洁高效,真正做到公平、公正、公开、便民,从受理到办结全程接受监督,使商务局审批窗口真正成为企业办实事的窗口。强化机关服务品牌建设。严格落实党风廉政建设责任制,深化机关干部作风建设,做强做好"亲商兴贸、助企兴业"的服务品牌,激发广大干部职工的工作热情,一切为了企业,一切为了基层。围绕商务系统"开拓、务实、强商、为民"的价值观核心词,积极在干部职工中开展思想政治教育,提高综合服务水平,打造商务系统新的服务形象。

(乐清市商务局　林　彬)

附:

2012年乐清市商务情况表

单位:万美元

类　别	项　目	金　额	同比增长(%)
商贸流通	社会消费品零售总额(亿元)	213	8
对外贸易	进出口(亿美元)	23.27	-3
	出口	202963	-8.42
	进口	29745	11.5
利用外资	项目个数(个)	4	33
	合同外资	1787	196
	实际外资	2096	11
对外经济合作	对外承包业务营业额	2210	23
	境外投资项目(个)	2	-33
	年末在外人数(人)	180	0

2012 年瑞安市商务

概　述

2012 年，推进机构改革工作，撤销原瑞安市对外贸易经济合作局，成立瑞安市商务局。划入商贸市场科、禽畜屠宰管理所；成立商务执法大队；增设了行政审批科、商贸行业服务中心；报批设立贸促会机构等。深入开展商务主题活动，提炼商务局“正心、忠信、精进、达人”核心价值观和“商行天下、务本笃信”服务品牌。

2012 年，瑞安市商务发展面临严峻复杂的经济形势，在市委、市政府的坚强领导下和省厅指导下，深入学习实践科学发展观，紧紧围绕全市经济发展总目标，以稳增长、调结构、促平衡为基调，以打造“五大商务平台”为抓手，积极作为，真抓实干，加快了商贸经济发展，实现了外贸进出口平稳增长，提高了开放型经济水平。

2012 年，国内消费持续增长，全市实现社会消费品零售总额 236.4 亿元，同比增长 10.3%，增速比瑞安市 GDP 高出 4.1 个百分点。对外贸易增速减弱，全市外贸进出口总额 35.5 亿美元，其中出口累计 29.8 亿美元，同比增长 1%，外贸依存度 39.36%，外贸对经济增长的贡献率 14%，对 GDP 增长拉动度为 0.93 个百分点。服务外包实现零突破，服务外包 251 万美元，超额完成温州市考核目标 200 万美元任务数。利用外资步伐加快，合同利用外资 6367 万美元，完成任务数的 151.6%，实际外资 3927 万美元，完成任务数的 109.1%，经温州市考核，瑞安市被授予银牌单位。对外经济合作快速发展，新批境外投资项目 8 个，中方投资总额达 2006.5 万美元，完成温州市年初下达任务数的 100%，总额成为历史之最。贸促会被省贸促会评为创新工作先进集体。

商贸流通

1. 商贸市场建设有序开展。加强市场体系建设，积极培育市场主体，增强流通企业活力，促进了市场的良性竞争。规划建设塘下美食街，增强其对周边行政村发展现代商贸流通服务的辐射和带动作用，着手培育金子山美食城、中润商务广场建设。加强了市场体系建设，切实抓好家电下乡工作，销售家电下乡产品 83157 台(件)，销售金额 1.97 亿元。

2. 现代流通体系建设稳步推进。完成 200 家村级便利店任务，车载流动便民店覆盖 164 个行政村，全面实施了“万村千乡市场工程”，在温州各县(市、区)中率先完成 910 个行政村，覆盖率达 100%。加快了农村现代流通网络建设，塘下镇被评为第一批省城乡统筹现代商贸服务示范镇，莘塍街道中村、塘下镇陈宅村、赵宅村被确定为第一批省农村现代商贸服务示范村。着力培育电子商务企业，评选出 5 家瑞安市电子商务示范企业，其中 1 家企业被评为温州市电子商务龙头示范企业。

3. 市场监管机制逐步完善。加强了市场监管体系建设，重点抓好成品油管理、酒类流通管理等工作的运行和监管。建立了反映市场运行规模、市场运行监测体系；进一步完善典当业监管制度，新批 2 家典当企业，完成 1 家典当企业地址变更、1 家典当企业股本变更工作。规范了成品油市场经营行为，监督指导 2 家加油站的改建工程，完成 30 座加油站油气回收改造。

4. 肉品安全管理工作成效凸显。严厉打击私屠滥宰行为，出动执法检查 815 人次，检查屠宰场、经营户 325 家，检出病害生猪产品 14070

公斤,共计253头,全面落实病害猪无害化处理。开展了生猪屠宰场点的整治工作,规范、整顿全市14个定点屠宰场。建立了商务局、工商局、农林局合作机制备忘录,联合农林、工商等部门深入开展“生猪屠宰百日攻坚”大行动,整治了上望、场桥、海安三处重点区域。整合规划新一轮生猪屠宰场(点),启动了市区、塘下2个屠宰场点选址工作。在迎接省食品安全百日大整治行动以及省级卫生城市复评工作中得到省领导肯定。

对外贸易

1. 对外贸易增长态势减弱,出口主体增势趋稳。2012年,受全球经济低迷与温州地区金融风波的双重压力,瑞安市外贸受到较大影响。瑞安市进出口总额累计达35.5亿美元,同比下降0.44%,其中出口累计29.8亿美元,同比增长1.00%。进口累计5.7亿美元,同比下降7.36%。2012年,瑞安市已开展进出口业务的企业共874家,比上年增加13家,其中出口超100万美元企业449家,出口超500万美元的企业141家,出口超1000万美元的企业59家。主体结构中,专业外贸公司254家,专业外贸企业出口12亿美元,同比增长1.54%;生产性企业586家,生产性企业出口15.1亿美元,同比增长2.63%。

2. 出口市场保持稳定,出口结构得到优化。开拓市场成效明显,在巩固传统市场的基础上,大力开辟新兴出口市场。瑞安市共与172个国家(地区)开展贸易关系,对欧洲市场出口11.9亿美元,占总额的40.02%;对亚洲市场出口8.4亿美元,占总额的28.33%;对其他国家、地区出口9.4亿美元,占总额的31.66%。瑞安市出口前十位的国家和地区分别是俄罗斯、美国、德国、阿联酋、英国、韩国、意大利、巴西、马来西亚、乌克兰,共计出口额13.7亿美元,占出口总额的45.96%。汽摩配为主的机电产品出口12亿美元,占比40.17%,高新技术产品出口0.64亿美元,同比增长5.23%,占比2.13%。

3. 发挥出口信用保险功能,企业风险承载能力增强。2012年,温州信保对瑞安市出口的承保规模达到2.25亿美元,同比增长9.76%,渗透率达7.6%,增长0.6个百分点。全市共有57家企业利用出口信用保险,比2011年增加21家,同比增长58.33%,约占瑞安市同期有出口实绩企业数的5.1%。各类报损案件9起,报损金额134.62万美元,通过温州信保的及时追偿和保险赔付,已为企业挽回经济损失131.12万美元,其中直接赔付76.09万美元。缓解出口企业面临的融资难题,全市10家企业通过出口信用保险得到银行融资约4127万美元,同比增49.1%。为企业提供国内外买家的资信调查和资信评估超过300笔,有效降低出口企业面临的信用风险。

4. 着力培育出口基地,拓展参展服务平台。以打造特色出口基地为主要抓手,努力提升外贸特色出口产业竞争力,促进外贸转型升级。组织机械、食品、箱包、工艺礼品、纺织五大特色出口行业,申报温州市级出口基地,其中机械与食品获得通过。此外,新培育2个公共国际营销平台,培育了8个公共服务平台,涵盖设计研发、检验检测、国际营销、电子商务、学习培训五大领域。获得2个省级出口名牌与1个温州市级出口名牌。深度挖掘出口市场,着力打造“企业+机构+政府”三位一体参展模式,以企业市场化选择为主导,筛选优质组展机构为依托,地方政策支持为引导,实现“能展尽展,全力出展”。全年组织“广交会”等重点展会10多个,各类境内外展会81个,出展人次超过5000人,签订意向订单金额2.9亿美元。

5. 主导促进政策引领,深化外贸服务活动。通过努力争取,共获得省、温州市优惠政策补助近2000万元,并推出“两增一减”扶持政策,即增加优势出口产业、公共服务平台项目补助,减少直接针对出口额的补助,侧重扶持服务贸易、高新技术产品和机电类产业。积极开展“外贸服务月”活动,解决难题20多个。召开涉外政企互动联席会议5次,解决企业跨境人民币结算等共性难题30多个。牵头商务、海关、商检三家涉外核心部门及农行签署合作备忘录。送《2012年度促进外贸发展政策汇编》300多份到企业。

招商选资

1. 招商选资水平不断提升。以坚持瑞商创业创新为突破口，按照“招大、引强、选优”的要求，通过以民引外、民外合璧、瑞商回归等多形式招商选资，大力推进民资、外资、国资三资齐上的良好局面，加快传统产业的升级和新兴产业的培育。通过创新招商方式，积极参加各类投资洽谈活动。与德国杜德尔多夫市中国中心上海代表处开展了2次中德汽摩配产业对接洽谈项目活动。8月底，组织一批优秀的企业赴日本名古屋、东京等地考察，与当地企业、科研机构对接交流。借助“浙洽会”、“投洽会”等平台招商，宣传推介瑞安市的投资环境，对接世界500强和跨国公司，着力提高瑞安市的城市知名度与影响力。

2. 外资重点项目不断推进。引进2个中外合资项目，其中一个是瑞安市博远科技有限公司和利华国际（香港）集团有限公司合资生产空心玻璃微珠项目。增资项目2个，分别为泰堡瓶塞（瑞安）有限公司和嘉利特荏原泵业有限公司，都是属于科技型项目，实现零用地利用外资。招商引资由量向质的跨越，由传统产业向科技项目、环保型项目转变，逐步向规模化和纵深化发展特色产业，逐步扩大引资领域，着力推进现代服务业和新兴产业开发，不断提高利用外资的质量和水平。

3. 招商引资环境不断优化。瑞安市加大招商选资力度，建立了重大项目推进制度，协调解决项目推进过程中的问题；协助市委、市政府建立招商引资目标考核责任机制，将招商任务分解到各个镇街及功能区。出台招商选资工作实施意见、建立一事一议制度、考核奖励办法等系列配套政策。进一步推进政策协调和监管合作，与国税局涉外科、地税局税政科签订合作备忘录，建立工作联系机制，实现信息数据共享，加强政策协调和交流合作。

对外经济合作

1. 境外投资实现新突破。新批8个、变更1个境外投资项目，中方投资总额达2296.5万美元，成为瑞安市历年中境外投资额最高的年份。瑞安市中俄贸易有限公司在俄罗斯设立斯多葛正责任有限公司，中方投资总额达1200万美元，是瑞安市唯一单体境外投资额达1000万美元以上的项目。

2. 境外展览有了新创举。积极构建对外经济合作平台，拓展境外市场发展空间，全年组织了印度汽配展、印度尼西亚汽配展、巴西重型及商用汽车展等22个境外展会，近800个摊位。创新参展模式，7月份首次组织70家企业参加墨西哥汽配展，为瑞安市组织抱团参展作了有益的尝试。

3. 服务平台成为新亮点。做强境外营销网络，加强与境外华侨社团联谊，建立瑞安市海外投资促进联络处，并开展信息交流活动，为意向对外投资者获取境外相关投资信息的平台。

4. “走出去”取得新成就。不断优化对外投资结构，突出境外资源开发、第三产业等项目重点，召开“走进俄罗斯”经商对策研讨会及印尼品牌中心推介会等，开辟了境外投资多元化发展路子。

（瑞安市商务局　郑连瑞）

2012年上虞市商贸服务

概 述

2012年以来,面对严峻复杂的国内外环境,上虞市服务业发展局在市委、市政府的正确领导下,坚持以科学发展观为指导,紧紧围绕加快实施“服务业兴市”战略,按照“更大投入,更快转型,更高集聚,更好提升,更优服务”总体工作要求,强化综合协调,完善服务体系,加大有效投入,实现了全市服务业经济平稳较快发展。

2012年,全市实现服务业增加值212.4亿元,增速为10.1%,服务业增加值占GDP比重达到37.2%,比上年同期提高1.7个百分点;实现社会消费品零售总额180.34亿元,同比增长16.5%,其中限额以上社会消费品零售总额79.87亿元,增速21.1%;限额以上批发业、零售业和住宿餐饮业分别实现销售额94.80亿元、85.3亿元和11.07亿元,增速分别为21.9%、18.8%和45.0%;完成限额以上服务业投资125亿元,同比增长16.0%,其中服务业产业投资28.3亿元,增长145.2%;实现服务业地税收入12.40亿元,同比下降5.3个百分点,对地方财政贡献率为43.6%;实现商品市场成交额131.11亿元,同比增长0.35%。

主要工作

回顾年初以来所做的工作,上虞市主要抓了以下六个方面。

1. 抓统筹、促协调,切实提升管理能力。从加快实施“服务业兴市”战略出发,根据服务业年度工作目标任务,结合全市服务业发展工作实际,牵头发挥服务业领导小组办公室作用,统筹推进服务业发展。一是政策激励,进一步完善服务业政策引导体系,制订出台了加快现代服务业跨越式发展、重点区域“退二进三”、加快发展总部经济等若干政策意见。并对全市92个符合产业发展导向的服务业发展奖励项目实施了奖励,兑现奖励1284.059万元,直接受惠企业达81家。二是强化考核,对服务业工作考核体系作进一步调整完善,扩大服务业考核范畴,提高对乡镇(街道)服务业考核权重,对涉及的重要部门和各乡镇(街道)分解落实任务指标,实施主要指标完成情况每月督查通报制度。同时,作为服务业工作牵头单位,按期组织召开服务业经济形势分析会,专题部署分析服务业投资、服务业增加值占GDP比重提高1个点等考核指标完成情况。三是深入调研,组织开展了服务业统计、总部经济、二手车交易等多次调研活动,制订出台《企业实施“退二进三”工作操作流程(政府收储再出让)》实施细则,及时草拟了关于进一步加强户外经营性会展管理的意见等。

2. 优服务、解难题,加速推进项目建设。按照“项目推进年”和“企业服务年”工作要求,全力抓好20个市级服务业重点项目和59个投资1000万元以上服务业项目。2012年1—12月,20个市级服务业重点项目完成投资21.76亿元,占年度计划100.75%;59个1000万元以上服务业项目完成投资43.60亿元,占年度计划的109.95%。围绕项目建设,着重抓了三个方面工作。一是抓好项目跟踪服务工作,每月开展一次项目进展摸排,着力帮助企业解决难题,组织开展了9次项目集中督查解难活动,6次专题协调会议,协调解决企业难题30个。组织开展了投资1000万元以上服务业项目竞赛活动和二次服务业项目集中开工开业仪式,推动杭州湾商贸综合体、杭甬运河曹娥作业区等项目启动建设。二是向上争取政策支持，中国伞城商业广场三期和杭州湾商贸综合体两个项目列为省级服务业重点项目，其中，中国伞城商业广场被列为省级现代服务业集聚示范区，并获得省服务业发展引导财政专项资金110万元。三是积极开展招商引资，认真摸排预备项目，新增73个项目进入服务业项目储备库，编制服务业项目招商手册，制作服务业专题宣传片，赴北京、上海等地，组织开展服务业项目招商推介活动，并对一些重大意向项目抓好跟踪服务工作，确保引来大项目、好项目。

3. 办节会、育品牌，有效提升商气人气。一方面，围绕打响"浙东新商都"品牌，积极开展宣传推介。成功举办了2012浙东新商都(上虞)购物节和五一购物休闲体验周两大节会，精心组织实施了十大主题购物、大型城市消费对奖、汽车文化博览会、石狮品牌服装展销会、虞城商盟卡消费体验等23项活动。通过各类节会活动的举办，进一步提升了"浙东新商都"的品牌知名度，集聚了人气和商气，有效拉动内需，据统计，国庆期间，参与购物节大型城市消费对奖活动的39家企业实现销售额4.08亿元，同比增长34.3%；五一期间，参与五一购物休闲体验周活动的35家商家累计实现销售额1.95亿元，同比增长21.1%；两届汽车交易会，现场销售汽车724辆，实现成交额1.1亿元，销售量和成交额均创历年新高。另据统计，节会活动期间，外地来虞消费者人数占比达19.8%。另一方面，加强服务业企业品牌建设，积极引导企业争创自主品牌，截至目前上虞市服务业企业已拥有中华老字号2只，浙江省服务业名牌1只，浙江省著名商标1只。目前，正在申报省级和绍兴市级服务业名牌企业分别达2家和10家。

4. 调结构、促转型，加快培育新型业态。一是着力提升传统商贸业，积极鼓励大型商贸龙头企业开展电子商务平台建设，大力引进国内外名品名牌来虞设立区域总经销、总代理，今年新引进宝马和广汽丰田4S店2家，中国IT连锁第一强——颐高数码，进驻城北时代潮城，上虞宾馆创五星级酒店接受国家星评委终评验收(基本通过)。目前全市已有各类省级代理权品牌4个，绍兴地区代理权品牌15个。二是大力发展现代物流业，加快物流项目建设，促成杭州湾上虞工业园区同新加坡普洛斯签订开发框架协议，拟建设世界一流的物流仓储设备平台，促成上虞英特医药物流项目正式签订具体合作协议，启动建设杭甬运河曹娥作业区项目，加强物流企业规范化建设，提升物流业专业化、社会化服务水平。新增3A级物流企业2家，2A级3家，全市2A级以上物流企业总数达到7家。三是积极培育社区服务业，以家政服务作为发展社区服务业的突破口和切入点，着手开展家政服务业调查摸底工作，草拟家政服务业实施办法，积极培育家政龙头企业。同时，依托"96345"社区服务中心平台，进一步探索居家养老服务建设，提升为服务品质。

5. 强管理、抓规范，维护稳定市场秩序。一是加大生猪定点屠宰监管，牵头组织生猪定点屠宰肉品质量安全整治百日行动，严厉打击私屠滥宰行为，开展生猪定点屠宰场(点)资格审核清理工作，2012年1—12月份共开展执法检查1871人次，取缔私屠点4处，生猪进点屠宰量累计达18.8万头，同比增10%，进点屠宰率达98%以上。二是完善城乡流通网络，扎实推进农村生活资料连锁网、生产资料配送网、废旧物资再生回收网和中心镇、经济强镇商贸核心区"三网一区"建设工程，全市农村便利店建设实现全覆盖，崧厦商贸核心区完成规划设计，崧厦农贸市场建成并投用，盖北购物中心基本建成。三是加强油气综合治理，完成50家加油站油气回收综合治理，市内加油站已全面使用符合国Ⅲ标准的车用汽柴油成品油。建立完善车用燃油清洁剂管理制度，加强油品供应升级后的市场监管。四是做好商品市场运行监测，加强对重点流通企业、生活必需品、应急商品、重点生产资料的市场监测，增强应急能力，加强重要商品物资应急储备，落实生猪储备1.4万头，督促抓好各监测系统企业信息报送工作，建成上虞市商务预报网站并投入使用，推进市场监测信息化建设。此外，牵头制订城区"六小"行业准入标准。做好酒类流通、典当拍卖和家电下乡备案登记工作，2012年，全市各家电下乡销售网点销售家电9.56万件(台)，实现销售额3.0亿元，累计补贴3226.46万元。

6. 抓队伍、强素质,着力优化发展环境。深入开展“孝义、诚信、责任”主题教育活动和“我们的价值观”大讨论活动,充分发挥各级组织在推进重点工作落实中的作用。深入开展“进村入企”大走访活动,成立了联系走访服务小组,通过进村入企、调研基层单位,问实情、访民意、解民忧,共走访了1个联系结对村、8家企业,发放调查问卷30份,对收集到的12条问题建议,逐条逐项进行梳理并抓好落实。切实加强干部队伍建设,抓好干部选拔任用、教育培训和管理各项制度的完善落实,定期开展读书学习活动,加强机关信息工作,政务信息报送进步明显。深入推进反腐倡廉建设,突出抓好惩防体系构建和重点领域突出问题整治,开展经常性警示教育活动。深入推进服务业系统精神文明建设,组织开展“十佳服务明星”评选活动,大力实施浙东新商都高端人才支撑计划,加强干部职工的教育培训工作,先后举办服务业高级人才研修班、家政服务等各类服务业培训班6期,参训人员达300多人次。

(上虞市服务业发展局)

2012 年上虞市商务

2012 年，上虞市商务局在市委、市政府的正确领导下，在各级各部门的配合支持下，按照市委“稳中求进、克难奋进、和谐共进”的工作基调，创新思路，狠抓发展，共解难题，商务工作取得了可喜成绩。全市合同外资 3.51 亿美元，同比增长 9%，实到外资 2.54 亿美元，同比增长 69.3%，利用外资居绍兴市第一；实现对外经济合作营业额 10471.4 万美元，实现境外中方投资额 5516.52 万美元，有望被评为全省外经合作十强县市；实现自营出口 27.47 亿美元，同比增长 0.25%，增幅居绍兴市第三，完成了市委、市政府下达的目标任务。

工作亮点

1. 世界 500 强纷纷入驻。继上虞先后成功引进日本伊藤忠、日本川崎、日本松下、荷兰飞利浦、韩国 SK、法国液化气 6 家世界 500 强企业，2012 年世界 500 强企业惠普公司也与上虞市成功签约，世界 500 强韩国 LG 公司和嘉利珂合作的项目即将签约。此外，世界 500 强日本松下、日本商事株式会社与上虞市的合资项目也正在紧锣密鼓洽谈之中。

2. 产业推介成效显著。组织企业开展“广交会”伞业专业推介、消防器材巴西抱团推介、港澳照明电器专业推介，在港澳照明产业专业推介上，共接待 37 个国家和地区的客商 5600 人次，签订协议订单 5000 多万美元，取得丰硕成果。

3. 市场开拓步伐加快。截至目前，与上虞有贸易往来的国家和地区累计 170 个，较上年同期增加 9 个。其中出口增长的国别地区为 90 个，占比为 52.9%。特别值得一提的是，新兴市场开拓成效明显，巴西成为上虞灯具及伞产品出口较多的市场，印度成为上虞化工产品，尤其染料出口较多的市场，俄罗斯成为上虞化妆品包装和灯具出口较多的市场。

4. 境外并购实现突破。市内三家大企业相继实现了跨国并购。龙盛成功收购世界染料巨头德司达公司，得到省委书记赵洪祝的批示肯定。卧龙收购欧洲三大电机商之一的奥地利 ATB 集团，一举成为世界知名、综合实力靠前的全球电机制造商。闰土收购世界第四大染料生产企业约克夏集团，从而控制约克夏在欧洲总部 60%的股份。2012 年又有上风集团拟在香港投资 1400 万美元并购嘉禾电器。

5. 散装水泥全面推广。全市水泥生产企业共计销售散装水泥 34.21 万吨，散装率为 75.49%，处于全省领先地位。

工作举措

1. 大力开展外贸企业服务月活动。按照省、绍兴市要求，结合上虞实际，于 2012 年 5 月下旬至 6 月下旬在全市开展“拓市场、破难题、稳增长”为主题的外贸企业服务月活动，邀请外管局、国税局、绍兴海关上虞办事处、绍兴国检上虞办事处等涉外部门共同参与。通过开展调研、政策咨询、信息服务等 13 个专项活动，来帮助外贸企业解决实际困难，为外贸企业创造良好的发展环境，实现外贸稳定增长。其间专门召开了全市外贸工作会议、两场外贸政策及风险防范宣讲活动、两场上虞市小微企业政府联保政策宣讲暨现场签约会、一场座谈会及若干企业走访。服务月活动取得了显著效果，服务外贸企业的做法在省厅商务信息和《浙江商务》上刊发。

2. 出台扶持自营出口的补充意见。在 2012

年初出台鼓励外贸发展政策的基础上,进一步加大对自营出口的扶持力度。在参展补贴上,加大对企业参加各类国际性展会的资金支持,在原有政策的基础上,对企业参加市统一组织的境外展,给予摊位费100%的补贴,对公共布展费、展品运输费给予50%的补贴,同时,加快参展补贴申报工作,年中对上半年参展项目进行补贴兑现;在鼓励出口信保上,出台政策扶持小微企业联合抱团投保,通过搭建政府联合投保平台,让广大小微企业放心出口,免除后顾之忧,提高小微企业的风险防范意识和市场拓展能力。

3. 大力开展各类业务培训活动。联合外管、海关、商检、中国出口信保公司等部门赴10多个乡镇(街道)对外贸企业进行政策宣讲释疑,加大对相关政策法规的宣传力度,包括海关通关及A类企业申报、检验检疫、促进外经贸发展等有关政策,帮助企业用足用好现有政策和信息资源,鼓励扩大自营出口。2012年5月份,上虞市还与香港贸发局合作,举办了以“透过香港,走向国际”为主题的香港专业服务研讨会,帮助全市外贸企业在当前国际经济形势下寻找新的出口市场,推动我市外贸企业利用香港国际化平台来更有效地拓展海外市场。

4. 实施招商选资项目信息整合工作。为进一步拓宽项目信息渠道,增强招商整体合力,出台了招商选资项目信息整合实施意见和考核办法,建立健全完备的招商选资信息平台和高效的信息员队伍,规范项目信息收集共享、对接处置、跟踪督查、考核奖励等一系列制度,确保招商信息应收尽收、整合共享,确保意向项目快速对接、跟踪落实,确保项目成功落地。

5. 精心组织投资环境推介及经贸考察活动。做到“走出去”与“请进来”两手并举。一是“走出去”开展对外宣传推介。2012年4月,在上海举行了针对日商的投资环境说明会,55家在沪日资企业、日资机构、日资银行代表参加了说明会。9月,在北京举办2012上虞(北京)投资环境推介会,总投资近30亿元的六大项目正式签约,分别是大功率铝电池镍敏电阻产品项目、中外运浙江信诚物流基地项目、《东山再起》影视剧拍摄项目、服务外包型文化产业园区项目和新型多功能薄膜材料项目等,其中央企中化蓝天集团与杭州湾上虞工业园区签订的新材料项目总投资达15亿元。二是“请进来”邀请客商来虞考察访问。我们坚持招商选资与招才引智两手齐抓,2012年以来,市商务局先后邀请了20多批次客人来虞考察,如中国服务外包研究中心专家、海归李月华博士、原基全球考察团、张云福博士等等,他们都带来了不少好的项目信息,有几个项目正在对接洽谈中,如通用基因项目、海创园区(千人计划园区)项目。

6. 推进境外收购,扩大投资领域。近几年,全市通过政府引导、政策激励,海外并购成效日益显现。如2011年卧龙控股集团以约10亿元人民币的收购价,完成了对欧洲三大电机商之一的奥地利ATB集团97.94%股权的收购兼并,一举成为世界知名、综合实力靠前的全球电机制造商。浙江康隆达手套有限公司成功收购美国GLOBAL公司四个股东股份及其品牌,使公司拥有自己的品牌、销售渠道和市场终端客户资源,实现公司商业模式从单一的OEM向自有品牌与OEM并存的商业模式的转变。

7. 加强散装水泥推广应用及监管。加强散装水泥、预拌混凝土、预拌砂浆三位一体的管理,加强散装水泥的应用推广力度,发挥预拌混凝土协会的作用,加强行业管理。起草《禁止现场搅拌混凝土和禁止现场搅拌砂浆工作的通知》,制定《上虞市发展散装水泥专项资金补助暂行办法》,对全市250辆散装水泥、预拌混凝土专用车辆进行了年检发证,对176人次专用车辆驾驶员进行了培训考试与发证。

(上虞市商务局　任世权)

附：

2012年上虞市开放型经济情况表

单位:万美元

项　目		金　额	同比增长(%)
对外贸易	进出口	322944.45	-3.57
	出口	274692.93	0.25
	进口	48251.52	-20.75
利用外资	项目个数(个)	65	12.07
	合同外资	35053.79	8.7
	实际外资	25351	68.88
对外经济合作	对外承包劳务营业额	10471	-11.57
	境外投资项目(个)	8	
	年末在外人数(人)		

2012年义乌市商务

概　述

2012年，义乌市进出口总额93.47亿美元，同比增长136.7%，其中出口90.05亿美元，同比增长150.3%（“市场采购”出口49.15亿美元，占同期全市出口总额的54.69%），对全省外贸出口增长贡献率达65.86%，拉动全省外贸出口2.05%。从全省来看，进出口总额增速列各县（市、区）第一。分企业来看，得益于综合贸易改革试点，流通公司出口额为70.32亿美元，同比增长304%；生产企业出口额为19.73亿美元，同比增长6.2%。

2012年，全市新批外商投资项目48个，同比下降12.7%，合同外资6836.1万美元，同比上升305.4%，外商投资企业实到外资5487万美元，同比上升276.3%。外商合伙企业发展迅猛，至年底，共有外商合伙企业1283家，注册资本5773.94万美元。外引外资成效显著。引进3个大额增资项目，增资额超过5000万美元。外商投资商业领域项目保持较快增长，2012年新批45家。

2012年，全市共开展境外投资项目5个，累计投资总额1.44亿美元，同比增长30.3%，其中中方投资额4611万美元，超额完成年度计划3600余万美元。境外工程承包营业额1744万美元，对外经济合作不断拓展。

2012年，全市社会消费品零售总额累计实现398.7亿元，同比增长15.7%。比各季度分别提高了2.3个、1.6个和1.6个百分点，高于全省社会消费品零售总额13.5%的增长速度，与金华市的增长速度持平，居全市第三位。

对外贸易

2012年，义乌市有进出口实绩企业1617家，同比增加337家。出口超千万企业189家，同比增加106家。2012年全年有进出口实绩的外贸流通企业1064家，外贸生产企业553家。全年生产企业共出口19.73亿美元，同比增长6.19%；流通公司出口70.32亿美元，同比增长304.21%。全年全市进口3.42亿美元，同比下降2.51%。进口前五位为：中国台湾、捷克共和国、美国、意大利、韩国。义乌市纺织原料及其制品出口额占市自营出口总额的54.20%。传统贸易前十大出口商品为服装及附件、文体用品、美容美发用品、拉链、箱包、毛毯、工艺礼品、餐厨用具、饰品、鞋，占义乌市自营出口总额的51.31%。“市场采购”前十大商品分别为餐厨用具、服装及附件、文体用品、工艺礼品、箱包、饰品、家具、手提式电灯、帽、钟表，占市场采购出口总额的33.37%。

外贸出口态势分析。从出口市场看，传统贸易出口，全年前十大自营出口国为美国、阿联酋、俄罗斯、德国、巴西、英国、沙特阿拉伯、印度、意大利、西班牙，占义乌市传统贸易出口总额的一半，均实现同比增长。欧美市场仍为第一大自营出口市场，自营出口分别同比增长21.11%、24.04%，占全市出口总额的39.6%。欧洲主权债务危机对义乌市出口影响显现，对意大利、西班牙出口增幅仅分别为14.08%、10.17%。对东盟出口6.41亿美元，同比增285.75%。对印度、俄罗斯的增幅分别为238.89%、63.56%。

传统贸易出口情况。上半年平稳增长，下半

年出口增幅逐月收窄。2012年上半年,传统贸易出口增速月均保持在20%以上。但受欧盟债务危机持续发酵的影响,自6月份以来,义乌市传统贸易累计出口增幅一直呈放缓趋势,从2012年1—5月的23.39%累计增幅,跌至2012年1—12月的13.97%,下降了9.42个百分点。

2012年8月11日,义乌市开展试行"市场采购"贸易工作以来,至12月底,共实现"市场采购"出口49.15亿美元,占全市整体出口比重的54.58%,

"市场采购"贸易出口情况。发展中国家是"市场采购"主要的出口市场。从地区上来看,亚洲、非洲、拉丁美洲是出口前三甲,分别占比达41.18%、25.36%、14.96%。"市场采购" 贸易出口商品以日用消费品为主。"市场采购"出口商品结构与传统贸易有很大不同,传统贸易出口商品以纺织服装及附件为主,约占传统贸易出口比重的42%,而"市场采购"贸易出口商品种类多而且杂,服装及附件仅占8.79%,但不同商品间比重较为均衡。

利用外资

参加第十四届"浙洽会"。2012年6月8—11日,第14届中国浙江投资贸易洽谈会、第11届中国国际日用品消费博览会、第5届中国开放论坛在浙江省宁波市举行。义乌市府办、商务局、经信委、经济开发区管委会、国际商贸城管委会、商贸服务业集聚区管委会等部门代表以及部分企业代表共30余人参加第14届"浙洽会"。"浙洽会"上共签约3个项目,其中内资项目1个,外资项目2个,内资项目总投资额8000万元人民币,外资项目总投资额1.18亿美元。

出台利用外资专项政策。2012年9月16日,市政府下发《义乌市人民政府关于进一步加强利用外资工作的政策意见》,明确加大对重点外资项目的财政扶持力度和用地支持,对利用外资设立的现代服务业和工业项目,以及外商投资企业增资扩股的,当年实际利用外资超过100万美元,分段享受相应的财政奖励。对重点外商投资项目实行一事一议,优先供地,对外商投资300万美元以上而没有落实用地的,采用购买或租用办公(生产)用房的,给予购房和租房补贴。

与新加坡签订建设新加坡食品展销中心协议。2012年11月20日,在浙江—新加坡经贸理事会第8次会议上,商城集团与新加坡企业发展局签署合作意向性框架协议,意向在国际商贸城进口商品馆设立新加坡食品展销中心。次日,新加坡总理公署部长傅海燕一行率考察团参观义乌市场,实地察看东盟产品展销中心规划区域,确定新加坡食品展销中心具体选址。规划中的新加坡食品展销中心共有14家食品企业入驻,占地180平方米,预计于2013年开业。

组团参加首届"京交会"。2012年5月28日至6月1日,市委副书记葛国庆,市委常委、副市长陈勇带领义乌代表团30多人参加首届中国(北京)国际服务贸易交易会。义乌市以"义乌试点"为主题,在"京交会"主展馆布展,进行宣传推介。义乌市扬翔国际货运代理有限公司作为义乌市唯一一家服务贸易企业,入驻"京交会"浙江馆。

对外经济合作

2012年,全市开展境外投资项目5个,投资总额14355万美元,同比增长30.33%,其中中方投资4611.25万美元。年内,首次成功设立境外投资研发项目;首次采取境外直接投资人民币资金业务; 首次实现对外承包工程营业额收汇,完成境外工程承包营业额1744万美元。至年底,全市共有56家企业开展境外投资项目77个,投资国别(地区)22个,累计投资额2.86亿美元,其中中方投资额1.52亿美元,占投资总额的53.03%。

境外投资总额与单项投资额创新高。2012年,全市完成境外投资总额14355万美元,同比增长30.33%,创历年境外投资总额之最。"莫斯科—义乌国际贸易中心"增资1.2亿美元,其中中方增资3000万美元,创单目投资额新高。境外投资方式实现新突破。开展并购、参股新模式,其中义乌市威龙印刷有限公司通过并购,设立瑞士领导医疗器械股份有限公司;义乌市郁安纺织有限公司投资参股意大利公司15%股权，实现境外投资并购、参股新模式。实现人民币境外投资。义乌市郁安纺织有限公司采用人民币投资，投资额840万元，取得意大利S.A.L公司15%股权。该项目的成功实施，为义乌市企业境外直接投资人民币资金首开先河。境外研发项目成功设立。义乌市威龙印刷股份有限公司在瑞士注册研发公司，成为义乌首家在境外依法注册的研发机构。境外工程承包营业额实现零突破。年内，浙江中高动力科技股份有限公司取得对外承包工程经营资格，全年完成对外承包工程营业额结汇1744万美元。

涉外服务

2012年，涉外服务中心共承办新设代表处、投资企业、投资合伙企业79家，承办延期、变更、年审等后续服务370项，审核境外就业许可1075人次，调处涉外经济纠纷25项。组织外商接受各类媒体采访、参加各类活动共计51次，503人次外商参加。

市　场

2012年，义乌集贸市场总成交额758.76亿元，同比增长11.94%，其中中国小商品城成交额580.03亿元，同比增长12.6%。

市场国际化程度明显加快。市场外向度达55%以上，商品出口到219个国家和地区，日均出口1700标箱，有100余个国家和地区的1.5万名境外客商常驻义乌采购商品，有境外企业代表处4900家。设立进口商品馆，引进83个国家5万种商品入场经营。2012年全市实现外贸出口90亿美元，同比增长150%，其中试行市场采购贸易方式出口49亿美元；海关监管小商品出口65.9万标箱，同比增长13.4%；入境外商42万人次。

各专业市场(不包括中国小商品城)总成交额为152.46亿元，同比增长6.13%。成交额10亿元以上的专业市场为农贸城、粮食市场、汽车城和林发公司所属家具市场。农贸城农副商品价格总体呈现上涨态势，全年成交额为79.73亿元，同比增长4.87%；其中副食品市场年成交额51.21亿元，同比增长3.69%。粮食市场粮价呈现面粉和大豆涨、大米跌格局，市场年交易量3.11万吨，成交额12.85亿元，同比分别下降0.12%和1.66%。汽车城年成交量29174辆，成交额26.83亿元，分别同比上升15.97%和17.69%。义乌家具市场全年成交额为10.12亿元。

(义乌市商务局)

2012年海宁市商务

概　述

2012年，海宁全市上下牢牢把握“稳中求进、转中求好”工作基调，坚持“稳增长、调结构、促转型”，全市商务经济总体保持平稳发展态势。全年完成合同利用外资38777万美元，完成嘉兴市计划的129.26%；实际利用外资23480万美元，完成嘉兴市计划的138.12%，完成本市目标任务的117.4%。全市累计实现外贸进出口总额50.13亿美元，其中，出口39.87亿美元，同比增长0.83%；进口10.26亿美元，同比下降20.28%。进口和出口分别完成嘉兴下达计划任务的85.4%和90.01%。全市新核准境外投资项目16个，投资总额6483.73万美元，中方投资额6302.88万美元，营业额7989万美元(其中对外承包工程营业额7609万美元)，带动出口6.65亿美元，分别完成嘉兴下达任务的185.38%、484.18%和107.26%。服务外包完成合同金额2514万元，执行金额1348万元，其中离岸业务执行金额135万美元，分别完成嘉兴市下达计划的359%、270%和224%。全市社会消费品零售总额实现242.80亿元，同比增长14.7%。2012年度海宁市商务局在嘉兴市商务局对县(市、区)商务主管部门绩效考核中荣获综合、外经合作、服务外包、公平贸易优秀单位称号。海宁市商务局荣获2012年度浙江省实施“走出去”战略工作先进单位和浙江省家电“以旧换新”政策实施工作先进单位称号。中国贸促会浙江省海宁市支会荣获2012年度浙江省贸促工作先进单位称号。海宁市商务局被海宁市委市政府授予2012年度市级机关目标责任制考核优秀部门称号。

招商引资

健机制、强队伍、抓推进，利用外资氛围日渐浓厚，外资结构得到优化。2012年海宁市进一步加大招商引资力度，调整、充实市招商引资工作委员会组成人员，由市委、市政府主要领导任组长，由市政府分管招商引资和一、二、三产业的领导任副组长，招商引资工作委员会办公室设在市商务局，由市商务局统筹全市招商选资工作。2012年全市新批外商及港澳台商投资企业20家，增资项目13个，减资项目6个，转股项目2个，合同利用外资38777万美元，实际利用外资23480万美元。全市各大招商平台中，长安镇(高新区)完成合同利用外资10003万美元，实际利用外资6037万美元；经济开发区、黄湾镇(尖山新区)完成合同利用外资14718万美元，实际利用外资9153万美元；海宁经编产业园区完成合同利用外资1477万美元，实际利用外资2273万美元。全市新批总投资(增资)1000万美元以上项目19个，合同利用外资39092万美元，总投资(增资)3000万美元以上项目5个，合同利用外资14668万美元。外资来源国别和地区中新批项目来自中国香港特别行政区的有11家，美国5家，澳大利亚2家，中国台湾和英国各1家。

一是完善招商引资工作机制及政策体系，以招大引强、招商选资为工作着力点，进一步创新招商选资方式，拓展招商选资领域，增强招商选资实效。出台了《关于进一步加强我市招商引资、支持浙商创业创新工作的意见》、《关于支持浙商创业创新促进外商投资转型升级的若干意见》，进一步明确了全市重点招商区域、重点招商产业。实施加强招商引资工作、支持浙商创业创新“147”工程,即实施招商引资“一票否决”、突出四大区域招商、加强七批招商力量。出台了《关于建立全市招商引资项目引入分工合作机制的若干意见》、《海宁市中介招商管理暂行办法》、《海宁市中介招商奖励办法》、《海宁市驻点招商人员管理考核细则》等一系列配套工作制度和政策,为海宁的招商引资工作提供了全方位的保障。

二是精心策划多批次、主题化、专业性的系列招商活动。2012 年组织了欧洲皮革业招商、文化旅游项目(香港)推介会 2 次境外推介活动,组织上海招商推介会、无锡及杭州服务外包推介会等 3 次境内推介活动。组团参加首届中国(北京)国际服务贸易交易会、第 14 届中国浙江投资贸易洽谈会、2012 大连中国国际软件和信息服务交易会、“嘉洽会”等活动。在首届海宁潮博会期间,组织举办中国·海宁潮国际博览会投资说明会,会上共有 22 个重点项目成功签约,签约项目投资总额达到 143.99 亿元。据统计,全年共举办国内外推介会 35 次,签约项目 61 个,总投资 160 亿元。接待赴海宁考察客商 1081 批次共 2736 人。全市新批总投资(含增资)1000 万美元以上大项目 19 个,合同利用外资 39093 万美元。大项目主要投向电气机械及器材制造业、专用设备制造业、交通运输设备制造业和金属制品业。全市三产实际利用外资比重达到 37.4%。外资新业态健康发展。2011 年批准的海宁市首家外商投资融资租赁公司荣年租赁,成立 1 年,业务量已达 4 亿元。招引浙商回归成效显著。全年累计到位资金 13.56 亿元,完成嘉兴市全年目标任务的 316%。

三是抓好招商基础工作,强化招商推进。充实完善招商项目库,在战略性新兴产业和现代服务业领域内包装推出了一批高规格、高质量的重点对外招商项目。新制作了海宁市的投资指南和海宁对外招商宣传片,加大招商推介。继续深化“六个一批”工程,重点抓好项目储备、签约、开工、投产四个环节,进一步完善项目调度、检查、通报等各项制度,实施项目动态情况季度通报,及时解决重大项目推进中存在的问题。加强对已批大项目的后期管理,经常深入企业,了解项目进度,为企业提供优质服务,确保项目的顺利实施。为深入直接地了解基层的第一手资料,牵头组织有关部门赴重点平台、镇(街道)就一年来招商引资和支持浙商回归工作情况进行了实地督查。从 5 月份开始,每月 15 日晚上召开招商引资工作例会,听取各镇、街道、开发区和各部门有关招商引资、支持浙商创业创新工作的情况汇报,对招商引资工作进行强力推进。

对外贸易

抓拓展、调结构、强基地,自营出口实现增长,新兴市场拓展显成效。2012 年受外部需求萎缩,国内经济增速放缓以及各种要素成本上升等诸多不利因素的影响,海宁累计实现外贸进出口总额 50.13 亿美元,下降 4.35%,其中,出口 39.87 亿美元,增长 0.83%;进口 10.26 亿美元,下降 20.28%。皮革类、光伏、纺织原料分别出口 2.37 亿美元、1.22 亿美元和 1.9 亿美元,分别下降 12.14%、49.59%和 18.41%。经编、印刷包装、太阳能产品分别出口 4.94 亿美元、2.7 亿美元和 0.71 亿美元,分别增长 15.08%、25.68%和 17.88%。全市对传统发达市场合计出口 23.09 亿美元,下降 8.71%,除对美国出口增长 4.18%外,对欧盟、日本、加拿大、澳大利亚、韩国、中国香港特别行政区均为负增长,其中对第二大出口市场欧盟,出口 6.65 亿美元,下降 23.94%。对新兴市场累计出口 16.13 亿美元,增长 16.84%,出口占比达到 34.91%,较上年同期上升 4.19 个百分点。对俄罗斯、南美和非洲市场出口分别增长了 20.35%、26.93%和 40.23%。民营企业出口稳步增长,出口 26.39 亿美元,增长 4.47%,占全市出口的比重提高至 63.88%,其中,外贸公司出口 6.66 亿美元,同比增长 10.87%。外资企业出口相对低迷,累计出口 12.48 亿美元,下降 5.6%。

一是抓政策扶持。研究出台了《关于进一步稳定外贸增长的实施意见》,进一步明确加大对进出口企业的支持力度和服务力度。进一步调整完善政策,适当加大对企业参加各类重点支持境内外知名展会、投保出口信用保险、产品国际认证等方面的财政扶持力度,确保外贸稳定增长。

大力推进出口基地及公共服务平台建设。新增1个省级出口基地，即太阳能科技兴贸基地，同时，新建马桥经编国际营销公共服务平台、“中国皮革指数”信息平台等7个省级外贸公共服务平台，并获得7笔共计310万元省专项扶持资金。积极向企业宣传国家鼓励进口的相关政策，帮助企业争取上级资金支持，鼓励引进国外先进技术设备及生产所需原材料，加快企业技改研发步伐。全年共争取到国家和省进口贴息资金3440余万元，有力地支持了企业的技术进步和产业转型升级。

二是积极组织参展。先后研究制定了三批重点支持国际展览项目计划，包含22个展览项目，引导企业参展参会，拓展市场。加大统一组展力度，对“广交会”、“华交会”、德国慕尼黑太阳能展、巴西国际广告及技术设备展览会等15个展览由政府统一组织企业抱团参展，并且对部分展位进行特装，提高了参展成效。对新兴市场出口稳步增长，累计出口16.13亿美元，同比增长16.84%，出口占比达到34.91%，较上年同期上升4.19个百分点。尤其对俄罗斯、南美和非洲市场表现抢眼，分别增长了20.35%、26.93%和40.23%。

三是有效防范风险。完善重点企业外贸运行监测制度，依托浙江省外贸运行情况监测系统对全市50家重点外贸企业进行跟踪监测，及时了解企业当前的经营状况和存在的问题，为政府决策提供参考。以外贸预警点建设为抓手，深化推进贸易摩擦预警机制建设。对积极参加反倾销应诉活动的企业，给予一定比例的资金补助。大力推广出口信用保险业务，帮助企业规避贸易风险。组织开展了“推广出口信保，助推外贸增长”专项行动，在支持大企业投保的同时，运用政府统保形式努力扩大出口信保对中小企业的覆盖面。截至2012年底，全市出口信保覆盖率达到43.48%，渗透率27.28%，分别高于嘉兴全市平均4.67个和5.15个百分点，其中渗透率较同年3月低点时提高了24.14个百分点，扩面工作取得明显成效。

对外经济合作

建网络、防风险、辟新径，境外营销网络建设步伐加快，对外承包工程稳步发展。2012年，海宁市新核准境外投资项目16个，投资总额6483.73万美元，其中中方投资额6302.88万美元，营业额7989万美元(其中对外承包工程营业额7609万美元)，带动出口6.65亿美元，分别完成嘉兴下达任务的185.38%、484.18%和107.26%。外贸企业在欧美等发达国家设立境外营销网络取得快速发展，2012年1—12月份全市经核准的14个境外投资项目中有12个是营销网络项目。传统企业入驻境外中资经贸合作区取得突破性的进展，浙江宇立塑胶有限公司和海宁海派皮业有限公司两家企业分别入驻泰国泰中罗勇工业园和柬埔寨西哈努克港经济特区，设立生产加工企业，开创了嘉兴市企业入驻境外中资经贸合作区的先河；企业“走出去”从事境外资源开发取得新突破。浙江中塔进出口有限公司非洲毛里塔尼亚渔粉加工项目成为嘉兴首个境外渔业加工项目，也成为浙江省首个赴毛里塔尼亚投资的项目；建筑企业和机电类企业开拓对外承包工程取得较大的进展，全年共完成对外承包工程营业额7609万美元。

一是研究出台《境外营销网络实施办法》，加大对境外营销网络的政策扶持力度，鼓励支持企业到海外开展对外承包工程、境外并购，设立研发中心、专业市场、生产基地、营销网络等，对企业“走出去”构建境外营销网络发生的房租费、广告费等经营管理费用给予一定的补助。联合市财政出台全市首个“走出去”专项资金实施管理办法。通过专项申报的形式，鼓励企业到海外并购营销渠道，设立研发中心、专业市场、生产基地、营销机构等。

二是积极开展对外经济技术合作交流。组织企业参加嘉兴埃塞俄比亚境外投资说明会、浙洽会境外投资说明会等重大境内投资促进活动。组织企业赴泰国、越南和印度尼西亚境外经贸合作区开展考察活动，实地考察了越南龙江工业园、泰国泰中罗勇工业园、华立集团印度尼西亚农产品生产基地和印度尼西亚产品展示中心。同时，走访海宁市首个入驻境外经贸合作区的生产性项目—宇立塑胶(泰国)有限公司项目，了解企业前期筹建情况，推进了该项目的投产进度，该项目已在5月初正式投产；组织企业参加省商务厅举办的境外营销网络培训班和金融支持企业对接交流会；举办提升企业跨国经营能力培训班，推动企业“走出去”构建境外营销网络。

三是切实加强安全防范。与外管局联合对全市境外投资、对外承包工程的安全情况进行摸底，通过举办安全工作座谈会、走访重点企业等途径督促企业做好对境外企业和工程项下外派人员的安全教育，制定安全防范措施，为企业健康安全地“走出去”做好服务和保障工作。

服务外包

出政策、实基础、创特色，推进服务外包稳步发展。2012年，全市服务外包完成合同金额2514万元，执行金额完成1348万元，其中离岸业务执行金额完成135万美元，分别完成嘉兴市下达计划的360%、270%和225%。一是出台服务外包产业政策意见。意见明确了在岸为基、离岸为重的鼓励导向，将离岸外包业务出口实绩奖励提高了3.5倍，对认定企业按业务量享受税收奖励政策，对入驻示范园区的企业从平台建设、办公租赁等方面加大扶持力度。有针对性地鼓励有服务外包业务的企业进行系统注册，分离外包业务。鼓励有出口业务的企业主辅分离，开拓离岸外包业务。年内有2家工业企业分离完成研发设计类的服务外包业务并通过系统审核。截至2012年底，全市共有注册企业17家，其中有实绩服务外包业务的企业10家，新审批实绩服务外包企业4家，业务涵盖网站设计、汽车车身设计、动漫制作、呼叫中心、软件开发、墙体材料开发设计等诸多领域，涉及包括ITO、BPO、KPO所有三大服务外包类型。

二是主动出击宣传推介。组织相关平台参加第14届“浙洽会”服务外包专场等国际性服务外包专业展会。联合动漫企业举办了海宁动漫展、海宁动漫发展论坛，邀请上海知名动漫社团组织开展合作交流。主动对接浙江财经学院和浙江广播电视大学海宁分院，面向本地服务外包企业开展有针对性外包人才培训，筹建服务外包人才培训机构，开展服务外包校企对接，为大学生实训和服务外包企业之间构建平台。

国内贸易

保民生、促消费、强监管，不断完善商贸服务体系建设。全市实现社会消费品零售总额242.80亿元，比上年增加14.7%。其中城镇消费品零售额228.26亿元，增长15.0%，对整个消费品市场拉动14.0个百分点；乡镇消费品零售额14.54亿元，增长10.7%，对整个消费品市场拉动0.7个百分点。城镇消费品市场增速高于农村市场4.3个百分点。分行业看，批发和零售贸易业零售额206.54亿元，增长14。8%，住宿餐饮业零售20.39亿元，增长13.6%。全年，批零贸易业、住宿餐饮业实现增加值94.89亿元，比上年增长21.7%，占市内第三产业增加值44.8%，占海宁地区生产总值16.5%。分别比上年提高了3个百分点和1.8个百分点。年末，全市各类商品交易市场56个，其中成交额超亿元的市场13个。全年城乡集市贸易成交额164亿元。

从限额以上批发和零售业商品零售额分类情况看，本年度零售额增幅较大的品类有：吃的商品(粮油、食品、饮料、烟酒类)增长40.2%，穿的商品(服装、鞋帽、针纺织品类)增长33.0%；日用品类增长53.7%；通讯器材类增长34.1%。各类商品在零售额中所占比重发生明显变化。本年度吃的商品和穿的商品零售额在限额以上批发和零售业零售额中所占比重达到15.1%、15.4%，分别比上年提高了2.8个百分点和2.2个百分点。石油及制品类、汽车类零售额所占比重分别下降了1.6个百分点和4.4个百分点。

一是深入实施“万村千乡”市场工程，完善农村商品流通网络体系。按照“扩面延伸、规范提高、一网多用、长期推进”的总体要求，支持海宁大厦、好立方等连锁经营龙头企业配送中心建设和信息化改造，不断提高商品配送能力。积极推进农家店规范化改造步伐，重点对加盟店、配送店进行规范化改造。开展示范加盟店创建活动，加强对加盟店的监督管理，建立以配送率为核心的加盟店管理办法，实行动态管理，优胜劣退，不断提高连锁经营网络的商品统一配送率和直营店的比例。截至2012年底，全市有村级连锁便利店226家（包括配送店），有连锁便利店行政村161个，村级连锁便利店覆盖率达到100%。全市直营店比例达到20.95%。

二是积极推进农超对接，加快现代农产品流通网络建设。积极鼓励销售额在5000万元以上的农产品流通、产销一体化企业从事农产品流通销售，引导农产品生产企业向产销一体化发展，开设农产品直营连锁店。大力改造提升杭东农副产品物流市场和市区农批市场异地搬迁，支持市场冷链系统、检验检测系统、安全可追溯系统和产销信息发布系统建设。支持大型连锁超市与农民合作社、农产品生产加工销售龙头企业建立长期合作关系，开设超市生鲜自营业务，扩大鲜活农产品销售，不断提高鲜活农产品占社会消费零售比例，浙江海港超市有限公司已进入省级农超对接示范流通企业行列。

三是继续开展家电下乡工作，不断拓展居民消费能力。严格按照国家、省有关家电下乡网点规范要求，对新增和原有的家电下乡网点，积极组织人员对销售网点的经营场所、资质、硬件设施、出具正规发票、社会信誉度等各方面进行实地调查，严把家电下乡网点登记备案关，对销售网点实行动态管理，淘汰或终止不符合要求的经营网点，新增基础好、经营规范的经营网点。全市54家家电下乡备案网点销售“家电下乡”机87619台（部），实现销售额1.51亿元。

四是加强市场监测和应急管理，维护消费市场平稳运行。逐步完善猪肉、居民生活品、成品油市场运行监测三个信息系统建设，不断拓宽监测范围，丰富监测内容，通过不断调整、充实，基本形成了较为完善的市场监测样本体系。海宁市列入商务部城乡市场监测体系样本企业10家，省储备应急体系数据库样本企业12家。通过样本企业数据的收集、汇总、分析，动态掌握我市市场运行状况和应急商品储备情况。成立了居民必需品市场供应协调小组，制订了海宁市生活必需品供应应急预案，建立了省、市两级商品猪储备制度和供应基地，确保居民必需品供应。为掌握成品油市场宏观调控的主动权，市政府与中石化浙江嘉兴石油分公司成立合资公司，进一步加强在石油调配、成品油储备、市场供应、加油站建设等方面的合作，优化成品油资源配置，进一步完善成品油分销体系。建立了全市成品油市场监测系统和加油站档案库，实时监测成品油市场供应情况，发现问题及时予以处置。

五是加强流通领域食品安全监管，保障居民消费安全放心。在2012年全国食品安全宣传周活动期间，举办屠宰厂“开放日”活动，让消费者代表和新闻媒体记者零距离感受生猪屠宰全过程，进一步宣传国家、省有关生猪定点屠宰管理方面的法律法规、政策和猪肉识别知识，使广大消费者和社会各界加深对全市生猪屠宰管理工作的理解和支持，努力营造良好的生猪定点屠宰管理工作环境。积极开展专项整治活动。根据上级部署，重点开展了生猪屠宰肉品质量安全整治“百日行动”、屠宰环节“瘦肉精”专项整治活动、打击私屠滥宰专项行动和生猪定点屠宰厂资格清理审核工作，开展屠宰企业负责人“三个一”活动、严把屠宰企业资格审核关，突出对生猪进厂查验、停食静养待宰、同步检验、无害化处理和肉品出厂环节“五个环节”日常监督检查，切实规范屠宰企业生猪进出厂、检疫检验、瘦肉精检测、无害化处理、不合格肉品召回等经营行为，确保猪肉质量安全。全年开展执法次数3891人次，检查经营户（摊位）33067户次，全市屠宰企业“瘦肉精”检测共10397批次，检测样品猪16933头，检测合格率100%。

（海宁市商务局）

2012年桐乡市商务

概　述

2012年,面对复杂的国内外环境,桐乡市以“拓市场、稳增长,调结构、促转型,重服务、惠民生,抓党建、强队伍”为重点,全力维护商贸流通正常秩序,千方百计扩大外贸市场,努力提高外资利用质量,着力推进商务经济发展,经济运行总体良好。

国内贸易

2012年,全市国内贸易继续保持平稳增长态势,实现全年全社会消费品零售总额216.1亿元,比上年增长15.7%,按规模分组,限额以上零售额60.25亿元,比上年增长14.5%,限额以下零售额155.83亿元,比上年增长16.2%;按行业分组,批发零售业零售额174.72亿元,比上年增长15.1%,住宿与餐饮业零售额24.45亿元,比上年增长18.4%,异地在桐零售额16.91亿元,比上年增长18.9%。

1. 消费品市场主要表现。全年实现“家电下乡”商品销售额25152万元,销售数量97259台(件),因政策实施接近收尾阶段,农村消费者扎堆购买,故比上年有较大幅度增长。汽车类消费继续保持高速增长,全年限额以上批发和零售业企业共实现汽车类销售额18.87亿元,同比增长36.8%,开设品牌4S店9家。餐饮收入快速增长,2012年全市餐饮收入增速高于其他三个行业,在全市59家限额以上住宿餐饮单位中,共有33家全年餐饮收入超过400万元,餐饮收入超过1000万元的有16家,其中有5家单位餐饮收入超过2000万元,全年限额以上住宿餐饮业餐饮收入增幅为20.1%。城乡居民日常消费稳定增长,文化娱乐类消费增长明显。其中:粮油类商品销售同比增长55.9%;烟酒类商品销售同比增长20.5%;服饰、鞋帽、针纺织品商品销售同比增长12.4%;日用品类商品销售同比增长32.7%;文化娱乐用品类商品销售同比增长40.8%。

2. 商品交易市场取得长足发展。全市2012年末已拥有各类商品交易市场62个,其中:生产资料市场7个,消费品市场55个。市场成交额超亿元的市场有19个,其中超5亿元的市场有4个。全年市场成交额284.68亿元,比上年增长18.3%,其中濮院羊毛衫市场全年成交额为190.9亿元,比上年增长18.2%。2012年新开业并经市工商管理部门注册的市场有:濮院国际童装城、桐乡市国际新能源市场、杭州湾轻纺城、铭豪二手车交易及配件市场。

3. 加强创新农产品现代流通模式。2012年,在认真抓好农村现代流通网建设的同时,积极引导农村专业合作社和种养殖大户进驻当地农贸市场开展直销试点或成立专门的配送中心开展农超对接、农商对接,力求减少中间环节、降低流通成本。组建桐乡市绿色农产品配送有限公司,由供销合作总社控股,同时吸收农村专业合作社和种养殖大户入股参与,努力打造成桐乡市绿色农产品配送的样板企业。

4. “三大工程”构建食品安全供应体系。一是“绿色餐桌工程”,引导20多家优质农副产品生产基地对接农贸市场,共开设46家直销店;二是“出口食品质量安全示范工程”,建成1.2万亩出口杭白菊质量安全示范区;三是“品牌超市进校园工程”,桐乡省级连锁超市龙头企业东兴商厦进驻10家校园开设直营便利店,由总部统一配送,保障学生食品安全。

对外贸易

2012年,受国际市场需求持续疲软、贸易摩擦不断增多和国内要素成本上升等诸多不利因素影响,外贸进出口、出口和进口三大指标增幅大幅收窄。2012年全市实现进出口总额386160万美元,同比下降0.5%,其中出口255278万美元,同比增长6.6%,进口130882万美元,同比下降12.1%。

1. 大企业引领全市外贸出口,自营出口企业稳步增加。大企业占据全市出口主导,全市出口前20强企业累计出口117392万美元,同比增长10%,占全市出口总额的46%。但大企业出口出现两极分化,一方面桐昆集团等六家企业出口均实现大幅增长,累计出口50185万美元,同比增长57%。另一方面部分传统外贸龙头企业如巨石集团等十家企业出口均出现大幅下滑,累计出口55607万美元,同比下降19%。2012年自营进出口企业首次突破600家,达635家,583家企业有自营出口实绩,分别增加43家和43家,其中新增自营出口实绩企业64家,新增出口实绩5223万美元。

2. 加工贸易出口大幅反弹,一般贸易出口增长乏力。2012年以来全市一般贸易和加工贸易出口出现两极分化,一般贸易出口增长乏力,出口比重持续下滑,累计出口207178万美元,同比增长1%,出口比重由去年同期85%下降至81%。加工贸易出口大幅反弹,出口增速明显快于一般贸易,累计出口48089万美元,同比增长37%,出口比重由上年同期15%提高至19%,其中,进料加工累计出口44589万美元,同比增长45%,来料加工累计出口3499万美元,同比下降17%。

3. 出口商品结构持续改善,机电产品和化纤出口表现较好。全市九大类出口商品中有六大类商品出口实现增长,其中,机电产品和化纤的出口均实现二位数以上增长。机电产品累计出口37264万美元,同比增长16%,高出全市平均增幅9个百分点,出口比重由去年同期的13%提高至14.6%。纺织品累计出口67788万美元,同比增长3%,主要是化纤出口大幅增加,化纤累计出口32502万美元,同比增长31%。

4. 市场多元化成效明显,对新兴市场出口增长较快。2012年与桐乡市建立贸易往来的国家和地区有160个。对新兴市场国家出口表现明显好于欧美传统市场国家,出口增幅均超过二位数,其中,对东盟累计出口15163万美元,同比增长26%;对西亚累计出口30232万美元,同比增长17%;对拉丁美洲累计出口19136万美元,同比增长48%;对非洲累计出口15937万美元,同比增长37%。对欧美传统市场出口出现下降,其中,对欧盟出口连续9个月出现下降,累计出口66821万美元,同比下降8%,当月下降8%;对美国累计出口34285万美元,同比下降2%,当月下降14%;对大洋洲累计出口7024万美元,同比下降6%。受中日关系影响,对日本出口连续2个月出现下降,对日累计出口18032万美元,同比增长7%,当月下降7%。对香港地区累计出口10517万美元,同比下降8%;对台湾地区累计出口2368万美元,同比下降10%。

5. 国际贸易摩擦案件仍处高发期,相关产品出口严重受阻。2012年全市累计遭遇国际贸易摩擦案件6起,其中,直接遭遇的国际贸易摩擦案件2起,累计涉案金额约1200万美元,即天女彩钢遭遇欧盟有机涂层钢板反补贴调查案和桐乡上升胶带有限公司遭遇阿根廷硫化橡胶传送带反倾销案。间接涉案四起,即美国、欧盟对华发起太阳能电池的"双反"调查案,尽管桐乡市企业没有直接涉案,但对处于整个太阳能电池产业链上游的生产企业如百利达太阳能、嘉晶电子等企业均造成了严重影响。前期的贸易救济调查案件严重影响了桐乡市相关产品出口,如土耳其和印度两个玻璃纤维反倾销案导致2012年桐乡市对这两大市场玻璃纤维出口大幅下降,其中,对印度玻璃纤维出口同比下降21%,对土耳其玻璃纤维出口同比下降39%;欧盟有机涂层钢板案导致天女彩钢对欧盟相关产品出口同比下降98%,基本失去欧盟市场。

6. 进口额大幅下降,资源性商品进口明显减少。2012年全市外贸进口额持续下降,累计进口130882万美元,同比下降12.1%,占全市进出口总额34%。其中,化工产品累计进口51035万美元,同比下降20%;矿产品累计进口11098万美元,同比下降41%;机电产品累计进口18828万美元,同比下降5%;毛皮及皮革、羊毛、塑料及橡胶制品进口保持平稳增长,其中,毛皮和皮革累计进口12745万美元,同比增长27%;羊毛累计进口23870万美元,同比增长5%;塑料及橡胶制品累计进口3503万美元,同比增长12%。从进口国别和地区看,化工原料主要从沙特阿拉伯、韩国、德国和北美进口,羊毛主要从澳大利亚和南非进口,机电设备主要从瑞士、德国、日本和南非进口,毛皮及皮革主要从欧盟、北美和巴西进口,矿产品主要从刚果(金)进口。

利用外资

2012年,利用外资在欧债危机以及国家宏观政策调控的艰难情况下,实现稳步推进。完成合同利用外资32963万美元,同比下降13%,实到外资22693万美元,同比增长12%。新增服务外包企业3家,接包合同签约金额2347万元,合同执行金额1542万元。

1. 外资利用情况。2012年,桐乡市创新工作方式,转变工作思路,注重项目产业结构优化升级,积极促进项目出资,大力推进项目开工建设和投产,取得了较大成效。引进总投资1000万美元以上项目有30个,合同利用外资32099.15万美元,比去年增长4683.33万美元。总投资3000万美元以上项目6个,合同利用外资10009.25万美元。浙商回归资金11亿元。全市外商投资企业实现税收13.5亿元,解决就业人员5.7万人,出口总量为11.28亿美元,占全市总出口量的44.2%。

2. 分解任务保指标。分解2012年全市利用外资任务,修改2012年招商引资工作考核办法,突出目标任务完成率的考核,鼓励超额完成。为确保目标任务完成,采取“利用外资进展月报”制度,及时掌握各招商主体在谈项目信息,进行完成数据的排名。

3. 勤办活动助引资。制订全年招商活动计划,为招商主体搭建平台,加大招商信息的收集和梳理。结合市重点扶持发展的新能源、新材料、电子信息、机械制造等产业,在菊花节期间,以“乡情引回归”为主题,成功举办浙商(桐乡)高层论坛,对桐乡进行“浙商最佳创业创新基地”称号授牌并现场签约24个项目,投资总额达181.55亿元。在广州举行“新桐乡·新机遇·新发展—浙商恳谈会”、在上海举办以“推动产业升级,促进创新发展”桐乡投资发展推介会。组织各招商主体参加“浙洽会”、“厦洽会”进行交流对接活动。组织欧洲经贸考察团寻求桐乡与德国、匈牙利和奥地利高新技术产业和跨国公司的战略性合作机会。推动签订中国乌镇国际旅游区龙翔文化创意产业园协作意向书。

4. 强化管理重服务。改变服务方式,将服务关口前移,在项目洽谈过程中主动服务审批事宜,确保审批的一次成功来加快项目推进速度。以“四联四强”走访活动为契机,走访重点联系的27家企业,对企业反映的提高组展和电子商务的补助以及人民币跨境结算等问题进行了协调和指导,形成亲商、安商良好氛围。与国税、外管、工商、财政、地税和统计等部门对全市464家外资企业进行联合年检,为企业提供“一站式”年检服务。

5. 服务外包发展稳步推进。2012年,桐乡市始终坚持“三个强化”——“强化部门领导,完善服务外包产业发展体制;强化服务外包载体建设,打造企业创业发展平台;强化产业发展软环境,加大服务外包招商力度”对服务外包工作的引领作用,以深挖潜、强招商、搭平台、重扶持、优服务为主线,促进全市服务外包产业的快速发展。2012年新增服务外包企业3家,有实绩服务外包企业9家,接包合同签约金额2347.16万元,合同执行金额1542.06万元,分别完成目标任务的180.55%和171.34%,同比增长分别为116.86%和37.54%。其中离岸执行金额175万美元,完成目标任务的159.09%,同比增长179.46%。

对外经济合作

2012年,全市新批境外投资企业6家,增资项目7个,累计投资额21804万美元,占嘉兴境外投资总额66%,名列嘉兴各县(市、区)首位。

1. 境外投资实现新突破。2012 年新批境外投资企业 6 家，增资项目 7 个，累计投资额 21804 万美元，占嘉兴境外投资总额的 66%，完成嘉兴下达目标任务的 242%，完成全市目标任务的 545%，再一次名列嘉兴各县（市、区）首位，全省前茅。

2. 境外工程承包和企业带动出口额大幅增加。2012 年全市完成境外承包工程营业额 10025 万美元，自营外派劳务营业额 255 万美元。境外企业带动进出口总额 42391 万美元，其中，出口 30034 万美元，完成全年目标任务的 120%，进口 12357 万美元。

（桐乡市商务局）

2012年富阳市商务

2012年6月29日,富阳市商务局正式挂牌成立。自成立以来,市商务局紧紧围绕富阳市委、市政府关于工业兴市、加快转型升级的要求,以招商引资、外经外贸、内贸流通、粮食安全四大重点工作为抓手,以做强、做优、做实、做大为主线,创新思路、坚定信心、克难攻坚、奋力拼搏,推动了全市商务工作较快发展。

招　商

累计完成合同外资3.7亿美元,同比增长2.5%,完成年计划的100.1%;实到外资完成2.2亿美元,同比增长0.5%,完成年计划的117%。完成杭外实到内资35.6亿元,完成年计划的161.6%;完成富外杭内实到资金14.1亿元,完成年计划的188.4%。累计完成浙商创业创新资金20.86亿元,完成年计划的245.4%;其中内资18.9亿元,外资3143万美元。总投资80亿元、注册资金9亿元的和鼎铜业,总投资2.95亿美元、注册资本2.5亿美元的海正辉瑞制药项目等一批技术含量高、投资强度高、贡献份额高的重点项目落户富阳,为进一步提升富阳的开放型经济水平奠定了坚实基础。获得杭州市招商引资目标考核一等奖,实现了从2008年以来的五连冠;支持浙商创业创新工作获得杭州市考核第一名。富阳市也是唯一一个获得外资、内资、浙商创业创新三个单项第一的区(县、市)。

1. 招商基础准备到位。制订出台了《富阳市人民政府关于促进总部经济发展的若干意见》、《富阳市人民政府关于加快开放型经济发展的若干意见》等政策文件;紧紧围绕浙(富)商回归和十大产业招商两大主题,精心设计编印了《富阳市招商引资目标客户手册》、《富阳市在外投资企业名册》、《富阳市2012年读地手册》和《富阳市投资指南》等一系列招商资料;摸清各乡镇街道、开发区在谈在建项目情况,明确2012年依托重点项目;选派年富力强、招商经验丰富的人员到一线招商,增强北京、上海两个招商驻点的人员力量,保障招商驻点开展日常的对接联系工作等。这些都为招商引资工作顺利开展提供了政策支持和基础保障。

2. 招商活动丰富多彩。2012年4月份自办了杭商富阳恳亲会,7月份组织了2012富阳(深圳)地块推介会;10月25日,借第15届杭州市国内经济合作洽谈会举办契机,举办了富阳市投资环境推介会暨首届富春·名商杯高尔夫球邀请赛,邀请全国各省浙江商会会长、秘书长,异地在杭商会会长、秘书长等140余名企业家参加会议;11月6日,利用承办省首届运动休闲旅游节的机会,举办了富阳市投资环境推介会暨招商引资项目签约仪式,邀请市外大企业和企业集团共110名客商参加推介会,共有15个重点内外资项目签署合作协议,总投资额达到52亿元。组织相关部门、乡镇街道和企业参加了全国浙江商会杭州行、"浙洽会"、"厦洽会"、"海洽会"、天津达沃斯论坛等活动,很好地宣传和推介了富阳。先后赴珠三角、长三角、环渤海等地开展敲门招商工作,成功引进富阳泓盛投资控股有限公司。2012年8—9月,开展了"235"招商行动,商务局、开发区、发改局、经信局领导带队,有关乡镇街道广泛参与,分8个招商小组赴全国各地,瞄准3类500强企业及当地的浙商企业开展敲门招商活动,收集了多个意向投资项目。

3. 招商选资成效显著。2012年4月,收集上报2011年度招商选资综合评价指标第一批数据,从全市上报的32项指标分析,大部分指标均较上年有所增长，利用外资结构不断优化，企业持续创新能力加强。富阳市因此获得2011年度杭州市招商选资工作优胜单位，富阳市商务局也被评为杭州市招商选资综合评价工作先进单位。经过评价，2011年全市实际利用外资占全社会固定资产投资的7.5%，外商投资企业总产值占规模以上工业总产值的16.9%，外商投资企业进出口额占进出口总额的48.6%，外资企业上缴税收占税收总额的13.9%；外资高新技术企业22个，研发中心6个，专利授权数142项，吸纳社会就业占比20.8%。

4. 打造“富阳服务”品牌。围绕项目竞赛年活动，对重大项目实施重点跟踪和“保姆式”一揽子服务，高效助力项目审批，深入打造“富阳服务”品牌。如海正辉瑞、富阳泓盛控股有限公司等项目，局领导全程跟踪、全力服务，使项目得以加快落地，体现了“富阳服务”、“富阳速度”。同时富阳市商务局撰写的《富阳全力打造运动休闲综合体 为“浙商”回归提供优质服务》在《浙江日报》发表，省委副书记李强专门为此做了重要批示。

外贸外经外包

完成进出口总值22.4亿美元，比上年同期上升3.6%，增幅高于全省及杭州市水平。其中进口总值11.5亿美元，比上年同期下降2%，出口总值10.9亿美元，比上年同期上升10.1%。出口完成杭州市下达目标任务的100.1%。新增境外投资额6805万美元，同比增长167.8%，完成年计划的400.3%。全年对衢州产业转移21793万元，完成年计划的217.9%。服务外包离岸合同金额5684万美元，同比增长65.9%，完成年计划的203%；离岸执行金额5063万美元，同比增长67.9%，完成年计划的180.8%。

1. 品牌平台建设上新台阶。新增省级出口名牌4家、杭州市级2家；累计已有省级6家、杭州市级15家企业获得出口名牌荣誉，国家级出口基地1个(金固国家汽车零部件出口基地)，省级出口基地1个（富通光通讯科技兴贸创新基地)；新增富通、口岸物流2个省级外贸公共服务平台。

2. 企业开拓市场意识不断增强。3月，全国四体联动成功应对美国对华钢轮毂“双反”案总结现场会在富阳召开，商务部领导充分肯定金固集团在由商务部、地方商务主管部门、商协会、应诉企业组成的四体联动机制中发挥了核心作用，最终赢得美国国际贸易委员会(ITC)全票通过的行业无损害终裁，在全国树立了良好的典范。7月，万汇实业通过中美C-TPAT联合验证，成为富阳第一家通过该项验证的外贸企业，这也是企业通过申报各类资质开拓国外市场的一种尝试。

3. 政府组织参展力度加大。针对欧美市场购买力下降导致出口形势不佳的现状，富阳加大力度宣传推介各类境内外展销会：组织4家企业参加东欧(波兰)中国家居品牌博览会、6家企业参加“华交会”、40多家企业参加春秋季“广交会”等，通过参展稳定订单数量，进一步打开销售渠道。

4. 企业境外投资热情较高。从7个已批项目的投资类型看，企业境外投资更多的是注重市场的抢夺，如尤恩叉车和金固集团在美国设厂就是为了开发美国市场的需要；2012年11月23日，投资3000万美元的富通集团(泰国)通信技术有限公司增资项目开工，企业计划依托泰国辐射整个东盟市场，这也是全市历年来最大的外经项目。

内贸流通跃上新台阶

2012年全市实现社会消费品零售总额122亿元，同比增长17.3%，增幅高于杭州市平均增幅1.8个百分点，完成年度目标的100%，在杭州七县(市、区)排第三位，分别高于余杭、萧山3.5个、0.3个百分点；完成限上批零住餐销售额229.4亿元，同比增长8.8%。全市43家商品市场成交额89亿元，增幅12.7%。

1. 商贸项目建设快速推进。深入推进全市“购物美食乐园、运动休闲之城”建设，落实重大项目联系制度，西城商务中心、江南商贸城、富阳汽贸城、传化物流基地等一大批重点商贸项目顺利推进：西城商务中心写字楼已结顶，预计2013年竣工，酒店和Shopping Mall正进行地面建设，商业招商工作顺利,已与多家主力商户签订了合作协议;江南商贸城正进行室内外装修,预计今年建成投入运营;富阳汽贸城奥迪、宝马4S店已进入营业阶段,奔驰4S店顺利结顶,进行室内外装修,将于今年营业;传化物流基地已完成项目前期,进场动工建设。

2. 商贸发展平台得到提升。深入推进“万村千乡市场工程”建设,改善农村消费环境,改造提升农家小标超160家,发展直营店20家,累计达30家,直营店覆盖率达到10%。新发展日用品连锁门店17家、农资3家、医药5家,累计建成日用品连锁门店572家(其中华辰超市471家、非龙头企业门店101家)、农资150家、医药139家的农村连锁经营网络,龙头企业华辰超市实现商品配送额3.16亿元,同比增长12%;全市销售家电下乡产品8.2万台,拉动销售2亿元,兑现惠民补贴资金2413万元;举办汽车展、婚博会、休闲购物节等82项节庆会展活动,拉动消费增长9.2亿元;2012年全市新增主辅分离企业9家,所有主辅分离企业实现营业收入27.33亿元,增加税费7878万元。

3. 民生保障水平显著提高。规范肉品流通安全管理,屠宰生猪13万头;严厉打击私屠滥宰,出动执法检查680人次,查获未检肉品497公斤,确保上市肉品质量。加强酒类、成品油、二手车、典当、煤炭等特种行业监管,创建2家文明示范农贸市场。新成立婚庆服务行业协会,规范提升餐饮美食、美容美发等5个商贸行业协会建设,组织开展10余场技术交流和技能竞赛,引导商贸行业健康发展。

粮食安全取得新保障

1. 强化储备管理。全面完成储备粮轮换计划12048吨,截至2012年12月底已全面完成。储备粮规模、仓储、费用均落实到位,储备品种结构日趋合理。

2. 抓好产销合作。与本地71户种粮大户签订合同3569吨,与省外粮食生产基地大户签订合同5300吨,认真做好市内“订单粮食”和省外“产销合作”两篇文章。

3. 落实保供稳价。健全粮食应急管理体系,加强粮油价格监测分析,落实监测点5个,及时掌握市场动态;与农业局、富阳日报社在玉长城商业广场举办新米推介会,深受广大市民的好评;推进“放心粮油”工程,开展世界粮食日宣传活动。

(富阳市商务局)

2012年东阳市商务

概 述

东阳市商务局是主管全市国内贸易、对外贸易、利用外资、国际经济合作和服务业发展的政府职能部门，内设机构为一室四科，即办公室、外贸业务科、行政审批科、市场贸易科、服务业发展科，下属单位市生猪定点屠宰执法大队、东阳市进出口产品检测技术中心，行政编制14人，领导职数4人，中层领导职数5人。2012年东阳市商务经济在市委市政府的正确指导下，在机关各单位、部门和各企业的共同努力之下，外贸出口形势保持平稳增长，招商引资增幅位居前位，对外经济合作快速发展，商贸服务业增势不减，全市商务经济呈现良好的发展态势。

商贸市场

2012年，全市社会消费品零售总额174.26亿元，同比增长15.5%，批发零售业商品销售总额462.71亿元，增长25.7%，其中，批发业225.43亿元，增长25.5%，零售业237.28亿元，同比增长25.8%；全市86个商品交易市场成交额187亿元，同比增长8%，其中，14个生产资料市场成交额13.5亿元，71个消费品市场成交额173.58亿元，同比增长9%。努力营造重商兴商气氛。一是修改完善了《关于加快发展商贸服务业的若干意见》，明确1300万元资金用于商贸服务业的发展和市场建设；制订出台了《关于开展2012年商贸服务业竞赛活动的通知》和《东阳市商贸服务业重点项目竞赛活动通知》，优化政策环境，提高服务水平。二是组织召开全市商贸服务业推进会，市委、市政府四套班子领导出席，市委副书记主持、市长作工作报告，市委书记作指示，营造全市上下合力抓商贸服务业的工作氛围。加大促进内需发展力度。全面推进家电下乡和家电、汽车以旧换新工作。截止到12月，全市共有家电下乡销售网点56家，实现家电下乡销售累计达到223030台（件），销售总额55912.5万元；不断推进“三网”建设。按照“巩固成果、扩大范围、提高质量、提升水平”的工作思路，突出农村现代流通网络建设，乡镇连锁覆盖率继续保持100%；340个农村较大行政村实现连锁配送，连锁配送率达到97.7%。加大生猪定点屠宰管理。一是积极开展金华全市食品安全“百日行动”，加大对全市各生猪定点屠宰场站进行专项检查，确保定点屠宰率100%。二是加大宣传力度，确保“放心肉”工程的顺利实施。结合元旦春节重点时间和市纪委“效能现场投诉、开门征集意见”活动时机，在全市大型镇乡街道和活动现场发放《东阳市生猪定点屠宰实施办法》及《生猪管理条例》300余册。三是加大执法力度，打击私屠滥宰违法行为，2012年1—12月，检查经营户（含定点屠宰场）273户次，执法检查253次，出动执法人员545人次，半年收缴违法产品164公斤，销毁不合格产品112公斤，移交工商处理52公斤。加大特种行业监管。一是加强商务综合执法队伍建设。根据商务部商务执法试点工作部署，在原市生猪定点屠宰执法大队基础上拟建立市商务综合执法大队，履行商务执法职能，市编办已经批复机构名称变更，省商务厅已经验收合格。二是抓好酒类流通登记备案工作。截止到目前，已有近2200家经营酒类企业（店）进行了登记备案。三是进一步强化对煤炭、成品油、典当、拍卖、美容美发等特种行业的监督管理工作，严肃查处价格违法、无证经营等扰乱市场经济秩序的行为,切实抓好大型商场的安全生产工作。扎实推进民生工程。去年,全市生猪定点屠宰 147922 头,其中本地屠宰 137855 头,外地调入 10069 头,定点屠宰率城区达到 100%,镇乡达到 97%。

对外贸易

2012 年,全市完成外贸进出口总额 21.6 亿美元,同比增长 5.62%,其中,出口 19.39 亿美元,同比增长 5.55%。不断优化出口主体结构。2012 年 1—12 月,新批自营进出口企业 75 家,使全市拥有自营进出口权企业达到 745 家。扎实推进“211 工程”,预计到年末出口额第一次进入金华出口百强企业、出口额第一次达到 100 万—500 万美元及第一次达到 50 万—100 万美元的,分别新增 2 家、3 家和 6 家,达到 16 家、36 家和 28 家,全市出口主体得到明显优化。注重培育品牌。积极引导企业树立创新意识,增强品牌观念,逐步完善培育出口名牌的促进机制和工作联动机制。到 2012 年末共有浙江省出口名牌企业 6 家,金华市出口名牌企业 6 家,品牌战略得到发展。注重海外市场开拓。在注重“广交会”、“华交会”等重点展会的组织工作基础之上,主动与省市贸促会联系,与市财政精心挑选组织适合企业的境外展会,出台年度重点展会名录,对于列入重点外贸企业自行参加名录所列展会给予一定的财政扶持。发挥政策扶持作用。注重发挥专项扶持资金的运用,鼓励和引导企业加快产业创新发展,兑现 2011 年度市级外贸扶持资金 2137.93 万元,为企业争取省市各级扶持资金共计 1077.8 万元,其中:进口贴息项目 85.25 万元、进出口公平贸易资金 8 万元、外贸公共服务平台建设资金 136 万元、开拓国际市场专项资金 137.55 万元、外贸切块奖励资金 104 万元,另有公共服务平台项目及中小企业开拓资金项目指标 607 万元。资金的企业受众面不断扩大。

利用外资

在欧债危机等国际经济形势十分严峻的情况下,2012 年 1—12 月,全市完成合同外资 925.28 万美元,同比下降 84.55%,实际利用外资1353.49 万美元,同比下降 62.97%,新批外商投资企业 9 家。领导重视,责任明确。市委、市政府对今年外资工作进行了专题研究,指明了全市利用外资的工作方向,并下发了市委办〔2012〕37 号文件,分解明确了 2012 年各镇乡(街道)的利用外资目标任务。各镇乡(街道)也全力贯彻市委、市政府的会议精神,层层抓落实,为推进全市外资工作奠定了基础。分管领导亲自带队到各个镇乡(街道)对利用外资工作进行督查,强力推动利用外资工作的进展。迎难而上,主动找商。面对国际经济不景气和宗苏食品破产影响,不等不靠,积极组织相关部门和企业参加了第 14 届浙江投资贸易洽谈会、第 16 届中国投资贸易洽谈会等重大招商引资活动。在浙洽会上,共签约 3 个外资项目,总投资 7878 万美元,协议外资 2850 万美元。金华国际商贸大会拟签约外资项目 1 个,协议外资 650 万美元。创新方式,亮点突出。面对引进外资内外交困的局面,各地各镇乡(街道)积极创新引资方式,在服务业方面取得了一定的成效。2012 年 1—12 月,全市新批影视服务业外商投资企业 1 家,实际引进外资 309.48 万美元,占全市引进外资的 45.37%。

对外经济合作

2012 年 1—12 月,全市完成境外承包工程营业额 1.63 亿美元,同比下降 17%,占金华全市的 70%;新批对外投资项目 5 个,中方投资额 1.009亿美元,对外经济合作呈现持续快速发展态势。推进境外承包工程稳步发展。继续发挥我市建筑大市的优势,加快推进建筑企业“走出去”步伐。一是注重宣传,积极宣传贯彻落实商务部《对外承包工程管理条例》,加强对各有权建筑企业走访检查,鼓励企业树立信心,积极实施“走出去”战略;二是积极申报扶持资金,截止到 10 底,兑现省、市各项扶持资金 400 余万元;三是加强“走出去”安全风险防范工作的调研,为健全全市的境外风险防范提供参考,组织企业参加商务部举办的安全培训,落实《境外中资企业机构和人员安全管理指南》要求,督促相关企业加强安全风险防范机制建设；四是加强联谊，在继续做好外经建筑企业新春座谈会的同时，充分深化与中国对外承包工程商会合作内容，组织商会东阳调研及央企、民企的项目对接活动，发挥商会在项目储备、业务指导、公共关系等多方面的优势。加大境外投资步伐。一是做好大项目的服务跟踪工作。继华谊兄弟增资6000万元香港项目之后，兆丰投资有限公司也在香港投资1.3亿元人民币设立了公司，针对此类大项目，积极做好服务，加强企业与省、市商务主管部门之间的协调，争取尽早落地。二是积极发挥香港地域优势。借助香港全球金融中心和与内陆同根同源的文化优势，努力把香港做成全市企业开展境外投资的桥头堡，积极组织相关企业参加香港的投资推介会，截至到12月底，全市在港投资累计达到1.2亿美元，占全市对外投资的95%。

现代服务业

积极发挥东阳市影视文化、旅游和专业市场群等三大优势服务业，发挥服务业在经济发展中的作用。前三季度，第三产业增加值121.87亿元，同比增长12.4%，占GDP的45.06%；对GDP增长的贡献率达到56.44%，比二季度提高0.94个百分点。影视文化产业全域化发展初现。产业规模不断壮大。2012年1—12月，横店影视产业实验区新增入园企业52家，累计达到487家，实现营业收入78.11亿元，同比增长146.47%，上缴税费9.64亿元，同比增长163.34%；组织机构更趋完善。2012年10月，根据浙江省委、省政府《关于设立浙江省横店影视文化产业实验区提升影视文化产业发展水平的意见》（浙委办〔2012〕76号）和《关于同意设立浙江省横店影视文化产业实验区管理委员会的批复》（金市编〔2012〕10号）精神，设立浙江省横店影视文化产业实验区管理委员会，为影视文化产业全域化发展奠定组织基础。影视旅游保持较快发展。2012年1—12月，全市接待国内外游客1222.3万人次，同比增长21.7%，旅游收入82.9亿元，同比增长30.3%。“南中北联动，文化旅游融合，商贸旅游共荣”的大旅游格局正在形成，上海滩拍摄基地等一批影视旅游项目顺利开工；以东阳木雕、卢宅古建筑群为核心的文化延伸产品已经启动，卢宅一期规划已进入拆迁阶段；以东白山生态景观、乡村聚落景观为背景，七夕文化、香榧文化、茶文化和地方民俗文化为内涵的生态旅游发展顺利，美丽乡村—白泉村已享誉浙中。专业市场群效益明显。继缝配机械市场竣工开业后，汽配城也于近期开业，白云商贸市场群规模不断壮大。前三季度，木雕城、红木家具市场、缝配市场和建材城，分别实现销售额106亿元、31亿元、11亿元和7500万元业绩。第四届休闲购物节期间，木雕城、红木家具市场和建材城，分别实现6.5亿元、6.5亿元和220万元销售额（含签约额）。专业市场群影响力日益扩大，在第七届中国（东阳）木雕竹编博览会期间，中央二套《鉴宝》栏目也走进木雕城，与全国人民共赏东阳木雕精品，红木家具交易中心成功组织召开了第二届中国红木家具发展论坛，全国近百名专家学者及经营户汇聚东城，共绘红木家具发展蓝图。

（东阳市商务局　戴厚明）

附：

2012年东阳市商务情况表

单位:万美元

项目		金额	同比增长(%)
对外贸易	进出口	216000	5.62
	出口	193900	5.5
	进口	20800	9.7
利用外资	合同外资	925.28	-84.55
	实际外资	1353.49	-62.7
对外经济合作	对外承包劳务营业额	16300	-10
	年末在外人数(人)	96	10
商贸服务业	社会消费品零售总额	1742600	15.5

2012年平湖市商务

概 述

2012年是实施“十二五”规划的关键之年。平湖开放型经济工作在市委、市政府的正确领导下，深入学习实践科学发展观，紧紧围绕转型发展这条主线，深入开展“项目推进年”活动，全面推进招商引资“一号工程”和“外贸转型发展”，扎实开展招商引资“百日会战”、“百日冲刺”，凝心聚力，难中求进，开放型经济保持了积极向好态势，商务工作得到全面提升。

对外贸易

全市进出口总额69.47亿美元，同比增长6.9%，完成年度目标的95.2%。其中，出口36.08亿美元，同比增长2.1%，完成本市下达年度目标的91.1%；进口33.39亿美元，同比增长12.7%。进出口总额和进口总额均列嘉兴全市第一，出口额列第二。

外贸结构得到调整优化。加强国内外贸易市场政策、法规、技术壁垒等信息的收集、调查分析，走访企业掌握外经贸动态，指导企业稳定发展。外贸自营企业出口增幅明显，外贸自营企业出口额占全市出口额的39.9%，增长7.9%，增幅高于外资企业9.4个百分点。支柱产业产品出口表现良好，机电、箱包产业出口额分别占全市的30%和12%，增幅分别达到2.1%和20.1%。一般贸易增长较快。一般贸易出口额占全市54.8%，增长9.6%，增幅高于加工贸易15.5个百分点。国际市场持续巩固，已与166个国家和地区发展贸易往来，日本、欧盟市场出口持续上升。

组织企业参展促销。先后组织了30多家企业参加了2期国际专业展会；组织了160家企业参加了“广交会”等5期境内重要国际性展览会，促成了一批有效的外贸业务；组织了50多家企业参加了境外投资合作洽谈会、国际形势及信用风险管理报告会、嘉兴企业走出去研讨会、境外经贸合作区投资推介会等。

推进出口产业基地建设。积极引导企业加大产品研发和品牌培育力度，加强自主创新，大力发展电子商务，不断提升市场竞争力，稳定国际市场，开拓国内市场。加快推进本市三个出口基地建设，充分发挥基地公共服务平台的作用，建好老平台，建立新平台，为企业提供更好、更便捷的服务。积极推进电子商务建设，充分利用嘉兴国际电子商务应用平台，提供新的贸易平台与方式。鼓励企业引进和培养外经贸人才。开展出口信用行业联保宣传，引导企业参加出口信用保险，降低出口收汇风险。

提升外贸基础管理水平。继续做好全市省级重点联系企业的外经贸运行监测系统工作，2012年获批成立县级监测点，将监测主体企业上升到40家，基本涵盖了全市各重点出口行业和主要出口企业，从而使得监测数据的覆盖面更广，数据更全。继续做好产业损害预警监测系统，调整补充为10家监测主体。按时上报数据、认真分析，及时掌握全市外经贸工作动态，推动促进全市企业、产业的健康稳步发展。

利用外资

包括嘉兴港区，全市合同外资5.75亿美元，实到外资3.37亿美元(不含港区)。全市审批外资项目64个，其中：新批45个、增资19个，另有减资项目10个，累计合同外资42439万美元，同比增长 1.17%,完成年度目标的 91.5%。实到外资 23645 万美元,同比增长 31.1%,完成年度目标的 117.1%。在嘉兴市五县市二区中合同外资列第 2 位、实到外资列第 2 位。

"一把手"抓"一号工程"。深入开展调查研究,加强动态分析,当好领导参谋,提出《2012 年招商引资"一号工程"行动计划》和《2012 年平湖市光机电产业发展实施意见》,修订了招商引资考核奖励办法。开展了项目推进和招商引资百日会战、百日冲刺活动。按时召开招商工作例会和项目推进汇报会,加强招商监督和管理工作。做好平湖经济开发区升级,国家级开发区准备工作。切实加强招商引资和招才引智队伍建设,从市级机关中抽调精干人员开展招商(招才)工作。举办培训班提升招商(招才)人员业务水平。

坚持多种形式招商不放松。以百日会战为载体,主动出击,开展蹲点招商、主动推介、小分队招商、节庆招商等。先后组织上海投资说明会、台商投资平湖说明会等多期大型投资环境推介活动,组织参加了"浙洽会"、上海国际网购大会,接待上海张江园区新经济组织等十多批客商来平考察,组织企业参加各类展销会、洽谈会以商引商。成功举办 2012 年中国平湖西瓜灯文化节投资贸易洽谈会。积极宣传推介三大主动力产业和新能源新材料特色产业,服务业、港台日和大项目、鼓励类项目比例增加,质量有新的提高。

强化执行力优化服务。加强内外资数据分析,及时公布招商主体在嘉兴的争先移位情况,找出差距不足。加强投资信息的收集、分析、跟踪和推荐,引荐多个项目成功落户平湖。继续推行重点企业结对服务模式,切实解决企业生产经营中碰到的困难和问题。在钓鱼岛事件发生后,多次召开我市日资企业座谈会,及时了解企业经营状况。积极推进企业申报国家高新技术企业工作。优化以全程代理为主要方法的项目报批服务,举办全市外资审批、报批业务培训班和外企政策介绍会。加强土地、电力、资金和环境容量保障工作。

产业招商与招才引智。招才引智考核纳入招商引资考核办法,实现了招商、招才同步骤、同考核、同落实。积极宣传推介招才引智环境和政策。将全市近百名镇(街道)专兼职招商员纳入"招才员"队伍,举办培训班提升招才工作人员业务水平。围绕光机电、临港产业、生物医药等支柱产业需求,建立三个新兴产业专项招才工作组。组织接待了上海温州青年企业家联合会来平湖考察交流投资环境一行 53 人。

招商主体实力增强。各镇、街道工业园区和各开发区平台形象有了明显改善,招商能力不断增强。6 个招商主体完成了合同外资年度目标,即当湖街道、平湖经济开发区、林埭镇、广陈镇、新埭镇、曹桥街道分别完成 465.2%、134%、112.1%、111%、108.4%和 100%。3 个主体完成实到外资年度目标,即当湖街道、平湖经济开发区、曹桥街道分别完成 728.2%、227.8%和 108.5%。

产业招商成效明显。48 个工业项目合同外资 34079 万美元,占全市 80.3%;16 个服务业项目合同外资 8350 万美元,占全市 19.7%;光机电项目 29 个,合同外资 24541 万美元,占全市 57.8%;新能源、新材料和生物科技项目 6 个,合同外资 3964 万美元,占全市 9.3%。

项目质量明显提升。总投资 1000 万美元以上项目 28 个(减资 5 个),合同外资 33316 万美元,占全市 78.5%;国家鼓励类项目 5 个,合同外资 3254 万美元,占全市 7.7%;增资(并购)项目 18 个,合同外资 11891 万美元,占全市 28%。

投资主体和招商主体相对集中。香港投资居首,25 个新批项目合同外资 19140 万美元,占 45.1%;18 个(减资 1 个)项目来自日本,合同外资 8209 万美元,占 19.3%;韩国项目 1 个,合同外资 5000 万美元,占 11.8%;美国投资项目 7 个,合同外资 4821 万美元,占 11.4%。

对外经济合作

外派劳务。加强对外劳务合作管理,促进对外劳务合作的依法有序进行。全年自营外派劳务营业额 200 万美元,完成年度计划的 133.3%。

境外企业。积极创造条件,帮助企业开拓新兴市场,鼓励有条件的企业"走出去",举办境外企业、设立营销网络,实现外贸外经良性互动,参与国际经济合作。新批境外企业 3 家,境外机构带动出口8000万美元，中方投资额1071万美元，完成年度目标的114.3%。

商贸运行

生猪屠宰管理。2012年，全市5个定点屠宰场全年共屠宰生猪288762头，增幅为9.9%，其中食品水产公司屠宰133624头，明大食品公司屠宰155138头。社会生猪总消耗量为214988头，全年共调出生猪128430头，占本地总屠宰量的44.48%，调入生猪54656头，占总社会消耗量的25.42%。5个定点屠宰场全年共实施宰前检测15000批次，抽检样本30305个，合格率99.93%，抽检比例达到了10.5%。

住宿餐饮行业。2012年，全市社会消费品零售总额121.6亿元，比上年增长15.8%，其中，批发零售贸易业实现零售额95.8亿元，同比增长18.0%，住宿餐饮业实现消费品零售额14.9亿元，同比增长8.5%，异地产业实现零售额10.9亿元，同比增长10.2%。全市共有限额以上住宿餐饮业法人26家，其中大型企业2家，中型企业4家，小型企业19家，微型企业1家。

（平湖市商务局　孙琳远）

附：

2012年平湖市外经贸情况表

单位:万美元

项目		金额	同比增长(%)
对外贸易	进出口	694704	6.92
	出口	360834	2.09
	进口	333869	12.69
利用外资	项目个数(个)	47	-15
	合同外资	57454	-12.5
	实际外资	33725	24.6
对外经济合作	对外承包劳务营业额	200	21.2
	境外投资额	1071	967.8

2012年各大超市基本情况表

超市名称	营业面积(平方米)	员工人数(人)	开业时间	销售额(万元)
农工商	5500	74	1999.1	3302
华润银河苑店	5800	120	2003.4	6100
华润南都景苑店	3600	78	2004.9	4600
世纪联华	3700	80	2004.1	4700
大润发	23000	439	2008.8	46498
名媛百货	118000	210	2011.12	8100

2012年玉环县商务

概 述

2012年,在上级政府和部门的领导下,在全局干部党员的努力工作下,克服国际经济波动、国内宏观政策趋紧、要素制约加大等外部因素叠加,以及商务局刚刚组建的不利条件影响下,玉环县商贸系统全面落实科学发展观,着力深化"服务企业发展"、"服务群众消费""服务项目建设"等工作方式和方法,进一步完善商务工作体系,积极促进全县商务经济在困难中平稳发展。2012年,完成外贸进出口额33.73亿美元,居台州市第二,其中外贸出口额31.91亿美元,也居台州市第二;全县合同利用外资6.3亿美元,实际利用外资2.6亿美元,同比增长163%,居台州市第一。全县新批外经项目7个,同比增长75%,其中生产企业1家,贸易公司3家,办事处3家,新批项目数居全市第一,全县审批的对外投资总额760万美元。全县社会消费品零售总额106.08亿元,同期增长14.6%,增幅居台州市第一位。

对外贸易

转变发展方式,稳步推进外贸出口质的提高。一是抓出口市场多元化。结合全县主要出口行业特点,积极搭建出口平台开拓市场,,共扶持600多家企业参加40多个国际展会,同比增长24%,参加了8个国内展博会,同比增长22%。目前,全县出口市场已从欧盟、美国、中东三大传统市场,扩展到南部非洲、东盟、东欧等新兴市场。二是抓自主品牌建设,新增台州出口名牌企业5家,新增浙江出口名牌企业7家。三是抓出口企业业务回流。通过走访调研沃茨公司、艾迪西公司等代理出口大户,帮助他们解决减少代理出口面临的问题,提高自营出口额;同时加大对新获权企业的外贸业务培训,共培训获权企业外贸人员150名,帮助60家在外有代理出口业务的中小企业开展自营出口业务运营,增加自营出口额0.8亿美元。四是抓预警风险防范。扶持浙江阀门出口预警点和浙江家具出口预警点开展行业出口的风险预警工作,发布外贸预警信息320多条;举办"涉外经贸合同法律风险防范"业务培训班,组织企业参加各类反倾销知识培训,提高企业风险防范能力。五是抓政策引导促出口转型,制定出台了《2012年度玉环县外经贸发展资金管理实施办法》,与往年相比,在鼓励企业开展自营出口、建立外贸公共服务平台、境外投资、信用保险、反倾销反补贴应诉等出口产业转型升级重点环节加大了扶持力度,本级财政投入800多万元,同时争取到省级有关国际市场开拓、品牌发展等补助资金项目400多万元。

利用外资

优化招商方式,继续提升利用外资的质量和水平。一是完善招商制度建设。积极推进项目库建设,收集整理了70个重点项目编印成册,通过媒体、"浙洽会"等方式向外推出;建立招商顾问制度,聘请了12位招商顾问,为全县的招商工作提供智力支持。二是积极做好市、县重大项目落地工作。重点关注法国SEB国际公司并购苏泊尔集团股份进展;落实海峡两岸(玉环)商品交易物流中心项目招商工作,该项目已完成土地征用等前期工作。三是优化外商服务工作。在开展三资企业和外资增资审批、外商投资企业联合年检等工作上简要程序，实行部门联合办公，为外商开辟绿色通道；同时主动帮助外资企业解决生产和经营当中遇到的问题。

对外经济合作

夯实发展基础，努力提高境外投资、服务外包发展的规模和层次。一是加强政策引导。大力宣传各级政府出台的外经外包发展扶持政策，鼓励企业积极申报，同时在2012年度《玉坏县外经贸发展资金管理实施办法》中加大了扶持外经和外包发展的政策支持力度。二是加强调研。通过开展“外贸服务月”活动，深入企业开展外经、外包发展情况的调研，摸清底数，积极为企业提供项目审批、政策咨询等服务，为企业开展外经、外包出谋划策。三是加强培训力度。组织外经贸工作人员和企业人员参加省、市外经、外包业务培训，以提高其开展外经、外包工作的能力和水平。已组织了300多名企业工作人员参加了《企业“走出去”需要注意的法律问题》、《企业“走出去”政策解读》、《外贸交流礼仪》等专项培训。

对内贸易推进

管理与扶持并重，推进内贸的健康发展。一是积极实施“扩内需，促消费”行动。成功举办了“玉环县第四届家居建材、装饰设计博览会”；严格落实国家家电下乡与家电以旧换新政策；开展商贸流通企业评选工作和台州百强商业企业评选；继续推进农村连锁超市建设，连锁超市镇乡覆盖面达100%，有连锁超市（便利店）的行政村217个，行政村连锁超市（便利店）覆盖面达78.63%。二是加强特种行业管理。开展成品油、煤炭、典当经营企业年度检查工作；认真实施“成品油十二五布点规划”，落实开发区“金海加油站”规划，组织申报芦蒲镇庆来加油点迁建工作；指导双百创建单位整顿和规范美容美发行业等工作。

粮食供应

一是落实早晚稻订单工作，签订早籼稻谷订单16户，订单数量800吨，发放预购定金42万元，共13户；签订晚稻谷订单10户，订单数量716吨。二是按时完成储备粮油网上拍卖、采购工作，共拍卖早籼稻谷8299.032吨，晚稻谷5386.634吨，粳稻谷238.325吨，76.360菜籽油吨；共采购早籼稻谷3115.433吨，晚稻谷2442吨，菜籽油75.000吨。三是切实抓好安全生产，扎实推进“打非治违”和“危仓险库”专项调查，组织开展季度“一符四无粮仓（油罐）”检查、粮油库存、代储点监管等工作。四是加强粮油市场监测，通过对粮油市场供需情况、社会成品粮库存等监测，建立应急方案，确保市场供应，同时积极做好部队军粮供应工作，努力把全县军粮供应做到政府放心、部队满意。五是积极推进玉环县中心粮库工程建设，目前仓库及配套用房项目主体工程全部结顶，其他后续工程也正在建设中。

推广散装水泥的应用

通过政策法规的学习和宣传，制定激励措施等办法。全县散装水泥使用量达到44.23万吨；水泥生产量为22.48万吨，其中散装水泥生产量20.54万吨，，散装率达91.37%；预拌混凝土使用量为67.09万立方米，完成年度计划的134%。预征散装水泥专项资金198.32万元，145个项目；退散资金26.93元，项目有22个，为两家企业争取10万元鼓励资金。

重点工作推进

2012年，除了积极完成党建、纪检、行政审批、机构改革等工作外，积极实施县委、县政府下达的“拔钉破难优化服务”中的三大任务，一是县物产（集团）总公司转制取得初步进展，完成了总公司及下属企业资产审计和各个公司资产产权证登记,完成了公司人员的调查登记。二是打击非法屠宰取得全面胜利,在为期三个月的整治中,分别制定《清港中心菜市场肉商经营私屠滥宰肉品实行蹲点整治方案》、《拔破优"非法屠宰打击"行动方案》等6个工作方案,组织商务、公安、工商、农业、卫生以及乡镇等联合执法8次,无害化处理了一批病死生猪,组织重点乡镇——清港镇拆除了私宰点的违章建筑,生猪屠宰率从2012年9月初的64%提高到年底的96%。三是"工业经济百日服务行动"取得预期目标,按照县委、县政府的要求,县商务局下派三个工作组,走访企业30多家,收集企业提出的生产、经营等问题20个,帮助企业与地税、土地等部门协调解决了11个问题,同时积极整合机关各科室力量,帮助企业解决与商务工作有关的9个问题。

(玉环县商务局　林明珠)

2012年临安市商务

概 述

2012年，全市实现自营进出口额14.23亿美元，同比增长1.92%。其中，出口额11.43亿美元，增长2.4%；进口额2.81亿美元，下降0.11%。全年，全市外商投资企业新设11家，增资6家，上年结转5家，合计11家。合同利用外资24071万美元，实际利用外资14150万美元，完成全年目标任务的106.39%。全年境外设立公司5家，完成境外投资额1210万美元，完成任务的121%。

全年录入商务部服务外包业务管理和统计系统新增企业5家，新招引并系统备案登记服务外包企业1家，为盾安环境技术有限公司。完成服务外包合同金额3175万美元，其中离岸合同金额2798万美元；完成服务外包合同执行金额2885万美元，其中离岸执行金额2588万美元，分别完成杭州市下达任务的132.3%、140%、144.3%、172.5%。是年，市商务局获2012年杭州市外经工作单项二等奖。

对外贸易

2012年临安市外贸运行特点：一是外贸内资企业是出口的主体力量。有出口实绩企业381家，其中，外贸内资企业323家，占85%；外商投资企业58家，占15%。从出口额情况看，外贸内资企业占总出口额的78.75%；外商投资企业占总出口额的21.25%。二是一般贸易出口10.05亿美元，占出口总额的88.02%，增长1.63%；加工贸易出口1.37亿美元，占出口总额的11.98%，增长8.73%。其中，进料加工1.33亿美元，来料加工370万美元。按出口比重排列，前五类产品分别为：电线电缆（26.24%）、节能灯（24.42%）、医药化工（9.17%）、无纺清洁用品（8.22%），装饰纸(7.03%)五类产品占出口总额的75.08%。出口市场中，欧美市场仍占主导地位，新兴市场增势强劲。近两年，欧美市场受债务危机影响呈逐渐回落态势，但出口比重仍高达30.04%。拉丁美洲、东盟、中东等地区新兴市场出口增势强劲，排名前移，特别是非洲、东盟、拉美，出口增幅分别为84.04%、20.23%和17.85%。全市自营出口1000万美元以上23家，500万—1000万美元的29家，以上52家外贸企业占总出口额的63.18%。

利用外资

2012年临安市外资招引的主要特点：一是青山湖科技城的区位优势和人才集聚优势逐渐凸显，区内全年共计实到外资10137万美元，占全市实到外资的71.64%；二是增资扩股仍是利用外资的主要形式，全年增资企业6家，共计实到外资10337万美元，占全市实到外资的73.05%；三是首次出现了外资房地产并购项目，拓宽了外资招引的途径和形式。

对外经济合作

全年设立境外公司5家，境外投资总额1210万美元，完成杭州市目标任务的121%，浙江万马电气电缆集团有限公司在新加坡设立曼拓伯科资源有限公司，中方投资500万美元。杭州杭氧股份有限公司在香港设立杭氧（香港）有限公司，中方投资130万美元。杭州真心热能电器有限公司在英国设立英国加布力尔电器有限公司,中方对外投资100万美元。浙江都美电缆有限公司在老挝设立都美PVC管业有限公司,中方对外投资280万美元。临安华龙摩擦材料有限公司在新加坡设立华龙汽摩配件(新加坡)有限公司,中方对外投资200万美元。

全市对外投资呈现以下特点:一是行业多元化,在5个项目中有节能灯、电线电缆、机械、配件等行业,主要投资国和地区是新加坡、中国香港、英国、老挝;二是项目个数多、投资总额大,全年新批5个境外投资项目,总投资达1210万美元,平均每个项目对外投资242万美元;三是项目质量好,项目成立前经过详细考察、充分论证,市场前景十分看好。

国内贸易

2012年,市商务局实施"全国消费促进月",举办"燃情五月、休闲消费"、"汽车下乡"、"临安金秋购物节"等活动,引导商家积极开展内容丰富的促销活动,促进居民消费,同时举办"百笋宴"美食文化节、茶文化节等活动,提升商贸活力。全市实现社会消费品零售总额102.69亿元,比上年增长17.3%。按区域分,城区59.21亿元,增长16.8%;农村43.48亿元,增长18%。按行业分,批发零售业88.53亿元,增长16.9%,住宿餐饮业14.16亿元,增长19.8%;按规模分,限额以上企业42.62亿元,增长23.7%,限额以下企业60.29亿元,增长13.2%。在限额以上批发零售贸易业销售额中,金银珠宝类增长43.7%,粮油、食品饮料、烟酒类增长14.5%,日用品类增长21.6%,家用电器和音像器材类下降6.7%,文化办公用品类下降6.7%,石油及制品类下降9.8%。超市销售5.48亿元,增长10.2%;网购销售1.49亿元,增长2.6倍。批发零售、住宿餐饮服务业,分别实现增加值27.05亿元和10.94亿元,可比价增长19.9%和26.8%,占现代服务业增加值比重为29.6%,比上年同期上升2.7个百分点。实现第三产业增加值128.34亿元,可比价增长11.5%,占整个三次产业增加值比重的33.6%。

全市实现销售额2000万元以上的零售企业26家,其中上亿元的企业8家;实现销售额5000万元以上的批发企业18家,其中上亿元的企业11家;实现营业额1000万元以上的住宿餐饮企业10家,成交额亿元以上的市场11个。

全市累计销售家电下乡产品21.8万台,销售额5.2亿元,发放财政补贴资金6512.9万元,销售量、销售额位居杭州地区各县(市)第二。举办茶艺师、美容师、营业员、家电安装工、农村连锁超市业主、足部按摩师、企业营销人员等各类职业培训15期,培训人员558人次,其中获得职业资格证书212人。餐饮行业协会组织中式烹调师培训79人,其中取得高级技师证1人、技师证28人、高级证50人。选拔了茶艺师、营业员、美容师、美发师4个工种的12名优秀人才参加杭州市商贸服务业技能竞赛,其中8名选手取得高级证。

全市定点屠宰场进点屠宰生猪19.3万头,比上年增长11.8%,进点屠宰牛764头、羊2.43万头。城区肉品上市合格率100%、镇(街道)97.7%,屠宰场无害化处理病害(死)猪共119头、生猪产品50.31吨,无害化处理率0.35%。全年累计检测瘦肉精样本10960个,检测合格率100%。屠宰管理稽查大队开展屠宰管理执法检查166次,出动人员800余人次,查处屠宰违法案件5起,受理举报投诉34件。

2012年4月13日"2012中国临安百笋宴美食文化节"开幕。杭州市贸易局副局长胡蓉珍,临安市委副书记柴世民、副市长沈慧、市政协副主席陈林春出席开幕式。28家餐饮企业参加此次百笋宴美食文化活动。活动主要内容有:餐饮企业制作竹笋宴席和特色笋菜进行展示和评比、厨师现场表演精彩的厨艺技能、社区57个私房笋菜征集与展示。评选出宴席单项奖10个、单菜金奖10个、单菜银奖20个、单菜铜奖30个。同时,全市各大酒店展开为期5天的竹笋美食文化周,重点推出消费送笋菜、特色笋菜特价优惠等活动。

举办"2012临安金秋购物节"。购物节以"欢乐金秋、激情消费"为主题,重点开展2012魅力临安金秋购物大联展。在人民广场举办节能家电产品展,临安方宜家电有限公司、临安五交化采供有限公司、临安广远家电有限公司和临安市天赐电器有限公司等4家大型家电企业参加，展出产品主要有液晶电视、冰箱、洗衣机等；同时开展了万华广场商业中心开业周年庆，“送政策、送服务、送产品”家电下乡等活动。

2012年12月22日，临安市商务局、锦城街道在人民广场隆重举行“吴越·尚都”商业特色街开街典礼。副市长沈慧宣布“吴越·尚都”商业特色街开街，市政府办、宣传部、靓城办、商务局等11个部门代表，锦城街道、社区居民代表，以及特色街经营户代表参加。柏林印象世界名品男士服饰会所、临安漂亮人生服饰商行两家服饰商行组队表演服装时尚秀。“吴越·尚都” 是以经营服饰为主的商业特色街，该区块以城中街（临天路至万马路）为轴，以锦江路、西苑路、万马路为纵，有着多功能一站式消费的特征。

开展“天目茶艺之星”评选。临安市商务局与市总工会、市人力资源和社会保障局、市茶文化研究会、市科学技术协会联合举办了2012年临安市茶艺师职业技能大赛暨第三届临安“天目茶艺之星”评选活动。评选活动共吸引46人参加，考评项目分理论知识和技能操作。通过初赛和决赛，39人获高级茶艺师证，10位优秀茶艺师获“天目茶艺之星”称号。

（临安市商务局　黄　珍）

附：

2012年临安市外经贸情况表

单位：万美元

项　目		金　额	同比增长(%)
对外贸易	进出口	142340	1.92
	出口	114271	2.43
	进口	28068	-0.11
利用外资	新批项目个数(包括增资)(个)	11	
	合同外资	24071	0.17
	实际外资	14150	6.39
对外经济合作	对外承包劳务营业额	—	—
	境外投资项目(个)	1210	—
	年末在外人数(人)	—	—
对外服务贸易	合同金额	2885	44.3
	执行金额	2588	72.53

2012年嘉善县商务

概 述

2012年，全年合同利用外资完成5.07亿美元，增长2%，完成市下达年度目标任务的125%；实际利用外资3.37亿美元，增长3%，完成市下达年度目标任务的130.43%，利用外资连续第七次位列嘉兴市第一名，实际利用外资位列浙江省县(市、区)第九名，排名连续11年保持在前10位。

全县自营进出口额312824万美元，同比下降7.28%。完成市下达目标的82.76%。其中：出口229907万美元，同比下降1.59%，完成市下达目标的87.75%；进口7.06亿美元，同比下降18.86%，完成市下达目标的71.48%。

全年审批外经项目5个，中方投资额1663万美元，完成市下达目标的166.3%；境外投资企业带动出口6745万美元，完成目标任务的122.6%；外派劳务营业额54.4万美元，完成目标任务的544%。

全年完成服务外包接包合同签约人民币4498.96万元，完成市下达年度目标任务的346.07%；合同执行金额人民币3174.85万元，完成市下达年度目标任务的352.76%，其中离岸执行金额140.84万美元，完成市下达年度目标任务的128.04%。确保全年完成市下达的目标任务。

全年完成社会消费品零售总额120.53亿元，同比增长15.6%。其中：城镇完成92.54亿元，同比增长15.9%；乡村完成27.99亿元，同比增长14.6%。批发零售业完成99.05亿元，同比增长15.4%；住宿餐饮业完成10.35亿元，同比增长17.9%；异地零售额完成11.13亿元，同比增长14.7%。商贸流通发展呈现四大特点：一是消费品零售总额增速减缓。二是餐饮业和住宿业零售额增长较快。三是城镇和乡村零售额增速基本同步。四是批发业销售额增速快于零售业。

投资项目质量高。投资总额2000万美元及以上的新设、增资项目13个，合同外资金额3.73亿美元，同比增长9.02%；新设及增资的“三新一高”项目25个，合同外资金额2.13亿美元，同比增长10.98%；新设及增资的三产项目17个，合同利用外资2.18亿美元，同比增长92.73%；鼓励类新设及增资项目共13个，合同外资金额2.46亿美元，同比增长239.53%。

台港地区投资项目仍居首位。投资来源地合同利用外资排名前两位的依次为台湾地区（19616.29万美元）占全部合同外资的38.66%、香港地区（8515.88万美元）占全部合同外资的16.79%。投资来源地实际利用外资排名前两位的依次为台湾地区(18077.37万美元)占全部实际外资的53.61%、香港地区(5654.26万美元)占全部实际外资的16.78%。

电子产业到资居首位。2012年1—12月份电子信息业到资比例占38.98%；精密机械到资比例为19.68%；三产服务业到资比例占19.56%，。光伏产业受美欧印反倾销“三面夹击”，2012年1—12月份没有新的投资。

进出口下滑较大。2012年1—12月，全县自营进出口额312824万美元，同比下降7.28%。进口82917万美元，同比下降20.11%。出口229907万美元，同比下降1.59%。原因是受外资大企业的进口、出口的影响较大。进口方面，排名前两位的昱辉阳光公司2012年1—12月降幅达到55%，富鼎电子降幅达到49%，大大拉低了全县的进口数，两家公司的进口额占全县的22%。

虽然其他公司很多都成倍增长，但无奈基数都较小，相对影响也较小。出口方面，昱辉阳光公司虽然2012年1—12月份总体降幅达到46%，但年度呈现出了向好的态势，当月数出现了连续两月增长。就全县外贸运行特点来看，昱辉阳光这样的大企业发挥着举足轻重的作用。

加工贸易下滑明显。累计加工贸易出口同比下降4.94%，特别是12月份加工贸易出口同比下降20%，全年一般贸易出口与去年相比几乎相同。目前，加工贸易与一般贸易占比分别为25.98%、73.95%。

民营生产企业发展迅速。2012年1—12月，有出口实绩的民营生产企业250家，比去年同期增加24家，全县出口前三十位企业中，民营生产企业占据15家，比去年同期增长4家，出口40853万美元，同比增7.15%。出口前三十位内民营企业出口额占全县出口额的比重在加大，2012年1—12月份前三十位民营出口企业占全县出口额达17%。

新兴市场拓展有成效，亚洲市场下滑较大。全球几大区域中，新兴市场如拉美、东盟市场拓展成效显现，2012年1—12月份两大新兴市场出口与去年同期相比分别增长23.9%和11.5%。亚洲市场景气程度相对较差，同比下降了15.9%，对中国台湾地区和韩国市场受光伏类产品下滑影响，同比降幅达40.77%和42.27%；对日本市场出口和进口继续下滑，分别下降5.48%和48.15%。对传统欧美市场出口较稳定。欧盟市场中，对德出口增幅为20.41%，主要是由于万泰集装箱、众成包装的拉动，其他国家如荷兰，增幅也达到了21%。对英国、意大利、法国市场出口下滑，同比降幅分别为16.85%、25.67%和17.62%；对美国市场出口同比增14.18%，主要得益于台升实业、万泰集装箱、百事高五金、圣诺盟等龙头企业的稳定增长，对美出口同比增幅分别为16%、57%、100%和97%，四家企业占对美出口额的26%。

外经工作成效显著

审批外经项目5个，其中新设4个，增资1个，分别为浙江省嘉善县玻璃纤维织布厂在巴基斯坦投资设立的国民复合材料私人有限公司、浙江田中精机股份有限公司在日本投资设立的TANAC株式的增资项目、浙江众成包装材料股份有限公司在美国设立的众成包装(美国)公司、嘉兴安盛打印科技有限公司在德国设立的德国安盛有限责任公司以及浙江泛亚装饰面板有限公司在美国设立的园农木材有限公司。中方投资额1663万美元，完成市下达目标的166.3%；境外投资企业带动出口6745万美元，完成目标任务的122.6%；外派劳务营业额54.4万美元，完成目标任务的544%。

积极推动营销方式创新发展。一是为促进工贸联动，扩大内需市场，进一步鼓励全县的终端消费品生产企业通过新型营销渠道拓展国内市场，于11月份组织2012年嘉善县“大型商超——工业企业”对接会。在2011年的对接会上，全县22家企业与7家商场、超市进行了产品销售对接，其中有9家企业和超市达成了合作意向，建立本地企业产品直接进入全县各大超市和商场的新型营销渠道。二是组织全县企业参加各类展会。2012年以来，全县13家企业参加了5月举办的“2012第十届长三角(嘉兴)机械暨电子、电力工业装备展览会”，帮助企业了解行业最新动态及信息；前三季度备案参加全国各地行业协会组织的展会52家。鼓励县紧固件行业协会、县植绒行业协会组织企业2012年8月、9月在上海抱团参展；11月组织企业参加中国食品博览会。

积极推进专业市场建设。会同相关主体推动姚庄钢贸城、兴业木业制品国际物流中心、魏塘国际木雕城等新市场的建设，促进专业市场与全县产业互动发展，重点推动陶庄废旧金属利用循环经济试点基地建设。2012年3—4月通过走访有关再生资源回收企业及主体，在调研基础上形成材料《嘉善再生资源回收行业2011年运行分析及2012年有关政策建议》及时向县政府汇报，受到县政府领导高度重视。并由县政府办专题研究。2012年4月县府专题会议纪要〔2012〕20号出台扶持再生资源行业发展有关政策，根据会议纪要制定《嘉善县2012年度再生资源回收企业扶持政策补助操作办法》。重点保障全县以回收的再生资源为主要原料的生产企业原料供应,进一步推进陶庄废旧金属利用循环经济试点基地建设发展。

加快现代流通体系建设。一是组织完成谈公路农贸市场创建“2011年度国家级农产品现代流通综合试点项目”进行综合验收。商务部、财政部于2010年开始在全国17个省市开展农产品现代流通综合试点工作,主要通过政策、资金扶持,鼓励试点地区创新鲜活农产品经营模式,不断提升农产品流通企业的组织化程度。谈公路农贸市场目前是嘉善唯一一家成功通过国家级农产品现代流通综合试点项目验收的农贸市场,目前全市共有四家农贸市场通过该级别的项目验收。二是推进嘉善农产品现代流通体系建设,重点培育我县的万村千乡市场工程建设,加强对“千镇连锁超市”龙头企业新浙北食品配送中心有限公司的扶持培育。三是组织西塘镇申报第二批浙江省城乡统筹现代商贸服务示范镇和西塘镇大舜村申报农村现代商贸服务示范村创建工作。浙江省第二批名单里,全市只有洪合镇和西塘镇。四是组织景明果品申报“浙江省第二批省级农产品流通龙头企业”,并在当年度申报了省级鲜活农产品流通综合试点项目。

完善市场秩序建设。一是做好商务部、省商务厅统一部署的《清理整顿大型零售企业向供应商违规收费联合检查行动》,此次联合检查,全市共有沃尔玛、家乐福、欧尚、麦德龙四家外资企业、苏宁电器一家内资企业列入名单,嘉善的苏宁电器嘉善店、干窑店两家门店分别进行了自检和联合检查。二是保障流通领域食品安全。开展生猪定点屠宰资格审核清理工作,制定《嘉善县生猪定点屠宰资格审核清理工作方案》,召开屠宰企业会议,通过企业自查,会同县环保、县农经对11家屠宰场进行现场会审,对存在问题将发书面整改意见书。迎接省商务厅、市商务局组织生猪定点屠宰资格审核清理工作进展检查。进一步完善生猪定点屠宰厂(场)病害猪处理工作,严格防止流向市场。三是牵头组织罗星街道食品安全“网格化监管、组团式执法”工作,工作上有计划,每月有活动,协调有关部门做好罗星街道食品安全工作。开展屠工从业人员职业培训,137人参加。四是参加县农贸市场改造提升领导小组组织的12个农贸市场会审工作。

其他相关工作。2012年全局在紧紧围绕省、市上级部门对商贸工作要求的同时,还做好了以下工作:一是切实加强重点时段、重大活动、重要节假日的商贸经济运行分析,加强与全县消费品市场运行监测单位沟通,及时有效上报有关数据,为掌握市场运行情况、判断发展趋势提供依据。做好2012年度的防汛抗旱保障生活必需品市场供应、十一黄金周节前消防安全、食品安全专项检查工作。二是深入实施家电下乡工作,进一步通过宣传,规范家电下乡销售网点经营行为,指导规范化操作,做好服务工作。做好家电以旧换新工作清算,召开全县14家家电企业座谈会,总结经验、剖析问题,为嘉善家电市场进一步规范、有序发展出谋划策。三是做好中华老字号的培育管理工作。嘉善黄酒股份有限公司的“西塘”牌黄酒是嘉兴市5个中华老字号之一,是商务部中华老字号监测系统的重点企业。指导企业做好2011年度的审核工作,上报省商务厅。四是加强特种行业管理。完成全县成品油站(点)2011年度的年检工作,并将通过年检企业的经营许可证逐一返回企业。完成对军利、中石化2个加油站的竣工验收工作、5个新落实土地加油站的土地勘测、13个企业的变更工作。督促嘉善中石油燕魏加油站、中石化钱桥加油站做好县城区生活污水入网改造(第二批)相关工作。走访部分酒类销售企业,调查全县酒类备案登记的部分企业随附单溯源情况。完成典当企业年检、换证工作,妥善处理了商务部对全县典当企业两起投诉事项。

(嘉善县商务局 周 全)

2012年杭州市萧山区商务

国内贸易

2012年，萧山区国内贸易总体保持平稳较快发展态势。全年实现社会消费品零售总额394.14亿元，同比增长17%，高出杭州市平均增幅1.5个百分点，实绩名列全省县(市、区)前列；扣除价格因素实际增长14.8%，增幅高于GDP增速4.7个百分点，同比提高了3.1个百分点。其中，批发零售贸易业实现零售额340.05亿元，同比增长18.1%；住宿餐饮业实现零售额54.09亿元，同比增长10.1%。全区实现市场成交额737.4亿元，同比增长6.7%。其中超百亿元市场3家，萧山区再次蝉联“全省商品交易市场强区”称号。

2012年，全区住宿餐饮业实现零售额54.09亿元，比上年增长10.1%，占全区社会消费品零售总额的13.7%，占比比上年提升了1.2个百分点。但受国际经济环境和国内转变经济发展方式的影响，全区住宿餐饮企业发展整体呈现“稳中趋缓”态势，成本费用压力大、盈利能力减弱和资产结构有待优化等经营风险呈现加大趋势。

至2012年底，全区共有各类商品市场156家，其中消费品市场135家、生产资料市场14家、服务市场4家，网上交易市场3家。年成交额超亿元市场29家，其中超百亿元市场3家，分别是萧山商业城250亿元，浙江纺织采购博览城159.3亿元，杭州萧山新世纪市场园区162亿元，三家市场占了全区市场总成交额的77.5%；超10亿元市场6家，分别是浙江汇宇棉纱市场、萧山农产品批发市场、西门农贸市场、萧山鑫火金属建材城、浙江花木城和浙江传化物流基地市场，龙头带动作用突出。市场发展继续走在全省前列，2012年全区再次蝉联“全省商品交易市场强区”称号。

临浦镇成功创建全省现代商贸示范镇。2011年6月浙江省商务厅启动省级城乡统筹现代商贸服务示范镇创建工作。2012年临浦镇被列入第二批浙江省现代商贸服务示范镇创建镇，并顺利通过创建验收，成为全区继瓜沥镇之后又一个浙江省城乡统筹现代商贸服务示范镇。据统计，2012年临浦镇实现服务业增加值12.64亿元，同比增长21%；实现社会消费品零售总额10.86亿元，同比增长18%，首次突破10亿元大关。至2012年底，全镇共有第三产业企业3109家，现有百货店、超级市场、大型综合超市、购物中心等规模卖场9个。

商贸重点项目建设有序推进。2012年，新农都现代农产品物流中心、国际珠宝城等一批商贸重点项目建成开业，中国纺织采购博览城二期项目有序推进建设。大力推进“放心粮”、“放心肉”和国家粮食储备库迁(扩)建工程、全区生猪定点屠宰整合工程两大民生工程建设。到2012年底，萧山粮食物流中心主体工程基本建成，部分已启用；临浦肉类加工厂建成运营，同时对全区南片9个镇街11个手工屠宰场实施统一撤关，从而在全区形成城区、东片和南片三个机械化屠宰场布局，全区肉类商品流通安全基础进一步夯实。

举办系列活动拉动消费增长。2012年，先后成功举办了第4届萧山购物节、春季秋季汽车展和第11届中国国际(萧山)汽车展等活动，其中购物节10天时间，实现销售额17.34亿元，同比增长18.6%；第11届中国国际(萧山)汽车展，累计销售各类汽车1805辆，实现销售额2.82亿元。同时，积极引导区内商家利用节假日开展节展促销，吸引外来消费，激活消费市场，促进了消费。

继续推进农村连锁超市建设，在实现行政村

全覆盖基础上,推进实施农村连锁超市标准化改造,引导汇德隆、佰惠拓、新益佳等连锁龙头企业到较大行政村开设直营店,并按照标准化要求建设“农家小型标准超市”。到2012年底,全区共建成1000平米以上直营店5家,完成“农家小型标准超市”改造168家,有效提升农村消费环境。

圆满完成“家电下乡”消费政策收官工作,有效激发活跃农村消费市场。该政策实施4年间,全区100个销售网点累计销售家电下乡产品23.5万台,实现销售额6亿元,共兑现补贴资金7575.85万元。其中,2012年共销售家电下乡产品10.2万台,实现销售金额2.64亿元,共兑现补贴资金3077.8万元。

全面实施农贸市场“三年、五年”改造提升计划,2012年列入改造的51家村(社区)级农贸市场改造提升工程全面完成。至2012年年底,全区16家区属国有农贸市场、56家镇街级农贸市场和列入改造的51家村(社区)级农贸市场全面完成改造。同时,全面落实相关政策补助,其间区财政共兑现补助资金4663万元。针对农贸市场、专业市场环境问题,深入实施“最佳最差”市场评比活动,整治市场“五乱”现象,有效巩固和优化提升市场环境。

深入实施农贸市场创评。浙江省星级文明规范市场、示范农贸市场和“区级绿色市场”、“最佳最差”农贸市场等一系列创建工作有序开展。2012年,5家农贸市场顺利通过省文明示范农贸市场验收。党山消费品综合市场、新围消费品综合市场和梅西农贸市场3家被评为区级绿色市场,全区已累计创建国家和市、区级绿色市场53家。

商品供应保障体系更加健全。粮油、猪肉、蔬菜等民生商品储备供应体系进一步健全,通过建立和完善重点商品日测、日报制度,全面掌握市场供求,适时调控商品供应量。重点培育东南粮食市场、农产品批发市场等一批商品市场发展,发挥市场调剂作用,保障区内供求稳定。2012年,浙江东南粮食市场现货和网上成交粮油共计51.5万吨,成交金额21.58亿元,有效弥补了区内粮食缺口。开办了肉品批发交易市场,共成交生猪25438头,成交金额5611.62万元,有效发挥批发市场渠道资源和商品集散作用,确保区内相关商品充足供应、安全有序流通。

针对商贸行业点多、面广、管理难问题,充分发挥“1+X”大商贸行业管理体系(即商贸(粮食)综合监察大队和12个商贸行业协会)和“12312”商务举报投诉中心作用,加强对生猪定点屠宰、再生资源回收、酒类流通、粮食安全等商务领域执法检查,维护消费安全、净化市场环境。2012年,全区共屠宰生猪47.6万头,开展瘦肉精抽检1.69万批次,共检出病害猪498头,废弃内脏及病变产品101144公斤,无害化处理病害猪1622头。共实施蔬菜农药残留检测26.3万批次,检出不合格4105批次,合格率98.4%,共退市、销毁农残超标蔬菜60572公斤,有效保障上市食品安全。

2012年,萧山粮食工作以“确保区域粮食安全”为中心,坚持内抓订单、外拓基地,加快推进粮食物流项目建设,优化提升为农服务,强化储备粮油轮换管理,落实市场供求监测调节,顺利完成了全年粮食收购、储备、轮换等工作,有力保障了全区粮食安全和市场供求稳定。2012年萧山粮食部门共与265户农户签订粮食订单,收购粮食11198吨,超额完成全年粮食订单收购任务,区粮食局再次被评为全省粮食收购工作先进单位。在抓好区内粮食订单同时,鼓励企业拓展区外粮源基地,与江西浮梁、余江,江苏常州,本省余姚、嘉兴等地国有粮食企业开展合作,落实区外订单共计7500吨,有效保障了粮源长期稳定。

对外贸易

2012年,国际经济不景气,使制约萧山区外贸发展的不确定性因素不断累积增加。为应对复杂国内外经济形势,全区加大了政策扶持力度,进一步优化外贸发展环境,引导企业转型升级,加快外贸发展方式转变,积极推动出口商品结构调整,大力培育区域出口名牌,加大信保覆盖面,提升企业开拓国际市场信心。2012年全区外贸小幅下滑,全年实现进出口总额136.66亿美元,同比下降4.62%。其中出口88.16亿美元,同比下降 1.87%;进口 48.50 亿美元,同比下降9.24%。

出口商品结构。2012 年,纺织品与机电产品仍是出口主力军，共实现出口额 49.05 亿元,占比达 55.64%。按商品出口比重排列,前六大类商品分别为:纺织品(28.68%)、机电产品(26.96%)、服装(10.78%)、羽绒及其制品(8.49%)、化工(6.35%)、家具(5.45%),占出口总额比重达 86.70%。羽绒及其制品、化工出口比重有所增加,分别增长了 0.63 个和 0.46 个百分点；纺织品、机电产品、服装、家具出口比重分别同比减少了 0.15个、0.19 个、1.64 个、0.67 个百分点。受美国“双反”和欧债危机影响，高新技术产品出口同比下降 33%,出口比重从上年的 3.25%下降到 2.07%。

出口市场格局。发达国家和地区仍然占据主导地位,欧美市场出口比重高达 50.04%。但美国市场比重从上年的 25.62%下降至 23.69%,欧洲市场比重则从上年的 26.76%下降到 24.50%。美国、德国、日本、英国、意大利、韩国、俄罗斯、越南、印度尼西亚、荷兰分居出口市场的前十位。其中增幅前三位为越南、俄罗斯和印度尼西亚,分别为 18.06%、16.04%和 14.45%；增幅最小的是日本和韩国,分别为 3.33%和 9.77%。

出口贸易方式。全区商品出口以一般贸易为主。2012 年,全区一般贸易出口 751463 万美元,同比增长 0.19%,占出口总额的 85.24%,比上年增加 0.20 个百分点。加工贸易出口 13.00 亿美元,同比下降 12.34%,占出口总额的 14.75%,比上年同期减少 12.34 个百分点。其中来料加工 0.43 亿美元,同比下降 30.81%,进料加工 12.57 亿美元,同比下降 11.52%。

出口企业情况。2012 年新增外贸进出口权企业 350 家。全年外贸公司出口 20.36 亿美元,下降 2.50%,占出口总额的 23.10%;民营生产企业出口 36.63 亿美元,增长 3.36%,占 41.54%;外商投资企业 31.17 亿美元，下降 7.00%,占 35.36%。2012 年有出口业绩（按海关编码统计）的企业 1997 家,比上年增加 281 家。其中出口额在 1000 万美元以上的 208 家,2000 万美元以上的 86 家,5000 万美元以上的 24 家,1 亿美元以上的 6 家。

进口商品结构。2012 年,全区进口商品以涤纶聚脂化纤原料、初级形状的塑料和机电产品为主,三者占进口总值的 64.41%。其中涤纶聚酯纤维原料进口 18.08 亿美元,下降 22.80%,占进口总值的 37.27%；机电产品进口 9.15 亿美元,增长 22.40%,占进口总值的 18.86%;初级形状的塑料进口 4.02 亿美元,下降 18.20%,占进口总值的 8.28%。按进口商品排序,乙二醇、机电产品、对苯二甲酸、初级形状的塑料、纸浆、纺织机械及零件分列前六位。大宗商品（进口额大于 1000 万美元）进口增幅较大的依次为活塞式内燃机的零件(增长 267.9%)、机械提升搬运装卸设备及零件(增长 199.4%)、电视、收音机及无线电讯设备的零附件(增长 180.5%)、自动数据处理设备及其部件(增长 150.9%)、未锻造的铜及铜材(增长 84.7%)。对苯二甲酸、纸浆进口分别下降了 30.6%和 28.3%。高新技术产品进口 19012.92 万美元,较上年增长 30.7%,占进口总额的 3.92%。

进口市场分布。2012 年,亚洲是主要的进口地区,全年进口 36.72 亿美元,下降 7.46%,占进口总额的 75.72%。其次是欧洲和北美洲,分别占进口总额的 12.87%和 9.55%。按国家和地区排列,前十位分别是中国台湾地区、日本、韩国、德国、加拿大、美国、新加坡、泰国、印度尼西亚和芬兰，其中台湾、日本、韩国占进口比重分别为 19.20%、13.82%和 10.84%。进口前十位中,增长最快的为芬兰,增长 982.9%。

进口贸易方式。一般贸易为主,全年一般贸易进口 40.17 亿美元,下降 10.1%,占进口总额的 82.82%；加工贸易进口 6.66 亿美元，下降 14.62%,占进口总额的 13.73%。其中进料加工贸易 6.56 亿美元,下降 13.9%;来料加工贸易 0.10 亿美元,下降 45.7%。外商投资企业作为投资进口的设备物品为 0.37 亿美元,上升 57.5%,占进口总额的 0.92%。其他方式进口占 0.13%。

进口企业情况。2012 年,全区有进口业绩的企业 806 家。进口额在 1000 万美元以上的企业有 77 家,2000 万美元以上 48 家,1 亿美元以上的 14 家。进口额前五位的是浙江荣盛集团(4.49 亿美元)、浙江恒逸集团(4.27 亿美元)、浙江翔盛集团(3.83 亿美元)、富丽达集团(3.10 亿美元)、杭州龙达差别化聚酯有限公司(2.48亿美元),五家企业进口额占全区总额的37.5%。

需求萎缩出口下滑。2012年,受欧债危机影响,萧山外贸出口遭受重创,尤其是服装、家具、高新技术产品和新能源出口下降明显,平均降幅达21.47%。其中,太阳能光伏和高新技术产品出口下降分别达33%和25.42%。

羽绒及化工产品出口平稳增长。2012年,纺织品、机电产品和服装出口占全区出口的66.4%。羽绒及其制品出口达7.49亿美元,同比增长6.08%,化工产品出口5.60亿美元,同比增长5.88%,分别比全区出口平均增幅高出7.95个和7.75个百分点。

新兴市场出口比重提高。新兴市场不断开拓,市场结构更趋多元。2012年,全区出口亚洲29.71亿美元,同比增长33.70%;其中出口越南2.34亿美元,增长18.06%;出口俄罗斯2.34亿美元,增长16.04%;出口印度尼西亚2.11亿美元,增长14.45%。

进口产品结构优化。2012年,因国内产能替代,全区化纤纺织原料进口额25.8亿美元,比2011年的32.6亿美元下降了21%。全区机电产品进口9.15亿美元,同比增长22.40%,占进口总值的18.86%,位居进口产品前六位。自动数据处理设备及其部件进口大幅增长150.9%;高新技术产品进口19012.92万美元,同比增长30.7%。

品牌建设粗具效果。引导企业增强品牌战略意识,转变经营理念,着力培育自主品牌和自主创新能力,提高市场竞争力。2012年,共有2家企业新获“浙江出口名牌”,10家企业新获“杭州出口名牌”。至2012年底,全区累计拥有商务部出口名牌3个、省出口名牌26个、市出口名牌52个。

大力推广出口信用保险。2012年,全区累计投保金额19.86亿美元,同比增长23.35%,渗透率达22.5%,同比提高4.5个百分点;投保企业达到253家,同比增长74.48%,投保覆盖面达到13.11%。在市、区两级商务部门的宣传鼓励下,党山镇和浦阳镇出台了小微企业出口信保补贴政策,有力提升了本地企业开拓新市场、发掘新客户的信心。

对外经济合作

2012年,全区对外投资新投增资总额达到2.258亿美元,比上年增长282%;完成对外承包工程和境外劳务合作营业额1.16亿美元,比上年增长28%。2012年,萧山外经工作再次名列全省实施“走出去”战略工作考评县(市、区)第一名。

境外投资保持高速增长。2012年,受境外投资环境的不断变化和国内商务环境进一步优化的推动,全区新批境外企业中方协议投资额再创历史新高。全区报经国家和省商务部门核准的境外投资新投企业12家,增资企业5家,中方协议境外投资总额2.258亿美元,加上万向实际担保贷款投资2.96亿美元,全区对外投资总额已达到5.22亿美元,比上年增长66%。

经贸合作领域不断拓宽。近年来,萧山企业“走出去”的深度和广度不断拓宽。至2012年底,全区企业在境外投资和工程承包已遍及世界六大洲,分布美国、加拿大、德国、日本、澳大利亚、韩国、埃塞俄比亚和香港等21个国家和地区,涉及渔业、制造、建筑、房地产、批发零售、仓储货运、住宿餐饮、信息服务和商务服务等10多个行业。

境外营销网络建设扎实推进。2012年,推进境外营销网络建设继续成为萧山外经工作的重点之一,设立境外营销网络进一步成为萧山企业境外投资的主要目的,2012年新核准的12家境外企业中,境外营销公司有9家,参股收购国外销售网络为主要目的有1家,境外投资在带动母体企业进出口贸易中发挥了重要作用。

海外并购掀热潮。2012年,全区境外投资平均单个项目投资额达到1882万美元,其中总投资800万美元以上的较大境外投资项目有6个。其中万向集团以万向洁能美国公司投资4.24亿美元,成功收购美国A123系统公司,为万向集团继续做大新能源产业奠定了基础。开元控股集团出资2500万美元收购德国法兰克福小恺撒大街45号酒店,为“开元”推进国际化发展、提升经营管理水平、拓展国际客源建立了新的平台。

境外投资成效显现。企业"走出去"发展是突破贸易保护壁垒、开拓市场空间、优化产业结构、获取经济资源、争取技术来源以及扩大境外融资的有效途径,全区企业通过境外投资"走出去"发展的成效正日益显现。2012年,富丽达境外的纽西尔公司全年实现销售收入1.68亿美元,净利润818.6万美元;向境内母公司输送高品质溶解浆原料近10万吨,成为国内母公司生产原材料的重要来源。

对外承包稳步发展。2012年,全区新增外经贸经营资格企业3家,累计达到15家,企业家数在全省区(县、市)中名列榜首。2012年,全区完成对外承包工程营业额1.16亿美元,同比增长28%。至年末在外各类劳务人员625人,同比增长9.6%。

服务外包

2012年,萧山区承接服务外包合同额1.52亿美元,合同执行额1.29亿美元。其中,离岸合同额1.48亿美元,离岸执行额1.25亿美元。全区入库商务部服务外包业务管理系统企业共计75家,服务外包企业从业人员达3830人。离岸服务外包合同执行额在100万美元以上的服务外包企业18家,其中1000万美元以上的服务外包企业有5家。离岸服务外包执行额中,以生产研发为主的知识流程外包(KPO)离岸执行额为10553.42万美元,占总执行金额的84.57%;业务流程外包(BPO)离岸执行额为1525.33万美元,占12.22%;信息技术外包(ITO)离岸执行额为400.35万美元,占3.21%。

工业研发设计外包平稳发展。2012年,受国际经济环境影响,萧山光伏产业承接离岸业务大幅下降。但拥有自主知识产权且以产品研发设计为主的企业离岸业务依然保持增长势头,特别是模具研发企业,同比去年保持了30%以上的增长。

龙头企业带动明显。2012年,全区离岸服务外包合同执行额100万美元以上企业共18家,其中杭州中泰实业集团有限公司、杭州友成实业有限公司、浙江舒奇蒙光伏科技有限公司、浙江佳力风能技术有限公司和博雷(中国)控制系统有限公司5家企业离岸执行额超过1000万美元,实现离岸执行额7838.63万美元,占全区总额的62.81%。

欧美为主要发包市场。2012年,全区承接的离岸服务外包合同中,来自欧美合同执行额共计6121.62万美元,占全区离岸执行总额的49.05%。其中,美洲4118.37万美元,占33%;欧洲3619.32万美元,占29%。其他市场如港澳台为936.48万美元,占7.5%。

(杭州市萧山区商务局　沈小锋)

2012年杭州市余杭区商务

利用外资

全区合同利用外资8.17亿美元，同比增长2.6%，实际利用外资6.05亿美元，同比增长44.7%，主要呈现如下特点：

一是产业项目明显增加。新引进75个外资项目中67个为产业类项目。其中47个为制造业类项目，14个为技术研发类项目，3个为电子信息类项目，1个为文创类项目，1个为商贸类项目，1个为物流项目，合同外资占比75%以上。

二是服务业地位稳步提升。外资项目中服务业(剔除房地产)实际利用外资12897万美元，同比增长54.3%；其中电子信息产业明显增加，实际利用外资7278万美元，同比增长393.7%。

三是“以民引外”领域不断扩展。新批75个项目中，24个是“以民引外”项目，合同利用外资1.23亿美元、实际利用外资1.1亿美元，除原有的先进装备制造、新能源等领域外，民营企业与外资企业在电子商务、文化创意等领域也有了合作。

对外贸易

全区实现自营出口47.1亿美元，同比增长8.9%，增幅高出全国1个百分点，全省5.1个百分点，高出市7.8个百分点。主要呈现如下特点：

一是外贸出口高开低走，下行压力不断加大。余杭外贸出口在上半年增势强劲，2012年3月单月出口增幅达到30%，但出口增幅自5月开始就呈逐月下降的态势，特别是2012年11、12月单月出口增幅均出现负增长，致使年度增幅降到2位数以下。

二是骨干企业逆势而上，出口企业呈现两极分化。全区39家出口额超2000万美元的骨干企业累计出口25.11亿美元，占全区出口额的53.3%，同比增长13.1%，高于全区平均增幅4.2个百分点。自营出口企业对全区出口的支撑作用不断增强，余杭前30强自营出口企业占全区出口额23.4%，特别是春风动力、宝晶生化、老板电器、银都餐饮增幅分别为80.7%、47.8%、42.5%、70.2%。同时，许多中小出口企业未能在国际不利经济局势下幸免，全区共有79家企业停止出口，460家企业出口出现负增长。

三是传统市场持续低迷，新兴市场出口加快。美国和欧盟两大传统市场仍是全区出口的主要市场，占全区出口总额的46%，但增长缓慢，累计出口额同比增幅分别为7.2%和2.8%，均低于全区平均水平；与此同时，新兴市场中的中东地区、独联体、东盟地区增长迅速，出口同比增幅分别为15%、22.1%、25.4%，占全区出口总额的比重也提高了4.4个百分点。

四是家纺机电增长平稳，高新产品快速增长。占余杭出口份额八成以上的家纺、机电类产品保持了平稳的增长，与全区出口增幅基本持平。家纺类产品中，家纺面料及成品、服装及服饰增幅较高，分别是22.9%、15.3%，但涂层面料及箱包类产品同比下降5.4%；机电类产品中，车辆、机械及配件类产品由于春风动力的有力拉动，同比增长10.3%，电子电气类产品由于照明产品的影响(同比下降8.2%)，同比增幅低于全区平均水平(增长5.9%)。同时，高新产品出口增长迅猛，同比增加29.9%，反映出余杭出口产品结构调整初见成效。

消费市场

2012年，余杭区社会消费品零售总额达238.99亿元，比上年同期增长13.8%。其中，批零业实现212.56亿元，增长13.1%；住餐业实现26.43亿元，增长19.2%。主要呈现如下特点：

一是居民消费能力增强趋势放缓。总体上看，余杭区消费品市场态势良好，消费品零售总额同比呈增长态势，但与去年同期相比，消费品零售总额、批零贸易业、住宿餐饮业三项数据的增幅分别下降5.1个、5.5个、1.6个百分点；11—12月，由于限上企业的增加，有力地拉动了社会消费品零售的增长，增幅达到全年的最高点。

二是农村市场增长乏力。由于社会购买力的减弱，一定程度上削弱了相关商贸企业带动农村市场发展的积极性，导致了全区农村市场增速的放缓；2012年禹航销售额2.85亿元，与上年同期基本持平，增幅下降明显。

三是传统商贸企业销售下降。受国家消费政策有关规范商业预付卡管理的影响，商业预付卡销售下降趋势明显，拉低了传统商场百货业的增幅；以及受"以旧换新"政策到期影响，家电类产品销售额下降趋势明显，销售额平均下降两成左右；全区限上批发和零售业、住宿和餐饮业企业经济效益增幅有所降低，2012年1—11月，主营业务收入增幅分别下降了9.1个、12.9个百分点。

四是专业市场规模不断扩大。2012年，全区在册商品交易市场已达124家，实现成交额602亿元，比上年同期增长5.7%；其中年成交额亿元以上的商品交易市场增加到33个。

外经外包

新批准境外投资企业(机构)23家，增资企业2家，完成中方境外投资总额约3660万美元，完成全年任务的79.6%。新认定服务外包企业19家，完成离岸执行金额5423万美元，完成年度目标任务的126.12%，同比增长4.9%。服务外包人才培训477人，完成年度目标任务的106%。全区的境外投资和服务外包特点如下：

一是企业"走出去"意识提高，境外投资形式多样化。全年新批23个境外投资项目，数量远超历年水平，而且投资形式涉及研发、并购及与境外企业合资设立生产基地等多种方式。

二是ITO(信息技术外包)业务居多，离岸企业比例小。全区的服务外包企业主要以嵌入式软件业务为主，业务种类较为单一，但是由于2012年新引进工业设计企业，实现了KPO(知识流程外包)业务零的突破。

(杭州市余杭区商务局)

2012年宁波市鄞州区商务

2012年,面对世界经济增速放缓、国内经济发展困难增多的复杂形势,鄞州区紧紧围绕"稳中求进"的总基调,积极应对,主动调整,着力在"稳增长、调结构"上下功夫,全区商务经济继续保持了健康稳健的发展势头。

对外贸易

2012年,全区实现外贸进出口额130.9亿美元,同比增长2.6%。其中,出口100.7亿美元,同比增长6.8%,是浙江省首个外贸出口破百亿的县(市、区);进口30.3亿美元,同比下降5%。队伍结构不断优化。通过连续三年的"外贸强企优企"评选,一批规模大、带动效应强的进出口龙头企业逐渐形成,一批具有发展潜力的中小型外贸企业迅速成长。目前,40家"外贸强企"出口占比为35.8%,20家"外贸优企"出口同比增长14.3%;全区进出口额上亿美元企业达20家,千万美元以上企业达232家。市场结构不断优化。全区对美国、欧洲、日本出口同比分别增长10.4%、-0.6%和5.8%,除欧洲市场出口持续低迷外,美国和日本市场出口增幅较为稳定,特别是新兴市场出口起色明显,增幅达8%,占比为34%。产品结构不断优化。纺织服装类产品出口同比下降3%,占比26%,较去年同期下降近2.2个百分点,而机电类产品出口50.8亿美元,同比增长8.1%,占比超过50%;目前已拥有商务部重点培育和发展的出口名牌5个,"浙江出口名牌"27个、"宁波市出口名牌"41个、鄞州区出口名牌72个。

对外经济合作

2012年,全区新批境外投资企业28家,核准中方投资额2.8亿美元(实际中方投资额1.15亿美元),对外工程承包营业额1.93亿美元。对外工程承包增势较快。尤利卡太阳能科技有限公司、乐士集团新获外经权,全区拥有对外承包经营资格的企业达到10家,对外工程承包合作营业额同比增长10%。项目投资规模有效扩大。新批和增资的项目中,中方投资额500万美元以上项目10个,占比60%以上,其中雅戈尔集团增资9500万美元、立鹤电器增资988万美元等。外经外贸有效互动。引导企业建立境外营销网络、海外区域性总部、分市场和产品配送中心等,拓展国际市场发展空间。新批的境外企业中,贸易公司或办事处占比达80%以上,使企业有效规避了贸易壁垒,扩大了出口份额。

服务贸易

2012年,实现服务外包业务合同总额20.4亿元,执行总额13.2亿元,其中离岸外包合同总额8616万美元,执行总额6320万美元。企业数量不断增多。全年新认定服务外包企业34家,目前累计有服务外包企业169家,总投资3000万元的雅戈尔国际贸易运输有限公司、总投资1000万元的艾凯普计算机系统服务有限公司、浙江安家网络科技有限公司等纷纷落户。离岸业务有效拓展。离岸外包合同总额、执行总额分别同比增长20%和37%，其中奥克斯集团离岸外包执行总额达到2960万美元，音王集团、恒达高电器等离岸外包执行总额也达到了400万美元以上。商务楼宇经济加快发展。全区已建成商务楼宇43幢156万平方米，入驻企业2086家，入驻率和注册率达73%和75%，实现税收10.8亿元。

城乡商贸

2012年，全区社会消费品零售总额达314.4亿元，同比增长16.4%，其中限上社会消费品零售总额220.3亿元，同比增长18.2%，限上社会消费品零售总额和增幅均位居全市第二。社会消费品零售总量增大。成功举办了年货节、车博会、美食节等活动，并引导广场超市开展快乐购物、休闲美食等促销活动，大力拉动区域消费。全区限上社会消费品零售总额在全市11个县（市、区）中名列第二。发展能级不断提升。一批国内外知名连锁企业或品牌落户，如范思哲、D&G、ZARA、H&M、SaSa、永辉超市等数百个国内外知名品牌前来开店设柜，星巴克、许留山、王品、外婆家、俏江南、海底捞等国内外知名餐饮企业纷纷落户或即将落户，全球高端汽车品牌均已在全区开设4S店。商贸项目顺利推进。全区在建或拟建的总投资5000万元以上商贸项目18个，总投资145亿元。其中总投资5亿元的钱湖天地商业中心、总投资6亿元的深国投宁波印象城主力商户已开业，总投资4亿元的四明广场主体竣工、天港喜悦酒店开始营业，总投资21亿元的斯玛特商业广场、总投资5亿元的钱湖乐都项目和总投资6.5亿元的宜家家居广场都在加紧实施地下工程。民生商贸不断发展。实施“万村千乡”提质工程，重点扶持龙头企业优化网点结构，提高直营店比率，2012年新开设直营店29家，加盟转直营11家；针对白领午餐就餐难问题，联合区餐饮烹饪协会组织20家餐饮企业和1家网络平台企业率先在南部商务区试点“白领午餐工程”，为南部商务区万余名白领提供午餐配送服务，日配送能力达1.5万份，有效化解了商务区白领午餐供需矛盾。

菜篮子工程

全区拥有菜市场249个，总面积27.8万平方米，其中城区菜市场19个，镇级菜市场17个，村级菜市场213个，有效改善了城乡居民“菜篮子”商品的消费环境。菜市场改造提升进程顺利。2012年启动并基本完成了20个菜市场的改造提升工程，加强了肉菜流通追溯体系建设，全区50个肉菜流通追溯子系统建设完成，菜市场的硬件软件设施均得到有效改善。菜篮子商品市场供应有效强化。全区26家市级、10家区级菜篮子基地新增投资3900万元，新增面积1500亩，生产规模显著扩大，生产能力明显提高，有效保障了城乡居民对菜篮子商品的日常需求。实施菜市场产权国有化。通过财政补助、降低摊位费、削减不合理费用等方式，积极推进菜市场产权国有化工程，促进菜市场逐步向公益性、民生性、社会性本色回归。2012年由财政出资2980万元成功回购了原属村集体所有的南裕菜市场，统一实行“产权国有、市场化经营”，城区有13家实现国有化，乡镇一级的菜市场国有化率超过95%。菜市场管理水平不断提升。在全区28个城镇菜市场、40个农村菜市场实施了管理达标升级活动，督促菜市场自查、整改、提高。开展示范创建活动，健全长效管理机制，继潘火菜市场成为全区首家省级文明示范农贸市场后，东裕、邱隘、钟公庙、宋诏桥、古林五个中心菜市场创建省级文明示范农贸市场工作陆续完成。

（宁波市鄞州区商务局）

第六编

开发区与保税区发展概况

一、国家级开发区

2012年杭州经济技术开发区发展概况

2012年,杭州经济技术开发区(以下简称开发区)大力实施创新驱动战略,推进产业集聚发展,加快产城融合步伐,按照产业、城市、社会"三大转型"要求,统筹推进科技创新、产业发展、副城建设、民生保障等事项,保持经济社会平稳健康发展态势。

全年实现开发区生产总值451.9亿元,比上年(指2011年,下同)增长7.5%。实现规模以上工业销售产值1505亿元。实现社会消费品零售总额44.7亿元,增长17.6%。完成财政总收入105亿元,增长13.4%;其中完成地方财政收入47.9亿元,增长10.7%。完成合同外资10.56亿美元,实际利用外资6.51亿美元;实到内资36.6亿元。完成全社会固定资产投资243.7亿元,增长20.7%。

一、产业状况

优势产业平稳发展。机械制造、电子信息、食品饮料、生物医药四大优势产业全年工业销售产值合计完成886.87亿元,占全区规模以上工业销售产值比重58.9%,其中,机械制造业销售产值369.89亿元,增长0.7%,电子通信业销售产值235.34亿元,下降17.8%,食品饮料业销售产值236.21亿元,增长18.5%,生物医药业销售产值45.43亿元,增长12.2%,四大优势产业分别占全区规模以上工业销售产值比重24.6%、15.6%、15.7%、3%。

新兴产业快速发展。汽车及零部件产业实现规模以上工业销售产值400.88亿元,增长5.6%,占全区规模以上工业总量26.6%;新能源产业实现规模以上工业销售产值12.27亿元,增长4.9%。杭州市十大产业中的装备制造、生物医药、新能源、节能环保四大产业,开发区共实现规模以上工业销售产值679.87亿元,占全区规模以上工业销售产值比重45%。

二、科技创新

开发区大力实施"创新驱动、集聚领先"战略,全力构建以企业为主体、市场为导向、产学研相结合的科技创新体系,区域创新能力显著提升。全年实现规模以上高新技术产业产值1012.2亿元,占全区产值比重67.3%。实现新产品产值311.6亿元,新产品产值率20.7%。

开发区新增市级创新型试点企业5个,累计12个;新增市级以上研发(技术)中心13个,其中省级5个,累计拥有市级以上企业研发(技术)中心121个。开发区国家级知识产权试点园区顺利通过验收;全年新增专利申请量4818件、专利授权量3742件,分别比上年增长32.9%和33.1%。

创新园区建设有序推进,开发区大学科创园实际使用面积超过5万平方米,引进各类企业256个,其中教师创办企业104个、"青蓝计划"企业33个;新加坡科技园获评浙江省开发区特色品牌园区。至年末，开发区建成创新园区16个，建成面积30.3万平方米，进驻企业580个，从业人员超过7000人。

创新政策持续优化。出台《开发区关于鼓励经济发展的若干政策》，在科技型企业创建、研发中心建设、知识产权申报等方面加大扶持和奖励力度。获得2012年度科技政策奖励的开发区科技型企业170个，奖励资金2439万元。全区享受研发开发费用加计抵扣政策企业101个，减免所得税1.05亿元。国家重点支持的高新技术企业减免所得税税金2.33亿元。项目申报成效显著。开发区全年组织企业申报市级以上各类科技计划项目265个，其中国家级项目24个、省级项目70个、市级科技项目171个，项目申报总数增长40%，企业获得市级以上科技经费6658万元。新增市级以上高新技术企业21个，累计296个；新增国家重点支持高新技术企业2个，累计66个；新增国家火炬计划高新技术企业3个，累计10个。

三、招商引资

开发区应对复杂多变的国内外经济形势，按照稳中求进、内外并举总要求，攻坚克难，全面完成招商引资各项指标任务。全年引进合同外资10.56亿美元，比上年增长1.15%，全年完成实到外资6.51亿美元，比上年增长1.4%。全年引进合同外资1000万美元以上大项目32个。引进杭港地铁、西子航空零部件等合同外资1000万美元（或实到内资6000万元）以上工业大项目13个，其中世界500强项目4个；累计引进合同外资1000万美元（或实到内资6000万元）以上服务业项目25个。开发区创新招商措施，调整招商结构，提升服务水平，全面完成年度招商引资目标任务，在招大引强、招新引优、招才引智、产业链招商等方面取得成绩。开发区获评“杭州市招商引资目标考核三等奖”和“杭州市招商引资重大贡献奖”。

四、城市建设

围绕城市功能提升，优化完善规划布局，着力推进项目建设，加快构筑交通路网、完善公共服务和综合配套，全面提升下沙副城建设水平。加快无缝连接主城，地铁1号线正式开通，地铁延伸段、德胜东路高架进展顺利，之江东路、金沙大道等主干道基本建成。推进保障房建设，新开工公租房8.4万平方米，加快建设人才专用房18.4万平方米、人才公寓23.1万平方米，建成投用外来人员公寓120万平方米，竣工安置房113万平方米。完善功能配套设施。完善规划布局，推进一批对副城建设具有引领和带动作用的重大项目。盛泰、希尔顿两座五星级酒店主体结顶并进入内部装修阶段，歌江维嘉酒店正式开业。盛泰星尚城、福雷德广场、白洋桥餐饮等特色街区投入运营。开工建设世茂酒店、物美沿江店等项目，下沙街道7个社区楼宇全面开展招商，东沙商业中心试营业。虽然受宏观形势影响，房地产价格出现波动，但总体项目建设进展顺利、发展比较平稳。公交线路“优三开四”，新建60个公共自行车服务点，居民群众出行条件得到改善。加强生态环境建设，实施大气整治、截污纳管和水质改善工程，创建国家生态工业园区规划通过国家三部委评审。截污纳管三年行动计划初见成效，90多家重点企业得到规范化整治。实施大气整治三年行动计划，在全市率先启动热电企业脱硝改造项目，空气质量优良天数稳步提升。“三江两岸”生态景观、美化家园、绿化提升等生态项目全面推进。

五、社会管理

开发区采取一系列针对性举措，创新社会管理、强化民生保障，进一步提升社会文明水平。基层基础更加扎实。以创建全国文明城市和“国卫复评”为主抓手，一手抓集中整治，一手抓合理疏导，城市“四化”水平有了显著提升。加强社区基础建设，深化社区干部“分片包干”、定期联系走访等制度，充分发挥物业、业委会等各类组织的作用，社区党组织的领导核心作用得到加强，基层干部能力水平得到提升。民生保障更加有力，以“十大民生工程”为抓手，大力发展社会公共事业。在全市率先出台学前教育“1+4”文件，开工建设中小学、幼儿园5所，建成投用4所，继续推进“三名”工程，基础教育水平不断提升；大力支持东方医院扩建和创“三甲”，配合推进下沙医院主体完工和投用前期工作，加快社区卫生服务中心及站点建设，卫生服务网络更加健全。全力推进“就业促进”工程，全面完成“双创”工作目标。继续实施职工素质提升工程，新增受教育人数4000人。成功承办八残会赛事，组织开展浙江省开发区红歌会、建党九十周年文艺晚会、元宵灯会、职工运动会等文体活动，丰富了群众文化生活，增强了凝聚力、扩大了影响力。全面加强社会保障、慈善救助、残疾人、老龄、人口计划生育等工作，推动了各项民生事业的全面进步。社会大局和谐稳定。面对社会稳定新形势、新情况和新问题，牢固树立“稳定是第一责任”的理念，不断完善矛盾纠纷联调机制，努力把矛盾解决在萌芽状态，及时有效地化解了一批社会矛盾和突发性事件。扎实开展重点领域专项整治，安全生产实现“三个零增长”目标；严厉打击违法犯罪活动，持续开展一系列专项行动，群众安全感有新的提升。

六、亮点工作

2012年5月，省商务厅公布《2011年度浙江省开发区综合考核评价报告》，杭州开发区以总指数718.9分名列榜首，连续3年获得商务厅省级开发区综合考评第1名。该次考评有64个省级以上开发区参加，国家级开发区中，宁波经济技术开发区以总指数715.5分列第2位，湖州经济技术开发区以总指数408.6分列第3位。

2012年3月24—25日，由中国商业地产联盟主办的“中国商业地产行业发展论坛2012年会暨年度颁奖盛典”在北京举行。年会主题是“稳中求进”。该届发展论坛上，杭州开发区商业投资环境亮相。经国内外商业地产专家、知名零售业品牌商家等行业专家综合评估，杭州开发区获得“中国最具商业价值投资区”称号，这是全场唯一获此殊荣的地区。论坛现场，有30多家商贸、餐饮、娱乐、商业地产开发商等品牌企业与开发区招商人员进行深入洽谈。中国商业地产行业发展论坛自2004年起已经成功举办了八届。

2012年4月19日，杭州开发区与长安福特汽车有限公司签订长安福特整车项目合作协议。8月29日，长安福特汽车有限公司杭州汽车生产基地乘用车项目在开发区正式动工。该项目位于杭州开发区前进工业园区，计划用地186.67公顷，总投资11.75亿美元，规划年生产能力25万台乘用车。预计该项目2015年正式投产。杭州项目对提升浙江制造业整体水平、推动浙江经济转型升级、增强浙江实体经济活力起到积极推动作用。

2012年4月26日，西子航空飞机零部件生产基地项目正式签约。该项目落户杭州开发区前进工业园区，是航空产业项目首次落户杭州开发区。西子联合控股有限公司2007年开始为上海飞机制造厂制造飞机零部件，该集团旗下的沈阳西子航空产业有限公司已成为中国通用飞机部件最大生产基地。西子联合控股有限公司成为欧洲空中客车公司、美国波音航空航天公司、中国商用飞机有限责任公司等著名航空业制造公司的飞机零部件供应商。前进园区的西子航空飞机零部件生产基地，致力于解决飞机零部件大部件加工生产和物流运输等难题，成为开发区发展装备制造业的重要一环。该项目计划2013年7月正式投产，2014年形成年产300架飞机部件、200万件飞机零部件的数控机及部件装配生产能力。

2012年7月26日，杭州开发区9个现代服务业商业项目举行集中开工典礼。开工的9个项目分别为龙湖商业、龙湖酒店、宝龙商业广场、金隅商业、和达物流园二期、休斯顿二期、上沙新城广场、东方天福广场、湾南钱塘福源。9大现代服务业项目总投资91亿元，总建筑面积80万平方米，经营业态涵盖酒店、零售、商务、金融、娱乐、物流配套等门类。这些项目将为开发区现代服务业的跨越发展提供强劲的动力，为下沙副城城市功能配套奠定基础。

2012年7月4日，9000千瓦中速柴油机在中高柴油机重工有限公司下线。该发电机及发电机组计划用于阿曼一个重油电站扩容项目，功率范围达到9000千瓦。该企业签订国外60多台、价值3.5亿美元的同类产品合同，并获得民生银行20亿元信贷授信。这次下线的MAN18V32/40柴油发电机及发电机组，是中国制造的首台最大功率中速柴油发电机，改变中国对外大型重油电厂总包建设依赖国外主体发电机组设备和中国海洋工程所需主体发动机、发电机组设备依赖进口的状况，填补了国内的空白。

2012年8月20日，西子航空飞机零部件项目在杭州开发区前进工业园区举行奠基仪式。省政协副主席王永昌宣布项目开工。市委副书记、市长邵占维致辞。中国企业联合会执行副会长陈光复、副市长佟桂莉、市政府秘书长陈新华等出席。西子航空飞机零部件项目由西子联合控股公司投资7亿元实施，主要针对中国商用飞机有限责任公司、欧洲空中客车公司、美国波音航空航天公司等国内外航空制造商开展飞机零部件转包加工业务。计划2013年第一季度竣工，第三季度正式投产，2014年形成年产300架飞机部件、200万件飞机零部件的数控机及部件装配生产能力，在杭州开发区前进工业园区逐渐形成飞机零部件制造业基地。

2012年11月15日，统一企业（中国）投资有限公司杭州食品饮料生产基地项目在杭州开发区前进工业园区举行奠基仪式。省委常委、副省长、宣传部部长葛慧君发来贺信，杭州市副市长佟桂莉在奠基仪式上致辞。台湾统一企业集团是一个集食品饮料生产、商业、地产、能源、文化经营等为一体的多元化、国际化综合产业集团。统一企业杭州项目是该公司在内地投资最大、规模最大的投资项目，主要从事方便面、饮料等生产销售。项目计划首期总投资2.1亿美元，2014年一季度投产，预计全面投产后年产值可超过50亿元，实现税收超过3亿元。这有助于加快推进杭州食品产业的发展，进一步提升杭州食品产业集聚度与市场竞争力。

2012年11月7日，2012年浙江·杭州国际人才交流与合作大会在杭州洲际酒店隆重开幕，2000多名海内外人士参加大会。杭州开发区组织区内60多个企业参加海外人才项目与技术合作洽谈，开发区现场共洽谈项目100余个，达成合作意向34个，签约项目15个，签约资金3.31亿元。11月8日，杭州开发区作为大会分会场活动之一，“2012浙江·杭州生物医药国际人才交流与合作论坛”在杭州开发区举行，32个生物医药企业代表、5家风投机构代表和121名海外高层次人才前来洽谈合作事宜，开发区现场达成合作意向21个。

2012年8月3日，浙江省开发区园区非公有制企业党建工作现场推进会在杭州开发区召开。会议由省委组织部、省委“两新”工委、省经信委和省商务厅联合举办，省委常委、组织部长蔡奇作重要讲话。会议总结交流浙江省开发区园区非公企业党建工作经验，对深化推进开发区园区非公企业党建工作进行研究部署，推动浙江非公企业党建工作继续走在全国前列。全省15个国家级开发区及10个省级工业园区代表100余人参加会议。会议期间，与会代表实地考察和达文化创意产业园、中粮包装控股有限公司和松下电化住宅设备机器（杭州）有限公司党建工作情况。至7月末，杭州开发区非公企业已建立党组织281个，有中共党员4146名，组织覆盖率92.1%。

（杭州经济技术开发区管理委员会）

2012年萧山经济技术开发区发展概况

萧山经济技术开发区（以下简称开发区）1993年5月经国务院批准成立，总规划面积181平方公里，下辖三个新城——市北城、桥南城和江东新城。市北城是启动区块，面积9.2平方公里。桥南城面积23平方公里，下辖红垦农场和钱江农场。江东新城成立于2002年，总规划面积148平方公里，下辖义蓬、河庄、新湾三个街道，是大江东集聚区的重要组成部分。拥有三大国家级产业基地——江东新能源高新技术产业基地、装备制造新型工业化产业基地和杭州软件产业基地萧山扩展区块。总人口为32万，其中户籍人口14万。

2012年完成工业总产值563.3亿元，同比增长0.45%；规模以上工业销售产值526.9亿，同比增长0.29%；出口交货值144.9亿元，同比增长9.1%；全社会固定资产投资61.1亿元，同比增长23.5%，其中工业投资35.6亿元；三产服务业销售收入535.1亿元，同比增长14.6%；实现合同外资5.8亿美元，实到外资3.8亿美元，市外到位内资16.5亿元；财政总收入50.9亿元，同比增长7.1%；地方财政收入21.2亿元，同比增长11.1%。

现有规模以上企业268家，产值超亿元企业112家，萧山区工业百强企业17家，高新技术企业66家，世界500强企业15家。

市北区块退二进三。收储企业12家，土地354亩。编制完成市北区块服务业发展规划，调整了市北西部区块控制性详细规划，完善了城市基础设施建设，以杭州湾信息港为代表的信息软件基地、五星级雷迪森酒店为代表的商务办公、英冠等为代表的总部经济正在形成。

桥南区块退低进高。行业内部实施整合兼并、梯次转移，促进闲置资源高效利用，推进机械、服装、纺织等传统优势产业转型提升。中国重汽引进世界五百强企业MAN公司的D08系列发动机项目，年产5万台，年销售产值23亿元；凯尔达生产的机械手机器人，销售产值增长20%；达利创新发展工业旅游。

江东新城退弱进强。世界500强子公司阿斯莫微电机，新能源企业赛昂电力、晶鑫科技建成投产；广汽吉奥民企与央企成功联手，销售产值23.9亿元；东南薄板、永杰新材料、盛达铁塔等企业年销售产值均突破10亿元。

招商选资难中求进。优质企业增资项目28个，新增合同外资1.52亿美元。引进项目29个，其中千万美元以上项目13个，如杭州中冠浩美等。总部经济和三产项目招商取得重大进展，浙江面面俱到轻纺商务信息股份有限公司落户，娃哈哈营销总部、长龙航空、先临科技、灵康药业总部取得用地，英冠商业综合体土地摘牌。

主导产业带动明显。机械制造、电子电器、汽车整车及零部件、轻纺服装、医药食品、建材家具等六大支柱产业全年实现工业总产值433.5亿元，占开发区工业总量的77%。其中先进装备制造业完成工业产值204.7亿元，同比增长9.5%，占开发区工业总量的三分之一。

高新产业势头良好。实现高新技术产业产值118.2亿元，同比增长31.6%，占开发区总量21.07%。新认定华雁数码电子、乐荣电线电器、三拓印染、金马能源、快客电视传媒、融创信息、大中泊奥、金石机器人、珍诚网络等9家国家级高新技术企业，新增省级技术(研发)中心4家。

现代服务业发展提速。全年服务业销售收入实现535.1亿元，与第二产业比重接近1:1。杭州湾信息港一期建成，总投资10亿元的浙江融创信息产业园破土动工，杭州国际珠宝城营销势头迅猛；潮峰钢构采用民投、民管、民营的发展模式构建"萧山空间结构产业园"。汉帛网商城、华瑞信息、雅库科技、珍诚医药等一批电子商务企业发展迅速,其中珍诚医药与央企国药集团合作更添后劲。

政府项目加速推进。全年完成基础设施投资13.8亿元,18个政府重点工程完成投资11亿元。杭州湾信息港一期、机场疏港公路和江东娱乐文化中心完工,江东新城标准厂房完成80%工程量,江东新城18万平米公租房开建。建成和在建道路总长29公里,公建配套35万平方米,新增绿化面积66万平方米,拆除违章建筑16000平方米。

产业项目有序推进。全年完成总投资25.7亿元,龙记金属等17个项目竣工投产,19个结转项目加快推进。

要素保障有效落实。争取农转用、用地占补平衡指标3500亩,发行14亿元企业债券。

社会民生和谐稳定。"最清洁城乡"工程被评为萧山区优胜单位,完成就业再就业562人。开发区社区卫生服务中心被评为市规范化卫生服务中心。妥善处理各类信访,完善安全生产预防和应急管理制度;开发区派出所实行警企联动、全警联企机制,创新流动人口管理模式。

节能减排深入实施。健全节能管理监督机制,全年规上工业企业万元工业增加值能耗同比下降6.9%,实施节耗、循环经济项目17个,年节约标煤6万多吨,直接产生经济效益3000多万元。

党建工作不断加强。新增9家两新党组织,新成立市北、桥南、江东三个区域化党组织。

杭发公司工会荣获"全国模范职工之家"。2012年1月,中国重汽杭州发动机有限公司工会被中华全国总工会授予"全国模范职工之家"称号,这是开发区企业工会获得的最高集体荣誉。

盛达铁塔一成果获国家科技进步二等奖。2012年2月,盛达公司上报的"370米舟山—大陆联网输电线路高塔综合防腐蚀体系"通过专家评审,荣获2011年度中国腐蚀与防护学会科技进步二等奖。浙江盛达承接制造的220千伏舟山—大陆联网输电线路工程是世界第一输电线路高塔,两基370米大跨越高塔钢结构采用低合金高强度结构钢。工程达到了具有优异的防腐蚀保护性和良好的装饰性,适用于腐蚀性极强的海洋气候环境和热带雨林环境。

萧山开发区对口援建新疆农一师阿拉尔工业园区。2012年6月,签订对口支援框架协议,9月农一师阿拉尔市党委副书记、师长、市长王新民率阿拉尔市党政代表团一行来开发区及有关企业进行实地考察。

杭州萧山机械设备市场开业。2012年6月18日,杭州萧山机械设备市场正式开业。市场主要经营全国知名品牌的机械设备以及闲置设备,广招全国各地厂家,还将接纳杭州机床市场和华东闲置设备市场整体的搬迁,从而成为杭州区域内唯一一家专业化的新旧机械设备市场。市场占地80亩,其中配套用房5000平方米,分新设备、旧设备两个交易区块。2012年41家经营户入住,年交易额1.2亿元。

中国移动浙江信息通信产业园项目开工。2012年6月20日,中国移动浙江信息通信产业园项目在开发区桥南城开工,该项目是省政府与中国移动就TD建设和运用、信息产业振兴发展、信息化应用、新型信息服务业、产学研合作和人才培养、拉动内需和就业等六大领域而展开的合作项目。项目占地约184亩,投资30亿元,总建筑面积28万多平方米。

江东新城标准厂房项目开工。2012年6月20日,江东新城标准厂房项目开工,该项目由开发区管委会投资,占地2万平方米,总建筑面积4万平方米,总投资约1亿元,建设工期为1年,建成后将成为江东新城中小型高新技术企业的前期生产基地和大型外资项目的前期发展平台。

杭州国际珠宝创意产业城正式开业。2012年6月28日,杭州国际珠宝创意产业城正式开业,该项目由杭州亨得利文化创意有限公司经营管理,总面积超过20万平方米。是集各类黄金制品、钻石镶嵌、彩宝白银、翡翠玉器、珍珠玛瑙的产品研发设计、加工制造、批发交易、检验检测、品牌连锁、形象包装、外贸出口等于一体的国内一流专业珠宝产业基地。2012年底,已有65家企业入驻,引入注册资本3亿元,引入流动资金100亿元。2012年全年交易额18.6亿元。

省委书记赵洪祝调研萧山开发区。2012 年 7 月 3 日,省委书记、省人大常委会主任赵洪祝到萧山开发区调研拓市场促外贸工作。省领导黄坤明、龚正、赵一德,市区领导邵占维、许勤华、俞志宏、佟桂莉、李玲、裘超、金焕国等陪同调研。赵洪祝考察了通用电气能源(杭州)有限公司、杭州乐荣电线电器有限公司。

杭州美胜经典公司装饰画系列产品在欧美市场独领风骚。美胜经典公司注重知识产权的保护和品牌的塑造,将接单加工与拥有自主知识产权的品牌经营、设计版权经营及专有技术经营有机结合起来,悉心打造世界装饰画第一品牌。正在生产和销售的产品达 300 多个品种,2012 年公司销售额 7956 万元,成为开发区文化创意类企业中的重点规模企业之一。

杭州湾信息港一期工程主体建筑结顶。2012 年 9 月,杭州湾信息港一期工程主体建筑结顶。信息港占地面积 150 余亩,建筑面积 22 余万平方米,总投资 5.5 亿元。其中一期工程建筑面积 10.8 万平方米,包括 1 幢 6 层、2 幢 13 层及 2 层地下室的主体建筑。该项目由开发区管委会投资兴建,以共享空间、共享服务为宗旨,集科技研发、企业培育、中介服务、会议展览、商务及休闲等于一体,是先进的多功能综合体孵化器。

珍诚医药致力打造医药行业的“阿里巴巴”。珍诚医药是全国首家具有合法资质的药品 B2B 交易平台,并致力于打造中国医药电子商务第一品牌。主要打造 “四大平台”:“医药在线”——B2B 电子商务平台、“E 路融”——电子供应链融资平台、“网上药博会”——3D 医药会展营销平台、“药联 5 万家”——全国连锁医药物流服务平台。2012 年公司实现营业收入 15 亿元,其中电子商务业务 10 亿元。

大江东产业集聚区管委会授牌仪式在江东新城举行。大江东产业集聚区作为 14 个省级产业集聚区之一,是全市乃至全省产业转型升级、推进科学发展的重要平台。10 月 18 日,省委常委、市委书记、市人大常委会主任黄坤明为大江东产业集聚区管委会授牌,市政府秘书长、大江东产业集聚区管委会主任陈新华接牌。

(萧山经济技术开发区)

2012年余杭经济技术开发区发展概况

2012年，在区委、区政府的正确领导下，在区有关部门的大力支持下，余杭经济技术开发区(以下简称开发区)认真贯彻落实中央、省、市、区经济工作会议和区第十三次党代会、区十四届人大第一次会议精神，一心一意抓工业，集中精力发展实体经济，围绕攻坚“经济转型升级、城乡统筹发展、社会管理创新”三大重任，坚持实干加巧干，全力推进开发区工业经济又好又快发展，努力为打造产业余杭作贡献，取得了良好的实效。

全年实现工业总产值691.68亿元，税收总收入35.53亿元，地区生产总值226.56亿元，固定资产投资161.24亿元，合同利用外资4.8亿美元，实际利用外资2.66亿美元，综合经济实力继续稳步提升。

一、基本情况

1. 骨干企业发挥引领作用。截至2012年底，开发区(本级)共有规模企业179家，并已形成产值超30亿元以上企业1家，20亿—30亿元企业2家，10亿—20亿元企业3家，1亿—10亿元企业47家的企业新梯队，亿元企业累计完成产值249.7亿元，占规模总产值的83%，平均增幅15.2%，有力地拉动了开发区整体经济运行水平。根据全区工业经济评价体系，开发区杭州老板实业集团有限公司、杭州西奥电梯有限公司、浙江春风动力股份有限公司、杭州东华链条集团有限公司、浙江铁流离合器股份有限公司、浙江贝达药业有限公司、杭州诺贝尔陶瓷有限公司、杭州南方泵业集团有限公司8家骨干企业列入全区前10强，这8家企业是在国内行业领域具有领先水平的企业，也是开发区内发挥重要支撑带动作用的龙头企业。

2. 有效投资再创历史新高。2012年，开发区(本级)累计实现工业有效投资36.2亿元，同比增长28.8%，有效投资继续保持高增长态势。过去一年，开发区项目推进力度进一步加大，全年平均投资3亿元以上优质工业项目开工数达到10个。技改(扩建)类项目也加紧实施，90个技改(扩建)类项目累计完成投资17亿元，完成投资总数的近一半。同时，投资结构逐步得到优化。开发区“4+1”产业体系中，全年装备制造业完成投资12.18亿元，占比33.65%；绿色产业完成投资4.41亿元，占比12.19%；电子信息产业完成投资5.18亿元，占比14.3%；健康产业完成投资5.07亿元，占比14%，纺织服装业完成投资4.36亿元，占比12.04%。

3. 创新活力得到显著激发。2012年，开发区累计实现高新技术产业产值101.91亿元，占规模产值的比重为33.8%，同比增长27.7%，高于规模工业增长14个百分点。成功获批为国家级科技企业孵化器，意味着开发区创业创新工作达到了一定的水平。目前，开发区累计国家火炬计划重点高新技术企业4家；国家重点支持领域高新技术企业31家；市级以上各类企业研发、技术中心40家，其中省级以上13家；拥有“国家千人”3人，“省千人”2人。

4. 招商引资呈现势头强劲。全力以赴打造“生命线工程”，坚持不断引进优质的大项目、好项目，扎实做好项目储备文章。全年累计引进外资项目18个，内资项目10个，技改项目58个。

二、主要工作

1. 全省首个生物医药示范基地落户开发区。2012年3月，开发区获得浙江省外商投资新兴产业示范基地(生物医药)称号,这是继2009年摘得杭州生物产业国家高新技术产业基地余杭拓展区牌子后,开发区获得的又一块重量级招牌,也是全省首个生物医药示范基地。随后,开发区委托哈工大城市规划设计院编制完成了《生物医药产业示范基地概念性规划》,基地规划范围南起320国道,北至运河镇亭趾南(朱家河),东起胡庆余堂地块以及运河二通道,西至东湖北路,总面积约4.3平方公里,旨在打造成为“空间上集聚、产业上集聚、技术上集约”的长三角重要生物医药产业基地。

2. 综合实力跻身省级开发区前5强。2012年5月29日,根据《省商务厅关于印发〈2011年度浙江省开发区综合考核评价报告〉的通知》(浙商务开发〔2012〕178号文件)精神,余杭开发区在全省省级开发区2011年度综合考评中位列第五,首次进入全省省级开发区前5强。

3. 八大重点工业项目集中开工。2012年6月1日,开发区杭州南泵流体技术有限公司、浙江尚然太阳能电池有限公司、杭州兴源过滤科技股份有限公司、杭州福斯达实业集团有限公司、杭州微光电子股份有限公司、宸熙电气科技(杭州)有限公司、杭州旺事来电动工具有限公司、杭州忆江南实业有限公司8个项目进行集中开工,8个重点工业项目举行集中开工(奠基)仪式。8个项目总投资达24亿元,预计投产后可实现年产值近百亿元。加上前期杭州南都动力科技有限公司等工业项目的开工,开发区累计已有10个平均投资3亿元以上的工业项目开工。

4. 升级为国家级经济技术开发区。2012年7月30日,经国务院批准,余杭开发区升级为国家级经济技术开发区,定名为杭州余杭经济技术开发区,成为杭州市自1994年以来首个成功升级的省级经济开发区。9月29日,开发区顺利举办了国家级升级授牌仪式,

5. 成功创建国家级科技企业孵化器。2012年12月28日,国家科技部正式发文,认定杭州余杭高新园区创业中心为国家级科技企业孵化器,成为余杭区首个国家级孵化器,也是余杭开发区跻身国家级后的又一块“国字号”招牌。创业中心总建筑面积2.3万余平方米,截至2012年底,共有在孵企业84家,拥有各项专利133项,项目涉及以生物技术为核心的医药产业、以电子信息为核心的光机电产业和以设计为核心的创意产业。

6. 首次实施农民高层公寓回迁安置。2012年10月22日,余杭开发区正式启动试点小林社区回迁安置工作,通过房源到村、打包到组、分房到户“三步骤”,继试点后又交叉启动庄里、建富社区回迁安置,截至2012年底,顺利安置1271户拆迁户,累计安置面积达61万平方米。

7. 大东南高科年产值率先突破30亿元。截至2012年底,开发区大东南高科包装有限公司实现年产值38亿元,成为开发区首家产值破30亿元的企业。

8. 强化社会管理。坚持“以人为本,以民为先”的工作理念,以“保障民生、服务民生”为重点,深入实施社区分类管理,基层基础工作继续得到夯实;社会管理平稳有序,辖区治安防控体系逐步完善,创新社会管理与服务工作扎实推进,继续保持防违控违高压严管态势;牢固树立“抓发展必须抓党建,抓党建就是抓发展”的意识,深入打造具有开发区特色的“园区党建共同体”,累计已组建150家非公企业党组织,覆盖非公企业党员1300余名。

9. 贝达药业销售突破4亿元。开发区浙江贝达药业有限公司自2011年8月上市以来,其小分子抗癌新药“凯美纳”(盐酸埃克替你片)已成功销售破4亿元,被录入《2012年国际新药研发年度报告》。

10. 老板集团任建华荣膺2012年度十大“风云浙商”。杭州老板实业集团有限公司董事长任建华,33年潜心专注厨房电器行业,完成百万产能扩建,打造行业新地标,建设“中国厨房电器创新产业园”。任建华此次获评,成为开发区首位“风云浙商”人物。

(余杭经济技术开发区)

2012年富阳经济技术开发区发展概况

2012年,在新一届市委、市政府"工业兴市"战略的引领下,富阳经济技术开发区(以下简称开发区)抢抓机遇、克难攻坚、负重拼搏、务实苦干,以争创国家级开发区为契机,以"项目推进竞赛年"活动为抓手,加大产业转型升级力度、加强固定资产投入、加快平台建设步伐,各项事业取得明显成效。在全省省级开发区综合考评中连续两年获得第二名,连续5年获得杭州市省级开发区考核优秀单位,连续6年被评为富阳市满意单位,高新园区第三次被评为杭州市先进高新园区。

一、概　况

1. 经济指标逆势上行。2012年,全区完成规模以上工业总产值870.75亿元,同比增长4.5%;实现税收收入42.21亿元,同比增长5.6%,出口总额7.8亿美元,同比增长2.1%。各项主要经济指标逆势上扬,经济运行质量稳步提升。龙头企业带动效应明显,特别是新兴铸管(浙江)铜业有限公司的正式投产,对开发区甚至全市经济拉动发挥了良好的效应。

2. 招商引资成效明显。全年完成合同利用外资23010万美元,完成年度任务的100.3%;实际利用外资20386万美元;完成内资注册资本金50.83亿元,同比增长8.39%。新签约项目28个,总投资130.51亿元,预计产值可达631.78亿元。其中,4月份,成功引进总投资30亿元的富春硅谷项目,预计产值可达300亿元,税收可达15亿元,经济和社会效益均十分可观。7月份,浙江和鼎铜业有限公司成功引进铜工业龙头企业江西铜业,该项目总投资达80亿元,项目全部竣工后,预计年产值达265亿元,招大引强,大项目带动效应日益凸现。

3. 项目建设进展加速。以"项目推进活动竞赛年"及"双百"攻坚活动为契机,通过加压倒逼、督查约谈、审批"减负"、破难攻坚,为项目落地扫清障碍、提速增效。实行服务项目"零"死角、落实任务"零"时差、客商需求"零"折扣的"三个零"机制,第一时间帮助企业解决问题,提供"无停留"办公让企业"轻装上阵"。在把关项目审批规划、土地等核心审批的基础上,特事特办、急事急办,简化项目审批程序,确保了场口新区11个项目在30天时间内完成前置手续进入土地挂牌,为项目集中开工赢得时间。全年,区内新开工项目23个、新竣工项目14个,完成产业投入47.5亿元。

4. 征地拆迁迎难而上。开发区坚持"边推进工程、边暴露矛盾、边处理问题"的"三边"工作法,着力破解征迁难题。至年底,全区完成土地征用1042余亩,拆迁农户514户、企业26家,迁坟1355穴。其中,新登新区完成土地征用358亩,完成5号路延伸、包秦村原大贝骆家及冶炼厂避让区官山唐家共计212户农户、4家企业拆迁;富春江冶炼和中策橡胶两大项目、5号路及2号路涉及的政策处理工作已全面完成,共计316穴坟墓完成迁移,21处塔基完成清障。场口新区完成土地征用565亩,拆迁农户58户,迁坟1039穴,集镇公寓房四期等9家企业完成签约。银湖科创园完成银湖村、梓树村共计244户农户、13家企业签约,创新中心A地块、艾健生物地块政策处理工作全面完成,受降镇二小23.64亩土地回购和搬迁补偿协议完成签约。

5. 平台建设强势推进。坚持大开发坚持大投入造大形象、大平台促大发展的战略不动摇,力促新区早出形象、出好形象。全年累计投入建设资金14.1亿元，全力推进公寓房、土方平整、园区配套等46个项目。一是抢抓进度。各个施工项目实行挂图作战，施工计划进度上墙公示，每周定期对照检查，对无故延误进度的施工、监理单位进行通报，并严格按照合同约定进行处罚。二是强化监管。坚持“精品工程”的理念，狠抓施工组织、工地形象，倒逼施工单位提高建设标准。对开发区投资项目进行督查全覆盖，平均每周督查不少于3次。除日常督查外，开展工程质量安全进度、绿化养护及“安全生产月”等相关专项检查3次，全年下发整改通知书23份，邀请市纪委、市审计局专家开展政府投资项目监管培训2次。三是提升环境。围绕环境形象“绿化、序化、洁化”目标，对文明施工、卫生保洁、广告标牌、绿化养护、违章建筑等方面建管并举，统筹推进新区环境综合整理，进一步提升新区环境形象。

6. 成功升级国家级开发区。争创国家级开发区工作于2011年8月正式启动。2012年4月成立了由市政协主席陆洪勤为组长，市委常委、常务副市长童定干，市委常委、开发区管委会主任杨国正，市政协副主席王建沂为副组长，市级各个职能部门相关领导为成员的争创领导小组，各相关部门抽调业务骨干驻京跟进。在市主要领导的高度重视下，各相关部门全力协作，通过6个月的努力争创，开发区于10月成功获批国家级经济技术开发区，成为杭州地区继萧山、余杭之后的第三家区县市（区）级国家级开发区。2012年12月18日，富阳举行国家级富阳经济技术开发区授牌仪式。全国人大常委会原副委员长蒋正华、省政府副秘书长夏海伟、杭州市副市长佟桂莉、省科技厅厅长蒋泰维、省商务厅副厅长胡维康、商务部外资司开发区处处长朱冰和富阳市委书记姜军在主席台就座，省委常委、杭州市委书记黄坤明致贺信，富阳市委副书记、市长章舜年主持授牌仪式。蒋正华为国家级富阳经济技术开发区授牌，市委常委、开发区管委会主任杨国正和副市长裘富水接牌。夏海伟宣读《国务院办公厅关于浙江富阳经济开发区升级为国家级经济技术开发区的复函》，黄坤明在贺信中热烈祝贺富阳经济开发区成功升级，充分肯定富阳经济开发区20年的艰苦创业。在授牌仪式上，市委书记姜军作重要讲话，市委常委、开发区管委会主任杨国正作表态发言。12月25日，市委书记姜军、市长章舜年为国家级富阳经济技术开发区揭牌。

二、工作展望

成功升级国家级开发区后，富阳经济技术开发区将进入新的阶段，也将面临更高的要求。比照国家级开发区发展目标及要求，富阳经济开发区将致力于在体制机制、平台建设、招商引资、项目审批等方面进一步明晰方向、加大力度，加快实现开发区的二次创业。

1. 进一步理顺管理体制、运行机制。升格国家级后，将致力于加快体制机制建设，实行相对独立的准政府管理体制和“小政府、大服务”的管理模式。进一步理顺“管委会＋集团公司＋指挥部＋乡镇街道”的运作模式，管委会以招商开发服务为主，突出项目引进和管理服务；集团公司在管委会的领导下负责土地开发、投融资和基础设施建设，逐步实现由政府主导型向政企分开、市场化运作转变；各新区设立指挥部，分别负责区内项目推进、企业服务管理、环境及生态建设等职能；新区所在乡镇街道除履行原有职能外，分别承担新区征地、拆迁等政策处理任务。

2. 进一步加大平台建设，拓展发展空间。为进一步明确功能区域定位，开发区已委托相关单位对划归开发区管理的各个区块的产业规划及空间规划进行编制，加快明晰各个区块的规划和布局，明确划分各主产业的功能区，以更充分地发挥国家级的品牌和优势。同时，继续坚持大投入造大形象，大平台促大发展不动摇，加快实施目前新登、场口、银湖科创园三大区块的在建公寓房、路网、土方、绿化、景观、供水、排污等基础设施配套，着手谋划基础设施项目布局，为招引“大、好”项目打下基础。

3. 进一步做好产业对接、加大招引力度。充分利用国字号品牌，围绕“招大引强”和“招大做强”两大目标，耐住寂寞“招大商、招好商”。一是做好招商文章。紧紧围绕各新区产业定位，采取有的放矢地敲门招商和订单招商，将招商引资主攻点放在资金实力雄厚、品牌含金量高及市场前景大的国内外知名品牌，力争引进投资规模大、产业联动性强、企业知名度高的项目。加大银湖板块的开发力度，借好杭州构建网络化大都市的“势”，用好杭州统筹城乡区域发展的“力”，着力引进创业孵化、科技研发和总部经济项目，打造以信息技术和文化创意为主导产业的“知识主导型的生态科技园”。二是做好腾笼换鸟文章。加快东洲区块的低效土地二次开发工作，建立企业入驻良性进出机制，鼓励诚信度高、发展前景广的企业入园，对不遵守入园协议的入驻企业，一律取消其入驻资格。

4. 进一步提升服务质量，力促项目早日落地显效。一是提升服务质量。理顺项目审批各个环节，争取国家级开发区相应的审批权限，区内引进或实施的所有项目（工业、服务业、基础设施建设）有关的行政审批环节在开发区内集中办理。企业竣工投产前项目报批由开发区统一跟进办理，竣工投产后属地管理。项目审批从项目备案、规划“一书两证”、用地批准、环评、水保、能评、方案审批、初步设计到施工许可、竣工备案等全权授权，制定切实可行的封闭管理工作流程，真正实现“一站式审批”服务。二是抓项目开工投产。按照“争开工、保投产、促前期”的原则，采取针对性措施，着力推进产业项目加快建设和工作进度。对新开工项目，要以认真落实开工条件为首要目标，保证项目按期开工。对新竣工项目，要按照计划投产日期，采取倒排工期，抓关键进度节点的办法，扎实搞好进度控制，确保项目按期投产达效。对前期项目，要以加快办理各阶段相关审批手续为首要任务，充分利用项目代办制，扎实、有力、有序推动项目前期各项工作进度，确保新区项目早日投产达效。

（富阳经济技术开发区）

2012年宁波经济技术开发区发展概况

2012年，宁波经济技术开发区(以下简称开发区)认真贯彻省委“八八战略”、市委“六个加快”战略，围绕加快实现“两个基本”和建设“四好示范区”总体目标，大力弘扬“三思三创”精神，积极应对严峻复杂的宏观形势，牢牢把握“稳中求进、进中求好”工作总基调，坚定信心，攻坚克难，全区经济社会发展呈现“量质提升、后劲增强”的良好态势，实现了新一轮发展的良好开局。主要取得了六个方面的成效：

一、经济持续健康发展

开发区把稳增长促回升作为全年工作的首要任务，通过加强预判、综合施策，有力促进了主要经济指标企稳向好、工业经济有力回升，总体升幅在全市各县(市)区中排在前列。2012年，开发区实现地区生产总值668亿元，比上年增长8.5%;实现财政一般预算收入152.5亿元，增长15.2%，完成全社会固定资产投资393.8亿元，增长23%。实现外贸进出口总额175.7亿美元，与上年基本持平。2012年规模以上工业总产值1826亿元，利润84亿元。第三产业增加值增长11%，连续5年年均增长超11%。全年引进千万美元以上项目26个，合同利用外资12亿美元，实际利用外资8.1亿美元。引进浙商回归到位资金99亿元，内资105亿元，分别居全市第一、第二位。

二、发展后劲不断增强

开发区依托九大产业功能区和“一区三城”全域城市化建设，着力谋划实施总投资超1200亿元的重大建设项目、总投资超1500亿元的重大前期项目、总投资超1000亿元的重大招商突破项目和新增年产值超1000亿元的重点产业建设项目“四个超千亿”计划。同时稳妥推进征地拆迁工作，实施模拟审批、交叉审批、协同审批，促进区批工业项目土地交付后四个月内开工。2012年共有23个项目列入省重点工程计划，79个项目列入市重点工程计划，台塑一期二阶段、逸盛PTA四期等一批新项目按期开工，海越新材料、吉利春晓整车、亚浆白纸板三期二阶段等一批在建项目加快推进，LNG一期等项目建成投产，数量和规模均居全市前列。吉利变速器等35个重大项目前期工作取得实质性进展，总投资378亿元的申洲特种纤维等26个重大项目开工建设，总投资210亿元的海天精密数控机床等14个重大项目建成投产。全年完成工业投资147.2亿元，增长20.3%，全年累计投资超亿元产业项目30个，为开发区经济持续增长奠定坚实基础。

三、转型升级取得新成效

着力调整产业结构，强化创新驱动战略，经济发展的质量稳步提高。推进大港高新技术产业基地转型升级试点，高档模具及汽配产业基地一期项目全面开工。谋划建设小微企业集聚区，推进低小散企业梯度转移。工业企业“122”工程取得阶段性成效，龙头骨干企业支撑作用更加明显，5家企业产值超百亿元，26家超10亿元，175家超亿元，实现规上工业产值1826.4亿元、利润84亿元，31家龙头骨干企业产值占规上工业产值的80%以上。坚持先进制造业和现代服务业“双轮”驱动格局，大力发展生产型现代服务业，连续5年保持11%以上高速增长。大力发展高新技术产业，全年实现高新技术产业产值784亿元，占地区生产总值的42.9%，产值及占比均居全市首位，科技综合实力、科技进步水平连续5年进入全省前10位。积极推进更有力度的人才创新工程，出台含金量高、有竞争力的“1＋N＋X”系列人才政策，着力加快高端人才集聚，2012年以来共2人成功入选省“千人计划”、7人新入选市“3315计划”，“外专智汇港”建设取得硕果，共引进海外引智项目45个、外国专家800余人次。

四、城市建设深入推进

围绕加快实现宁波开发区由单一产业功能区向产城联动的综合型城区发展转型，加快推进全域城市化建设，“一区三城”的全域城市化建设框架全面拉开。中部城区在前几年已初步建成核心商务区和泰山路两侧系列商务楼宇基础上，2012年着力完善功能、提升形象，中青创文化广场、石浦豪生大酒店、富邦世纪商业广场、银泰商业广场等一批重点城市功能项目相继建成或顺利推进，中心城区城市功能形象日益完善和显现；滨海新城除加快推进世茂、龙湖等在建项目外，梅山水道工程正式开工，建成后将形成梅山湾10公里蓝色内湖，为滨海新城和游艇基地建设提供优良的生态景观依托；滨江新城在产业区块基本成形的基础上，核心区建设规划进一步完善，华生家居广场、汽车4S城等一批重点项目顺利推进，2013年核心区建设将全面启动实施。

五、生态环境不断优化

强化生态建设对开发区发展的特殊重要性，把生态建设置于更加突出的地位，继续以前所未有的工作力度和投入强度，全力推进生态文明建设，着力实施一批总投资达10亿元的循环经济重点项目和一批重大环保基础工程，顺利通过“国家生态工业示范园区”创建省级预验收。坚定不移推进铁腕治污、刚性汰劣，实现华光不锈钢和善高化学关停，集中连片整治关停大碶、小港两个片区共62家落后产能企业，率先全面完成禁燃区燃煤（油）锅炉淘汰任务，空气质量优良率连续七年保持在90%以上。全面启动“国家级生态区”创建，深入推进空气质量提升、内河水质治理、绿网系统建设、环保设施完善、农村生态整治“5个30亿”生态工程，着力形成安全宜居、稳定可靠的生态保障体系，确保通过省级生态区考核验收。

六、社会和谐持续巩固

坚持把改善提升民生作为一切工作的出发点和落脚点，切实加大民生投入，大力推进教育、医疗、文化体育和社会保障等一系列民生实事项目，推进发展成果全民共享。总投资7.4亿元的北仑人民医院新院区投入使用并顺利通过三级乙等医院创建验收，北仑图书馆、滨海国际合作学校和港口博物馆等重大项目抓紧建设。全区2012年完成重点民生项目建设投资73亿元，其中政府投入32亿元。切实加强社会建设，扎实推进社会管理创新，率先实施新一轮力度更大的城市综合执法体制改革，共归并涉及15大类892项行政处罚权由城市综合执法局集中行使。

（宁波经济技术开发区）

2012年宁波大榭开发区发展概况

2012年，宁波大榭开发区（以下简称开发区）工业总产值490.1亿元，同比增长2.0%；财政收入101.2亿元，同比增长0.4%，其中地方财政收入28.9亿元；固定资产投资36.5亿元，同比增长99.0%；合同利用外资8040万美元，同比增长15.0%；实际利用外资6900万美元，同比增长23.4%；进出口总额21.2亿美元，同比减少16.7%，其中进口16.2亿美元，出口4.9亿美元；港口吞吐量7177.9万吨，同比增长2.5%，其中集装箱吞吐量202万标箱，同比增长7.7%。

一、受重点企业影响，区进出口大幅下降，但降幅逐月收窄

2012年，全区完成进出口总额211766万美元，同比下降16.72%，分别比上半年和前三季度回升5.38个百分点和2.18个百分点。其中：出口49310万美元，同比下降10.57%，分别比上半年和前三季度回升11.53个百分点和15.03个百分点；进口162456万美元，同比下降18.43%，比上半年回升2.6个百分点，比前三季度下降0.3个百分点。剔除个别重点进出口企业外迁因素外，全区完成进出口201291万美元，同比下降5.2%，比全市平均增幅低3.6个百分点，其中出口46795万美元，同比增加1.3%，比全市平均增幅高0.3个百分点；进口154496万美元，同比减少6.9%，比全市平均增幅低1个百分点。

二、工业经济总体呈现企稳回升走势

2012年，完成规模以上工业总产值479.5亿元，同比增长0.6%；实现销售产值480.4亿元，同比下降0.3%，产销率100.2%；实现工业增加值129.9亿元，同比上升9.0%，工业增加值率27.1%，同比上升2.1个百分点；工业固定资产投资25.9亿元，同比增加1.53倍；实现利税95.4亿元，同比减少11.23%；全社会用电总量17.5亿度，同比增加26.78%。石化主导产业经济效益下降幅度较大，但总体呈回升态势。2012年1—12月份，8家石化企业共完成产值443.3亿元，同比增长1.8%，比前三季度回升4.2个百分点；石化产业实现利润总额23.91亿元，同比下降30.3%，分别比上半年和前三季度回升42.9个百分点和26.9个百分点。

三、工业技改投入引领全区投资高位运行

2012年新开工工业项目1个，竣工项目6个。在建工业投资项目8个，全部为技改项目，全年共完成固定资产投资25.9亿元，同比增长1.53倍，占全社会固定资产投资的71%，比重同比提高21.6个百分点。其中万华工业园区技改项目5个，实现投资16.97亿元，占工业（技改）投入的68.4%。东港电化24万吨离子膜烧碱技改扩建、万华热电二期技改陆续完工投入使用，万华二期MDI技改倍增项目完成，10万吨氯化氢氧化有序推进。

四、科技创新引领产业转型升级

一是企业科技创新意识日趋增加，科研投入大幅提高。全年科技活动经费支出3.94亿元，同比上升19.6%，比规上工业企业工业总产值增速高19个百分点；获得国内授权专利99件，其中发明专利21件，获得欧盟、美国和日本授权专利

4件。二是高新技术产业长足发展。完成高新技术产品产值176.3亿元,同比增加9.5%,占全区工业总产值的36.0%,比重同比上升2.5个百分点;规模以上工业新产品产值96.6亿元,同比增长20.84%;以万华为代表的高新技术企业,自主知识产权产品出口2.94亿美元,同比增长60.9%,分别比全区和全市平均出口增幅高71个百分点和61.9个百分点。三是科技创新体系进一步建立。2012年,新增2家高新技术企业,2家市级企业工程中心,1家省级高新技术企业研发中心,宁波万华再摘宁波市科技创新大奖。石化主导产业创新意识增强,万华容威等企业成立了研发中心。产学研工作有所推进,多个项目获得市产学研项目立项。四是科技创新成果产业化进程加快。获得国家重点产业化项目立项的宁波万华1.5万吨HDI项目顺利建成投产。2012年,生产HDI 1599吨,完成销售收入7675万元,实现利税2000万元,项目达产后,预计销售收入可达6亿元,利税2亿元。宁波环洋化工有限公司自主研发并获得三项国家发明专利的环氧氯丙烷生产技术也顺利实现产业化,年产3万吨甘油法环氧氯丙烷生产线6月初开始试生产,2012年,生产环氧氯丙烷6077吨,完成销售收入5369万元,实现利税129万元,项目达产后,预计销售收入4亿元,利税1.4亿元。

五、大力实施节能技改和淘汰落后产能,加快转型升级步伐

一是推进企业节能技改工作。2012年,组织企业实施节能技改项目30个,投入资金6500万元,实现节能量2.1万吨标煤。二是组织重点能耗企业开展能效对标、电平衡测试、能源审计、清洁生产审核等工作。三是强化企业节能监管,严把新建项目能评审查关。全年对宁波万华氯化氢氧化制氯气等12个项目进行了能评审查,这些项目总投资约16.46亿元,能耗总量约1.49万吨标煤,平均能耗强度约为0.077吨标煤/万元。四是狠抓淘汰落后产能。全年淘汰落后纺织生产线、缸套铸造生产线、金属熔炼生产线各1条,相对落后的小空分装置1套,S7落后变压器4台,圆满完成市下达的淘汰落后产能工作任务。五是细化有序用电管理。统筹协调重点用电企业生产、检修计划,要求各重点用电企业根据用电情况合理安排生产、检修计划,尽可能避免出现“企业集中停产检修、有电时用不足、限电时抢着用”等情况发生,确保企业正常经营生产。

六、加快重大项目建设步伐

坚持以大项目推动大产业,把项目推进作为产业转型升级的突破口,加速石化产业集聚发展。按照年初确定的工作目标,面对复杂的外部环境和项目审批诸多难题,排计划单、找路线图、画进度表、明责任人,按时督查,及时解决项目推进过程中的难题,加快重大项目建设步伐,确保中海油大榭石化馏份油综合利用项目实现全面开工,东港电化三期、环洋化工环氧氯丙烷、宁波万华HDI、金源复合聚酯薄膜等项目顺利竣工并投入试生产,宁波万华三期倍增项目进展顺利,产能已达到100万吨。

七、提升服务,营造良好的发展环境

深入开展“进村入企”大走访活动和干部服务企业专项活动,主动送政策、送服务到企业,帮助企业解决或缓解要素瓶颈制约;健全重大项目、重点企业领导联系制度,主要领导带队走访区重点企业,协调解决企业困难和问题,促成中海油大榭石化同意将原40万吨/月油品加工量提升至50万吨/月;积极服务区内中小企业,加快项目审批进度;开展中小企业素质提升工程,组织实施企业管理(咨询)第三方导入示范(试点)工作,组织企业负责人利用周末时间进修EMBA,进一步提升中小企业管理水平;积极帮助企业开展上级部门各类专项资金申报,全年获得补助资金1112万元,减轻企业负担。

(宁波大榭开发区经济发展局　蔡　红)

附：

2012年大榭开发区外经贸情况表

单位：万美元

2012年大榭开发区	全年累计	同比增长(%)	比重(%)
进出口	211766	-16.72	
进口	162456	-18.43	76.71
出口	49310	-10.57	23.29
贸易方式：加工贸易	4430	785.16	2.09
一般贸易	159605	-18.95	75.37
其他贸易	47655	-16.19	22.5

2012年宁波保税区(出口加工区)发展概况

一、发展概况

2012年是宁波保税区建区20周年,也是转型发展的关键之年。面对国内外复杂严峻的经济形势,认真贯彻落实党的十八大精神,按照“稳中求进、进中求好”的总要求,齐心协力谋转型,全力以赴促增长,实现了区域经济企稳回升。

2012年,全区(含出口加工区,下同)实现生产总值136.2亿元,同比增长0.6%,其中:第二产业增加值48.0亿元,同比下降4%,第三产业增加值88.2亿元,同比增长3.4%;完成公共财政预算收入32.2亿元,同比增长0.5%,其中中央级收入16.5亿元,同比下降2%,地方级收入15.7亿元,同比增长4%;海关税收总额18.3亿元,同比下降18%。以国际贸易、进口专业市场、仓储物流、高端金融服务为特色的现代服务业得到较快发展,已成为推动保税区经济发展的重要支柱,产业结构转型升级取得新突破和新进展,为“三年行动计划”有力实施奠定了良好基础。

二、主要产业发展情况

(一)对外贸易

2012年是保税区设立以来外贸发展最困难的一年,也是外贸扶持和服务力度最大的一年,出台了促进外贸发展扶持政策,加大政策宣讲力度,引导企业调整贸易方式、市场结构和产品结构,外贸发展企稳回升。全区完成外贸进出口总额132.7亿美元,其中出口48.7亿美元,进口84.0亿美元,同比分别下降8%、1%和12%。其中:加工贸易66.0亿美元,同比增长4%;一般贸易40.6亿美元,同比下降6%,其中一般贸易进口27.6亿美元,同比下降7%。下半年外贸进出口相比上半年明显回升,其中出口回升了6.2个百分点,进口回升了7.7个百分点,外贸稳增长成效明显,全区国际贸易继续在全市外贸发展中保持重要地位。国际贸易主体进一步集聚,保税进口专业市场规模进一步做大,集聚各类市场会员企业超过1000家,全年实现市场交易额1244亿元,同比增长27%;进口葡萄酒市场会员企业达260多家,进口葡萄酒865万升,进口金额4487万美元;其他进口食品种类不断拓展,橄榄油、奶粉、咖啡、啤酒、蜂蜜等成倍增长;船舶交易市场全年共交易船舶119艘,交易总重31.9万吨,交易金额18.3亿元。

(二)工业

全区完成工业总产值570.2亿元,实现工业增加值44.0亿元,分别同比增长6%、2%;产品销售收入522.5亿元,同比下降1%。主导产业支撑作用明显,液晶光电产业实现产值443.3亿元,同比增长10.4%,其中奇美电子实现产值290.6亿元、液晶模组产量8520万套,同比分别增长15.8%、44.4%,已经成为国内最大液晶模组生产基地;奇美电子新一期增资案正式获批,总投资增加2.85亿美元,注册资本增加9500万美元。引导二产重点企业向三产延伸,成功促进中集、中盟、广发文博3家企业设立工业销售中心,拉长了企业产业链,提升了盈利空间。新兴产业提速发展,融资租赁、股权投资、产业基金等高端金融业招商取得新进展,其中股权投资基金累计引进13家,注册资本14.2亿元;一批重点企业、重大项目和关键技术研发取得突破性进展。

(三)物流业

发挥口岸贸易和临港区位优势,引进130多家仓储物流企业落户,形成了以进口分拨、国际采购配送、期货交割和第三方物流为特色的保税物流服务体系，保税仓储面积近100万平方米，建成了华东地区重要的铁矿砂、固体化工、进口食品、国际采购配送四大物流分拨中心。2012年全区仓储货运总量111.5万吨，货运总值36.9亿美元，比上年均略有下降。其中进仓货物47.4万吨，货值13.8亿美元；出仓货物52.0万吨，货值13.6亿美元。

三、投资环境

2012年，宁波保税区获批国家进口贸易促进创新示范区，成为全国4家示范区之一，为贸易便利化创新试点、贸易平台建设和高质量贸易要素聚集创造了条件。全年完成固定资产投资10.4亿元，其中厂房仓储投资3.3亿元，设备购置投资4.1亿元，在建项目20个，其中本年度新开工项目2个。推进了一批重点功能性项目建设，市场配套不断完善。进口商品市场一期和永裕进口葡萄酒集散中心分别于6月、11月正式开业，进口商品市场二期等重点工程提前完工，建成后展厅面积将达12万平方米；2.8万平方米的进口商品仓库项目于12月完成主体工程；4.5万平方米商务大楼项目主体结构与附属配套均基本完成；18万平方米人才公寓和职教中心项目一期工程于8月开工，二期工程计划2013年1月开工。

四、招商引资

主攻大产业、大项目、新领域，引进项目的数量和质量都有新的突破。2012年全区外资企业注册资金1.1亿美元，投资总额3.1亿美元，合同外资9989万美元，实际外资6260万美元，同比分别增长34倍、33倍、13倍和30倍。其中：外资增资企业数4家，增注册资金1.2亿美元，增投资总额3.3亿美元。全年引进项目473个，注册资本28亿元，注册资本1000万元以上项目32个。香港招商物流已正式落户，总投资7亿元，主要利用物联网技术，打造华东地区重要的物流中心。中兴供应链、法国吉飞配送、宝晟黄金、信锐珠宝等一批重大项目达成投资意向，奠定了发展基础。

五、科技创新

2012年全区创新产业快速发展。一批重点企业、重大项目和关键技术研发取得突破性进展。金瑞泓科技国家02专项7423万元扶持资金全部到位，成为国内最大单晶硅片制造商，并被认定为国家创新型试点企业；引进了比亚迪太阳能光伏研发中心，提升宁波市光伏产业研发水平。加大高端科技创业项目引进力度，出台扶持政策，举办了首届宁波保税区海外人才创业活动，吸引60多名海外高层次人才携带50多个高科技项目参加，经评审13个团队共获扶持资金3400万元，其中加拿大环境智慧云系统等7个项目正式注册。科技创新创牌成果丰硕，各级科技计划项目15项获得立项，其中国家级项目2项，共获上级资助1655万元；新认定省级工程技术中心2家，市级以上高新技术企业3家；组织申报专利141件，其中发明专利54件；新增注册商标55件，全区累计拥有注册商标1033件，其中宁波市知名商标14件、浙江省著名商标7件、司法认定驰名商标2件。营造创新创业氛围，组织多个科技项目参加国家、省市创新创业赛事，获中国创新创业大赛入围奖1项、市科技进步奖三等奖1项、市发明创新大赛发明创新银奖2项。

六、节能减排

围绕优化产业结构的目标任务，在产业转型升级、节能减排与淘汰落后产能、技术创新、产业链延伸等方面继续出台系列政策，引导区内工业企业健康快速发展，取得了良好成效。2012年，全区万元工业增加值能耗同比下降9%，超额完成市政府下达的能耗下降4%的考核目标；COD排放量控制在“十二五”进度水平。加大监督检查力度，提高企业节能降耗意识，与区内35家重点用能企业签订节能目标任务书，进一步落实企业在节能降耗工作上的主体责任，完成节能任务；全年共16个技改项目和4个清洁生产项目通过验收;制订补助政策,完成了11家单位13台S7型落后变压器的淘汰任务。

七、企业服务

2012年,着力破解“高科技企业成长要素瓶颈、建设无费区”两项难题,开展“树品牌、谋转型、拓市场、稳外贸、扶优强、争试点、减负担”七大专项行动,相关任务如期完成,其中“无费区”建设取消了21项行政事业性收费,每年可为企业节省行政费用300多万元。深入开展“干部进村入企、一线解难创优”、外贸企业服务月等活动,走访企业200余家,深入企业了解具体诉求,帮助企业解决实际困难。落实相关扶持政策和结构性税费减免政策,全年向各类企业发放补助资金4.9亿元;开展出口退税“破难提速”行动,全年完成出口退(免)税16.5亿元,同比增长15.4%,其中退税额12亿元。大力拓展股权出质和动产抵押登记等新型融资渠道,全年帮扶区内企业实现融资17.4亿元,创历史新高。协调海关、检疫检验、工商、税务、外汇等部门推进监管创新和流程再造,营造合力发展的良好环境,深化了一批通关通检和窗口服务举措,促进了一批贸易便利化改革试点,继续推动先行先试,优化了口岸监管环境和政策商务环境。

八、和谐园区

2012年,宁波保税区平安和谐创建不断深化。继续推进“平安企业”创建、安全生产标准化创建,全区平安企业创建基本实现全覆盖;探索开展“平安市场”创建,企业创安合格率达100%、优良率近90%,强化了安全隐患排查和监管,实现市下达安全生产指标无突破。深化和谐企业创建,探索实施工资集体协商,完善劳动关系调处网络,稳妥实施社保新政策,超额完成市政府下达的社保扩面任务。关心外来务工人员服务,强化合法劳动权益保障;深化区域和谐稳定,强化综治维稳工作责任,全力做好全国两会、省市党代会、党的十八大等重要时点和“涉日保钓”等敏感期的维稳工作,有效保障了全区社会大局稳定。联合开展道路交通专项整治、弘基广场集中整治等专项行动,建立常态化管理机制,改善了园区形象。

(宁波保税区管理委员会)

2012年温州经济技术开发区发展概况

温州经济技术开发区（以下简称开发区）1992年国批设立，是浙南闽北首家国家级开发区。规划总面积133.66平方公里，总人口23.78万人。现辖国家级状蒲园区、滨海园区、金海园区（丁山、天成垦区）和瓯飞工程开发区延伸片，委托管理4个街道。在市委、市政府的坚强领导下，全区上下坚定信心，积极作为，经济社会保持平稳较快发展。2012年，全区地区生产总值213.97亿元，增长9.4%；城镇居民人均可支配收入32999元，增长8%；新增1家国家火炬计划重点高新技术企业，9家高新技术企业，7家企业列入国家创新基金项目，11家企业列入国家火炬计划项目，2家企业列入国家重点新产品项目。

一、狠抓实体经济，产业升级势头良好

以破难攻坚七大行动为抓手，坚持以亩产论英雄，全力振兴实体经济。2012年，强化招商引资，引进项目45个，推出工业用地挂牌2006亩，完成年度任务133.7%，占全市工业供地49%。其中温商回归到位资金15.64亿元，合同利用外资4522万美元，实际到位外资3806万美元，分别完成111.7%、100.5%、100.2%，三项指标走在全市前列。特别是引进了中国汽车金融发展永久性论坛平台、激光行业领头企业武汉楚天激光等项目，有力地促进了开发区产业转型升级。积极落实“扶工兴贸”十项举措，及时落实税收优惠政策，减轻企业负担1.13亿元，创历史新高。加大技术改造力度，完成技术改造投资4.3亿元。推进海城、沙城、天河“一街一业”发展，加强星海二产返回用地管理。推进海城农业“两区”建设，粮食生产稳步增长。强化科技支撑，加强与哈工大、浙大等大院名校产学研合作，汇润机电被认定为国家火炬计划重点高新技术企业，精基机电、立可达印业等9家企业被认定为高新技术企业，浦大液压、龙泰轻工等7家企业列入国家创新基金项目，康而达、澳太机械等11家企业列入国家火炬计划项目，伊利康等2家企业列入国家重点新产品项目。加强人才引进与培养，组织申报“国千”、“省千”和“市580”人才计划”共7人，完成5000平方米人才公寓建设任务。

二、狠抓民生改善，社会保持和谐稳定

财政支出重点向民生项目倾斜，2012年，公共安全、教育、社会保障和就业、城乡社区事务等民生类支出投入分别增长247.2%、541.3%、293.5%、100%。加快发展教育事业，全市民办教育十大引资项目之一的滨海高级中学率先开工建设，新增建设滨海第一幼儿园、天河中心幼儿园，推进6所小学、幼儿园改扩建项目，办学条件得到改善。加强卫生服务体系建设，启动区人民医院一期和中心医院二期工程建设，实施3所社区卫生服务中心改扩建。加强社会保障，率先推行社保五险合办“一条龙”服务。加强保障性住房建设，新开工项目20个、面积12.42万平方米，完成率380%，竣工项目8个、面积5.63万平方米，完成率177%。开展“文化下基层”工作，社区文化建设稳步推进。打造“无欠薪开发区”，劳动合同签订率达98%以上，位列全市第一。深化平安开发区建设，企业创安工作得到肯定推广，平安考核实现“零失分”。积极探索开发区特色“网格化”管理服务工作。认真做好群众政策处理工作，历史遗留问题化解率100%。

三、加快整合提升，建设产城一体化新区

2013年，是“十二五”规划承前启后的关键之年，也是开发区整合提升的关键之年。以加快转变发展方式为主线，以新型工业化与新型城市化为目标，建设产城一体化的城市新区。

优化空间布局，提升发展平台。以深化开发区整合提升为契机，深化“一区多园”总体规划，进一步优化空间布局和产业布局，努力打造区域经济发展大平台。抓好重点区域规划建设，结合金海园区天成4900亩“五边”工作法吹填造地，规划1500亩新能源电动汽车、激光光电产业园。加快街道块状经济提升，推进海城水暖生产基地工业园、沙城食药机械园区、天河民用电器园3个国字号特色产业园建设。加大对闲置土地管理，加大闲置厂房招租，着力破解村二产留地历史遗留问题，多渠道优化产业发展空间。

扩大有效投资，增强发展后劲。进一步优化投资结构，持续提高工业投资在固定资产投资中的比重。加快推进续建和在建项目的建设，重点抓好金海园区丁山片在建总用地2750亩、总投资约78亿元的53个工业项目建设，进一步推动政银合作、银企对接，强化部门联合协调帮扶，鼓励企业整合重组，努力形成更多的投资量。紧盯温商回归，着力招大引强，争取更多的项目落地建设，特别是完成今年工业用地挂牌1600亩任务，力争年底金海园区天成片大部分项目入园开工建设。同时，结合“三转一市”，扶持服务小微企业发展壮大。

加强环境建设，做好服务保障。坚持软硬环境一体建设，不断优化发展环境。强化金融环境建设，积极搭建平台，进一步推动政银合作、银企对接，强化部门联合协调帮扶，确保实体经济平稳运行。强化社会事业建设，推进区级公园、市民中心、人才公寓、学校、医院等功能配套项目，努力形成功能完善的城市环境。强化生态环境建设，污泥综合利用热电联产项目年底试运行，第三污水处理厂确保10月份投入试运行，推进第二、第三污水处理厂管网互通工程，列入整治黑臭河力争年底完成生态修复并消除黑臭现象。强化政务环境建设，不断改进工作作风，健全领导班子成员联系重大项目、定期走访企业，职能部门“保姆式”动态服务机制，探索边落地边审批的创新方式，服务好民营经济在我区做大做强。

加大扶持力度，助推小微企业发展。深入实施小微企业成长工程，加大“三转一市”、“四换四减”等工作力度，谋划布局小微企业产业园建设，拓展企业生存和发展空间，支持企业加强科技创新，破解融资难等问题。突出抓好金海园区丁山片27.2万平方米标准厂房投用工作，加快金海园区天成片136.3亩标准厂房、沙城食药机械园区等小微企业产业园建设，力争全区建成小微产业园5—6个，推动小产品做成大行业、小企业联成大协作。

（温州经济技术开发区）

2012年嘉兴经济技术开发区发展概况

2012年，嘉兴经济技术开发区、嘉兴国际商务区（以下简称开发区、国际商务区）以科学发展观为指导，围绕"稳中求进、好中求快"的总体要求，全面贯彻落实中央、省、市宏观调控和保增促调一系列政策措施，集中精力抓重点、全力以赴攻难点，经济社会实现了平稳健康发展。全年全区GDP完成130亿元，同比增长7%；完成固定资产投资132.26亿元，同比增长9.5%，其中工业生产性投入完成31.12亿元，同比增长6.6%；合同外资4.04亿美元，完成市下达目标任务的142.72%；实到外资2.84亿美元，完成市下达目标任务的177.63%；引进市外内资14.03亿元，完成市下达目标任务的140%；进出口总额21.64亿美元，其中出口总额13.18亿美元，同比增长3.3%；财政一般预算收入完成27.64亿元，同比增长8.2%，其中区级财政一般预算收入完成10.38亿元，同比增长10.5%；万元工业增加值综合能耗下降完成市下达任务。

一、紧扣科学发展、转型发展、和谐发展主题，进一步理清发展思路，构筑了加快发展新优势

开发区、国际商务区各级组织和广大干部员工按照中央、省、市的部署和要求，认真学习、深刻领会科学发展观的科学内涵和精神实质，切实以科学发展观统领各项工作。通过几年来特别是去年的实践，全区上下的思想观念发生了深刻的变化，发展理念得到了明显的提升，在推进工作中，更加注重改革创新，更加注重招大引强，更加注重有效投入，更加注重节约用地，更加注重环境保护，更加注重改善民生，更加注重社会稳定。与此同时，通过不断分析新情况、研究新问题，进一步谋划科学发展的新思路，提出了以深入开展"招商引资提升年、平台推进攻坚年、环境建设深化年"活动为主要抓手，确保全区经济社会平稳发展。

二、积极应对宏观形势带来的新挑战、新困难、新问题，推进转型升级，创造了加快发展新业绩

以"破瓶颈、解难题"集中推进重点项目专项行动、第二轮"解遗破难、集中攻坚"征迁专项行动、重点企业技改专项行动、"百日攻坚"专项行动等为有效载体，积极应对宏观形势带来的新挑战、新困难、新问题，加速推进转型升级，经济运行稳中趋好。在抓好常规工作的同时，把招大引强、征地拆迁、项目推进、基础设施建设、要素保障等作为工作的重中之重，抓紧抓实。在工作实践中，坚持远近结合、与时俱进，突出抓重点工作与一般工作的有效衔接。在具体操作上，坚持把投资作为稳增长的核心，在扩大有效投资过程中又把招商引资放在了全区工作的第一位，强化招大引强、突出量质并举，招商引资取得明显成效，全球50强的汽车行业供货商——德国海拉集团灯具项目，一期项目总投资6亿元，当年已开工，标志着开发区、国际商务区在引进汽车行业质量上得到进一步提升；全球品牌500强、世界十大玩具制造商之一的丹麦乐高集团，总投资约8亿美元的智力玩具项目已确定落户；总投资1.5亿美元的东方日立锅炉节能环保项目已经开工；在新批外资项目中，总投资5000万美元以上项目3个，其中海拉灯具、东方日立锅炉、阿里巴巴传云物联网项目已列入省重点项目。同时，针对城北路、城南路、城东路、中环西路等城市主干道路

沿线形象较差、土地利用率不高的实际，开发区、国际商务区从2010年开始对这几条道路实施“二次开发”，去年取得了明显成效，全年共盘活存量土地799亩，引进项目28个，不仅改善了城市形象，提升了土地节约集约利用水平，更重要的是加快了产业转型升级的步伐。另外，征地拆迁是推进平台建设、实现招大引强的前提，对于这项基础性工作，开发区、国际商务区大力发扬“钉子”精神，近三年完成拆迁面积230多万平方米，2012年更是通过开展第二轮“解遗破难、集中攻坚”征迁专项行动，全力推进拆迁扫尾工作，全年完成近30万平方米的拆迁。而正是狠抓了这些重点工作，经济发展不断取得新成绩，招商引资总量、固定资产投资增幅居全市前列，“浙商回归”引资列全市第一。

三、切实解决群众最关心、最直接、最现实的利益问题，大力改善民生，夯实了加快发展新基础

牢固树立“以人为本”理念，高度关注人民群众最关心、最直接、最现实的利益问题，统筹推进教育、文化、卫生、计生、慈善事业、社会保障等社会各项事业，积极推动城市管理、生态文明建设和社会治安综合治理。注重征迁农民的利益保障，加快拆迁安置房建设进度，在建202万平方米、已竣工258万平方米；并积极推进保障性住房建设。对全区33个老旧小区分批实施改造，目前禾源新都一期、金穗月亮湾、百妙一期二期和常睦公寓综合整治基本完成；梁林帆影庄停车位改造工程基本完成，并进行小区护栏改造。新建卫生院和学校等公共设施，目前嘉北卫生院竣工并投入使用，城南卫生院已经开工建设，长水卫生院完成了筹建；运河实验学校（原梁林中小学）主体结构结顶、塘汇实验学校二期6个子项工程基本竣工。同时，“三社”工作取得突破，创造性地实施社区经济发展工作，增强社区造血功能，全区22个社区的1.32亿元经济发展专项资金已筹措到位，目前资产出租率已达80%左右，收益率近6%；针对嘉兴综合物流园的管理现状，专门建立了物流园管理委员会，从根本上解决管理不到位的问题；按照新一轮城北区域废气整治工作要求，邀请省环科院对城北区域制订专门的整治规划，加大环境执法力度，目前各排放企业均达到国家排放标准，区域空气质量明显改善。

四、狠抓干部员工讲学习、讲服务、讲效能，加强干部队伍和作风建设，增强了加快发展新本领

开发区、国际商务区坚持以改革创新精神，积极探索新形势下的党建工作，进一步提升各级班子和广大党员干部的作风、效能和执行力建设。把转变干部作风、服务人民群众作为不断深化创先争优活动的鲜明导向，并以此提高我们服务加快科学发展的能力。深入开展了“环境建设深化年”活动，扎实推进行政审批提能增效，承诺提速率、“一审一核”率、窗口授权到位率都得到大幅提高；全面开展“进社区、入企业”走访服务活动，走访率实现100%，问题解决率达到92.3%。特别是自2012年5月开始，为切实改进工作作风、推进工作重心下移，在全区开展了“到一线去解决问题”试点活动，积极倡导“干部在一线办公、员工在一线锻炼、情况在一线掌握、办法在一线研究、问题在一线解决、工作在一线落实”的工作方法，将服务“下沉”至基层一线、项目现场，发现解决了规划设计、批后管理等方面的1200多个问题，群众、企业满意度大为增强。同时，严格落实党风廉政建设责任制，签订党风廉政建设责任书，建立预防职务犯罪工作机制，全区惩治和预防腐败体系建设深入推进；加强制度建设，进一步完善考核办法、产业发展和项目引进等方面的制度，努力做到“以制度管人、按制度办事”。全区上下形成了心齐、气顺、风正、劲足、实干的良好氛围。

（嘉兴经济技术开发区）

2012年湖州经济技术开发区发展概况

2012年是不平凡的一年。面对复杂的宏观形势和诸多困难，湖州经济技术开发区（以下简称开发区）咬定“翻两番、冲千亿”的奋斗目标，重抓工业、攻坚克难，保持了全区经济运行和社会形势的总体平稳。在全国国家级开发区综合考评中名列第48位，提升24位。主要呈现以下八个特点：

一、企业发展企稳向好

主要经济指标稳中有升，企业效益逐步回暖。118家规模以上工业企业完成总产值314亿元，同比增长14.5%；规模以上工业增加值完成43.24亿元，同比增长14.5%。全区22家重点骨干企业发展势头强劲，全年销售收入、利税、利润165亿元、12亿元、7.6亿元，分别占全部规模以上企业比重的72%、85%和95%。永兴特钢集团实现销售收入100.5亿元，成为全市第五家超百亿企业；“香飘飘”全年税收突破亿元大关，并被行政认定为驰名商标，实现开发区行政认定驰名商标零的突破；永兴特钢、香飘飘名列全市“纳税大户10强”；香飘飘、生力液压名列全市“亩均税收10强”第一、第二位。一批科技型、实力型中小企业增长较快，销售收入超亿元的企业达到40家，比上年增长6家。全年规模以上企业单位工业增加值能耗同比下降5%，快于全市平均指标。

二、项目推进扎实有序

全社会固定资产投资完成89亿元，同比增长18.5%，其中，工业性投资完成35.65亿元，同比增长13.6%。排定的60项转型升级产业化重点项目，累计完成投资40.5亿元，完成年度目标的104.4%，其中，世润机械、惠盛机械、康德医疗、美普兰等项目实现了试生产；泰合电气、三行轴承、日新汽车、新兴汽车部件等已经完成部分厂房结顶竣工。40项重大城乡建设项目，完成投资29.5亿元，完成年度目标的52%，其中，中景国际金属物流园正在进行一期港口施工，嘉年华国际商务广场已基本完工，悦文大酒店写字楼已结顶、办公楼建至19层。集中攻坚的20个重点项目开工率达到100%，完成年度目标任务的102%，其中，辛子精工、特瑞思、赛格数码城、科创中心二期、保障房安居工程等7个项目超额完成年度目标。

三、招商引资难中求进

全年完成合同外资2.68亿美元；实际利用外资1.71亿美元，自营出口完成5.75亿美元，均完成市里下达的任务指标。共新批外资项目16个，其中总投资在千万美元以上项目10个；共新批内资项目62个，其中5亿元以上项目3个。完成浙商回归资金11.5亿元，超额完成年度目标任务；共新批浙商回归项目15个，总投资15.5亿元，其中总投资超亿元的项目有7个。完成服务外包合同执行额1871.24万美元，位列全市第三。

四、平台打造成效明显

西南分区：二环西路沿线整体布局的10大商务楼群加快建设，城市副中心地位初显。南太湖生物医药产业园：路网工程中2条已经建成，另外5条已全面实施，地块平整、公共基础设施、特瑞思等落地项目加快推进。杨家埠工业区：黄芝山西拓、敢山采空区综合治理、安置社区等配套建设加快推进。湖州综合枢纽区：正在进行农房拆迁安置、路网工程建设，憩园小区基本建成、杨家庄安置社区开工建设，“一纵三横”骨干道路完成路基工程。康山分区启动区：正在加快征地拆迁和三条骨干道路建设前期工作。南太湖科创中心二期顺利结顶。拆迁攻坚取得实效，全年共拆除各类违章建筑29000多平方米，签约农户615户，腾空460户，其中，签约重点户42户，强拆“拔钉”6户，签约企业22家。以特瑞思为龙头的湖州生物医药产业基地被评为省级高技术产业基地。以欧美环境为龙头的环保装备产业基地被评为首批浙江省外商投资新兴产业示范基地。

五、科技创新支撑有力

全年新增国家级高新技术企业3家、累计达到31家。共向上申报各类项目209项，其中新列省以上重大重点科技项目18项，累计获得省以上科技经费支持1430万元。出台了《进一步加强专利工作的试行意见》，全区共申请专利531项，获得补助114.2万元。成立了湖州首家股权投资企业——湖州永石股权投资管理有限公司，科技金融合作迈出新步伐。南太湖科创中心新增中科院上海硅酸盐所1家科技产业化研发机构，累计达到20家；已与66家企业开展合作，成功转化项目64个，带动企业实现新增产值15亿元。“省海外高层次人才创业创新基地” 建设成效显著，全年新入选国家“千人计划”3人，累计5人，占全市的71.4%；新入选省“千人计划”4人，累计13人，占全市的52%；新入选市“南太湖精英计划”项目团队7个，累计28个，占全市的26%。

六、和谐民生稳步提升

夹山漾小区、清河嘉园二期、憩园小区、杨家庄安置社区、基山安置社区、中铁十六局三公司棚户区改造等保障性安居工程有序推进；外庄中学完成开工前准备工作。“四边三化”项目正式启动，首期600亩矿区复垦项目基本完成，农房改造面积25万平方米、受益农户2376户，“白鹭引航”农村信息化综合服务平台全面建成。社会保障事业扎实推进，落实城乡居民养老保险补助资金近1000万元，解决了6600个未参保集体企业退休人员基本养老保险和147个精简减退人员生活困难补助问题；完成农村劳动力素质培训615人，转移就业255人。

七、社会大局和谐稳定

全年落实领导包案的31件重大矛盾纠纷已化解23件、稳控或正在化解8件。其中，4件市级重大矛盾纠纷领导包案已基本化解3件、稳控1件；1件市里挂牌的信访积案已经化解。开展领导干部大接访活动，共接访约访群众15批次、222人次，调处集体欠薪事件15起，涉及金额632万元、民工570多人。加强社会治安综合治理，严厉打击各类犯罪活动，全年治安案件同比减少6.4%，查处率100%。扎实推进“网格化管理、组团式服务”工作，建立了新居民服务管理工作机构，罗师庄“一室七站”模式得到进一步推广，流动人口、特殊人群的服务管理得到进一步加强。

八、党的建设全面加强

认真学习贯彻党的十八大精神，积极推进学习型党组织建设，借助机关学习日、网络学院、远程教育网络三大平台，全面提升干部能力素质。以“进村入企”大走访、深化“三个年”活动为载体，对180个项目和企业、54个行政村开展三轮走访活动，共解决影响发展的各类难题294个。“创先争优” 活动取得阶段性成效，全年共完成239个基层党组织及5347名党员目标承诺，培育基层党组织党建示范点17个。扎实推进“基层组织建设年”活动，全区239个基层党组织已全部完成分类定级工作。不断扩大非公企业党组织覆盖面，全区810家非公企业党组织覆盖率达到100%。不断深化党风廉政建设，严格执行“六个严禁”，积极探索工程建设领域廉政风险防控项目化管理机制，组织委机关、街道382名党员干部参观市反腐倡廉警示教育基地，加快推进杨家埠镇、康山街道便民服务中心建设。

（湖州经济技术开发区）

2012年长兴经济技术开发区发展概况

2012年，长兴经济技术开发区（以下简称开发区）认真贯彻落实长兴县第十三次党代会精神，结合县行政区划调整和机构融合，立足当前，着眼长远，科学谋划并启动了“二次创业”，以“四大突破”攻坚行动为载体，统筹开展各项工作，经济社会保持了平稳较快的发展态势。全年完成财政收入31.7亿元，同比增长12.08%；实现规模以上工业产值657.3亿元，同比增长24.97%；完成工业增加值124.3亿元，同比增长18.23%；完成合同外资3.66亿美元，实到外资1.74亿美元。

一、精谋划、理思路，发展方向和路径得到新明确

抓“二次创业”谋划。以县行政区划调整为契机，紧密结合当前实际和发展远景，成立专项调研小组，先后赴嘉兴市的嘉善县和杭州市的富阳市等地考察学习，在剖析自身发展和借鉴先进经验的基础上，拟订了“二次创业”行动方案，提出了“一年整合提升、三年实力倍增、四年跨越发展”的奋斗目标，提出了“两园三区”的空间布局，进一步明确了“十二五”期间的发展方向和路径。抓空间布局规划。围绕“二次创业”确定的“两园三区”空间布局，优化调整开发区总体规划，深化国际商务区和三河湾新区等核心区域的城市设计，编制完成第七小学及许家桥四期等重大规划设计方案。抓产业发展规划。以现有产业为基础，分行业召开企业家交流座谈会，深入走访园区企业，形成动力电池、机械汽配、电线电缆、纺织服饰和电子电器等产业调研报告；邀请北京大学王缉慈教授城市规划团队到长兴县考察和指导，通过实地调研、座谈交流、专家号脉，编制产业定位及发展战略咨询报告，积极促进产业的集聚、集群发展。

二、攻重点、求突破，经济发展得到新提速

狠抓招商引资。坚持招商引资“一把手”和“一号工程”不动摇，结合开发区实际，进一步整合招商力量、调整招商布局和深化产业招商，修改完善总部经济政策，制定出台招商引资实施意见，制作完成招商宣传资料，积极探索委托招商、合作招商、后台招商和主题招商等多种招商模式，充分借势“长洽会”以及深圳、金华、杭州、上海四地招商推介会活动载体，集中攻坚一批“大好高”项目。狠抓项目推进。按照“快、稳、转”的要求，加强项目服务、协调和督促。全年完成工业性投入30亿元，推进第二产业和第三产业项目74项，其中，新开工项目22项、竣工项目18项、投产项目20项。三志纺织二期、金指科技一期和金三发等14项工业项目顺利投产；新紫金大酒店、农村合作银行总部大楼交付使用；鑫荣大厦等6幢高楼主体结顶，总部经济园的形象进一步凸显；商业项目中，雪佛兰、冀超等汽车4S店正式营业，奥迪、奔驰汽车4S店项目加快建设，专业市场区汽车4S店已呈现集聚效应。狠抓企业培育。坚持服务和管理并重，制定并出台《加强企业管理和服务的措施意见》和《开发区企业现场管理标准化实施意见》，建立健全班子成员和科室人员联企机制等服务管理体系，工业税收同比增长40%，成功创建“浙江省工业循环经济示范园区”。企业服务不断优化。着力培育骨干企业，组织投资公司对接园区企业，引导企业加快战略合作和资本运行，海悦自动化、中德阀门和诺力机械上市步伐加快；鼓励技术研发和品牌创新，签

约产学研项目22项，创建高新技术企业3家，完成国家级火炬产业化项目7项、省级新产品43项和专利授权204项（其中发明专利授权41项），完成驰名商标申报1件、省著名商标2件。企业管理不断强化。出台《开发区厂房租赁管理办法》，60余家厂房转租企业整治和清退工作有序开展；加大企业动态监管力度，建立健全企业信息档案管理信息库，协助企业完善“十二五”发展规划，每月制作企业经济运行透视表，动态关注企业发展趋势，营造“比学赶超”的良好氛围；积极开展“安全生产百日大决战”、“企业内部现场管理推进月”等活动，环保查处并整改企业5家，创建安全生产标准化40家、“三化”建设5家和5S管理15家，清洁化生产达标2家，经济发展质量得到有效提升。狠抓平台建设。围绕14项重点基础设施工程，开展平台建设“2332”（即，两个新区、三条道路、三处安置小区、两所学校）攻坚行动。全年平台投入建设资金超13亿元。三河湾新区规划设计与征地拆迁同步开展；国际花园周边地块企业“退二进三”和征地拆迁工作完成测算并正式启动。发展大道二期建成通车，中央大道、D区5号路工程有序推进。陆家斗二期平稳交付使用，许家桥二期工程完工；陆家斗三期、许家桥三期与央企华东院签订合作意向并正式动工，至2014年可基本实现“房等人”目标。开发区中学项目完工，第七小学项目正在进行深化设计。

三、挖潜力、强运作，要素供给得到新保障

强化用地保障。积极对内挖潜，有序开展“腾笼换鸟”工作，研究出台《开发区闲置土地处置办法》，成功收回宇峰新能源、IC卡、爱侣等项目土地13块，盘活用地68.4公顷。强化征地拆迁，按照“地等项目”要求，重点攻坚和整拆整迁并举，全力推进三河湾新区和新建第七小学项目等21个地块，完成土地征用112.47公顷，房屋拆迁437户、13.57万平方米。强化人才保障。开发区人力资源与劳动保障分局成功创建为“湖州市就业工作先进集体”；湖州职业技术学院科研培训基地和重庆三峡职业学院人力资源引进合作基地正式运营；通过政府搭台、校企联动，引进各类人才858人、国家“千人计划”人选3人；开发区人力资源市场成功举办各类培训班7期，开展“周五”招聘会47场，提供就业岗位近2.7万个，达成就业意向5100余人。强化资金保障。克服融资平台管控、银行银根紧缩等不利因素，强化项目包装、积极主动争取，有序开展开发区企业债券申报，成功取得农业发展银行、工商银行、建设银行、万豪投资公司等金融机构信贷支持，重点工程建设和征地拆迁资金得到有力保障，全年还贷工作顺利完成。

四、重民生、强管理，社会事业得到新提升

扎实推进民生改善。安置服务有序推进。投入安置房建设资金3.3亿元，陆家斗二期平稳交付550套，共计5.59万平方米；许家桥二期、白鹭湾安置房加快推进；陆家斗三期、许家桥三期全面启动，“房等人”目标加快实现；组建成立安置服务中心，建立健全《公寓房安置小区内部管理办法》等规章制度，进一步加强安置管理和服务，白溪安置公寓房办证、违章改建车库等遗留问题有序解决，安置点强弱电、给排水和天然气管道安装工作陆续完成。“美丽社区”启动建设。结合“一宣讲、六推动”活动，开展全面创建“美丽社区”的调研和准备，并启动“村庄环境整治”专项行动，已有8个村委会申报并启动了项目。统筹开展社会事业。计生服务均等开展。户籍人口和长兴新居民的均等化服务全面铺开，流动人口服务中心成功创建为省级示范。基本保障全面覆盖。村级便民服务中心建设全面铺开，民政、人武和残联保障工作进一步落实；新型农村合作医疗保险覆盖率达99%；长兴县下箬卫生院成功收购，公共卫生工作开展顺利。文教事业扎实推进。积极参与“锦绣长兴”排舞大赛，取得1金2银的佳绩；第七小学、培智小学的搬迁和异地重建工作平稳推进。严格实施社会管理。违章建房管控有力。制定并出台《农（居）民建房审批办法》，严格审批、严格管理和严控违章，全年共查处违章

建筑 77 处，面积达 8230 平方米，拆除 26 处、2800 平方米，并同 191 户违章建房户签订了无条件拆除承诺书，违章数量与面积同比下降 76%和 83%。环境创建力度加大。以“创建提升百日大行动”和“环境整治百日大攻坚”为抓手，健全联动机制，突出抓好节假日、周末和重要时段的城市管理，疏堵结合整治流动摊贩集中区，“流动红旗”考评制度推动村居环境创建，绿化、美化、亮化、洁化和养护等工作有序推进，森林单位成功创建，绿源物业通过公司化运作，全年节省建设资金 230 万余元。全力维护社会稳定。扎实推进“平安开发区”创建工作，完善社会服务管理中心建设，认真落实领导包案化解、领导出访接访等工作机制，强化维稳工作的源头管控，2012 年共受理信访事项 32 例，同比下降 60%，办结或转办 32 起（集中积案化解 4 起），办结率 100%。高度重视安全生产，加大对安全隐患的监督、排查和整治力度，全年无重大安全事故发生。

五、抓班子、带队伍，自身建设得到新加强

抓体制机制融合。按照“精简、高效、扁平化管理”原则，打破“二元结构”，整合优化职能科室配置，内设机构从 25 个削减为 14 大职能科室，组织构架更加合理；全员参与竞争上岗，确定中层正职 25 名、副职 34 名，队伍结构更加优化；建立健全领导班子和科室员工“联村、联企、联项目”工作机制，有效推动面上工作开展，并有效抵御了强台风“海葵”的袭击；机关内部、村居、企业中“三比一讲”竞赛全面开展，比学赶超的氛围进一步浓厚。抓班子队伍建设。坚持领导班子“三严三带头”，每名班子成员除分管工作外，各领衔一项重点工作、认领一个调研课题、开展一堂夜校讲课，并经常性联系企业、项目和村居，切实做到了一岗双职；党委班子每两周召开工作例会，赛工作、赛进度、查不足，班子团队凝聚力、执行力、战斗力有效增强。抓干部队伍建设。倡导机关人员争做“五有”干部，打破身份限制，建立健全政府雇员管理等规章制度，拔高准入门槛，严控用工数量。今年以来，辞退两名严重违纪人员，两名干部到期解聘；科室工作分工到人、责任到人、督查到人，重点工作一周一上报、两周一交流、一月一督查、一季一考核，创先争优意识深入人心。抓村居队伍建设。以“三联”工作为纽带，配强村居工作力量，每个村居有 1 名联村领导和 2 名联村干部，指导和协助村居开展工作，提升村居在开发区建设发展中的主人翁意识。结合村级组织“回头看”工作，开展了“两不”专项整治工作，调整了 7 名村两委班子，其中，对 1 名村书记、2 名村主任进行了调整。加强基层组织建设。以“基层组织建设年”为载体，深入开展“打通农村党员‘进出口’”工作，积极推行发展党员预警、党员管理亮分、不合格党员帮教退出等制度，规范党员发展、教育和管理；按照“六有”要求，加强非公企业党建。2012 年，新发展企业党员 48 名，预备党员转正 44 名，新建企业党组织 3 家，组建完成企业联合党总支和党支部，非公企业党建实现了“全覆盖”。人武、工会、团委、妇联、残联、科协等群团工作协调推进，圆满完成了残联换届、冬季征兵等工作。

（长兴经济技术开发区）

2012年绍兴袍江经济技术开发区发展概况

绍兴袍江经济技术开发区(以下简称袍江开发区)成立于2000年7月,下辖斗门、马山两镇,常住人口20万,户籍人口10万。开发区位于长三角南翼,地处沪杭甬高速公路绍兴入口处,辖区面积87平方公里,总规划面积66平方公里,是目前浙江省内市政配套区面积最大的开发区之一。2010年4月25日,经国务院批准,袍江开发区升级为国家级经济技术开发区。

自成立组建以来,袍江开发区按照"营造经济发展新高地、建设绍兴城市新组团、形成开发建设新机制"这一总体工作思路,坚持高起点规划、高品位建设、高效率开发,着力推进各项工作,经济社会各项事业保持了良好发展态势,已初步建设成为规划科学、布局合理、配套齐全、经济开放、资源节约、环境优美的现代化工业新城。

一、工业经济快速增长

12年来,开发区产销、投入等主要经济指标保持快速持续增长。规模以上工业企业主营业务收入由2000年的32亿元增长到2012年的650.43亿元,是2000年的20.3倍,占市区比重达到70%;进出口总额由2000年的2734万美元,增长到2012年的36.53亿美元,是2000年的134倍,占市区的比重达到52.23%;2000年到2012年开发区累计引进实到外资14.9亿美元。主要经济指标在全省开发区中名列前茅,袍江以占全市1%的土地面积,实现了占全市的7%的规上工业总产值,已经成为绍兴市区经济发展的主战场和主阵地。

二、产业结构日益优化

通过内培外引和重点扶持,开发区初步形成了以电子信息、节能环保、新材料等战略性新兴产业为主导的"五大产业"体系,先后建立了以苏泊尔家电、贝力生液晶电视为代表的电子信息产业,以向日葵光能科技、环球光伏、德创环保为代表的节能环保产业,以新和节能灯、三圆石化、中成有机硅为代表的新材料产业,以加多宝、重庆啤酒、古越龙山黄酒为代表的食品饮料产业,以古纤道化纤、新纵横、汤姆斯服饰为代表的现代轻纺产业。目前全区主营业务收入超50亿元工业企业有3家,超10亿元工业企业有12家,超亿元工业企业有100家,占绍兴市区超亿元工业企业数量的57%。

三、商贸发展态势良好

坚持以建设繁荣、宜居的中心城市新组团为目标,着力推进商贸发展工作,区内商贸三产、医疗卫生、文化教育、休闲娱乐等配套功能不断完善。中国汽车城引进汽车品牌4S店已达45家,2012年完成汽车销售额117.35亿元,与中国安防城和中国钢材城共同打造的三大百亿市场初现雏形,集亚物流园区也已建成投运;房地产业持续发展,12年来累计共建成商品房小区28个,销售商品房住宅13397套;浙江农业商贸职业学院、绍兴一中分校、袍江中学、袍江小学、柯灵小学、斗门卫生院等一批文教卫设施已陆续投入使用。华欣商务大厦、益泉大酒店、华托建材家居城等一批商贸服务基础设施已正式投入运行，益泉百货、大润发超市等一批重大商贸项目正在加快建设，区内商气、人气不断集聚。

四、城市建设稳步推进

坚持按照“适度超前、成片规划、基础先行、有序推进”的原则，大力推进城市建设，一座现代化工业新城的框架已经形成。到目前为止，基本形成了60平方公里路网基础设施配套区，城市建成区面积达到33平方公里，在建项目区域面积7平方公里。绍兴市袍江大桥已建成通车，区内基本实现了公交线路的全覆盖和与市区换乘站的全对接，有效提升了城市区位优势。作为开发区未来发展新平台的“两湖”区域控制性详规已经完成，环湖路建设工程、1标、2标、3标的景观建设已启动，标志着两湖开发已进入实质性开发阶段，力争通过5—10年努力，把“两湖”区域打造成为以生态居住为主，集商业办公、娱乐休闲和教育科研为一体的城市综合体。

五、城乡统筹协调发展

开发区高度重视城乡统筹发展，坚持开发建设成果与区内群众共享，创造性地开展了“农民转职工、农民房转公寓房、农村组织转城市社区组织”和“提高失土农民生活保障水平”为内容的“三转一提高”工作，不断深化完善包括农民、民工在内的就业、医疗、养老、住房等各类社会保障体系。制订完善城乡一体化规划，大力度实施区中村拆迁改造，积极推进“撤村建居”工作，实现了“村改居”的平稳过渡。截至2012年底，已累计拆迁农民房341.2万平方米，33个村实现了“村改居”的平稳过渡，3.72万农民入住环境舒适的公寓式小区，4.38万农民实现了转移就业，6万余农民参加了社会养老保险。

2013年是全面贯彻落实党的十八大精神的开局之年，也是深入实施“十二五”规划承上启下的关键一年。新的一年，开发区将坚持以科学发展观为指导，认真贯彻落实党的十八大精神，按照市委、市政府的总体工作部署，围绕“产城一体、转型提升、创新发展”这一主线，大力实施工业发展、商贸繁荣、城市管理、民生保障、作风建设“五大提升”工程，努力将袍江打造成现代化新城区、新型工业化先导区、和谐社会示范区。

（绍兴袍江经济技术开发区）

2012年绍兴柯桥经济技术开发区发展概况

2012年是绍兴柯桥经济技术开发区（以下简称开发区）发展进程中极不平凡的一年。10月13日，经国务院批准，绍兴柯桥经济开发区正式升级为国家级经济技术开发区，定名为绍兴柯桥经济技术开发区。一年来，开发区坚持"突出转型升级、致力科学发展"工作主题，围绕建设"工业强县先导区、产业升级转型区、高新技术承载区、绿色生态示范区"的目标定位，大力推进柯北二期开发建设，努力实现富民强区，开发区经济社会呈现平稳发展的良好态势。

2012年，开发区全年完成税收48.02亿元，同比增长14.83%；工业总产值1352.55亿元，同比增长14.61%；工业增加值240.09亿元，同比增长14.27%；规上工业企业利润总额45.57亿元，同比增长15.19%；限额以上固定资产投资额144.7亿元，同比增长15.8%；自营出口52.56亿美元，同比增长5.96%。

一、狠抓柯北二期开发，发展潜力获得拓展

一是稳妥推进拆迁工作。启动了柯北二期两大配套主干道集贤路和齐陶北路工程建设，全面完成集贤路建设及齐陶北路拓宽改造2个拆迁项目，拆迁房屋5万平方米，拆迁交地55亩。

二是完善基础设施配套。扎实开展政府性项目建设，全年完成基础设施投入23.68亿元。集贤路工程完成投资4300万元，齐陶公路拓宽改造工程初步设计批复完成；陶里小学新建工程及配套步锦路临时路工程按时竣工并投入使用；城中路大修工程完成修复改建工作。

三是招商选资有所突破。加大招商选资力度，着力引进优质项目，全年新增内资注册资本58.3亿元，共引进26个亿元以上内资企业和5个1000万美元以上外资企业。汽车汽配、生物医药、新能源新材料等投资3亿元以上的20余个重点项目正在洽谈。总投资达40亿元的长江精工绿色集成建筑科技产业园项目一期完成土地规划调整听证会，投资达20亿元的金龙客车项目正在进一步洽谈。

四是破解发展要素制约。坚持规划修编和用地报批"两手抓"，实现拓展用地空间和保障发展需求的目标。深入推进低效和闲置土地"二次开发"，轻纺物流中心地块已达成协议；延锋伟世通将投资2.5亿元，扩建汽车音响；妥善处置历史遗留新三角轿修国有土地收回及安置工作；积极拓展融资平台和融资渠道，不断夯实发展资金保障。

二、推进经济转型升级，产业发展取得突破

开发区坚持以提升质量效益为中心，在"工业强区"和"科技兴区"战略中加快产业结构调整，推进经济转型升级，提高经济发展的质量和效益。一是加大有效投入。持续加大企业技改投入，推动投资总量与投资质量双提升，全年完成工业技改投入50.6亿元。优创光能、雅德居等14个亿元以上项目实际完成投资8.1亿元。二是加快平台建设。加快推进中国轻纺城创意园和科技园建设，科技创新平台科技园全年完成投资1.3亿元，桩基工程全部完工，主体招标已经完成；创意园全年投入1亿元，主体正顺利建设中。三是加强创新驱动。深入实施创新驱动发展战略，以"两化"深度融合、特色工业设计基地、智能纺织印染装备产业转型发展等省级试点，加强人才引

进和与高校大院名企的对接,促进产学研深度合作,推进制造自动化,实现“机器换人”。四是加速发展现代服务业。柯桥国际汽车城不断发展,斯柯达、起亚、菲亚特等品牌4S店和二手车交易市场建成开业。重点商贸项目宝利德发展大厦投入营业,金徕旺商贸中心竣工,宝利德国际大厦(洲际酒店)、冠南大厦等项目正在主体建设中;轻纺贸易中心和墙纸墙布市场发展迅速。全年实现限额上服务业企业主营业务收入28.2亿元。

截至2012年底,全区共有22家省级企业研发、技术中心,拥有省级和国家级知名品牌(商标)125个,其中当年11家企业新认定为高新技术企业,11家企业通过高新企业复评。通过各类专利1341项,其中授权发明专利22项 。

三、优化民生保障事业,园区功能明显完善

一是致力提升城市品位。突出抓好农村环境整治,投入3000多万元开展环境卫生和“洁净园区”集中整治行动,环境面貌得到提升,并探索建立环境卫生精细化、长效化管理机制;开展绿化提档和亮化工程。完成高速道口绿化景观等三大工程和彩虹庄、科创大厦、开发委大楼等亮化工程;实施“清水工程”,疏浚河道5950米,清理土方61345方,河道砌坎3100米。

二是致力城乡一体化建设。突出抓好农村新社区建设,光明、曙光居开展“美丽乡村”示范村建设;丈午居实施“空心村”改造,并完成全部择房、签约工作;官湖沿安置小区和陶里居农民公寓项目进展顺利。陶里、增大等田藕示范基地进一步做大,“泥娃娃”藕制品更加畅销。平原绿化扎实推进,全年完成绿化650余亩。

三是致力发展社会事业。突出抓好居民“幸福工程”,努力实现让公共服务更优质。不断建立健全社会保障体系,努力做到应保尽保,应补尽补。新型农村合作医疗保险参保率100%,保险覆盖面达到95%以上;着力做好失土农民养老保险各项业务,当年新征土地即征即保率达100%;切实完善扶贫助困体系,教育和以农民技能培训为主的成人教育取得新进展。

四、提升管理服务水平,发展环境不断优化

开发区以提升管理服务效能为抓手,积极推进村民便民服务中心建设,健全完善机关干部“八联系”制度,扎实开展“进居入企”大走访活动等机制,切实加强干部队伍建设,不断加大行风效能督查,转变了干部作风,优化了发展环境。

一是深入开展以“进居入企、助推发展、强化服务”为主题的作风建设活动,加快建设农村党风廉政建设电子监察系统和问责问效问廉电子监察系统。积极开展探索民营企业的反腐倡廉工作,首批在朗莎尔维迪制衣公司、东盛印染有限公司等区内五家企业试点。

二是健全区、居、企事业单位三位一体的防范机制,开发区投资服务中心、各便民服务中心、“三资”代理服务中心等服务平台建设进一步加强。基层矛盾纠纷调处机制和信访机制进一步深化,开发区社会保持和谐稳定。

三是积极开展基层组织建设年活动,抓好企业争强评优活动,进一步拓展“评星晋级”,积极推进“两新”组织党建工作。在金成工业园开展区域性工资集体协商试点,形成了全省第一份区域性工资集体协议书;舒美特纺织等18家单位成立了企业关工委。

(绍兴柯桥经济技术开发区管理委员会)

2012年金华经济技术开发区发展概况

在市委、市政府和有关部门的大力支持下，开发区管委会以科学发展观为指导，以经济转型和产业结构调整为目标，完善工作机制，优化发展环境，强化平台建设，培育服务品牌，扎实有效开展服务业工作，全面提升现代服务业发展水平。

2012年实现社会消费品零售总额72.44亿元，同比增长16.0%；完成限额以上批发零售商品销售额92.26亿元，同比增长8.84%，其中批发业实现商品销售额38.38亿元，增长18.7%，零售业实现商品销售额53.88亿元，增长2.7%。

完成服务业固定资产投资27.09亿元，同比增长35.1%，高新园区企业实现技工贸总收入328.28亿元，同比增长14.2%。

一、创新现代服务业发展方式

（一）建立现代服务业集聚发展机制

1. 规划并建设现代服务业集聚示范区。2012年4月，《浙江省现代服务业集聚示范区金华高新园区软件与服务外包基地发展规划（2012—2015》通过了省发改委等部门组织的专家评审，高新园区软件与服务外包基地被浙江省人民政府批准为第二批浙江省现代服务业集聚示范区。

2. 完善现代服务业管理机构。2012年5月开发区管委会在经济发展局设立了服务业管理科，配备2名工作人员，在统计办增加了3名专职统计工作人员，增强了服务业管理和统计力量。

3. 完善政策加大现代服务业扶持力度。制定了《金华经济开发区管理委员会关于推进现代服务业加快发展的若干意见》（金开〔2012〕14号），进一步加大对电子商务、文化创意、金融服务、现代物流、服务外包、生产性服务业和引进培养专业人才的政策扶持。该政策与现行的科技企业孵化、大学生创业、海内外英才引进等政策共同构成完善的现代服务业政策体系。

4. 明确责任，加快推进。下发《金华经济技术开发区服务业工作2012年重点任务分解》的通知（金开办〔2012〕64号），明确部门职责分工，为扎实推进现代服务业发展奠定了良好的基础。

（二）着力打造区域性服务业中心

1. 启动电子信息文化创意园建设。完成一期3.5平方公里内土地征用和农户拆迁，“人”字形道路建设已进入设计方案阶段。

2. 以高新园区为依托，完善公共信息服务平台合作共建机制。一是通过功能聚集和产业培育，把宾虹路以南、双龙南街以西、永康街以东、四联路以北的区域打造成浙中最大的互联网特色品牌区。以互联网企业集聚为抓手，将园区孵化达到一定规模的企业或优秀的毕业企业集聚到创新国际大厦，使其成为互联网产业集聚楼宇。完成金华科技园亚泰基地、中讯基地、海河基地的功能定位整合。2012年4月我区被命名为“国家电子商务基地”、“浙江省现代服务业集聚示范区”。二是启动现代服务业重大平台建设。规划建设保诚信息产业园、豪森电子商务产业园、棒棒科技创业园、新浪运营中心、师大计海科技大楼等一批重大产业平台。目前，棒棒科创园一期12000平方米、豪森电子商务产业园一期4000平方米均已投入使用，共引进入园企业13家。保诚信息产业园因日照原因，规划方案在协调中；师大计海科技大楼规划方案已送至窗口审批；新浪运营中心项目土地正在落实中。三是利用电子信息文化创意园建设，完善配套设施，主动承接沪、杭电子信息产业的延伸、配套和转移。四是进一步发挥国家级孵化器平台作用。建筑面积26000平方米的科技孵化大楼主体工程竣工，将近期安排竣工验收。创业中心当年新增孵化毕业企业16家，引进入园孵化企业53家，其中信息服务业企业38家。五是加快推进创业中心电子信息产业平台服务工作站建设，目前已完成工作站建设和投入使用，通过了省科技厅对该项目的初步验收。六是壮大软件和信息产业发展规模。2012年1—11月信息服务业实现技工贸收入127.79亿，同比增长15.47%，其中电子商务技工贸收入89.86亿，同比增长11.2%。园区龙头企业5173.com前11月实现利润9500万元，全年突破亿元。9158增速达115%，长风信息增幅达70%。在2012年金华市区电子商务“十大优秀企业”和电子商务“十大领军人物”评选中，金华开发区有7家企业被评为“十大优秀企业”，6人被评为“十大领军人物”。

3. 加快国际服务外包省级示范区建设。国际服务外包产业迅速发展，经商务部服务外包系统认定的企业达68家，在省商务厅国际服务外包示范园区考核中被评为优秀。联翔服务外包培训机构，培养了一大批服务外包专业人才。

4. 加快推进文化产业发展。一是加快培育以网络游戏为主要内容的网络文化产业。在省浙商文化促进会、中共金华市委宣传部、金华市文化广电新闻出版局联合公布的金华市首批重点文化企业及文化新婺商中，金华比奇网络技术有限公司、浙江天格信息技术有限公司、金华长风信息技术有限公司被评为“金华市首批重点文化企业”，傅政军、董冠杰荣获“金华市首批文化新婺商”称号。二是完善公共文化服务体系，加快推进文化创新，大力发展文化产业。乡街文化站建设实现全覆盖，送文化下乡全面开展，全年送戏30余场；电影“2131工程”深入推进。新增电影固定放映点5个，文化惠民程度明显提高。开展了“世纪龙腾”杯聚焦开发区摄影比赛，较好地展示了开发区经济社会发展和辉煌的建设成就。开发区建设标语口号获全省开发区标语口号评选活动一等奖，文化建设工作在全省开发区文化建设现场会上交流。

二、推进现代服务业联动发展

（一）着力建立现代服务业优先发展机制，加大现代服务业重点企业培育力度

1. 引进和培育重点产业。把引进和发展现代商贸业、现代物流业、金融服务业等生产性服务业，软件和信息服务业、文化创意产业、电子商务、服务外包等新兴产业作为开发区发展现代服务业的重中之重来抓，加大政策扶持和建立重点企业领导联系制度，帮助企业及时协调解决发展中遇到的困难和问题。

2. 鼓励支持产学研合作，开展现代服务业共性和关键技术攻关研究。加大科技经贸投入，促进公共信息服务平台创新能力和服务水平提升。2012年新认定技术创新项目18项，关键共性技术攻关项目10项，省级新产品立项19项（其中国家重点新产品1项）；新认定高新技术企业21家（其中国家级4家，市级17家），新认定创新型示范企业15家（其中省级2家，市级3家，区级10家），新认定省软件企业7家；新认定高新技术研发中心16家（其中省级3家，市级13家），引进院校所分支机构2家，开展科技合作项目28项。

3. 优先发展总部经济、创意经济、网络经济、商务经济等服务业新业态。根据《金华市人民政府办公室关于公布市区2012年总部企业名单的通知》（金政办发〔2012〕132号）文件确定青年集团、今飞集团、利诚信息、易川服饰、绿源电动车、福泰隆、英诺珐、千里马8家企业为开发区总部企业，广辟渠道、搭建平台，积极开展招商引资活动，为企业出谋划策，助推经济转型升级。

4. 加快企业上市培育。重点培育优势企业在境内外上市，并在政策指导、项目申报、企业服务等方面做好跟踪服务。目前银宇纺织、信和科技、今飞凯达、派尼尔均已完成股改，进入上市培育期。成功解决5173.com股权纠纷，为成功上市扫清了障碍。9158.com境外上市工作也在积极筹备中。

5. 抓好服务业重大项目建设。2012年开发区列入省服务业重大项目一个(科技孵化大楼)、市服务业重大项目三个（浙中钢材机电石材市场、顺通物流仓储中心、金字火腿冷链物流基地)。2012年省市重大项目计划投资2.85亿元，完成投资3.84亿元,完成全年计划的134.7%。

6. 大力实施大企业培育和扶优扶强工程以及中小企业成长计划。已完成超亿元服务业企业29家,其中超10亿元服务业企业3家。

7. 建立"十二五"服务业重大项目储备库，推进省市重点服务业项目。上报2013年省服务业重大项目三个:江南老年公寓、金华市浙中钢材机电石材综合市场、红星美凯龙国际家居商场,2013年市服务业重大项目正在申报中。

（二）加快推进传统服务业改造提升

1. 积极推进商业企业品牌建设,鼓励服务业企业开展商业模式创新。

一是全面推进农贸市场提升工程。2012年开发区金华西苑农贸市场、高畈菜场、秋滨农贸市场、工商城农贸市场、陆村农贸市场、下官桥农贸市场、宏腾农贸市场、唐宅农贸市场8家有证市场列入提升改造项目,总投资9900万元,改造面积39045平方米。其中,供销农产品婺江新村市场经过改造,日生鲜销售量达7805公斤,日营业额20余万元,同比增加66%,荣获"2011年度省级文明示范农贸市场"称号;工商城农贸市场于2012年3月17日完成改造工程,4月15日开业。市场设立专门检测办公室,每个摊位设有可追溯电子条码秤,配有条码查询一体机,同时配套治安监控系统,经过改造达到了"地不湿、无异味、价公道、讲诚信、可休息"的目标,成为市区农贸市场改造提升的样板；陆村农贸市场2010年已经进行基础改造,今年根据省级文明示范市场标准完成再次改造；秋滨农贸市场改造面积6000平方米,总投资750万元,目前,内部改造已完成并已正常营业；西苑农贸市场2012年4月与承包人达成提前解除经营合同的协议,现市场配套综合楼已基本完工,市场改造提升工程进展顺利;高畈菜场、下官桥农贸市场也在不同阶段的进行中。

开发区农市对接工作得到省委书记赵洪祝和市委书记陈一新的批示肯定和社会各界的广泛关注:2012年编发农贸市场改造提升简报8期,共计18期,《对我省试点"农市对接"经营模式减环节抑菜价惠民生的调研》一文被省工商局内网选用,并上报国办。2012年5月16日,省委书记赵洪祝批复金华的"农市对接"做法好,要求进行总结完善和推广,《金华日报》、《都市快报》、《钱江晚报》、金华电视台等多家报纸媒体对我区农贸市场提升工作进行了系列报道。全年各级媒体共报道开发区农贸市场改造提升信息百余次,形成了领导重视、全社会关心、老百姓支持、经营户积极参与,共同推进农贸市场改造提升的良好氛围。

2. 加强食品安全管理工作,加大经营场所安全生产监管工作。开展食品安全百日专项行动、实现培训、约谈等"6个100%",加大专项整治力度,针对食品生产企业等重点单位,开展了乳制品、豆芽菜等重点品种的专项整治。仅百日攻坚行动期间出动执法人员达2211人次，查处各类违法行为21起,责令整改90户,行政刑事立案21起,取缔无证无照单位3家,处理举报投诉4家,处理举报投诉事件55起。开展了畜禽产品等食品安全现场咨询活动和培训,群众发放各类宣传资料万余份,创新载体,借助网上在线交流等多种形式,扩大食品安全工作的社会影响。

3. 加快服务业转型升级,引导传统企业运用高新技术,不断提高其附加值。已成功引导园区豪森集团、棒棒门业转型升级发展信息服务业。限上服务业企业信息化覆盖率达90%以上。园区传统产业应用电子商务情况良好,如金字火腿建成巴玛网上商城，富华贸易成立了尚尚科技,天下实业成立了派特信息科技等。

（三）加快服务业品牌建设

1. 大力培育著名商标。2012年上报市著预审商标5个,延续确认商标13件,省著商标预审7个,延续确认商标9件。最后获市著认定商标4只,延续确认商标11件,省著认定商标4只,延续确认商标9件,这是近三年获得省著商标最好的一年。

2. 积极开展驰名商标的培育辅导工作。今年重点培育今飞、金字火腿两件商标的培育工作，现已报国家局审批。推荐“东晶电子”为培育库企业上报市局。组织利诚信息等4家企业参与浙江名牌争创活动，组织创捷电子等9家企业进行金华名牌申报，5只金华名牌产品复评，金华默香酥饼、金华小老黄酥饼被评为“金华老字号”商标。

3. 推进企业信用体系建设。引导企业运用信用管理理念，规范内部管理，提升核心竞争力。浙江绿源电动车有限公司被评为省级信用示范管理企业，金华四通家电有限公司被评为市级信用示范企业。开展农业标准化示范工作，天元食品等2家企业申报省、市级农业标准化示范项目，伟达粮油等2家企业申报标准化良好行为，汇隆电子申报浙江省标准型企业，青年企业等2家参加复评，和和塑胶等2家企业参与行业标准制定，利诚信息首个网络产品交易服务地方标准规范通过审定，帮助企业标准备案3个，申报市政府标准化战略专项资金项目11个，获得市财政专项资金48万元。

（四）建立健全服务业开放发展机制，加大服务业招商选资力度

1. 加大服务业招商选资力度，引进一批国内外著名服务业企业，实施婺商回归工程，积极搭建婺商交流合作平台。实施“浙（婺）商回归”工程，制定《支持创业创新促进赶超发展实施方案》，成立支持创业创新促进超越发展工作领导小组，积极搭建婺商交流合作平台。对区内零星地块和低效建筑进行规划调整和资源优化整合，积极引进现代服务业和科技创新项目。在第二届中国（金华）国际商贸发展大会上成功签约：内资项目宾利汽车4S店，总投资3.5亿元；外资项目海纳租车增资1.5亿元。

2. 坚持对外开放，加快走出去步伐，引导服务业企业开展境外投资，鼓励企业在境外设立营销网络和经贸合作区，已实现境外投资2676.04万美元。

（五）加快“精品城市建设”，着力推进“精品街区”改造和“三化”整治工作，优化商业布局，进一步提升核心商圈环境

1. 加大基础设施配套建设力度，加快李渔路、双溪西路等道路优化工程进度，打通东莱路、金磐路等。李渔路一期、双溪西路优化工程已完工，李渔路二期完成新建机动车道沥青铺筑，两侧非机动车道管线埋设，计划春节前主路通车；东莱路延伸东段工程完成设计方案，建立了现场项目部，金磐路西段已建成通车。

2. 加强精品街区建设，开展“洁化、绿化、美化综合整治，实施八一南街、双龙南街、兰溪街立面环境整治。一是狠抓精品街区建设。一抓制度落实。2011年，按照市政府有关工作会议要求，结合开发区实际，我们制订并实施了两街“三化”实施方案。按计划进行了基础设施整治，落实城市管理精细化、长效化管理措施，保持和巩固整治成果，提高城市环境管理水平。2012年，为保持对“精品街区”常态化管理，我们建立了“三化”巡查报告机制，共有96名“三化”巡查员，按网格化管理要求，定期开展对包括八一南街、双龙南街在内的日常巡查工作，努力将其打造成为精品城市建设的示范街区。二抓精品培育。自市区兰溪街商业步行街建成命名以来，2011年12月10日开始由三江街道接管，开发区兰溪街商业步行街综合管理办公室正式挂牌，办公室共有管理人员3名，保安、保洁等工作人员20名。工作中加大了步行街内主题活动牵引和宣传力度，规范市场运作流程，引导市场可持续繁荣发展。在突出节假日品牌促销活动的同时，还引进一系列的商业促销活动：车辆展览、传统美食及名优糕点精品展、竹笋节、金华精品房交会、灯展、文艺演出等。通过这些活动凝聚了人气、扩大了影响、提升了文化品位，也拉动了销售，带动了市场繁荣。

二是狠抓洁化、绿化、美化综合整治。一抓洁化工作。全面推广三江保洁模式，确保“三化”整治到位。由各街道成立保洁中心，负责对城中村、无物业小区的卫生保洁工作，共保洁面积近144万平方米，养护绿化13.3万平方米。开发区每年通过以奖代补方式下拨资金约362万元。工业园区卫生保洁采取市场化运作，保洁面积152万平方米，养护绿化约47万平方米，每年支付经费约633万元。通过加强考核等方式，保证了保洁质量，辖区内卫生水平得到了较好的保持。二抓绿化工作。在2012年完成新建公共绿地约30万平方米，其中金华梅园占地面积约10万平方米，被列为金华市区2012年市重点建设工程，梅园是以梅花为主题、展示梅花文化、围绕生态环保建设的大型健身、娱乐、休闲的综合性城市公园。三抓美化工作。一方面确保道路畅通完好，全年及时修复水泥路面3356平方米，更换侧石（含花岗岩侧石）1885米，新铺各类人行道花砖22789平方米、面包砖7112平方米，零星修复沥青路面20000余平方米，更换破损及被盗窨井盖364副；配套工业园区企业围墙外基础设施，完成工业园区各道路两侧人行道花砖3万平方米；另一方面完善交通安全设施。完成了李渔路和双溪西路道路优化交通标志标线工程。同时，为全面完善整个工业园区的道路交通设施，优化园区交通组织，确保园区交通设施安全畅通，根据管委会年初投资计划，对工业园区道路交通系统进行了全面系统规划设计和施工。

3. 配合做好浙中购物街系列活动。根据《金华市人民政府关于印发第八届浙中购物街实施方案的通知》（金政办发明电〔2012〕62号）文件精神，开发区经发局、工商局、质监局、社发局等相关部门对在我区举办的十个相关活动进行了积极配合，活动进行顺利，激活了本地消费，吸引了外来消费，使购物节成为促消费、稳增长强有力的助推器。

三、强化现代服务业发展要素保障机制

（一）建立项目用地保障机制，推进土地集约高效利用

成立开发区节约集约用地专项行动工作领导小组制定了《开发区节约集约用地专项行动方案》，并组织召开了动员大会，全面开展地毯式工业项目用地清查工作，摸清开发区340家已供地企业，353个地块，14211亩土地开发情况，企业建房及利用情况、产出效益、集约发展水平等情况并形成企业分类排序名单，公布2012年“四个一批”名单，通过逐家走访、逐家洽谈、逐项推进等方式，现已签订转型升级企业17家。

（二）完善人才培养和引进机制，建立有利于服务业人才培养和引进的激励机制

1. 研究制定培养和引进服务业人才的扶持政策，重点建设服务业人才队伍，积极引进紧缺、高端、专业和复合型等服务业人才和经营管理人才。

2. 深入实施海内外英才引进计划，按照人才+项目的方式，着力引进领军型创业创新人才，园区3家企业入选浙江省海外高层次人才“千人计划”。金华市第二批海内外英才项目中2家落户开发区；第三批海内外英才有意向企业4家。

3. 探索建立服务业区域联动机制，加快建立信息交流科技创新、知识产权保护、人才引进与培养等区域性公共服务平台，高新IT学院人才订单培养模式成效显著，园区多家IT企业与学院合作开设订单班，为IT产业发展提供智力支持。

（三）完善统计体系，加大服务业统计工作

根据市委、市政府《关于加快推进服务业发展的实施意见》精神，开发区管委会先后出台了《关于加强统计工作的实施意见》、《关于乡、街统计工作考核办法》，各乡、街都明确分管领导，落实专职人员，并延伸到村居，以进一步加强辖区内服务业日常管理和统计工作。

为了进一步摸清开发区范围内服务业企业现状，5月中旬组织一乡四街道及88个村居的共百余名相关人员进行了统计业务知识培训。并根据国税、地税、工商等部门提供的4000多家企业名单，按照乡、街所在地进行核对，逐家逐户上门走访调查。截至2012年底，已新增名录库法人单位1260余家，产业活动单位300余家，开发区的法人单位达到3600余家，产业活动单位1500余家，新增限上服务业入库企业120余家。

（金华经济技术开发区）

2012年义乌经济技术开发区发展概况

2012年是义乌经济技术开发区（以下简称开发区）发展进程中极不平凡的一年，在迎来建区20周年之际，经国务院批准，成功升级为国家级经济技术开发区，开启了开发区发展新的征程。一年来，在省、市各级党委政府的正确领导和省商务厅的关心指导下，开发区牢牢抓住国际贸易综合改革试点这一重大机遇，紧紧围绕义乌“两区六城”建设，深入贯彻实施“工业强市”发展战略，强化招商引资，推动自主创新，大力推进“大平台、大产业、大项目、大企业”建设，在招商引资、项目推进、科技创新、基础配套建设等方面都取得了一定成效。

一、经济发展实现较快增长

2012年，在国内外复杂的经济形势背景下，经过努力，全区经济发展实现了较快增长，主要经济指标达到了两位数以上的增幅。全年开发区（整合提升区）实现工业总产值817.6亿元，同比增长16.25%；规上工业总产值431.68亿元，同比增长11.8%；出口交货值118.9亿元，同比增长13%；实现财政收入35.26亿元。

二、发展战略研究积极开展

为把开发区建设成为国家级开发区中独具特色、省内一流的开发区，积极开展了开发区发展战略研究，专门赴江苏苏州、昆山，四川成都，广州增城、东莞松山湖及我省杭州、萧山、富阳、长兴、金华金东区等地的十余个开发区、高新区考察取经，学习它们在开发区体制机制、产业发展、规划建设、项目招商等方面的先进做法和经验。目前已形成开发区下一步发展的初步设想，开发区将根据义乌市委、市政府统一部署，明确新一轮发展定位、战略，做好规划方案。

三、总部经济建设加快推进

总部经济区A组团于2012年1月6日开工建设，现已完成土石方及基坑维护工程，预计于2015年完成建设并交付使用。2012年6月7日，在2012年（第三届）中国民企投融资大会之浙商回归与总部经济论坛上，开发区总部经济区荣获“2012（首届）浙商最佳总部基地”称号。10月，经过公开招标，开发区总部经济区A组团工程项目的技术服务、前期物业及招商服务由绿城房地产集团有限公司中标，“绿城”浙中区域总部也将进驻开发区总部经济区。同时，总部经济区AB组团招商工作进展顺利，A组团8栋总部大楼除2栋总部大楼按照市里安排引进义乌建筑企业外，其余6栋总部大楼引进市外及回归企业，现已引进规模优势企业42家，其中义乌回归企业7家，浙商企业8家，预计总投资约16亿元，含外资2000多万美元，有23家企业已完成工商、税务注册登记手续；B组团8栋总部大楼将采用企业独建的模式开发建设，通过全员招商活动，成效显著，已有7家企业申请入驻。

四、重大项目引进取得突破

立足优化开发区产业结构，着重发展装备制造业、创意研发等新兴产业，着力引进税收贡献大、品质优的大项目好项目。总投资20亿元的赵龙集团项目已于5月开工建设，争取在2013年8月份完成一期厂房主体工程并投入生产；义乌市首家央企合作项目——规划占地1800亩的汽车零部件产业基地项目已于2012年9月份举行奠基仪式,8家首批入驻企业的项目前期工作正在准备当中;年年红总部型企业试点工作进展顺利;森宇集团总部型企业工作达成初步入驻意向;五金工具产业化项目已完成企业投资项目基本建设备案,项目前期工作有序推进。

五、科技平台建设不断加强

通过注重强化科技孵化功能,不断加强了浙大义乌创业育成中心、科技产业集聚园等科技创新平台建设。积极发挥育成中心科研成果孵化及企业技改支持作用,截至目前,共引进高新技术项目25个,注册资本超过5000万元。抓好科技产业集聚园企业培育及管理工作,目前产业集聚园拥有专利示范企业、科技型企业及市级研发中心14家,各项专利93项。2012年,产业集聚园16家企业实现产值3.63亿元,税收1362万元,每平方米税收达230元。此外,我们还积极培育工业设计、技术研发等产业服务平台,并计划建设电子商务城、虚拟大学城、科技城等一批新兴产业平台。

六、城市功能配套逐步完善

为提升园区水平和档次,着力推进基础设施和环境建设,不断优化道路交通网络,进一步完善生产生活配套设施。开发区内城店路、戚继光路、开诚路、开辟路、伏龙山路等道路初步设计已全部完成,其中城店路、开诚路、开辟路部分路段施工图已完成,开创路正在进行初步设计。开创路、戚继光路、开诚路的报批材料已上报国土部门,正在进行农用地转用等土地报批手续。义乌市文化广场项目已于2012年8月6日开工建设,目前已完成土石方开挖70%。购物中心、五星级酒店、休闲商业街综合体项目的前期工作和招商正在积极推进中。此外,配套的复元医院已投入营业,稠州银行项目也于8月6日举行了开工仪式。

七、开发区组织建设全面加强

7月2日,省机构编制委员会下发了《关于同意设立义乌经济技术开发区管理委员会的批复》(浙编〔2012〕56号),开发区为义乌市政府派出机构,机构规格为副处级。经过抽调和选调,开发区管委会人员配备基本到位。在加快推进队伍建设的同时,开展了新开发区精神表述语征集活动,提炼出"团结、实干、创新、奉献"的新时期开发区精神;开展了"学十八大精神,促开发区发展"大讨论活动,以廉政讲座、业务培训、廉政文化氛围营造等各种形式积极推进廉政效能建设,树立勤政廉洁的风尚。还结合义乌市"两创两提"活动、"进村入企"大走访活动和"两富"农村指导员工作,实行重大项目和重点工程形象进度上墙公示,建立开发区重大产业项目联系责任制度,对项目进行全程跟踪服务;落实总部经济项目全程代办服务机制,确定专人为入驻企业全程代办工商、税务注册等手续。通过树立"积极有为、务实创业"的工作基调,开发区逐步建立完善了各司其职、分工合作、廉洁高效的工作机制。

(义乌经济技术开发区)

2012年衢州经济技术开发区发展概况

衢州经济技术开发区于2011年6月获批国家级经济技术开发区，2012年8月10日，市委、市政府决定，将衢州经济技术开发区、衢州绿色产业集聚区、衢州高新技术产业园区“三区合并”，衢州综合物流园区划归衢州经济技术开发区管理。

衢州经济技术开发区整合后辖“一核三片”，总规划控制面积约306平方公里，“一核”即核心区，规划面积为198平方公里，其中直接实施区块147.7平方公里、柯城园区8.2平方公里、衢江园区28.9平方公里、巨化园区13.2平方公里；“三片”规划面积108平方公里，其中龙游片区48.3平方公里，江山片区49.5平方公里，常山片区10.2平方公里。

核心区现有工业企业1005家，拥有巨化集团、明旺乳业、元立集团、开山股份等一批国内外知名企业，其中规模以上企业190家，产值超亿元以上企业70家，5亿元以上企业23家，10亿元以上企业13家，40亿元以上企业3家，100亿元以上企业2家。核心区现有企业职工6.9万人，居民15万人。2012年，核心区直接实施区块实现地区生产总值165.2亿元；工业总产值402亿元，其中规模以上企业总产值380亿元；完成固定资产投资42亿元，其中工业投资36亿元，实现财政总收入24.3亿元，其中地方财政收入13.3亿元。

开发区确定了“绿色产业新区，衢州东南新城”的目标定位，确定了“一城四区十基地”的功能定位，“一城”是建设衢州特色产业新城，打造衢州宜居宜业宜游的城市副中心；“四区”是建设成为新特产业集聚区、转型升级引领区、创新开放试验区、宜居宜业新城区；“十基地”即打造氟硅钴新材料产业基地、空气动力机械为特色的先进装备产业基地“两大国际级产业基地”，打造绿色休闲食品和健康饮品产业基地、金属制品产业基地、高档特种纸产业基地“三大国家级产业基地”，打造浙江省电子元器件及材料产业基地、浙江省光伏产业基地、浙江省现代综合物流基地、浙江省现代生态农业基地、浙江省生态休闲旅游基地“五大省级产业基地”。核心区拥有国家氟材料工程技术研究中心、浙江氟硅技术研究院、衢州大学科技园和中俄科技合作园、省特色工业设计示范基地、衢州慧谷工业设计产业园等公共创新平台；拥有巨化、开山、红五环等一批著名商标和品牌。开发区功能配套完善，具有良好的投资环境，配套建设了学校、医院、银行、公园、广场、宾馆、住宅小区、体育中心、大型超市、民工公寓等生活性服务设施以及自来水厂、污水处理厂、热电厂、变电站、固废物处置中心等生产功能性配套项目，基本实现“九通一平”，已成为浙闽赣皖四省边际基础设施配套最完善的多功能综合性产业园区之一。

衢州经济经济开发区以“敢于创新、敢于争先、敢于攻坚、敢于担当”的四敢精神，大力推进“六个转变提升”，即从建设传统工业园区向建设绿色产业园区转变，实现产业结构提升；从单一的工业园区建设向城市新区功能完善提升转变，实现功能优化提升；从低小散粗放发展向集约集群发展转变，实现发展方式提升；从行政性政策优惠向投资综合环境优化转变，实现创业环境提升；从传统招商向专业招商招大引强转变，实现招商项目提升；从按部就班抓推进向不破法规破常规大干快干转变，实现服务效能提升。按“高起点规划、分阶段推进”的思路和“一年攻坚落实、三年重点突破、五年较大变化”的总体目标，力争到“十二五”末，核心区实现生产总值280亿元，实现工业产值1000亿元，新增开发面积16.4平方公里。到2020年末，实现生产总值580亿元，实现工业产值2000亿元，新增开发面积40.1平方公里。

（衢州经济技术开发区）

2012年浙台(苍南)经贸合作区发展概况

苍南县是海峡西岸经济区“温州沿海发展区”的重要组成部分,是浙江省对台经贸合作的桥头堡,战略地位较为突出。苍南县委、县政府按照省委“北接上海,东引台资”战略部署,以投资带动贸易,以贸易促进投资;按照“主动接轨、加强协作、发挥优势、实现共赢”的要求,把扩大利用台资作为新一轮开放型经济的突破口之一,引导、改造、提升我县传统产业,发展高新技术产业,使我县与制造业发达的台湾地区形成产业对接,优势互补。

一、苍南县基本情况

苍南县位于海峡西岸经济区与浙江海洋经济发展示范区“两大”国家战略的交汇处,浙闽台“海三角”的核心区,也是浙江省开展对台经贸合作的“桥头堡”,战略地位较为突出。全县人口130万,为浙江省第一人口大县,其中闽南语人口70多万,下辖10镇2乡,陆域面积1291平方公里,海域面积3753平方公里。改革开放以来,苍南块状经济发展迅速,形成了以印刷、礼品、纺织、塑编、商贸物流为主体的特色产业群,先后获得了“中国印刷城、中国礼品城、中国塑编之都、中国台挂历集散中心、中国矿山井巷业之乡”等15个国家级特色产业称号。2012年实现生产总值323亿元,财政总收入31.7亿元。

二、浙台(苍南)经贸合作区开发建设工作成效

2011年5月18日,省政府批准成立浙台(苍南)经贸合作区,是全省第一个对台经贸合作平台,意味着我县从长三角经济区的“末梢”走到了海峡西岸经济区的“前沿”。两年来,全区以浙台(苍南)经贸合作区开发建设为抓手,掀起了对台经贸文化大交流、大合作、大发展的热潮。特别在思路谋划、平台建设、机制创新、政策争取、招商引资、两岸交流、对外宣传等各个方面齐头并进,取得了一定的成效。

(一)着力于对台经贸合作发展的准确定位

2012年11月编制完成《浙台(苍南)经贸合作区发展规划》,成为全省第一个浙台经贸合作区规划。《规划》提出,依托在自然条件、区位交通、文化特点、产业基础、空间平台等方面所拥有的比较优势,苍南对台经贸合作区的发展定位是“两区四平台”。“两区”就是把合作区建设成为浙江海洋经济发展的示范区和浙江“海西”建设的先行区,“四平台”就是把浙台(苍南)经贸合作区建设成为国家级台商投资区、国家级台湾农民创业园、国家级对台贸易口岸和国家级海峡两岸交流基地。

(二)着力于对台经贸合作平台的规划布局

结合温州市“1650”都市圈建设,全区提出打造“三核心三走廊”的对台经贸合作空间布局。“三核心”就是灵溪新区、龙港新城、马站台湾农民创业园核心区。其中,灵溪新区规划面积57平方公里,包括现代服务业集聚区、省级高新技术产业区、浙闽台市场集聚区、精致农业合作区、生态城市拓展区等五个功能组团,以承接台湾先进制造业、现代服务业为主。龙港新城规划面积106.8平方公里,包括中央商务区、高新技术产业区、港口经济区、现代农业综合区、新城拓展区等五个功能组团,以承接台湾高新技术产业、文化创意产业、海洋产业为主。马站台湾农民创业园核心区规划面积22平方公里,包括马站现代农业示范园、霞关对台贸易物流园、沿浦农副产品

加工园、渔寮滨海休闲观光园、蒲城岱岭文化风情园等五个功能组团，以承接台湾精致休闲农业、商贸物流业为主。“三走廊”就是沿苍南海岸线蓝色经济走廊、沿苍南龙金大道块状经济走廊、沿苍南78省道生态经济走廊。通过“三核心”集聚、“三走廊”辐射，全县形成梯度推进的对台合作交流平台格局。

（三）着力于对台经贸合作项目的有效突破

积极整合县内对台招商引资职能，专门组建对台经贸合作服务中心，制定台商投资优惠政策制度，积极组织参与浙洽会、厦洽会、异地苍南商会高端论坛、苍南南投见面会、苍南屏东交流会等，不断扩大苍南影响力。两年来，台湾台肥集团、远雄集团、商圈总会、大亿企业集团、“三三会”等一批台湾重量级大集团投资者、行业协会纷至沓来。与此同时，苍南主动走进台湾，进行招商推介交流。去年来，我县派出10个政府代表团赴台交流合作，接待来苍台商1300多人次，台资项目落地12个，投资总额近13亿元；在谈台资项目近40个，意向投资额近60亿元。在6月份举行的“浙江·台湾合作周”活动中，国台办常务副主任郑立中、海协会顾问陈云林、“三三会”会长江丙坤亲临苍南，3家台资企业集中动工，13个项目进行签约，苍南对台经贸合作迎来新一轮高潮。

（四）着力于对台经贸合作体制机制的不断创新

2012年1月，浙台经贸合作研究中心在苍南挂牌成立，这是浙江省第一个以对台经贸合作为研究对象的省级政府性研究平台。同时，苍南县委、县政府先后组织党政代表团、专家团赴外学习先发地区发展思路、经验和做法。按照“一区多园、统分结合、利益均分、有序运作”的模式，建立浙台（苍南）经贸合作区开发建设领导管理体制、便捷高效的工作运行机制和成果共享的利益平衡机制。成立了浙台（苍南）经贸合作区管委会，建立了浙台（苍南）经贸合作区联席会议制度。与此同时，建立了招商引资责任制和台资项目落地领导全程负责制和绿色通道制度，形成了合力服务对台经贸合作先行先试的体制机制新格局。

（五）着力于对台经贸合作环境的持续优化

2012年1月，作为对台经贸合作三核心之一的龙港新城，其中2.4万亩农业用海获批转为建设用海。2012年7月，浙江省政府把支持浙台（苍南）经贸合作区加快建设列入浙江省与商务部2012年“省部合作”项目。此外，霞关对台小额贸易列入更开放管理措施试点口岸，目前已经得到国家海关总署的原则同意。申报国家级苍南台商投资区得到了各级领导的大力支持，目前已正式进入国务院决策层面，国务院办公厅已经批转商务部办理。如果顺利获批，将成为福建省以外的第一个国家级台商投资区。

（六）着力于两地经贸文化的深度交流

苍南与台湾同属闽南文化，全县闽南语人口70多万，妈祖宫庙70多座，台胞台属2万多人，两地商贸、文化、人员交流源远流长。苍南县委、县政府高度重视推动两地在文化、宗教、宗亲、民间信俗、少数民族、经贸、社会、科技、教育、医疗等各个方面、各个层面的交流交往，建立两地官方、民间、民众互信基础。2012年4月成功举办首届中国苍南海峡两岸妈祖文化交流节，同时启动了苍南霞关坑尾妈祖文化园建设，规划建设面积150亩，总投资1亿多元，建成后将成为浙台开展妈祖文化交流的固定平台和重要场所。2012年5月举办了浙台（苍南）经贸合作区两岸经贸文化交流月系列活动，相继开展了两岸杨府侯王信俗文化、少数民族文化、妈祖文化等系列交流活动，推动苍南与台湾两地经贸文化交流合作向纵深迈进，苍南借此正在积极筹备两岸交流固定项目，积极谋划申报国家级海峡两岸交流基地。

（浙台（苍南）经贸合作区管委会）

二、部分省级开发区

2012 年余姚经济开发区发展概况

2012 年以来，余姚经济开发区(以下简称开发区)以创建国家级开发区为目标，围绕平台建设、招商引资、项目攻坚、科技创新等中心工作，以创带建，创建结合，不断推进整合提升，各项工作取得新突破、新进展。2012 年，开发区被省政府评为全省开发区整合提升工作先进单位，并被授予“省级特色品牌园区”和“省级海外高层次人才创业创新基地”称号。总结全年工作亮点，主要体现在九个“新”上面。

一、创建工作有新进展

余姚市委、市政府提出创建国家级开发区的目标后，开发区迅速成立工作领导小组，出台方案，分解责任，先后到余杭、绍兴袍江经济技术开发区考察取经，并和省、宁波有关部门进行对接，明确创建路径。同时，还通过宁波人代会议案的形式，争取上级部门的重视和支持。目前各项创建工作有序推进。

二、经济实力跃上新台阶

2012 年，开发区围绕“稳中求进、进中求好”的总基调，着力推进稳增长、调结构、重投入、兴实体等各项工作，工业经济保持平稳较快发展。2012 年实现工业总产值 842.7 亿元，同比增长 8.6%。其中：规上工业总产值 764.14 亿元，销售 730.86 亿元，利润 36.55 亿元，税金 31.86 亿元，自营进出口总额 54.8 亿美元，同比分别增长 6.48%、2.01%、6.72%、14.85%和 8.32%。总体来看，开发区工业经济运行良好，主要经济指标高于余姚市平均增长幅度，凸显了开发区经济增长极的作用和地位。

三、平台建设呈现新面貌

开发区把构筑大平台作为推动经济转型升级的主要载体，重点完善滨海新城基础设施建设，稳妥推进“千人计划”产业园、城西工业园开发，统筹抓好城东新城、模具城、远东工业城等区块的功能提升，着力形成一区多园、各具特色的发展格局。在滨海新城，抓好总体规划、一期、二期控规修编以及核心服务区的城市设计，确保以高水平、前瞻性的规划引领开发建设。2012 年共实施政府性投资项目 11 个，完成年度投资 2.2 亿元。至 2012 年底，企业服务中心投入使用，涛声路拓宽工程完工，兴海路、滨海大道一期、建民北路等一批骨干道路均完成路基建设，为拉开框架，早出形象打下扎实基础。在落户的 49 个工业项目中，已投产(包括试生产)12 个，在建 19 个。在供电方面，220 千伏武胜变建成投运，110 千伏曹娥变扩容成功，两项工程新增变电容量 53 万千伏安。在“千人计划”产业园，抓好基础设施前期工作以及在谈、签约项目的跟踪落实。到 2012 年底，产业园总体规划以及启动区控制性详细规划已通过评审。启动区征地由三七市镇政府牵头完成，土地平整、塘渣填筑以及首期157亩用地指标已经落实。已签约由海外高层次人才领衔的项目57个，涉及新装备、新材料、生物医药等战略性新兴产业，领衔这些项目的人当中，有院士2位，国家"千人计划"专家44位，省"千人计划"专家6位，其中莱恩精机(深圳)有限公司的机器人项目有望于5月开工建设。在城西工业园，稳妥推进连线成片的土地流转和拆迁，至2012年底，累计流转土地4040亩，征收国有土地91.5亩，拆迁签约共22万平方米。工程建设方面，肖朗路一期城西段、通环路城西段以及安置房一期工程前期准备工作有序推进，为全面开工建设打下扎实基础。

四、招商引资取得新成效

利用余姚市六大招商中心的团队优势，加大对新型纤维材料产业基地、汽配产业园、新兴产业园等"园中园"的推介宣传，着力引进一批大项目、好项目落地生根。2012年，实现合同外资3.41亿美元，实到外资2.42亿美元，同比分别增长15.24%和11.01%。实到外资占余姚市66%左右，开发区招商引资的主力军作用得到充分发挥。此外，围绕华润五彩城项目建设，抓好国内外知名品牌的入驻，目前已有华润万家超市、CGV影院、星巴克、肯德基等品牌签约落户，一个集众多业态于一身的地标性城市综合体已轮廓分明。

五、项目推进迈出新步伐

以23个"六大百亿工程"重大项目为突破口，强化协调服务，破解要素制约，推进华鑫化纤、中宇锂电、华润五彩城、滨海大道一期等一批重大项目建设，拉动固定资产投资平稳较快增长。2012年，实现固定资产投资222.24亿元，同比增长60%，总量位居全市第一，占全市的61.47%。

六、是科技创新凸显新亮点

充分发挥科技创新的支撑引领作用，激活企业转型升级的动力，着力打造高层次人才的创业创新基地。2012年，开发区新增国家"千人计划"人才1名，累计2名，新增省"千人计划"人才4名，累计6名。新认定高新技术企业7家，累计达到82家，总数全市第一，占全市67%。科创中心累计入驻孵化企业41家，涉及医疗器械、新材料、软件开发等新兴产业，引进博士15人、硕士45人，先后创建成为宁波市科技企业孵化器、宁波市大学生创业园和宁波市软件孵化器。

七、要素保障实现新突破

沉着应对土地、资金等要素制约，千方百计化解瓶颈，并取得明显成效。在土地方面，滨海新城积极争取建设用海指标，用好国土资源部荒滩未利用土地开发试点的有利政策，可争取建设用海指标约3000亩，荒滩开发利用指标约1500亩。"千人计划"产业园产业化基地纳入低丘缓坡开发利用指标1275亩，中试基地125亩和产业化基地启动区157亩土地指标获批。在资金方面，探索多元化投融资机制，引进各类社会资本参与基础设施开发建设，10亿元公司债券已经国家发改委批准发行。

八、和谐园区谱写新篇章

2012年，以"营造和谐稳定环境喜迎十八大召开"为目标，加强综合治理，推进安全生产，一年来，共受理各类矛盾纠纷100余起，调解成功率98%。抓好安全生产标准化创建，提高企业生产效率和管理水平，全年共有34家企业通过安全生产标准化验收，其中省级3家，宁波市级31家。企业安全生产形势持续稳定好转，一年来未发生一起安全生产事故。值得一提的是，双河、穴湖两个行政村紧紧围绕中心工作，在综合治理、整治农村环境、丰富群众文化生活等方面做了大量卓有成效的工作，为开发区营造了和谐稳定的社会环境。

九、党群建设焕发新活力

深入开展"三思三创"主题教育实践活动，营造氛围，巧设载体，进一步形成奋发干事的良好风气。各党群组织围绕中心，服务大局，为开发区整合提升、跨越发展提供有力保障。纪工委围绕项目建设主线，出台《重大项目保廉促效实施方案》，实现重大项目廉洁高效推进。“两新”组织围绕36个区域化党建活动中心的规范化建设，有效激发党员在生产经营、自主创新、转型升级等方面的主力军作用。总工会将工会工作与开发建设紧密结合，通过重点工程立功竞赛等活动载体，推进项目优质高效推进。商会、科协利用组织网络优势，发挥桥梁纽带作用，成为“以企引企”的重要力量。

（余姚经济开发区）

2012年乐清经济开发区发展概况

一、概　况

乐清经济开发区(以下简称开发区)于1993年11月经省政府批准设立,是全省首批19个省级开发区之一。建成区原位于中国电器之都柳市镇,2001年9月乐清市委、市政府将市中心工业园区纳入开发区作为新区进行开发建设;2006年4月,经国土资源部核准新区规划面积5.95平方公里;2010年,开发区被列入浙江省整合提升范围,第一轮整合提升后面积扩展到40平方公里;2012年底,开发区抓住全省开展第二轮开发区整合提升机会,开展深化整合提升工作,规划面积扩展到158平方公里,发展格局为"一区六园"("一区"即乐清经济开发区,"六园"包括乐清高新技术产业园、柳市新型电工电器产业园、北白象智能电器和新材料产业园、乐清湾港区现代临港产业园、虹桥电子信息产业园、雁荡山旅游文化创意产业园),其中经国土资源部核准的5.95平方公里成为开发区的核心区。整合提升后的"一区六园"2012年实现工业总产值1326亿元,其中规模以上工业企业有811家,总产值967亿元。在全省46个省级经济开发区综合考核中,乐清经济开发区综合分值位列第二,经济规模和综合效益分别位列第一。

二、核心区经济发展状况

截至2012年底,5.95平方公里开发区核心区共落户企业269家,其中已投产企业212家,实现工业总产值163亿元,同比增长25%,其中规上工业总产值140亿元,同比增长7.24%;高新技术产业63亿元,同比增长115%;工业增加值31亿元,同比增长23%;财政收入6.9亿元,同比增长34.49%,其中税收收入5.39亿元,同比增长12.16%。完成年度社会固定资产投资41.6亿元,其中工业性投资33.8亿元、重点工程投资8.14亿元。区内已形成以电子、电器和机械制造为支柱的产业格局和以战略新兴产业、海洋经济产业为支撑的区域创新体系。2012年,开发区被评为浙江省特色品牌园区。

三、项目建设

通过成立10个破难攻坚领导小组,把工作下移到一线,深入实施基础设施建设、乐海围垦填方推进等十大破难攻坚行动,分解落实各项目标任务,出台联企人员目标管理责任制、考核考绩督查制等督考制度,定期督查项目进展情况,挖掘项目投资潜力,加强项目科学统计入库,净化、优化投资发展环境,力推投资目标任务的完成。第二、三期的144个工业项目已全部定期推进,其中竣工投产的有87家。

四、乐海填方工程建设

乐海围垦区是乐清经济开发区整合提升工程的重要板块,也是新一轮开发建设的主战场。围垦区总面积9142亩,概算总投资约13亿元。2012年5月18日,乐海围垦区填方工程突破重重困难实现平稳推进,得到了浙江省委常委、温州市委书记陈德荣和温州市委副书记王昌荣的充分肯定,并批示温州各地学习其成功做法。截至2012年底,乐海围垦区填方工程累计完成投资额6.59亿元,超额完成年度计划(年度计划投资额为2.5亿元),完成率达264%。

五、配套设施建设

二期道路网、三期道路网、中心公园等基础道路建设速度加快,推行"倒逼机制",明确工作时间节点,倒排工期,挂图作战,严格目标计划和时限要求,做到分秒必争,确保天天有进展,周周有成效,月月有变化。同时加强全程监管,狠抓工程质量和安全管理,确保了二期Ⅰ标段、二期Ⅱ标段、二期道路网、三期道路网、经五路、纬十七路、中心公园等工程的建设进度。此外,总用地面积 66 亩的邻里中心已完成规划及前期工作。

六、平安建设

以创建"平安园区"为目标,建立健全平安建设管理制度,开展了"平安企业"创建活动。启用网格化管理、捆绑式服务新机制,结合流动人口服务管理、社会治安综合治理、和谐园区创建等活动,加强了对园区综合治安管理,加大了巡查力度,完善了视频监控网络建设,进一步夯实了社会治安防控体系建设基础。推进企业安全生产规范化创建工作,区内标准化达标企业 15 家,其中兰普电器集团有限公司为浙江省安全生产标准化国家二级达标示范企业,其余 14 家企业为国家三级达标示范企业。

七、党群工作

按照"区域化设置、实体化运作、网格化管理"的思路,通过联合共建党组织对企业进行培育和孵化,2012 年新组建非公有制企业党总支 2 家、党支部 24 家。截至 2012 年底,核心区共有非公有制企业党总支 5 家、党支部 112 家,党员总数为 531 名,实现党组织的全覆盖。总工会、团工委等群众团体在提高职工综合素质、维护职工利益、培育企业文化等方面也发挥了积极的作用。

(浙江省乐清经济开发区管委会　卓礼丰)

2012年德清经济开发区发展概况

德清经济开发区(以下简称开发区)位于最具活力的长三角经济区,是杭州都市经济圈的重要组成部分。德清区位优势十分突出,杭宁高速公路、申嘉湖(杭)高速公路、104国道、09省道、宣杭铁路、京杭大运河贯通全县,并有直通杭州市中心的城市公交系统。此外,贯穿县境南北的杭宁高铁将于2013年通车,贯通县境东西的杭州第二绕城高速也将于近期实施建设。开发区距杭州市中心半小时车程,距上海、宁波、南京均在2小时车程以内。

开发区在1993年10月经浙江省人民政府批准的首批省级经济开发区的基础上,于2010年6月被认定为省级高新技术产业园区。建区以来,高新区深入践行"德清模式",日渐成为浙江经济转型升级的示范和带动县域经济高速增长的引擎,连续三年步入全省十强开发区行列,2012年名列第三位、园区形成了生物医药、特色机电、新型材料、纺织服装及休闲用品等主导产业,另外电子信息、通用航空、新能源产业迅速发展。

开发区把培育和发展战略性新兴产业作为引领未来发展的战略方向。生物医药行业形成了以生物制药、生物农业、医药中间体和医疗器械为重点的特色产业集群,是国家火炬计划德清县生物与医药特色产业基地和生物与医药国家科技兴贸创新基地,并被省政府确立为浙江省生物医药产业集群示范区。通用航空产业招商成就显著,远东国际通用航空产业集团公司项目、中航北京蓝天航空科技德清蓝天仿真科技产业基地已落户开发区,并确定为德清通用航空浙江省高技术产业基地。电子信息产业优势凸显,2011年成功引进世界500强企业微软公司,在区内设立微软淡竹软件园,集软件开发、电子商务、服务外包等于一体的信息技术产业集聚地,预计引进各类高技术人才约1万名。引进培育后台服务产业,浙江省级金融业务处理中心、数据备份中心、培训中心等先后落户德清,与中科院计算所共建德清中科金融信息技术研究所。同时金银岛五星级酒店等重大配套项目的进一步推进建设,提升了开发区的整体发展环境,实现了工业与服务业的双轮驱动,开发区由单一的工业区向综合性经济新区方向发展。

一、选商引资工作凸显优势

2012年,开发区的选商引资工作突出驻点招商,外聘招商与委托招商并进,以专业招商为重点,以产业招商为依托,整合资源、拓展渠道,改进方式,细化服务,紧盯生物医药、高端装备制造和信息技术业三大产业,全力主攻"大好高"项目。2012年,实现协议外资1.5亿美元,实到外资7168万美元,全年完成合同外资25830万美元,实到外资13868万美元,实到内资42亿元。

为切实有效推动产业结构优化升级,开发区牢牢把握在谈大好高项目,改进方式,细化服务,确保中通通信项目等项目顺利签约。通过实施"浙商回归"战略,突出驻点招商,外聘招商与委托招商并进,紧盯世界500强、中国500强、上市公司等大企业、大集团。选派三个招商小组分赴上海、北京驻点,重点面向大型央企、世界500强,面向生物医药产业和高端装备制造产业招商,加强与当地行业协会和中介机构合作,延伸招商触角,切实强化招商实效。全年累计完成"浙商回归"项目到位资金45926万元,圆满完成各项指标任务。此外,开发区通过利用现有资源再招商,盘活美家天伦、天马轴承、亚意服饰等多块存量土地共计347亩，新增协议外资近3210万美元。完成耀中电器、德昊电子、宏策电缆等零土地招商项目，新增协议外资近2060万美元。同时，鼓励企业在原有土地上扩大经营规模，采取融资、合作、引资等盘活闲置资产。全年新签订浙北药业等4个增资项目，共增资4517.8万美元，招商成效突出。

二、经济发展持续快速增长

2012年，开发区以“工业创强”为发展定位，加快经济转型升级，主动服务，认真履职，攻坚克难，狠抓落实，实现了经济社会的全面协调可持续发展。2012年规模以上工业总产值671亿元，自营出口16.2亿美元，实现财政收入43.2亿元。

开发区坚持突出产出效益，不断完善职能，强化管理，加强政策调控和引导，以“亩产论英雄”，主抓产出效益，不断提升经济发展的总量和质量。同时推进集约发展，提升产业核心竞争优势。大力实施品牌战略、标准化战略和知识产权战略，加大企业扶持力度，推动开发区经济从粗放型增长转变为集约式发展。以泰普森为龙头的休闲用品制造业产业集群效应已经体现，全年产值达50亿元；生物医药企业我武生物盈利能力快速提升，全年产值达1.7亿元,并且已通过证监会审核，近期有望挂牌上市；华之杰塑料建材、新远见木塑等新型建材产业蓬勃发展；金银岛五星级酒店正式运营、微软淡竹园项目顺利开工，服务业发展势头增强，经济结构出现深度调整趋势。围绕产业转型升级，激励企业加大技术改造和技术创新力度，进一步深化“德清模式”，加大“产学研”结合力度，企业技术改造和技术创新力度不断上升。

三、项目建设推进力度加强

开发区作为全县项目建设推进的主阵地，2012年完成固定资产投资119.2亿元，其中工业性投入89亿元。推行“督查促落实”理念，建立周六领导带队现场督查工作机制，在项目施工现场集中办公，梳理解决项目建设困难，形成项目建设长效管理机制。开展工业项目集中开工，打出项目建设新阵势。成功举行水墨江南、微软淡竹软件园项目奠基，泰普森、欧诗漫等6个工业项目集中开工仪式。以项目建设为有效手段，强化现场督促，提升项目服务，助推企业竣工达产。全力以赴抓好工业和服务业项目的落地、开工投产和平台建设基础设施配套项目的服务工作，全年完成水墨江南科技等7个项目方案会审，办理启恒科技等5个项目提前介入手续，确保47个各类新项目开工，实现竣工项目41项。同时切实抓好“零土地”技改，在新建项目开工不足的情况下，深挖“零土地”技改和闲置土地利用，走访企业90多家次，协调对接150多次，确定技改和闲置土地利用项目36个，完成项目审批和开工报建工作。

四、平台综合承载能力提升

开发区以有效投入为抓手，真抓实干，切实抓好园区平台建设。全年完成新拓平台2000亩、建成平台1250亩。

积极拓展平台，提升项目承载力。全力推进低丘缓坡二期区块、秋北区块及郭肇商务区块三大平台建设以及砂村废弃矿利用区块规划设计工作。完成郭肇中心商贸区块1300亩土地征用和相关拆迁工作；启动秋北区块道路基础设施建设，完成秋北区块三百余户模拟拆迁工作，完成签约97%以上并已完成房屋拆除工作；完成砂村废弃矿区规划设计方案评审工作。加大投入强度，提升整体竞争力。按照年初确定的道路桥梁、绿化亮化、征地拆迁及安置小区等15项重点基础设施项目加速推进，其中龙山安置小区完成主体建设，完成投入9000万元；秋北安置小区已完成规划设计工作。严格建设管理，提升综合发展力。落实工程建设各项制度，主动做好监督管理，强化对项目实施各个环节进行综合管理，确保建设项目快速、保质、保量推进。同时做好前期项目的规划、设计等各项准备工作，为高效、快速推进平台基础设施项目打好基础。

五、社会事业发展和谐稳定

2012年，开发区以社会事业发展为优化目标，坚持以人为本、民享为先，切实加强新农村和社会事业建设，进一步创建平安开发区，各项事业顺利开展。积极推进“和美家园”建设，深化村庄环境整治工作；推进“村改居”社区和农村新社区建设，加快郭肇、龙胜、龙山三个村中心村建设；全面实施卫生长效管理市场化运作，开展城中村卫生整治2个，清除垃圾污物187吨，消毒垃圾箱房350只；加大水利基础设施和交通基础设施投入，投入100余万元完成郭肇村长山、龙胜村泉年坞水库除险加固工程，完成武洛公路大修工程和龙山老长安桥拆除工程；农林牧副产业平稳发展，完成农村“三资”清理工作；优化开发区中心学校和幼儿园新校区各类设施，改善教学条件，加强规范办学行为。积极与县教育局、秋山中心学校联系，努力解决外来民工子女120名到武康上学问题及龙山村、秋山村、郭肇村、兴山村拆迁户子女15名到武康镇城区上学问题；计划生育优质服务深入开展，婚检率98.04%，孕前风险评估94.35%，孕前优生检测88.7%，全年未发现违反法定条件生育情况，计生符合率100%；五大保险扩面态势良好，新增参保人数保持增长，全年参加新农村医保人数为9556人；文化进村进企和体育创强工作扎实开展，扶贫帮困工作积极进行；不断巩固“平安开发区”建设，深入推行重大项目社会稳定风险评估机制，加强社会管理创新，全面铺开新居民服务管理工作，妥善解决各类矛盾。村、企综治基础进一步加强，公共安全、生产安全、交通安全、消防安全、动物检疫和食品药品安全等管理加强，社会发展稳定。

六、党建工作进一步加强

开发区党建工作不断强化基层组织建设，切实提升科学发展水平。以开展创先争优和“基层组织建设年”活动为载体，夯实基层组织建设，全面提升党员队伍素质。结合学习宣传贯彻党的十八大精神，加强党员干部学习教育培训，不断提高党员干部能力水平。在开发区管委会、郭肇村、兴山村、泰普森公司建立4个党代表工作室，实现全区64名市、县、镇三级党代表区域全覆盖；创新流动人口长效管理模式，建立兴山村新居民服务站，并成立新居民党支部；不断强化两新组织党建和非公企业党建工作，泰普森公司成为全国八大非公党建调研基地之一，并获得“和丰杯”全国“两新”组织党建工作创意设计大赛优胜奖、浙江省民营企业先进文化建设“十佳”和“湖州市干部教育培训现场教学规范化建设示范基地”荣誉称号；伟博包装、明贺钢管有限公司党支部获得市级“双强”先进企业党组织，安泰时装有限公司党支部获得市级创先争优先进基层党组织。扎实推进人才工作，成立开发区人才工作站，成功推荐入围市“南太湖精英计划”项目评审2个，推荐申报市创新团队3个，推荐申报引进国外智力项目4个，推荐县人才工作先进单位评选10个。创新引才形式，大力推动企业与国内外高校、科研院所、金融机构的紧密合作，今年开发区与湖州师范学院信息工程学院、浙江德微科技有限公司举行政、校、企三方合作，共建实践教学基地，圣航科技股份有限公司与浙江大学举行校企合作签约仪式。鼓励企业积极参加全县人才集市和大型人才招聘会，全面完成规上企业人才目标考核上报工作。加强党风廉政建设，切实落实党风廉政责任制，与各村、单位负责人签订了党风廉政建设责任书；着重加强重点工程建设的监督管理，深入开展廉政文化进工程；整顿机关作风，严肃工作纪律，加强警示教育。此外，统战、群团、人民武装、老龄、档案、老年体协等方面紧紧围绕开发区工作大局，创造性地开展工作，均取得了可喜成绩。

（德清经济开发区管委会）

2012年诸暨经济开发区发展概况

一、概　况

诸暨城西新城位于长三角南翼地区，以杭州、宁波为龙头的“V”形产业带中部，距杭州市中心90千米、宁波170千米、上海350千米、萧山国际机场约30分钟车程，授权管理总面积122.48平方公里。新城目前拥有各类工业规模企业400余家，其中产值超亿元企业100多家，产业涵盖机械制造、纺织服装、医药化工、包装材料等传统支柱产业以及环保设备、生物制药、电子信息、新型材料、机电一体化五大新兴产业和高新技术产业。2012年完成全社会固定资产投资206.86亿元，同比增长32.55%。其中工业性投入117.75亿元，增长30.73%；商贸服务业投入45.27亿元，增长12.44%；基础设施投入21.87亿元，增长10.86%。实现规模以上工业企业总产值836.28亿元，同比增长14.22%；税收收入35.08亿元，增长10.24%。

二、以新兴产业集聚区为重点，促产业突破

以启动3000亩新兴产业集聚区建设为契机，坚持把项目建设贯穿全年始终。着力推进招商引资，加快从传统招商向精准化、专业化招商转变，依靠产业链延伸和集聚招商，依托新平台拓展和建设招商。筛选落地一批有利于提高开发区整体品位和可持续发展的新兴产业项目，新兴产业集聚区一期落地6只项目总投资达28.64亿元，15只项目参加诸暨市百只工业项目集中开工。坚持外引内育推进加速转型，一方面鼓励和引导传统优势工业企业加大科技投入，提升产品科技含量和附加值，延伸产业链，做强产业块；另一方面依托新平台建设，出台扶持政策，以优质项目引进实现加速转型。全年在建工业项目83个，其中新建45个，续建38个。新兴产业集聚区一期打开建设新局面。

三、以拆迁安置和政策处理为重点，推平台拓展

一方面牢牢把握新一轮土地利用规划调整和开发区整合提升契机，坚持合理、集约、高效原则，对各类征迁项目遗留问题开展集中扫尾，完成新兴产业集聚区、新亭埠码头等一批重点区域和项目的拆迁扫尾及政策处理。在提高产业集聚水平的同时，进一步拉伸城市发展框架；另一方面以深化新城调理为重点，抓实抓细征迁安置工作。累计完成拆迁约28万平方米，土地征用3500多亩。23万平方米开元安置小区顺利建成，预计年内可完成择房工作；加快建设27万平方米银泰安置小区项目，9.8万平方米云泰安置小区项目；基本完成40万平方米红泰安置小区项目前期工作。

四、以完善城市功能配套为重点，抓形象提升

以产业之城、商贸之城、现代之城建设为目标，不遗余力推进各类功能配套项目建设。完善道路框架建设，全速推进供水、供电、供热、供气和环境绿化亮化等基础设施配套。一是抓好基础设施建设。抓好展诚大道延伸、西江大道三期、西二环路延伸、货站路二期“二纵二横”路网建设，构建完善城西新城主干骨架道路；适时推动三环

线开发区段建设工程；深化配套商务区、张四里区块、大侣片区、新兴产业集聚区、物流园区等路网配套建设；加快新亭埠码头建设进度。二是抓好一批商贸项目。促进企业总部加快招商入驻，新出让4块企业总部用地全部顺利结顶；汽车城14家品牌汽车4S店加快建设，汇奥奥迪、上海大众等8家建成营业，4家基本建成；恒龙国际汽配用品城项目一期结顶；协调人民医院、公交西站完成整体搬迁，为加速商务区商气、人气集聚奠定基础。

五、以服务机制创新为重点，优发展环境

围绕强作风、会干事、肯担责，积极开展执行力建设年活动，全面优化服务环境。一是深化企业服务。积极组织实施"走村入企"大走访活动，全面落实机关干部联系企业、联系项目、联系群众制度，着力抓好风险企业困难化解工作，认真开展效能行风明察暗访行动，突出抓好项目洽谈引进过程的立项审批服务，项目实施过程的现场协调服务，以及项目投产后的跟踪服务建设。二是加强自身建设。以完善廉政风险防控机制建设为抓手，认真贯彻落实党风廉政责任制建设，加强预防职务犯罪、工程建设领域专项整治、项目招投标管理等工作，深化干部职工绩效考核和岗位考核，完善机关内部管理制度，大力营造开发区风清气正心齐的干事氛围，确保顺利完成各项目标任务。

（诸暨经济开发区管理委员会）

2012年安吉经济开发区发展概况

一、概　况

浙江省安吉经济开发区（以下简称开发区）位于安吉县中部，东临德清县，西邻安吉县孝丰镇，南依天目山，北接安吉县溪龙乡和天子湖镇，管理面积375平方公里，辖40个行政村（社区），766个村民小组，常住人口15.3万人（含街道），是安吉县面积最大的行政区域和政治经济文化中心。2012年，规模以上企业销售收入、工业增加值分别达到351.8亿元和87.8亿元；税收收入35.57亿元，同比增长23.89%；合同外资、实到外资、新增注册内资分别完成2.04亿美元、13056万美元和37.42亿元人民币。基础设施投入47.55亿元，工业性投入70.82亿元；农村居民人均纯收入突破1.8万元，同比增长10%。

二、工业经济

开发区努力化解各种不利因素，逆境中保持经济平稳增长。招商引资取得新突破。深化招商引资“双评估”制度，成功引进总投资35亿元的大型装备制造项目—宜工控股入驻安吉经济开发区，刷新历史纪录。美意空调、琥珀热电等8家企业增资扩股，实现“零土地”招商8000万元。项目建设取得新进展。全年新开工重点工业项目12个、竣工13个，洁美光电、奋进齿轮破难开工，亚太机电、藤仓橡胶顺利投产，新兴产业占比进一步提高，产业结构进一步优化。服务企业取得新成效。协助法院基本完成金贸公司破产清算，排查企业资金链风险20余起，化解企业债务危机8起，帮助企业协调转贷资金3亿元，全年盘活低效利用土地46公顷，保持了区（镇）实体经济稳步发展。

三、基础设施建设

开发区努力克服土地、资金要素制约，困境中保持基本建设有效投入。全年完成基础设施项目85个，基础设施投入6亿元，征地360公顷，拆迁450户。城市框架全面拉开。杭长高速、绕城南线建成通车，天荒坪北路、吉二中路和机场路基本贯通，天目北路改造、绕城东线征地与拆迁工作全面启动。平台配套更加完善。城北、城西北两大工业平台日趋完善，一批道路、桥梁、河堤、绿化和亮化工程加快建设；琥珀热电、污水处理厂建成使用，平台形象和承载能力大幅提升。城市品质不断优化。大力实施城南、范潭旧城改造，顺利完成华电环保、洁美电子退二进三。全力配合昌硕街道开展城市环境卫生整治，顺利完成国家级卫生县城复评。大力开展“两违”整治，制止违法用地39起，拆除违章建筑6.2万平方米。全力推进现代服务业发展，篁都、宏宇物流等一批商务、贸易和物流项目开工建设。着力构建浒溪、西苕溪沿河景观长廊，山水之城又添新彩。

四、美丽乡村

开发区继续深化“中国美丽乡村”全覆盖，全力壮大村级集体经济。加快美丽乡村改造提升。赵家上、南北庄、赤芝和双一村积极争创美丽乡村精品村，安城、鲁家完成精品村提升扩面，荷花塘、鲁家、东浜成为美丽乡村典范。加大农村基础设施投入。全力推进农村道路、水利设施和饮用水改造等项目，基本建成城北农贸市场和伍峰桥、银湾大桥等重大民生工程，全面完成南北庄、康山老集镇改造。农村土地综合整治拆迁农户2000余户，县城及各村安置区启动建设，双河小高层公寓安置小区快速推进，城乡一体的新农村建设示范区即将呈现。加强农村“三资”经营管理。完成各村6%留用地调查摸底和留地确认工作，逐步落实留用地货币安置资金。城南、义士塔和高坞岭等村创新林权流转方式。全力推进现代农业规模化经营，成功引进远洲等12个特色农业项目，建成一批特色农业精品园区。

五、社会事业

开发区全面推行“加强和创新农村社会管理十六条”政策，递铺镇财政每年新增投入3000万元。民生保障不断加强。落实村级创新社会管理补助政策，保障村级经济平稳可持续发展。加大老年人关爱和危房改造补助力度，优惠政策喜得民心。积极争取失地农民参保，全年完成失地农民养老保险4000余人。农村管理更加民主。进一步强化重大事项村民代表大会集体决议制度，村务监督委员会和村级便民服务中心规范运行。平安稳定不断巩固。高度关注企业安全生产，全年签订安全生产责任书1500余份。深化重大信访领导包案制，一批重大信访上访案件得到有效化解。社会事业不断繁荣。基本建成安城、南北庄、凤凰山以及三官中心幼儿园扩建主体工程，完成城南幼儿园、塘浦小学配套工程建设。成功举办第二届乡村排舞比赛，全县运动会喜获团体第一名。圆满完成征兵工作任务，计划生育符合率达98%。

六、加强依法行政

开发区坚持民主集中制，严格落实“三重一大”集体决策，重大项目、大额资金主任办公会议集体讨论，重要工作党委会集体研究，重大规划听取专家意见，倾听群众呼声。主动接受递铺镇人大监督，及时办理人大议案52件、建议6件，办结率和满意率均达100%。加强创新执政。继续提升工程建设、财务管理机制创新，推行行政许可联合预审，加强村级财务管理，推行政务公开，完善机关内部管理制度，开展阶段性破难行动，积极营造全镇上下合力推项目和攻坚克难题的浓厚氛围。加强廉洁从政。争取县检察院设点常驻办公，经常性对干部进行廉政约谈。主动联系县审计局指导下属7家公司财务内审，厉行节俭，政府“三公经费”开支比上年降低16%。

（安吉经济开发区）

2012年桐乡经济开发区发展概况

一、概 况

桐乡经济开发区(以下简称开发区)成立于1992年7月。地处桐乡城区南部,东临世纪大道,南靠长山河,西邻环城西路,北至校场路。1993年11月,经省政府批准成为浙江省首批省级经济开发区。2005年12月,经国家发改委审核并公告,批准面积7.23平方公里。2010年7月,省政府批复同意桐乡经济开发区为第二批整合提升单位,总规划整合面积133平方公里。经过20年的开发建设,现开发面积20.01平方公里。

2006—2012年连续七年位居全省省级经济开发区利用外资"十强",全省省级经济开发区综合考评在嘉兴各县市省级经济开发区中名列前茅。先后荣获"省环境竞争力十强开发区"、"省级规划环评和省级生态园区"、"省级集约用地示范经济开发区"、"省级工业循环经济示范园区"、"省级知识产权示范园区"、"浙江省循环经济示范园区"、"省级生态化建设与改造示范园区"、"国家级玻璃纤维出口示范基地",玻纤新材料产业园被省政府授予"浙江省开发区特色品牌园区"称号。

二、经济实力

近年来,桐乡经济开发区在嘉兴、桐乡两级市委、市政府的正确领导下,全面贯彻落实科学发展观,深入实施省委"八八战略"和"创业富民、创新强省"总战略,各项主要经济指标均保持良好态势。2012年,全区工业企业实现工业总产值334亿元;全区工业增加值69亿元;全区企业实现出口总额10.2亿美元,其中自营出口10亿美元;全区上缴税金11.7亿元,其中工业企业实缴税金10.1亿元;全区销售收入超亿元企业40家,规模以上企业达到101家。

三、招商引资

继续围绕玻纤复合材料及相关应用领域等新兴产业和新兴服务业招商。2012年,合同利用外资2.46亿美元,完成全年目标任务的111.9%;实际利用外资1.37亿美元,完成全年目标任务的108.57%;合同利用外资列全省省级经济开发区第4位,实际利用外资列全省省级经济开发区第3位;利用市外内资12.95亿元,同比增长162.7%。

2012年,全年合同利用外资中玻纤复合材料及相关应用领域等新兴产业比重达到70%以上。新项目平均注册资本亩均33.77万美元,新项目平均合同利用外资规模达到982万美元,新项目投资总额39253.76万美元,用地595.13亩,亩均投入强度达到65.96万美元。

四、产业特色

目前全区共有投产和在建企业300多家,初步形成了玻纤复合材料、机械装备和钴镍材料等新兴产业集群,其中玻纤复合材料是目前桐乡经济开发区发展速度最快、最具竞争力的优势和特色产业。

巨石集团有限公司是世界最大的玻纤生产企业,是中国建材集团有限公司旗下中国玻纤股份有限公司的全资子公司,国家火炬计划重点高新技术企业、国家重点支持领域高新技术企业和浙江省首批国家级创新型试点企业、浙江省"五个一批”重点骨干企业和浙江省绿色企业。公司企业研究院2012年被评为省级重点企业研究院,掌握具有自主知识产权的玻璃纤维大型无碱池窑、中碱池窑、废丝回用三大领域核心技术。

浙江华友钴业股份有限公司是中国最大的钴化学品生产商、世界知名的钴产品供应商,钴拥有量占世界探明储量的10%,是国家火炬计划重点高新技术企业、国家重点支持领域高新技术企业。公司先后获得“中国民营企业最具国际竞争力50强”、“中国最具投资价值企业50强(非上市公司)”、“中国企业自主创新TOP100”、“浙江省最具成长性中型企业100强”、“浙江省改革开放30年转型创新企业”等称号。

浙江吉奥动力机械有限公司是中国汽车重点企业,已建成一期工程年产10万台(套)小排量柴油汽车发动机,全部建成后年产30万台(套),成为目前浙江唯一的规模化汽车发动机生产基地,该项目属于国家鼓励类项目,并拥有自主知识产权。

今后几年,开发区将进一步发展新特材料和机械制造等优势产业和特色产业,力争把开发区打造成为千亿开发区、高新集聚区、品质新城区。

(桐乡经济开发区)

2012年海宁经济开发区发展概况

一、开发区概况

浙江省海宁经济开发区（以下简称开发区）成立于1992年8月，1997年12月经浙江省人民政府批准为省级经济开发区，2006年7月通过国家发改委审核验收，保留为省级经济开发区，国土资源部核准面积5.838平方公里。2009年12月与上海漕河泾新兴技术开发区合作建立上海漕河泾新兴技术开发区海宁分区，为浙沪首个国家级开发区合作项目，分区规划面积15平方公里，致力打造高新技术产业新城。2010年7月，浙江省人民政府同意海宁经济开发区为第二批整合提升单位，同年11月同意增挂省级高新技术产业园区牌子。2012年，开发区经济社会实现稳步发展，全年实现规模以上工业总产值812.66亿元，进出口总额32.81亿美元，税收收入39.18亿元。

二、发展概况

1. 整合资源，招商引资开创新局面。开发区全年实现实到外资16964.55万美元，居浙江省68个国家级、省级经济开发区排名第15位。新增内资注册资本金400149万元，引进亿元以上内资企业6个，引进1000万美元以上外资企业12个。一是组建招商机构。认真落实市委、市政府关于建立海宁经济开发区（尖山新区）、黄湾镇联动开发体制的决定，4月份成立海宁经济开发区（尖山新区）招商局并下设三个分局，充实了招商力量，形成了三位正局级领导带队三个分局的招商工作新格局。二是完善系列招商政策。建立了引进项目奖励约束机制，强化项目开工时间、投资强度、竣工投产时限等硬约束，为加快项目推进奠定了基础；实行了项目审核联签制度，探索研究了引进项目优惠政策内部控制标准和引荐者奖励试行办法；严格执行项目准入标准，抵制高污染、高能耗、低产出项目。三是拓展招商渠道。在坚持中介招商、以商引商、小对队招商等传统招商方式的基础上，全面强化驻点招商，树立干部职工“人人都是招商员”的理念，获取了一批有价值的项目信息，充实了项目库资源；以大力引进浙商回归项目为抓手，以拜访各地浙江商会为主要手段，加强对浙商回归高端项目、要素和人才的引进。四是加快项目跟踪洽谈。围绕“招大引强”，推动了一批优质项目的落户和洽谈。

2. 注重协调，项目建设加快进度。全区进一步完善领导联系项目、工作例会、项目形象上墙等制度，形成狠抓项目推进的良好氛围；落实分类推进，对项目进行逐个排摸，强化问题和困难的协调和化解；认真落实海宁市有关帮扶政策，为项目建设拓宽融资渠道。通过抓开工、抓协调、抓服务、抓责任，推动了科技绿洲、上城科技二期、中粮小麦加工等项目的开工和建设。全年完成限额上固定资产投资170.85亿元，工业技改投入855492万元，其中海宁经济开发区主区全年实现全社会固定资产投资414749万元，同比增长41.1%，其中生产性投入306862万元，三产服务业投资107887万元，同比增长97.6%。

3. 强化管理，经济运行实现稳增长。2012年全区实现规模以上工业增加值1700085万元，限额上服务业企业主营业务收入290598万元。截至2012年，海宁经济开发区拥有规模以上工业企业655个。2012年，海宁经济开发区全力抓好企业经济运行监测调控，密切关注企业生产经营状况和经济运行走势，助推企业健康发展。强化企业精细化管理，加强企业经营风险防范和化解，做好企业稳定工作，有效维护社会稳定。加强科技创新。新认定高新技术企业7家，新增企业发明专利授权37件，新增企业其他专利授权1664件。实现规模上工业高新技术企业产值3047490万元，高新技术类产品出口为12972万美元。大力推进品牌创建，截至2012年，海宁经济开发区拥有研发、技术中心22个，知名品牌（商标）52个。加强人才工作，通过海交会、科博会等平台，加强与海内外高层次人才的对接。做好安全生产和消防安全，实施企业安全生产网格化管理，开展安全生产大检查，为经济发展保驾护航。

4. 筑巢引凤，平台载体展现新形象。坚持平台建设是第一窗口的理念，坚持规划引领，加快基础设施建设和征地拆迁，拉大了开发区的道路框架，提升了土地利用率。全年基础设施投入20.44亿元，已建成投产工业土地面积26663亩。坚持科学集约利用土地，积极盘活存量建设用地。加强两退两进工作，有效实现腾笼换鸟。加快生态环境建设，加强水环境整治，“河长制”管理工作取得实质性进展。海宁经济开发区主区排污口封堵率达到100%，配套污水管网建设1970米，疏浚河道7.012亩。同时加快节能减排，推进清洁空气行动，工业污水集中处理率达到100%。

5. 加快特色园区建设。坚持规划先行，上海漕河泾新兴技术开发区海宁分区编制完成总体城市设计，并编制控制性详细规划。坚持打造优良基础设施和环境平台，至2012年底，已完成启动区域主要道路和河道建设，完成绿化景观建设约5.6万平方米，初步建立绿化环绕、河道顺畅、道路通达、场地平整、项目落户、配套齐全的园区新形象。坚持高标准厂房建设，为法国宝捷公司量身定制的厂房竣工并交付使用。招商引资加快推进，普泰环保、昱扬电子等项目成功落户。加快海宁科技绿洲建设，海宁科技绿洲项目是引进上海漕河泾开发区科技绿洲品牌和经验的新型项目，涵盖了研发办公、制造生产以及商务服务三种功能。总占地面积约6.7万平方米，建筑总面积约10万平方米。计划到2014年底完成全部厂房、商务楼及服务设施的建设，年内首期3.5万平方米的标准厂房和综合服务大楼已开始招商。

三、重要活动

1. 海宁经济开发区与海宁市尖山新区实行联动招商体制。2012年4月26日上午，海宁经济开发区（尖山新区）招商局正式挂牌成立。海宁经济开发区认真落实市委、市政府关于建立海宁经济开发区（尖山新区）、黄湾镇联动开发体制的决定，整合两区招商资源，成立海宁经济开发区（尖山新区）招商局并下设三个分局，充实了招商力量，形成了招商工作新格局。

2. 安正时尚集团文化创意产业园项目隆重奠基。2012年5月19日上午，总投资约5亿人民币的安正时尚集团文化创意产业园项目举行了隆重的奠基仪式。安正时尚集团文化创意产业园位于海宁经济开发区海宁大道东侧，谷水路北侧，占地193亩，建筑面积约247000平方米，该项目规划为集团品牌管理、研发设计、仓储物流、生产制造等功能为一体的综合性产业园区，预计2015年建成投产，安正时尚集团将以此为依托，逐步建设成集“研发、生产、营销、品牌管理”于一体的大型现代化品牌企业。

（海宁经济开发区）

2012年台州经济开发区发展概况

一、概　况

台州经济开发区(以下简称开发区)成立于1997年1月,是台州撤地建市后,台州市委、市政府为扩大台州对外开放、壮大市本级经济、加快中心城市建设而推出的重要载体,是集省级经济开发区、省级台商投资区和省级高新技术产业园区于一体的综合性开发区。市委、市政府高度重视开发区的建设发展,将台州经济开发区定位为:台州对外开放的窗口、本级经济的载体、区域经济的龙头、中心城市的核心区、体制改革的先导,并赋予"发展经济、建设新城"的双重任务。

经过16年的整合提升发展,目前开发区管委会实际负责开发总面积57.82平方公里,涉及7个街道(镇、农场)101个村,辖区人口约15万人。主要由中心城区、东扩区块和滨海新区三大区块组成。其中,中心城区面积12.85平方公里,功能定位是台州的市级行政中心、金融商贸中心和文化体育中心;东扩区块面积14.82平方公里,功能定位是逐步发展成为城市生活综合区及东部滨海工业区近中期的服务配套基地;滨海新区面积30.15平方公里,是台州沿海产业带的重要组成部分,目标是打造成为市本级现代产业发展的主平台和重要的先进制造业基地。

2012年,开发区管委会围绕"稳中求进、转中求好"的总基调,坚定不移抓项目、促投资、解难题,全区实现财政总收入26.9亿元,增长18.5%,其中地方财政收入14.5亿元,增长20.5%;实现规模以上工业产值101.3亿元,增长10.4%;规上工业增加值16亿元,增长10.3%;服务业增加值91.4亿元,增长10.6%,限上社会消费品零售总额70.7亿元,增长16.1%。全年完成限上固定资产投资78.1亿元,增长26.4%,其中工业性投入15.8亿元,增长29%。开发区整合提升工作获省政府表彰,全市工作目标责任制考核荣获优秀等次,水环境整治、平安创建、安全生产等17项工作分别获得市委、市政府的表彰,为民办实事等多项工作在单项考核中名列前茅。

二、产业转型步伐加快

高度重视科技创新。2012年区内一个项目获批国家电子信息产业振兴和技术改造项目(获得国家补助资金280万元),另一个项目获批产业振兴和技术改造中央投资预算内项目(获得国家补助资金510万元),11个项目分别获批国家火炬项目及省、市级各类创新项目。新增国家高新技术企业和省级研发中心各1家,高新技术产业增加值占开发区规上企业工业增加值比重达21%。编制完成开发区产业规划和发展规划,启动了国家级高新区的申报工作。着力加强龙头企业培育和拟上市企业跟踪服务。节能减排工作初见成效,开发区万元工业增加值能耗同比降低10%。

三、招商选资成效显著

全区建立了支持浙商创业创新工作体系,成立专门的组织机构,并与全国55个台州商会建立了信息交流机制,全力支持浙商创业创新。积极开展招商活动,宣传推介投资环境;在台州市区上海推介会上包装推出了12个重点项目,洽谈成效明显;在中国海洋经济投资洽谈会上总投资5亿元的百达精密机械园区项目正式签约。2012年,开发区共引进市外省外境外新项目14个,到位市外资金12.3亿元,其中省外资金8.9

亿元,到位外资1362万美元。一批重大项目落户开发区,其中,滨海汽车生产基地引入浙江豪情汽车制造有限公司第一汽车制造分公司整体搬迁项目,建设规划产能20万辆整车,主要生产中级平台和豪华平台的整车(两个平台、四个车型);滨海新材料产业园引进年产20000吨光学级聚酯薄膜以及年产5000吨电容器用聚酯薄膜项目2个项目,投资7亿元;大连万达和华润万家进驻开发区前期工作取得进展,麦德龙大型仓储式超市项目成功落户。

四、外向型经济积极发展

开发区积极应对复杂的外部经济形势,贯彻落实好各级外贸扶持政策,加大对企业开拓国际市场的扶持力度,组织了开发区100家外贸重点企业参加涉外部门联合为企业举办的外贸政策培训会,积极组织和指导企业参加境内外各类知名展会,"全力促展"助企业开拓国际市场。去年以来,外经贸局共组织了近80家企业参加了第111届"广交会"、第112届"广交会"、中东(迪拜)国际商品交易会、德国科隆国际五金博览会、中国国际汽车零部件博览会(北京)等50多个各类境内外展会。加强出口品牌建设,在企业中开展的"创品牌,讲诚信"宣传月活动为载体,加强省、市著名商标申报的企业培训、指导工作,鼓励企业参加市级和省级出口品牌评选,提高品牌产品的出口比重,提升出口产品竞争力,区内出口产品质量进一步提升,出口结构进一步优化。开发区吉鑫祥叉车公司通过了台州市出口名牌的审核,金奥达公司通过了台州市出口名牌的复评,贸易便利化程度得到有效提升,2012年开发区新增9家海关A类管理企业和14家规范化企业,区内海关A类管理企业的总数达到了52家。

五、服务业发展态势良好

开发区充分发挥中心城区的区位优势,加强规划引导,加快重大服务业项目和台州创业服务园等"一区四园"建设。大力发展以金融服务、文化创意、电子商务和生产性服务业等新兴业态为主要特色的现代服务业。2012年新增金融机构5家,目前共集聚银行、保险、证券公司等金融机构121家。台州金融集聚区正式获批,成为第二批省现代服务业集聚示范区。台州文化创意产业园正式开园,台州设计创意园已申报浙江省文化产业重点项目,景想传媒"e车龙之媒"项目被列为省文化厅"122工程"。奥迪、雷克萨斯等高档汽车4S店项目先后落户,目前开发区汽车4S店已达到19家,信息服务业和电子商务业逐步兴起。前后科技"前店后厂"和台州聚宝盆的电子商务平台,全年在线交易总额达到9亿元。传统服务业提升发展,台州绿意物业获得全国家政服务业百强企业,台州景想科技等4家企业被评为台州市首届服务业商业模式创新十佳企业。

六、重点项目顺利推进

全区深入开展"大干二季度"、"突破三季度"、"决战四季度"活动,围绕困扰发展的土地、资金、政策处理等问题,争指标、挖潜力、出实招,拔钉破难成效显著。强化要素保障,全年共完成拆迁面积16.58万平方米,消化批而未供土地1745亩,处理闲置土地1509亩。集中精力抓项目推进,滨海汽车生产基地项目开工,南洋科技年产1500万平方米锂离子电池隔膜项目和年产2万吨太阳能电池背材膜等一批项目顺利投产。台州市中央商务区东北组团五幢大楼均已进入主体施工;西北角城市综合体台州第一高楼天盛中心奠基开工建设;西商务区玉兰广场城市综合体酒店和写字楼部分桩基工程完工;供销华联仓储中心完工并投入使用,方远大饭店、麦德龙仓储式超市、中央生态公园地面景观工程开工建设。

七、社会建设持续加强

加强河道综合治理,累计投入资金7900万元,完成五条河道的综合治理,疏浚河道8.27公里。区内河道实现了全天候保洁机制,河道水质明显改善;深入开展"多城同创"工作,城区推行机械化清扫,道路保洁水平进一步提高。抓好城中村“脏、乱、差”整治，小区及周边环境得到较大改观，顺利通过了省卫生城市复检。持续加大教育投入，通过落实爱心营养餐补助和发放教育代用券，有效缓解了企业职工子女就学和经费压力。加强创新社会管理，扎实推进平安开发区建设。重视社会治安、安全生产、消防、信访工作，区内没有发生重大恶性事故，区域政治社会稳定。开发区党建和人才工作进一步得到加强。

（台州经济开发区）

2012 年临海经济开发区发展概况

2012 年，临海经济开发区(以下简称开发区)在省商务厅和临海市委、市政府的正确领导下，开发区管委会团结带领全区广大干部群众，认真贯彻落实临海市十三届党代会一次会议和临海市十三届人代会一次会议精神，紧紧围绕临海“千年古城新崛起”的奋斗目标和全面推进临海“三大示范区”建设的总体战略，深入开展“转作风、抓落实、促崛起”活动，加快推进整合提升、突出经济发展平台建设、不断拓宽招商思路、全面优化发展环境，全区经济运行整体上保持了平稳较快增长的态势，特别是在一些重要领域和重点工作上取得了可喜的成绩。

回顾一年来的工作，主要突出在以下六个方面：

一、工业经济增速提效，综合实力明显增强

2012 年，开发区以高昂的工作热情，铆足干劲，突出招商引资，狠抓项目建设，加快产业提升，营造发展氛围，努力完成年初确定的目标任务，全区经济运行稳中有进，综合实力有了明显增强。截止 2012 年底，全区完成工业总产值 371.97 亿元，同比增长 15.70%；完成规模以上工业总产值 286.55 亿元，同比增长 10.53%；实现财政总收入 20.10 亿元，同比增长 19.11%。

二、工业投入不断加大，发展后劲逐步提升

2012 年以来，开发区积极采取有效措施，加快工业项目推进质量和速度，促进工业项目快投入、早产出、早受益，工业项目促建有力。2012 年 44 项千万元以上工业重点项目计划投资 17.68 亿元，截至年底投入 20.82 亿元。伟星建材新建管材生产线、浙江金诺新能源科技、邦得利、众邦机电、铁马等重大项目进展顺利，其中浙江永强扩建户外休闲用品喷涂生产线、伟星新建拉链生产线、浙江百盛年产 2000 吨地毯纱等 20 多个项目建成投产。

三、招商引资取得突破，开放水平显著提高

2012 年以来，临海经济开发区始终坚持大规划引领、大项目带动、高科技优先，突出总部经济和特色园区招商、实行“一事一议、一企一策”的个性化招商模式，吸引在外浙商回归投资。并根据临海市场经济发展的程度和转型升级的需要，坚持先进制造业、高新技术产业和现代服务业“三业并举”，有选择性地引进投资额度高、投资密度大、科技含量高、生态良好、符合产业结构的大项目、好项目，不断增强“窗口”和“龙头”作用。截至 2012 年底，全区实现内资 10.49 亿元，完成年度计划的 223.11%。招商引资取得丰硕成果，在临海商人大会上，开发区成功签约项目 23 个，总投资约 70 亿元，涉及总部经济、物流、交通、电子科技、光学等领域。这些项目的成功签约，将为开发区不断地注入发展动力，加快开发区的结构调整和转型升级。

四、项目建设加快推进，基础设施日益完善

临海经济开发区始终坚持“工业化和城市化互动”理念，以“高起点规划，高强度投入，高标准

建设”为总要求，不断加快水、电、路等基础设施建设，极大地改善了基础功能、城市功能。2012年，临海经济开发区突破政策处理瓶颈、理顺工作关系、着力破解难题、逐个化解矛盾，通过“点”上工作的突破实现整体工作的全面推进。截止12月底，全区重点建设项目102项已完成投资23.55亿元。其中一汽大众汽车4S店、八一河（灵江中学段）整治工程、大田小学综合楼、运动场等10多项工程已建成；市第二职教中心二期工程、浙东生产资料综合市场、东城水厂二期工程进展顺利；河阳路跨大田港大桥工程、东渡路至铁路站场连接线、河阳路道路工程、临海市文化艺术中心等工程前期工作有序推进。

五、平台建设加快实施，集聚效应不断凸显

过去的一年，临海经济开发区注重发展平台建设，重点抓好开发区整合提升和“三大平台”的建设。经过多次讨论修改，完成了《开发区加快整合提升方案》和《加快开发区建设和发展的若干意见（讨论稿）》的起草，正在进一步修改完善。总部商务区建设加快推进，出台了政策意见即《关于临海市总部经济商务区开发建设的意见》（临政发〔2012〕57号），一期实施的1201工程和临海农商银行总行大楼已成功举行了奠基仪式。在铁路站场区块打造拟上市企业集聚区，形成以高科技产业为重点的产业集群，已完成整个集聚区的规划总平及一期高性能光学镜片与成镜项目建筑规划设计方案、完成一期217.19亩土地政策处理并报省国土资源厅农转用审批、各项基础设施建设按计划有序开展。临海南（沿江）工业区，以吸纳温州、台州大中型装备制造业技改投入项目为发展方向，打造成为临海工业发展重要增长极和临海南部形象展示区，截至2012年底已完成战略规划方案的编制，全面完成区间B2、B3、金银路的建设，占地280亩的王野动力有限公司成功落户并开工建设。

六、干部状态有效激发，服务能力显著增强

临海经济开发区全区上下干部始终坚持服务企业，全力支持街道工作。通过积极开展“进村入企”活动，深入企业了解情况，搜集各类难点问题，并根据企业主提出的意见建议，组织市级相关部门及街道相关单位到开发区进行协商落实，现场办公，为街道各类项目落地以及其他各方面工作提供全方位的服务。加强内部管理，全区干部精神面貌良好。开发区以“基层组织建设年”、“项目攻坚年”为抓手，与四街一场团结协作，同舟共济，推进开发区各项工作有序开展。

总体来看，临海经济开发区通过不懈的努力，在2012年经济社会发展上取得了显著成绩，被评为了2012年度省级开发区工作优秀单位。在看到成绩的同时也要清醒地认识到存在的一些问题，一是直接利用外资形势依然比较严峻；二是工业发展环境和服务还需进一步优化。在今后的工作中，临海经济开发区将再接再厉，奋勇争先，再创佳绩。

（临海经济开发区）

2012年嵊州经济开发区发展概况

2012年，嵊州经济开发区（以下简称开发区）实现规模以上工业产值363.2亿元，同比增长10.9%，实现销售收入348.9亿元，同比增长9.7%；实现自营出口15.3亿美元，同比增长5.7%；实现税收20.1亿元，同比增长18.1%；完成固定资产投资113.8亿元，同比增长19.5%，其中工业性投资78.3亿元，同比增长21.5%；实到外资8013万美元，引进内资注册资金5.36亿元，完成嵊州市委、市政府下达的招商引资任务。

一、抓好平台建设

2012年，开发区扎实推进以浦口新兴产业园为重点的平台建设。790亩土地已完成政策处理工作，其中388亩土地已填方，东三路路基和三条施工便道已完成，为企业落户奠定了基础；浦南大道延伸段等主干道路已完成项目初步设计和施工图设计。以雅戈尔项目为重点的三塘区块平台建设进展顺利，雅戈尔大道已在元旦前主车道通车；投资1.87亿元的三塘区块市政配套（二期）工程于12月动工建设。积极实施“提质增效、转型升级”工程，重点抓企业提升改造，主要通过抓企业规模效益和战略性新兴产业培育，推进企业强优发展，2012年新增规上企业51家，新增亿元税收企业2家，亩均税收比2011年提高1万元，战略性新兴产业投资占全区实际投资的58%，战略性新兴产业产值占全区经济总量份额比2011年提高3.8个百分点。

二、加快项目建设

按照项目化管理的要求，开发区重抓雅戈尔科技新兴产业园、中工机器、优尼特新能源、空分设备等9只投资5000万元以上项目，落实专人跟踪服务，通过进度旬报制和责任督查上墙制，加快项目建设，优化投资结构。全年完成工业性投资78.3亿元，同比增长18%；在建厂房面积约128万平方米，其中新开工面积58.9万平方米，同比增长74%；三产服务业投资21.2亿元，同比增长54.2%。强化“亩产论英雄”导向，重点抓20宗闲置、低效土地盘活，主要通过签订补充合同、收取开工达产保证金以及每旬进度督促等措施加快项目推进，20宗土地中除3宗土地计划收储外已全部开工，全年完成技改投资4.53亿元。

三、开发区投资服务中心投运

2012年4月25日，开发区建成并投运开发区投资服务中心。一是实行全程代办制。项目审批涉及的市规划、国土、环保、建管和消防等5个职能部门，派员带职、带权、带章进驻中心，开展“全天候、保姆式、一条龙”全程代办服务，实现工业投资项目从接件、审查、签字、发文、盖章、制证、发证全部在中心完成。二是实行限时办结承诺制。实施提前介入、联审联办、绿色通道办理等机制，供地及建设环节的审批办理分别在30个工作日和40个工作日完成。三是实行打包收费制。在原来优惠政策的基础上再取消8项行政事业性收费，并由中心综合窗口一次性收费。至年底，已办理各类审批事项222件，办理时间比原承诺时间提速70.5%，累计节约审批时间688天。所有招商项目也实行全程代办，深受企业好评。

四、开发区9个重点技改项目集体奠基

2012年5月18日和11月14日，嵊州经济

开发区9个重点技改项目分两次集体奠基开工。这9个技改项目总投资5.6亿元，占地224.51亩。嵊州市领导金志、阮建尧、马志龙、何国英、郑法根、张金初、齐方良、丁法军、李香富、竺理文参加奠基开工仪式。

2012年5月18日奠基开工的5个重点技改项目分别是：计划投资1.5亿元，占地50.30亩的中国空分设备有限公司的天然气液化储存设备产业化项目；计划投资3000万元，占地12.64亩的晨怡电子有限公司的新型亮度智能调节LED节能灯生产线项目；计划投资1亿元，占地21.86亩的浙江伏尼特新能源科技有限公司的年产120万米蓝膜及60万平方米太阳能集热器生产线项目；嵊州市金威机电有限公司的计划投资1000万元，占地6.94亩，年产15万台微电机生产线项目；嵊州市迪依尔电器有限公司的计划投资1500万元，占地12.42亩，年产1000万套音视频线项目。

2012年11月14日奠基开工的4个重点技改项目分别是：嵊州市立森轴承钢管有限公司的投资1.62亿元，占地75.09亩，年产50万台环保型近吸式油烟机项目；嵊州市福特机械有限公司的投资3350万元，占地16.58亩，年产3万台高档吸油烟机项目；嵊州市华贤电机有限公司的投资3000万元，占地13.8亩，年产2万套船舶电机项目；投资3000万元，占地10.86亩的嵊州市医药药材总公司的中药饮片厂房建设项目。

上述9个项目都属于战略性新兴产业项目。这批项目的建成投产，对经济开发区和全市工业经济结构调整和提质增效、转型升级都将起到重大的推动作用。

五、经济开发区6个浙(嵊)商回归项目达成落户意向

2012年4月22日，在嵊州宾馆举行的2012年浙(嵊)商回归大会暨项目签约仪式上，嵊州经济开发区与浙江睿达电器有限公司等6家浙(嵊)商回归项目达成落户意向并签约。6只项目总投资7亿元人民币，每只项目投资强度都达到300万元/亩，预计投产后税收在15万元/亩以上。截至2012年4月20日，已全部缴纳项目预约保证金。在8月份的竞拍中，浙江睿达电器有限公司已竞拍到土地，正式落户开发区，年底止，6只项目的营业执照已全部办批。

六、重点工作项目攻坚

2012年，开发区按照项目化管理要求，责任分解年度6大类重点工作项目，明确时间节点，落实工作任务，强化进度督查，考核结果与评优奖励挂钩。9月份起，对照各阶段目标任务的完成情况，整合工作力量，成立9个重点工作项目专项组，开展年底前“重点工作项目攻坚行动”和“学十八大精神，深化克难攻坚“主题实践活动。集中突破雅戈尔新兴科技产业园项目政策处理、南二路(东三路)基础设施配套等一批重点难点工作项目，在全区形成“崇尚实干、立说立行、重看结果”的工作作风，营造以项目为中心推进开发区跨越发展的好氛围。

七、搭建企业融资新平台

2012年4月24日，嵊州经济开发区银企对接会在嵊州宾馆举行。来自开发区的100多家企业与金融机构共商银企合作双赢、推动实体经济发展大计。会议决定由开发区和中国民生银行绍兴分行共同开展互助担保基金业务，中小企业无须担保和抵押，为嵊州中小微型企业提供了又一新的融资渠道。截至年底有70多家企业已融资1.7亿元，增强了企业的发展信心。

(嵊州经济开发区　王和祥)

第七编

省级部分商务企业发展概况

2012 年浙江省国际贸易集团有限公司发展概况

公司简介

浙江省国际贸易集团有限公司（以下简称“省国贸集团”）是由浙江省原荣大、中大、东方三大外贸集团于 2008 年合并重组成立的省属大型国有独资企业。集团注册资本金为 9.8 亿元，经营范围为授权范围内国有资产的经营管理，涉及商贸流通、金融服务、产业投资、经济合作等领域。

目前省国贸集团拥有二级控股子公司 19 家，有国有资产覆盖的各级公司 205 家。其中浙江东方集团股份有限公司为上市公司（证券代码：600120）。2012 年底，公司在岗职工 13168 人。按中国企业家联合会 2012 年发布的 500 强排名口径，集团位居第 231 名；500 强服务业排名，位居第 74 名，地方省级国有外贸企业，位居第 1 名。

省国贸集团成立 5 年来，资产总额从 147 亿元增长至 310.2 亿元，净资产从 50 亿元增长至 114.2 亿元，利润总额从 9.1 亿元增长至 22.4 亿元，净利润从 6.5 亿元增长至 18.5 亿元，5 年累计上缴税费总额达 36 亿元（五年累计实现利税总额 112.81 亿元），上述指标 5 年平均递增分别为 20.6%、22.88%、25.3%、28.45%。资产总额和利润总额与成立之初增长分别超过 2.1 倍和 2.5 倍。

业务特色

2012 年是“十二五”规划实施的第二年，也是战略规划调整转型期的最后一年。在省委、省政府和省国资委等部门的正确领导和指导帮助下，省国贸集团紧紧围绕“十二五”规划，按照年初确定的工作目标和任务，努力克服了诸多不利因素和困难，稳步推进各项工作，实现经营规模和效益双增长，超额完成了战略规划的分年指标和年度预算指标，主要经济指标再创历史新高。

2012 年省国贸集团实现营业收入 446.6 亿元，同比增长 5.58%，列省属企业第 4 位；利润总额 22.53 亿元，同比增长 5.37%，列省属企业第 2 位，其中国有净利润 11.66 亿元，同比增长 64.31%；资产总额 309.03 亿元，同比增长 13.17%；资产负债率为 63.47%，同比下降 1.52 个百分点；净资产收益率达 18.25%，列省属企业第 1 位；上缴税费总额 9.23 亿元；职工工资总额同比增长 10.06%。

在努力保持和拓展市场份额的同时，从数量型向质量效益型转变，优化贸易结构和企业内涵，坚定不移地推进商贸流通的转型升级和发展方式转变，促进主业可持续健康发展。

一是加大研发设计与品牌培育投入。集团出台的外贸扶持政策中，对当年的研发设计投入视同实现利润进行考核，对重大固定资产部分投入两年内作资本成本扣减考核，充分发挥考核与激励约束机制的指挥棒作用。东方股份快速适应市场变化、控风险强管理，外贸经营质量不降反增，所属 12 家外贸企业全年实现利润同比增加近 1000 万元。省土畜产公司依托新建的打样中心新发展客户 4 个。技术集团积极落实出口扶持配套措施，收效明显，同比增长 11.08%。

二是以工贸联动加强货源基地建设。经过长期的潜心培育，成员公司所属生产基础等实业企业得到稳步发展，为扩大出口业务提供了稳固的货源基地。东方股份所属狮丹努公司充分发挥贸工结合优势，革新传统接单方式，一个最快的订单从接单到出货仅用了100个小时，小订单征服了大市场。省粮油所属实业企业积极拓展市场、突破产品结构、加大营销力度，其中塔牌绍兴酒实现营业收入4.55亿元，同比增长32.50%，其中丽春酒销售突破1亿元，五年手工冬酿酒首次进入内销市场销量即突破20万箱；宁波天韵公司盈利创历史最高水平，实现利润1286万元，同比增长49.70%。省土畜产于2012年12月顺利完成兰溪墩头制刷厂新厂区的建设并投产。

三是推进货物贸易与服务贸易集成模式。由于拥有供应链管理优势，使其能为客户提供一系列的产品、技术等集成服务，最终实现供应链收益最大化。东方机电作为专业的海外工程的“服务贸易集成商”和“项目总承包商”，项目涉及土耳其、缅甸等国家，签约项目逾百个，交付电站40多座。全年新签约11个项目，在手项目合同金额约3.80亿美元，在项目规模上也有了重大突破，其中2月和11月分别签订土耳其135MW燃煤电站项目1.56亿美元、缅甸上耶涯水电站项目1.3亿美元。

四是推进传统贸易与电子商务互动平台建设。东方股份、省土畜产作为供应链电子商务的试点单位，利用多年积累的供应商、产品与物流等优势资源，进行挖掘整合，通过电子商务平台来服务老客户、拓展新客户，并结合团队经营优势，提高综合效益。东方股份供应链电子商务平台经过一年多的设计开发，完成了项目设计、开发和技术测试，已于2012年10月在3家外贸企业试点运行。省土畜产公司继续完善海外行销平台的建设与推广，努力从国外批发商逐步向国外零售商延伸，全年在自身的行销平台和环球资源等外部平台成交近400万美元。同时，集团积极研究跨境贸易电子商务。

主要工作

1. 上下协同，实现商贸流通稳步增长。面对复杂的外部形势和省国资委对出口增长的要求，集团和成员公司齐心协力，千方百计拓市场、抢订单、保增长，努力稳定商贸流通主业规模。

一是及时出台配套扶持政策。为贯彻落实省国资委对出口增长的工作要求，省国贸集团迅速行动，于2012年7月出台了《关于进一步促进集团商贸流通主业稳定发展的若干意见（试行）》，在保增长、调结构、创品牌、强服务等方面提出了19条措施，落实每年不低于2000万元的发展专项基金，对抓订单、促市场、稳外贸起到了具有资本属性杠杆撬动作用。

二是紧盯新兴市场实现增量。2012年年初以来，各成员公司将出口市场开拓重心放在新兴市场，充分利用展会、贸易小组、电子商务等贸易手段拓展商机，借助全额信保等手段，不断提高新兴市场和潜力市场的占有率。东方股份等公司在柬埔寨、老挝等东南亚国家设立生产基地。省化工公司花大力气调结构促发展、做精做优主业。东方股份和国兴公司共同参与了以产品出口带动境外新产业项目开发。国经公司积极实施“走出去”战略，参与日本相关项目。

三是全力开拓进口和内贸业务。成员公司抓住国内消费升级、国家扩大内需契机，以“供应链金融”创新模式为切入点，借助与中信保浙江分公司开展进口信保、内贸信保、客户资信评估等方面合作，加强与国内大企业以及上下游供应商的战略合作，在强化风险管控的前提下，进一步发展进口和内贸业务，重点开展了与新华联合冶金集团、今飞集团、法国索迪亚集团肯迪雅公司等公司合作。

2. 集聚资源，金融服务业加快布局。2012年，集团重点培育的金融服务业取得了重大突破性进展，寿险公司获批开业，从而以信托、期货、保险三大核心资源为支柱的产业格局已形成，并不断推动与集团其他产业的协同发展。集团旗下各级金融、类金融企业达20家，其中控股9家，参股11家，在省属企业乃至全国国有企业中走在了前列。目前，集团控股的金融类企业注册资本金达13.9亿元；管理资产规模达126.3亿元，同比增长837%；实现营业收入6.14亿元，同比增长241%；实现利润总额6260万元，同比增长120%。

一是合资寿险公司获准开业。2012年11月13日，经过3年多的精心筹备，集团与韩国韩华生命保险公司合资设立中韩人寿保险有限公司获得国家保监会批准开业，并随即取得工商营业执照，成为第1家总部在浙江的中外合资保险公司，是第3家总部在浙江的保险公司。

二是信托公司开局良好成效显著。全年成功发起信托项目30多个，累计管理信托资金超过102.20亿元，实现利润总额5180万元。并且着手研究和制订公司三年战略发展规划，确定了“1＋2＋N”的业务策略，提出了将逐步构建信托投融资、受托资产管理、股权投资信托（基金）为业务方向，打造业务特色，提升核心价值。

三是谋求做强做大期货公司。对大地期货进行增资扩股，集团出资3.5亿元，使其净资本达5.5亿元。目前公司共有营业部9个，省外营业部4个，有效拓宽了公司业务的服务半径。同时公司战略规划制订完成并正式实施，通过引进战略投资者、壮大研发力量、构建营销体系、优化人力资源等七大措施，坚持走服务专业化、精细化、差异化道路。

四是类金融服务培育取得突破。2012年，控股的产业基金、融资租赁、保险经纪、产融投资等公司相继成立并开始运营。其中东方股份、省五矿和外资股东共同发起的融资租赁公司已于9月份成立，目前签订租赁合同4.09亿元；10月份成立国贸东方资本公司，首只先进制造业产业基金首期募集资金5.17亿元并完成设立。参股20%的德邦基金已于5月25日正式开业。金信资产所属浙江汇源首只定向投资PE基金募集7550万元并设立，于10月份完成对江锂科技的投资。

3. 产融互动，产业投资板块稳健推进。一是房产建设项目顺利推进。国贸房产竭力推进湖州项目、集团总部办公大楼两大房产项目进程。2012年10月26日，“国贸·仁皇”作为湖州市目前最大的住宅项目举行了开工典礼，总建筑面积近60万平方米，总投资将达50亿元。目前总部大楼设计方案已获批准，总部大楼建设迈出实质性步伐。另外金信资产所属台信公司在做好嵊州世贸广场项目后续开发的同时，积极推进嵊州鹿山路商业地产项目开发前期准备，2012年预计实现利润1.18亿元。

二是践行“产融互动”成效明显。金信资产公司积极实践产融互动发展模式，借助信托、基金和期货的大金融平台，重点推进金华湖海塘和金义都市新区合作项目，金义都市新区合作项目已于7月与金华市政府、国开金融在北京签订了合作投资意向书，金华湖海塘项目拟引进品牌专业房产公司作为战略投资者参与共同开发，提升项目品位和产品附加值。集团继续深化与提升“期现货结合，内外贸一体”、“资金信托”的互动模式，全年期现结合业务带动规模增长7亿元，年化收益率11%以上。

4. 深化改革，坚定实施“瘦身强体”。一是推进企业上市培育工作。东方机电、塔牌绍兴酒上市培育工作取得较大进展，东方机电整体变更设立为股份有限公司获得省国资委批复，并于2012年12月21日完成股份公司的设立工作，目前正在积极准备申报材料；塔牌绍兴酒增资扩股和股份制改造方案获省国资委批复立项，并于2012年12月底前完成增资扩股工作。

二是推进企业改制重组工作。集团加大了成员公司改制重组工作力度。稳步推进省土畜产公司的战略规划落实与改制工作，研究省五矿等公司改制方案，国贸物流公司以全资子公司形式整体并入省粮油公司的股权优化方案已得到省国资委批复，嘉兴粮油改制和国有股权划转工作分别于2012年9月份、12月份完成。金信资产与国贸资产合并工作已完成，国兴公司与国经公司合并初步方案也在完善中。

另外，集团根据证监部门要求，对存在直接同业竞争的省纺织品采用国有股权托管、存在部分同业竞争的成员公司采用总额控制等方式解决同业竞争问题。

（浙江省国际贸易集团有限公司）

2012年浙江省物产集团公司发展概况

公司简介

浙江省物产集团公司（以下简称“物产集团”）是1996年由原浙江省物资局成建制转体组建的大型国有流通企业，是浙江省政府授权经营管理国有资产的运营机构，是国家120家大型企业试点企业集团和20家重点培育发展的大型流通企业以及浙江省政府确定的36家重点流通企业之一。2012年，物产集团名列世界500强第426位，排名比2011年大幅跃升了58位。2002年以来连续11年进入中国企业500强前百位（2012年列第61位），并连续10年位列浙江省百强企业前两位（2012年列第1位）。

物产集团作为处在完全竞争领域的大型国有企业，将以服务我国经济转型升级和产业结构调整为己任，按照“产业领先、布局全国、国际视野、跨国经营、追求卓越、引领未来”的战略思想，确立了到2015年营业收入2600亿元、利润总额52亿元的战略目标，立足世界500强，成为具有国际竞争力的一流现代流通企业集团。

业务特色

物产集团以生产资料流通为主业，经营范围涉及国内外贸易、现代物流、金融服务、实业加工等领域，并形成了钢铁、汽车、能源、化工、物流、房地产等六大业务板块。在浙江省委、省政府的正确领导和有关部门的关心支持下，物产集团顺应流通产业发展趋势，扎实推进流通产业化，大力发展生产性服务业，加快传统流通向现代流通的战略转型，经营规模快速扩大、经济效益稳步提高、运行质量不断提升。2012年，物产集团实现营业收入1968.33亿元，利润总额14.4亿元，进出口总额41.82亿元，总实物量8988万吨（钢材2568万吨，铁矿石1975万吨，汽车18.23万辆，煤炭3830万吨，油品135万吨，化工产品237万吨），截止2012年底，资产总额585.39亿元、净资产125.85亿元。

主要工作

1. 着力提升传统模式，形成服务贸易业务结构的业态创新。围绕供应链集成服务基本商业模式，大力推进信息化、网络化、连锁化、扁平化的经营业态和区域集成、虚实融合立体化发展。一是加快商务网络布局，提高网点数量分布与市场需求结构和客户服务对象的匹配度，重点开拓省外战略性区域全国网点布局，累计建成省内外253个网点（省内173个、省外74个、境外6个），已基本覆盖至全国中心、重点城市市场，并渗透辐射至周边二三线市场区域。二是依托ERP、EC系统，对存量连锁网点实施人力、财务、资金、运营的统一管理，有效集成经营网络。三是推进区域内品种制集购分销和专业化营销。2012年新业态比重达到66%，终端销售比重达到55%。

2. 着力打造物产大宗电商平台，为交易方式创新创造条件。面对日益复杂和严峻的经营生态环境，原有“博行情、做库供、靠价差”传统经营模式已到尽头。在前期连锁分销、供应链服务、配供配送、汽车后服务等新业态逐渐形成体系的基础上，2012年集团重点推进大宗商品电子商务平台建设，力求解决整个钢铁产业以钢厂为主导、信息不畅、上下游脱节、资源分散、资金流通不畅等问题，自2012年7月份上线全年累计实现近百万吨钢材线上交易量。尤其以2012年11月16日迁安合作钢厂将交易保证金打至物产电商平台为标志，向改变传统钢铁采购机制（即厂家主导的收取预付款、定价权模式）、初步实现以流通商为主导的钢铁流通新渠道迈出了开创性的一步。

3. 着力推进信息化建设，为运营管控体系支撑打下基础。2008年以来全力推进集团M1信息化工程，建设全信息化条件下的运营管控支撑体系。基本形成以电子商务系统（EC）为业务层面，以企业资源计划系统（ERP）、物流服务系统（LT）和金融服务系统（FT）为资源配置层面、以商业智能系统（BI）和协同办公系统（EIP）为管控层面的六大子系统集合，系统间上下贯通、左右呼应、高效运行，实现集团业务运行、管理的信息化、一体化和“全覆盖、真运行”的运行目标。

4. 着力开展产融结合、投融资结合，为资本运作体系支撑提供支持。一是产融结合。通过货币资金归集、资金统筹运营（还高借低、头寸调度、沉淀资金管理等），实现降本增效。2012年累计“提前还贷”25.46亿元、“还高借低”贷款39.65亿元，归集资金12.05亿元，集团内部银行头寸调度累计172.72亿元，节约利息成本和财务费用共计2.43亿元；累计提供供应链金融服务158.64亿元，切实帮助88家下游中小型企业破解融资难题和困局；把握债券发行利率低点的有利时机，累计发行了6亿元中期票据和10亿元短期融资券，发行利率远低于同期基准贷款利率，相应节约财务费用2617万元。二是投融资结合。在集团层面组建成立专业投资公司，为后续资本化、专业化运作打下基础；完成下属物产燃料公司的股份制改造，为推进上市做好准备；下属物产中元公司引进财务投资者成功融资10亿元，为后续汽车价值化投资、提升集群网络效应、延伸汽车后服务产业链，创造资本运作条件。

5. 着力统筹物流平台，为四流联动运作提供支撑。一是在深化提升集团迁安、杭州、武义、宁波、台州、长沙等物流基地建设，形成集成网络优势；二是落实物流外包，以56135物流平台为载体，落实物流一体化平台运行，降本增效。2012年，物流板块以供应链服务全新模式运营，物流、商流、资金流、信息流“四流联动”运作，成效明显，物流板块营业收入同比大幅增长262.87%，效益同比大幅增长110.49%。

6. 着力实施制度创新，为企业持续发展提供制度支撑。2012年集团公司相继出台了物流、金融、信息、研发和人力资源五大平台管理意见以及《“四率一水平”评价考核暂行办法》、《平衡计分卡绩效评价实施意见》、《金融产业培育发展指导意见》、《强化资金统筹运营管理意见》、《建设物流外包共享体系意见》、《员工职业生涯规划管理实施办法》、《关于加强当前经营资金经营风险管理意见》等一批意见，以期通过顶层设计形成制度保障。成员公司也出台了符合自身业务特质、特征和流程管控需要的规章制度。集团总部作为要素资源配置中心，统一配置金融、物流、人力、政策等关键性要素资源，有效支撑集团上下运营管控。

7. 加强多方位战略合作。物产集团作为世界500强企业的品牌影响力持续大幅提升，战略合作方位、层次和水平均得以有效提升。一是银企合作新突破。与工行、中行、华夏、光大、浦发、平安等各大银行总行，全面开展“总对总”银企合作新局面，企业信贷、供应链金融、法人透支等金融业务取得突破，切实实现优势互补、互惠共赢。二是大企合作上层次。与中国神华、中储棉、美国KSS、淡水河谷、珠海振戎、营口港等外企、央企、大企，建立平等互信战略合作关系。三是保企合作防风险。与中国出口信用保险公司在巩固原有出口信用保险业务的基础上，深入开展国内贸易信用保险、信用险项下融资、客户资信评估等方面合作，有效化解应收款风险难题。

（浙江省物产集团公司）

2012年浙江省二轻集团公司发展概况

公司简介

浙江省二轻集团公司(以下简称“省二轻集团”)是经浙江省人民政府批准,由原浙江省二轻工业总公司成建制改建而成的大型集体企业。作为一家多元化的投资控股型企业,省二轻集团主营业务涉及制造业、贸易、房地产、商业地产、类金融等五个板块,下属浙江省工艺品进出口有限公司(以下简称“工艺品公司”)、浙江省皮革塑料有限公司(以下简称“皮塑公司”)、浙江申达机器制造股份有限公司(以下简称“申达机器”)、浙江华江科技发展有限公司(以下简称“华江科技”)、浙江省二轻房地产开发有限公司(以下简称“二轻房产公司”)、浙江省二轻商业经营管理有限公司(以下简称“二轻商业公司”)等控股企业12家,华数传媒控股股份有限公司(以下简称“华数传媒”)、浙江天达环保股份有限公司(以下简称“天达环保”)、浙江华银非织造布公司、杭州松下马达有限公司、杭州乐金化妆品有限公司等参股企业12家。

业务特色

省二轻集团商贸企业主要包括工艺品公司、皮塑公司、汇孚集团有限公司(以下简称“汇孚集团”)、二轻广杰工贸有限公司(以下简称“广杰公司”)。其中工艺品公司是中国工艺品进出口系统和浙江省外经贸行业的骨干企业之一,下属子公司14家,在美国和德国拥有2家全资海外企业,公司与全球数百家客商和国内近千家企业保持良好的业务关系,年度进出口总额3.1亿美元,其中出口1.54亿美元,进口1.56亿美元。

皮塑公司从事塑料、化工、皮革原材料经销达30余年,与国内外各大石化生产商、供应商建立了长期、稳定的贸易关系,在华东地区范围内建立和拓展了覆盖面较广的销售网络,拥有7000余家长期稳定的客户。

汇孚集团产业主要覆盖商贸、房地产、金融投资、品牌经营四大板块,年实现销售收入近20亿元人民币。商贸领域,年实现进出口总额3亿美元,其中出口约2亿美元;在房地产业,通过独立开发和抱团合作,完成和在建开工项目累计达60多万平方米,海南“蔚蓝·海语印象”楼盘,被中国房产权威机构评为“最佳海景楼盘”;旗下ASART(艾诗雅特)服装品牌,拥有“中国驰名商标”、“浙江名牌产品”和“浙江出口名牌”称号。

广杰公司在对外贸易方面的重点市场是非洲,中东,东南亚以及欧洲市场,主要出口产品以机电产品为主,包括注塑模具、压铸模具、包装机械行业的机器设备、食品灌装机械行业的灌装成套设备、纺织机械行业的纺机成套设备等。

主要工作

过去的一年,面对经济下行、需求不振、风险突显的不利局面,省二轻集团上下按照“坚定信心、稳中求进”的工作要求,团结一致,直面困难,沉着应对,扎实工作,在保持各项经营指标总体平稳的同时,集团本级在新产业投资布局、优化产业结构方面取得重大突破,企业资本实力进一步得到增强。

1. 抢抓机遇,产业投资布局实现突破。省二轻集团按照省委省政府要求,坚持把扩大有效投资作为优化产业结构,实现企业转型升级的重要举措,依据自身实力,投资参股华数传媒并实现上市，投资参股浙商创投基金和天达环保，顺利完成延安路浙江二轻大厦改造投入使用和重新招商工作，完成佑圣观路原二轻大院的拆除，并于2012年10月正式开工建设佑圣大厦。申达机器德清基地一期厂房基本建成，华江科技引进德国GMT生产线正式投入生产。通过新增产业投资，在增强省二轻集团资本实力的同时，实现在传媒、环保等新兴产业和创投等领域投资布局的突破性进展，对实现集团整体战略转型具有重大意义。

2. 负重前行，总体经营指标保持平稳。面对去年异常复杂严峻的外部环境和风险困难，省二轻集团上下统一认识，迎难而上，贸易企业千方百计拓市场、调结构、稳增长，制造业重技改研发、抓收入、降成本，商业物业重招商、抓管理、提服务，类金融企业抓风控、促规范、优客户，通过全年的共同努力，基本保持了经营规模和经济效益的总体平稳。全年实现销售收入56亿元，实现利润2.04亿元。

3. 以变应变，统筹加强资金管理与风险管控。针对当前金融形势复杂，融资难度加大，总体风险加剧的形势变化，省二轻集团以变应变，果断采取措施。一方面，创新融资渠道，以联社为主体成功注册并分两期发行共6亿元短期融资券，落实经营性物业贷款等中长期银行授信，努力保障经营发展的资金需求。同时，调整债务结构，逐步改变短贷长用的状况，降低资金链风险。另一方面，进一步加强对集团本级和下属企业之间资金的统筹调剂安排，提高资金使用效率，并针对去年市场风险变化情况，及时采取相关应对措施，努力防范系统性资金风险。集团本级和各单位全面加强销售货款的回笼和应收账款的管理，二轻房产公司顺应市场形势，“绅华府”项目以合理定价，三次开盘，至2012年末可售住宅去化率达99%。

4. 外引内培，创新人才引进和培养模式。坚持“外引内培”，通过联合公选、公开招聘等途径引进人才，2012年经联合公选和外部人才招聘引进两名中层管理干部；内部严格规范干部选拔程序，经公开民主推荐，内部提拔任用三名中层管理干部。建立完善高层管理人员、中层骨干、专业技术人员等不同层次的梯队人才培养机制，加大教育培训投入，通过校企合作、定向培养等方式，拓展员工管理、技术和技能职业发展通道，提高综合素质和创新能力。选拔年青中层人员和总部骨干员工，参加与浙江大学合作举办的“青年优才计划”高级研修班，加强新员工培训。

5. 围绕中心，扎实开展党群纪检工作。紧扣“党的十八大和省第十三次党代会”这一主线，深入开展创先争优活动，围绕中心、凝心聚力，扎实推进企业党群工作，落实党风廉政建设和反腐倡廉的各项工作任务，为实现省二轻集团“二次创业”战略目标提供了有力保障。有序推进企业党政班子换届工作及各企业班子建设，较好实现了新老交替。通过建章立制、创新选拔、干部交流、督促检查等一系列务实的工作，组织工作满意度取得较大提升。认真做好五年一度的行业劳模申报工作，最终申达机器被人力资源和社会保障部、中国轻工业联合会、中华全国手工业合作总社授予“全国轻工行业先进集体”荣誉称号，两人被授予“全国轻工行业劳动模范”荣誉称号。加强基层党建工作，两个基层党组织被省直机关工委认定为“基层党建工作示范点”，7名同志分别受到省委宣传部、省总工会、省直机关工委等单位的奖励和表彰。落实党风廉政建设和反腐倡廉的各项工作任务，反腐倡廉工作得到省推进惩防体系构建和落实党风廉政建设责任制检查组的充分肯定。通过加强安全生产制度建设，严抓现场管理，加大技防投入和宣传教育力度，加强隐患排查及治理工作，全年未发生重大责任事故。

（浙江省二轻集团公司）

2012年浙江省兴合集团公司发展概况

公司简介

浙江省兴合集团公司（以下简称“兴合集团”）是浙江省供销社社有全资企业、浙江省重点流通企业，于1992年经省政府批准设立，主要负责运营管理省供销社本级经营性资产。

集团近年来在省供销社党委领导下，坚持贸易为本、有限多元的经营方针，大力实施以走出去发展、一体化发展、品牌化建设和人才战略为主要内容的“强企工程”，实现了规模效益同步快速增长，成为内外贸结合、工贸结合、商品经营和资本经营结合，跨地区、现代化的大型综合性企业。2012年，集团贯彻落实“稳增长、提质量；抓创新、调结构；强管理、控风险”的总体部署，深入开展“强企工程”建设，实现总经营收入615.5亿元，进出口总额17.3亿美元，期末总资产283亿元，位列2012年中国500强企业第192位。

主要工作

1. 提升规模效率，在开拓新市场新领域上实现新突破。2012年，集团立足行业变化，以国内市场和国际市场一起抓、传统市场和新兴市场一起抓、出口业务和进口业务一起抓，进一步扩大经营，销售规模同比增长13.5%。其中，内贸业务以品种开发、网络建设、供应链管理为重点突出抓好大宗物资经营，营销体系进一步辐射到国内近20个省（市），在农资、汽车等板块上形成了区域网络化优势。同时，深化“流通＋金融”、“贸易＋服务”的发展路子，促进资源渠道优势和专业服务能力的结合，促进多环节、多领域的综合经营，有效提高满足客户多样化需求的能力。外贸业务一手抓订单拓市场，推进市场多元化和出口商品的结构优化、升级换代，加大对南美、非洲、东南亚等新兴市场的开发力度，并以内外贸联动发展思路，积极发展主业相关的进口业务，全年进口额达到3.7亿美元，同比增长28.5%；一手抓工贸结合体系的完善和提升，加大工业技改力度，优化工业流程，提高效率，继续推进工业向省外的梯度转移，保持成本竞争优势，并加强在研发设计等方面的投入，加快培育技术、品牌、设计等竞争新优势。

2. 加快转型升级，在转变经济发展方式上取得新进展。围绕大中做强目标，集团积极利用市场倒逼机制，加快转型升级步伐，经济增长质量、发展后劲进一步提升。一是坚持把项目作为优化经济结构、支撑产业做大做强的重要抓手，筹划和推进台州农副产品集配中心、丽水汽车城、海宁物流基地、浙西再生资源综合市场等项目建设，在废旧物资、茶叶等领域开展并购重组，进一步完善了核心板块的经营体系；二是积极创新业态和经营模式，促进传统业务转型，其中集团下属“中国茶叶拍卖交易服务公司”，成为21世纪以来首家经国务院批准在地方设立并冠名“中国”的企业，2012年6月，成功举办了中国茶叶博览会和高峰论坛，在业界打响了品牌，为推进拍卖交易服务平台建设凝聚了共识、积累了资源；围绕搭建农产品电子商务大平台，集团还组建了浙江兴合电子商务有限公司，作为牵头单位承建了浙江省农产品电子商务大平台项目。三是加强品牌建设，在内贸领域新增了一批品牌，目前集团各级企业拥有自主品牌53个，其中浙江省著名商标4个，浙江省知名商号2个，浙江农资“惠多利”更于2012年获得中国驰名商标称号，为发展锻造了新的动力。

3. 做好为农服务，在农村流通服务网络建设上迈出新步伐。围绕改善农村流通服务，激发农村消费潜力，集团积极参与和推进“新农村现代流通服务网络工程”建设。在农资领域，做好农资的保供稳价工作，推进农资资源保障、供应网络、淡季储备和技术服务“四大体系”建设，上半年还开展了春耕支农惠农大行动；在再生资源领域，发挥省再生资源公司龙头作用，落实“贸易驱动、基地优先、科工贸一体、网络化发展”的发展思路，建设慈溪塑料基地、浙西再生资源综合市场等再生资源园区，介入汽车发动机、变速箱等再制造领域；在农产品领域，整合集团农产品经营板块，加快构建以市场为核心，从种子种苗、基地建设、精深加工到农产品终端销售的产业链，促进形成集批发集散、连锁经营、网上交易和配送服务“四位一体”的农产品营销体系；在农村日用消费品经营领域，加强浙江供销联合配送公司实体网点、采购系统、配送体系建设，探索农村市场可复制的成熟模式，推进规模经营和低成本扩张。

4. 推进管理创新，在增强体制机制活力上收获新成效。不断完善管理体系和运行机制是集团近年来工作的一个重点，2012 年以加强全面预算管理为重点完善 EVA（经济增加值）为核心的经济目标责任制管理，强化了目标、任务导向和过程控制，更加注重企业的价值创造能力和可持续发展能力；修订和出台了投资管理办法、加强银行账户管理实施意见等制度，进一步优化管控模式，促进有效授权、有效支持、有效监控；组织召开集团战略务虚会，进一步拓宽思路、学习标杆，研究部署创新发展工作；围绕增强发展的整体效应，强化集团内整体与局部利益的依存互动机制，发挥母体在资源、渠道、金融、品牌等方面的综合优势和一线企业的专业化分工协作，引导支持子公司成为专业化经营单位；在成员企业开展了“总结经验、解决问题、开展试点”为主要内容的加强管理活动。与此同时，将效率提升、管理挖潜和风险防范相结合，推进期现结合、保理和保险，并以风险点为导向，完善工作流程，规范工作程序，促进建立长效内控机制。围绕各项目标任务的顺利完成，集团着力加强作风能力建设，营造风清气正、干事创业、和谐稳定的良好氛围。

当前，宏观经济发展正进入以结构调整、创新发展为特点的新阶段，机遇和挑战并存，兴合集团将牢牢把握科学发展主题，以二次创业打造千亿兴合为目标，进一步在改革中奋进，在创新中发展，在“中国梦”引领下实现“兴合梦”。

（浙江省兴合集团公司）

2012年浙江新农都物流中心发展概况

公司简介

浙江新农都实业有限公司(以下简称“新农都”)成立于2008年,是浙江省农村发展集团下属企业,以投资、开发和经营农产品批发市场为核心业务。已经投资建设完成的浙江新农都物流中心是省内领先、国内一流的现代化农产品物流中心,共分三期建设,总规划面积为1900亩,概算投资78亿元,现在建成的一期工程投资20亿元,占地450亩,总建筑面积46万平方米。项目先后被确定为省重点项目、省农产品流通龙头企业、2012年浙江省重点服务业、杭州市“十大工程”重点项目。新农都物流中心已经于2012年11月23日试运行,为2012年浙江省农业博览会的主会场。

建设新农都的重要意义

农产品流通是现代农业的中心环节。当前,省内农副产品市场普遍存在流通不畅、产销脱节、附加值不高以及硬件配置低端等问题,对于浙江省打造精品农业、效益农业来讲迫切需要解决这些问题。为此,省政府决心从建设大型农产品物流中心入手,切实壮大物流中心产业链,搭建农产品交易的大平台,解决在流通过程中的各种问题。省农发集团作为省政府唯一的农字号直属国有企业,一直以来承担着为“三农”服务的使命,承担着浙江农业龙头企业角色,其打造的新农都物流中心便是在这样的大背景下应运而生。

新农都物流中心作为浙江省构建充分保障全省优质农产品的安全供应和价格稳定的平台,以现代化的农贸休闲综合体为载体,连接农副产品上下游的生产基地、加工储存、市场批发、物流配送、展示展销、终端销售、大宗贸易、电子商务等,实现“八位一体”的农产品全产业链。全省的农产品通过新农都这个平台既可以实现集聚,又能广泛分拨配送,实现从田间到餐桌的最迅速的服务。

新农都最终选址萧山区,是基于其咽喉要道的地理条件。周边有104国道、03省道以及区内交通主干道,距沪杭甬高速10分钟车程,连接长三角2小时经济圈;距沪昆高速、杭金衢高速同样10分钟车程,极大缩短了与浙南、华南地区的路程时间;从新农都去机场、铁路货场,通过二桥、三桥及庆春隧道去市区均在15分钟之内;距萧山区在建的出海口码头30分钟车程。便捷的交通有效降低了农产品的物流成本和经营户的经营成本,特别是保障了鲜活农产品的运输。

新农都物流中心的基本情况

1. 建设进展较为顺利。新农都物流中心于2009年12月奠基开工,于2012年8月基本完工。项目一开始便制定了“高起点规划、高标准建设、高强度投入、高效能管理”的建设方针。项目作为省级重点工程,被省委、省政府寄予厚望。在建设期间,葛慧君、茅临生等省领导先后莅临物流中心建设现场指导,要求项目发挥兴农、惠农的积极作用。在设计上,新农都物流中心兼顾实用和美观,又全面保障安全,每个专业市场都有独立的区块,店铺设计均以方便经营为前提,园区道路均保证大型货车通行,最宽的道路宽度达到36米。另外,在3、4、5号区块顶层都设置了可移动的消防天窗,在各店铺设置了近4万个喷淋、2500个消防栓。在建设过程中,克服了前期审批、征地拆迁、施工量大、验收繁冗等困难，争取到了地方政府、部门的全力支持，一系列卓有成效的工作确保了项目按期营业。

2. 经营业态基本齐全。一期项目分为副食品市场、水产品市场、蔬菜粮油市场、精品市场与会展中心、配套服务区六大区块，其中，1、2号区块为副食品市场区块，经营各类省内外名特优农产品及干货、百货、茶叶、调味品等，在1号区块的南面，引入了省农办组织的“浙江省名特优农产品一条街”，全省80个县市的100多家龙头企业在这里常年展示展销特色农产品。3号区块为精品市场与会展中心区块，1层为高档冻品、酒水和饮料等，内部均为精装修设计，配备了中央空调，拥有商场式的购物环境；3层为30000平方米的会展中心，是目前全省单层面积最大的展会场所之一，第十届省农博会的主会场、全国名优果品交易博览会主会场就设在这里。4号区块为水产市场区块，一层主要批发经营淡水产、海水产、特种水产等，二楼市场以零售为主，辅助配以蔬菜、水果、水产、肉类、豆制品等。5号区块为蔬菜粮油区块，一层为粮油批发和水产车板交易，二层为蔬菜和白肉批发。6号区块是配套服务区块，这里由酒店、公寓组成，是广大经营户、客商住宿、餐饮的最佳选择。

3. 经营业绩十分喜人。新农都是同属于浙江省农发集团的浙江农都市场（以下简称老农都）的整体搬迁。老农都水产市场，一直以来占据着整个浙江省淡水产品的80%供应量。新农都水产市场2013年1月11日完成搬迁后立即发挥出龙头效应，春节前夕最高日成交量达到300万斤，交易额超过5000万元。其中，湖蟹、甲鱼、海带、海蜇的价格影响辐射全国，螃蟹的交易量在全省占据全省80%的份额，甲鱼占全省50%的交易份额。2013年1月水产市场在营业22天的情况下成交额就突破10亿元大关，粮油市场主供杭州、辐射全省，杂粮约占全省60%的交易量，大米面粉类约占杭州30%的交易量。预计2013年市场总成交额会突破120亿元，成为又一大百亿市场。

4. 经管模式追求创新。构建新农都物流中心网上大市场，提供信息资讯、电子商务、品牌推广、市场服务等功能服务，推进有形市场与虚拟市场相结合。探索电子统一结算业务，先期在肉类市场开展一卡式消费交易试点，通过信息集成和数据管理，既方便顾客购买又为经营户提供增值服务。开发农产品价格发布指数系统，力争建设成为覆盖长三角、具有较强权威性的农产品交易信息、价格信息发布平台。与电子结算业务配套建设食品追溯系统，已经建成了质量检测中心实验室，对经营户严格进行索证索票，对质量不合格产品督促经营户采取销毁和撤柜措施。

5. 电子商务同步推进。与新农都物流中心同步开张的还有新农都网上大市场 http://www.zjxnd.cn。网上大市场是新农都自主研发的农产品“淘宝”商城，采用3D与2D相结合的表现形式，建设一个网上虚拟的新农都市场，强化基础资讯、品牌推广、市场服务、广告经营、店铺管理等功能，让有形市场与虚拟市场相结合。消费者足不出户就可以联系到卖家，在网上进行交易。同时，将其打造成农产品物流信息平台，涵盖订单交易、新品发布、网上团购、净菜配送等内容的专业网上交易平台，帮助经营户在网上吆喝买卖，并力争建设成为覆盖长三角的权威农业信息、交易信息和价格信息的发布平台。

6. 市场保障功能健全。为保障市场良好运行，维护正常的经营秩序和社会秩序，投入800多万元建设了消控、监控中心，在市场各个区块、各个角落配置了1200个监控探头。购置了专业消防车，配齐各类消防设施。专门在重要位置设置了警务室和城管办，配备了警用摩托车以及警犬等。组建了一支特勤队伍、一支保安队伍以及一支保洁队伍。市场管理队伍和客服中心24小时开展服务，保障经营户在物流中心安居乐业。另外，积极将市内公共交通引入市场，目前已经有公交专线终点站设在市场内部，沿建设四路和园区周边亦有多条公交线路到达。

7. 展会活动经验丰富。2012年11月23日，浙江省第十届农博会和全国名优果品交易博览会在物流中心盛大举行。夏宝龙、李强、乔传秀等省主要领导，分别到现场参观指导。该届农博会展出面积、人流量、现场销售额、协议金额均创历史之最。同时，新农都物流中心以一流的设施、完善的服务、美好的前景，受到广大参展商、农产品生产经营主体和广大市民的一致好评。

新农都的未来发展规划

新农都在未来将是一个在全省占据龙头地位的行业标签。当前已经进入到市场发展千载难逢的机遇期，全省各个地市已经进入新一轮的提升改造，新农都正在抢抓机遇推进拓展，进一步做大做强服务三农、推动产业融合的大网络，不断提升国有资产的运营效率。一是推进二期建设。新农都物流中心二期工程已经提上议事日程，计划在一期的基础上更加细分专业市场，使专业区块增加到14个。二是深化渠道拓展。新农都已经开始实施“绿海战略”，以地级市为核心，在浙江省其他10个地市建设、整合农副产品批发市场，发挥平衡各地农副产品购销的主渠道作用。三是加快产业拓展。深入推动电子商务的发展，建设好网上大市场，为实体市场配套服务体系，包括专业的商铺建设、整体运营、品牌发展规划、网络营销策略规划、产品网络销售包装、网上商铺数据分析等综合服务。同时，与生产、加工企业进行深层次合作，不断提升新农都的品牌效应，丰富企业的经营手段，完善营利模式，增加产业附加值，为实现上市做准备。

新农都公司将抢抓机遇，奋力拼搏，依托农发集团的内生力量，做强做大做优主业，力争到“十二五”期末，实现市场年交易额达300亿元，资产规模达40亿元，利税达亿元，公司发展成为全国行业内有较大影响力的大型现代农产品流通企业集团。

（浙江新农都实业有限公司）

2012年浙江省农村发展集团有限公司发展概况

公司简介

浙江省农村发展集团有限公司（以下简称“农发集团”）成立于1993年,1994年成为省政府企业化管理事业单位,2005年改制为国有独资公司,2006年与粮食集团重组整合成为新的农发集团。公司注册资本4亿元,现有下属成员企业53家。集团为国家级农业龙头企业、省重点流通企业、浙江省现代农业研究会发起单位、浙江省农产品流通协会会长单位。2012年,集团在宏观经济环境十分复杂的情况下，统一思想、振奋精神,群策群力、攻坚克难,经营业绩再创历史新高。全年完成营业收入54.6亿元，同比增长43.3%；完成利润总额2.98亿元，同比增长38.9%;2012年底资产总额82.57亿元，同比增长9.73%;简单净资产收益率达到20.03%,主要经济数据完成情况比“十二五”原计划进度大大提前。

业务特色

农发集团业务主要涉及四大板块：现代农业和农产品流通、粮油贸易、房地产、商贸与类金融。

农发集团所属新农都农产品物流中心于2012年11月23日正式对外营业。物流中心规划总占地面积1900亩，被列入浙江省重点建设项目、重点服务业项目和杭州市“十大重点工程”。其中一期工程建设用地450亩,总投资20亿元,建筑面积465064平方米,由精品市场及会展中心、水产品市场、副食品市场、蔬菜粮油市场、配套物流区、配套服务区6大区块组成,设各类农副产品批发摊位3000余个。物流中心集中体现“八位一体”功能:即集散、现场交易功能;加工、仓储功能;物流配送功能;信息网络、电子商务功能;质量检测功能;展示展销功能;价格引领功能;综合服务功能。物流中心吸引3000多家经营户、500多家农业龙头企业、专业合作社入驻,直接带动产业链上下游3万多家经销、分销商和种养加大户,间接促进几十万农户增收。开业以来，供应了全省80%的淡水产品、60%的杂粮和杭州市40%的口粮，并成为全省散装食用油价格指导中心。

农发集团拥有现代农业生产品基地13000亩,现为农业部首批无公害食品生产基地、省级现代农业示范区、省林业特色基地、省绿色农产品基地、绍兴市环保生态示范园区。园区内有“两头乌”国家级原种猪基因保护基地、温控暖棚对虾养殖基地、精品果蔬基地、肉制加工厂和蔬菜加工厂。当前,正进一步加大设施农业、农产品加工等环节的建设力度，努力争创国家级现代农业示范园区,更好地发挥引领现代农业发展的作用。

农发集团正在构建以农都“农”字特色综合体为龙头覆盖城市社区的优质农产品终端销售网络。拟投资30亿元,将原农都市场剩余地块改造成为总建筑面积达20万平方米，集全国绿色安全农产品大卖场、美食城、主题酒店、写字楼、SOHO为一体的“农”字特色城市商贸综合体。目前,市场整体搬迁、剩余土地测绘、项目选址论证报告等工作已基本完成,正在开展建设规划编制等前期工作。杭州市区优质农产品连锁终端现已开设4家。

农发集团下属拥有仓容20万吨的辽北收储转运中心、镇海粮库、嘉善银粮库等粮食收储物流基地。近年来，通过切实加强主产区采购、努力扩大进口、积极参与储备粮拍卖、有效推进中转仓储、“粒粒亮”大米销售等举措，集团粮油经营量快速增长。2012年，集团自身粮油经营量达110多万吨，营业收入占全省国有及国有控股粮食企业(不含粮食储备企业)的40%左右。集团主动联合省内部分有一定规模、实力、信誉良好的稻米加工企业开展合作，组建了稻米加工销售联合体，增强了国企的主导带动能力，收到良好效果。

为了增强反哺农粮主业的能力，农发集团适度发展了房地产业和商贸类金融产业。集团下属有润和、中尚两家房地产企业，在杭州、绍兴等地开发了信雅达国际、千岛湖度假村、西溪玫瑰、西溪郡、润和紫庭花园、亿城雅苑、橄榄树花园、绍兴南岸花城等多个房产项目。润和房产集团公司进入浙江房地产品牌30强。集团下属润和购物中心经过多年发展，成为绍兴市现代百货行业的三大商场之一。银通典当公司成为杭州市典当行业协会会长单位。2012年，集团抓住海洋经济示范区建设、嘉绍跨江大桥建设、绍兴滨海新城开发带来的发展机遇，在嘉绍跨江大桥南端启动开发建设杭州湾旅游商贸综合体。

主要工作

一是平稳完成农都市场搬迁。农都市场搬迁正值党的十八大前后，通过大量艰苦而富有成效的工作，700多户经营户、1024个摊位平稳搬迁到新农都，没有发生一起上访，为近年杭州拆迁史上所少见，得到杭州市、下城区领导高度评价，受到主流媒体和社会舆论的正面肯定，一些经营户写信感谢和表扬搬迁工作中以人为本的好做法。

二是新农都物流中心顺利营业，第10届省农博会在新农都成功举办。2012年11月23日和2013年1月11日，浙江新农都物流中心一期分两步对外营业，96%的摊位完成招租，日成交额平均4000万元以上，最高日达到7000多万元。2012年11月，浙江省农博会暨全国果品交易博览会在新农都设主会场，农博会展出面积、人流量、现场销售额、协议金额均创历史之最，分别比上届增长160%、60.5%、56.6%、51.3%。省农办和集团共同打造的“浙江省名特优产品一条街”同步试营业。

三是超额完成首个年度“北粮南调”省级周转粮任务。“北粮南调”体系建设是省委、省政府增强浙江省粮食安全保障能力的重要举措，也是农发集团发挥国企主渠道作用、履行好社会责任的重要抓手。2012年，我们克服产销价格倒挂困难，科学把握购粮调粮节奏，超额完成了首个年度北粮南调计划目标，全年调入11.56万吨粳稻，得到了省粮食局、省财政厅等主管部门的充分肯定。

四是启动杭州湾旅游商贸综合体开发。该项目总体定位为“中国创意农业硅谷、世界田园生活慢城”，致力打造一个集创意农业、休闲旅游、商贸流通、会议会展、文化养生、生态人居等功能于一体的现代农业和现代服务业集聚区。综合体规划用地4699亩，其中建设用地1513亩，计划总投资65亿元，分三期建设，已被列入省级A类重点建设项目和省服务业重点项目。

五是千岛湖润和建国度假酒店正式营业。酒店面向千岛湖中心湖区，按五星级标准建设，集休闲、度假、观光、会议为一体，302间客房全部带有观景阳台，会议室可同时容纳800人大型宴会，室内外泳池和游艇服务充满地中海风情，在千岛湖乃至全省独具特色。

六是信雅达国际商务楼实现交付。润和·信雅达国际位于杭州滨江新城CBD核心区块，楼高168米、总建筑面积170000平方米，为滨江第一高楼，包括国际创意中心写字楼、商务大公馆、休闲商业三种物业形态，是钱江南岸为精英商务人士量身打造的中央商务复合体。

七是中国农业网建设取得成效。集团完成中国农业网收购以后，不断加大网站信息发布力度，现平均日访问量已达25万人次，位居国内同类网站前茅。同时，积极构建新农都网上大市场平台,已有上线商铺数1699家,产品4544个,具备基础资讯、店铺推广、市场服务、经营信息及广告服务、店铺及管理平台等功能,为发展电子商务奠定了基础。

八是牵头成立了浙江省现代农业研究会和浙江省农产品流通协会。浙江省现代农业研究会集中了中央和我省农口部门领导、农口高等学校和科研院所专家、农业龙头企业、小康示范村等各类资源,主要研究国内外现代农业发展的典型模式,总结推广浙江新型农业现代化发展经验,探索我国农业现代化的实现路径,提出有关政策建议和咨询意见。浙江省农产品流通协会吸收了全省主要农产品流通骨干企业,通过组织和服务会员,拓展农产品市场,创新农产品流通模式,规范农产品流通秩序,提高农产品流通效率,保障农产品质量和安全,为我省的“菜篮子”、“米袋子”供应和农业增效、农民增收作出贡献。

(浙江省农村发展集团有限公司)

2012年海宁中国皮革城股份有限公司发展概况

公司简介

海宁中国皮革城股份有限公司（以下简称“皮革城”）创建于2007年12月，前身为海宁浙江皮革服装城投资开发有限公司，系国有控股现代化股份制企业。公司主要从事皮革专业市场的开发、租赁和服务，注册资本为56000万元，拥有房地产开发二级资质。目前拥有11家全资及控股子公司，员工800余人。2010年1月26日，海宁中国皮革城股份有限公司正式在深圳证券交易所挂牌上市，股票简称：海宁皮城，代码：002344。

公司举办的海宁中国皮革城，于1994年建成开业，是目前中国规模最大、最具影响力的皮革专业市场，中国皮革业龙头市场，中国皮革服装、裘皮服装、毛皮服装、皮具箱包、皮毛、皮革、鞋类的集散中心，也是皮革价格信息、市场行情、流行趋势的发布中心。市场荟萃了国内外一流的皮衣、裘皮、箱包、鞋类品牌。皮革城海宁总部市场面积约100万平方米，经营户3500多家，2012年市场成交额105.04亿元，客流量达588.26万人次。先后荣获“全国文明市场”、“浙江省重点市场”、“浙江省百城万店无假货示范市场”、“中国十强文明市场”、“浙江省重点流通企业”、“浙江省服务名牌”、央视“60年60品牌”、浙江省“五星级文明规范市场”、“国家AAAA级旅游景区”。2012年度，又先后被评为“浙江省特色工业设计示范基地”、“浙江省服务业集聚区”、“全国诚信示范市场”、“浙江省外销浙货突出贡献市场”、中皮协“五星级专业市场”、商务部“重点培育的内外贸结合商品市场”等。

发展概况

2012年是皮革城建成以来建设规模最大、开业市场最多的一年，也是转型升级步伐最快的一年。一年来，皮革城在市委、市政府的正确领导和各有关部门的大力支持下，紧紧围绕海宁市“十二五”发展规划，坚定不移地推进“内增外拓”战略，上下齐心、开拓创新，各项工作成绩斐然。2012年度公司实现营业收入22.62亿元、利润总额9.73亿元，同比分别增长21.82%、28.70%。

1. 总部建设持续推进。2012年，皮革城继续做好海宁总部的市场及配套设施建设，夯实总部基础。五期旗舰店广场工程概算投资6.6亿元，建筑面积18万平方米，2011年6月开工，本年度完成投资2.5亿元，累计完成6亿元。其中，配套商务楼于7月份结顶，内外安装完工80%以上；市场部分9月26日顺利开业，引进优秀皮革品牌企业185家；五期到二期和四期的三座天桥连廊全部贯通，皮革城海州路南北连成一体，形成四合院造型，大大提升了市场的整体形象和气势。全年总部市场接待旅游大巴18853辆、小车89.4万辆，客流量588.26万，同比增长15.12%。此外，概算投资2.4亿元、占地面积111亩、建筑面积12万平方米的时尚产业园项目于9月25日奠基开工，年内完成投资1.2亿元，目前工程进展顺利，正在进行土建主体施工，春节前主体部分超过2/3结顶。

2. 外延拓展稳步实施。海宁中国皮革城投资开发的连锁市场包括辽宁佟二堡海宁皮革城、江苏沭阳海宁皮革城、河南新乡海宁皮革城、成都海宁皮革城等。其中,佟二堡品牌裘皮皮装广场,概算投资 2.98 亿元,建筑面积 10 万平方米,去年 8 月开工,年内完成投资 1.66 亿元,于 9 月 22 日正式投入使用,引进商户 216 家;成都海宁皮革城总建筑面积 22 万平方米,概算投资 10 亿元,于 2011 年 11 月开工,通过 306 天的施工,于 2012 年 9 月 28 日开业,创造了令成都刮目相看的“海宁速度”,引进商户 523 家,其中浙江企业占 80%以上。目前市场运行良好,高峰时日车流量达 1.3 万辆,基本实现了当年繁荣的目标。此外,哈尔滨海宁皮革城、北京海宁皮革城年内都完成签约,进入筹建阶段。

3. 转型升级步伐加快。2012 年 2 月份,皮革城顺利创建为嘉兴首个、全省首批 11 个省级工业设计示范基地之一。公司紧紧抓住契机,以品牌风尚中心为核心,全面启动省级优秀示范设计基地争创工作。一是加强领导,完善体制;二是出台政策,完善配套;三是产学研合作,提升水平;四是探索机制,转化成果。年内成功启用了 1.6 万平方米的工业设计大厦,引进了 9 家专业设计公司,新组建了 18 家设计企业,参加了品牌风尚中心 CHIC 整体参展,举办了工业设计巡回展、设计师赴英国培训等重大活动,浙江理工大学等多家高校在基地内建立了实训基地。通过努力,基地全年完成各项新增投入 1256 万元,新增各类专利数量 67 项;专职从事工业设计人员 384 人,实现工业设计服务收入 6927 万元,实现工业设计成果转化产值约 14.5 亿元,圆满完成年度预定目标。

4. 市场管理不断创新。2012 年,公司进一步完善市场设施,改善购物环境,创新服务模式,提升服务水平,强化“四个能力”建设。一是实施系列改造,改善购物环境。投入 1000 多万元,对一期、二期和四期的大厅、通道进行亮化和节能化改造,一期外墙喷涂一新,市场外围路灯和内外监控设施提升改造,增设市场导购牌,采用立体鲜花打造花园式市场,使购物休闲的气氛更加温馨。二是创新服务模式,提升服务水平。在继续大力推广明折明扣和统一收银的同时,推出了购物一卡通和旅游接待数字点表系统,设立了消费者服务台,启动了志愿者服务行动,开通了三期夜市,建立了电子商务创业园,使消费者购物更加便利。三是突出人性化管理理念,强化了市场管理人员培训,全年共开展各类培训 8 批次,受训 300 多人次,提升了市场经营管理和服务水平。四是深入创建平安市场,提升“四个能力”和网格化建设水平,全年共组织消防应急演练 4 次,新增安全设施 100 多万元。

5. 皮革盛会亮点纷呈。第 19 届海宁中国皮革博览会于 2012 年 6 月至 9 月顺利举行。本届博览会首次纳入我市海宁潮国际博览会统筹,继续由浙江省人民政府、中国国际贸易促进委员会、中国轻工业联合会、中国皮革协会联合主办,中国国际贸易促进委员会浙江省分会、嘉兴市人民政府、海宁市人民政府承办,浙江省皮革行业协会协办。博览会以“引领皮革潮流,推动产业创新”为主题,主要活动有:2012 中国皮革时尚周、第十五届“真皮标志杯”中国国际皮革、裘皮服装设计大奖赛、中国皮革、裘皮流行趋势研究成果展、中外皮革业合作发展论坛暨第二届中国皮革城品牌联盟年会、海宁皮革产业省级特色工业设计示范基地设计大厦启用仪式、第十九届海宁中国皮革博览会颁奖盛典暨海宁中国皮革城品牌旗舰店广场开业仪式、“全国十大知名卫视看海宁”活动、产品展览展示。

6. 营销宣传成效显著。2012 年营销以总分市场联动、新老媒体联动、线路营销与品牌推广相结合为特点,大力塑造皮革时尚文化、市场品牌影响力,刺激消费需求,媒体报道的深度、宣传推广的力度、覆盖范围的广度大幅提升,确保了市场的繁荣兴旺。一是媒体报道量质齐升。全年共收到各类报道 1746 篇,其中省级以上报道 30 篇,深度报道 33 篇,对传播海宁皮革发挥了重要作用。特别是央视财经“皮革业内销增长的启示”时长近 1 小时,是近年来影响最大、层次最高的深度报道。二是广告投放更加科学。以电视、电台、户外为重点,在高速公路、央视、浙江卫视以及上海交通台、音乐台、FM95 等投放具有针对性的广告,还与多家媒体合作举办自驾游、团队游活动,成本低、收效快。三是旅游促销成果稳固。开展了“十城百日”、重点旅行社采线等大型活动，进一步加强了与旅游公司的战略合作。全年签约旅行社总数达到2236家，接待旅游团队18853个。四是营销活动和展览活动成效提升。2012海宁中国皮革原料、辅料展意向成交6亿元，对外参展规模创历届之最，收益增长59%。“百家电台走进皮城”、“18周年暨新标志发布仪式”等营销活动内容丰富。

此外，2012年公司还完成了各市场形象LOGO和标牌标识的统一更换，发布了国内皮革行业第一个皮革指数——海宁中国皮革指数，提升了行业权威性和影响力。

7. 延伸业务稳中求进。2012年，在抓好市场开发建设和管理培育主业的同时，继续稳步开展延伸业务经营。一是投资证券成效显著，成功签约了北京、哈尔滨两个大区域级项目，目前北京项目已经完成公司组建、方案初步设计和部分报批工作，哈尔滨项目也已组建了前期工作班组；同时，在武汉皮革城还首次实现了品牌输出，为公司带来了每年3000万元的固定回报。二是财务管理更趋成熟，资金运作有所进步，在存款比去年下降的情况下，利息收入不减。子公司财务管控加强，内控审计正式搭建班子。政策把握能力提升，全年认定相关补助总额达到995万元，目前已到账475万元。三是房产项目有序推进，东方艺墅工程质量优异，绿化配套设施受到普遍好评。四是皮都锦江大酒店提升显著，服务水平和服务质量明显提升，年内成功挂牌国家级五星级旅游饭店，实现GOP1397万元，增长45%，超过年度业绩指标32%。五是外贸业务经营稳健，进出口公司经营业绩稳定，基本实现了安全外贸、效益外贸、品牌外贸，全年完成进出口额5985万美元，资金回收及时到位，出口退税环节顺畅。六是加工区管理平稳有序，安全管理、物业管理和各项服务工作到位，厂房出租率继续保持100%，租金收入还略有增长。

8. 队伍建设不断提升。2012年，以“潮乡先锋、争先创优”为主题，皮革城积极开展了党建、群建、团建系列活动，党员干部队伍素质不断提高。一是深入开展“晒举措，赛干劲”活动，在各部室、公司之间和各岗位间营造“比、学、赶、超”的良好氛围。二是切实做好“三民”走访工作。根据全市联镇挂村的统一部署，组织党员干部深入皮革企业、鹿耳村、红色村，开展走访调研，听取群众呼声，解决群众困难。三是广泛开展“我们的价值观”大讨论，通过召开“社会主体核心价值观”学习会、组织“我们的价值观”座谈会、举办“我的皮革城，我的价值观”演讲比赛、征集核心价值观主题词等活动，帮助员工树立正确的社会主义核心价值观。四是进一步抓好团建工作。经市直机关团工委批准，公司团支部升格为二级团委，组织了员工讲坛，五四诗歌朗诵比赛，成立了皮革城青年志愿者服务队，开展了多项志愿服务活动。五是继续狠抓党风廉政工作。制定颁布了“十条禁令”，召开了廉政大会，强化了内部审计制度，进一步完善了皮革城惩防体系建设。

（海宁中国皮革城股份有限公司）

2012年浙江东兴商厦股份有限公司发展概况

公司简介

浙江东兴商厦股份有限公司(以下简称“东兴商厦”)创立于1996年12月,公司地处桐乡市庆丰中路18号,隶属于桐乡市供销集团。注册资金3800万元,是一家集百货、连锁超市、连锁药房、连锁家电、配送为一体的嘉兴地区最大的综合性零售商厦。

东兴商厦自创立以来,一直以挑战自我、敢于领先的创业精神以及诚信为本、顾客至上的经营之道,在市场经济的浪潮中不断拓展、不断进取、不断创新、不断壮大。目前公司下设分公司、直营店82家,总营业面积达8余万平方米。2012年度销售10.06亿元、创税3998万元,销售额连续6年列嘉兴地区零售企业第一位。公司历年来荣获了“商务部万村千乡建设工程优秀试点企业”、“浙江省千镇连锁超市工程龙头企业”、“浙江省社区商贸服务业示范企业”、“浙江省消费者信得过单位”、“浙江省物价、计量双信单位”、“浙江省百城万店无假货示范店”、“浙江省再就业先进单位”、“浙江省著名商标”、“浙江省知名商号”、“浙江省城乡连锁超市重点龙头企业”、“浙江省流通领域知识产权保护试点单位”、“十一五浙江省商贸百强企业”、“浙江名牌产品”等荣誉称号。

这些年来东兴商厦超市分公司一直坚持低成本扩张、开拓农村市场、区域集中发展、直营加盟双轮驱动等战略,使企业取得了快速发展,走出了一条具有自身特点、符合当地实际的连锁商业发展之路。同时,积极创新业态、创新营销、创新管理、创新激励,弘扬企业文化,使企业发展呈现出蓬勃生机和无限活力。而百货作为东兴商厦的支柱产业,自2011年1月四期工程投入使用以来,总部经营面积达50000平方米,购物环境和档次又一次得到了提升,继续引领着桐乡市民的消费潮流。

2011年3月公司以高价拍得庆丰北路商业地块,在3年内将在城北打造25万平方米的购物中心。届时公司将会以更好的商品结构及客户资源,利用良好的购物环境和内部管理,将东兴商厦城北商业地块打造成为浙江省内单体规模最大,集购物、娱乐、餐饮、商务、休闲为一体的一站式购物中心。

主要工作

作为本土零售商业的领军企业,东兴商厦的健康发展赢得政府和社会的充分认可。使命承载荣誉,创新引领未来。东兴商厦将继续加快推进自身发展战略实施,不断巩固本土龙头企业市场地位,为做大、做实、做长、做强而奋斗。

(一)销售破十亿,发展新起点

2012年是值得纪念和自豪的一年,在国际、国内经济形势持续低迷,国内宏观调控措施效果不佳的情况下,东兴商厦的发展势头依然强劲,销售额首次突破10亿大关。成绩摆在面前,但不为人知的是背后的付出。全年东兴商厦充分利用节日销售的有利时机为突破口,做好、做足准备工作,在15周年店庆的4天时间里总销售额同比增长11.85%,其中单天销售额突破3800万元,创历年新高;春节7天销售同比增长15.32%;国庆7天销售同比增长8.25%。而在淡季则利用丰富的营销手段，如超市满送、百货满减，外场清仓，抽奖，送红包等一系列活动，拉动全年销售。

（二）树品牌营销，促跨越发展

品牌经营是企业决胜市场的必由之路。东兴商厦为了求生存、求发展，做强、做大，义无反顾地选择了品牌经营，稳健有效地实施品牌经营，逐步完善、全面提升了现代化大型百货商场的品牌形象。

市场的竞争，实质是品牌的竞争。东兴商厦从商场的环境、商品、服务等方面入手去演绎品牌、经营品牌、销售品牌，为商场营造了浓郁的品牌氛围，培育营销的品牌品性，培育品牌的独特风格，走出了一条有特色的品牌竞争优势培育之路。

东兴商厦的品牌化营销、管理性扩张体现在以主题百货为经营定位，不断提高商品档次和商场品位，坚持实施“名品、新品、精品”经营战略，以中高档商品为主来进行经营业态、品牌商品和经营布局结构的同步调整，制定品牌商品经营管理办法及实施细则，规范品牌商品的引入、经营、管理、奖罚和淘汰的有效运作。从而实现了从初期的品牌替代杂牌到品牌商品的规模化和系列化再到引入和代理知名度高、含金量高的国际知名品牌的三步走的战略性转变。几年来，相继引进知名品牌500余个，3万余个品种，淘汰品牌100余个，1万余个品种。

在东兴商厦这个品牌树立影响之后，又以超市的这种更加有活力的方式快速把东兴品牌营销出去，使得东兴的品牌影响力迅速增强，顾客更加信赖东兴。凭借着强大的影响力，适时引入像必胜客、屈臣氏、肯德基、东哥面包等辅助业态，使得东兴向着多业态发展的道路上迈出了第一步，这也是未来百货的发展趋势。凭借着现在的品牌优势、实力和发展方向，东兴生活广场将被打造成一个集购物、休闲、餐饮、娱乐、商务为一体的综合性、多元化、现代化的大型商贸综合体，届时东兴将再上一个台阶，实现质的飞越。

东兴商厦通过品牌识别，把自己界定为“现代百货商场”，区别于传统百货商场，已经明确了自己的身份，回答了“我们是谁”这个命题。“我们要什么”？为了回答好这个问题，东兴通过进一步圈定属于自己的消费市场，瞄准属于自己的目标公众后，提出了“没有营销，则没有畅销”的营销理念，力求在目标市场上充分发挥自身的优势，打造出一个属于自己的市场。“我们将怎么做得更好”？东兴认识到，要做好，首先要切实执行好品牌定位界定的领域，并且规范自己的经营行为，力求“有所为，有所不为”。“为了做得更好”，东兴以效益为中心，对已有经营范围、经营项目，本着“有所为，有所不为”的原则，采取“一边拓展、一边收缩”的经营举措，下大决心、花大力气，果断地对经营范围和经营项目进行了适时有效的调整。进行末位淘汰制，淘汰掉销售差、效益差的专柜、品牌、门店，力求经营定位准确化、商品引进时尚化、营销风格创新化，赢利与赢心同在，进一步强化品牌优势和经营特色。

（三）打造校园超市，打响放心品牌

2012年东兴商厦中标10家校园超市的经营权，在拓展步伐和经营方式上又迈出一步。根据校方的管理和面对的消费群体，超市分公司安排专人负责管理，确保商品的调拨、调剂，保证商品的快捷到位。

校园超市的服务群体为广大学生，校园消费是一项关系到学生健康，牵动着千家万户的民生工程，对此超市分公司一直把食品安全放在第一位，严抓食品安全工作。对所有上架销售的商品严格把好采购关，规范商品采购流程、标准，对供应商资质材料、商品有效资信等材料进行审核、存档，严格、细致、全面、完整地索要商品的三证，所有商品经过教育主管部门的审核通过，真正做到让家长放心、让学生满意，打响东兴这个放心品牌。

（四）明确发展方向，加速拓展步伐

2012年，东兴商厦共发展门店12家，其中10家校园超市、1家便利店和崇福购物广场，持续着东兴超市迅猛的拓展步伐。自2008年明确了超市以直营为主的发展方向后，超市管理团队迅速成长，并调整完善了各部门组织构架，明确岗位职责，整合资源，理顺管理，完善各项制度和流程。截至2012年底，共有68家连锁超市门店，完成了从单店模式到连锁经营模式的跨越发展。

进入2012年东兴超市在连锁门店数量和效益上在本地区已初具规模，但在网点拓展上也遇到了巨大的阻力和瓶颈，桐乡的商贸零售业也受到了当今社会经济环境和格局变化的影响，正发生着日新月异的变化。尤其可选择适合开设超市的网点越来越少，又面临着竞争对手咄咄逼人的扩张势头和日渐暴涨的租金，都成了摆在东兴超市连锁发展步伐前的巨大障碍。面对挑战和发展机遇，在东兴超市管理团队的共同努力下，使2012年快速拓展的步伐变成了现实。

（五）加强财务管理，节约费用支出

2012年，东兴生活广场建设已进入建设阶段，公司在资金方面感到了前所未有的压力。在此情形下，财务科把资金管理作为财务管理的突破口，围绕资金运行这根主动脉，加强对公司经营各个环节的控制力度，抓好资金的源头管理。做好项目的财务预算，设法筹足项目资金，优化企业资金占用结构，用财务预测方法，确定最佳购存点上的资金匹配结构，并建立财务分析制度和以货币回笼为中心的销售责任制，便于分析和找出资金运行偏差，适时进行资金结构调整。

制定经营责任制和效益考核办法，以利润考核为依托，强化盈利能力，以保证企业收益。加强对电话、传真、复印以及营业用具、文具用品、广告宣传用品等的管理，及时将费用核算到部门。千方百计增加效益，减少支出，收到了一定的效果。

（六）居安思危，警钟长鸣

乘着桐乡市消防“四个能力”建设的东风，东兴保卫科开展了消防安全大检查。对消防设备、设施进行检查，并填写设备、设施日检查表，发现问题后，对存在的问题及时整改到位，使其设备、设施恢复正常工作，确保商场消防设备运行正常，消防设施完整好用。目前商场共有安全疏散门10个，安全疏散通道9个，楼内装有消火栓98个，闭式喷淋头2000余个，感烟探头1900个，感温探头250个，防火卷帘门共178道，排烟口4个，手动按钮75个，火灾显示盘共9个，末端试水19处，干粉灭火器420具。商场地下层设有消防水泵房和6个消防蓄水池，消防给水采用了独立供水系统，属独立控制。消防水泵房设有双向电源的消防水泵变频控制系统，在水泵房内安装了6台消防水泵，能确保消防系统管网内的压力。

在各项消防工作中，以人员安全疏散为重中之重。我们做了三项措施：一是疏散指示标志安装到位，标志采用自身发光材料制作，起到在夜间光线不太好或断电的情况下也能看清指示方向；二是确保安全通道畅通无阻；三是消防应急照明灯，完全能保证疏散时楼梯间内的照明度。确保发生火灾或其他紧急事故的情况下，商场内人员能够安全的撤离出去。

广泛开展多种形式的消防宣传教育培训活动。培训内容主要包括：公司的消防安全管理规章制度，消防安全常识、消防设施的用途、重点防火部位及预防方法、灭火器的使用方法、初期火灾的扑救、自救和疏散、紧急情况的急救措施等一系列的消防培训内容，取得了良好效果。总之，消防安全无小事，必须警钟长鸣，以确保绝对的安全经营。

（七）倡节能降耗，促经济效益

倡导“低碳生活、增收节支”，从公司高层到一线员工人人动员、人人动手、全员参与。更换更加节能的LED灯；对中央空调、电梯定期维护；每月清洗空调过滤网和通风管道；测试商场内部空气质量；为消费者提供环保健康的购物环境。禁烟标志张贴醒目，全员劝烟意识不断增强；自动扶梯前张贴图文并茂的乘梯方法和注意事项，做好安全警示；高温期间对电梯、大屏幕和照明灯限定开启、关闭时间。做好用能数据分析，做好对比，分析原因，针对实际情况进行相应整改。对相关设备的安装维护等，设备科能自己解决的全由自己解决，即节约了成本，也提高了技术人员的业务水平，也增强了公司的经济效益。

（八）深化企业文化建设，传承企业特色文化

2012年公司积极组织开展“创先争优”活动，打造企业党建文化，被评为桐乡市“先进基层党组织”光荣称号；积极参与公益事业，通过慈善总会向困难户捐赠大米、金龙油等物品，增强社会责任，构建和谐企业；组织开展丰富多彩的文化活动，如趣味活动，各类比赛、春游等增进员工感情、丰富员工生活、增强企业凝聚力；评选十五周年企业之星、文明员工、文明示范员工、文明标兵、文明示范柜组、班组等先进实体，文明标兵年年上光荣榜进行宣传，以点带面，掀起学先进、赶先进人人争当优秀员工的工作氛围；弘扬传统，助人为乐，发扬拾金不昧精神，主动上交顾客的遗失物品多件。

企业文化的发展有利于我们正确处理企业与员工、企业与供应商、企业与消费者、企业与社会的关系，树立良好的企业形象，促进企业和谐、健康、持续发展。

（浙江东兴商厦股份有限公司）

第八编

省级商务研究、服务机构工作概况

2012年浙江省散装水泥办公室工作概况

概　述

2012年在省委、省政府的重视、商务厅的领导及相关部门的支持、配合下，通过全省散装水泥、预拌混凝土和预拌砂浆生产、流通、使用及管理领域的同志们共同努力，全省散装水泥发展和应用领域各项工作取得明显的绩效。

2012年，全省水泥散装率76.86%(同比提高0.52个百分点)，超过省政府下达的考核目标75%，继续名列全国省区前茅；水泥散装量8893万吨，位居全国前列；预拌混凝土1.39亿立方米以上；预拌砂浆300万吨(其中干混砂浆130.27万吨，同比增加59.25万吨，增长83.43%)；散装水泥专项资金征收率达到96%。全省散装水泥发展和应用领域节省标准煤322.7万吨，节省水泥用量1440万吨，减排水泥粉尘89.38万吨、二氧化碳400.2万吨、二氧化硫0.3万吨；循环综合利用工业固体废弃物2508万吨；创综合经济效益40亿元。

2012年工作总结

1. 行政执法工作取得新突破。2012年，全省着力推进贯彻实施条例的行政执法工作，已有10个市和30多个县(市、区)出台禁止现场搅拌混凝土、砂浆(以下简称“禁现”)及散装水泥、预拌混凝土和预拌砂浆专用车辆(以下简称“专用车辆”)管理等条例配套文件。省人大组织开展了贯彻实施条例情况专项检查与调研工作；省散装办多次联合省建筑业管理局、市、县(市、区)散装办组织开展专项行政执法检查活动，全年共抽查100多个工地，查处违法进行现场搅拌行为，并发出责令改正通知书和行政处罚决定书等。各市如杭州、嘉兴、绍兴、金华、台州等市及部分县(市、区)进一步加大实施“禁现”工作力度，分别在各自辖区内开展执法检查。全省共检查禁现区域范围内的建设工地700多个，建筑面积逾4000万平方米，对违法进行现场搅拌行为发出责令改正通知书30多份、处罚决定书10多份，行政处罚金额达20多万元，有效推进了行政执法工作开展。

2. 专用车辆监管工作取得新成效。到2012年底，全省已有12200余辆专用车辆安装了GPS，安装率达96.83%；省、市和企业的专用车辆监管平台实现三级联网，全省共有11379辆专用车辆已纳入监管范围，实现了实时动态监管。各地专用车辆驾驶员培训稳步开展，并逐步实现了网上报名、考试，有效推动了驾驶员培训的网络化、流程化、规范化管理。通过对专用车辆的监管和驾驶员的培训，大大提升了专用车辆行驶的安全性，减少专用车辆安全事故的发生，如湖州市专用车辆事故率同比减少40%以上。此项管理已成为全国散装水泥系统的新亮点。

3. 规划布局工作取得新进展。全省按照统一规划布局要求，指导预拌混凝土、预拌砂浆领域生产项目合理布局，确保行业的有序、健康发展。全省投入运行的预拌混凝土企业达426家，设计产能为29771万立方米，县级以上基本实现普遍使用预拌混凝土。全省投产砂浆生产企业41家，年生产能力接近1100万吨，另在建1家、筹建10家、规划批准建设31家，并有40家企业通过预拌砂浆生产企业试验室验收、26家企业通过预拌砂浆生产企业备案；预拌砂浆使用项目达到近1000多个。

4. 行业技术创新取得新绩效。全省预拌砂浆领域在装备技术进步、自主创新及新技术新装备推广应用成效显著，并领先全国。其中多家设备制造企业取得国家新型实用专利或发明专利、省级新产品证书。预拌砂浆贮罐远销上海、天津、山东、重庆、新疆等9个省外市场，有的出口东南亚市场。自主开发机制砂生产工艺取得成功，预拌砂浆生产成套设备、专用运输车、砂浆贮罐搬罐车等系列设备实现省内自主生产，基本能满足我省行业发展的需求。2012年省散装办继续发布技术创新项目指导目录，组织开展技术创新项目申报，对符合技术创新项目要求的研发单位，给予专项资金补助。

5. 规范专项资金征管用扶持行业新发展。2012年，全省继续创新散装水泥专项资金征、管、用工作方式，全年向建设工程预收专项资金近2亿元，向水泥生产企业征收专项资金超过2000万元。全省各市、县(市、区)散装水泥专项资金都已纳入财政预算，严格实行"收支两条线"管理，并根据财政部门要求编制年度专项资金预决算；个别市县对工业园区项目减、免、缓征专项资金的现象大大减少。2012年投入600万元省级财政专项和散装专项资金，用于扶持发展项目。市、县(市、区)等地方散装水泥专项资金投入3146万元，引导社会资金投入59亿元。

6. 打造行业管理新队伍。全省11个市本级散装办均已完成了参照公务员法管理，县级层面，已有52个县(市、区)散装办完成了参公。全省已参公的散装办达63个，参公率超过68%，在全国继续处于领先。通过参公，公开招聘录用公务员等措施，全省散装水泥管理机构人员综合素质、年龄和知识结构、敬业精神和行政执法水平等进一步提升，为下一步发展奠定了管理基础。

7. 创新宣传营造行业发展新氛围。2012年，全省散装水泥宣传工作不断出新，在宣传周(月)活动，以行业的节能减排绩效，大力发展散装水泥、预拌混凝土和预拌砂浆等为主题，着力向各级党委、政府、人大及有关部门进行汇报式宣传，向广大用户宣传散装水泥、预拌混凝土和预拌砂浆优越性和好处，向广大人民群众利用广播电视媒体及公益宣传牌、电子灯箱、宣传栏、过街横幅、赠送《散装水泥双周刊》报纸、制作宣传品等多种形式进行宣传，以增强宣传多样性和吸引力，提升了全省宣传工作的影响力和推动力。

还通过举办全国首次预拌砂浆进入家庭装修的展示会，宣传展示使用预拌砂浆优越性。商务部、中国散协、省商务厅、杭州市政府等领导参会，来自全国散装水泥系统的100多位代表，省内11市的散装办主任或业务负责人，在杭的200家装饰或装修公司的企业负责人，杭州市散装水泥系统干部职工和企业负责人，在杭的省、市新闻单位，社会各界及杭州市民共500多人参加了本次活动，起到了较好的宣传效果。

8. 发挥协会作用助推行业发展新跨越。省散装水泥与预拌砂浆发展协会新成立了预拌砂浆专业委员会，吸纳了全省有关大专院校、科研院所，预拌砂浆生产、省内外设备制造企业及行业管理部门等一批有较大影响力的会员单位，通过交流预拌砂浆生产与使用等管理经验，开展研发预拌砂浆装备与技术，促进了浙江省预拌砂浆行业又好又快发展。

(浙江省散装水泥办公室　梁朝明　雷　燕)

2012年浙江省商务研究院工作概况

2012年,浙江省商务研究院(以下简称研究院)立足"科研"这一主要职能,认真贯彻厅领导提出的建设思想高地、服务高地和人才高地"三个高地"目标要求,全院同志共同努力,较好完成了各项工作。

2012年工作总结

1. 以推动商务发展为出发点,积极主动搞好对策研究。一是围绕浙江省第十三次党代会开展研究。根据厅主要领导对如何将商务厅主要工作写入党代会报告中的指示,2012年3月,研究院草拟相关材料,分析"流通强省"与"国际化"提法的可行性,提出相关建议;5月,提出着力打造贸易强省的建议;6月党代会结束后,起草《认真贯彻十三次党代会精神,着力构建开放型经济新体系》,受到厅主要领导批示表扬。

二是具体承担省领导牵头重点课题。起草并基本完成赵洪祝书记课题子报告《统筹推进"四大国家战略举措"的全方位对外开放体系建设对策思路研究》以及龚正常务副省长课题《以实施"四大国家战略举措"为契机,全面推动浙江省对外开放》的撰写工作。

三是围绕中央"扩大内需"战略开展研究。配合调节处做好厅重点课题《浙江省扩大消费对策研究》,并开展权重消费品季度跟踪调查研究;推动上城区创建国家品牌消费集聚区建设试点实施方案的编制工作。

四是围绕流通体制改革开展研究。配合商发处完成全国流通工作调研汇报材料撰写,参与起草全省流通工作调研方案;完成了杭州市专题调研任务,撰写《浙江省流通业发展支撑体系建设调研报告》;参与《浙江省人民政府关于深化流通体制改革加快流通产业发展的实施意见》起草。配合龚正常务副省长和厅领导上海汇报工作,针对流通效率问题进行了初步分析,参与汇报材料撰写。

五是围绕外贸形势开展研究。研究院一直把分析研究外贸进出口作为长期性的重要科研任务。全年完成《2012年浙江省对外贸易形势报告》(春季和秋季)、《经济形势专报(四期)》的编写工作;协助做好王岐山副总理来浙考察、金厅长北京汇报外贸汇报材料稿的相关写作;完成《从上市公司年报看外贸形势》专题分析。此外,还完成《外贸发展的五大趋势》以及《春节因素对浙江外贸的影响分析》。

六是围绕义乌国际贸易综合改革试点开展研究。在2011年已经开始的相关研究基础上,完成《义乌"市场采购"新型贸易方式研究》的修改、结题工作,研究中明确了总体思路,并提出了政策框架和保障措施。

七是围绕实施"走出去"和"引进来"战略开展研究。修改完善2011年度省长课题《加快实施"走出去"战略提升浙江国际竞争力》工作;配合外经处完成厅重点课题《"走出去"对浙江经济社会发展的贡献和作用》、《"走出去"公共服务平台建设》;配合外资处承担《浙江引进世界500强调研报告》。

八是围绕商务领域热点问题开展研究。平时密切关注商务领域热点,紧跟发展形势,完成《外贸对浙江经济发展的贡献研究》、《浙江返程投资现状与对策研究》;完成《钓鱼岛争端将严重影响浙江对日经贸》、《中日关系变化对浙江引进日资的影响》、《"金砖"国家签署本币结算协议带来的机遇分析的研究》、《温州个人境外直接投资试点分析》等热点问题研究。

2. 以深入调研为基础，积极开展基础性课题研究。一是厅重点课题和交办任务。完成《浙江省药品流通行业2012—2015年发展规划》编制任务；完成《转型背景下推进贸易调整援助——基于浙江省企业转型需求的调查》的相关工作；着力开展关于流通效率、农产品价格预警体系建设等自主科研任务；完成全省家电下乡政策评估分析；配合老干部处启动《浙江商务风云录》编写工作，完成编写方案和选题建议稿。

二是浙江通志前期工作。起草《省商务厅编纂浙江通志工作方案》及有关情况的说明，派员参加培训，赴省商业集团、物产集团和省档案馆调研，先后四次与省方志办洽商并落实省商务厅承编卷目内容，多次上报相关请示推进《浙江通志》商务卷有关工作，协助商务各卷落实人员及篇章目，并承担厅编纂委员会办公室沟通联络、编发简报等日常事务性工作。

三是省级部门课题。完成浙江省哲学社会科学规划课题《新形势下对外投资与贸易政策研究——基于浙江企业"走出去"与外贸协调发展的视角》；完成省现代服务业人力资源发展课题《浙江省商贸服务业人才资源研究报告》研究；完成省委党史研究室课题《浙江开放型经济发展研究》书稿，总计20多万字。

四是其他各类课题。完成桐乡委托课题《桐乡玻纤出口基地发展规划》；完成金华委托课题《金华新型国际化发展五年行动纲领》课题初稿，共同组织召开了"金华新型国际化发展研讨会"；完成平湖市服装、光机电、箱包三个出口基地发展规划。

3. 以改善服务为抓手，全力推进运行监测和内贸行业统计监测。配合调节处，以深化市场运行监测和商务预报工作为导向，继续做好市场运行监测和商务预报网站平台日常维护分析，完成网站信息添加10000条，新开通11个县级商务预报平台，起草日常市场分析材料120多篇和向《浙报》信息发布稿件36期，编发《浙江省市场监测信息》3期，完成了生资系统、酒类系统的样本扩容、培训及相关考核方案制订工作。同时，重点配合调节处完成省市场监测网改造升级，新开发推出了在线消费调查子平台、农产品批发价格预警子平台、农贸市场特色品种监测子平台、市场监测在线互动子平台。商务部月度考核排名保持前5位水平。另外还承担完成了浙江11个商贸行业统计监测系统的制度设计、系统设计任务，目前系统已投入正常使用。

4. 以提高科研成果转化率为主线，稳步推进编辑工作。《浙江商务年鉴2012》编辑出版；与处室合作的《浙江省对外投资合作发展报告2012》、《浙江外商投资报告2012》三本报告（书籍）完成；协助有关单位编辑《浙江商贸》和《浙江产业安全信息参考》两份期刊。根据厅分管领导的指示，《国际经贸决策参考》年初更名为《商务研究》，主要刊登研究院以及有关方面的研究成果，其中部分以内参形式上报，全年出刊20期；《国际商务内参》5月份起更名为《浙江商务》，刊物格式规范，版式美化，内容质量提升。

5. 以完善机制为保证，抓实研究院自身建设。一是强化大局意识和服务意识，强调研究院是省商务厅的科研机构，主要职能是为党委政府服务，为地方经济服务，要更紧密地围绕商务厅重点工作开展研究。二是健全制度发挥激励导向作用，探索、建立并完善有利于调动员工积极性、创造性的绩效考核办法，激发现有员工奋发进取，最大限度发挥其才能。三是加强学习提高素质，定期学习党的方针政策及重大会议材料，密切关注全省商务领域热点问题，邀请有关专家为科研人员授课等。四是学习兄弟单位先进经验改进工作，组织人员专程赴上海商务发展研究中心学习考察。

2012年底，按照徐厅长指示，研究院完善内设机构建设，将原有机构在数量不变的情况下调整为：综合办公室、国内贸易研究室、开放型经济研究室、商务运行监测和综合研究室四部门，以更好地为省委、省政府及省商务厅中心工作服务。

6. 党风廉政建设。研究院深入贯彻党的十八大及省第十三次党代会精神，把落实党风廉政建设和反腐败工作作为重要任务。按照厅统一部署，严格遵守"六个严禁"要求，突出抓好干部教育、监督和廉洁自律。一是加强学习，统一思想，提高认识，构筑牢固的思想防线。成立党风廉政建设领导小组，定期组织领导班子、党员学习相关会议精神。二是加强民主监督，进行自查互查，筑牢拒腐防线。三是参与厅组织的从政道德讲座并观看失德之害警示片。四是组织全院“常修为政之德、常思失德之害”大讨论。

7. 学会各项常规性工作有序推进。出版论文集《浙江国际经济贸易探索》(第三辑)；并于2012年12月召开换届大会暨第4届年会。

（浙江省商务研究院）

2012年浙江省国际投资促进中心工作概况

中心简介

浙江省国际投资促进中心（以下简称中心）是浙江省商务厅下属的事业单位，担负着推介浙江省投资环境和产业政策、吸引国际投资，推动全省企业“走出去”，实现跨越式发展的重任。近年来组织承办了由省领导带队的美国、韩国、日本、中国澳门特别行政区、俄罗斯、法国、新加坡“浙江周”等活动，以及在德国、保加利亚、克罗地亚、尼日利亚、土耳其、埃及、印度尼西亚（简称“印尼”）、中国台湾地区、伊朗、沙特阿拉伯、阿联酋、澳大利亚西澳州、新西兰等国家和地区举办的重大经贸活动，积极承办、参与“浙洽会”、“厦洽会”和中国浙江商务周等省内外重大商务活动，同时与境外商务和投促机构合作举办了多个国家的投资环境说明会、企业洽谈会、行业对接会等各类投资促进交流活动。中心推行“一家受理，全程服务”的新型服务体系，下设综合业务部、外资促进部、对外投资部、联络部、浙江省外商投资企业投诉中心（投诉调解部）、浙江省国际投资服务中心、浙江省商务人力资源交流服务中心等7个部门及直属单位，其中浙江省国际投资服务中心和浙江省商务人力资源交流服务中心在省内各市地设有分支机构，全国范围内设有广泛的业务网络。

业务特色

贯彻执行外商投资法律、法规和政策，宣传介绍浙江的投资环境和产业信息。

实施省政府“走出去”战略，为有意赴海外上市、跨国经营、承包工程、劳务输出等浙江企业创造条件，协助他们降低走向国际化的成本并提供服务。

组织承办全省性、境内外、多形式的双向投资促进活动。

为外商提供项目咨询、技术评估、市场分析、可行性研究、代办手续、申报审批等服务。

代理外资企业和外商驻浙代表机构的设立、注册及其中方雇员的人力资源管理服务。

为国内企事业，包括国有企事业、民营企业和私营企业提供人事外包服务。

组织与双向投资促进相关的业务培训及高级人才境外培训，负责全省外派劳务考试与发证工作。举办各类以涉外经济为主题的论坛。

受理外商投诉；为外商提供法律咨询服务，代理进行诉讼、仲裁。

指导和联系全省各市、县及国家级、省级经济开发区投资促进机构、投诉调解机构开展工作。

发展情况

2012年全省商务运行总体态势良好，但国际国内经济环境仍极为复杂多变，商务工作机遇与挑战并存，促进中心紧紧围绕厅党组的中心工作，在厅党组的正确领导和厅机关各处室的大力支持下，对照“两个加强”“两个提高”“两个扩大”“一个突破”的目标任务和要求，认真落实、扎实推进，圆满完成了各项工作。2012年开展的主要工作如下：

（一）成功组织各类投资促进活动

1. 成功承办了“浙江—静冈投资贸易洽谈会”。为配合省主要领导出席浙江省与静冈结好30周年庆典活动，在省商务厅领导下，中心成功承办了“浙江—静冈投资贸易洽谈会”,会议规模大、层次高、内容丰富、成果丰硕。

2. 成功承办西澳州惠灵顿经贸活动,圆满完成商务代表团出访保障。2012 年 9 月份,省主要领导率团访问澳大利亚西澳州以及新西兰惠灵顿大区,庆祝浙江省与西澳州结好 25 周年,与新西兰惠灵顿大区签署两省区战略经济伙伴关系协议。中心承担了“浙江—西澳商务早餐会暨经贸交流会”和“浙江—惠灵顿商务交流会”等活动的筹备与实施。并在会议司仪、翻译及团组保障等方面任务完成出色,与会各方非常满意,也得到了省领导的充分认可。

3. 成功承办厅领导带队赴瑞典、瑞士、罗马尼亚访问活动。代表团访瑞典期间,拜访了乌普萨拉省政府并参加省长午宴,与斯德哥尔摩商会举办座谈会,参观电动引擎公司、李宇集团在瑞典投资龙门项目情况。在瑞士期间,与瑞中经济协会合作举办座谈会,拜访世界 500 强诺华制药公司。访问罗马尼亚期间,拜访普拉霍瓦省省长,邀请在罗马尼亚六大浙商团体举办“浙商回归”座谈会,参观考察中国商贸城。

4. 中心领导率浙江省经贸代表团赴意大利瑞士瑞典访问。代表团与意中基金会合作举办了“中国浙江—意大利企业对接洽谈会”,拜访了我驻米兰总领馆经商处、瑞士联邦促进署大苏黎世地区,考察了米兰国际商城、沃尔沃总部,本次出访公务活动充实、合作交流成果明显,达到了预期的效果。

5. 超额完成了“浙江战略性新兴产业与世界 500 强对接洽谈会”客商邀请任务并圆满完成了会务保障和客商接待工作。中心实际邀请到 96 家单位客商 143 人,占参会外商 50%以上,包括有关机构 29 人、世界 500 强企业 47 人、其他跨国公司 70 人,其中世界 500 强区域副总裁及商会副总裁以上人员 22 人。

6. 成功承办商务周相关活动。主要负责“境外浙商与浙江经济开发区(园区)对接洽谈会”、“省商务厅与韩国釜山镇海经济自由区域厅合作备忘录签约仪式”、“商贸流通企业高级人才招聘会”等活动的承办及“商务服务博览会”组展、参展工作。

7. 举行第 9 届全省投资促进机构联席会议工作会议暨引进世界 500 强主题研讨。会议紧扣利用外资工作热点重点,会议选题、所聘专家、授课内容、会务保障、天津考察学习等方面都获得一致好评,充分体现和发挥了联席会议相互支持、信息共享、优势互补、交流合作的平台作用。

8. 参与“厦洽会”浙江团部工作。参加商务部投资促进事务局、中国机电商会、华南美商会以及“厦洽会”组委会等组织举办的各类投资促进活动 10 余场,挖掘客商资源,为促进浙江与世界各地的“引进来”、“走出去”工作拓展合作平台。

9. 配合厅机关承办“浙江—伊朗马赞德兰省经贸对接会”。来自伊朗农业、食品工业、金属矿产等行业的 30 余名企业家代表及浙江省内 22 家对口企业代表参加了会议,进行了对接。

除上述境内外重点活动以外,中心还承办、参与其他境内外双向投资经贸活动十多场,如浙新经贸理事会第八次会议,泰国投资说明会,2012 中国(上海)跨采会,2012 年印尼贸易、旅游及投资促进论坛,浙江—印第安纳州经贸投资对接会,澳洲投资说明会,澳门投资环境与商务服务推介会,俄罗斯莫斯科推介会,波兰杭州旅游投资推介会,中国—拉美企业家高峰会,泰国上海商务投资说明会等等 。

(二)积极做好项目推进工作

中心一直把项目促进作为重点工作来抓,积极通过境内外投资促进活动、合作伙伴推荐、自身网络资源等机会和渠道主动挖掘、获取一手项目信息,并向相关市地推荐,同时对重大投资项目高度关注并跟踪,利用中心联系外方便利及上报渠道畅通的优势,积极推动,并取得了一定的成果。

中心近期介绍、推动的项目 20 余个,包括世界 500 强乐购落户、美国泰科国际设立区域总部、法国威立雅公司工业水处理、美国通用公司海洋工程设备合作及知名跨国公司法国美尔森集团低压电气研发分中心、日本京都佳精机株式会社精密模具项目、奥地利高压压缩机公司和美国 CTC 电缆公司在杭州及绍兴合资项目、法国特种材料知名企业设立研发中心、美国大型纸张制造企业计划在浙设立包装工厂，等等。

（三）团组工作顺利推进

除上述活动涉及的重点团组外，中心组织、承办了其他双向投资出访团组7个，出访地涵盖了亚、欧、美、澳等洲，对于这些团组，在出访人员筛选、境外公务活动安排、合作伙伴选定、境外项目考察等方面，都注重与双向投资促进工作、浙江实际情况和出访目的相结合，努力提高各类出访团组的质量和实效。

（四）积极扩大合作伙伴规模，加强客户网络建设，加强信息资源积累

积极开拓与境内外政府机构、商协会、投资促进机构、中介组织的业务联系与合作，拓展新客户，截至目前，促进中心（不含服务中心、人力中心）已同60多个国家使领馆、政府机构、商协会、投资促进机构、大型跨国公司、会计师和律师事务所等570多家机构建立了联系，其中紧密型约120多家，已签合作协议22家。

加强“走出去”信息资源建设和积累，着手建立浙江省境外投资重点企业信息资料库和适合浙江省企业投资的国别资料库，梳理和研究国家和省里各项政策，构建网络服务平台。目前已在中心网站发布了五大洲主要国家的对外投资合作指南，持续发布对外投资统计数据和“走出去”项目信息。

（五）抓基础建设，打通信息和宣传渠道

加强宣传材料编印、中心网站建设、信息报送等常规基础工作，发挥各自对外宣传窗口和投资促进信息载体作用。

全面推行办公自动化，提高工作效率；更新、翻译、编印了中、英、日、德、俄、韩、葡萄牙语版《中国浙江2012》，宣传浙江投资环境；完成促进中心中英文、服务中心中英文、人力中心中文网站改版建设，效果明显，网站于2012年9月试运行以来，服务中心网站的点击量已经突破17万次，人力中心网站突破12万次。积极参与厅机关信息工作，共上报厅政务网信息607条，其中录用107条。

（六）积极参加厅各项外事活动

积极参加接待国外机构及代表团来访，主动拜访，拓展对外联系。截至目前，促进中心共接待、参加、参与了来自20个国家（地区）60余批外宾的外事活动，并承担有关翻译工作。

（七）积极开拓业务模式，不断扩大服务内容，以项目代理和外企服务为依托，为外资企业提供优质服务

2012年，受经济形势和相关政策的影响，业务遇到很多困难，服务中心积极应对，扩大业务和客户，提供优质服务。

根据业务发展需要，为进一步扩大服务的深度、广度和专业化，积极创新服务内容，专门负责为企业提供运营策划、薪酬策划及财务、税务代理等服务业务；根据企业需要，为企业量身定制会员制服务套餐，满足企业不同的需求；根据新形势，在义乌及时推出设立外商合伙企业的服务内容，为外商提供从设立合伙企业到办理居留证的一条龙服务。

项目代理方面主要以承接大项目、复杂项目、服务于高端客户为目标，重点发展知名企业商务总代理业务，延伸服务内容，推广税务代理，取得了一定的社会效益。

（八）重视基础设施建设，提供优质服务，不断开拓人事外包业务，打造商务人力资源服务品牌，实现新突破

人力中心充分利用各种平台进行宣传和推荐自身业务，组织承办多场活动，如企业精英联谊活动、江西校企见面会、2012浙江省技能人才校企合作交流大会、浙江省商贸流通企业中高级人才招聘会、“成长型企业财务税务处理及人力资源成本筹划”沙龙等；切实加强与各政府部门和机构的合作，借助省人事厅、团杭州市委、江西教育厅、安徽教育厅等部门力量，拓展业务，扩大自身影响力和知名度，已经可以与本行业内的知名企业并驾齐驱，被其视为强劲的竞争对手。

注重业务布点，有序推进舟山群岛新区分部、绍兴分部、嵊州分部、嘉兴分部建设；拓展职能和资质，成功争取杭州市就业再就业工程培训基地、浙江省服务外包培训机构、工信部服务外包考试管理中心浙江营运中心等资质。

截至目前，共承接企业人事外包、人才派遣

单位 150 多家,存量突破 10000 人。

(九)以投诉中心为窗口,展示浙江省良好的投资软环境

1. 配合厅有关处室,共受理 3 件外商投诉案,都已经处理完毕,依法保护了外商的合法权益。

2. 加强、完善省外商投诉网站的管理、维护,定期查收在线投诉的情况,及时更新网站的内容,为外商拓宽投诉渠道,提供更为快捷的投诉途径,使其和省外商投诉中心和省台商投诉中心一起构成完整的外商投诉平台。

3. 提供政策法规咨询服务。在投诉网站开设政策法规栏目,为外商提供有关招商引资的法律法规、政策方面有关外商投资企业设立条件、市场准入、审批程序等各类信息,帮助外商了解我省投资环境和各种招商政策,为浙江省进一步扩大开放服务。

(十)加强思想政治建设,重视队伍锻炼

中心领导注重发挥班子及支部的核心作用,以“我们的价值观大讨论”、“创先争优示范行动”、道德领域突出问题专项教育治理等活动为载体,进一步加强中心的组织建设和思想作风建设,开展领导干部“创先争优示范行动”,参加处级干部理论读书班,加强领导班子思想政治建设,组织全体党员学习社会主义核心价值观体系读本,组织观看省第十三次党代会开幕式,学习省第十三次党代会精神。参加从政道德专题辅导报告、观看电视专题片《失德之害——领导干部从政道德警示录》、组织“常修为政之德、常思失德之害”大讨论、“四查四看”活动等,开展道德领域专项教育。加强涉外安全防线教育和廉政风险防控机制建设,巩固治理商业贿赂专项工作的成果,不断提高员工思想修养和理论水平。同时,不忘以专业水平为本,加强内训,发挥传帮带的积极作用,先后举办了英语演讲比赛及实用英语口语比赛,并把英语确定为日常工作语言,以提高外语水平,促进了学习型、创新型组织的营造,提高了中心员工整体专业水平和技能。不断完善内部管理机制,结合日常工作和各项重大任务,着力锤炼和培养出一支思想作风过硬、工作业务精良、吃苦耐劳、团结互助、具有开拓创新精神的队伍。

(浙江省国际投资促进中心)

2012年浙江省对外贸易服务中心工作概况

中心简介

浙江省对外贸易服务中心(以下简称外贸中心)是商务厅直属纯公益性事业单位,全面负责组织、管理和承办全省外贸企业开拓国际市场等服务工作。主要承担全省涉外项目的组织及服务工作,负责对外展览机构的联系与合作,是为全省外贸企业出国(境)参加国际展览等提供专业服务的机构;承担国内外综合性贸易展览会、洽谈会和博览会的组织工作;承担"广交会"与"华交会"的展务等服务工作;组织承办国外企业来华进行经济贸易类专业性展览。近年来,中心承办了"香港·浙江周"、"港澳·浙江周"和"法国·浙江周"、"德国·浙江周"、第96届"广交会"开幕酒会和"浙江出口商品(大阪、越南、迪拜)交易会"等省委、省政府和省商务厅的大型涉外活动;还承接了"亚欧博览会"、"东盟博览会"、"哈洽会"、"昆交会"、"消博会"、"西博会" 等展会浙江团的组展、设计与布展工程服务,均取得圆满成功,获得参展商与社会各界的好评。

外贸中心属下的浙江远大国际会展有限公司,是经国家商务部批准的拥有出国(境)举办经济贸易展览组办资格的专业机构, 于2002年通过了ISO9001:2000国际质量管理体系认证和美国ANSI/RAB国际认证,是我国会展企业中首家通过国内外质量管理体系认证的专业会展公司,是国际展览行业著名的专业公司,是浙江省出展规模最大、拥有品牌展会最多的展览公司,在中国展览业界排名前十位。公司成立十余年来,先后组织参加各类展会达800余个, 涉及五金、园艺,纺织、服饰、鞋,汽车、摩托车、汽摩,建材、照明,机械、工业,医药、化工,食品、饮料,家具、家电、日用品,酒店、餐饮,安防、劳保,海洋,运输、物流,体育、户外,纺织机械,机床模具,电力、能源,农、林、牧、渔,电子、通信、通讯,包装、印刷,综合20个行业,遍布全球100多个国家和地区,展会成交额达数十亿美元,为全省商务事业发展做出了显著贡献。2011年,公司荣获"浙江名牌产品"和"浙江省著名商标"称号,同时作为"全国出国经贸展览工作成绩突出组展单位"被中国贸促会通报表扬。公司还先后获得"2005年度中国会展业十大关注度企业"、"2006年度中国十大最具影响力会展企业"、"2007年度中国十大最佳展览公司"、"2008中国十大最佳组展公司和中国十大最具影响力会展企业"、"2009年中国优秀出展机构"、"2010年度中国会展业杰出企业奖"和"2011年度中国最佳出展机构"、"2012年度中国十佳出展机构和中国会展业十大杰出企业"等荣誉。公司还多次获得了商务部颁发的"中国商品交易会最佳组织奖"。公司始终以培育企业核心竞争能力为目标,不断进行技术、管理、经营、服务的全面创新,恪守"服务追求永远,诚信发展壮大"的经营理念,以建设"品质远大"为目标,全面开展"双赢"和"多赢"合作,为企业提供高品质的会展产品和服务,努力为我省商务发展做出更大的贡献。

外贸中心下属的浙江亚太会展业发展研究所,是经浙江省商务厅、省科技厅、省人事厅批准成立,在全国有一定影响力并有较高会展理论水平,理论与实践紧密结合型的专业机构。研究所立足全省乃至全国会展业的发展战略需求,致力于开拓创新,诚信服务,为政府部门提供决策参考,为省内相关部门和企业提供高质量的智力和信息服务, 促进浙江会展经济的快速健康发展。研究所成立以来已有多篇调研文章获得国家、省级奖励，特别是每年度“浙江省会展业发展报告”，深受各级领导和相关部门的好评。

工作情况

2012年是“十二五”规划承上启下的关键之年，针对2012年来严峻的外贸形势，外贸中心在省厅的正确领导和有关处室的关心指导下，牢牢把握“稳中求进”的工作基调，紧紧围绕省委、省政府和省厅提出的“积极稳定外贸出口——千方百计巩固发达国家市场，重点抢占新兴国家市场，积极组织企业参加境内外展会，抢订单”工作要求，贯彻落实全省拓市场促外贸电视电话会议精神，以出国展览为抓手，在境内外大活动、出展规模、服务水平、内部建设等方面都取得新进展，较好地完成了全年的各项目标任务。

（一）承办境内外大活动水平有新提高

1. 圆满完成承办浙江—静冈名品展览会的各项工作。2012年浙江—静冈名品展览会是省政府主办的与静冈县结好30周年而举办的重要活动之一，中心负责具体工作的组织实施。此项工作政治性强，时间紧，任务重，压力大，在省厅的指导与支持下，外贸中心全力以赴，精心组织，从场馆租用、特装设计、工程搭建、展样品运输到展商信息收集、人员签证及出行、安保等各项工作，反复研讨最佳方案，确保了各项任务圆满完成。此次展会设杭州、嘉兴、湖州、绍兴、丽水5个地市展示区和中心展示区、综合展示区、静冈展区及中心表演区，共有95家浙江企业参加，14家静冈企业参加。通过本次活动，中心积累了经验，锻炼了队伍，提升了业务水平和综合素质。

2. 认真做好了第22届“华交会”的展务服务工作。外贸中心承担了第22届“华交会”浙江交易团展务、标装特装审图、办证、安全保卫、现场协调和会务工作，在交易团的领导下，严格按照大会的时间节点落实每项工作，认真组织现场筹备，及时处理发现的问题，圆满完成了本届交易会交易团交给的各项工作。本届共有展位928个，办理各类证件近3500余张。完成了浙江交易团家居展区215个展位的标装和5家企业12个展位的特装工作。

3. 顺利完成了第111届、第112届“广交会”的各项服务工作。第111届“广交会”，外贸中心从2011年12月就开始着手准备，从品牌展位申报、特装展位申报、企业展位申请、品牌展位公示、确认，到特装展位、一般性展位确认，工作细心周到，做到了无差错；交易会期间，外贸中心积极协调展务及证件办理工作，共完成了浙江交易团6553个展位的展务、办证及现场服务工作，办理参展商证、撤展证、车辆进出馆证等各类证件近23000张，完成了11家企业53个展位的特装工作。第112届“广交会”期间，在认真完成交易团交办的各项工作外，还特别针对省政府主要领导要亲临现场视察、调研、慰问事项，外贸中心协助交易团设计了多条巡馆线路，并按照巡馆线路反复查看以便好中选优，并交代参展商有关注意事项，领导巡馆时，能根据现场情况变化及时变换角色，及时补位，较好地完成了有关保障工作，得到了领导的首肯和好评。

4. 顺利完成了“2012浙江省出口商品（越南）交易会”的承办工作。2012年，严峻的外贸形势，使越南展在前期招商过程中遇到较大压力，在省厅的具体指导与帮助下，经过多方努力，招商工作顺利得以完成，前期各项工作准备充分，2012年5月16—18日在越南河内成功举办了第2届“浙江出口商品（越南）交易会”。本届展会总面积4000平方米，设标准展位150个，参展企业138家，主要展品是各类机械电子，建材、装饰材料及五金，家居用品、日用消费品及纺织面料等浙江省具有一定竞争优势、也是越南市场有需求的产品。据统计，到会客商5069人，现场成交513万美元，意向成交2340万美元，分别比上年增长13%、76.5%、18%。在展会质量、客商质量，参展效果、服务水平等方面都有新的提高。

5. 顺利完成“商务服务博览会”的承办工作。“商务服务博览会”是浙江省首个以商务服务为主要展示内容的展览会，以“商务助推企业提升价值”为主题，搭建了浙江中小微企业与境内外商务服务机构、企业之间洽谈合作的平台，帮助浙江企业开拓市场、转型升级。2012中国浙江商务服务博览会于2012年9月14—15日在杭州浙江世贸展览中心1、2、5号馆举行，展出面积

6300平方米，标准展位272个，参展机构210家，设有超市采购、产品设计创意、技术服务、金融服务、法律会计服务、电子商务、人才服务与管理咨询、运输物流、数字信息服务、政府与公共机构、国际商务服务等11个板块，有5700人前来参观洽谈，在贸易投资信息、市场渠道拓展、企业价值与形象提升、企业管理效率提高等方面进行了咨询洽谈。2012年的“商博会”主要有以下5个特点：一是展会逐步成型，影响力初显；二是参展机构质量明显提升，特色服务突出；三是围绕主题，推动企业转型升级拓宽渠道；四是展出成效明显；五是展会组织良好，服务质量明显提升。

6. 成功召开了2013年度出国展览工作座谈会。为帮助企业了解2013年度出国展览工作政策，做好2013年度出国展览工作，外贸中心于2012年11月14日在杭州召开了出国展览工作座谈会。来自全省各市、县（市、区）商务局（外经贸局）分管领导、外贸处（科）长及省级外贸公司代表共110余人参加会议，省商务厅陈如昉副厅长到会并作重要讲话，厅综合处兰健副处长就2012年出国展览工作及2013年政策调整思路作了介绍，浙江远大国际会展有限公司负责人就公司情况和2013年重点展会作了推介。会议进一步对出国展览工作的重要性、必要性和成效性达成了共识，对2013年度出国展览工作政策有了更深一步的理解，对做好明年的出国展览工作有着重要的指导意义。

7. 协助做好静冈—浙江产业观光展览会有关工作。为进一步推动浙静两地经贸交往，作为浙江省赴日开展经贸活动的回访，日本静冈县于2012年12月24日来杭举办静冈—浙江产业观光展览会。按照省厅要求，中心认真协助静冈方做好了此展的有关前期准备工作，将在确保安全的前提下，协助此展顺利完成。

（二）组织境内外展会有新进展

1. 出国展会规模稳定增长。2012年，经过中心全体工作人员的一致努力，到11月份全年共完成展会项目数88个，展位数2380个，参展企业数1655个，人员数1803人。从整体上来看，展位数比上年同期增长10.8%，参展企业数比上年同期增长21.6%。从个体上来看，重点完成了科隆五金展、杜塞尔多夫春季鞋展、巴拿马国际贸易博览会、美国五金展、南非轻纺展、东盟博览会、德制国SPOGA户外露营展、马来西亚中国商品展、亚欧博览会、沙特中国商品展、中东迪拜秋季商品交易会、迪拜五大行业展、迪拜家具展、南非贸易展等，这些展会都具有相当规模，取得了良好的经济效益和社会效益。从品牌项目上来看，省厅交办的浙江静冈名品展、浙江出口商品（大阪、越南）交易会项目都取得了圆满成功，达到了预期效果。

2. 国内展会稳步发展。除顺利完成第22届“华交会”和第111届、第112届“广交会”的有关特装和标装工作外；还组织浙江省企业参加亚欧博览会、东盟博览会、“西博会”、“昆交会”、大连服装展、顺德家电展、义乌“消交会”等国内展览会，企业反映良好。还承担了亚欧博览会、“西洽会”、“渝洽会”、“青洽会”和“哈洽会”浙江展区形象设计特装施工任务，设计新颖，构思巧妙。装潢大方实用，广获好评。

（三）整体服务水平有新提升

1. “商务通”平台继续保持正常运行。预计全年共计回答咨询7000余人次，平均每个工作日保持30个左右的咨询量。除在线咨询外，平台加大了服务力度，重视线下咨询的回复，通过邮件、电话等方式回复企业线下咨询1000余个。

2. 配合“外贸服务月”活动开展多种服务。针对2012年以来严峻的外贸形势，省委、省政府和省厅有针对性地开展“外贸服务月”活动，积极走下去，到基层为企业提供多方面服务。中心作为为外贸企业服务的重要力量，积极利用已有“商务通”网络平台，加大服务力度，开展网络在线咨询、视频直播答疑、线下回复等多种服务手段，全方位开展为外贸企业服务，达到了预期的效果。外贸中心还带队赴东阳、磐安、湖州、长兴、桐乡、温州、台州、瑞安等地调研，开展面对面服务，受到好评。

（四）内部建设有新进展

1. 完善规章制度。由于历史原因，外贸中心原规章制度比较笼统模糊，2012年以来，根据当前的新形势和新任务，我们着手对外贸中心与远大公司的有关规章制度进行修订完善，并汇编成册，分发全体员工学习，规范了工作秩序，促进了协调、和谐发展的局面。

2. 有序开展党建活动。按照上级组织要求，认真按计划开展各项活动，每季度召开一次党员大会，每月召开一次支委会议，讨论中心及支部工作，解决存在问题，布置工作任务，研究党组织自身建设情况。在中心支部党员干部中积极组织开展商务系统价值观和企业文化大讨论核心词征集活动，继续组织开展创先争优活动，注重发挥党小组的作用，具体工作分解落实到党小组，取得较好效果。为迎接建党91周年，开展了主题学习活动，组织开展学习上级各项文件精神。重点是认真组织全体党员干部学习浙江省十三次党代会和党的十八大会议精神，制订学习计划，分层次分步骤，采取集中学习与个人自学相结合，学习原文与实际工作相结合等方式，特别是把学习党的十八大会议精神作为中心支部今年年底和明年的一个重要工作。做好入党积极分子培养工作，2012年有2名同志转正进入预备党员考察，同时，发展了2名新同志作为考察对象。

3. 组织召开远大公司董事会。按照公司章程，我们组织召开了远大公司第三届三次董事会议，审议通过了2011年公司发展报告和公司财务报告，对公司当前的形势和任务进行分析讨论，为公司下一步发展献计献策，会议要求公司要进一步履行好职责，开拓创新，努力为浙江省外贸稳增长、促转型、调结构贡献力量。2012年下半年，还召开了公司临时董事会，审议通过了公司增补一名副总经理的人事议案，完善了公司班子队伍，提高了公司管理水平。

（浙江省对外贸易服务中心）

2012年浙江省商务厅培训认证中心工作概况

中心简介

浙江省商务厅培训认证中心(以下简称培训认证中心)成立于1998年,是经浙江省政府批准设立,由浙江省商务厅直接领导的省级国际培训专门机构,是经国家商务部授权开展内外贸各类专业培训的机构,担负着全省国际贸易人才队伍建设的重任,同时也是全国外销员和国际商务师浙江省登记注册管理中心。

1999年投资兴建的五星级浙江国际大酒店,作为培训认证中心的教学配套设施。优越的地理位置,良好的教学设施和环境,既为学员提供了一个方便、安静而舒适的教学场地,提高了学习质量,同时也扩大了自身的品牌影响力,深受广大学员的赞誉。

2001年5月,经联合国开发计划署、中国国际经济技术交流中心批准,被确定为“联合国开发计划署援华短期专家服务项目培训基地”。2005年7月由浙江省继续教育院授予杭州地区唯一的“博思”特许培训机构。2005年12月上海世博人才发展中心批准中心为浙江培训基地。2006年3月中心通过商务部人事司考核,被确定为全国“人才强商”工程培训基地,主要承担上海、江苏、山东、广东、福建、浙江等省(市)地市级外经贸局领导干部大规模培训任务。2009年11月培训认证中心协办了由商务部、国务院国资委、全国工商联联合主办的2009年第三期跨国经营管理人才培训班。2009年下半年培训认证中心投入20万元经费建立网络学院和中心网站平台。2011年9月培训认证中心与上海对外贸易学院合作编写《国际贸易单证理论与实务》教材投入使用。新教材既可以作为初学者及新进人员的培训教材,也可以作为企业业务人员的操作参考书,并具有一定的前瞻性。2012年3月,根据浙江省机构编制委员会办公室文件,原浙江省外经贸培训中心更名为浙江省商务厅培训认证中心。2012年4月,国家商务部批准本中心为援外培训承办单位。2012年5月中旬中心承办了全省市、县(市、区)商务系统领导干部培训班。2012年8月下旬培训认证中心承办了由商务部主办的“刚果(布)乒乓球技术培训班”。

培训认证中心自成立以来,在各级部门和领导的关心指导下,取得了快速的发展。到目前为止,教学分点已覆盖浙江全省。培训认证中心还与国内知名高等学府和外贸机构建立了紧密的战略合作关系,如中国对外经贸大学、上海外经贸学院、商务部培训中心、各地外经贸局等,并多次聘请国内知名学者为全国及全省外经贸人才进行培训,确保培训课程与外贸实务联系,确保课程质量。通过多年良性运作,中心取得了良好的社会影响和社会效益,并多次获得国家商务部的表扬。

2012年工作总结

2012年,培训认证中心在省厅的正确领导和大力支持下,以“学有所得,学以致用,真正做到把培训与实践相结合,为全省的外经贸事业输送更多的专业人才”为工作宗旨,以提高学员学习、实践和创新能力为突破口,以正规秩序、规范内部管理为着力点,以提供优质服务、确保培训实效为根本目的，坚持与时俱进，开拓创新，面向市场，努力拓展多元化办学途径；立足现有条件，积极克服困难、狠抓工作落实，较好地完成了年初确定的各项工作任务。

（一）突出工作重点，立足行业培训

1. 重点抓好外贸单证岗位资格证书培训考证工作。开展外贸单证岗位资格证书一直是培训认证中心的重要培训内容。据统计，2012 年培训中心与各分点和教育厅下属职教中心共培训班次 45 次，培训学员约 3300 人，培训范围遍及省内 11 个地市，牢牢地把握了市场需求的命脉，抓住了培训的方向。

2. 做好全省国际商务职业资格注册登记工作。充分依托“培训认证中心网络学院”在网上开展 2012 年全省外销员和国际商务师证书注册登记工作。

3. 举办外经贸企业新员工岗前培训班。2012 年 8 月份，培训认证中心及时了解掌握企业需求，设置实用、合理的培训课程，为外经贸企业新员工进行岗前培训。

4. 开展 2012 年全省外贸单证岗位资格注册登记工作。对《浙江省外贸单证岗位资格证书》持证满五年的人员进行首次外贸单证岗位资格注册、登记工作，推进外贸单证岗位资格的管理工作。

（二）围绕中心工作，积极开展培训

1. 认真做好全省市、县（市、区）商务系统领导干部培训班。2012 年 5 月中旬，培训认证中心在杭州承办了为期 5 天的全省市、县（市、区）商务系统领导干部培训班。来自全省 11 个地区 79 个县（市、区）的商务主管部门的局长、副局长、纪检组长和党委委员以及厅机关近三年来新进厅的公务员、在厅挂职锻炼的基层干部等共 96 人参加了培训，培训取得了良好的效果，得到了参训学员的好评。

2. 成功承办了商务部“刚果（布）乒乓球技术培训班”。在厅领导的高度重视和关心下，在厅外经处、人事处的大力支持和指导下，培训认证中心首次承办了由商务部主办的“刚果（布）乒乓球技术培训班”。来自刚果（布）的 5 名国家级教练员及 15 名运动员共 20 人参加了为期 60 天的培训。培训认证中心领导高度重视，严格按照商务部援外培训的各项制度和要求实施。无论是在课程设置、参观考察，还是在生活保障和安全保证等方面都作了精心准备、精心组织。培训班在各级领导的高度重视、关心和支持下，按计划、按要求，保质保量地完成了商务部下达的对本次援外培训班的培训任务，并取得了圆满成功。对进一步促进浙江同非洲的友好往来产生了积极的影响。

3. 认真做好接待保障工作。2012 年 3 月底，中心协助商务部国际商务官员研修学院接待塞尔维亚企业现代管理研修班来杭考察。

（三）注重社会实效，提高质量品牌

1. 认真做好师资队伍的选拔、管理、考核工作。坚持“规模适当、结构合理、素质优良、专兼结合”的原则，认真做好师资队伍的选拔、管理、考核等日常性工作。在培训教育过程中，通过大家对教师们的评价、反馈，及对本行业师资的熟知程度，逐步系统地建立专业师资库。根据老师的特点和时间要求，结合培训计划，有针对性地安排培训项目，保证培训质量。

2. 做好培训工作的调研和指导工作。上半年走下去对各培训分点进行了解摸底，听取各分点的意见和建议、了解市场需求、及时掌握培训动态；指导和督促各分点培训规范、培训质量和考场纪律的保证。

（四）加强沟通联系，促进协调发展

1. 加强了与各相关部门的合作。2012 年 5 月份，培训认证中心与省人事考试办公室共同举办了为期三天的全国外销员和商务师考试资格审核和政审工作。

2. 挖掘潜力，拓展大专院校外贸单证培训的合作。培训认证中心与相关职业技术学院建立分点，依托院校设点，进一步加强了宣传、扩大中心外贸单证岗位资格证书的影响。

3. 树立面向社会、面向院校服务的理念。应宁波教育学院的邀请，2012 年 4 月份，中心领导和外贸资深老师到宁波教育学院对应届毕业生和即将毕业的学生进行“抓住机遇，迎接挑战”择业指导性讲座，深受院校师生的一致好评。

（五）加强员工队伍建设，促进全面提高

培训认证中心坚持把服务质量、服务效果放在首位的同时，有效提高管理层、技术骨干的业务素质、认知能力和管理水平，增强对行业新知识的了解掌握，强化员工奉献精神和团队意识，开展了一系列卓有成效的工作，确保了培训认证中心高效有序的运作。在工作中，保持和发扬团结和谐、勇于奉献的精神，群策群力，确保了目标任务的顺利完成。

（浙江省商务厅培训认证中心）

2012年浙江省国际经济贸易学会工作概况

学会简介

浙江省国际经济贸易学会（以下简称学会）是由浙江省商务厅主管，省民政厅和省社科联监督指导，由全省从事外经贸工作和国际经济贸易科学研究的政府职能部门、高等院校、科研机构、社会团体及企事业单位的科研与实际工作者组成，专门从事国际经济与贸易研究与交流的群众性学术组织。学会为省内外经贸领域的政、学、企人士提供开展国际贸易、跨国投资、WTO和涉外法律等课题的研究与交流平台。学会是联系专家学者、广大企业与政府职能部门的纽带，也是一个研究外经贸问题的专业人才库。

2012年工作总结

2012年，在省商务厅的正确领导下，省社科联、省民政厅的关心指导和广大会员的大力支持下，学会紧紧围绕全省商务工作重点，积极开展国际经济贸易学术研讨与交流，为破解全省外贸发展困境，培育外贸发展新优势，加快浙江经济转型升级献计献策，做了大量卓有成效的工作，得到了社会各界的广泛认可，学会的知名度和威望进一步提高。同时，学会积极加强自身组织建设，顺利组织了学会换届和章程修改等各项工作。

（一）组织课题申报，为政策建议提供参考

上半年，学会开展了2012年度开放型经济研究规划课题申报工作，得到了广大会员的积极响应，来自省内各大高等院校、各市商务主管部门等从事国际经济贸易研究的理论与实务工作者共提交了近40项课题申报材料，经过专家评审，对上报课题材料进行仔细筛选评估，共立项17项学会课题，本次学会立项课题主题明确，紧跟实际，主要涉及浙江经济转型过程中一些全局性、长远性问题，具有较强的现实意义与参考价值。年末，学会认真组织课题结题材料上报、评审等各项工作，立项课题结题率90%以上。本次课题申报工作，切实发挥了学会专家集聚的优势，为政府决策提供智力支持。

（二）加强研究成果的推广宣传，出版书籍形成特色

为了加强对学会研究成果的宣传和推广，2012年，学会秘书处组织专家对学会第三届学术年会评选表彰的优秀论文进行收集整理、评议修正，结集出版了《浙江国际经济贸易探索》（第三辑）。该系列丛书已经成为学会工作的特色。同时，学会积极筹备进行了“浙江省国际经济贸易学会第四届年会”论文征集暨申报“第四届浙江省国际经济贸易研究优秀成果奖”活动。截至2012年10月底，学会共收到会员提交的论文50余篇。2012年11月中旬，学会邀请了各大会员高校的知名专家学者就学会收到的论文进行预评审。2012年12月24日，学会邀请参加年会的常务理事讨论评议，共有22篇论文获奖，其中理论类一等奖2篇，二等奖4篇，三等奖7篇；实务类一等奖1篇，二等奖3篇，三等奖5篇。

（三）组织换届工作，搭建新的领导机构，修改完善学会章程

2012年12月14—15日，浙江省国际经济贸易学会第二届会员代表大会暨第四届学术年会在杭州电子科技大学（杭州下沙高教园区）隆重召开。本次大会是浙江省社科界首届学术年会的分论坛之一，由浙江省社会科学界联合会、浙江省国际经济贸易学会联合主办，来自浙江省各大高校、科研单位及企事业单位的200余名代表参加了本次大会。国家商务部政策研究室主任张向晨到会祝贺并作了专题报告。省商务厅副厅长徐焕明到会讲话,杭州电子科技大学副书记陈畴镛、省社科联学会处处长俞晓光参加了开幕式并致辞。参加本次大会的来宾还有浙江省物产集团副总经理沈光明、《国际贸易问题》杂志社副总编辑武齐等。

大会审议通过了第一届理事会工作报告,对学会章程进行了修改,选举成立了学会第二届理事会,选举浙江大学的黄先海教授为会长,浙江工业大学程惠芳教授、浙江省国贸集团王挺革董事长、浙江物产集团沈光明副总经理等14位同志为副会长,选举省商务研究院院长张汉东为学会副会长兼秘书长。学会秘书处设在省商务研究院。

(四)紧扣经济形势,加强学术研讨

下半年,学会举办了第4届年会暨第4届国际贸易论坛,围绕"外贸转型升级和国际竞争力提升"这一主题,邀请了国内、省内商务(外经贸)部门的政府官员、大型国企经营者、省内国际经贸研究领域的知名学者进行了专题讲演。论坛设三个分论坛进行分组讨论,分别是"四大国家战略"与浙江外贸转型升级论坛、开放型经济新优势与国际竞争力提升论坛、青年论坛。作为本次学会的特色之一,学会还特意邀请我国一级核心期刊《国际贸易问题》杂志的副主编武齐到会与广大学会会员进行编读交流,同时首次举办了省内主要高校国际贸易系系主任参加的"国际贸易特色专业建设论坛",共同交流教学经验和心得。

(浙江省国际经济贸易学会)

第九编
重大会展、活动概况

第22届"华交会"浙江交易团参展情况

第22届中国华东进出口商品交易会（简称"华交会"）于2012年3月1—5日在上海新国际博览中心举行。"华交会"历来被称为"国际市场的晴雨表、出口成交的大舞台、经济走势的风向标"，作为2012年的"开春第一展"，各级领导高度重视，纷纷到会调研指导，参展企业也精心准备，努力扩大成交。现将浙江交易团参展情况总结如下：

一、本届"华交会"总体情况

本届"华交会"展览面积11.5万平方米，设10个展馆5880个标准展位，分服装、家用纺织品、日用消费品和装饰礼品四大展区，同时单独设立境外参展企业展区（馆）。参展企业3420家，其中，国内企业3286家，境外企业134家。

据统计，本届"华交会"出口总成交31.22亿美元，比上届增长9.98%。主要表现出以下特点：一是纺织服装成交最多，轻工工艺类增幅最大。纺织服装成交15.58亿美元，比上届增长3.79%；轻工工艺成交13.64亿美元，比上届增长14.34%。二是传统市场保持稳定，新兴市场正在崛起。本届"华交会"与亚洲客商成交17.29亿美元，比上届增长14.98%；与欧洲客商成交7.32亿美元，比上届增长7.05%；与北美洲客商成交4.48亿美元，比上届增长3.07%；与大洋洲客商成交8932万美元，比上届增长7.58%；与中南美洲客商成交6832万美元，与上届基本持平；与非洲客商成交5369万美元，比上届下降17.36%。三是民营企业出口成交增势依然强劲。本届"华交会"民营企业成交占比继续上升达17.53亿美元，增长34.06%，占成交总额的56.13%。生产企业成交20.04亿美元，增长5.76%，占成交总额的64.18%。而国有企业成交45997万美元，下降34.59%。

本届"华交会"到会客商比上届有所增加，达到21124人，增加1019人，比上届增长5.07%，分别来自128个国家和地区。主要特点如下：一是亚洲客商继续增长，日本客商数量占据半壁江山，达到9294人，比上届增加732人，增长8.55%，占到会客商总数的44%。除日本外亚洲到会客商8796人，增长47.51%。二是非洲客商保持高速增长，增幅达64.63%。

二、浙江交易团参展情况

（一）基本情况

本届"华交会"浙江省共有浙江、宁波和杭州三个交易团组团参展，展位总数达1626个，占大会展位总数的27.7%；参展企业共1081家，约占大会参展企业总数的31%；参展企业中新企业299家，获浙江出口名牌企业58家，获市级出口名牌企业27家。其中，浙江交易团共有展位928个，占大会总展位数的15.8%；参展企业601家，约占大会参展企业总数的17%；参展企业中新企业191家，获浙江出口名牌企业33家。

据统计，本届"华交会"浙江交易团出口成交额达4.32亿美元，占大会成交总额的13.8%，比上届增长1.5%。

（二）成交特点

华交会开幕以来，浙江交易团团部领导通过企业个别约谈、实地走访展位、分团信息反馈等多种形式就浙江省企业参展情况进行调研，向参展企业详细了解客商接洽、成交意向、外贸形势等情况。

一是采购商数量基本与上届持平，格局有所

变化。浙江省参展商普遍反映本届"华交会"采购商人数与上届基本持平,但格局有所变化:欧洲客商明显减少,美国客商有所恢复;亚洲客商继续增加,尤其是日本、韩国客商较多;拉美、中东欧、非洲等新兴市场的客商增加。

二是出口报价难以提高,提价幅度不大。由于受到欧洲债务危机和人民币升值、原材料价格波动、劳动力成本普遍上升、技术工短缺等因素影响,企业在无形中损失了大量利润。许多企业不得不提高产品报价,但目前产品价格的提升尚难以抵消成本的上涨,企业的利润空间进一步被压缩。

三是产品洽谈较多,但直接下单相对较少。频繁的价格波动使企业和客户都感到难以把握,因而产品洽谈较多,但直接下单相对较少。接单和下单双方都显得比较谨慎,尤其是欧洲客商表现更为明显,签下的订单也以短单、小单为主,长单、大单较少。在实地走访中,企业普遍反映,参加本届"华交会"最大的目的,就是稳定老客户,结识新客户,获取商业信息,宣传企业形象,待形势明确后再作打算。

四是特装展位参展效果突出。本届"华交会"浙江交易团继续积极鼓励参展浙江企业进行展位特装,得到积极响应。特装后的展位由于位置好、产品好、布置抢眼,参展效果较为理想。如绍兴分团对服装、家用纺织品和家居用品共计129个展位实施了统一特装布展,占全市参展展位数的93.5%。特装展位色调明亮和谐,既体现了绍兴江南古城形象,又突出了绍兴纺织之都、出口基地的特色,实效与美观兼顾,吸引了许多客商驻足,有些展位上甚至全部业务员都在与客商洽谈。

五是创新产品、三自产品更受青睐。本届"华交会"浙江企业推出一批性价比较高的创新产品和拥有自主品牌、自主设计、自主知识产权的产品,这些产品的参展效果明显好于其他产品,创新不仅给企业带来了更大的市场份额,而且卖价也明显提高。如台州浙江味老大工贸有限公司生产的竹制工艺品,将传统工艺和现代技术结合,设计新颖,受到了不少采购商的青睐,成交价格也较高,与在全球有3000多家百元店的日本DAISO超市现场成交了40万美元的订单。

三、浙江交易团工作情况

为切实提高浙江省企业参展实效,本届"华交会"浙江交易团主要围绕以下几个方面开展工作:

1. 以扩大出口成交为中心,精心筹备各项参展准备工作。2012年2月29日,浙江交易团在上海召开了领队会议,针对今年外贸发展面临的形势和华交会的工作特点,对展位管理、调研、宣传、安全等工作做了重要部署,要求各交易分团千方百计扩大出口成交。同时,加大工作力度,早摸底、早动员、早组织、早安排,并注意加强统一管理,改善服务质量,协助参展企业做好代表食宿安排、交通等服务工作。此外,浙江交易团还要求所有参展企业服从大会统一管理,自觉维护交易秩序,提高保护知识产权的意识和安全保卫意识,认真贯彻落实大会的各项要求,提倡有序竞争,力争经济效益和精神文明双丰收。浙江企业的参展水平得到"华交会"主办方的好评。

2. 出台具体措施,支持小微企业参展。根据夏宝龙省长在全省外贸工作座谈会上"务必加大对外贸企业的支持力度,务必加大对外贸企业的服务力度"的指示要求,以及国务院常务会议关于扶持小型微型企业健康发展的政策意见和省委、省政府召开的全省民营经济大会精神,浙江交易团在"华交会"期间专门出台了八项服务浙江小微企业的措施,从办事服务、宣传展示、减免收费等多个方面帮助小微企业克服困难,便利其参展,扩大成交,得到了众多小微企业的好评。

3. 提高整体布展水平,展示浙江风采。浙江交易团充分利用上海新国际博览中心展馆的优势和"华交会"日益扩大的影响力,精心设计,周密安排,提高布展水平,宣传企业形象,把出口商品展示和整体布展有机结合起来,整体形象既简约、美观,又别具匠心。新颖别致的装潢和各具特色的创意在宣传了浙江企业形象的同时,又吸引了客商,创造了良好的洽谈氛围,对扩大出口成交起到了促进作用。

4. 创新扶优,提升参展水平和效应。本届

“华交会”突出创新扶优的指导思想，首次组织创新评奖活动，设置展示创新奖、产品创新奖和营销创新奖三个奖项。浙江交易团积极参与评奖活动，经过认真研究并向大会评审委员会推荐，最后共有六家浙江企业分别获得上述三项荣誉。获奖企业得到了极大的鼓舞，表示将再接再厉，抓好生产、经营中各个环节的创新，开发更多适销对路的产品，努力扩大国际市场份额。

5. 加强调查研究，把握外贸形势。在做好组展工作的同时，浙江交易团还通过企业约谈、实地走访展位、分团信息反馈等方式，向参展企业了解客商接洽、成交意向情况，并就当前企业面临的主要困难及对全年出口形势的预判进行调研。共走访、约谈企业 30 多家，及时了解参展企业的成交动态、客商来源等情况，掌握第一手信息，为研究今年后期和明年的外贸工作做好参谋。

6. 加强舆论宣传，营造积极氛围。浙江交易团高度重视本届“华交会”的舆论宣传工作，在会前就加大了宣传工作的投入，在“华交会”会刊等媒体上为参展企业、浙江出口名牌企业进行刊登宣传；在针对“华交会”境外买家定向发行的《华交会通讯——优质参展商索引》上刊登参展公司信息。全面报道了浙江交易团及参展企业情况，集中展示浙江外贸成绩，树立企业和品牌形象。

据统计，本届“华交会”期间，《华交会通讯》共报道浙江参展文章 10 多篇，宣传企业近 20 家。另外，《浙江日报》、《国际商报》、浙江卫视、东方卫视等省内外媒体给予多次报道，充分展示出了浙江省参展企业和外贸发展的新气象。

第111届"广交会"浙江交易团参展情况

第111届中国进出口商品交易会(以下简称"广交会")于2012年4月15日—5月5日在广州举行。省委、省政府高度重视2012年外贸工作和本届"广交会",龚正副省长于5月3—4日专程赴广州考察调研浙江省企业参加第111届"广交会"的情况,并主持召开浙江省外贸形势座谈会。省政府副秘书长夏海伟,省商务厅厅长金永辉、副厅长陈如昉等陪同考察。龚正副省长强调,国务院和省委、省政府高度重视外贸工作,我们要从全省经济社会发展的战略高度,努力稳定和扩大国际市场份额,充分发挥外贸进出口对经济发展的推动作用。要牢牢把握"稳中求进,转中求好"的工作基调,进一步坚定信心、迎难而上,化危为机,从"抓订单、拓市场,抓转型、谋提升,抓创新、优方式,抓政策、优服务"四个方面着手,为企业营造良好的发展环境,加快企业创新发展和转型升级,全力以赴确保完成今年外贸工作任务。考察期间龚正副省长鼓励参展企业面对困难形势要立足当前,着眼长远,保持扩大外贸出口的信心,加快转型升级,求新求变,努力保市场、保订单、保客户、保工厂。

一、第111届"广交会"总体情况

本届"广交会"在欧洲深陷债务危机、世界经济复杂多变的背景下举行。共有来自213个国家和地区的20.96万名境外采购商到会,比第110届增长0.2%,比109届增长1.2%。到会客商与第110届比较,亚洲减少0.3%,其中日本减少12.9%,印度增加16.7%;欧洲减少11.1%,其中德国减少9%,英国减少9.9%,法国减少13.3%,意大利减少16.7%,俄罗斯增长10.3%;大洋洲增长10.8%,其中澳大利亚增长7.8%;美洲增长9.4%,其中美国增长2.1%,加拿大减少7.1%;非洲增长13.2%,其中埃及增长37.6%。

大会出口成交360.3亿美元,比第110届下降4.8%,比第109届下降2.3%。从整体情况来看,出口成交略有下降,2012年外贸总体形势不容乐观。本届"广交会"成交主要有如下特点:一是欧美市场成交继续下降,新兴市场明显增长。受欧债危机影响,欧盟到会采购商和成交金额分别下降15.5%和5.6%。受美国就业形势严峻影响,美国市场成交金额下降8.1%。金砖国家(印度、巴西、俄罗斯、南非)等新兴市场成交增长4.1%,非洲国家成交增长13.5%。二是中短单占比居高不下,长单占比依然偏低。据大会统计,6个月以内的中、短订单占比达到86.3%,长单占比仅为13.7%。反映出受国际金融危机影响,采购商下单谨慎,国内企业担心原材料价格、汇率波动,不敢接长单。三是品牌企业竞争优势较强,创新产品利润较好。大会品牌展区成交133.0亿美元,增长5.6%;品牌企业平均成交893.3万美元,是非品牌企业的5.7倍。部分企业依靠技术、品牌、质量、服务等优势,成交大幅增加,一些高新技术产品价格较高,企业利润较好。相比之下,代工企业、产品同质化企业成交平淡。

二、浙江省企业参展情况

浙江省参展企业分别由省交易团、杭州交易团、宁波交易团组团参展。全省展位总数达到11030个,参展企业6553家,参展人数达3万余人,是全国展位最多、参展规模最大的省份之一。本届交易会浙江全省成交54.4亿美元,比第110届减少3.2%,比第109届减少1.6%,占大会总成交量的15.1%,其中省交易团成交20.3亿美元，比第110届减少2.7%，比第109届减少3%。

本届"广交会"浙江企业参展成交主要表现为以下特点：

1. 报价提高难度加大，客商下单放缓。与去年因原材料大幅上涨而提价不同的是，2012年"广交会"上出口企业报价显得比以往困难，不少企业表示人工成本上涨而带来的提价很难让客户接受，采购商大多对提价幅度非常敏感，企业难以将成本上涨较多地转嫁给采购商。大多数企业反映，老产品只能维持原来价格水平，理想一点的提价也只能在5%以内，大大低于前两届的提价幅度。客户下单谨慎，多看(同类产品)、多询(同类价格)、多走(多次考察工厂)成为客商成交的普遍现象。

2. 大单长单少，订单"短、小、散"特征依然明显。企业反映，由于目前市场前景不明朗，客户希望把库存控制在一个较低的水平，因此不敢多下单。从2008年国际金融危机以来，一方面是因为未来经济走势不明朗，进口商观望心态明显，不愿下大单长单；另一方面人民币汇率升值、原材料价格大幅波动等因素使国内出口企业不敢接大单长单，因此出口订单的"短、小、散"现象已经逐渐成为一种常态，预计在世界经济明显复苏前不会有很大改观。

3. 传统产品成交谨慎，创新产品更受青睐。尽管本届"广交会"总体情况不尽如人意，但是一些创新企业创新产品还是受到客户的青睐。"广交会"上许多参展企业推出一批性价比较高的创新产品和拥有自主品牌、自主设计、自主知识产权的产品，这些产品的参展效果明显好于其他产品。创新不仅给企业带来了更大的市场份额，而且卖价也明显提高。如金华长弓清洁用品公司推出了研发的新产品发泡木浆棉，产品一展出，就受到了新老客户广泛关注，参展第一天就下单约100万美金，有几十位外商提出实地参观厂房以便进一步洽谈业务。

4. 欧元区成交不尽如人意，新兴市场成交相对较好。展会期间走访企业，问起客户情况，听到最多的就是"欧洲客户少啊"。同时也反映来自俄罗斯、南美和非洲的客商数明显增多。冀发集团的王骏说，目前俄罗斯、中东等新兴市场的需求明显增加了，因此2012年公司把市场的开拓重点转到中东、俄罗斯和美国，目前已经接到了订单，势头较好，预计全年出口总额会增长。据统计，本届"广交会"上，浙江省对欧盟成交下降5.6%，非洲成交增长15%，对俄罗斯成交增长9.3%，对南美成交增长2.1%。

三、浙江省参展企业反映的问题和应对措施

本届"广交会"开幕以来，浙江交易团通过问卷调查、召开座谈会、企业约谈、实地走访展位、分团信息反馈等多种形式开展调研，向参展企业了解客商接洽、成交情况、面临困难、意见建议以及对今后一段时期形势的预期，以期全面了解浙江企业的参展情况，并对未来出口形势进行判断。

总体感觉，在严峻的形势下，全省企业面临着一些共同困难(如外需疲软、国际竞争加剧、原材料价格波动、劳动力成本上升、人民币升值、国际贸易摩擦增多、企业出口利润下降等)，制约着企业进一步的发展，但是绝大部分参展企业仍然保持着乐观的心态和坚定的信心，积极改变发展思路、调整产业结构、推进创新研发、优化资源配置，取得了良好的效果，一些做法和经验也值得正在探求转型升级的企业借鉴学习。

(一) 参展企业反映的问题

1. 各项成本提升，利润空间压缩。人民币升值、原材料波动和用工成本的不断上升，加上近年来贸易摩擦加剧，大大削减了浙江省劳动密集型产业的竞争力，进一步压缩了原有的利润空间。随着欧美市场消费的逐渐下滑，越来越多的企业已无法再纯粹靠低成本的手段来维系经营，利润空间变小已成为大多数企业面临的问题。

2. 用地紧张对全省外贸企业影响加深。据湖州凯瑞五金电器有限公司反映，该公司生产的不粘锅质优价廉，深受欧美和中东客户喜爱，订单量大大超过公司产能。公司有资金也有技术，但在厂房扩建的过程中，用地问题却一直未能解决，影响了公司的扩产；温州丰华科技发展有限公司也面临着同样的问题，该公司自主研发生产

的黏胶拥有多项专利，在国内行业中处于领先地位，在外需疲软、各项成本上升的诸多因素倒逼下，公司计划通过迁建厂房，逐步实行生产自动化来降低人工成本和提高生产效率，但由于地方政府一直未理顺和居民关系，迁建厂房一事已搁置两年之久，影响了企业的发展。用地紧张，已成为制约全省不少外贸企业发展的瓶颈。

3. 贸易风险进一步增加。根据企业反映，由于经济不景气，国外客户的购买力在不断下降，同时，客户的支付能力特别是欧洲客户的支付能力明显下降，交易风险较金融危机前大幅提高。另外，中东及北非地区战争和政局动荡，反倾销、反补贴等贸易保护措施，外汇管制和货币贬值等风险事件频繁发生，使企业在遭受买家破产、拖欠、拒绝接收货物等传统商业风险的基础上不得不面对来自于买家所在国的风险。

4. 知识产权保护力度不够。尽管浙江近年来在知识产权保护方面做了大量工作，但是对创新型企业来说，保护力度仍显不够，被侵权情况时有发生，令企业创新的积极性受到打击。如武义工力电器有限公司的经理毛咏涛就表示："每次来'广交会'都是一个痛苦的抉择，既想展出新产品，但是又怕被人模仿，最终还是只能带些画册给客人看，但是画册毕竟不如产品直观、容易吸引客户，令我们的参展效果大大下降。"企业认为，政府公平贸易工作重点要从反倾销应诉转到知识产权保护工作上来。

5. 配套产业质量不尽如人意。对许多有品质意识的企业来说，提高产品质量，提升产品价值，除了需要本企业的研发和投入，更需要同地区配套产业质量的提升。目前全省大部分产业集聚区，仍存在小、乱、差的情况，以牺牲质量来进行低价竞争的企业仍较多，产业链层次低。对追求品质的企业来说，想要寻得质优的配套产品供应商很难，于是企业不得不放弃或寻求外地购买，加大了企业的创新成本和提升品质的难度。不少企业希望政府能采取相关措施提升整个地区的产业档次。

（二）参展企业积极应对的举措

面对综合成本上升、企业出口风险加大、企业竞争加剧等诸多困难，全省企业坚定信心，迎难而上，勇于探索，采取一系列有效措施，积极推进创新转型。

1. 加大创新力度，提高产品竞争力。本届"广交会"上，全省许多参展企业都通过提高产品附加值和科技含量，加大自主研发和创新力度，推出一批性价比较高的创新产品和拥有自主品牌、自主设计、专利技术的产品，这些产品的参展效果明显好于其他产品，创新不仅给企业带来了新的市场份额，而且卖价也明显提高。湖州安吉丽娜竹制品公司别出心裁，将竹制品与电子产品相结合，开发出竹制鼠标、键盘、收音机、手机套、带风扇的电脑桌等，展会上吸引了不少外商驻足；有的企业将电脑喷绘图案的竹帘用相框装裱起来，形成一幅精美的装饰工艺品，给传统的竹制品增添了观赏价值，令人耳目一新，广受外方青睐。

2. 提升管理水平，提高生产质量和效率。浙江银海不锈钢制品有限公司面临重重外部困难，从内部着手，多措并举以节约成本：加大技术和设备投入，提高自动化水平，在确保产品质量的前提下削减原有的生产工序，提高生产效率，来冲抵劳动成本不断上升带来的影响；加强内部管理，减少生产环节物资损耗；提高员工的福利待遇和保障，加强对员工生活的关心，充分调动企业员工积极性，留住老员工。银海公司在困难中努力从提升内部管理水平角度寻找应对之策，有效削减了生产成本，取得了较好的效果。

3. 加大国内外市场开拓力度，增加抗风险能力。温州丰华科技发展有限公司面对传统欧美市场需求疲软的情况，主要采取两大措施应对：一是内外贸并举。积极开拓国内市场，凭借其强大的研发能力和优质的专利产品，已在全国各地建立了60多家营销机构，国内市场的开拓极大地弥补了国际市场的损失，增强了企业的抗风险能力。二是努力实现国际市场多元化，在留住欧美老客户的同时，及时调整营销策略，积极开拓俄罗斯、中东、东南亚等新兴市场，针对当地的特点和市场需求，开发新产品，实施市场多元化战略。

4. 加快境外营销网络建设，增强市场渗透能力。浙江胜利塑胶有限公司总经理冯胜利对企业发展前景充满自信。作为浙江省最大的塑胶用品出口商之一，该公司产品已出口至60多个国家和地区，但美国市场是短腿。为尽快拓展美国市场，公司计划针对美国市场的特点和需求，把大型连锁超市作为客户终端，直接在美国聘请设计和销售团队推广公司的塑胶产品。销售团队将邀请美国沃尔玛、COSCO等知名超市退休或离职的高级管理人员加盟，利用他们的资源和经验将产品打入美国市场，以减少流转环节，增加盈利空间。公司还将建立激励机制，给予在美设计和销售团队一定的业务提成，以充分发挥美国团队的主观能动性。把设计、销售放在市场的最前沿，快速掌握第一手信息，及时开发出最适合市场需求的产品，增强市场渗透能力，这一思路值得其他致力于开拓新市场的企业借鉴和学习。

5. 发挥自身品牌优势，做大做强分销渠道。浙江天玮雨伞有限公司颠覆了传统雨伞行业门槛低、技术低、质量差的理念，表现出强烈的品牌意识。本次“广交会”上，天玮雨伞通过整合全球的设计、生产、销售和客户资源，进一步丰富了自身品牌的内涵，带来了精心打造的12个系列、每个系列24种颜色的产品，赢得了客户青睐。公司高度重视自主品牌培育工作，近期准备在越南建立自己的雨伞工厂和宣传展示窗口，依托自身品牌优势，建立分销渠道。公司定的年销售增长目标是20%，并希望力争在五年内销售额达到1亿美元。由于产品设计巧、质量高，加上品牌效应的拉动，采购商纷纷前来洽谈，成交十分理想。

（三）参展企业的建议

从调研情况看，企业反映希望得到政府的支持主要包括：一是加强正确舆论引导，保持劳动力供给的稳定；二是政策要重点抓两头，扶持中小企业的同时注重培育龙头企业；三是扩大出口信用保险的覆盖面；四是进一步改革并完善出口退税机制；五是保持外贸出口政策的稳定性和连续性；六是加大力度支持企业开拓国际和国内市场；七是适当减免企业税费，减轻企业负担。

第2届“浙江出口商品(越南河内)交易会”情况

为有效应对国际经济复苏缓慢带来的外需减弱,认真贯彻出口市场多元化战略,积极拓展和培育周边新兴市场,进一步抓住中国—东盟自贸区系列协议全面实施带来的贸易机遇,按照“稳增长、调结构、促平衡”的总体要求,围绕浙江“拓市场、促转型、扩进口”的工作部署,浙江省商务厅在前期充分准备的基础上,于2012年5月16—18日在越南河内成功举办了第二届“浙江出口商品(越南河内)交易会”(下称“越南展”)。现将展会情况总结如下:

一、本届“越南展”的基本情况

本届“越南展”总面积4000平方米,设标准展位150个,参展企业138家,主要展品是各类机械电子,建材、装饰材料及五金,家居用品、日用消费品及纺织面料等浙江具有一定竞争优势、也是越南市场有需求的产品。

此次展会,浙江省派出了由政府、企业的220余人组成的团队前往越南河内参展。展会开幕式简单而热烈,中国驻越南大使馆经济商务参赞许启崧先生亲临展会现场祝贺,越南工贸部亚太司副司长陶玉璋先生率越南贸促局、越南机械总会、越南建筑总会、越南机械企业协会、越南纺织协会等主管部门和相关行业协会的领导出席开幕式并致辞。越方领导及客商纷纷称赞本届“越南展”展品“质量好、品种多”,对浙江省商务厅组织优秀企业和优质产品到越南设展表示赞赏。

3天展会期间,根据展会专门统计,到会客商5069人,成交572笔,现场成交513万美元,意向成交2340万美元,分别比上年增长13%、76.5%、18%和-14%。

二、本届越南展中所做的主要筹备工作

早在2011年首届“越南展”成功结束后,浙江省商务厅就组织力量对展会所取得的成果和经验进行了详细的总结分析,大家一致认为,越南是浙江省在东盟市场上的一个主要阵地,浙江产品在越南市场受欢迎程度较高,开拓越南市场对浙江企业和产品“走进东盟”具有重要的现实意义。2011年11月,浙江省商务厅经研究决定启动2012年第2届“越南展”的筹备工作,落实相关部门、人员的职责,精心部署筹备工作,在吸取上届展会经验的基础上,加强组织管理,确保本次展会顺利召开。

(一)精心筛选,落实参展企业和产品

为做好本次展会的招展工作,确保参展效果,浙江省商务厅制定了参展企业、参展产品筛选原则,对各市报送上来的参展企业进行仔细筛查和审查。与各市商务局做好充分沟通,对于参展的每家企业做好调查,力争参展企业的产品能够适合越南市场,预期能够适销对路,达到开拓新兴市场的目的。

(二)加强沟通,与越方做好对接

为确保参展效果,在去年与越南合作的基础上,浙江省商务厅2012年在本届展会的专业买家的数量、整体布置方案方面都提出了更高的要求,并就此与越方进行详细沟通,最终取得一致意见。专业买家数量上进行自我加压,场馆布置上力求突出“浙江制造”整体品牌形象,强化浙江产品整体概念。为保证效果还与越方签订了相关责任书。同时落实好每家参展企业的公司信息、

参展产品、装修设计、展具租赁等信息都无差错后才提交给越方。

（三）重视宣传，努力提高参展效果

浙江省商务厅上下对展会的宣传工作高度重视。2012年初，越南合作方专门开通一个专业网站（chietgiang.exhibition.vn）介绍本次展会，还在越南全国60余个专业网站上宣传，在《越南消息》、《越南工贸报》等20家报纸上刊登展会信息以及在越南中央电视台、河内电视台等9家电视台播放展会广告，于展会开始一周前（2012年5月9日）召开专题新闻发布会，推荐浙江商品越南展。此外，还针对越南的专业买家发出数千封邀请函，展前预约登记到会的客商超过400人。

（四）细致周到，做好展会的各项服务

服务工作是展会的基础工作，也是展会取得成功的重要因素。为了让参展企业真正感到参展有收获、有成效，浙江省商务厅从筹备工作一开始就狠抓服务，把服务工作贯穿于整个筹备工作之中，使企业感到参加这样的展会有内容、有效率、有效果、有服务。根据参展企业的具体情况，组织人员编印了《2012越南展参展手册》，涵盖展会的基本情况、行程安排、人员名单、参展企业名单、摊位号以及参展注意事项等内容。同时，在安排展品运输，收集会刊信息、参展人员签证等各项工作关键时间节点上都做好提醒、做好安排，力保每个企业、每个展品能顺利参展。

三、本届“越南展”的主要特点和成效

自2012年5月16日开幕以来，整个交易团上下协作，整合多方资源，努力把“越南展”打造成全省在境外举办的第二大品牌展会，为浙江企业积极开拓包括越南在内的东南亚市场搭建良好平台。本届展会呈现以下五大特点：

（一）充分利用好网络资源，尚未开展已有成交

本届交易会在开展之前，实行了所有企业资料上网、产品上网，在开展之前对企业信息、企业产品进行展示和说明，以便越南客商了解浙江省企业及参展的主要产品，达到良好效果。开展之前全省共有3家企业接到来自越南客商的订单，其中一家企业的按摩椅受到追捧，单一产品开展之前就收到了800台的订单。

（二）充分利用好政府资源，开展产业对接

在开展之前，浙江省与越南工贸部进行衔接，邀请到了由越南纺织商会牵头带领的近400多家企业，前来与浙江企业进行对接，参加本次“越南展”的多家纺织面料企业均表示很有收获。纺织服装是越南的三大支柱行业之一，2011年度越南出口纺织服装产品120亿美元，但是以加工贸易为主，全年纺织面料进口达到80亿美元，其中有40%的面料来自中国。浙江是纺织面料的生产和出口大省，绍兴地区的纺织面料以其品种优、花色多、质量好、价格低而著称，2011年浙江出口越南的纺织品10.03亿美元，约占越南进口面料总额的15%以上。在浙江劳动力成本上升，下游产品逐步转移的同时，面料行业出口越南市场潜力巨大，同时可以形成产业互补。

（三）充分利用好现场空间，为企业洽谈创造良好环境

本次展会设置了专门的企业休息区，免费提供茶水饮料点心等，为参展企业与客商交流创造条件。同时为不影响展位数量，不压缩通道空间，企业休息区重复利用了开幕式的场地，此举受到企业的广泛好评，体现了人性化设计和场地节约的考虑。

（四）参展效果好于去年，企业反响良好

从大会统计来看，三天到会客商人数超过5000人，客商到会洽谈气氛浓厚，现场成交总额高于去年，不少企业也反映参展效果好于预期，对产品打入越南市场信心十足。特别是适合越南市场的摩托车和电动自行车、节能环保的光伏产品、设计新颖的家纺及日用品等成交情况普遍较好。如衢州的星月神电动车公司通过展会，当场就接到20多万美元订单，企业负责人开心地表示，参加“越南展”抵得上他自己在越南市场跑半年，大大加快了公司电动车产品拓展越南市场的进度。

（五）越南各方对本届展会评价较高

越南官方对本届展会给予了大力支持，越南工贸部有关领导高度赞扬本次展会的档次和中方务实的工作作风，称赞浙江参展产品“质量好，

品种多”。不少参展客商也对这次展品的档次和质量高度评价,并纷纷表示要进一步与浙江企业加强合作,扩大引进浙江优质产品。越南中央电视台、河内电视台等媒体也都对本届“越南展”进行了专题采访,并对浙江省商务厅组织众多优势企业参展表示赞赏。

四、本届展会的不足与改进建议

总结本届展会,有成功的喜悦,也有一些待改进的地方。

一是参展产品种类不多,不少越方期望的产品未能参展。由于展会规模的影响,申请参展企业众多,在经过筛选后,不少企业和产品未能参展,而部分产品恰恰正是越南客商感兴趣的。如越南某大型企业一行七八人专程从胡志明市赶到河内展会现场,寻求制作鱼食的机器,但由于没有该类企业参展,引以为憾。不少越南客商反映,杭州的丝绸产品、绍兴的纺织面料、温州的文体用品(笔)、宁波的小家电等众多商品是越南人熟悉并喜欢的。

二是客商质量还有待进一步提高。虽然本次展会在越南的宣传力度较去年有所增加,但毕竟展会还仅是第二届,尚处于品牌展会的培育期,整个展会在越南的影响力还有限,品牌效应也有待进一步扩大,很多专业客商未能参加本届越南展。同时前来参展的也有很大一部分是河内市民,虽对浙江产品在终端市场的认可程度能得到很好的市场信息,但是对形成订单及后续市场开拓效果并不直接。不少越南胡志明市的客商抱怨展会放在河内举办,给其前来参展造成不便,期望能够移师胡志明市,毕竟河内是越南的政治、文化中心,越南的经济中心在胡志明市,越南好的企业和客商以胡志明市居多。

三是个别企业参展过程中消极被动,思想认识不足。根据2012年展会现场的实际情况,参展人员多,企业需求也各异,参展效果也各有不同,大多数企业都表示参展效果良好,收获很大。但也有个别企业参展过程中布展随意,在接待来访企业时消极被动,同样的家纺产品,衢州威贸工艺品有限公司展位负责人就从市民对于该公司产品的追捧中找到了商机,在参展三天时间中为下一步进入河内乃至越南市场做了充分的市场调查。而相邻的展位也有个别企业却在抱怨上门的专业客商不多,只是卖展品意义不大。

四是参与企业与越南客商在语言交流上存在一定困难。我方企业参展人员绝大多数熟练英语,但基本不懂越南语,而越南客商的英语水平普遍较低,多数只会越南语,这就给双方洽谈带来了极大的麻烦。虽然我方组织者与越南合作方在展会前就曾为此做过沟通,也进行了一定的准备,展会上特别招聘了部分越南翻译(能讲中文或英语),但是,由于越南翻译的水平相对较差,很多专业词语仍然无法很好地理解与翻译,这也在一定程度上影响到了企业参展和洽谈合作的效果。

针对上述存在的问题,我们提出以下建议:

一是坚定不移地打造越南展品牌,为企业开拓越南市场搭建良好平台。当前国际经济复苏乏力,发达经济体经济普遍下滑,新兴市场潜力有待开发,为认真贯彻省委、省政府“稳中求进、转中求好”的战略,落实好省领导“稳增长、抢市场”的指示精神,积极开拓越南等东南亚市场,扩大浙江产品在东盟市场的份额,是当前及今后一个时期浙江外贸工作的重点之一。越南正处于改革开放的向上发展阶段,目前经济充满活力,市场需求旺盛,开拓越南市场潜力巨大。浙江省产品相对于当前越南市场上的主流产品也很有竞争力,出口利润可观。因此,建议省政府高度重视浙江省境外自主展会,加大对“越南展”的支持力度,努力把“越南展”办成品牌,办成浙江产品进入越南市场的桥头堡,办成浙江企业与越南企业对接的主平台。

二是提高参展企业质量,准确对接越南市场需求。在分析总结前两届“越南展”的基础上,根据企业的参展成效,对参展行业和产品进行重新定位,对越南行业分布、上下游结构、浙江省产品对其进口产品的替代可能做一个深入细致分析,争取在下一届“越南展”开展之前发布详细的针对“越南展”的招展产品目录。同时,建议加强浙江省与越南政府间的密切合作,委托越南工贸部收集提供越南进口企业分行业的名录,供全省有针对性地组展使用，在下一届参会之前让双方企业做一个意向对接，力争做到带着需求上展会，带着意向去洽谈，切实提高参展绩效。

三是加大宣传力度。继续加大在越南的宣传力度，着力用好网络、电视、报纸等媒体进行浙江产品的全方位宣传，形成宣传合力。注重浙江产品、浙江制造整体概念宣传，展前做好具体行业、具体产品宣传，提高观众质量，增加展会实效性。

四是提升展会期间服务质量。加强展会现场的服务能力提升，细致、周密地做好各项展会服务工作，做到对企业有求必应，切实解决好企业参展中遇到的各种难题。有效化解展会洽谈上遇到的语言障碍问题，适当增加资金投入，组织更多更好的翻译人员，免费为全省参展企业提供现场语言服务。同时，落实好每家企业的参展效果调查，对参展企业实现动态管理，把参展企业效果作为下一届展会企业筛选的参考之一。

第1届中国国际服务贸易交易会浙江主题日情况

第1届中国(北京)国际服务贸易交易会(以下简称“京交会”)于2012年5月28日—6月1日在北京国家会议中心举行。首届京交会以“服务贸易,新视野、新机遇、新发展”为主题,通过开幕式暨高峰论坛、高层论坛、综合展示、推介洽谈、主题日活动、权威发布等六大活动载体,促进中外企业在服务贸易领域的交流与合作。浙江交易团在各参展企业、参会团组以及全体工作人员的共同努力下,圆满完成了各项预定任务和活动。

一、大会总体情况

服务业是衡量一国经济发展水平的重要标志。目前,服务业占世界经济比重近70%,服务贸易占世界贸易总额的20%以上,服务领域跨国投资占全国跨国投资近2/3。伴随经济全球化深入发展和产业结构调整,新兴服务业和服务贸易蓬勃发展,并成为推动世界经济和贸易增长的重要动力。

作为中国大力发展服务业与服务贸易、加快转变经济发展方式的重要举措,“京交会”的定位是国家级、国际性、综合型的服务贸易交易会,是目前全球唯一涵盖世界贸易组织界定的商业服务、通讯服务、建筑及相关工程服务、分销服务、教育服务、其他服务等12大类服务贸易领域的综合型交易平台。

历时5天的“京交会”,成果颇丰。表现在:一是参会人员层次高,共有来自23个国家和地区的政要、部长及有关国际组织的负责人出席了首届京交会;二是活动内容丰富,1721家中外企业参展,展览面积5万平方米,举办了130场论坛、洽谈等活动;三是交易成果丰硕,举办了5场权威发布会,发布权威行业报告10项,签订项目458个,成交额达601.1亿美元,其中国际服务贸易交易额112亿美元。

首届“京交会”,呈现三大亮点:

一是政府积极扩大对外开放,凝聚全球服务贸易发展共识,提振了全球经济的信心。国务院总理温家宝在出席“京交会”开幕式演讲时说,创办京交会是中国扩大对外开放,推动服务业和服务贸易发展的重要举措。这个讲话对于促进中国经济发展方式加快转变,引进吸引国际服务业先进技术和管理理念,促进国内服务业整体水平的提升,推动中国服务更快更好地走向世界,实现货物贸易和服务贸易的协调发展具有重要意义。

二是突出了产业结构转型升级,促进贸易发展方式加快转变,推动世界各国合作共赢。大会重点展示了信息通信、服务外包、节能环保、物流运输、商务服务等领域的技术和成果,重点展示了服务外包示范城市、现代服务业综合试点城市的发展成就,重点展示了一批具有自主知识产权的中国服服务贸易企业的崭新风貌。同时展示了远程医疗、智能城市解决方案等国际服务业最新成果和发展思路,体现了服务业与制造业的相互促进、有机融合,突出了服务业在经济社会发展中的引领和支撑作用,为中外企业合作与交流提供了广阔空间和众多机遇。

三是促进区域协调发展,体现了地域特色,实现产业联动。全国所有省、市、区都组团参加京交会,各省市的服务贸易发展实践充分表明,服务贸易绝不只是发达地区的专利,任何地区,只要抓住特色、积聚优势，同样能够在服务贸易方面取得可喜成绩。与沿海地区相比，中国中西部地区在市场、劳动力、要素成本等方面的优势正不断上升，体质、政策、环境等方面的差距在缩小，并正在成为中国经济快速增长板块，将会在服务业和服务贸易发展中扮演越来越重要的角色。

首届“京交会”在三个方面进行了有益探索。

第一，在创新服务贸易办展模式方面进行了有益探索。“京交会”是世界上第一个以服务贸易为主题的国际性综合会展，创新性地通过论坛、洽谈、研讨、权威发布、展示等多种方式，借助图片、文字、视频、模型、实物等多种表现手段，结合场内场外交易的不同形式，首次实现服务贸易多领域、多模式在同一会展内同步交易，较好地契合了服务贸易发展的自身特点。

第二，在提高会展专业化水平方面进行了有益探索。“京交会”着力引进众多专业卖家到会采购，特别是邀请来一大批跨国公司和央企参会。截至2012年6月1日中午12点，首届“京交会”共有来自全球82个国家和地区的境外注册客商2923人，累计到会专业观众和客商1.2万人次。

第三，在促进五行专业服务转化成又形成过方面进行了有益探索。首届“京交会”充分体现“为客商服务”的理念，致力于“交易撮合”的交易洽谈功能。“京交会”展览面积5万平方米，其中，2000平方米作为洽谈区，首次设立了100个私密洽谈间，方便客商进行“一对一”谈判。

在首届“京交会”上，浙江馆展示以服务外包、文化出口、货代物流、金融服务、软件通讯、服务设计、人才培养、外包园区等领域为重点，参展企业有浙大网新集团、东芝信息机器杭州有限公司、富士电机(杭州)软件有限公司、浙江大华技术股份有限公司、杭州高高信息技术有限公司、浙江华策影视股份有限公司、华谊兄弟传媒股份有限公司、浙江中盈瑞博科技有限公司、浙江华硕国际贸易有限公司等40多家企业，有杭州、湖州、绍兴、嘉兴、温州等分团组成。浙江团参展、参会人数近200人。“浙江馆”的特装，布局紧凑，精致婉约，以“绿”见长，不论是清新素雅的翠竹，或者温婉大气的兰亭书法，无一不透出浙江元素的精髓所在，昭示了浙江大地生生不息的创造力额蓬勃的活力。综观全场，主屏幕LED，循环播放双语配音的浙江宣传片；展示台，弧形一直排放的16快电子屏幕，正反两面滚动显示参展企业的宣传画面；互动区域，东芝最新研发的首款三维手提电脑、三维制作书面人像、华硕国际的模拟智能教育触屏等，吸引了大量现场观众参与。虚实结合的“增强现实技术”(Augmented Reality Technology，AR)引来新华社记者的专场采访，该技术是把原来在现实世界的一定时间、空间范围内很难体验到的实体信息，包括视觉、听觉、触觉等观感信息，通过科学技术模拟仿真后再叠加到现实世界被人类感官所感知，从而达到超越现实的感官体验。该技术不仅适用于传媒业，也同样适用于工业领域。Metaio公司是全球最早开始研发这种技术的公司之一。是目前世界上唯一能够提供全平台增强解决方案的公司。杭州高高信息科技有限公司和美国Metaio公司已经达成合作协议。浙江海州国际货运代理有限公司作为国际货代公司代表之一，既参加首届“京交会”浙江馆活动，又参加了中国国际货代协会组织的专业洽谈板块。在首届京交会浙江馆的平台上充分展示了海州公司良好的行业形象和公司实力，同时在货代“一对一”的洽谈中也收获颇丰，与原有的5家合作代理进行了深入的沟通和探讨，总结双方在过去合作过程中出现的问题和解决办法，并对未来加强合作充满信心，与来自德国、印度、越南、阿联酋、智利等世界各地20多家的货运代理进行会面交流，了解各自的需求和优势，开展互利合作，在国货国运的既定目标下，依然抢占国际市场，提升服务贸易产业链的再延伸。由海康威视安装的人脸自动识别统计系统，多次视频闪人无重复统计显示，精准地计算出展会期间浙江馆人流量进出总计2.11万，参观人数居各省(区、市)前茅，这个智能安保监控装置得到组委会的特别青睐。

二、“浙江日”活动情况

首届“京交会”设立省、市主题日，作为首届京交会7个省、市日之一，2012年5月29日下午，浙江主题日在展馆核心展区隆重举行，浙江省常务副省长龚正、国家商务部服贸司司长周柳军、浙江省商务厅厅长金永辉以及金华、舟山、义乌等市、地领导出席。“浙江日”以“国际服务贸易推动浙江经济增长”为主题，用影视和动漫相结合的手法，把文化出口和服务外包作为重点宣传，穿插演绎 Cosplay。期间，包括华策影视、华谊兄弟、浙大网新、华硕国际、翻翻动漫、玄机科技等在内的一批浙江服贸企业相继上台亮相，现场人气十足，达到了很好的宣传效果。第二届“京交会”将于 2013 年 5 月 28 日至 6 月 1 日在北京举行。

第14届“浙洽会”、第11届“消博会”、第5届中国开放论坛情况

第14届中国浙江投资贸易洽谈会、第11届中国国际日用消费品博览会和第五届中国开放论坛(以下简称“两会一坛”)于2012年6月8—11日在宁波举行。本届“两会一坛”以“实施国家四大战略、深化国际产业合作、促进经济转型升级”为主题,坚持以科学发展观为指导,紧紧围绕“浙江海洋经济发展示范区、舟山群岛新区、义乌国际贸易综合改革试点、温州金融综合改革试验区”四大国家战略举措,加快转变外贸发展方式,促进外资引进量质并举,加快企业“走出去”步伐,推动重点开放开发区域转型升级,不断提升全省对外开放水平,实现了预期目标。

一、大会主要成效

本届“两会一坛”主题明确,组织有序,合作洽谈、展览展示、开放论坛三大板块内容更加丰富,形式更加创新,重点更加突出,工作更加务实,取得了积极成效。

(一)万商云集,展会影响力不断增强

4天会期,吸引了大批海内外客商参会,带来了大量投资、贸易、人才、技术等方面的需求信息。据大会统计,本届大会到会外商10158人,重要团组有斐济群岛共和国政府代表团、驻华使(领)馆代表团、比利时西佛兰德省代表团和安特卫普代表团、香港中华总商会、世界中华总商会代表团、外国专家代表团、日本名古屋商工会议所代表团等和世界500强及行业100强汽配企业、德国博世集团、日本三菱化学株式会社、韩国SK化学集团等跨国公司代表团等。重要客商有斐济群岛共和国总理姆拜尼马拉马先生和夫人、摩尔多瓦执政党议会党团主席斯特列莱茨先生、伊朗伊斯兰联合党副书记塔拉基先生、比利时西佛兰德省副省长纳亚特、斐济驻华大使泰莱尼等。

本届“两会一坛”期间,包括20余家境外国际知名媒体在内的290余名中外记者到会采访,共刊(播)发相关新闻2000余篇(条)。通过各类媒体、网站的积极宣传,“两会一坛”在海内外的知名度进一步提高,浙江在国内外的影响力不断提升。

(二)领域拓展,对接洽谈取得成效

本届“两会一坛”深入贯彻科学发展观,紧紧围绕浙江实施国家四大战略举措、促进产业转型升级这一主线,突出“引进来”与“走出去”相结合、招商引资与招才引智相结合、货物贸易与服务贸易相结合,注重对世界500强企业和创新型企业的招引,有针对性地组织了21场专业对接洽谈活动,中外双方企业洽谈踊跃。其中,浙江战略性新兴产业与世界500强对接洽谈会暨全省重大外资项目签约仪式吸引了50余家世界500强及其他100余家跨国公司的高管或代表参会,与全省开发园区、企业进行现场对接洽谈,取得了一定成效。大会期间,共签约外商投资项目107个,合同利用外资47亿美元,投资领域多为先进制造业和现代服务业。同时,宁波、金华等市也举行了专场投资洽谈活动。举办了中德企业投资合作推介会等3场境外投资洽谈活动,促进了双向投资合作,提高了拓展海外投资的实效。海外人才智力引进活动共达成国外人才智力合作意向285项。安排了国际友城经贸合作交流会和“比利时安特卫普日”活动,举办了美国建材、家居零售商采购对接会和美国欧迪办公采购对接

会。大会期间，西藏那曲、新疆阿克苏地区举行了专场推介会，有近110家全省各地企业和省内5家国家级开发区进场洽谈，共签约项目31个。

（三）内容丰富，展览展示档次提升

“浙洽会”中心馆集中展示了浙江全省及11个城市在实施国家四大战略举措、深化产业国际合作、促进经济转型升级的宏伟目标、丰硕成果和政策举措，并推出众多的投资项目信息和合作机会。西藏那曲地区、新疆阿克苏地区也设展进行了投资环境推介。14个中国境外经贸合作区、14个浙江国际友好城市和24个境外投资机构参加国际馆展示和洽谈，以寻求新的合作商机。“消博会”总展览面积达10万平方米，来自海外7个国家和地区，以及国内10个省、市、自治区和全省11个城市的超过2000家企业参展，参展商品10万余种，涵盖家电电子、家纺服装、文体及户外休闲、家居用品及礼品、外贸工厂直销产品、游艇及房车、境外与服务贸易7大类商品和服务领域，家居饰品、红酒常年展作为“消博会”专业展区展出。据统计，本届“消博会”共成交5.86亿美元。成交额居前三位的商品：家居用品及礼品、家电电子、家纺服装。成交额居前三位的国家和地区是：东盟、香港特别行政区、台湾地区。

（四）精彩对话，开放论坛品牌效应继续扩大

第5届中国开放论坛以“全面提升对外开放质量和水平：机遇与路径”为主题，就破解经济下行压力下的政策选择等，围绕“国际环境变化与中国对策”、“走出去与引进来融合发展”等议题，邀请了27位国家部委领导、国际组织代表、国内外著名经济学家、企业家到会作精彩演讲。高峰对话热议改革和开放两大主线，重塑中国开放新优势，讨论内容针对性强，吸引境内外60多家媒体的热切关注，到会听众900余人。

2012年中国对外贸易500强企业论坛围绕“国际贸易中心城市建设与外贸战略”、“如何促进中国制造跃至全球价值链高端”、“汇率波动、结构性减税与外贸稳中求进策略”等多个议题展开研讨，共有25位政府官员、国内外企业家、专家学者等到会作精彩演讲。论坛期间，还发布了2011年中国对外贸易500强企业排名。

（五）各地参会积极踊跃，投资贸易取得成效

“两会一坛”作为全省开放型经济发展的重要平台，各地紧紧抓住有利契机，一面做好省党代会的参会议政工作，一面积极主动地参与和自行组织一系列经贸活动，取得了一定成效，有力地推动了全省各市开放型经济的发展。在客商邀请方面，各市代表团、省级有关部门邀请到的客商档次比上届有所提高，会后各地积极邀请客商进行实地考察，并与客商建立了长效联络机制。在活动组织方面，各地、各部门大力宣传各自投资环境，积极发动各类企业、开发园区参加各项活动。如省商务厅组织了浙江战略性新兴产业与世界500强对接洽谈会暨全省重大外资项目签约仪式、省贸促会组织了风险投资和农业休闲产业合作洽谈会、省侨办组织了服装企业转型升级与产业合作对接会、省侨联组织了海洋新兴产业专场对接洽谈会，宁波市举行了重大外商投资项目签约仪式、金华市举行了投资环境推介会暨项目签约仪式。大会期间，各市代表团均有重大外商投资项目在大会上签约，签约项目质量总体好于上届。另外，台州、舟山等市通过现场洽谈、实地考察等形式与有关企业达成了下阶段考察、合作意向。

二、大会主要特点

本届“两会一坛”在形式和内容上有所创新和发展，体现出以下四个特点。

（一）展会实效性更加突出

注重创新、务求实效、体现专业的办会理念，贯穿大会筹备工作始终。本次“两会一坛”安排的21场洽谈活动，都是围绕“十二五”规划的目标要求组织，并从浙江产业提升和经济转型需要出发，对接活动更有针对性和实效性。其中，11场专场洽谈更加注重与国家有关部委、专业机构和行业协会的合作，专业洽谈实效性增强，洽谈内容和形式更符合中外客商的需求。“消博会”对展区进行了重新调整，突出七大交易商品，展区设置更加专业化、规范化和国际化。

（二）展会国际化程度明显提高

本届“两会一坛”更加注重与境内外区域的合作，“两会一坛”的国际性和开放性更加突出。美国摩根大通、法国家乐福、德国西门子、日本松下等60余家世界500强企业的高管参会；工信部赛迪顾问有限公司首次合作主办了2012中国智能家电产业国际对接会；德国等国家举办了“走出去”专场推介会；10余个省国际友好省州及市国际友好城市代表参与推介；香港贸发局、日本大阪国际见本委员会、新加坡中华总商会首次参与协办“消博会”；美国沃尔玛、法国欧尚、英国乐购、韩国乐天玛特等12家大型国际采购企业派员到会采购。中国对外贸易统计学会首次移师宁波主办2012年中国对外贸易500强企业论坛。

（三）展会的资源共享范围更广

包括浙江战略性新兴产业与世界500强对接洽谈会在内的11场“投资浙江”系列产业对接洽谈活动成为本届“浙洽会”的一大亮点。据统计，11场产业对接会共吸引了来自美国、意大利、德国、日本、韩国、澳大利亚，中国台湾地区、中国香港特别行政区等国家和地区的429家企业机构646名客商与来自浙江各地的1141家企业的1618名代表进行了对接洽谈，客商资源共享力度更大，通过交流洽谈，有不少企业达成了合作意向，取得了预期效果。同时，参加国际馆的国(境)外机构和中方洽谈企业也有所增加，前来招商的境外客商有150余人，进馆洽谈的中方企业达800余家。另外，组委会在客商邀请过程中，也严格按照“多请商、少请客”的要求，更加有针对性地安排客商参加投资贸易、人才科技等活动，更大限度地利用客商资源。

（四）展会综合服务得到优化

各对口接待单位按照“四个一”的要求，工作主动、服务热情，较好地完成了对口接待任务。大会期间，进一步增加了展馆公交始发线和途经公交线路的发车频率，展馆与市区之间的大巴专线、出租车调度管理得当有力，较好地解决了客商乘车难的问题；改进了环境布置，增加了机场中外进出口、候机楼立柱和高速公路、城区LED“两会一坛”宣传广告，办会环境不断美化；展馆餐饮花色较多，供应及时，基本满足了不同地域、不同口味喜好的客商午餐的需求，确保了餐饮卫生安全；加大馆内反盗反扒力度，安全保障更加有力；尽早启动了青年志愿者行动，共组织了近200名青年志愿者为“两会一坛”提供翻译、礼仪、文秘等多项服务。“浙洽会”展馆布展设计大气简洁、和谐统一；“消博会”展位设置突出人性化，常年展和临时展布局各有特色，达到了整体与个性的和谐，给与会客商留下了深刻印象。

三、大会成功的主要体会

本届“两会一坛”的圆满成功，主要有以下四方面的体会：

（一）领导重视，部门支持

国家有关部委领导对本届“两会一坛”十分重视，全力支持。商务部副部长钟山、国侨办副主任何亚非、国务院发展研究中心副主任韩俊、商务部部长助理李荣灿、上海市政协副主席王新奎、全国政协经济委员会副主任李毅中、中国世界贸易组织首任特命大使孙振宇、中国外经贸协会会长周可仁等莅临指导。省委、省政府把办好本届展会作为促进浙江经济转型升级战略的重要举措。省委书记赵洪祝在省党代会期间，高度关心“两会一坛”工作进展。浙江省委副书记、省长夏宝龙，千方百计挤出时间代表省委、省政府到会指导，并会同省委常委、宁波市委书记、宁波市人大常委会主任王辉忠，省人大常委会副主任冯明，副省长龚正，省政协副主席盛昌黎，省政府秘书长张鸿铭等省领导参加了大会的重要活动。龚正副省长多次专题听取筹备工作情况汇报，并就大会各项工作作出重要指示。夏海伟副秘书长两次主持组委会筹备工作会议，专题组织召开各市政府分管秘书长会议，就如何抓实抓细各项筹备工作进行具体部署。

省商务厅作为承办单位之一，进一步加强了对大会筹备和实施的协调、督促、指导工作，金永辉厅长等厅领导多次对如何办好“两会一坛”给予工作指导，有力推动了各项筹备工作的开展和各项活动的实施。除做好“规定动作”外，还精心策划“自选动作”，组织举办了浙江战略性新兴产业与世界500强对接洽谈会暨全省重大外资项目签约仪式、境外投资说明会等活动。

东道主宁波市为大会成功举办投入了大量的人力、物力、精力和财力。宁波市委、市政府领导高度重视筹备工作，王辉忠书记、刘奇市长就筹备工作专门作出批示，刘海泉副市长、王仁洲副市长、洪嘉祥副市长等市领导多次专题听取工作汇报，及时协调解决有关重要问题，扎实推进各项筹备工作。全省各市、省级有关部门不少主要领导亲自指挥筹备工作并到会参加相关活动，做到了机构、人员和责任到位。各级领导的高度重视和各地、各部门大力支持为本届大会取得圆满成功奠定了坚实的基础。

（二）安全第一，组织有序

省委、省政府高度重视本届"两会一坛"的安全保卫工作，明确将安全工作放在第一位。组委会主任、副省长龚正专题听取组委会工作汇报，实地检查安全保卫工作，并作出指示。组委会专门就安全工作进行系统部署，重新完善了《"浙洽会"、"消博会"、开放论坛突发公共事件应急处置预案》和大会突发公共事件应急处置指挥协调机构，明确了各代表团、各工作部的安全责任人，确保各项活动万无一失。宁波市刘奇市长、刘海泉副市长、洪嘉祥副市长就安全工作专门赴会展中心等活动场所进行专项检查，并听取工作汇报，提出明确要求。组委会办公室多次召开专题会议加以落实，并专门协调了交通安全、展馆安保等事宜。组委会安全保卫部在会前、会中强化了对场馆、宾馆等重要活动场所的各种不安全因素的排查，加强了展会证件查验、展馆现场巡查、防盗措施保障、现场交通管理等工作，尤其对重要领导和嘉宾入驻的宾馆和会见场地、中国开放论坛举办场所、宁波国际会展中心等场所采取更严密的安全措施，并成立了联合执法小组，加强对展馆周边的环境整治，做到检查、措施、警力三到位，为大会营造了一个平安、祥和的办会环境。卫生保障部抽调力量检查了宾客集中入住的宾馆和展馆的供餐卫生和防疫工作，选派驻点医师和防疫人员，保障来宾客商的健康，确保卫生安全。组委会其他工作部结合各自情况，都制定了各自活动的安全应急预案。宁波国际会展中心充实了保安力量，并对保安培训上岗。分级责任制和相互协作，较好地落实了各项安全措施。

（三）与时俱进，务实创新

本届"两会一坛"在充分吸取历届办会经验的基础上，注重创新，求真务实，努力使"两会一坛"更富新意、更有影响、更具实效。展会确定的"实施国家四大战略举措、深化国际产业合作、促进经济转型升级"主题，顺应形势，符合"十二五"规划的目标任务，充分体现了浙江开放型经济在新形势下新的发展要求。展会三大板块内容更加丰富、形式更加创新、时代性更加鲜明。本届"两会一坛"安排了合作洽谈、展览展示、开放论坛等43项更加务实的活动内容，展览展示内容有新提升，对外开放程度有新提高，东西部合作、区域合作特点更加明显。本届"两会一坛"对市场化运作机制进行了进一步的探索，特别是在开放论坛组织、消博会招展、展馆票证票务、综合广告宣传等方面加大了市场化运作力度，取得了积极成效。同时，本届"两会一坛"的组织工作在以人为本和体现人性化特色方面有较大进步，车辆、安检、接待、餐饮、卫生、宣传、展务等服务工作进一步改善，得到了参会客商广泛好评。

（四）职责明确，组织有力

本届"两会一坛"是在面临各种复杂的经济形势背景下举办的，组委会始终坚持省领导关于"两会一坛"要"一届比一届成功，一届比一届更好"和"安全有序"的目标不动摇，始终坚持不畏艰难、奋发有为的工作作风不动摇，从而始终牢牢把握住了筹备工作的主动权。在筹备初期，组委会本着抓紧、抓早、抓主动的工作思路，及时对总体工作进行了策划、组织、协调和部署，研究确定了具体筹备方案，落实了组织机构，明确了工作职责，制订了工作方案，分解了工作目标。同时，根据"两会一坛"面临的新形势、新要求和新任务，组委会及时充实工作力量，调整相关活动，确保了各项活动顺利实施。在筹备过程中，组委会先后多次召开会议，研究落实场馆配套设施、活动安排、项目推介、客商邀请、招展布展、会务组织和安全防范等重要问题。同时，各市代表团、省级有关部门和组委会各工作部，积极配合参与大会各项筹备工作和活动，及时制订工作方案、成立组织机构、明确目标任务，积极邀请客商、推出项目，利用大会契机开展多项活动，并广泛动员各方参加“两会一坛”。正是由于各市代表团、省级有关部门和组委会各工作部树立全局意识，发扬协作精神，目标明确，工作得力，从而确保了大会筹备和实施工作的圆满完成。

本届“两会一坛”在取得圆满成功的同时，也存在一定的问题，一是部分活动安排还不够周密，有的对接洽谈活动时间安排过于集中。二是业务洽谈活动的组织协调还不够缜密，部分专场事先中外双方项目信息交换有待加强。三是专业贸易采购商数量还有待增加、质量有待提高。四是会前宣传报道的力度不够，特别是在专业行业媒体的“两会一坛”信息推广、发布还需加强。五是组委会的部门分工过细，各工作部间的协调过细、过多，影响到筹备工作落实的效率。对此，我们将认真总结、切实改进，努力把今后的“两会一坛”办得更加圆满、更有实效，争取通过若干年的努力，使“两会一坛”成为国内一流的国际化、专业化、市场化的高档次展会。

四、大会的后续工作和建议

（一）及时抓好“两会一坛”的总结、表彰工作

认真总结工作经验，广泛、细致、深入地听取各代表团和各工作部的意见，注重搜集参会客商反馈的意见，为下届的“浙洽会”、“消博会”和开放论坛筹备工作积累更多的经验。同时，要及时对“两会一坛”先进单位和个人进行表彰。

（二）全力抓好“浙洽会”、“消博会”成果转化工作

继续本着抓早、抓紧、抓主动的工作原则，全力抓好“两会一坛”各项成果的落实。对投资签约项目要深入跟踪，尽快实现由意向到协议，协议到合同，合同到开工、建设和投产的转化；积极引导各参展企业对进出口贸易合同诚信守约，认真履约；对人才引进成果要抓好落实。总之，要通过扎实有效的后续工作，使大会各项成果尽快得以落实。

（三）充分利用好“两会一坛”的各项资源

“两会一坛”的客商资源、项目和信息资源是难得的潜在财富，必须进行有效利用、深度挖掘。各地、各有关单位要加强与新老客商特别是重要客商的联系和项目跟踪，增进了解，寻求新的发展商机，不断扩大合作成果。要加强与国家有关部委、协会（商会）的合作，充分发挥其资源优势，寻求工作支持，完善合作机制。

（四）积极着手准备下一届“两会一坛”

在认真做好本届“两会一坛”后续工作的同时，着手下届“两会一坛”策划和启动。认真学习，深刻领会组委会领导关于对办好下届“两会一坛”的指示精神，在深入调研和充分论证的基础上，力求在“两会一坛”指导思想、办会主题、活动设计、运作方式等方面继续改革创新，进一步加大市场化、规范化和专业化工作力度，争取尽快向省政府提交2013“两会一坛”初步工作方案，并尽早启动明年“两会一坛”筹备工作。

第10届中国国际软件和信息服务交易会情况

第10届中国国际软件和信息服务交易会(以下简称“软交会”)于2012年6月15—18日在大连举行,本届“软交会”以“创新驱动增长,融合深化应用——腾‘云’驾‘物’,智能互联”为主题,共有来自20多个国家和地区、53个国内省市的政府团组和企业嘉宾出席,举办了专业会议活动44场,吸引了1.8万名专业听众3万名观众参观洽谈。浙江展团在各参展企业和全体参会人员的共同努力下,获得圆满成功。

一、中国软交会总体情况

作为国内规格最高、规模最大、最具有时效性和最具国际影响力的IT行业年度盛会,自2003年开始,中国“软交会”已成功举办10届。10年来,展览面积由最初的1.1万平方米扩大到3.5万平方米;参展客商从400家增加800家;专业观众从1.5万人增长到3万人;展位数量从560个扩大到1200个;国际展区比例从10%增长到33%;国内省、市团组从起初的几个省参加,到覆盖国内30个省市,观摩团组53个,参观观众3.1万人次,其中,专业会议及行业用户代表1.8万人次。展会圆满发挥了传播业界高层声音、凝聚精英智慧、引领行业发展、推动产业融合、促进国际合作、打造交易平台的作用。

开幕式上,商务部部长助理仇鸿指出,本届“软交会”,海外参会团组达到20多个,来自日本、韩国、印度、美国、澳大利亚、加拿大、西班牙以及中国台湾、中国香港等国家和地区的展团都曾多次亮相软交会。10年来,有49个国家和地区的10万多名专业观众参加过“软交会”,会上签订的协议和意向项目超过960个,累计签约金额超300亿元。她表示,2000—2011年,中国软件的信息服务业规模从796亿元上升到1.85万亿元,增加了近23倍,中国软件出口从几乎为零上升到143.4亿美元,大连“软交会”在其中发挥了极其重要的积极作用。据不完全统计,在本届“软交会”上,800多家参展商洽谈及签订交易项目超过3500多个。

二、浙江团参展情况

本届“软交会”,浙江代表团以深化国际产业合作、促进经济转型升级为主题,共有60家信息技术服务外包和软件出口企业参展(其中宁波13家),参展参会人数达到170人次,参展企业涉及服务外包、基础软件、行业应用、信息安全等领域,展位面积超过410平方米(宁波100平方米),是历届软交会中浙江参展企业最多、阵容最强的一次。其中,有虹软科技、滨江兄弟、中控科技、NEC软件、希益喜等业内知名企业,有连续10届都参展的东忠科技、金华合丰信息、绍兴振华阳光、温州忠城数码等服务外包成长型企业,还有包括新加坡科技园、绍兴国家高新技术产业开发区、杭州未来科技城(海创园)、嘉兴创意创新软件园等服务外包园区。各参展单位通过“软交会”平台,充分展示了浙江软件信息技术服务外包和软件出口的综合软实力及良好的硬环境。

2012年6月15日的开幕式结束后,商务部部长助理仇鸿经过跨国公司展区进入省、市展区,首先视察了处于整个交易会展区核心位置的浙江馆,她对展区青翠晶莹的布展风格表示了浓厚的兴趣。浙江省商务厅服务贸易处处长张钱江作了解答:浙江展区以绿竹、茶园、兰亭序为主元素,力图表现诗化江南所独有的轻灵柔美,以此来映衬存在于无形中的信息软件产业的空灵特质。展区用现代科技手段来寓意云计算概念的表现手法,也得到了仇鸿的认可。她在梁祝 Cosplay 前驻足停留,对虹软科技的"美妆秀软件"也表现出了浓厚兴趣。当她了解到这款软件推出市场才 3 个月时间,但仅在 APP Store 上的下载量已经达到上百万次时,不禁连声称好。

展会期间,浙江展区吸引了包括中央电视台、人民网、《国际商报》、浙江在线、大连电视台、《中国服务外包》杂志等众多媒体前来采访报道,开幕当晚中央电视台一套的晚间新闻节目还播出了对虹软科技和东忠科技的采访报道。

在大会举办的"2011—2012 中国软件和信息服务业年度发布会上,浙江省共获 7 项殊荣。分别是浙江省商务厅获得"中国软件和信息服务业 10 年产业发展推动奖",东忠科技董事长丁伟儒获得"中国软件和信息服务业 10 年领军人物奖",东忠科技、虹软科技获得"2011—2012 中国软件和信息服务业最具竞争力产品奖",浙江网行恒天、威睿电通、振华阳光获得"中国软件和信息服务业最具潜力企业奖"。

三、软交会对参展企业的启示

(一)服务外包企业也需要转型

在大会举办的全球软件和信息服务高层论坛暨企业家峰会上,浙大网新执行总裁钟明博作为特邀嘉宾发表演讲。他认为,随着人力资源成本的上升,中国已经不是一个低成本的软件工程师国家,客户的日子也越来越不太好过,所以,以人头、规模和单纯技术研发为主的外包模式,受到了极大的挑战。钟明博介绍说,网新对日、美离岸外包业务的报价近年来几乎没有变化,而现在企业的工资成本却越来越高。自 2011 年以来,浙大网新的人力资源成本以每年 10%—15%的速度在上升。这种价格和成本已经使得离岸外包业务的利润空间受到挤压。

同时,随着"85 后",甚至"90 后"的员工进入软件外包行业,新一代员工的价值观、生活观发生了很多的变化,他们更多地追求个人价值和生活体验,使得软件外包公司不得不思考如何创新自己的管理模式和业务模式。

赞同钟明博观点的企业不在少数。浙江省一些参展企业的老总认为,已经到了要对服务外包转变看法的时候了。服务外包已经不再是简单的帮客户省钱,而应该是低碳的技术开发外包向全流程的运营外包转型,应该具备与客户共同承担的风险能力。对此,东忠先后与 AISINAW 株式会社、VINCULM-JAPAN 株式会社、NTTDATA 株式会社等上市公司设立合资公司。时至今日,东忠已经有 11 家合资公司,涉及交通、汽车、物流、金融等多个领域。"与用友各自专业领域的日本企业设立合资公司,向其派遣专业开发团队持续进行软件开发"的商业模式,使得东忠已成为一个拥有 2500 人的开发基地,预计未来达到 10 亿元人民币。

(二)移动互联应用发展空间巨大

本届"软交会",振华阳光,杭州东冠美盈、威通电筒等多家从事移动互联网应用的企业参展。振华阳光和威睿电通还获得了"2011—2012 中国软件和信息服务业最具潜力企业奖"。振华阳光开发的"绍兴公众出行移动平台"已经成功应用到市场,受到社会各界的一致好评。在本届"软交会"上,振华阳光与巅峰软件就"无线智慧城市"的项目达成来开发合作协议,签约金额 1000 万元。公司总经理章琦说:"软交会不仅是企业的展示平台,更重要的是通过平台了解当前软件服务外包的最新动态,尤其是在公司未来产品研发、人才培训等方面指明了方向。"

杭州东冠美盈在移动电商、移动支付方面已有成熟产品,如鲜淘铺、95169 手机预约挂号客户端、快刷客户端等。公司总裁沈剑说:"截至 2011 年 12 月底,中国手机网民规模已经达到 3.56 亿。移动互联应用时一个有无线想象空间的领域,就拿移动购物市场来说,2011 年整体移动购物市场规模达 108.1 亿元,而 2012 年第一季度市场规模已经达到 105 亿元,基本等于去年全年的规模。"据了解,东冠美盈在移动支付领域开发的快钱"快刷"客户端,是国内最早的移动支付软件,能让用户的手机变成移动POS机。

参会代表人为，随着移动互联网的快刷发展,硬件厂商、软件厂商以及独立开发者看到新的巨大的发展空间,围绕着收集、应用软件以及程序开发等整条产业链的商机很大。

四、浙江团组开展工作回顾

本届“软交会”已是第10届,参展规模、人数和各类重大活动都超过往届，大会组委会对各省、市相关部分的参展组织工作提出了更高的要求,为此,这就是商务厅高度重视,发文明确由服务贸易处牵头、服务贸易协会承担具体工作,并要求各市商务局指定专人为参展联络员,组成参展领导小组,根据大会组委会在不同时间段的通知要求,认真做好浙江省代表团的组团、参展、行程安排等各项工作。

这是协会成立后第一次独立运行的大型组团活动，浙江省贸易服务协会克服了人手少、时间紧、经费紧张的困难,从组展招展、展位特装、媒体宣传、后勤保障等各方面入手,注重细节,落实责任,确保了各项工作有条不紊的进行:从年初开始,协会及所属“软件出口联盟”先后3次对会员单位进行动员宣讲,帮助企业了解和认识软交会;为保证展区效果,指派专人负责展区招标,从特装方案的改进到装修材料的选取，全场参与;利用协会电子会展和短信平台,随时向参展企业通报筹展进度。

在会务方面,大到团部驻地的食宿,小到出发航班和接送车辆,事无巨细,协会人员一一落实;协会还编辑制作了双语宣传光碟、专用宣传画册和参展企业工作手册,邀请省内媒体前往大连随团采访。在软件会现场,协会人员的工作表现和敬业精神得到了参展企业的一致好评和肯定。浙江省服贸协会亦被大会组委会授予最佳组织奖的荣誉。

十年树木,百年树人。第十届“软件会”已经落幕。通过“软交会”这一平台,已有更多的国内外企业和人士了解认识浙江的软件和信息服务业,浙江的软件和信息服务业企业也借助这一平台进一步学习承接国际服务外包业务的先进技术,推动浙江省企业开拓国际市场。

第1届长三角地区农超对接洽谈会情况

2012年9月11—12日，作为浙江商务周重头戏之一的首届长三角地区农超对接洽谈会在嘉兴市富悦大酒店举办，并取得了预期效果。

一、活动概况

这次农超对接大型洽谈活动是在贯彻落实《国务院办公厅关于加强鲜活农产品流通体系建设的意见》的背景下，以"减少中间环节、助推高效流通"为主题，在商务部的大力支持下，联合长三角地区商务和农业部门共同搭建产销对接平台，在更广区域、更高层次、更深程度推进长三角地区农产品流通合作机制。活动得到了长三角地区农产品生产基地、农民专业合作社、农产品加工企业等农产品生产商和大型连锁超市企业等采购商的积极响应，省政协副主席王永昌，嘉兴市市长鲁俊、副市长盛全生，商务部市场体系建设司副司长孙长青等领导出席开幕式，浙江电视台、《浙江日报》等新闻媒体及时进行了宣传报道。洽谈会共现场签约12个项目，采购合同总额2.1亿元；达成采购意向66项，采购意向总额3.5亿元。

二、主要特点

作为首次面向长三角地区的农超对接大型洽谈活动，体现了以下特点：

一是层次高。活动得到国家商务部的大力支持，由省商务厅联合省农业厅、团省委共同举办，上海市商务委、江苏省商务厅、安徽省商务厅和中商商业规划院参与协办，省市领导和有关部门领导出席活动。

二是范围广。立足浙江，面向长三角，着力拓展客商资源，在更大区域促进农产品高效流通，有125家大型采购商200多名采购人员参加现场采购洽谈，其中省外有35家连锁超市企业，沃尔玛、家乐福、乐购、华润万家等外资大型连锁超市均派出生鲜采购主管以上人员参加；有240家农民专业合作社和加工企业等农产品生产商300多人参展布展，长三角地区商务部门和农业部门积极组团参加，活动总人数超过600人。

三是效果好。洽谈会共现场签约12个项目，采购合同总额2.1亿元；达成采购意向66项，采购意向总额3.5亿元。除现场达成采购合同和合作意向外，组委会编制了采购商信息手册和生产商信息手册，为产销双方建立信息资源平台，提供了后续合作服务。

三、主要经验

从参会人员的反响来看，此次农超对接洽谈会是当前省内所有农超对接活动中规模最大、层次最高、效果最好的一次对接活动，其成功举办的主要经验有以下三点：

一是广泛动员，龙头引领。基本上集中了省内最有代表性的农产品生产供应商和采购商，同时也邀请了上海、江苏、安徽地区大型的内资连锁超市龙头企业和外资跨国大型连锁超市，一大批行业龙头企业参加洽谈为活动取得圆满成功奠定了基础。

二是部门合力，资源整合。集合了商务部、浙江省商务、农业、团委系统以及嘉兴市政府等多部门的力量，充分发挥商务、农业、团委系统资源优势，为活动的有效开展提供了组织保障。活动筹办以后，省商务厅牵头成立了省商务厅、省农业厅、团省委、上海、江苏、安徽商务厅及嘉兴市商务局有关人员组成的会务组，并召开筹备会议，明确洽谈会工作分工，制定工作进度表。

三是形式创新，内容丰富，在总结以往农超对接经验的基础上，采用现场签约、洽谈、布展、培训等内容相结合，重点突出布展洽谈的办会方式，整体布局由会议区和布展洽谈区组成，布展区采用实物布展和宣传展架相结合，活动内容的创新是此次活动取得预期效果的重要因素。

为进一步推进长三角地区农超对接的长期开展，打造长三角地区全省农超对接展会品牌，下一步将加强以下工作：

一是争取将长三角农超对接洽谈会纳入商务部支持展会，并作为浙江商务周的重点内容，坚持持续办实办好。

二是进一步健全农超对接洽谈活动的部门协作机制，建立由省商务厅、省农业厅、团省委、省供销社、省财政厅等部门组成的省农超对接洽谈活动领导小组。

三是依托商务部农超对接网上平台等资源，建立省农超对接数据库，打造永不落幕的农超对接洽谈会。

“2012 中国浙江商务周”活动情况

为贯彻落实省第十三次党代会精神，深入实施“八八战略”和“创业富民、创新强省”总战略，抓住“四大国家战略举措”全面实施的战略机遇，按照“三个走在前列，五个显著提高”的总体目标，搭建内外贸融合的综合性全省商务大平台，推动内外贸一体化发展，在省政府的支持下，由浙江省商务厅主办、各市商务主管部门协办的“2012 中国浙江商务周”(以下简称商务周)于2012 年 9 月 11—17 日在浙江省内举行，并取得圆满成功。经过连续三年的举办，商务周在境内外的品牌影响力不断扩大，一个集商品展示交易、投资合作、信息人才交流和商务服务对接于一体的全省性综合商务大平台基本成型。

2012 年，面对国内外严峻复杂特别是外部需求明显萎缩的经济形势，商务周紧紧围绕省委、省政府推动“四大国家战略举措”和“四大建设”，着力扩大有效投资，促进发展实体经济，浙商回归，帮扶企业和优化发展环境等重点工作，以“商务助推企业提升价值”为主题，努力把握挑战中蕴含的机遇，积极应对、主动作为，围绕整合内外贸展会资源，推动企业转型升级，创新服务企业方式，扩大内需改善民生，举办了商务服务博览会、厨师节等 9 项活动，努力为保持全省经济发展目标，加快推动经济结构调整和产业转型升级做出贡献。短短的一周时间内，吸引了来自欧美、亚洲、非洲等 30 多个国家和地区的 200 多家境外机构与企业，省内外 6000 多家企业参与，参与人数达 10.3 万人，达到了预期效果。

一、商务周取得的主要成效

(一) 围绕省委、省政府中心工作，服务“两富”浙江建设

本届商务周积极贯彻落实省第十三次党代会精神，紧紧围绕浙商回归、帮扶企业等省政府重点工作，来提升策划各项活动。一是积极服务于建设物质富裕精神富有的社会主义现代化浙江。本届商务周既有长三角农产品产销对接洽谈会、连锁加盟展等积极推动企业经贸合作，提高经济实力，增加居民收入的投资贸易活动，也有厨师节、中华老字号精品博览会、美发美容技能大赛等传承传统文化、展现艺术时尚、提高人民群众生活品质的活动。二是积极推动浙商回归。本届商务周抓住省委、省政府大力吸引浙商回归的时机，举办了境外浙商与浙江开发区(园区)对接会，积极邀请境外浙商回归家乡，以有效投资稳增长，促进实体经济发展。三是积极“服务企业、服务基层”。全省商务系统把举办商务周作为转变工作方式、改善企业发展环境、更好地为中小微企业服务的重要载体，深化“外贸服务月”的重要手段。如商务服务博览会紧密围绕企业需求搭建洽谈合作的平台，为企业开拓市场、转型升级提供优质高效的一站式服务；金砖国家贸易救济政策说明会为全省企业开拓金砖国家市场提供了学习交流平台；商贸流通企业中高级人才招聘会则缓解了全省商贸流通企业中高级人才短

缺的瓶颈。

（二）影响扩大，国内外交往深化

本届商务周在前两届成功举办的基础上，进一步扩大了浙江省在国际国内市场的影响力，进一步加深了浙江与国内外机构和企业的合作。包括摩尔多瓦驻华大使、泰国驻华商务公使、保加利亚驻沪总领事、世贸组织规则司司长等100多位境外嘉宾出席了商务周的相关活动。泰国、新加坡、保加利亚等境外地区，及北京、上海、天津、江苏、安徽等20多个省市分别组团参加了商务周相关活动。商务周为推动浙江企业和国内外企业合作，进一步开拓国际国内市场搭建了一个广阔的平台。境内外媒体对商务周高度关注，国际人民广播电台、新华社、中新社、央视网、《国际商报》、《浙江日报》、浙江电视台、浙江之声、浙江在线等境内外媒体对商务周各项活动进行了大量、深入的报道。

（三）商机共享，多方对接成效明显

本届商务周集聚了大量的商务信息，融合了国有、民营、外资等各类企业主体，拓宽了合作领域与方法，为企业之间合作创造了十分有利的条件。据活动后的不完全统计，商务周期间共达成合作意向的项目300多个，涉及企业贸易意向成交4.1亿元人民币，涉及境外浙商回归投资9.64亿美元。很多企业虽然未能现场签约，但都获得了很多有价值的信息，将在以后进行深入接洽与合作。如境外浙商回归投资中有57%投向了第二产业，涉及生物医药、汽车配件等行业；商务服务博览会平均每家参展机构接待客商45.1人次，有45%的参展机构在展会期间达成了（意向）对接项目；首届长三角农超对接洽谈会现场签约12个项目，采购合同总额2.1亿元。此外，老字号精品博览会、连锁加盟展等参展企业都在销售和品牌提升上获得了双丰收。商贸流通企业中高级人才招聘会则有592人与用人单位达成初步意向，现场录用203人。

（四）围绕主题，推动企业转型升级

商务周活动以"商务助推企业提升价值"为主题，以企业交流合作为主线，创新服务方式，为全省企业加快转型升级提供动力。如商务服务博览会云集了210家境内外知名的设计与创意机构、律师事务所、会计师事务所、金融机构、贸易投资促进机构、电子商务企业等商务服务机构，其中参展单位（总部）在省外或境外的服务机构占全部参展单位的48.1%，为全省企业在贸易投资、市场渠道拓展、企业价值与形象提升、企业管理效率提高等方面提供商务服务解决方案。据现场调查统计，有92%的参观企业认为此次商博会对企业生产经营有一定帮助，并与产品设计、品牌、技术等服务机构进行了接洽。连锁加盟展吸引了太子龙、五芳斋、珍贝等一批品牌企业参加，通过品牌专卖连锁网络的方式，扩大浙江省企业的品牌知名度，提高市场占有率，推动了全省商贸业投资发展。

（五）服务民生，活跃浙江消费市场

本届商务周在服务企业的同时，不断突出服务民生。围绕提升商贸发展水平，促进农民增收，引导消费升级，提升群众生活品质等主旨，举办了厨师节、老字号精品博览会、长三角地区农超对接洽谈会、美发美容技能大赛等一系列与民生息息相关的活动。第二届浙江厨师节在积极打造浙菜品牌、推动浙江餐饮产业发展的同时，还举办了餐饮烹饪职业技能竞赛，选拔了一批省内餐饮界的技术能手，不断提高浙江餐饮行业队伍的整体素质。中华老字号精品博览会通过产品展销、非物质文化遗产表演、青少年流动课堂、老字号民间收藏斗宝大赛等活动给群众带来了一场文化盛宴。美发美容技能大赛在提高我国美发美容行业从业人员的综合素质和技能水平，发展新型时尚产业的同时，还推出爱心美发服务站进社区活动，免费为社区居民提供理发服务、化妆服务等，积极树立行业新形象。长三角地区农超对接洽谈会聚集了125家大型采购商和240家农民专业合作社与加工企业等农产品生产商，为减少中间环节、助推高效流通，推动农民增收搭建了产销对接平台。

二、商务周活动的几点体会

商务周各项活动之所以取得圆满成功，离不开省领导的重视、兄弟部门的配合、市县的支持。主要有以下几点体会：

（一）领导重视是活动取得成功的重要前提

省委副书记、省长夏宝龙高度重视商务周活动，专门出席第二届厨师节并宣布开幕，会见了100余位优秀厨师代表，参观了浙菜“和萃宴”与国际厨艺大师200余道作品展。省委常委、常务副省长龚正多次听取商务周筹备情况汇报，并多次在与商务工作相关的会议上强调要办好商务周活动，对商务周工作做了一系列指示，并出席了商务服务博览会、境外浙商与浙江开发区（园区）对接会暨境外浙商回归投资重大外资项目签约仪式、金砖国家贸易救济政策说明会等活动。同时，省委常委、杭州市委书记黄坤明，领导徐宏俊、冯明、王永昌、黄旭明等分别出席了厨师节开幕式、中华老字号精品博览会、浙江美发美容技能大赛、长三角地区农超对接洽谈会等商务周的相关活动。

（二）精心组织是活动取得成功的重要保证

本届商务周前期进行了精心的策划、周密的安排，做了大量艰苦细致的工作。设立了商务周组委会，3个综合组和9个项目组，每个综合组和项目组都有一个厅领导牵头负责，分别制订具体实施方案，明确工作职责，做到人员到位、责任到位、工作到位，确保活动场地、活动安排、客商邀请、观众组织、新闻宣传、后勤保障、安全保卫等各项筹备工作顺利进行。厅领导数次召开工作会议，研究并协调解决有关问题，保证了整个活动有条不紊地进行。

（三）部门和市县支持是活动取得成功的重要后盾

省人力资源与社会保障厅、省农业厅、省总工会、团省委等省级单位积极与省商务厅联合主办商务周相关活动，充分整合并发挥了系统资源优势，形成了推动工作的合力。公安、财政、卫生、外办、新闻办、消防等部门，发扬协作精神，积极配合做好相关筹备工作，对商务周的各项活动开展给予了大力支持。各市、县（市、区）商务主管部门高度重视商务周活动，及时建立工作班子，积极利用各种资源、各类平台，调动各方积极性，加大宣传与推介，全力组织本地区企业参与。许多地区还组团参加了商务周各项活动。如大多数地方的商务部门都统一组织当地企业前来参加商务服务博览会。

（四）企业需求是活动取得成功的重要基础

浙江企业在拓展国际国内市场、赴境内外投资、转型升级等方面有着大量的需求和意愿，境内外的企业和机构也对拓展浙江市场，与浙江企业合作前景看好。商务周在短时间积聚了大量的国内外经济合作信息与机会，对省内外、境内外企业多具有很强的吸引力。如在省政府浙商回归的号召下，境外的浙商也有着强烈的回归发展的意愿，而商务周为境外浙商回归与浙江省开发区之间搭建了交流平台。很多境外驻华商务机构都对浙江市场有着浓厚的兴趣，想发展对浙江的贸易、吸引浙江的企业去投资，而商务周为境外机构与浙江企业、政府合作提供了信息与机会。有近150名境外浙商与全省的企业，各级商务部门及开发区（园区）代表140余人进行了对接。

三、今后工作的几点建议

（一）扩大商务周的活动地域

举办商务周的目的之一就是整合和集聚浙江现有的商务活动，把分散的资源集中起来发挥更大的效用，这需要各地商务主管部门的共同参与，才会变得更有生命力。本次商务周将长三角地区农超对接洽谈会放到嘉兴举办，不仅地方政府的积极性很高，而且也支持了地方商务部门的相关工作。今后可考虑将部分活动（如厨师节）放到全省各市举办，既提高了地方政府和部门对商务周的参与度，又有利于全省各地相关产业的繁荣发展，使商务周真正成为全省商务系统共同参与打造、共同享用的一个综合性大平台。

（二）完善商务周活动的评估和跟踪

科学评价商务周各项活动的成效，对一些绩效不佳的项目要进行调整或淘汰，实现活动项目的优胜劣汰，以便将更多的资源集中支持企业需要、群众乐见、效果明显的活动。对本次商务周达成的一些合作项目和意向，加强追踪，进一步了解客商需求和后续进展情况，积极推动由意向到具体成果的转化。

（三）加强商务周的宣传和推介

从对各项活动的调查看，加大宣传是各参展

机构提得最多的建议。从2012年的整体宣传来看,效果也较为明显,广告宣传投放后,报名参展及观展企业咨询明显增多。建议明年尽早启动整体宣传,并加大广告宣传的力度。此外,建议采用推介方式,赴全省各地向企业推介商务周的各项活动,把商务周活动的信息、项目、参与机构等向全省企业发布,使全省企业能更加详细地了解商务周能给企业带来的商机与服务内容,明确参加商务周的目的。

(四)完善商务周的组织工作

进一步完善商务周活动的选择、资源安排机制,在职责分工、工作程序等上建立规范化、高效化的制度,以确保各项筹备工作的顺利有序进行。同时,加强对商务周的规划工作,尽早启动下届商务周的活动策划、客商邀请、宣传推介、招商招展,尤其是要提早进行境外重要客商邀请和对外宣传工作,牢牢把握住商务周筹备工作的主动权。

2012浙江出口商品(大阪)交易会情况

2012年以来，受国际市场需求持续低迷和国内各项成本高企等不利因素相互累积叠加影响,浙江省外贸增长乏力,压力进一步增大。为贯彻落实省委、省政府关于进一步加大力度开拓国际市场的精神,继续巩固和发展我省传统出口市场,2012年5月份以来，省商务厅精心筹备,积极动员,并在临行前努力克服钓鱼岛事件带来的不利影响,于2012年9月16—21日在日本大阪成功举办了“2012浙江出口商品（大阪）交易会”,现将情况总结如下：

一、基本情况及所取得的成绩

浙江出口商品(大阪)交易会由浙江省商务厅与日本大阪国际见本市委员会共同举办,自2008年创办开始,每年秋季在日本大阪举行。本届交易会已是我省连续第5年在大阪举办,也是迄今为止国内单个省份独立在日本举办的规模最大的商品展会，知名度和影响力逐年提升。2012年大阪交易会总体情况平稳，到会客商同比基本持平,实际成交同比小幅增长,各项工作安全有序地开展。

（一）坚持长期培养,展会影响不断提升

继2011年克服日本地震核泄漏带来的负面影响,成功举办第4届大阪交易会后,2012年省商务厅努力克服钓鱼岛事件带来的不利影响,举办了第5届大阪交易会。为巩固提升“浙江制造”区域品牌,深度开拓日本市场,省商务厅在发扬前四届成功做法基础上,继续强化突出“浙江产品更适合您”这一主题,并着重强调三个“更加”,即更加注重宣传发动、更加注重客商质量和更加注重参展效益。本届展会面积共6729平方米、标准展位353个、参展企业228家、参展商品550多个系列，连续参展的企业占比达48%。4天展期共接待买家7968人次，到会日方专业客商4950人,在不利条件下保持了以往正常水平,企业普遍感到满意。可以说,经过4年的精心培育,浙江出口商品(大阪)交易会展务工作更加成熟有序,深度开拓日本市场的效果逐步显现。

（二）着力促进成交,参展效果不断提升

据统计，本届大阪展实际成交1617.7万美元,比上届增长6%;意向成交6123.5万美元,比上届增长17%。究其原因,一是由于去年大阪展正值日本地震核泄漏事件期间,受此影响,日商下单谨慎,成交基数略低。二是由于担心中日关系的未来发展,部分日本客商表示将取消后几个月赴中国的商务活动如“广交会”,改赴本届大阪展寻求商机,下单相对提前。三是本届大阪届期间正值“国际缝纫机械展”在隔壁展馆举行,该展会系国际性展会、每三年巡展一次,邀请的客商均为行业内的专业买家,与大阪展的相关产品也存在上下游关系,因此为大阪展带来了不少除日商以外的海外客户。四是与大阪展的影响力不断提升相关。尽管多数客商由于担心形势发展会影响到企业生产、物流运输等环节,下单仍然谨慎,但通过努力，不少浙江参展企业仍接到了订单,达到甚至超过参展预期。如天台鸿达模具有限公司现场接待了大阪北港地区最大的家居批发中心执行董事,并现场签订两个高柜的合同;武义安雨工贸有限公司也现场与新客户签订首笔35万美元订单,若双方合作满意,日后的订单量将使该企业今明两年的产量达到饱和。从今年的参展效果看,日用消费品的成交形势明显好于纺织服装产品，一些针对日本市场的塑料制品、鞋、袜、手套、餐具等产品受到了日本客商的欢迎,像义乌皇标文具等企业反映参展效果好于“广交

会”。特别是一些连续数届参展的企业，根据市场的变化，坚持结识新客户、巩固老客户，不断提高对客户的服务质量，参展效果逐年累积放大。可以说借助大阪交易会这一浙江省自主平台，许多浙江企业不断拓宽和细分日本市场，已建立起稳定的客户群，展会的平台作用得到了企业和市场的普遍认可。

（三）围绕服务创新，布展水平不断提升

针对以往整体布展相对简单造成的展示效果欠缺，2012 年着力在布展上下功夫。除在展馆进门处进行公共布展以宣传浙江形象外，还对所有的企业展位进行了特装，用亮丽的橙色和清新的绿色来区分纺织服饰和日用消费品两大展区，展馆空间利用大大提高，交易会的整体档次也得以大幅提升，让人眼前一亮。同时，不少企业也积极利用此次机会展示自身形象，丰富的展品、艺术化的表现手法，充分体现了企业的实力和水平，吸引了不少买家的眼球。为了加大对参展企业的服务，展会期间现场提供临时翻译、免费上网等以满足企业的需求。据对参展企业调查统计，企业对本届展会服务工作的满意度达 95%，对展会到访客商质量的满意度达 96%，75%的企业明确表示希望明年继续参展。

二、主要工作

在省领导的关心和兄弟部门的支持下，通过全省各地商务主管部门的共同努力，第 5 届大阪交易会圆满结束。尽管临行前因为钓鱼岛事件带来了一些不利影响，但由于未接到外事部门的明确通知，为了保证大多数企业的效益和努力完成全年出口目标，我们密切关注事态发展，迎难而上，主要做了以下方面工作。

（一）密切关注动态，做好各项安全保卫工作

为了应对展会期间可能出现的政治经济、自然灾害等突发事件，专门制订了《突发事件应急预案》，包括预防保障措施、应急处理办法和正常报告制度等方面，并成立应急事件领导小组与应对小组。在参展人员赴日前，专门召开了由各分团领队和联络员及部分企业参加的行前会议，就外事纪律、赴日注意事项、展会知识产权保护等进行了教育。由于情况特殊，本次交易会取消了开幕式、开幕酒会以及和日方的政务交流，强调突出“抓订单、拓市场”的参展目的。展会期间，一方面每天与驻日领馆保持联系，关注事态的发展；中国驻大阪总领馆经商处也非常支持展会工作，每天派人到会巡馆，了解动态；另一方面，要求各分团密切关注参展企业和客商的相关动态，一有情况马上汇报，并在每天下午四点钟召开领队联络员会议，交流通报相关情况。同时，要求日本合作方与当地警方协调，适当增派警力做好防范。由于防范得当、措施到位，展会开始后，各项工作有序开展，截至 2012 年 9 月 23 日，所有参展人员都已安全离开日本。

（二）务实高效，建立合作筹备工作机制

经过四年来的探索和发展，交易会从浙江省首个自主境外展逐步成长为一个买家多、有影响、成效好的重要展会。尤其是 2011 年、2012 年经受住了严峻形势的考验，这与展会成熟的筹备工作机制分不开。我们专门成立大阪交易会组委会，制订工作方案，建立了例会制度、展务工作协调单位联络制度等，确保了筹备阶段责任到位、运转高效。在展会期间专门设立现场协调指挥部，设综合业务统计信息组、展务工作组、安全保卫组和各市领队联络员组，明确的分工使场馆布展、展前巡馆、现场服务到闭幕统一撤馆等各个环节井然有序。

（三）积极动员，加强招展招商工作

筹展期间，分别召开了由各市商务局和省级外贸公司参加的会议，就举办大阪交易会进行动员发动。全省各市商务局对此高度重视，认真执行参展企业筛选制度，全力以赴组织企业参展，确保真正代表浙江水平的优质企业优质产品参加展销。由于钓鱼岛事件的影响，部分企业出现了畏难情绪，经过沟通，大多数企业还是赴日参加了本次交易会并圆满完成参展任务，但也有 8 家报名企业（12 个摊位）出于种种顾虑最终未能成行，特别是有 1 家企业连展品都已出运，仍坚持取消此次赴日。同时，加强与日方沟通协调，反复对接产业与展品信息，确保有针对性地邀请到更多客商和专业买家，创造商机提高实效。总体来说，本届交易会没有出现展品质量低下、侵犯知识产权，参展人员素质差、恶意逃展、撤展等现象。

（四）突出热点，加强调研分析工作

在筹展阶段，即对往年的参展企业通过电话、实地了解等方式进行了调研，掌握情况改进服务；同时要求日方研究市场变化，使参展企业组展的产品更加信息对称、适销对路。在展览期间，对当日意向成交量、实际成交量、商务对接谈判等情况，实行了“每家要报、每天要报、分区统计、统一汇总”的统计通报例会制度，并要求各分团联络员每天到参展企业展位了解情况，掌握动态。特别是针对中日关系对出口的影响，团部人员积极开展对参展企业的调研，并对了解到的情况进行认真梳理和总结，及时上报。

第112届“广交会”浙江交易团参展情况

第112届中国进出口商品交易会(以下简称“广交会”)于2012年10月15日—11月4日在广州举行。省委、省政府高度重视今年外贸工作和本届“广交会”,2012年10月16日下午,省委副书记、省长夏宝龙考察第112届“广交会”,会见了被称作“浙江老广交”的参展商、境外采购商和交易团工作人员代表,召开外贸形势座谈会,并发出外贸决战四季度总动员令。省商务厅、国税局、检验检疫局等省级有关单位和杭州海关负责人陪同考察。

夏省长指出,2012年以来,尽管国际经济形势低迷复杂,但全省广大企业和政府有关部门同心合力,逆势奋进,克服诸多困难挑战,努力保持了我省外贸出口持续平稳增长。当前,外贸出口形势依然比较严峻,但越是在困难的情况下,越要增强信心,要坚持“拓市场、促外贸”的方向不动摇,坚持支持出口的各项政策措施力度不减弱,努力争取出口增长的最好成绩。要勤于跑市场、善于闯市场、勇于抢市场,把千方百计巩固扩大市场占有率作为当前外贸工作的第一要务。要以卧薪尝胆的毅力和破釜沉舟的魄力,抓住机遇加快推动企业转型发展;要集聚更多更优质创新要素,激活各方创新活力,加快推动创新成果转化;要积极引进国外优秀企业的先进技术、理念和管理方式,切实提高企业外贸竞争力。各级政府特别是商务等相关部门,要进一步强化外贸服务保障,给企业无微不至的真情关怀,助推企业轻装上阵。夏省长考察广交会,给全省参展企业极大的鼓舞,坚定了他们逆势奋进、开拓市场的信心。

一、第112届“广交会”总体情况

本届“广交会”是在欧洲主权债务危机持续发酵、国际市场需求下滑、贸易保护主义加剧的严峻形势下举办的。共有来自211个国家和地区的18.92万名境外采购商与会,比第111届减少10.3%,比第110届减少10.1%。到会采购商与去年同期比较,亚洲下降10.3%,其中日本下降29.7%;欧洲下降10%,其中俄罗斯增长12.4%;大洋洲下降6.7%;美洲下降9.5%,其中美国下降4.5%;非洲下降10.5%。此外,在所有参展商中,老采购商占73.31%,比上届提高8.31个百分点,创“广交会”分三期举办以来的新高,也从侧面说明本届广交会上新采购商来得确实不多。

大会成交326.8亿美元,比上届下降9.3%。从整体情况来看,出口成交有所下降,下一阶段外贸总体形势不容乐观。本届“广交会”成交主要有如下主要特点:一是对欧美日等传统市场降幅明显,对新兴市场降幅较小。受欧债危机、美国经济复苏乏力和中日关系影响,对欧盟、美国、日本成交分别下降10.5%、9.4%、36.6%。对新兴市场成交降幅较小,对东盟、中东、金砖四国成交降幅分别为7.9%、5.7%、0.7%,均低于总成交降幅,对澳大利亚成交增长0.4%。二是生活必需品成交增长,中短订单居多。食品、医药等生活必需品成交分别增长14.5%、26.9%,机电产品、纺织服装成交分别下降11.6%、15.5%。需求弹性明显的皮质箱包、木质玩具分别下降37.7%、48.7%。三是转型升级效果初显,品牌企业成交较好。在严峻的外贸形势下,企业纷纷加快转型升级步伐,培育以技术、品牌、质量、服务等为核心的外贸竞争新优势。本届品牌展区成交125.8亿美元,下降

5.4%，比总成交降幅低3.9个百分点。每家品牌企业平均获得的订单数是非品牌企业的3倍，平均成交额是非品牌企业的6.2倍。创新产品多、设计研发能力强的企业成交情况明显好于其他企业。

二、浙江省企业参展情况

浙江省参展企业分别由省交易团、杭州交易团、宁波交易团组团参展。全省展位总数达到11096个，参展企业5238家，参展人数达5.5万余人，是全国展位最多、参展规模最大的省份之一。本届“交易会”浙江全省成交54.5亿美元，比111届增长0.2%，比第110届下降4.6%，占大会总成交量的16.7%，总体情况好于大会平均水平。

本届“广交会”上浙江企业参展成交主要表现为以下特点：

1. 从成交市场情况看，欧美日等传统市场降幅明显，新兴市场降幅较小，俄罗斯和大洋洲增幅明显。企业普遍反映，本期采购商到会人数较上届有所减少，采购商客流明显减少，人气不足，特别是欧美、日本等主要出口国家和地区的客商数量下降明显，对欧洲、美国、日本出口成交分别比第111届下降了12.2%、7.8%、35.2%。新客户大多为俄罗斯、中南美洲国家等新兴市场国家和地区的采购商，据部分企业反映，其中不乏当地的大经销商。其中，俄罗斯市场成交增长明显，比第111届增长了14.4%。此外，大洋洲市场也有大幅增长，对澳大利亚和新西兰出口分别增长了44.0%和156.6%。据参展企业反映，本届“广交会”上采购商多为探行情、看产品，以了解新产品、看样询价为主。然而不少企业也反映本届“广交会”专业客商比例有所增长，尽管现场下单的较少，但是谈成意向的比较多。

2. 从商品成交情况看，性价比较高的创新产品参展效果明显好于其他产品。今年国际形势的复杂性在本届展会上的表现较为突出，全省出口企业成交也出现分化，许多行业面临重新洗牌局面，部分小微企业由于“吃不饱”而陆续出局，订单和资源开始集中到管理体制较规范、产品质量过硬的出口企业手中。低端产品生产门槛低，产品杀价竞争激烈，国际市场波动对企业出口影响较大，而生产高端特色产品的企业在国际市场相对疲软的背景下，仍然保持稳定。如钱江摩托公司收购意大利品牌，实施品牌战略，产品以欧洲的设计、中国的成本，与日本产品竞争，利润却远高于日本产品，走出出口产品低价竞争的怪圈。再如舟山家汇家纺有限公司创新产品提高科技含量，精心推出“温控靠垫”、“温控窗帘”等，利用温度的变化让原本简单的布料图案发生奇妙的变化，吸引了众多客商的眼球，展会首日欧洲、南美及东欧客户意向成交超过100万美元。

3. 从洽谈价格情况看，客户对价格更为敏感，接受新产品的提价态度较以往谨慎。由于国际需求萎缩、竞争加剧，尽管成本持续上涨，本届“广交会”上商品成交价格还是基本保持与上两届持平，有些甚至下降。根据调研问卷的统计情况看，有65%的企业出口商品价格基本与去年持平；有17.9%的企业则有所下降，只有17.1%的企业反映价格有所上升。几乎所有的企业都反映外商对于产品的质量及性能要求不断上升，而对价格要求却越来越苛刻，形成“售价远远跟不上成本上升速度的压力现象”，使得企业陷入两难境地：产品不升级将被市场淘汰；而产品升级就要承担利润压缩压力。国外消费者对高价产品的采购意愿在下降，买家更青睐于价格便宜、结构简单的商品。

4. 从订单情况看，中短单比例仍然居高不下。总体来看，意向性成交多于即期下单成交；小笔订单多于大笔订单；短期订单多于中长期订单。由于全球经济复苏乏力，加之主要货币汇率剧烈波动，国际贸易保护主义愈演愈烈，导致不少企业对接单情况比较忧虑。一方面，客商下单很谨慎，减少订量数量。许多企业反映老客户仍然以老产品翻单为主，对新产品的选购十分谨慎，以往客商都会对所有的新产品或新款式感兴趣，现在仅选择部分进行试探市场。客户大多求平求稳，不愿意在没把握的情况下冒风险；另一方面，多数企业考虑到经济形势的复杂多变，3个月内的短单占大多数，企业将报价实效也基本控制在3个月以内。对于老客户，企业也尽量协商，将长单改为短单，缩短付汇时间。企业对于新客户的选择也十分谨慎，不盲目地追求数量和利润的高风险。

三、浙江省参展企业反映的问题和应对措施

总体感觉，当前严峻的形势制约着浙江省外贸企业进一步发展，但是绝大部分参展企业仍然保持着乐观的心态和坚定的信心，积极改变发展思路、调整产业结构、推进创新研发、优化资源配置，取得了良好的效果，一些做法和经验也值得正在探求转型升级的企业借鉴学习。

（一）参展企业反映的问题

1. 各项成本提升，利润空间压缩。外需减弱、人民币升值、原材料价格波动和用工成本的不断上升，大大削减了浙江省劳动密集型产业的竞争力，进一步压缩了原有的利润空间。尤其是受全球主要经济体持续实行量化宽松政策的影响，人民币仅仅在10月份的升值幅度就已经达到1%，使得全省企业面临巨大的结汇风险。采购商大多对提价幅度非常敏感，企业难以将成本上涨较多地转嫁给采购商。随着欧美市场消费的逐渐下滑，越来越多的企业已无法再纯粹靠低成本的手段来维系经营，利润空间变小已成为大多数企业面临的问题。

2. 融资成本仍然偏高，部分企业生产经营困难。虽然目前多数大中型实体企业并未遭遇资金短缺问题，但企业仍然反映融资成本偏高，部分纺织服装企业资金链断裂和民间借贷风险依然存在。最近两次降息后，目前一年期贷款基准利率为6%，但实际企业向银行贷款普遍上浮10%以上，实际融资成本大大高于基准利率。同时，小微企业融资十分困难，有温州企业反映，当前小微企业很难从银行融资，只能从小额贷款公司借贷，但是实际借贷成本已达到月息2%，使得很多小微企业“无钱可贷、无钱敢贷”，造成生产经营难以为继。

3. 企业订单转移现象日益严重，对服装成衣、毛绒玩具、鞋类等传统劳动密集型行业造成严重冲击。近年来，由于我国劳动力成本上升等因素的影响，国际国内产业分工正在发生十分深刻的结构性变化。有越来越多的欧美客商选择将加工环节转移到中国内地，甚至转移到越南、印尼、泰国、印度、孟加拉国等东南亚国家。事实上，不少浙江企业也已经在中西部地区和东南亚国家开设工厂。总体而言，在面临上述地区企业的竞争时，全省服装成衣、毛绒玩具、鞋类等行业在成本上已经完全不占优势。目前，这些地区的产业链正在迅速建立完善，全省相关行业面临的冲击将更加严重。本届“广交会”上，浙江省玩具、服装成衣、鞋类出口比上届分别下降了43.5%、20.7%和18.2%，除市场不景气以外，相当程度上是由于订单转移造成的。

4. 企业交易风险显著增加。根据企业反映，由于经济不景气，国外客户的购买力在不断下降，同时，客户的支付能力特别是欧洲客户的支付能力明显下降，交易风险较金融危机前大幅提高。许多企业抱怨，今年欧盟的生意不好做，甚至连一些合作多年的欧洲客商都没有续单，有些欧洲客商还出现了拖欠货款的情况。据统计，前三季度全省出口信用保险报损案件数同比增长25%，报损金额增长41%，其中欧洲成为我省出口企业的第一大报损地区，这与企业反映的情况是一致的。另外，中东及北非地区战争和政局动荡，反倾销、反补贴等贸易保护措施，外汇管制和货币贬值等风险事件频繁发生，使企业在遭受买家破产、拖欠、拒绝接收货物等传统商业风险的基础上不得不面对来自于买家所在国的风险。

5. 知识产权保护力度还需进一步加强。尽管浙江近年来在知识产权保护方面做了大量工作，但是对创新型企业来说，保护力度仍显不够，被侵权情况时有发生，令企业创新的积极性受到打击。在本届“广交会”上，浙江纳爱斯集团当场抓住了一家仿冒该公司产品的安徽企业并向大会举报，最后却被告之因相似程度达不到80%，因而无法处罚。浙江市下控股有限公司表示他们因为产品被仿冒而损失了数百万元，打了两年官司终于胜诉了，却只获赔了几万元，导致该公司明明开发了新产品并申请了专利，却因为怕被仿冒而不敢在广交会展示出来。许多企业认为，要促进企业转型升级，政府还需更加重视知识产权保护工作。

（二）参展企业积极应对的举措

面对诸多困难，浙江省企业坚定信心，迎难而上，勇于探索，采取一系列有效措施，积极推进创新转型。

1. 加大创新力度，提高产品竞争力。本届“广交会”上，全省许多参展企业都通过提高产品附加值和科技含量，加大自主研发和创新力度，推出一批性价比较高的创新产品和拥有自主品牌、自主设计、专利技术的产品，这些产品的参展效果明显好于其他产品，创新不仅给企业带来了新的市场份额，而且卖价也明显提高。如浙江省舟山玩具厂展出的各类电动玩具都采用了创新设计的电动智能机芯，产品表面层使用的安全材质甚至通过了日本食品安全检测，优秀的品质获得了众多客商认可，第一天上午现场与一家美国客户签下30万美元订单。

2. 精心布置展位，塑造品牌形象。从现场看，品牌、特装展位客流情况明显好于标准展位，工具、餐厨用具、体育及旅游休闲用品、家用纺织品、箱包等展区尤为突出。在此次展会上，南龙集团有限公司把展位布置成有复式结构的一个“小客厅”。楼下是往常的摊位布置，楼上布置了沙发、茶几、洽谈桌、展示台。客商既可以在楼下挑选感兴趣的样品，也可以在楼上安静地商谈；公司还专门聘请了意大利厨师，让客商能够在异国他乡也能品尝到地道的西餐和点心，吸引了众多客商。

3. 加大国际市场开拓力度，增加抗风险能力。欧美市场格局基本稳定，但新兴市场如巴西、俄罗斯等潜力较大。部分参展企业针对俄罗斯、南美、东欧、中东市场设计出新产品进行展示，洽谈成交效果较好。如纳爱斯开拓新兴市场的市场战略。依靠过硬的产品质量，如今已经在中东、非洲、中亚五国等地区打出了品牌知名度，占据了较大的市场份额。同时，全省企业对于风险意识明显增强，如金华洋铭工贸公司负责人介绍，该公司接单时坚持最大客户占比不超过30%，经营注重分散客户，强化风险管理。此外，我们接触的大部分企业投保了出口信用保险。

4. 积极尝试“出口转内销”，分担国外市场开拓压力。在国际市场持续萧条的背景下，不少企业积极挖掘国内市场。通过与大型超市合作和寻找省级代理、地区经销商等方式，加快内销步伐，部分企业内销份额已超过外贸出口。如三木控股集团有限公司通过在各地设办事处、发展经销商、进驻超市等销售渠道，多管齐下，大力发展内销市场，2012年的内销额已占总销售额的六成左右。尤为可喜的是，有越来越多的企业特别是小微企业利用电子商务渠道费用低、受众广的优点，取得了爆发性增长。如有的玩具企业在淘宝上的月销售额达到了600万元人民币，这在过去的内销市场上是不可想象的。尽管在内销方面取得了较好成绩，这些企业仍然表示将坚持做出口，因为只有跟外国市场接触，才能获得最新市场行情和产品发展趋势，以此保持产品的核心竞争力。

5. 政企联动抱团参展，整体效果明显提升。本届“广交会”期间，绍兴轻纺、上虞伞业、洪合毛衫等块状经济发达的地方积极组织中小企业抱团参加“广交会”。如绍兴市针对纺织面料和服装两个特色产业，实现了集中展区展位参展、统一特装搭建的抱团参展模式，有59个纺织原料面料摊位和38个男女装摊位分别在15.4号馆和4.1号馆进行了统一特装，以“国际纺织之都——绍兴”的品牌形象进行集中展示推介。通过政企联动抱团开拓市场，改变了企业“单打独斗”拓市场的原有参展模式，提升了纺织服装出口整体优势。政府出资统一特装，整齐划一的特装搭建既提升了档次，又展示了形象，还吸引了更多的客户关注，还减少了企业参展成本，整体效果较以往有明显提升。

（三）参展企业的建议

从调研情况看，企业反映希望得到的政府支持主要包括：一是加强正确舆论引导，保持劳动力供给的稳定；二是保持人民币汇率稳定；三是扩大出口信用保险的覆盖面；四是加大知识产权保护力度；五是进一步改革并完善出口退税机制；六是保持外贸出口政策的稳定性和连续性；七是加大力度支持企业开拓国际和国内市场；八是适当减免企业税费，减轻企业负担。

第18届中国义乌国际小商品博览会情况

在商务部、浙江省政府等主办单位和浙江省商务厅、义乌市政府等承办单位的大力支持和社会各界的共同努力下，为期5天的第18届中国义乌国际小商品博览会(简称“义博会”)于2012年10月25日圆满落幕。本届“义博会”坚持“面向世界、服务全国”的办展宗旨，积极应对复杂多变的经济形势，准确把握国内外日用消费品发展趋势，创新筹备工作，优化服务体系，着力提升展会的经贸性、专业性、国际性和实效性，取得了明显成效。

第18届“义博会”主展馆设国际标准展位6000个，展览面积15万平方米，共有2892家企业参展，展品分别来自境外63个国家和地区、境内30个省(区、市)；有来自206个国家和地区的193552名客商参会，同比增长7.67%，其中境外客商20886人，同比增长7.83%，到会外商居前五位的国家和地区依次是韩国、印度、中国台湾、美国、伊拉克；实现成交额163.40亿元，同比增长3.73%，其中外贸成交额15.83亿美元，占总成交额的61.6%，同比增长6.53%。“在线义博会”网站5天点击量357250次，同比增长75.85%。

一、积极应对复杂经济形势，在开拓创新中进一步发挥展会综合平台作用

第18届“义博会”是在国内外经济形势不明朗、不稳定的特殊背景下举办的一次经贸展会。由于世界经济复苏的不确定因素增加，外需持续疲软、汇率风险加大、国际竞争日趋激烈、企业成本上升等原因，企业参展、客商参会的积极性普遍降低，给展会筹备工作带来了巨大挑战。为此，“义博会”组委会审时度势，积极应对，开拓创新，寻求突破，坚持以客商为中心，突出经贸功能，致力于搭建中小企业开拓国内外市场、推动产业转型升级、转变外贸发展方式的重要平台。

(一)积极争取各级部门支持

通过加强与各级政府部门的沟通联系，许多省市把“义博会”作为帮助当地企业开拓市场、拓宽发展空间的有效平台。商务部首次下文要求全国商务系统积极组织合适的生产企业参展参会，利用“义博会”平台稳增长、拓外贸。江西、江苏、安徽、湖南等15个省市将义博会列入重点支持展会，出台配套政策，给予实质性支持。

(二)更加注重提升经贸实效性

加大宣传推广和资金投入力度，多渠道全方位邀请专业采购商，努力为广大参展企业创造商机。专门成立客商呼叫中心，广邀日用消费品生产企业和境内外客商参加“义博会”。与上届相比，展览规模总体持平、客商人气有增无减、经贸成交平稳上升，参展企业满意率达到92%。

(三)更加注重拓展展会功能

为贯彻落实国家进出口贸易平衡战略，顺应电子商务新型贸易方式、创意设计产业快速崛起的新形势，专门设置了进口商品、电子商务、创意设计等特色展区。做大做专进口商品展区，推动“义博会”从外贸出口型展会向进出口贸易并重、国际化程度更高的展会转变；培育发展电子商务行业，搭建网络虚拟展示交易和展会实物展示交易的对接平台，推进贸易方式的转变；积极引进创意设计产业，助推产业转型升级。

(四)更加注重发挥展会平台作用

除展览贸易之外，结合义乌国际贸易改革试点，围绕当前进出口贸易形势、企业转型升级、电子商务等经济热点议题，策划组织举办了全国商品交易市场发展论坛、青年网商创业高峰论坛、

行业流行趋势发布会等配套经贸活动，为参展商、采购商发布行业权威信息，提供增值服务，大大丰富了展会内涵，进一步凸显了“义博会”的引领带动作用。

二、优化参展结构，在提升展会质量上取得突破

本届“义博会”坚持以市场为导向，积极组织创新型企业、拥有自主品牌企业参展，实现了行业结构、区域结构、展品结构的“三个优化”。

（一）行业结构优化

根据市场需求，做大做强优势行业，鼓励发展新兴行业。优化调整展区布局，将往届“义博会”的15个行业调整为10个行业，每个行业展览面积近1万平方米，在综合展中体现专业化；另设电子商务及贸易服务、进口商品、全国妇联来料加工精品、浙江省山海协作4个专区。同期举办“义博会”机械工业展，共有415家企业906个展位，两会客商互补，互为呼应，相得益彰。

（二）区域结构优化

本届“义博会”共有30个省、市、自治区（不包括港澳台地区）的企业参展，浙江省外企业（不含境外）占31.6%，同比增加8.6个百分点，义乌企业占25.3%，同比下降2.9个百分点，参展企业结构呈现本地企业比重逐步下降、外地企业逐步增长的良好势头，区域分布渐趋合理。境外展品来自63个国家和地区，国别比上届增加了28个，展会国际化程度显著提升。

（三）展品结构优化

本届“义博会”参展企业以生产企业为主，达到95%，有全球500强企业1家，国家级品牌企业58家，省级品牌企业300家。集中展示了新产品、新技术、新工艺，大至整套机械设备的工艺流程，小至塑料吸管的外观设计，无不体现创新的魅力和环保的理念，展品档次和展会核心竞争力明显提高，为提升展览经贸性奠定了坚实的基础。

三、拓宽招商渠道，在提升经贸实效性上取得突破

本届“义博会”人气旺、成效好，境内外采购商数稳步增长，内外贸成交双双上扬，实现了不乐观经济形势下的高位突破，这主要得益于扎实有效的招商推广工作。

（一）有针对性地邀请专业客商参会

首次成立由100人组成的呼叫中心，累计多语种电话呼叫101515人，意向参会人数达19.7%；提前办证7712人，同比增长69.7%；网上预登记报名10399人，同比增长137.69%。充分利用“京交会”、“华交会”、“广交会”等知名展会，向中国驻外194个国家和地区的大使馆、经商处、商会发送办理来华签证专用邀请函、“义博会”宣传册等，给俄罗斯、巴西、印度等新兴经济体国家经贸机构（商协会）邮寄英文专刊等途径，邀请专业采购商参会。据统计，共有来自美国、德国、玻利维亚、俄罗斯、巴西、韩国、中国台湾等国家和地区的73个境外采购商团队参会采购。

（二）加强展会与市场联动

充分利用义乌市场7万多个商户和每天超过20万人次客流量的优势，加强展会与市场的联动，开通市场与展会之间的免费往返巴士，组织动员市场经营户和前来市场采购的客商来到“义博会”，给“义博会”带来了一大批专业客商。同时，鼓励参加义博会的采购商参观义乌市场，形成了展贸互动、共同发展的良好态势。

（三）举办境外采购商洽谈会

在去年成功举办的基础上，扩大了中外采购商洽谈会的规模。一方面，邀请了32个国家和地区的80家境外贸易机构持采购清单集中设立展位、集中发布采购信息；另一方面，根据采购清单目录，组织了900家参展商进行现场洽谈。由于集中整合了买家、卖家信息，极大地提高了贸易洽谈的针对性和有效性，受到了参展商、采购商的一致好评。

四、丰富展会内涵，在提升引领带动效应上取得突破

本届“义博会”按照经贸性、实效性原则，设立了电子商务、进口商品、全国妇联来料加工精品、浙江省山海协作4个专区，组织举办了与展会密切相关的系列经贸活动，发挥了展会引领行业风向、带动区域经济协调发展的重要作用。

（一）全国妇联来料加工、浙江省山海协作带动区域经济发展

全国妇联来料加工精品专区有来自北京、天津、新疆等17个省和浙江省内39个县（市、区）的377名优秀经纪人及来料加工专业村代表参展，展品风格各异、地方文化特色浓厚，达成合作意向914项，成交额1.3亿元。浙江省山海协作专区有124家企业参展，设展位202个，分别来自全省经济欠发达县市。义博会设立全国妇联来料加工精品专区和浙江省山海协作专区，成为贯彻落实国家和浙江省统筹区域协调发展战略的重要举措，对推动区域经济协调发展、增加就业岗位和非农收入发挥了积极作用。

（二）电子商务助推贸易发展方式转变

将电子商务列入展会重点培育的新兴行业，92家电子商务企业涵盖了网络销售经营主体、网络商品、电子商务服务供应商等企业。浙江青年网商创业高峰论坛，“义乌购” 网站正式上线，合力发展网商，促进有形市场、无形市场的繁荣发展。在第10届中国商品交易市场统计信息发布大会暨市场发展高峰论坛上，与会专家和各专业市场高管就市场运营模式、诚信经营等问题进行了深入探讨，并对如何在传统实体市场框架下搭建电子商务平台形成了共识。

（三）新理念、新技术促进产业转型升级

第二届中国饰品高峰论坛以 “诚信兴商、创新饰界”为主题，来自饰品界的顶尖专家学者分别从诚信、规则、创新、品牌、知识产权等方面重点解析了当下饰品产业转型升级的突破口。行业流行趋势发布会是提升展会软实力的创新性工作，以品牌为核心，以专业模特走秀、专家点评的方式，生动演绎了珠宝饰品、箱包、化妆品、围巾、家纺用品、家居服饰等行业的新行势、新理念——选材上绿色环保、设计上新颖别致、功能上经济实用，为相关生产企业的产品开发、品牌建设指明了方向。义博会机械工业展与“义博会”10大行业商品同期展示，汇集了针织、印刷、包装、注塑、模具等方面的新设备，并带来了新技术、新工艺、新材料，促进小商品生产企业尽快培育出以技术、品牌、质量、服务为核心的新的竞争优势，更好地应对国内外激烈的竞争。

五、加大宣传推广力度，在提升展会影响力上取得突破

紧紧围绕招展招商、展会服务工作有计划开展针对性的宣传推广活动，贯穿了展会筹备的全过程，为成功举办义博会起到了推波助澜的作用。

（一）会前宣传全方位

先后在福州、武汉、香港等地举办了第18届“义博会”大型推介会，广泛邀请新闻媒体、生产企业、贸易机构参会；在CCTV—4、香港亚洲卫视和江苏昆山、广东顺德、福建莆田等20多个二三线城市的电视台，以及美国、澳大利亚等6个国家和地区的平面媒体投放“义博会”广告；在百度、雅虎、谷歌、新浪网、凤凰网、国际在线、人民网、搜狐网等知名网站开展关键词推广、广告推广等，进一步扩大了“义博会”的知名度。

（二）会中宣传突出特色

展会开幕之际，专门召开了第18届 “义博会”新闻发布会。展会期间，人民日报、新华社、中央电视台、《光明日报》、《经济日报》、中新社、《中国贸易报》、《香港文汇报》、《香港大公报》、《台湾联合报》等70家新闻媒体的100多名记者参会采访，全方位报道了本届“义博会”盛况和特色。截至2012年10月28日，新闻媒体共刊发、转载报道1000余篇，其中美国地区达377篇之多。CCTV—1 新闻联播报道了第18届 “义博会”；CCTV—13 整点新闻，结合义乌市场30年发展成就，报道了“义博会”成长壮大的历程。

（三）后续宣传持续推进

“义博会”作为大型的经贸类展会，不仅是一

个商品展示交易的平台，而且是一个商业信息、技术信息的集聚平台。展会虽已闭幕，但社会关注度还将持续较长一段时间。展会组织方将根据展会反映出的丰富信息，配合新闻媒体作深入的综合分析报道，帮助参展商、采购商及广大中小企业从本届“义博会”中汲取更多“营养”。

六、完善会展服务体系，在提高服务水平上取得突破

针对历年参展商、采购商反映出的突出问题，本届义博会进行了全面梳理和改进，建立高品质的会展服务体系，提升会展服务质量。

（一）完善会展设施

为方便客商进出国际博览中心的各展厅，耗资400多万元，增设了一二层展厅之间的八部电动扶梯，并增加了展馆与外围道路的通路。

（二）交通组织人性化

从客商便利、有序、安全的角度，合理安排停车场和候车点，科学配置公交车、出租车、摆渡车、市场联动大巴车等运力，确保每天数万人次客流的及时聚集与疏散。此外，为积极对接“广交会”，往返义乌与广州的航班每日增加到20个以上。

（三）拓展客商服务领域

在展会现场提供投诉咨询、票务代办、物流托运、现场翻译、触摸屏信息查询等服务，并开设了VIP客户洽谈区、外币兑换窗口、党员服务岗。

（四）保障会展秩序平稳

建立现场办公室值班制度，整合执法管理部门力量，受理投诉举报，处理有关纠纷和突发事件，查处各类违法违规行为。严格执行专业观众日与公众开放日制度、安全检查制度，有效地规范了展览秩序。

经过十多年的精心培育和创新发展，“义博会”的影响力不断扩大，展会的经贸性和实效性显著提升，已成为国内日用消费品类的知名展会。但与“广交会”等知名展会相比，还存在不少的差距。主要表现在：参展地区、参展企业结构有待进一步优化，境外企业、浙江省外企业占比还不够高；展会筹备时间有待进一步提早，争取在年前获得商务部的批文和下文，争取将“义博会”列入各地商务部门的下一年度参展计划；在有效利用商务部等各主承办单位的资源方面有待进一步深化；展会服务水平有待进一步提升。

七、第19届“义博会”基本思路和工作目标

第19届“义博会”将坚持以“面向世界、服务全国”为办展宗旨，坚持专业化、国际化、市场化、品牌化的办展方向，准确把握国内外日用消费品发展趋势，以服务广大中小企业开拓市场、转型升级为主线，加强招展招商、宣传推广和服务体系建设，全面提升展会的经贸实效性，进一步巩固提升“义博会”在全国会展业中的地位，努力把义博会打造成为全球日用消费品生产企业和采购商开展贸易洽谈、技术交流、信息发布的首选平台。主要工作目标是：国际标准展位6000个，展览面积15万平方米。

（一）坚持服务于广大中小企业的基本定位

通过18年的培育和发展，“义博会”已成为全球小商品生产企业和采购商开展贸易洽谈、产品展示、信息发布、行业交流的优质平台，而广大中小企业正是历届“义博会”参展的主力军，也是“义博会”最大的受益群体。18年的实践已充分证明，“义博会”以服务中小企业为重点的定位是正确的，我们必须继续坚持。

（二）坚持专业化、市场化、品牌化、国际化办展方向

专业化、市场化、品牌化、国际化是展会发展的潮流，也是“义博会”一如既往坚持的总原则、总思路。在坚持市场化为主的前提下，借助国家有关部委和浙江省政府及有关部门行政力量的支持和推动，提升展会质量。顺应展会专业化的发展趋势，借鉴“广交会”和其他大展会的做法，探索分期办展或细分专业展的办展方式，做大“义博会”优势行业和新兴行业，把“义博会”办成各优势行业专业展的集合，把“义博会”的品牌效应扩大化。加强会展人才培育和制度建设，在展会策划、组织模式、资金运作、推广方式等方面提高专业化水平，切实提升展会的综合竞争力。

（三）高度重视招展招商工作，进一步突出义博会经贸性

招展招商是展会筹备中最重要的两个方面，两者相辅相成，互相促进。招展招商工作要拓宽思路、拓宽渠道，整合资源、整合力量，及早筹划、及早启动，制订全面系统的可行性方案。招展方面，要组织龙头企业参展，更要服务于广大的中小企业，帮助它们通过展会平台交流信息、开拓市场、转型升级；招商方面，要坚持历届“义博会”组织邀请专业采购商的成功经验，并顺应形势发展及客户的需求，在推广工具、途径和方式选择方面进行优化，进一步提高“义博会”的贸易指数。

（四）加强会展服务体系建设，进一步提升“义博会”服务质量

正视“义博会”与“广交会”等知名展会的差距，特别是专业化服务方面的差距。要加快信息化建设，有效利用网络手段构建“义博会”的信息化平台，为“义博会”参展商及境外贸易商提供网上的实时服务。要完善展会现场服务，根据参展商、采购商需求，着重做好知识产权保护、贸易对接、法律咨询等配套服务。

浙江商务年鉴2013
ALMANAC OF COMMERCE OF ZHEJIANG PROVINCE

第十编

商务表彰

浙江省 2012 年度商务工作成绩显著的县（市、区）及开发区工作优秀单位名单

商贸流通成绩显著的县（市、区）

杭州市萧山区　宁波市鄞州区　温州市鹿城区　嘉兴市秀洲区　长兴县　上虞市　义乌市　龙泉市　温岭市　舟山市普陀区

对外贸易成绩显著的县（市、区）

宁波市鄞州区　绍兴县　义乌市　杭州市萧山区　宁波市北仑区慈溪市　余姚市　诸暨市　舟山市普陀区　杭州市余杭区

利用外资成绩显著的县（市、区）

杭州市萧山区　嘉善县　余姚市　平湖市　杭州市西湖区　桐乡市　杭州市江干区　绍兴县　临安市　平阳县

对外投资和经济合作成绩显著的县（市、区）

杭州市萧山区　象山县　宁波市鄞州区　宁波市北仑区　桐乡市　东阳市　杭州市滨江区　海宁市　绍兴县　乐清市

开发区工作优秀单位

（一）国家级开发区

湖州经济技术开发区　温州经济技术开发区　宁波石化经济技术开发区　长兴经济技术开发区　金华经济技术开发区

（二）省级开发区

余姚经济开发区　乐清经济开发区　德清经济开发区　诸暨经济开发区　永康经济开发区　安吉经济开发区　桐乡经济开发区　海宁经济开发区　台州经济开发区　临海经济开发区

浙江省商务厅 浙江省财政厅认定公布第二批“浙江省出口基地”名单

序号	公司名称	序号	公司名称
一、省农轻纺出口基地		6	海盐紧固件出口基地
1	淳安茶叶出口基地	7	诸暨五金管业出口基地
2	桐庐笔类出口基地	8	新昌制冷元器件出口基地
3	桐庐针织出口基地	9	金东工具出口基地
4	建德床上用品出口基地	10	永康五金产品出口基地
5	拱墅户外休闲用品出口基地	11	武义电动工具出口基地
6	萧山党山装饰卫浴出口基地	12	温岭机床及配件出口基地
7	南湖精细化工出口基地	13	丽水建筑五金出口基地
8	桐乡崇福皮草出口基地	14	龙泉汽车空调零部件出口基地
9	平湖箱包出口基地	三、省科技兴贸创新基地	
10	德清户外休闲产业出口基地	1	上城电子信息科技兴贸创新基地
11	吴兴纺织品出口基地	2	滨江新能源科技兴贸创新基地
12	安吉竹产业出口基地	3	萧山新能源科技兴贸创新基地
13	诸暨服装产业出口基地	4	富阳光通讯科技兴贸创新基地
14	上虞伞业出口基地	5	杭州经济技术开发区生物医药科技兴贸创新基地
15	浦江绗缝工艺制品出口基地	6	南浔新能源科技兴贸创新基地
16	武义旅游休闲产品出口基地	7	长兴新能源科技兴贸创新基地
17	衢州氟硅材料出口基地	8	嘉善新能源科技兴贸创新基地
18	江山木门出口基地	9	海宁新能源科技兴贸创新基地
19	丽水食用菌出口基地	10	椒江光电一体化科技兴贸创新基地
20	丽水竹木制品出口基地	11	临海生物医药科技兴贸创新基地
21	庆元铅笔出口基地	12	临海光电一体化科技兴贸创新基地
22	松阳不锈钢管材出口基地	四、宁波市出口基地	
23	天台橡塑制品出口基地	1	宁波市纺织服装出口基地(鄞州区)
24	温岭水产食品出口基地	2	宁波市针织服装出口基地(象山县)
25	仙居工艺品美术品出口基地	3	宁波市文具出口基地(宁海县)
二、省机电产品出口基地		4	宁波市家电出口基地(慈溪市)
1	余杭车辆及配件出口基地	5	宁波市小家电出口基地(余姚市)
2	临安线缆照明出口基地	6	宁波市注塑机出口基地(北仑区)
3	乐清低压电器出口基地	7	宁波市紧固件出口基地(镇海区)
4	永嘉泵阀产品出口基地	8	宁波市气动元件出口基地(奉化市)
5	平湖电机出口基地		

2011年度浙江省百强外商投资企业(独资)

序号	企业名称	市地	序号	企业名称	市地
1	杭州华三通信技术有限公司	杭州	32	韩华化学(宁波)有限公司	宁波
2	淘宝(中国)软件有限公司	杭州	33	博格华纳汽车零部件(宁波)有限公司	宁波
3	玫琳凯(中国)化妆品有限公司	杭州	34	华润置地(宁波)发展有限公司	宁波
4	赛诺菲(杭州)制药有限公司	杭州	35	台塑聚丙烯(宁波)有限公司	宁波
5	台化兴业(宁波)有限公司	宁波	36	宁波图腾服饰有限公司	宁波
6	宁波奇美电子有限公司	宁波	37	帝人聚碳酸酯有限公司	嘉兴
7	台州齐合天地金属有限公司	台州	38	日本电产芝浦(浙江)有限公司	嘉兴
8	阿里巴巴(中国)网络技术有限公司	杭州	39	杭州世茂置业有限公司	杭州
9	金光食品(宁波)有限公司	宁波	40	绿城房地产集团有限公司	杭州
10	台化塑胶(宁波)有限公司	宁波	41	杭州友佳精密机械有限公司	杭州
11	宁波申洲针织有限公司	宁波	42	浙江明旺乳业有限公司	衢州
12	浙江壳牌化工石油有限公司	杭州	43	拜耳作物科学(中国)有限公司	杭州
13	台化聚苯乙烯(宁波)有限公司	宁波	44	史陶比尔(杭州)精密机械电子有限公司	杭州
14	海天塑机集团有限公司	宁波	45	浙江佳宝新纤维集团有限公司	绍兴
15	浙江昱辉阳光能源有限公司	嘉兴	46	日本电产(浙江)有限公司	嘉兴
16	常石集团(舟山)造船有限公司	舟山	47	浙江欧亚薄膜材料有限公司	绍兴
17	台塑丙烯酸酯(宁波)有限公司	宁波	48	绍兴世茂新城房地产开发有限公司	绍兴
18	宁波科元塑胶有限公司	宁波	49	天能电池集团有限公司	湖州
19	韩泰轮胎有限公司	嘉兴	50	三星重工业(宁波)有限公司	宁波
20	东芝信息机器(杭州)有限公司	杭州	51	玛氏食品(嘉兴)有限公司	嘉兴
21	网易(杭州)网络有限公司	杭州	52	宁波科元石化有限公司	宁波
22	宏讯电子工业(杭州)有限公司	杭州	53	统合电子(杭州)有限公司	杭州
23	浙江银泰百货有限公司	杭州	54	液化空气(杭州)有限公司	杭州
24	杭州加多宝饮料有限公司	杭州	55	新秀丽国际贸易(宁波)有限公司	宁波
25	台塑工业(宁波)有限公司	宁波	56	博世电动工具(中国)有限公司	杭州
26	宁波大千纺织品有限公司	宁波	57	杭州大和热磁电子有限公司	杭州
27	杭州诺贝尔集团有限公司	杭州	58	康师傅(杭州)方便食品有限公司	杭州
28	三江化工有限公司	嘉兴	59	齐合天地(宁波)再生金属有限公司	宁波
29	浙江华鑫化纤有限公司	宁波	60	杭州尚维服装有限公司	杭州
30	宁波奇美光电有限公司	宁波	61	日邦聚氨酯(瑞安)有限公司	宁波
31	浙江加多宝饮料有限公司	绍兴	62	杭州横滨轮胎有限公司	杭州

续表

序号	企业名称	市地	序号	企业名称	市地
63	台塑集团热电（宁波）有限公司	宁波	82	杭州骏宝行汽车销售服务有限公司	杭州
64	百利建科技开发（宁波）有限公司	宁波	83	宁波舜象科技实业有限公司	宁波
65	杭州东星行汽车维修有限公司	杭州	84	宁波亚德客自动化工业有限公司	宁波
66	宁波新桥化工有限公司	宁波	85	日本电产科宝（浙江）有限公司	嘉兴
67	杭州矢崎配件有限公司	杭州	86	嘉兴红忠钢板加工有限公司	嘉兴
68	开来丰泽实业（浙江）有限公司	台州	87	汉帛（中国）有限公司	杭州
69	富鼎电子科技（嘉善）有限公司	嘉兴	88	嘉兴村上石崎汽车配件有限公司	嘉兴
70	宁波冠保仓储有限公司	宁波	89	宁波太平货柜有限公司	宁波
71	浙江乐迪电子科技有限公司	衢州	90	金华捷骏汽车销售服务有限公司	金华
72	百威英博（台州）啤酒有限公司	台州	91	宁波阿尔卑斯电子有限公司	宁波
73	阿克苏诺贝尔涂料(嘉兴)有限公司	嘉兴	92	达利（中国）有限公司	杭州
74	宁波奇美材料科技有限公司	宁波	93	浙江昌盛电气有限公司	湖州
75	宁波汉圣化工有限公司	宁波	94	嘉兴敏惠汽车零部件有限公司	嘉兴
76	浙江杭州大马水泥有限公司	杭州	95	宁波菱茂光电有限公司	宁波
77	超威电源有限公司	湖州	96	见龙（宁波）国际贸易有限公司	宁波
78	宁波华众塑料制品有限公司	宁波	97	金光油籽(宁波)有限公司	宁波
79	杭州中粮包装有限公司	杭州	98	杭州顶园食品有限公司	杭州
80	嘉兴东方钢帘线有限公司	嘉兴	99	宁波广利来实业有限公司	宁波
81	长城电器集团有限公司	杭州	100	宁波捷骏汽车销售服务有限公司	宁波

2011年度浙江省百强外商投资企业（合资、合作）

序号	企业名称	市地	序号	企业名称	市地
1	中海石油宁波大榭石化有限公司	宁波	32	杭州神钢建设机械有限公司	杭州
2	浙江逸盛石化有限公司	宁波	33	宁波韵升高科磁业有限公司	宁波
3	杭州中策橡胶有限公司	杭州	34	杭州默沙东制药有限公司	杭州
4	浙江沪杭甬高速公路股份有限公司	杭州	35	浙江明牌珠宝股份有限公司	绍兴
5	宁波港股份有限公司	宁波	36	浙江古纤道新材料股份有限公司	绍兴
6	中海石油舟山石化有限公司	舟山	37	杭州松下家用电器有限公司	杭州
7	西子奥的斯电梯有限公司	杭州	38	浙江贝因美科工贸股份有限公司	杭州
8	杭州海康威视数字技术股份有限公司	杭州	39	浙江金刚汽车有限公司	台州
9	杉杉集团有限公司	宁波	40	宁波亚洲浆纸业有限公司	宁波
10	金海重工股份有限公司	舟山	41	浙江富丽达股份有限公司	杭州
11	宁波乐金甬兴化工有限公司	宁波	42	杭州宏胜饮料集团有限公司	杭州
12	浙江物产国际贸易有限公司	杭州	43	浙江南方石化工业有限公司	绍兴
13	浙江吉润汽车有限公司	宁波	44	绍兴滨海石化集团有限公司	绍兴
14	宁波三菱化学有限公司	宁波	45	浙江正泰太阳能科技有限公司	温州
15	桐昆集团股份有限公司	嘉兴	46	杭州中美华东制药有限公司	杭州
16	宁波镇海炼化利安德化学有限公司	宁波	47	浙江新维普添加剂有限公司	绍兴
17	浙江东南发电股份有限公司	杭州	48	浙江荣翔化纤有限公司	杭州
18	杭州顶益食品有限公司	杭州	49	顾家家居股份有限公司	杭州
19	宁波宝新不锈钢有限公司	宁波	50	杭州锅炉集团股份有限公司	杭州
20	百隆东方股份有限公司	宁波	51	浙江红狮水泥股份有限公司	金华
21	中石化碧辟（浙江）石油有限公司	杭州	52	绍兴亿丰化纤有限公司	绍兴
22	宁波慈星股份有限公司	宁波	53	宁波保税区首德贸易有限公司	宁波
23	浙江海亮股份有限公司	绍兴	54	桐乡市中驰化纤有限公司	嘉兴
24	浙江卫星石化股份有限公司	嘉兴	55	浙江温州甬台温高速公路有限公司	温州
25	杭州汽轮机股份有限公司	杭州	56	浙江三花制冷集团有限公司	绍兴
26	杭州国益路桥经营管理有限公司	杭州	57	宁波中华纸业有限公司	宁波
27	杭州大厦有限公司	杭州	58	宁波雅戈尔服饰有限公司	宁波
28	百年化妆护理品有限公司	丽水	59	浙江晶科能源有限公司	嘉兴
29	桐昆集团浙江恒通化纤有限公司	嘉兴	60	杭州萧山国际机场有限公司	杭州
30	德力西电气有限公司	温州	61	宁波北仑国际集装箱码头有限公司	宁波
31	杭州肯德基有限公司	杭州	62	浙江龙盛染料化工有限公司	绍兴

续表

序号	企业名称	市地	序号	企业名称	市地
63	巨人通力电梯有限公司	湖州	82	索密克汽车配件有限公司	绍兴
64	桐乡中欣化纤有限公司	嘉兴	83	浙江联达化纤有限公司	杭州
65	浙江造船有限公司	宁波	84	浙江巨圣氟化学有限公司	衢州
66	杭州九阳小家电有限公司	杭州	85	宁波远东码头经营有限公司	宁波
67	宁波中集物流装备有限公司	宁波	86	宁波镇海炼化利安德化工销售有限公司	宁波
68	中国重汽集团杭州发动机有限公司	杭州	87	浙江苏泊尔股份有限公司	台州
69	杭州安费诺飞凤通信部品有限公司	杭州	88	浙江华鼎房地产开发有限公司	杭州
70	宁波保税区首美贸易有限公司	宁波	89	正大青春宝药业有限公司	杭州
71	闻泰通讯股份有限公司	嘉兴	90	浙江向日葵光能科技股份有限公司	绍兴
72	浙江嘉利珂钴镍材料有限公司	绍兴	91	浙江协和薄钢科技有限公司	杭州
73	浙江华孚色纺有限公司	绍兴	92	晋亿实业股份有限公司	嘉兴
74	浙江雅莹服装有限公司	嘉兴	93	杭州和利时自动化有限公司	杭州
75	杭州紫金实业有限公司	杭州	94	鹰鹏化工有限公司	金华
76	宁波拓普集团股份有限公司	宁波	95	浙江钱江摩托股份有限公司	杭州
77	浙江盾安禾田金属有限公司	绍兴	96	金华永和氟化工有限公司	金华
78	宁波海天华远机械有限公司	宁波	97	宁波方太厨具有限公司	宁波
79	镇海炼化碧辟(宁波)液化气有限公司	宁波	98	宁波世茂房地产开发有限公司	宁波
80	杭州航民百泰首饰有限公司	杭州	99	浙江陆虎汽车有限公司	台州
81	宁波博威合金材料股份有限公司	宁波	100	浙江娃哈哈昌盛饮料集团有限公司	嘉兴

浙江省人民政府办公厅关于公布首批外商投资新兴产业示范基地和开发区特色品牌园区的名单

一、浙江省外商投资新兴产业示范基地

余杭经济开发区生物医药产业基地
宁波保税区液晶光电产业基地
慈溪经济开发区海洋装备产业基地
湖州经济技术开发区环保装备产业基地
长兴经济技术开发区新能源产业基地
乍浦经济开发区化工新材料产业基地
平湖经济开发区光机电产业基地
海盐经济开发区 LED 光电产业基地
袍江经济技术开发区光伏产业基地
金华经济技术开发区新能源汽车产业基地

二、浙江省开发区特色品牌园区

杭州经济技术开发区新加坡科技园
杭州高新技术产业开发区物联网产业园
钱江经济开发区节能环保装备产业园
富阳经济开发区工业设计创意产业园
临安经济开发区高端机械装备产业园
镇海经济开发区北欧工业园
余姚经济开发区精密模具产业园
温州经济技术开发区光伏产业园
瓯海经济开发区总部经济产业园
乐清经济开发区风电装备产业园
南浔经济开发区节能电梯产业园
德清经济开发区生物医药产业园
安吉经济开发区休闲文化创意产业园
桐乡经济开发区玻纤新材料产业园
柯桥经济开发区高端纺织装备产业园
诸暨经济开发区环保装备产业园
嵊州经济开发区节能环保厨电产业园
永康经济开发区新能源汽车产业园
衢州经济开发区空气动力机械产业园
舟山经济开发区高端船配产业园。

浙江省人民政府办公厅关于通报表彰2011年全省农贸市场改造提升工作成绩突出县（市、区）的名单

杭州市拱墅区　建德市　宁波市鄞州区　奉化市　温州市鹿城区　洞头县　长兴县　平湖市　绍兴县　上虞市　金华市婺城区　东阳市　江山市　舟山市普陀区　台州市黄岩区　天台县　庆元县

知味观味庄夜景

知味觀
ZHIWEIGUAN

知味观·味庄

知味观·味庄位于杭州西湖杨公堤红栎山庄内，前含山水，后挹湖光，小桥流水，曲径通幽，就餐氛围在杭城乃至全国首屈一指。总占地72亩，共拥有7栋建筑，如明珠般点缀于湖光林荫间。餐厅装饰各具风格，时尚明快，典雅古朴，与室外美景相映成趣，浑然一体，其园林式休闲风格一览无遗，为杭州仅有的湖景餐厅，不仅是高档国宴接待、豪华商务宴请的首选，同时也能满足旅游休闲客户的消费需求。置身其间，如入画中，在如此景色中享用佳肴美点，无疑是人生一大享受。

灵隐味庄

知味观·味庄灵隐店于2012年3月7日正式开业，坐落于杭州国家五A级景区内，毗邻风水宝地灵隐寺，佛光环绕，环境清幽宜人。餐厅主要以创新杭帮菜为主题，延续了知味观·味庄菜肴精致大气之风格，设有雅致包厢、素馨小馆，并拥有一个颇具特色的大型综合演艺餐厅和近5000平方米的屋顶花园，令顾客在享用美食过程中感受餐厅特定的主体化场景和动态画面，以声、光、电、影的全方位效果，为其创造“美食演艺化，演艺美味化”的奇妙体验，使就餐者在品尝杭州精致美食的同时，充分感受良辰美景和江南风韵。

正门

聆听心灵福音，吸收天地灵气，领略人与自然和谐之美，欣赏杭帮美食与文化创意和现代科技的完美结合，知味观·味庄灵隐店为传统杭帮菜的创新发展又添上了惊艳一笔。

素馨馆门面

浙台（苍南）经贸合作区

浙台（苍南）经贸合作区自2011年6月29日挂牌设立以来，在浙江省、温州市及有关部门的指导和支持下，始终坚持高起点、高标准规划建设，从温州、浙江乃至海西区建设的战略高度，从推进两岸合作的全局视野，不等不靠、先行先试、主动作为，举全县之力推进合作区的开发建设。同时，在规划思路、宣传营销、政策争取、体制创新、两岸交流、招商引资、平台搭建、基础设施建设等方面不断探索新时期、新形式下两岸合作的新模式新机制，取得令人瞩目的成效。

苍南简介

苍南于1981年建县，位于浙江的“南大门”，与福建省福鼎市接壤，与宝岛台湾隔海相望，是浙江省海洋大县、全国首批沿海对外开放县、全国民营经济发展示范区，全县陆域面积1291平方公里，海域面积3753平方公里，总人口130万，下辖10个镇、2个民族乡。

当前，苍南正全面实施“双海双区”发展战略，以浙台（苍南）经贸合作区建设为抓手，大力推进“三核心、三走廊”总体开放开发格局，积极打造国家级台商投资区、国家级台湾农民创业园、国家级对台贸易口岸和国家级海峡两岸交流基地，着力建设浙南闽东北最具活力的工贸生态滨海城市。

战略定位

打造“国家级两岸经贸交流合作平台”，建设“两区四平台”。

“两区”，即把浙台（苍南）经贸合作区建设成为浙江省海洋经济发展示范区、浙江“海西”经济发展先行区。

“四平台”，即打造国家级台商投资区、国家级台湾农民创业园、国家级对台贸易口岸、国家级海峡两岸交流基地。

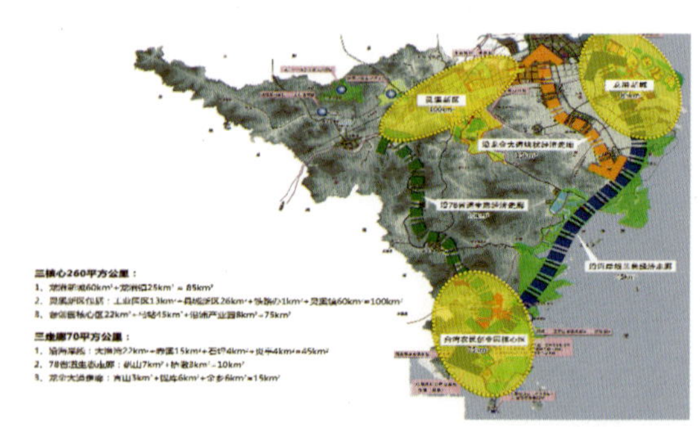

空间布局

330平方公里范围内规划“三核心三走廊”总体开放开发空间格局。

发展历程

设立"浙南对台经贸聚集区"的建议

2010年10月，苍南县委向浙江省委提出在苍南设立"浙南对台经贸聚集区"的建议，省委正面回应，并作出重要批示，要求有关部门研究。

列入省级开发区管理序列

2011年5月，在温州市委、市政府的积极努力下，省政府办公厅函复温州市人民政府同意设立"浙台（苍南）经贸合作区"，列入省级开发区管理序列，待条件成熟积极申报国家级对台经贸合作平台。

浙台（苍南）经贸合作区挂牌

2011年6月29日，时任浙江省副省长龚正率省政府有关部门领导到苍南为浙台（苍南）经贸合作区授牌。

瞭望远景

截至目前，浙台（苍南）经贸合作区已有12个台资项目落地，投资总额近13亿元，主要涉及精密仪器、文教用品、现代农业、台货交易市场等。在谈项目主要涉及生物科技、精细农业、休闲观光、文化创意、幼儿教育等，意向投资额近60亿元。

整机构、学经验、理思路、编规划、搭平台、大招商、跑政策，浙台(苍南)经贸合作区开发建设两年多来，合作区处处体现了"苍南速度"、"海西精神"。赶海不辍的苍南人，将有信心、有底气、有能力，把浙台（苍南）经贸合作区这片投资兴业的热土建设得更加美好、更富生机和活力。

诸暨经济开发区

【概况】诸暨城西新城位于长三角南翼地区，以杭州、宁波为龙头的“V”形产业带中部，距杭州市中心90公里，宁波170公里，上海350公里，萧山国际机场约30分钟车程，授权管理总面积122.48平方公里。新城目前拥有各类工业规模企业400余家，其中产值超亿元企业100多家，产业涵盖机械制造、纺织服装、医药化工、包装材料等传统支柱产业以及环保设备、生物制药、电子信息、新型材料、机电一体化等五大新兴产业和高新技术产业。2012年完成全社会固定资产投资206.86亿元，同比增长32.55%。其中工业性投入117.75亿元，增长30.73%；商贸服务业投入45.27亿元，增长12.44%；基础设施投入21.87亿元，增长10.86%。实现规模以上工业企业总产值836.28亿元，同比增长14.22%；税收收入35.08亿元，增长10.24%。

【以新兴产业聚集区为重点，促产业突破】以启动3000亩新兴产业集聚区建设为契机，坚持把项目建设贯穿全年始终。着力推进招商引资，加快从传统招商向精准化、专业化招商转变，依靠产业链延伸和集聚招商，依托新平台拓展和建设招商。筛选落地一批有利于提高开发区整体品位和可持续发展的新兴产业项目，新兴产业集聚区一期落地6个项目总投资达28.64亿元，15个项目参加诸暨市百只工业项目集中开工。开发区坚持外引内育推进加速转型，一方面鼓励和引导传统优势工业企业加大科技投入，提升产品科技含量和附加值，延伸产业链，做强产业块；另一方面依托新平台建设，出台扶持政策，以优质项目引进实现加速转型。全年在建工业项目83个，其中新建45个、续建38个。新兴产业集聚区一期打开建设新局面。

【以拆迁安置和政策处理为重点，推平台拓展】一方面牢牢把握新一轮土地利用规划调整和开发区整合提升契机，坚持合理、集约、高效原则，对各类征迁项目遗留问题开展集中扫尾，完成新兴产业集聚区、新亭埠码头等一批重点区域和项目的拆迁扫尾及政策处理。在提高产业集聚水平的同时，进一步拉伸城市发展框架。另一方面以深化新城调理为重点，抓实抓细征迁安置工作。累计完成拆迁约28万平方米，土地征用3500多亩。23万平方米开元安置小区顺利建成，预计年内可完成择房工作；加快建设27万平方米银泰安置小区项目，9.8万平方米云泰安置小区项目；基本完成40万平方米红泰安置小区项目前期工作。

【以完善城市功能配套为重点，抓形象提升】以产业之城、商贸之城、现代之城建设为目标，不遗余力推进各类功能配套项目建设。完善道路框架建设，全速推进供水、供电、供热、供气和环境绿化亮化等基础设施配套。一是抓好基础设施建设。抓好展诚大道延伸、西江大道三期、西二环路延伸、货站路二期“一纵一横”路网建设，构建完善城西新城主十骨架道路；适时推动三环线开发区段建设工程；深化配套商务区、张四里区块、大侣片区、新兴产业集聚区、物流园区等路网配套建设；加快新亭埠码头建设进度。二是抓好一批商贸项目。促进企业总部加快招商入驻，新出让4块企业总部用地全部顺利结顶；汽车城14家品牌汽车4S店加快建设，汇奥奥迪、上海大众等8家建成营业，4家基本建成；恒龙国际汽配用品城项目一期结顶；协调人民医院、公交西站完成整体搬迁，为加速商务区商气、人气集聚奠定基础。

高速入口迎宾路进口

【以服务机制创新为重点，优发展环境】围绕“强作风、会干事、肯担责”，积极开展执行力建设年活动，全面优化服务环境。一是深化企业服务。积极组织实施“走村入企”大走访活动，全面落实机关干部联系企业、联系项目、联系群众制度，着力抓好风险企业困难化解工作，认真开展效能行风明察暗访行动，突出抓好项目洽谈引进过程的立项审批服务，项目实施过程的现场协调服务，以及项目投产后的跟踪服务建设。二是加强自身建设。以完善廉政风险防控机制建设为抓手，认真贯彻落实党风廉政责任制建设，加强预防职务犯罪、工程建设领域专项整治、项目招投标管理等工作，深化干部职工绩效考核和岗位考核，完善机关内部管理制度，大力营造开发区风清气正心齐的干事氛围，确保顺利完成各项目标任务。

城西商务区

城西商务区是诸暨城西新城的核心区块，位于浙赣铁路以东杭金衢高速公路诸暨互通口迎宾大道以南至五泄江为界，面积6.78平方公里。其功能定位为集商务办公、商业物流、金融贸易、居住社区、文体休闲、综合服务等功能于一体的现代化新兴区域。目前商务区道路、供水供电、绿化、亮化等基础设施已基本配套到位。一大批总部楼宇、专业市场、酒店、学校、医院、住宅等项目相继建成并投入使用。

现代化城市新区

总部大楼

目前，区内16幢总部大楼基本建成，9幢落成启用；汽车城等市场交易中心开始繁荣，人民医院、公交西站、五泄江生态公园等公建配套持续完善，商住、商贸等项目在建总面积达100万平方米，2003年以来连续以年均动迁30万平方米、基础设施投入6亿元的力度保障了发展；同时孟冯沈新兴产业集聚区、张四里、大侣湖等新一轮发展平台建设正有序推进，一个集商贸物流、商务办公、金融服务、居住社区、文化教育、休闲娱乐等功能于一体，具有高度活力的现代化城市新区，为诸暨拉伸城市框架、推进大城市建设提供了有力支撑。

城西新城围绕“产业之城、商贸之城、现代之城”建设目标，依托“四区一带一中心”布局为重点（四区一带一中心即：城西商务区、现代物流园区、农民创业园区、高新技术产业园区、生态休闲产业带、全球袜业中心），全面建设融工业区、商务区、农村新社区于一体，有区有城、有山有水、布局合理、环境优美、功能完善、整体和谐的科学发展先行区，使之成为上海、杭州等大城市“休闲旅游的后花园”和“产业转移目的地”，成为融入长三角的第一腹地，诸暨城市的副中心，对外的第一形象、第一窗口。

开发区夜景

乐清经济开发区

乐清经济开发区于1993年11月经省政府批准设立，是全省首批19个省级开发区之一。建成区原位于中国电器之都柳市镇，2001年9月乐清市委、市政府将市中心工业园区纳入开发区作为新区进行开发建设；2006年4月，经国土资源部核准新区规划面积5.95平方公里；2010年，开发区被列入浙江省整合提升范围，第一轮整合提升后面积扩展到40平方公里；2012年底，开发区抓住全省开展第二轮开发区整合提升机会，开展深化整合提升工作，规划面积扩展到158平方公里，发展格局为“一区六园”（“一区”即乐清经济开发区，“六园”包括乐清高新技术产业园、柳市新型电工电器产业园、北白象智能电器和新材料产业园、乐清湾港区现代临港产业园、虹桥电子信息产业园、雁荡山旅游文化创意产业园），其中经国土资源部核准的5.95平方公里成为开发区的核心区。整合提升后的“一区六园”2012年实现工业总产值1326亿元，其中规模以上工业企业有811家，总产值967亿元。在全省46个省级经济开发区综合考核中，乐清经济开发区综合分值位列第二，经济规模和综合效益分别位列第一。

核心区经济发展状况。截至2012年底，5.95平方公里开发区核心区共落户企业269家，其中已投产企业212家，实现工业总产值163亿元，同比增长25%，其中规模以上工业总产值140亿元，同比增长7.24%；高新技术产业63亿元，同比增长115%；工业增加值31亿元，同比增长23%；财政收入6.9亿元，同比增长34.49%，其中税收收入5.39亿元，同比增长12.16%。完成年度社会固定资产投资41.6亿元，其中工业性投资33.8亿元、重点工程投资8.14亿元。区内已形成以电子、电器和机械制造为支柱的产

业格局和以战略新兴产业、海洋经济产业为支撑的区域创新体系。2012年被评为浙江省特色品牌园区。

项目建设。开发区通过成立10个破难攻坚领导小组，把工作下移到一线，深入实施基础设施建设、乐海围垦填方推进等十大破难攻坚行动，分解落实各项目标任务，出台联企人员目标管理责任制、考核考绩督查制等督考制度，定期督查项目进展情况，挖掘项目投资潜力，加强项目科学统计入库，净化、优化投资发展环境，力推投资目标任务的完成。二、三期的144个工业项目已全部定期推进，其中竣工投产的有87家。

乐海填方工程建设。乐海围垦区是乐清经济开发区整合提升工程的重要板块，也是新一轮开发建设的主战场。围垦区总面积9142亩，概算总投资约13亿元。2012年5月18日，乐海围垦区填方工程突破重重困难实现平稳推进，得到了浙江省委常委、温州市委书记陈德荣和温州市委副书记王昌荣的充分肯定，并批示温州各地学习其成功做法。截至2012年底，乐海围垦区填方工程累计完成投资额6.59亿元，超额完成年度计划（年度计划投资额为2.5亿元），完成率达264%。

配套设施建设。全区二期道路网、三期道路网、中心公园等基础道路建设速度加快，推行“倒逼机制”，明确工作时间节点，倒排工期，挂图作战，严格目标计划和时限要求，做到分秒必争，确保天天有进展，周周有成效，月月有变化。同时加强全程监管，狠抓工程质量和安全管理，确保了二期Ⅰ标段、二期Ⅱ标段、二期道路网、三期道路网、经五路、纬十七路、中心公园等工程的建设进度。此外，总用地面积66亩的邻里中心已完成规划及前期工作。

平安建设。开发区以创建“平安园区”为目标，建立健全平安建设管理制度，开展了“平安企业”创建活动。启用网格化管理、捆绑式服务新机制，结合流动人口服务管理、社会治安综合治理、和谐园区创建等活动，加强了对园区综合治安管理，加大了巡查力度，完善了视频监控网络建设，进一步夯实了社会治安防控体系建设基础。推进企业安全生产规范化创建工作，区内标准化达标企业15家，其中兰普电器集团有限公司为浙江省安全生产标准化国家二级达标示范企业，其余14家企业为国家三级达标示范企业。

党群工作。按照“区域化设置、实体化运作、网格化管理”的思路，通过联合共建党组织对企业进行培育和孵化，2012年新组建非公有制企业党总支2家、党支部24家。截至2012年底，核心区共有非公有制企业党总支5家、党支部112家，党员531名，实现党组织的全覆盖。总工会、团工委等群众团体在提高职工综合素质、维护职工利益、培育企业文化等方面也发挥了积极的作用。

普陀经济开发区

浙江普陀经济开发区作为舟山群岛建立的首个开发区，承载着我国海洋经济大开发、建设海洋强国的重要组成功能。2012年以来，开发区以“跨越崛起、走在前列”为任务目标，抢抓舟山群岛新区建设契机，深度挖掘整合区块潜力，破解发展瓶颈阻力，稳步推进项目进度，大力促进产业经济规模化。

一、基本情况

浙江普陀经济开发区成立于1991年6月，原称浙江省普陀东港经济技术开发区，1993年11月，省政府批准为省级经济开发区。2006年3月通过国家重新审定，更名为浙江普陀经济开发区。2012年普陀经济开发区列入综合考评的区域面积为75.14平方公里，其中国家核准面积1.64平方公里，2011年以前当地政府授权管理面积为68平方公里；2012年新增授权管理面积5.5平方公里。

二、工业经济增长迅速

由于区块整合和经济发展的双重影响，浙江普陀经济开发区海岛经济后发优势充分体现，2012年工业经济发展在总体上保持一个较快较稳向上发展的态势。全年规模以上工业总产值167.43亿元，同比增长12.43%，其中规模以上工业增加值31.72亿元，同比增长15.41%，税收收入12.37亿元，同比增长31.97%。2012年度，开发区限额以上固定资产当年投资额91.97亿元，同比增长37.02%，其中当年基础设施投入额49.89亿元，同比增长30.49%。

六横电厂施工现场

2012年，开发区的进出口总额达15.74亿美元，同比增长13.81%，其中出口总额达14.41亿美元，同比增长25.60%，进口总额1.33亿美元，同比下降43.66%，保持贸易顺差进一步扩大的良好势头，2012年增长43.46%。在当年的全省开发区排名中，浙江普陀开发区从上年的46位大跨度升至38位，而经济规模更是从上年的46位骤升至20位，实现了开发区经济规模从低起点奋起赶超的佳绩，成为海洋经济新时代中的一支生力军。

三、整合提升

至2011年，普陀经济开发区东港、城北两个先行区块的城市化功能已基本建成，工业和服务业的区块经济也已渐成规模，区块整体建设从引入和培养工业、服务业块状经济到企业向集约型精细化产业升级过渡。从整体相较而言，已粗具城市化、工业化经济雏形而未充分开发的南部区块成为经济发展需求的重要新增长点。在舟山群岛新区大开发的背景下，为合理布局、协

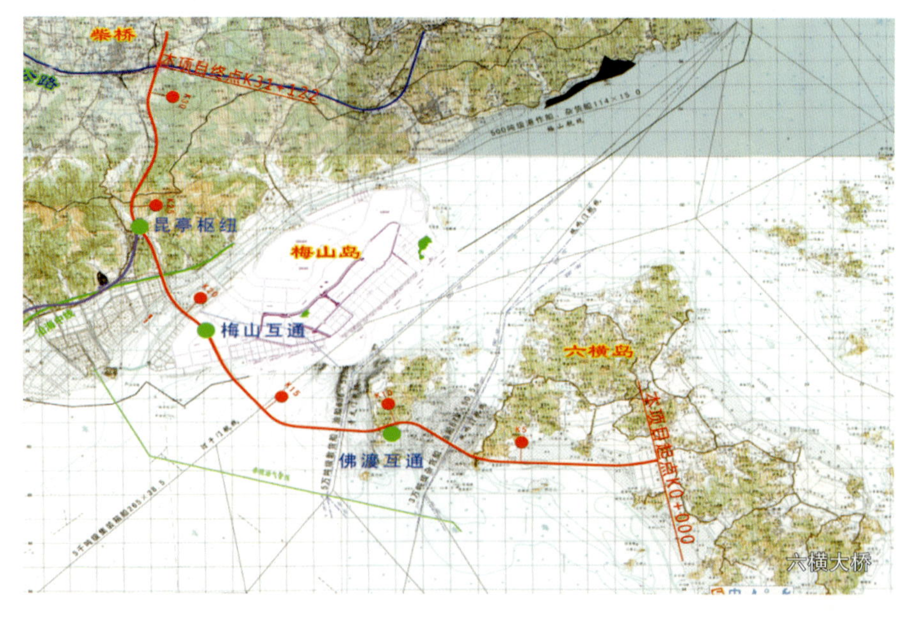

六横大桥

调发展，加快地区开发建设速度，浙江普陀经济开发区战略性地进行了整合调整开发区主体由东港移至六横，形成“1+4”模式，即以六横虾峙两个区块发展国际高端制造业和现代物流业，形成开发区基础的

海水淡化二期初步施工

“1”，辐射至沈家门临港工业和现代服务业区块、东港综合服务区块、城北现代服务业区块、展茅临港产业区块组成开发区产业升级的“4”。

各区块发展特色鲜明，2012年城北区块的水产品等舟山特产总产值75亿元；虾峙区块在当年引入1亿美元外资，建立舟山亚泰船舶修造工程有限公司；六横区块港口货物吞吐量达3903万吨。根据舟山市总体规划，六横即将建设一条横跨至宁波的大桥，带来另一个大桥经济时代，未来六横岛将发展成为舟山市乃至浙江省最大的港口工业和临港工业基地，是舟山群岛新区发展海洋经济的重点海岛。

四、狠抓项目推进

为响应国家的海洋经济战略，保证开发区各区块经济、民生、城市建设的全面发展，开发区狠抓各区块项目推进，2012年共计投入82.45亿元。为保障民生，提高人民群众的生活水平和优化美化生活环境，开发区累计投入民生建设20.38亿元，用于包括六横嵩山安置小区，东港茶壶甩山坡地开发项目，东港二期市政道路、市政管

海水淡化二期

线、绿化及亮化工程，普陀商会大厦，普陀区人民医院中医院东港院区工程等项目的建设；其中道路建设共投入7.25亿元，包括修建展茅至东港交通道路、六横杜庄至台门道路、六横台沙线—山西道路—涨起港道路等交通道路项目，保证了多个正处于开发中的区块经济未行、道路先通的良性进程。

为提高对各区块的岸线的使用率，拓展土地利用，满足工业企业再发展的需求，开发区积极投入基础设施建设力度，2012年共投入21.22亿元，进行了包括凉潭岛矿石中转码头，中奥能源物流储运，小郭巨一期、二期、青山堤围垦工程，黄风嘴围垦工程等项目的建设，给区块内各工业园区和重点企业的发展提供了施展的平台。

工业方面，2012年开发区累计投入31.53亿元对各区块工业项目进行大规模建设，主要包括六横电厂、舟山陆港现代物流中心等，其中为提高工业企业的技术装备水平，提升产品生产竞争力，投入3.69亿元进行了9个技改项目，包括中远船务、龙山船厂、鑫亚船舶修造公司等企业，提高了开发区工业企业的市场竞争力。

同时，开发区也大力推进服务业等第三产业的规模化、优质化、品牌化发展，共计投入9.32亿元，包括京汇广场、舟山金潮港湾大酒店、海天国际广场、温德姆至尊豪庭大酒店、海景时代广场等多个大型服务业经营场所的项目建设。

浙江省海宁经济开发区

浙江省海宁经济开发区坐落在海宁市城区北部，成立于1992年8月，1997年12月被浙江省人民政府批准为省级经济开发区。2007年通过ISO9001质量管理体系和ISO14001环境管理体系认证。2009年与上海漕河泾新兴技术开发区合作建立漕河泾海宁分区，分区规划面积15平方公里。2012年海宁经济开发区和海宁市尖山新区建立联动招商体制，构建招商新格局。

浙江省海宁经济开发区自建区以来，投资环境日益优化、综合实力不断壮大、产业集聚优势凸显，已形成以时尚创意产业为支柱、装备制造业为新增长点的产业发展格局。自2010年开始连续3年跻身浙江省省级经济开发区综合

区内代表企业

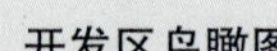

开发区鸟瞰图

区内代表企业

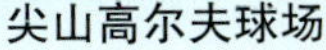
尖山高尔夫球场

浙江万凯新材料有限公司

排名前十强。

浙江省海宁经济开发区致力于招大引强，经济发展实力雄厚。2012年实现规模以上工业总产值812.66亿元，进出口总额32.81亿美元，财政收入39.18亿元，引进和培育了中粮面业（海宁）、中远普泰国际物流园、万凯新材料、安正时尚、天通吉成等一批世界500强企业投资项目以及行业龙头企业和上市公司。

浙江省海宁经济开发区致力于以特致胜，时尚产业优势明显。充分挖掘与利用传统产业在创意、设计、品牌展示、产品消费等环节的时尚属性，形成了特色明显、别具一格的时尚创意产业体系，集聚了安正时尚、敦奴联合、蒙努集团等代表性企业，吸引了数千名在国内外从事时尚产业的优秀专业人才和高端设计师团队。

浙江省海宁经济开发区致力于借梯登高，接轨上海取得突破。上海漕河泾新兴技术开发区海宁分区是浙沪首个国家级开发区合作项目。自2009年12月设立以来，分区紧紧围绕建设“国际一流、国内领先、浙江著名”的现代技术产业园区的发展目标，稳步推进各项工作，实现了优质项目、示范园区标准厂房和基础设施、园区环境的立体展示。

嘉绍大桥

区内企业皮衣展厅

交通区位图

德清经济开发区（高新区）

德清经济开发区（高新区）位于最具活力的长三角经济区，是杭州都市经济圈的重要组成部分。德清区位优势十分突出，杭宁高速公路、申嘉湖（杭）高速公路、104国道、09省道、宣杭铁路、京杭大运河贯通全县，并有直通杭州市中心的城市公交系统。此外，贯穿县境南北的宁杭高铁即将通车，贯通县境东西的杭州第二绕城高速也将于2013年实施建设。高新区距杭州市中心半小时车程，距上海、宁波、南京均在2小时车程以内。

开发区（高新区）是在1993年10月经浙江省人民政府批准的首批省级经济开发区的基础上，于2010年6月被认定为省级高新技术产业园区。建区以来，高新区深入践行“德清模式”，日渐成为浙江经济转型升级的示范和带动县域经济高速增长的引擎，2010年步入全省“十强”开发区行列。2012年规模以上工业总产值671亿元，自营出口16.2亿美元，实现

财政收入43.2亿元；全年完成合同外资25830万美元，实到外资13868万美元，实到内资42亿元；完成固定资产投资145亿元，其中工业性投入89亿元。

截至目前，全区规模以上企业608家，其中国家高新技术企业36家，园区形成了生物医药、特色机电、新型材料、纺织服装及休闲用品等主导产业，另外电子信息、通用航空、新能源产业迅速发展。我武生物、佐力药业是生物医药领域的领军企业；跃进机械、明贺钢管等装备制造业以及汽车零配件等企业得到了快速成长；省丝绸集团的凯喜雅工业园和知名外销企业安泰时装、艾诗雅特等公司在新型纺织产业优势凸显；德华兔宝宝有装饰面板龙头之称；泰普森、天堂伞业等已成为国内休闲用品行业领头羊；微软淡竹软件园的开发，不断发展壮大高新区的信息产业；浙江省级金融业务处理中心、数据备份中心、培训中心等先后落户，拉动高新区后台服务产业。金银岛五星级酒店、景升体育公园、歌林小镇休闲园等重大配套项目的进一步推进建设，提升了园区的整体发展环境，实现了工业与服务业的双轮驱动，由单一的工业区向综合性经济新区方向发展。

瑞安经济开发区

浙江省瑞安经济开发区（以下简称瑞安开发区）是1994年8月经省人民政府批准设立的省级经济开发区，区位优势得天独厚，地处我国黄金海岸线中段，坐拥“长三角”与“珠三角”发展辐射区的优势,紧邻海西经济区，位于温台沿海产业带发展的核心区域，总规划面积达到44.92平方公里。其中，原省批准面积7.86平方公里，北拓展区9.86平方公里，南拓展区（飞云新区）23.28平方公里，瑞安高新技术产业（阁巷垦区）3.92平方公里，发展空间广阔。

根据“三为主、二致力、一促进”的办区方针，瑞安开发区努力克服土地、资金等要素制约，克难攻坚，奋发有为，经济社会取得了跨越发展。截至目前，累计完成基础设施投入约30亿元，先后建成道路、供水、供电、通讯、排污、防洪等基础设施配套项目，投资环境不断优化。海关、税务、商检、银行也已入驻开发区，为企业就近提供货物进出口、纳税、动植物检验及金融等优质服务。建区以来，引进企业274家，累计进区企业投资312.9亿元，实际引进外资24222万美元。初步形成高分子材料及其制造、汽车零部件、轻工业、机械电子、农产品精加工五大主导产业。2012年开发区完成工

业性产值230.4亿元，同比增长4.1%，其中规模以上工业性产值210.5亿元，占全市规模以上工业性产值30.5%。完成固定资产投资51.2亿元。区内共有高新技术企业52家，省级以上企业研发、技术中心22家，拥有知名品牌（商标）57个。2012年，全区高新技术企业产值达140.8亿元。加快推进城市化建设，天瑞小区一组团、尚水名都、邮电小区、银都花苑、人才村等项目已完成建设，东都花苑、下埠新农村建设等征地村旧村改造和住宅返回地项目启动建设，开发区实验学校等4所学校建成并投入使用。2011、2012年连续两年荣获温州市工业集聚区发展评价一等奖。

未来几年，瑞安开发区作为瑞安经济发展最具活力、最具实力、最具潜力的经济增长点，继续坚持以大项目拉动大投入，以大投入推动大发展，构筑大平台、主攻大项目、推进大建设、落实大保障，在提升经济总量、优化经济结构、改善投资环境等方面起到更加积极的示范、辐射和带头作用，努力打造科技引领、产业优化、功能齐全、社会和谐、充满活力的现代化产业园区。

市民广场

台州经济开发区

台州经济开发区（以下简称“开发区”）于1997年1月经浙江省人民政府批准成立，集省级经济开发区、省级台商投资区和省级高新技术产业园区于一体，是台州撤地建市后，市委、市政府为扩大台州对外开放、壮大市本级经济、加快中心城市建设而推出的重要载体，市委、市政府高度重视开发区的建设发展，将开发区定位为：台州对外开放的窗口、市本级经济的载体、区域经济的龙头、中心城市的核心区。

经过16年的整合提升发展，目前开发区实际负责开发建设区域面积为57.82平方公里，主要由核心区、东扩区块和滨海新区三大区块组成。其中，核心区面积12.85平方公里，功能定位是台州的市级行政中心、金融商贸中心和文化体育中心；东扩区块面积14.82平方公里，功能定位是逐步发展成为城市生活综合区及东部滨海工业区近中期的服务配套基地；滨海新区面积30.15平方公里，是台州沿海产业带的重要组成部分，按照“工业新城、城市新区”的总体规划要求，目标是打造成为市本级现代产业发展的主平台和重要的先进制造业基地。

区域经济总量不断壮大，产业结构日益优化，发展质量显著提升。近五年，开发区工业产值年均增幅25.8%，固定资产投资年均增幅21.4%。2012年，开发区

开发区东商务区

开发区东商务区

中心城区中央商务区鸟瞰图

实现财政总收入26.9亿元，同比增长18.52%。其中，地方财政收入14.5亿元，同比增长20.52%。完成全社会固定资产投资78.1亿元，同比增长26.4%；完成工业性投资15.76亿元，同比增长29%。初步形成汽摩及配件、新材料、塑料模具、家用电器、精密机械及卫生洁具等主导产业。

城市功能日趋完善，城市形象进一步丰满。开发区加快推进基础设施和中心城区建设，建区以来已累计投入资金110亿元，带动社会投资500多亿元。城区新建建筑面积980万平方米，建成和在建50米以上的高楼170幢，道路、管网等基础配套同步跟进，生态绿化建设不断加强，城市环境得到进一步优化。

开发区充分依托中心城区的区位优势，加快打造金融集聚区、现代商务集聚区、文化创意产业集聚区步伐，重点发展现代商贸、总部经济、楼宇经济、文化创意和电子商务产业。目前，开发区内集聚了127家金融机构，台州金融集聚区获批成为浙江省现代服务业集聚示范区，开发区服务业税收已占地方税收收入的85%。

开发区始终坚持“亲商、安商、富商”的发展理念，建立了较为完善规范的服务体系，先后建立了项目报批全程代理服务、项目跟踪责任追究、无休息日服务和管委会领导集体专案议事等制度，致力于营造为海内外投资商所认同的综合投资环境。

白云阁

商业街

今日的开发区

桐乡经济开发区

一、概况

桐乡经济开发区成立于1992年7月。地处桐乡城区南部，东临世纪大道，南靠长山河，西邻环城西路，北至校场路。1993年11月，经省政府批准成为浙江省首批省级经济开发区。2005年12月，经国家发改委审核并公告，批准面积7.23平方公里。

巨石集团

2010年7月，省政府批复同意桐乡经济开发区为第二批整合提升单位，总规划整合面积133平方公里。经过20年的开发建设，现开发面积20.01平方公里。

2006—2012年，桐乡经济开发区连续7年位居全省省级经济开发区利用外资“十强”，全省省级经济开发区综合考评在嘉兴各县市省级经济开发区中名列前茅。先后荣获省环境竞争力十强开发区、省级规划环评和省级生态园区、省级集约用地示范经济开发区、省级工业循环经济示范园区、省级知识产权示范园区、浙江省循环经济示范园区、省级生态化建设与改造示范园区、国家级玻璃纤维出口示范基地等荣誉，玻纤新材料产业园被省政府授予“浙江省开发区特色品牌园区”称号。

二、经济实力

近年来，桐乡经济开发区在嘉兴、桐乡两级市委、市政府的正确领导下，全面贯彻落实科学发展观，深入实施省委“八八战略”和“创业富民、创新强省”总战略，各项主要经济指标均保持良好态势。2012年，全区工业企业实现工业总产值334亿

元；全区工业增加值69亿元；全区企业实现出口总额10.2亿美元，其中自营出口10亿美元；全区上缴税金11.7亿元，其中工业企业实缴税金10.1亿元；全区销售收入超亿元企业40家，规模以上企业达到101家。

三、招商引资

继续围绕玻纤复合材料及相关应用领域等新兴产业和新兴服务业招

外商投资企业样板区

华友钴业

华友钴业生产现场

商。2012年，合同利用外资2.46亿美元，完成全年目标任务的111.9%；实际利用外资1.37亿美元，完成全年目标任务的108.57%；合同利用外资列全省省级经济开发区第四位，实际利用外资列全省省级经济开发区第三位；利用市外内资12.95亿元，同比增长162.7%。

2012年，全年合同利用外资中玻纤复合材料及相关应用领域等新兴产业比重达到70%以上。新项目平均注册资本亩均33.77万美元，新项目平均合同利用外资规模达到982万美元，新项目投资总额39253.76万美元，用地595.13亩，亩均投入强度达到65.96万美元。

四、产业特色

目前全区共有投产和在建企业300多家，初步形成了玻纤复合材料、机械装备和钴镍材料等新兴产业集群，其中玻纤复合材料是目前桐乡经济开发区发展速度最快、最具竞争力的优势和特色产业。

巨石集团有限公司是世界最大的玻纤生产企业，是中国建材集团有限公司旗下中国玻纤股份有限公司的全资子公司，国家火炬计划重点高新技术企业、国家重点支持领域高新技术企业和浙江省首批国家级创新型试点

企业、浙江省“五个一批”重点骨干企业和浙江省绿色企业。公司企业研究院2012年被评为省级重点企业研究院，掌握具有自主知识产权的玻璃纤维大型无碱池窑、中碱池窑、废丝回用三大领域核心技术。

浙江华友钴业股份有限公司是中国最大的钴化学品生产商、世界知名的钴产品供应商，钴拥有量占世界探明储量的10%，是国家火炬计划重点高新技术企业、国家重点支持领域高新技术企业。公司先后获得中国民营企业最具国际竞争力50强、中国最具投资价值企业50强（非上市公司）、中国企业自主创新TOP100、浙江省最具成长性中型企业100强、浙江省改革开放30年转型创新企业等称号。

浙江吉奥动力机械有限公司是中国汽车重点企业，已建成一期工程年产10万台（套）小排量柴油汽车发动机，全部建成后年产30万台（套），成为目前浙江唯一的规模化汽车发动机生产基地，该项目属于国家鼓励类项目，并拥有自主知识产权。

今后几年，开发区将进一步发展新特材料、机械制造等优势和特色产业，力争把开发区打造成为千亿开发区、高新集聚区、品质新城区。

十大省级开发区之一——桐乡经济开发区

"千人计划"产业园核心示范区效果图

创新高地 人才洼地 投资福地

——浙江省余姚经济开发区欢迎您

浙江省委书记夏宝龙考察由国家"千人计划"专家姚力军创办的宁波江丰电子材料有限公司

浙江省余姚经济开发区是全省首批省级经济开发区之一，规划面积105平方公里，形成了滨海新城、城东新城、远东工业城、轻工模具城、城西工业园、"千人计划"产业园和科创中心"四城二园一中心"为主的开发建设格局。截至2012年，累计引进企业2000余家，其中规模以上工业企业547家，形成了精密模具、新材料、电子电器等主导产业。

2010、2011和2012年连续3年在浙江省省级开发区综合考评中名列第一，并被授予省级特色品牌园区和省级海外高层次人才创业创新基地称号。目前，正全力冲刺国家级经济技术开发区。

“千人计划”产业园孵化基地

“千人计划”产业园核心示范区效果图

滨海新城规划面积121.26平方公里，重点发展新材料、新装备、汽车配件、新型纤维等产业，是《宁波市海洋经济发展规划》重点建设的十大产业集聚区之一。目前已形成“三横六纵”共40公里骨干道路网络和“二横三纵”共11.5公里河道水系。热电厂、再生水厂、污水处理厂等配套设施相继投入使用，一期4.24平方公里内基础设施实现“十通一平”。

滨海新城规划有新型纤维材料产业基地、新兴产业园、汽配产业园等多个“园中园”，力争形成百亿级，甚至千亿级产业的发展平台。目前已累计落户项目49个，总投资110亿元，其中7成属于新材料、新能源、新装备等战略性新兴产业。

为给高层次人才创业创新搭建平台，推动产业转型升级，余姚经济开发区成立浙江“千人计划”余姚产业园，下设孵化基地、中试基地和产业化基地，围绕新装备、新材料、新能源、电子信息、生物医疗等战略性新兴产业开展招才引智。其中“千人计划”产业园产业化基地毗邻宁波江北区，总规划面积7300亩，主要吸引孵化“毕业”企业、研发企业部分中试产品和规模化产业项目。

目前，“千人计划”产业园已签约或有明确落户意向的海外高层次人才项目有68个，涉及两院院士两位，国家“千人计划”专家51位，省“千人计划”专家6位。

为加快“千人计划”产业园建设，余姚市出台“三个五百万”政策，对“千人计划”专家或海外高层次领军人才创办的企业，给予500万元创业扶持资金和500万元创业种子资金支持，并自企业创办之日起3年内，给予最高500万元银行同期贷款基准利率的全额贴息补助。

滨海新城入口

滨海新城百亿级项目华鑫化纤开工仪式

滨海新城骨干企业王龙科技俯瞰

浙江衢江经济开发区

浙江衢江经济开发区创建于1991年，是经浙江省人民政府批准并经国家发展与改革委员会审核通过的省级经济开发区，地处衢州市东南部，320国道穿境而过，距离市中心6公里，距离杭金衢高速公路出口处仅3公里，距衢州民航站6.5公里，区位优势得天独厚。浙江衢江经济开发区规划面积原为10平方公里，是衢州市工业经济的重要组团，发展定位为功能完备、产业集聚、环境良好、具有较强竞争力的工业新城。经济实力持续增强，以招商引资和产业培育为重心大力引进优质项目，开发区经济实力持续得到增强。产业提升效果明显，“2+X”（高档特种纸、机械装备制造、高新技术）主导产业发展势头良好，衢江经济开发区被授予中国高档特种纸产业基地、中国矿山装备制造业基地。经过20年的开发，建成日处理能力3000吨的污水处理厂1座、日供水5万吨的自来水厂1座，建成变电站1座，形成“两纵一横”（宾港中路、百灵北路、天湖南路）的道路框架，路网、电网、通讯网实现全覆盖。

开发区始终坚持“以高效的服务求发展”理念，实行一站式审批，一条龙服务，一体化管理，努力营造“投资放心、建设顺心、创业安心、生活舒心”的良好投资环境。目前已吸引来自美国、德国、中国澳门等十余个国家和地区的商企和国内娃哈哈等知名品牌企业来投资兴业，是衢州市外贸出口额最多的经济开发区。

浙江衢江经济开发区30平方公里拓展区已在实施中，拓展区启动区块已对外招商，并动态保持1000亩的熟地储备。开发区竭诚欢迎各界人士前来投资创业、共创辉煌。

联系电话：0570-3679186，3679180
传　　真：0570-3679336

浙江省衢江经济开发区
中国高档特种纸产业基地

嵊州领带

嵊州领带行业经过近30年的培育、成长、扩张、提升四个阶段的发展，现已成为“小产品，大市场；小产业，大集群；小政府，大服务”的产业集群。先后被授予“中国领带名城”、“国际合作基地”、“最具影响力纺织之都”等称号。被国家商务部认定为“国家外贸转型升级专业型示范基地”和国家工信部“国家新型工业化产业示范基地”。被浙江省人民政府定位为“21世纪的嵊州·国际性领带都市”，是浙江省第一批被认定的“浙江区域名牌”、“浙江出口基地”和第二批“国际区域品牌培育试点单位”。随着产业的发展，嵊州市领带行业协会先后被评为“全国纺织工业先进集体”、“浙江省中小企业优秀服务机构”、“绍兴市‘十佳’工业行业协会”和嵊州市工业经济行业协会“三比”竞赛一等奖。

嵊州领带具有下列优势：

1. **集群优势**。全市有1000多家领带企业，集印染、织造、制作于一体，产业链比较完善。年产领带3亿条，出口1.6亿条，远销80多个国家和地区，占据了全国市场的90%，世界的60%。

2. **设备优势**。拥有1300多台进口高档电脑提花织机，上万台普通剑杆织机，是全球高档织机最集中的地区之一，年产高档面料2000多万米。

3. **产品优势**。有各类真丝领带，各种真丝围巾，多种真丝面料。既有山水、花鸟、书法、古代名画、名著等真丝织绵，也有床上用品、家居用品、靠垫等真丝家纺产品，还有多款男装、童装等丝绸服装。由于真丝类纺织品品种齐全，加之桑蚕丝用量居全国之首，2010年，被中国丝绸协会授予“中国真丝之都”称号。

4. **品牌优势**。拥有中国驰名商标6个、中国名牌2个、国家免检13个、浙江名牌10个，浙江著名商标7个，浙江省出口名牌2个、绍兴名牌7个、绍兴著名商标10个。“嵊州领带”被首批认定为“浙江省区域名牌”和第二批被认定为“国际区域品牌培育试点单位”。

5. **科技优势**。现有国家高新技术企业1家、浙江省高新技术企业1家、省级企业技术中心2家、生产力促进中心1家、省级专利示范企业3家、绍兴市级专利示范企业5家；613个产品外观设计和专利获国家知识产权局专利授权；“增重染色真丝”获国家重点新产品，“数码仿真彩色织物”获浙江省高新技术产品，“高密度全显像丝织技术”获国家技术发明二等奖。拥有技术熟练工人近5万人、专业设计人才500多人，每天设计花型2000多个，从设计到制作4小时产品能成形。在连续8届全国领带花型设计大赛中，嵊州领带设计师获得3个特等奖、1个特别创意奖及11个一等奖。

6. **平台优势**。中国服装协会服饰专业委员会秘书处设在嵊州；“中国领带城”和“领带精品展销中心”是国内最大的领带批发专业市场；“中国领带在线”专业网站是国内最集中的领带信息服务中心；全国领带服饰质量检测中心是国内领带服饰质量检测的权威机构。还设有“嵊州领带产业科技推广中心”、“嵊州领带外贸预警平台”、“嵊州领带绿色供应链服务平台”、“嵊州领带产业设计师联谊会”和“浙江省嵊州领带产业技术创新服务平台”。

舟山市新茂百货有限责任公司

舟山市新茂百货有限责任公司是一家主营超市业务的本土商贸零售企业。

公司由舟山市商业（集团）总公司、缪艳萍等8位自然人和公司职工持股会共同发起，于2000年6月组建，董事长缪艳萍，总经理张交才。注册资本508万元，共有股东169人，员工500余人。拥有资产总值近2亿元，其中流动资产1亿元。房产面积近2万平方米。控股舟山新生商贸有限公司、舟山市新茂数码电子有限公司、舟山市世纪新茂商贸有限公司、岱山县糖业烟酒有限公司、参股舟山太平洋百货有限公司。公司注册地址：浙江省舟山市定海区解放东路25号。

新茂公司从组建初期仅有一家500平方米的百货商店发展到目前的规模，从单一的百货业态到现在包括超市、市场、时尚百货业态并举，大投入、快发展、齐推进，取得了良好的运作业绩与经营进展。短短十余年，公司在定海城区开了新茂超市人民中路店、新茂数码城、世纪新茂解放东路店、世纪新茂蟠洋山路店、配送中心及十余个商品批发部的新茂批发中心，同时积极拓展舟山本岛以外市场，先后开张了新茂岱山高亭店、世纪新茂衢山店。且每家店都位于城区中心的人流密集区域，消费潜力巨大。为提高经营实力，增强市场占有率，公司务求继续开拓，位于本岛定海东海路一家5600平方米和位于嵊泗的2400平方米店两家门店正投入装修与开业筹备。公司引入先进的经营管理理念和技术，对商品采购、营销、资产以及人力资源开发等各方面管理力求创新，为岛城消费者提供更舒适、时尚、新鲜、便利的消费购物环境。

新茂公司秉承“礼待顾客、诚待员工、善待供应商”的经营理念，以低廉的价格、力求卓越的服务和舒适的购物环境，为广大消费者提供日常生活所需的各类消费品，满足消费者在购物时对价格、商品种类、质量、服务及便利性等各方面的需求，并与时俱进，积极推进网购平台建设，以不断提升在零售市场竞争中的优势地位。

近几年，公司在各方面取得良好业绩，继续被确认为舟山市和定海区文明单位，浙江省商业服务业优秀企业，工商系统AA级“守合同重信用”单位，先后获得舟山市第十次消费者信得过单位，舟山市价格诚信单位，2012—2013年度定海区信用管理示范企业。获市创建劳动关系和谐企业、市安全企业等荣誉称号。

新茂公司将坚持以服务周边城镇消费者为定位，立足本土，务实开拓，稳健地向岛城多个区域发展，并保持可持续增长，力争以资产经营为依托，规模经营为导向，不断创新内部经营模式和管理机制，为繁荣浙江舟山群岛新区商贸流通市场而积极奋进。

全国最大的五金专业市场

中国科技五金城

中国科技五金城集团有限公司董事长兼总经理李兴旺（左一）陪同永康市委书记、市人大常委会主任张伟亚（中）调研中国科技五金城

中国科技五金城是国内最大的五金产品流通、信息、商贸中心，总营业面积100万平方米，由金城、金都市场两个实体市场、“中国五金商城”网上市场和国际会展中心组成，是全国诚信示范市场、中国十强品牌市场、浙江省重点市场、浙江省文明单位、浙江省五星级文明规范市场。

中国科技五金城市场经营日用五金、建筑五金、工具五金机电设备、金属材料、装饰建材等19大类数万种五金产品及相关产品，辐射全国各地及170多个国家和地区，2012年市场成交额达470.16亿元，连续多年居全国同类市场榜首。

“中国五金商城”网上市场，是国内五金行业的专业化电子商务平台，成为“中国电子商务网站100强”，集合市场商户和五金行业内的名企、名品，实体市场和网上市场并举繁荣，2012年网上市场交易额167.5亿元。

1996年10月6日，在中国科技五金城开办了第一届中国五金博览会，至今已连续举办18届，云集了全国各省、市、自治区和30多个国家和地区的2000多家企业参展，成为了国内外五金行业的知名展会。2010年开始，中国科技五金城连续举办了4届中国国际门业博览会。

2009年开始，浙江中国科技五金城集团有限公司投资10.8亿元，建设国际会展中心，总占地面积17.6万平方米，建筑面积16.2万平方米，拥有室内外标准展位5000个，2011年9月正式启用，成为了浙江永康会展经济发展的大平台。

浙江中国科技五金城集团有限公司是以建设、培育、管理和服务中国科技五金城市场为主业的国有公司，是“省AAA级‘守合同重信用’单位”、省重点流通企业，注册资本2.008亿元，拥有5个全资子公司，总资产达30亿多元。

展望未来，浙江中国科技五金城集团有限公司将以科学发展观为指导，加快推进从管理市场向经营市场、从行政与企业交叉融合管理向现代企业制度、从实体市场向实体市场与网上市场互通共荣、从贸易经济向贸易市场与会展经济互动共进“四个转变”，不断提高市场运营水平，大力促进会展、电子商务等相关行业发展，为国内外企业商客打造更好的产品展示和商贸平台，努力把公司建成为国内知名的现代化商贸服务企业。

永康市委书记、市人大常委会主任张伟亚（中）、市委副书记、市长徐华水（左一）陪同水利部部长陈雷（右一）考察中国科技五金城

浙江中国科技五金城集团有限公司

地址：永康市五金北路277号　　电话：0579-87071566

网址：http://www.hardwarecity.com.cn

电子信箱：ch@chhwf.com

浙江新农都实业有限公司

浙江新农都实业有限公司成立于2008年5月，隶属浙江省政府直属的农口类国有资产营运机构——浙江省农村发展集团有限公司，现有下辖浙江天农市场管理有限公司、浙江瞬时达网络有限公司（中国农业网）、杭州萧山天农水产市场管理有限公司、杭州萧山天农肉类市场管理有限公司4家子公司，以投资、开发和经营农产品批发市场为核心业务，是第一批浙江省农产品流通龙头企业。

公司投资建设的浙江新农都农产品物流中心总规划面积为1900亩，概算投资78亿元。项目一期已经于2012年11月23日开始试营业，总投资为20亿元，占地450亩，总建筑面积46万平方米，是2012年浙江省农博会的主会场。物流中心现有商铺、摊位3000余个，分为副食品市场、水产品市场、蔬菜粮油市场、精品市场与会展中心、配套服务区六大区块，并设立“浙江省名特优农产品一条街”，常年展示展销全省80个县市100多家龙头企业的特色农产品。

公司不断探索创新经营模式，加强内部管理规范，成立质量检测中心和配套服务中心，建立起食品安全可追溯系统和中央结算系统；发展农业电子商务，依托公司旗下的中国农业网，打造集信息服务、农产品电子商务、网上第三方支付为一体的综合性“大农网”电子商务平台；同时，在现有物流中心的基础上，大力实施“绿海战略”，实施“个十百千万”工程，全面推进全省地级市农批市场的拓展建设，逐步构建全省由点到面的区域性现代农产品物流体系。

公司将抢抓机遇，奋力拼搏，依托省农发集团产业优势，做强做大做优主业，以保障全省农产品安全供应为己任，力争到“十二五”期末，实现市场年交易额达300亿元，资产规模达40亿元，利税超亿元，发展成为全国行业内有较大影响力的大型现代农产品流通企业。

联系方式

电话：0571—82866789 82866068   传真：0571—82866068   网址：www.zjxnd.com

地址：杭州市萧山区宁围镇振宁路1号(公司本部)

杭州市萧山区建设四路858号（新农都物流中心）

浙江海港超市连锁有限公司

浙江海港超市连锁有限公司创立于1998年1月，现有注册资金3000万元，员工800余名。公司以“真诚付出、丰硕回报”为经营理念，努力营造“海的港湾、家的感觉”的购物环境，通过15年来的努力，规模不断扩大，从开办初期的3家连锁门店增加到现在的100余家连锁门店，其中海宁连锁门店有60余家，其余分布在嘉兴、海盐、桐乡等地。2012年度被评为“浙江省农超对接示范流通企业”，“浙江省城乡连超市龙头企业培育单位”。2012年度销售额已达到1.8亿元，创利税960万元。

公司在发展中注重企业内部管理，不断开拓，不断积累，形成了一条集采购、配送、管理、标志、核算、经营、服务规范和销售管理于一体的系统化统一管理模式，同时也成为了同行业的典范。在企业发展的同时，公司更注重企业文化的建设，传承中国传统文化，继往开来，锐意进取，不断深入弘扬家文化，使“海港”这一品牌深入人心。公司创始人董事长朱正耀先生系嘉兴市人大代表、海宁市政协常委、海宁市工商业联执委、海宁市青联常委、中国农工党海宁总支委员，先后被授予“嘉兴市十大杰出青年”、“全国农村致富标兵”和“中国零售业青年英才”等荣誉称号。公司也先后获得“嘉兴市消费者信得过单位”、“嘉兴市级巾帼文明示范岗”、“嘉兴市级青年文明号”、“海宁市诚信私营企业”、“海宁市热心慈善单位”等荣誉称号。

现公司已涉足超市连锁、药品连锁、果品连锁、制造业、IT科技领域、金融投资、家电制造、文化传播等多个行业。立足于传统与现代，“海港”正在市场的浪潮中奋勇拼搏，海港人将用不惜的奋斗去续写新的篇章。

企业愿景： 打造长三角超市连锁直营第一品牌

经营理念： 真诚付出　丰硕回报

经营策略： 细分市场　深耕农村

服务理念： 海的港湾　家的感觉

海港人十年愿景

1. 改善中国农村消费环境，提升1亿消费者的生活品质。
2. 立足长三角完成10000家连锁店。
3. 成就1000个百万富翁，并令其影响2万人创业。
4. 资助10000名农村贫困孩子圆梦大学。

浙江东兴商厦股份有限公司

浙江东兴商厦股份有限公司（下面简称：东兴商厦）创立于1996年12月，公司地处桐乡市庆丰中路18号，隶属于桐乡市供销集团。注册资金3800万元，是一家集百货、连锁超市、连锁药房、连锁家电、配送为一体的嘉兴地区最大的综合性零售商厦。

东兴商厦自创立以来，一直以挑战自我、敢于领先的创业精神以及诚信为本、顾客至上的经营之道，在市场经济的浪潮中不断拓展、不断进取、不断创新、不断壮大。目前公司下设分公司、直营店82家，总营业面积达8余万平方米。2012年度销售额达10.06亿元、创税3998万元，销售额连续多年列嘉兴地区零售企业第一位。公司历年来荣获了“商务部万村千乡建设工程优秀试点企业”、“浙江省千镇连锁超市工程龙头企业”、“浙江省社区商贸服务业示范企业”、“浙江省消费者信得过单位”、“浙江省物价、计量双信单位”、“浙江省百城万店无假货示范店”、“浙江省再就业先进单位”、“浙江省著名商标”、“浙江省知名商号”、“浙江省城乡连锁超市重点龙头企业”、“浙江省流通领域知识产权保护试点单位”、“十一五浙江省商贸百强企业”、“浙江名牌产品”等荣誉称号。

这些年来东兴商厦超市分公司一直坚持低成本扩张、开拓农村市场、区域集中发展、直营加盟双轮驱动等战略，使企业取得了快速发展，走出了一条具有自身特点、符合当地实际的连锁商业发展之路。同时，积极创新业态、创新营销、创新管理、创新激励，弘扬企业文化，使企业发展呈现出蓬勃生机和无限活力。而百货作为东兴商厦的支柱产业，自2011年1月四期工程投入使用以来，总部经营面积达50000平方米，购物环境和档次又一次得到了提升，继续引领着桐乡市民的消费潮流。

2011年3月公司拍得庆丰北路商业地块，3年内将在城北打造25万平方米的购物中心。届时公司将会以更好的商品结构及客户资源，利用良好的购物环境和内部管理，将东兴商厦城北商业地块打造成为浙江省内单体规模最大，集购物、娱乐、餐饮、商务、休闲为一体的一站式购物中心。

作为本土零售商业的领军企业，东兴的健康发展赢得政府和社会的充分认可。使命承载荣誉，创新引领未来。东兴将继续加快推进自身发展战略实施，不断巩固本土龙头企业市场地位，为做大、做实、做长、做强而奋斗。

乌中合资鹏盛工业园区发展有限公司

乌中合资鹏盛工业园区发展有限公司位于乌兹别克斯坦共和国锡尔河州锡尔河区，园区占地37公顷。是由中国温州市金盛贸易有限公司与乌兹别克斯坦兴隆公司共同投资组建的合资企业，成立于2009年3月28日，计划投资2600万美元，截至2012年底项目已经完成投资2850万美元，是我国在乌兹别克斯坦最大的民营投资项目。目前园区已经建成包括标准厂房、办公大楼、员工宿舍以及后勤服务中心在内的建筑约8万平方米，以及天然气变送站、110千伏的变电站、制革污水处理系统和铁路支线等配套设施。园区一期规划项目有瓷砖、制革、制鞋三个项目，均已建成投产，可年产瓷砖400万平方米、牛皮60万张、皮鞋30万双。

2012年，园区实现产值808亿苏姆（约合4040万美元），出口2224万美元，并为当地解决了550人的就业问题。

2013年，园区将引进手机生产项目、卫生洁具生产项目、肠衣加工项目和宠物饲料加工项目，上述项目的引进将进一步扩大园区在乌兹别克斯坦的影响力。

鹏盛工业园区拥有优良的配套环境、优秀的管理团队，欢迎更多有实力的社会各届朋友与我们携手，共创美好的未来！

地址：乌兹别克斯坦塔什干市齐朗扎勒区布尼奥特阔尔大街42幢A区206
电话：+99871-1295777/1295888　　传真：+99871-1297888
邮箱：pengsheng.uz@gmail.com　　网址：http://www.pengshenguz.com

www.zgpgc.com

hclc
海宁中国皮革城
HAINING
CHINA
LEATHER
CITY

海宁中国皮革城股份有限公司
Haining China Leather City Co.,Ltd.

海宁中国皮革城股份有限公司，创建于1999年2月，2010年1月在深圳证券交易所上市，股票代码002344，旗下拥有11家全资和控股子公司，员工800多人。2012年度公司实现营业收入22.61亿元，实现利润总额9.72亿元。十余年来，公司始终致力于中国皮革产业的服务工作，带领广大皮革终端产品制造商、原辅料供应商、皮革设计师、品牌运营商、物流运营商，打造了从研发到销售的全产业链整合服务平台和价值共享平台，成为目前中国皮革产业的集散中心，价格信息、市场行情、流行趋势的发布中心。同时塑造了海宁皮革这一中国产业集群的典范，创造了被业界誉为“一直被模仿，从未被超越”的“海皮模式”。

公司创办的海宁中国皮革城，是目前中国规模最大、最具影响力的皮革专业市场，包括总部市场和辽宁佟二堡、江苏沭阳、河南新乡、四川成都、黑龙江哈尔滨、湖北武汉等地的连锁市场，已开业面积达到165万平方米，经营户5500多家。先后获得“全国市场”、“浙江省重点市场”、“中国十强文明市场”、“浙江省五星级文明规范市场”、“国家AAAA级旅游景区”、“国家品牌促进体系”、“国家级诚信示范市场”、“五星级专业市场”、“省级现代服务业集聚示范区”、“省级特色工业设计示范基地”、“商务部重点培育的内外贸结合商品市场”等众多荣誉称号。董事长任有法先生荣膺2010年度风云浙商。

海宁中国皮革城·连锁市场

辽宁佟二堡·海宁皮革城

江苏沭阳·海宁皮革城

河南新乡·海宁皮革城

四川成都·海宁皮革城

黑龙江哈尔滨·海宁皮革城

湖北武汉·海宁皮革城

湖州浙北拍卖行有限公司

湖州浙北拍卖行有限公司由湖州日报报业集团控股，经浙江省经济贸易委员会批准，于2007年1月正式挂牌，现为浙江省拍卖行业协会会员单位、中国拍卖行业协会会员单位。2008年7月经湖州市人民政府国有资产监督管理委员会审核，报浙江省人民政府国有资产监督管理委员会批准，取得了国有产权转让资格证书。2013年1月，取得了中国拍卖行业A企业资质。

湖州浙北拍卖行有限公司是专业从事各类拍卖业务的综合性拍卖企业，注册资金300万元，经营面积1000多平方米，坐落于浙江省湖州市体育场路，交通便利，并拥有装饰一新的办公场所和拍卖大厅，适合于各种中小规模的拍卖会。公司经营范围为国家法律、法规允许的拍卖物品、财产权利。

公司成立以来，在上级部门领导下，依据《中华人民共和国拍卖法》及相关法律、法规规定，建立了一整套管理制度，通过几年来的规范运作，获得了良好的社会信誉，取得了公众的认可。公司现共有员工13名，拍卖师2名（其中执业时间10年以上的1名），专业从业人员6名，本科以上学历5名，大专以上学历11名，包括具有中高级职称人员3名。公司下设综合管理部、业务部、南浔办事处、长兴办事处、安吉办事处、德清办事处。公司具有主持、操办大型拍卖活动的能力和经验，已成功举办司法查封物品、金融机构资产、破产企业股权、厂房、商铺住宅、商铺租赁权、机动车及户外广告等动产、不动产、无形资产拍卖会500多场，成交总额达20多亿元。

公司十分注重企业文化建设，“诚信为本，用心做事”是公司永恒的经营理念。作为湖州市拍卖行业中的一家国有控股企业，我们以严谨认真的工作态度，坚持“公开、公平、公正、诚实信用”的原则，规范操作，以更高的办事效率，将所需处理的资产实现市场价值的最大化。

公司董事长：王欣欣（湖州报业集团副社长） 公司总经理：陶志刚
公司地址：浙江省湖州市体育场路138-3号 网址：www.0572zbpm.com
电话：0572-2361512 传真：0572-2361512

鑫茂物资调剂市场有限责任公司

鑫茂物资调剂市场有限责任公司是嘉兴市供销社直属传统的收废利用企业，具有悠久的经营历史，是废旧物资回收行业的主力军，注册资金1000万元，住所在嘉兴市320国道广穹路交叉口，具有主管部门核发的《再生资源回收经营者备案登记证明》，编号为浙再生资源备字第3304000001号，是浙江省再生资源行业协会理事单位。举办的嘉兴物资调剂市场（第二名称为嘉兴旧货交易市场）主要经营各类旧生活资料、生产资料、废旧物资及企业积压滞销商品、闲置设备。创办于1999年，2006年实现二次创业迁建现址营业。首期占地面积58.57亩，市场总投资额5800万元，建筑总面积36529平方米，分A、B、C、D四个交易功能区域以及市场路、广穹路、320国道沿街综合服务类店铺。其中：A区为交易大厅，一楼为机械设备大卖场，二楼为家具用品、办公用品、塑料制品、日用杂品等交易区；B区一层为手机、五金配件、家用电器、货架柜橱、厨房炊具等交易区，二层为通讯设备（新旧手机、电脑等）交易区；C区为机械设备办公用房等；D区为再生资源交易区。二期在市场西侧，占地面积3250平方米，总建筑面积3800平方米，项目总投资1372.77万元，现已投入使用。目前入驻经营户185户，从业人员700余人，年成交额达3个亿以上。

几年来获得了浙江省三星级文明规范市场的荣誉称号，是省供销社系统再生资源龙头企业，嘉兴市（本级）重点市场，中国旧货业协会理事单位，浙江省旧货流通行业协会副会长单位。连续8年荣获全国旧货行业先进单位，是浙北地区规模最大、辐射面最广、唯一的综合性物资交易市场。从事旧货行业投入少、见效快、风险小，是创业的理想平台。

招商热线：0573-82667720

广汽吉奥汽车有限公司

广汽吉奥汽车有限公司成立于2010年12月9日，是由广州汽车集团股份有限公司与浙江吉奥控股集团有限公司共同组建而成的合资公司，双方股比为51∶49。广汽吉奥现下辖浙江台州、杭州萧山、山东东营三大整车生产基地、1个汽车研究院、两个营销公司，公司现有员工3000余人，其中，中、高级工程技术及高级管理人员300余人，是浙江省人民政府重点支持发展的企业，也是首批“国家汽车整车出口基地企业”之一。

广汽吉奥浙江台州生产基地一期建设用地26.8万平方米，年生产能力6万辆皮卡和SUV汽车、6万台发动机；杭州萧山生产基地项目建设一期用地48.5万平方米，年产25万辆微型面包车；山东东营生产基地占地66.4万平方米，年产15万辆皮卡、SUV及汽车配件。

广汽吉奥是国企与民企创新合作的典范，公司既具备国有企业在资金、技术、人才、管理和规模等方面的优势，又拥有民营企业较为灵活的经营机制。广汽吉奥以做强皮卡、做大微车、做精SUV为愿景，以广汽集团“创造具有国

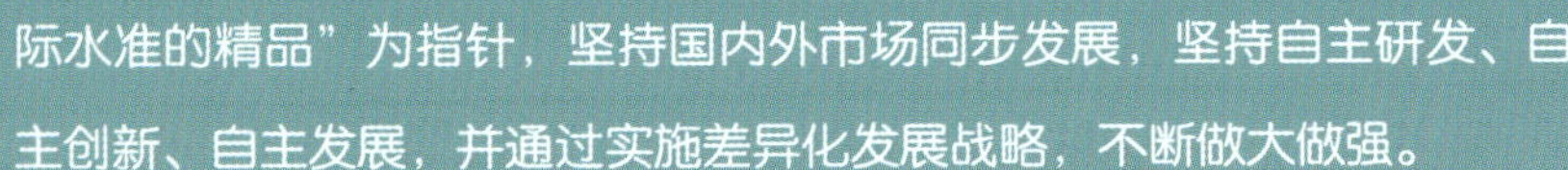

际水准的精品”为指针，坚持国内外市场同步发展，坚持自主研发、自主创新、自主发展，并通过实施差异化发展战略，不断做大做强。

广汽吉奥整合国内外技术资源，为广大消费者提供安全、节能、环保的好车，使“广汽吉奥”品牌成为中国最优秀的自主品牌之一。在满足国内市场的同时，广汽吉奥不断加强国际化战略发展，针对国际市场需求，改进产品规划，运用整合营销传播，不断提升品牌知名度和美誉度。从2005年开始实现首批出口到现在，已经累计出口到中东、非洲、欧洲、美洲、东南亚等地区的80多个国家，稳居国内同行业产品出口的第一集团，在走向国际市场的道路上取得了丰硕的果实。2012年，在严峻的国际经济环境背景下，广汽吉奥汽车出口交出了一份不俗的成绩单。2012年全年广汽吉奥共计出口发运约2.4万台，与去年同期相比增长近150%，这是广汽吉奥汽车出口历史上的一个阶段性突破。

展望未来，广汽吉奥的发展前景非常广阔。公司将累计投资60亿元人民币，最终形成50万辆整车生产规模，通过资源整合、持续创新、技术提升和积极开拓海内外汽车市场，“广汽吉奥”将成为中国汽车业富有竞争力的自主品牌之一。同时，广汽吉奥的全球化经营战略也将进一步深入，最终目标是成为全球知名的中国自主汽车品牌。

善融商务

e.ccb.com

担保支付

个人贷款

企业融资

大额分期

亦商亦融 买卖轻松

买得到 买得起

一站式梦想服务

融资有多难 网络轻松办

专业的网上交易融资平台

付款多样化 实时又安全

方便快捷的在线支付

中国建设银行

China Construction Bank

客户服务热线：95533

网址：www.ccb.com

手机网站:m.ccb.com

更多详情请登录：http://e.ccb.com

中国建设银行
China Construction Bank

善融商务
e.ccb.com
亦商亦融 买卖轻松

房e通
个人商城
企业商城

“善融商务”是中国建设银行为响应国家加快信息化建设的方针，促进电子商务健康发展，延伸渗透金融服务而推出的电子商务金融服务平台，包括企业商城（B2B）、个人商城（B2C）和房e通，涵盖商品批发、商品零售和房屋交易等领域，可以为客户提供信息发布、交易撮合、社区服务、在线财务管理、在线客服等配套服务；在金融服务方面，为客户提供从支付结算、托管、担保到融资的全方位金融服务。

善融商务企业商城

善融商务企业商城（mall.ccb.com）不仅为买卖双方及专业市场管理方提供“信息展示”、“在线交易”、等全面的电子商务服务，还提供了更多的金融服务：

1. 网络银行 “e联通”

“e联通”是指3家(含)以上借款人，通过网络自愿共同组成一个联合体，联合体成员之间协商确定授信额度，向建设银行联合申请贷款，每个借款人均对其他所有借款人因向银行申请借款而产生的全部债务提供连带责任。

2. 网络银行 “e速通”

“e速通”是对借款人不进行信用评级和一般额度授信，依据客户提供的足额有效的抵（质）押担保，结合客户第一还款来源及网络信用而办理的信贷业务，并对网络信用好的电子商务客户给予一定比例的追加贷款额度。

3. 小企业客户在线融资

小企业客户在线融资是建设银行为善融商务平台小企业客户提供的，以抵（质）方式办理的小企业小额循环贷款。

善融商务个人商城

善融商务个人商城（buy.ccb.com）不仅为买卖双方提供“信息展示”、“在线交易”、“房屋交易”等全面的电子商务服务，还提供了更多的金融服务：

1. 个人小额贷款

个人小额贷款是建设银行向个人客户发放的、有明确用途的贷款，主要用于购买善融商务个人商城签约商户销售的商品或服务，客户在贷款有效期和预授信额度内可以一次或多次申请支用贷款。

2. 个人权利质押贷款

个人权利质押贷款是个人客户以经建设银行认可的本人或其他自然人名下的有效权利出质，由建设银行按照权利面值或记载价值的一定比例发放的人民币贷款。

3. 信用卡分期

善融商务个人商城为商城认证的个人买家会员，提供信用卡分期方式购买商品，具体包括：购车分期、安居分期、商品分期等。

全球首座海上（潮间带）风电项目——江苏龙源如东海上（潮间带）风电项目

华东勘测设计研究院

华东勘测设计研究院（以下简称华东院）于1954年建院，是国务院国资委管理的大型综合性甲级勘测设计研究院，现隶属于“世界500强”的中国电力建设集团有限公司，有在职职工1800余人。目前正在逐步形成以国内、国际为两大目标市场，以水电水利与新能源、城市建设与环境发展、大坝与各类基础设施安全为主要领域，以勘测咨询、总承包与设备成套、投资为三大业务的工程公司业务架构。在四川、重庆、福建、广东、江西、云南等地设有分支机构，在越南、土耳其、尼日利亚、肯尼亚设有驻外办事机构。中国国家电力监管委员会大坝安全监察中心也设在华东院。

华东院是中国最早从事涉外水电工程项目设计、咨询和建设监理的单位之一，也是中国外经贸部最早授予对外经营权的勘测设计单位之一。持有工程设计综合甲级、工程勘察综合甲级、工程咨询甲级等十多个国家最高等级资质证书，业务涉及电力、水利、公路、市政、建筑、水运等21个行业，涵盖水利水电工程、新能源工程、交通与市政工程、建筑与地下工程、环境与生态保护工程、资源开发与区域发展规划、海洋经济、工程总承包以及海外业务等九大领域的勘测设计咨询、工程总承包、项目管理以及相关的技术与管理服务。

建院近60年来，华东院的足迹已踏遍我国水力资源最为丰富的雅垄江、金沙江、大渡河、澜沧江、怒江、雅鲁藏布江等大江大河，承担了数百项大中型水电水利工程的规划、

亚洲单站装机容量最大、水头最高抽水蓄能电站——浙江天荒坪抽水蓄能电站

千万千瓦级巨型水电站——金沙江白鹤滩水电站

东非最大立交工程——埃塞俄比亚格特拉立交工程设计

土耳其费克二水电站机电设备成套项目

勘测和设计任务，已建成投产与在建的水电站 100多座，总装机规模 达3000多万千瓦，为我国的水电建设和社会经济发展作出了巨大贡献。同时，凭借在基础设施建设领域多专业、多学科的综合优势，华东院承担设计了200多个风力发电场工程项目、一大批大型公共建筑、高层建筑、住宅小区和各级道路、桥梁、隧道以及地铁工程项目，并在城乡区域发展规划、生态环境工程建设、大坝及工程安全、设备成套及各类工程总承包等业务领域发挥行业先锋作用。

近年来，华东院已承接数十个海外工程项目，积累了丰富的海外工程项目管理经验。市场领域涉足越南、泰国、新加坡、土耳其、肯尼亚、尼日利亚、中非、埃塞俄比亚等数十个国家和地区，业务范围包括水利水电、风电、潮汐、太阳能、节能环保、市政建设等多领域，工程项目类型包括规划、勘察、设计、咨询、监理以及设备成套和工程总承包。同时，华东院积极开展国际合作，与世界上知名的工程咨询公司和知名厂商建立了密切的合作关系，综合实力不断增强，正稳步向国际型工程公司迈进。

越南西山4水电站机电设备成套项目

中国水电顾问集团华东勘测设计研究院
HYDROCHINA HUADONG ENGINEERING CORPORATION

地址（Add）：浙江省杭州市潮王路22号
22,ChaowangRd.Hangzhou,Zhejiang,PRC
邮编（Post Code）：310014
电话（Tel）：0086-571-56738747
传真（Fax）：0086-571-88833653
网址（Web）：www.ecidi.com
电子邮件（Email）：zou_y@ecidi.com

杭州西子孚信科技有限公司

2013年5月3日，杭州市委书记黄坤明来公司调研

2013年5月3日，杭州市委书记黄坤明视察公司

2012年8月16日，江干区区长盛阅春带领区领导莅临西子孚信深入考察科技研发创新工作

杭州西子孚信科技有限公司，是西子联合控股有限公司下属最重要的实业生产基地之一。公司注册成立于1997年，占地面积18500平方米，员工近600人。公司主要产品涵盖电梯门机和厅门系统、电梯轿厢装潢等各种品种的电梯部件，型号覆盖客梯、扶梯、货梯、液压梯、医用梯、家用梯等六大类数千个品种规格，其中主推的门机、厅门、上坎、轿厢装潢等产品在行业内享有极高知名度，可为整梯厂家提供部件配套加工以及为安装维保公司直接提供维保类配件。

西子孚信自成立以来一直倡导诚信、合作、创新的理念。目前在中国，平均每4台电梯就有1台使用了西子孚信的部件，产品出口到全球27个国家和地区。

西子孚信是国内唯一一家自主设计和制造永磁门机变频器、电机、编码的电梯部件企业。主打产品Jarless-con永磁变频门机采用最新永磁同步驱动技术，可靠性高、性能好、调试简单、成本经济，是一款跨时代的新型门机。

自2005年起，公司获得了全球进出口协会中国最佳供应商称号、全国电梯配套件质量评价用户满意单位、杭州市企业高新技术研发中心证书、浙江省高新技术企业、杭州市著名商标等多项奖项。2012年销售收入近8.11亿元，上缴税费5236万元。

作为电梯装潢的后起之秀，西子孚信站在西子联合这个巨人的肩膀上，依托先进的技术支撑，以前沿的设计理念和新型的产品，引领电梯装潢的时尚潮流。人性化的服务理念，让西子孚信装潢产品优势突出，品质非凡。

轿厢装潢（部落姑娘）

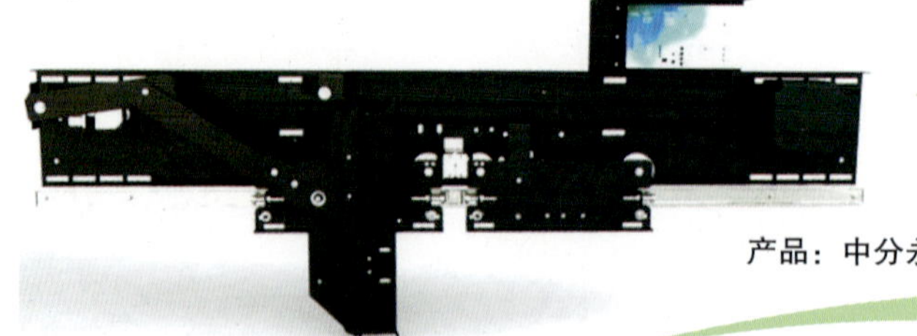
产品：中分永磁门机

杭州西子孚信科技有限公司
中国杭州石桥路288号，邮编：310022
电话：86-571-88139888
传真：86-571-88139550